BLV Kombi-Bücher

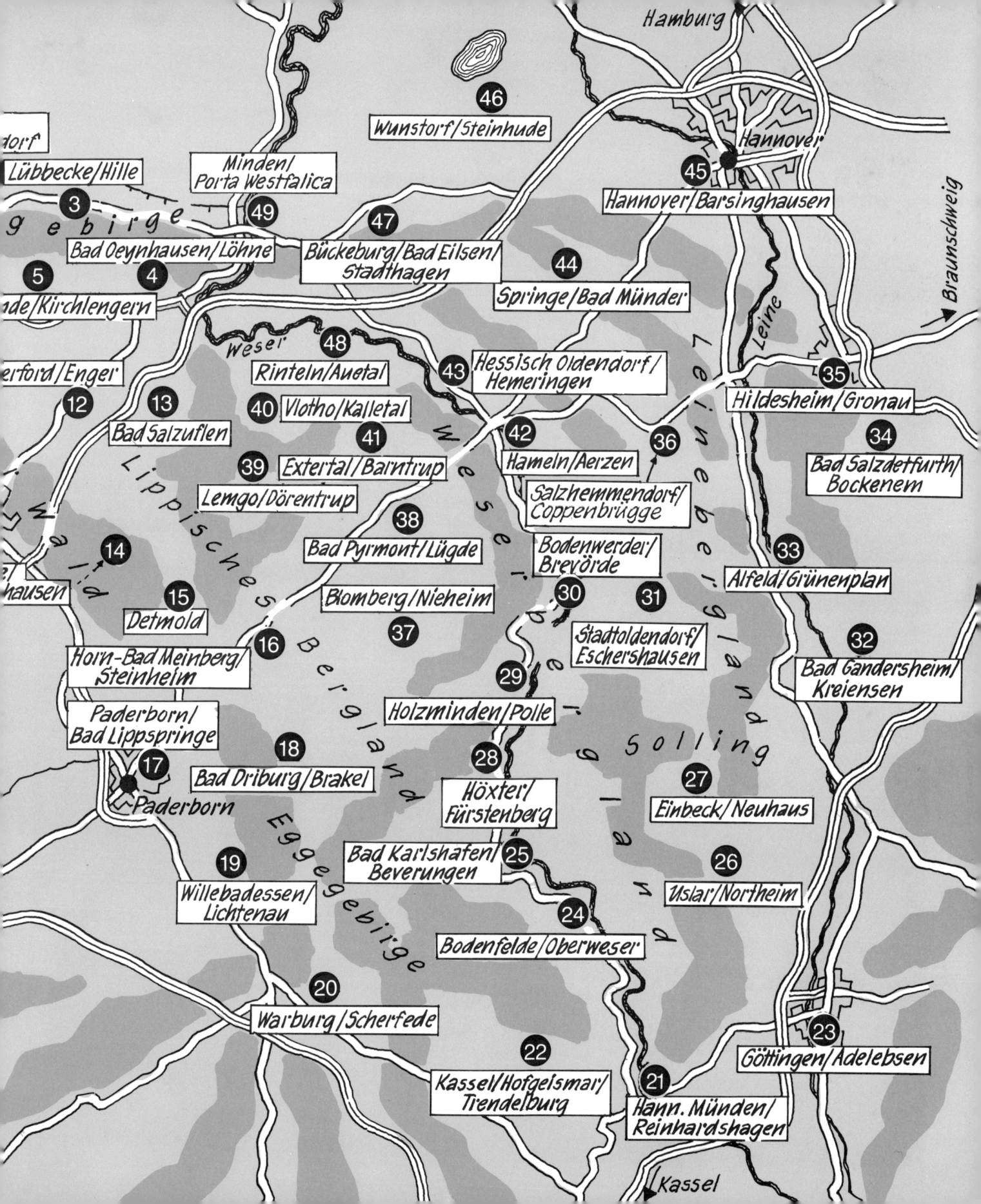

Konrad Fleischmann

Wanderbuch

Teutoburger Wald Weserbergland

mit Wiehengebirge, Eggegebirge, Lippisches Bergland, Leinebergland, Solling

BLV Verlagsgesellschaft
München Wien Zürich

CIP-Kurztitelaufnahme der Deutschen
Bibliothek

Fleischmann, Konrad:
Wanderbuch Teutoburger Wald, Weserberg-
land: mit Wiehengebirge, Eggegebirge, Lipp.
Bergland. Leinebergland, Solling / Konrad
Fleischmann. [Zeichn.: Hellmut Hoffmann]. –
München; Wien; Zürich:
BLV Verlagsgesellschaft, 1983.
    (BLV Kombi-Wanderbuch)
    ISBN 3-405-12461-1

© 1983 BLV Verlagsgesellschaft mbH,
München

Zeichnungen: Hellmut Hoffmann

Satz und Druck: Georg Appl, Wemding
Bindung: Grimm & Bleicher, München

Printed in Germany · ISBN 3-405-12461-1

Bildnachweis

Titel: Der große Weserbogen beim Naturschutzgebiet Steinmühler Felsen. (J. Kinkelin: Klaes, Worms)

Seite 2/3: Schloß Bevern bei Höxter an der
Weser (G. Klammet, Ohlstadt)

M. Amling, Blomberg: Seite 131, 132
Anthony, Starnberg: Bergmann: Seite 33
    Schelp: Seite 123
    Uhlig: Seite 78
    Weber: Seite 97, 113
W. Au, Bad Salzuflen: Seite 47, 48
Bad Oeynhausen, Kurverwaltung: Saak:
Seite 21
    Wagner: Seite 19
Bad Pyrmont, Staatsbad: Seite 121
W. Erdtmann, Osnabrück: Seite 12, 15, 18
J. Kinkelin, Worms: Klaes: Seite 7, 26, 31, 39,
    50, 53, 55, 62, 68, 79, 84, 86, 91, 93, 96, 110/
    111, 118, 124, 126, 127, 133, 150, 151, 156
U. Kirmes, Garbsen: Seite 23, 36, 73, 83, 87,
    89, 90, 95, 100, 102, 103, 115, 117, 138, 139,
    140, 143, 146/147
G. Klammet, Ohlstadt: Seite 42, 70/71, 99,
    114, 119, 129
Klammet & Aberl, Germering: Seite 54, 75,
    155
Klimmer, Stadthagen: Seite 148
W. Kühn, Lübbecke: Seite 17
Löbl-Schreyer, Bad Tölz: Seite 11, 13, 27, 30,
    35, 38, 51, 63, 66, 67, 77, 105, 107, 135, 137,
    153
R. Meyer, Paderborn: Seite 60, 65
W. Otto, Oberhausen: Seite 43
roebild, Frankfurt: Dr. Busch: Seite 44, 56, 81
    Poggemeyer: Seite 41
T. Schneiders, Lindau: Seite 59, 144
Tabakmuseum, Bünde: Seite 24

Erläuterung der Kartensymbole

▬▬▬	Route
▬ ▬ ▬	Variante
⚱	Gasthof
⚲	Kirche
♂	Schloß/Burg
♂	Ruine
☀	Aussichtsturm
☼	Aussicht
✶	Windmühle
⚇	Wildpark/Tiergarten
✳	Markante Punkte

Inhalt

Über den Teutoburger Wald

Vom Wiehengebirge zum Eggegebirge

Weserabwärts durchs Weserbergland

Vom Reinhardswald über Solling, Vogler, Hils und Ith und durchs Lippische Bergland zu Süntel, Deister und Wesergebirge

Streckenwanderungen

Die Externsteine am Nordrand des Teutoburger Waldes – imposante Sandsteinfelsen, die einst ein geheimnisvolles, vorgeschichtliches Gestirnsheiligtum der Sachsen mit Kult- und Opferstätten trugen.

Einführung

Hier hab ich so manches liebe Mal
Mit meiner Laute gesessen,
Hinunterblickend ins weite Tal,
Mein selbst und die Welt vergessen.

Und um mich klang es so froh und hehr,
Und über mir tagt es so helle,
Und unten brauste das ferne Wehr
Und der Weser blitzende Welle.

Wie liebender Sang aus geliebtem Mund,
So flüstert es rings durch die Bäume.
Und aus des Tales off'nem Grund
Begrüßten mich nickende Träume.

Und um mich klang es so froh und hehr
Und über mir tagt es so helle,
Und unten brauste das ferne Wehr
Und der Weser blitzende Welle.

Wobei Ihnen dieses Buch helfen will

Franz von Dingelstedt dichtete die voran
stehenden Verse des »Weserliedes«, Gustav Pressel vertonte sie, als im 19.Jahr-
hundert die »Blaue Blume der Romantik«
blühte.
Gibt es sie auch noch in unserer schnell-
lebigen, übertechnisierten Leistungsge-
sellschaft, die Romantik? Gibt es noch »brau-
sende ferne Wehre« und »blitzende Wellen«, wie es im Weserlied heißt? Oder gar
»flüsternde Bäume und nickende Träume
aus des Tales off'nem Grund«? Ich bin
der Meinung, all das – und noch vieles
mehr an romantischer, idyllischer, manchmal überwältigender Schönheit der Natur,
aber auch der Kunst – ja, all das gibt es
noch! Auch wenn schon Dingelstedt in
seiner dritten Weserlied-Strophe beklagt,
daß die alte »selige Zeit« vergangen ist.

Fahren Sie zur Weser, und Sie werden
dort überall (jedenfalls vorläufig noch) der
»blauen Blume der Romantik« begegnen
– selbst wenn ihr Lebenskreis auch dort
immer mehr eingeengt wird, selbst wenn
sie manchmal vom Kalkstaub riesiger
Steinbrüche überzogen ist oder sich vom
schmutzigen Abwasser häßlicher Indu-
strieanlagen nähren muß. Doch: Trotz
Atomkraftwerken und Mikroprozessoren,
trotz Autobahnen und Überschallflugzeu-
gen liegt dieses Land an der Weser immer
noch als eine Oase der Schönheit, Be-
schaulichkeit und Gastlichkeit zwischen
den großen Ballungsräumen Niedersachsens und Westfalens. Und beschenkt seine
Besucher überreichlich mit dem, was wir
alle am wichtigsten brauchen: mit Ruhe
und Erholung – also mit Gesundheit. Diese dringend benötigte Gesundheit zu be-
wahren bzw. verlorene Gesundheit wie-
derzufinden, ist wohl für jeden höchstes
Ziel. Und vor allem bei der Erreichung
dieses Ziels möchte Ihnen das vorliegende
Wanderbuch helfen.

Wohin Sie dieses Buch
führen möchte

440 Kilometer lang zieht sich die Weser
– ohne die Quellflüsse mitzurechnen –
in unzähligen Schleifen und Biegungen
durch hessisches, westfälisches und niedersächsisches Land, ehe sie sich bei
Bremerhaven ins salzige Meerwasser der
Nordsee ergießt. Dabei ist der Fluß auf
seiner gesamten Länge schiffbar und berührt als einziger deutscher Strom kein anderes Land. Zwischen dem Naturpark
Hann. Münden und dem Wasserstraßenkreuz Weser–Mittellandkanal bei Minden
wird der obere und mittlere Lauf der Weser von mehreren Ketten berühmter Gebirge eingerahmt, die nicht nur in Norddeutschland, sondern in ganz Mitteleuropa einen guten Klang haben:
Drei große, noch weitgehend unberührte
und burgengekrönte Waldhochplateaus
sind es, die den Naturfreund rings um den
Mündener Weserstein (»Wo Werra sich
und Fulda küssen . . .«) zum Wandern einladen: der Kaufunger Wald mit den
schwarzen Säulenbasaltmauern der Burgruine Sichelnstein – sie ist der südlichste
Punkt Niedersachsens und zugleich der
südlichste Punkt dieses Wanderbuches –,
der Bramwald mit der einst gräflich-nort-
heimischen Schutz- und Trutzfeste Bramburg und der hessische Reinhardswald
mit dem »Dornröschenschloß« Sababurg
an der Deutschen Märchenstraße.
An soviel Wald schließen sich nach Nordosten zwischen der Universitätsstadt Göt-

tingen, der Bierstadt Einbeck und der
Domstadt Hildesheim die sonnenreichen
Höhenscheiben des Leineberglandes an,
dessen Gipfel bekannte Aussichtstürme
tragen, wie den Gaußturm auf dem Hohen Hagen oder den Friedrich-Kabus-
Turm auf der Bad Salzdetfurther Welfenhöhe, den Himmelbergturm in den Sieben
Bergen bei Alfeld, den Eschershausener
Wilhelm-Raabe-Turm oder die beiden
großartigen Aussichtstürme bei Salzhem-
mendorf-Lauenau, den Ithturm und den
Lönsturm. Und viele andere Türme mehr,
die allesamt lohnende Wanderziele an
Leine, Gande, Ilme und Saale sind, weil
man von ihnen weit übers Weserbergland
Ausschau hält und tief in den bereits mit-
teldeutschen Harz hinein.
Im Westen der oberen, noch jungen Weser
bildet jenseits der Warburger Lößbörde
ein im allgemeinen nur 2 bis 3 Kilometer
breiter, aber etwa 140 Kilometer langer
Höhenzug die Grenze des Weserberglandes zur flachen münsterländischen
Bucht hin: Es ist der Teutoburger Wald,
dessen südlichen Teil man oberhalb der
Sennesanddünen und entlang der zerklüfteten Paderborner Plänerkalkhochfläche
das Eggegebirge nennt. In seiner gesamten
Länge trägt dieser meist mit herrlichen
Kiefern bewachsene Sandsteinbergrücken
von Rheine über Bielefeld bis zur sagenumwobenen Sachsenfeste Eresburg bei
Marsberg einen der interessantesten Wanderwege Deutschlands, den Hermanns-
und Eggeweg. Dieser geradezu klassische
Weitwanderweg verbindet eine ganze Reihe zauberhafter Orte und bedeutender
Kultur- und Naturdenkmäler des östlichen Westfalen: Die Dörenther Klippen
mit dem Hockenden Weib und die Bergstadt Tecklenburg, das Bäderdreieck
Iburg-Laer-Rothenfelde und die Burg
Ravensberg liegen westlich der alten Lei-
newebergroßstadt Bielefeld; der adrette
Ferienort Oerlinghausen, das Hermannsdenkmal auf der Grotenburg bei Detmold,
dazu die sehenswerte Berlebecker Greifvogelwarte und die altgermanische Kultstätte Externsteine befinden sich im südlichen Teutoburger Wald, als dessen grandiose Fernsichtbastion die 441 Meter hohe
Felspyramide der Lippischen Velmerstot
über dem Silberbachtal emporwächst. –
Auf dem sich anschließenden, sehr einsamen Eggegebirgskamm erwandert man
sich unter anderen die Iburg bei Bad Driburg, die monumentale, romanisch-gotische Damenstiftskirche zu Neuenheerse
und die Naturschutzgebiete ums winzige
Blankenrode, in denen bei den Bleikuhlen
noch das Galmei-Veilchen blüht – einzigartig in Europa.

Wanderziele in Fülle für jung und alt

In Nordrichtung schiebt sich das Weserbergland vom Hils, Ith und Külf zwischen Elze und der bunten Rattenfängerstadt Hameln mit dem Süntel und Deister zur niedersächsischen Landeshauptstadt Hannover vor und weit in die Norddeutsche Tiefebene hinaus. Die lichtdurchfluteten Buchenwälder dieser beiden Bergriegel sind Wanderparadiese par excellence: Aus den belebten Tälern um Springe und Bad Münder, um Barsinghausen oder Bad Nenndorf erreicht man hier nach nur kurzen Aufstiegsmühen stille Kammwege, die den Wanderer zu überwältigender Fernsicht von den Aussichtstürmen des Deister und Süntel führen. Einzigartige Naturschutzgebiete wie die Schichtkalkwände des Hohensteins mit ihrer seltenen einzeitlichen Reliktflora oder die Blütenteppiche der Märzenbecherwiesen am Hamelner Schweineberg vervollständigen dieses wundervolle Wanderangebot der Natur.

Zwischen dem Leinebergland auf der einen und dem Teutoburger Wald auf der anderen Seite breiten sich recht unterschiedliche Wandergebiete ins Land an der Weser: Rechts des Flusses ist es der waldreiche Naturpark Solling-Vogler mit seinen höchsten Erhebungen, der Großen Blöße (528 m) bei Neuhaus und dem Ebersnacken (460 m) bei Stadtoldendorf und Bodenwerder; links der Weser steigt das Lippische Bergland in meist waldfreien Stufen vom Vlothoer Weserknick nach Süden an und schwingt sich zwei prachtvollen Fernsichtwarten entgegen: der Hohen Asch (370 m) bei Bösingfeld und dem Köterberg (504 m) bei Holzminden. An klaren Tagen von dort oben aus zwischen der Porta Westfalica und dem Harz auf 100 Berggipfeln mit den Augen von Horizont zu Horizont spazieren zu gehen, wird zum unauslöschlichen Erlebnis in der Erinnerung jedes Weserbergland-Wanderers! – Daneben haben moderne Kurorte wie Bad Oeynhausen, Bad Salzuflen und Bad Pyrmont, aber auch schmucke, altertümliche Städte wie Lemgo und Lügde, Schwalenberg, Blomberg und Steinheim in ihrer schönen Umgebung erholsame Rundwanderwege markiert.

Auf der Linie Osnabrück–Minden–Stadthagen–Wunstorf wird das Weserbergland nach Nordwesten durch die ozonreichen Waldregionen des Wiehen- und Wesergebirges abgeschlossen. Auf ihnen reiht sich – wie die Perlen einer Kette – Schaukanzel an Schaukanzel. Von großer Gegensätzlichkeit sind hier die Ausblicke: Hinaus zu den melancholischen Fluren der großen Torfmoore bei Bad Essen und Lübbecke geht die Sicht und in das von den Gletscherzungen der Eiszeit geformte Moränengehügel um den größten See Norddeutschlands, das Steinhuder Meer. Auf der anderen Seite öffnet sich das Land des berühmten Sachsenherzogs Widukind. Hier liegen heute an Werre und Else Städte wie Löhne und Melle, die Hauptstadt des Grönegaus; daneben befinden sich die einstige Hansestadt Herford und die Widukindsstadt Enger, in deren romanischer Stiftskirche St. Dionysius die Gebeine Widukinds unter einer Bildnisplatte aus der salischen Kaiserzeit ruhen. – Jenseits der Weser aber blickt man vom Luhdener Klippenturm auf den Rintelner Stadtteil Todenmann hinunter. Dort schrieb im Jahre 1835 am warmen Südhang unter blühenden Kirschbäumen Franz von Dingelstedt das »Weserlied«.

Gar nicht weit entfernt davon steht der Wanderer dann auf den Höhen der Porta Westfalica, die dem Weserfluß in tiefem Einschnitt den Weg zur Nordsee freigibt. Da schaut er dem Strome nach – bis der sich in weiten Schleifen hinter dem Mindener Dom im Dunst der flachen, sonnenflimmernden Ebene verliert.

Wandern ist Gesundheit für Körper und Geist

Im Teutoburger Wald und Weserbergland zu wandern heißt also, sich in einer wundervollen Natur bewegen, sich trainieren, sich fit halten. Es heißt aber doch wohl vor allem, die Schönheiten dieser Natur in ihrer jahreszeitlichen Unterschiedlichkeit mit wachem Sinn und offenem Herzen in sich aufnehmen. – Meines Erachtens aber bedeutet Wandern noch viel mehr: Land und Leute kennenlernen, ihr Brauchtum, ihre Sprache – und nicht zuletzt die leiblichen Genüsse aus Küche und Keller. Und ihre Geschichte und ihre Kunst. Auch dabei möchte Ihnen dieses Buch helfen.

Überwältigt vom barocken Glanz und Reichtum, aber auch ergriffen von romanischer und gotischer Schlichtheit erlebten wir auf unseren Wanderungen die stimmungsvollen Kirchensäle ehedem blühender Klöster, deren geistige und geistliche Kraft sowie weltliche Macht jahrhundertelang weit ins Abendland hinausstrahlte: in Marienmünster, Loccum, Bad Gandersheim und Amelungsborn auf dem Odfeld, besonders aber in den Klöstern an der Weser, in Fischbeck, Möllenbeck, Lippoldsberg und Bursfelde. Und im altehrwürdigen Corvey bei Höxter.

Erfreut betrachteten wir die kostbaren Ausstattungen der großzügigen Stadtkirchenbauten zu Bückeburg, Paderborn und Herford, aber auch in ländlichen Gemeinden wie Idensen, Rheder oder Talle.

Dazwischen sind profane Glanzpunkte gesetzt. In romantischen Tälern werden Sie trutzigen Höhenburgen begegnen, so dem neugotischen Welfenschloß Marienburg an der Leine, der Schaumburg bei Hessisch Oldendorf und der mächtigen Adelebsener Burg, ferner der Krukenburg an der Weser und der Bielefelder Burg Sparrenberg im Teutoburger Wald. Beinahe zahllos jedoch sind die von malerischen Gräften umgürteten Renaissance-Wasserschlösser an der Weser, von denen Schloß Hämelschenburg das schönste und imposanteste ist.

Die Urbanität spätmittelalterlicher Stadtgemeinschaften ließ daneben von Hameln bis Lemgo und von Rinteln bis Uslar stolze Renaissance-Rathausgiebel und idyllische Fachwerk-Bürgerhäuser entstehen.

Soviel Kunst verbindet sich mit der Vielfalt landschaftlicher Naturschönheiten an der Weser zu beglückender Einheit und gibt dem Wandern, wie wir meinen, erst den rechten Sinn. Daher finden Sie bei jeder Tourengruppe in diesem Buch einige, wenn auch platzbedingt nur kurze kunstgeschichtliche Informationen.

Besonders hinweisen möchte ich auf die oft vorhandenen, manchmal äußerlich kleinen, doch inhaltlich umfangreichen Heimatmuseen. Ihre prähistorischen, geologischen und handwerklich-bäuerlichen Sammlungen lassen interessierten Wanderern Geschichte und Brauchtum der Landschaft in anderem, neuem Licht erscheinen.

Nun noch auf ein Wort bezüglich des Kartenmaterials. Sicher ist es möglich, allein nach den gezeichneten Skizzen dieses Buches zu wandern. Benutzen Sie jedoch – besonders auf unbekannten Wegen – vorsichtshalber zusätzlich die angegebenen amtlichen Karten (sie dienten auch als Vorlage für die Skizzen). Und wenn Sie in großen Waldgebieten auch noch einen Kompaß mit sich tragen, kann überhaupt nichts schiefgehen. – Da an Stelle infolge des wachsenden Fremdenverkehrs laufend neue Wanderwege angelegt werden, können sich die im Begleitheft angeführten Markierungszeichen und -nummern ändern. Entsprechende Hinweise von Wanderfreunden und Gemeinden nehmen Autor oder auch der Verlag gerne entgegen.

Ihnen allen wünsche ich nun viel Freude beim Wandern!

Konrad Fleischmann

1 Osnabrück Wallenhorst Bramsche Ostercappeln Georgsmarienhütte

Rund- und Weitwanderwege am Rande der Hasetalung

Gleich auf drei Seiten wird die 1200 Jahre alte Bischofsstadt Osnabrück von Waldhöhenzügen umwunden: Sanft fallen die Westausläufer des Wiehengebirges vom Steinberg bei Ostercappeln und von der Schleptruper Egge über die Penter Egge ins weitausschwingende Tal des Haseflüßchens nach Bramsche hinunter; in Westrichtung wird das Hasetal vom Kahlen Hügel über das Naturschutzgebiet Gabelin und den Hagenberg bis zum Habichtswald durch einen Waldriegel abgeschlossen, der das Wiehengebirge bei Leeden mit dem nordwestlichen Teutoburger Wald verbindet. Hell und freundlich öffnet sich zwischen den Waldgebirgen die Hasetalung, in der gleichsam wie ein Eingangstor zu diesen Bergbereichen auf ebenem Talteller Osnabrück als kultureller und wirtschaftlicher Mittelpunkt Westniedersachsens liegt.

Schon in vorgeschichtlicher Zeit hatten sich hier am Übergang durch das sumpfige Gelände zwischen dem Wiehengebirge und dem Teutoburger Wald wichtige Handelswege gekreuzt. Karl der Große war es dann, der im Jahre 783 an der Furt über die Hase den Bischofssitz Osnabrück gründete und damit den Ort zum Zentrum der Christianisierung der Sachsen machte, nachdem er seinen stärksten Gegner, Herzog Widukind (Wittekind), besiegen konnte. König Arnulf von Kärnten verlieh Osnabrück 889 das Markt-, Münz- und Zollrecht, und Kaiser Barbarossa stattete 1171 die Bürger mit den Privilegien der eigenen Gerichtsbarkeit und der Stadtbefestigung aus. Nach dem Anschluß des Fürstbistums Osnabrück an die Reformation (1543) wird die Stadt am Schluß des 30jährigen Krieges neben Münster zum Verhandlungsort der Protestanten und der Kaiserlichen; der 25. Oktober 1648 ist dann einer der ganz großen Tage in der Osnabrücker Stadtgeschichte: Von der Treppe des Osnabrücker Rathauses aus wird den kriegsgeplagten Mitteleuropäern der »Westfälische Friede« verkündet.

Seit dem Wiener Kongreß 1815 zum Königreich Hannover gehörend, seit 1866 preußisch, das waren die nächsten geschichtlichen Stationen der heute wirtschaftlich starken Industriestadt Osnabrück. Dazu gesellte sich in den letzten Jahren der junge Ruhm, Norddeutschlands bedeutendste »Wandererstadt« zu sein: Nicht weniger als zehn hervorragend trassierte und markierte Weitwanderwege beginnen bzw. enden im Weichbild der Stadt oder führen nahe an ihr vorbei. Der Wittekinds-, Friesen- und Pickerweg, Tödden- und Hermannsweg sind die bekanntesten (siehe dazu 50/II/1, 2, 3, 4 und 6). Aber auch gut beschilderte Rundwanderwege sind im Osnabrücker Bereich zwischen Wallenhorst, Bramsche, Ostercappeln und Georgsmarienhütte Legion: Die Wandervorschläge 1A und 1B sowie 2 werden Sie zu den schönsten und interessantesten Plätzen in der nahen Osnabrücker Umgebung führen.

1 Zur Wittekindsburg und auf den Wiehengebirgskamm

Osnabrück – Nettetal – Wittekindsburg – Kloster Rulle

$\boxed{A}$ **Wittekindsweg – Ostercappeln – Bahnfahrt nach Osnabrück –** $\boxed{B}$ **Friesenweg – Bramsche – Bahnfahrt nach Osnabrück**

Anfangs sonnige Tal- und Wiesenwege, später im Waldschatten bergan zu sichtreichen Berghöhen

Die erste Wanderung im Osnabrücker Bereich besteht aus zwei recht gegensätzlichen Teilstücken, die Sie während einer Zwei-Tage-Tour oder auch an zwei nicht aufeinander folgenden Tagen durchführen können: Den ersten Wandertag beginnen Sie am besten noch im belebten Stadtgebiet von Osnabrück, an der Haster Mühle, zu der Sie der Stadtbus vom romanischen St.-Peters-Dom und vom monumentalen spätgotischen Rathaus in wenigen Minuten hinausbringt. Im Wiesental der Nette laufen Sie nun auf dem Wiehengebirgszubringerweg dem Bach entgegen, kommen an romantischen alten Mühlen vorbei und gelangen hinter den Oestringer Steinen und jenseits der Bramheide bald auch zu den Resten der sagenreichen Wittekindsburg, in der sich der berühmte Sachsenherzog nach seiner Niederlage gegen den großen Frankenkaiser Karl versteckt haben soll.

Von der Kirche des Wallfahrtsortes Rulle, der 1232 als Zisterzienserkloster gegründet wurde, ziehen Sie jetzt ganz gemütlich

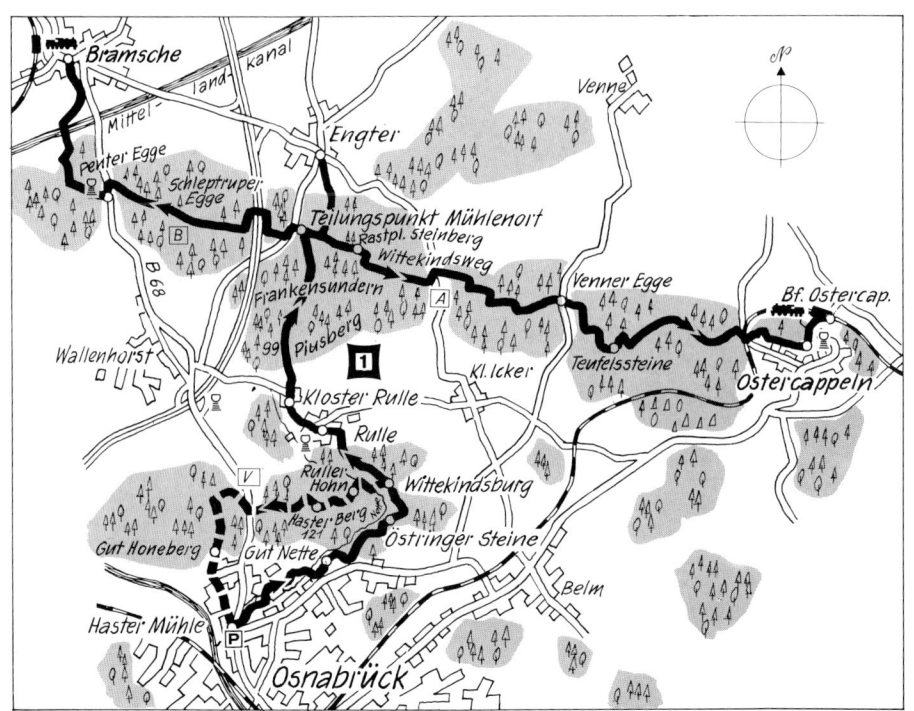

Das monumentale romanische Triumphkreuz aus dem Jahre 1250 im Osnabrücker Dom.

zur schönen Aussicht vom Piusberg hinauf, durchmessen den Frankensundernwald und kommen kurz vor Engter zu einem für alle Wanderer recht wichtigen Punkt: der Wegeteilung Mühlenort. Hier haben Sie gleich drei Möglichkeiten, Ihre Wanderung fortzusetzen: Entweder wenden Sie sich nach einer Übernachtung in Wallenhorst oder Engter an einem sehr stillen zweiten Wandertag auf dem Wittekindsweg ostwärts Richtung Ostercappeln, wobei Sie unterwegs den Steinberg (140 m) überschreiten, später am Süntelstein und an den Teufelssteinen vorbeikommen und hinter der Krebsburg zu großer Rundsicht vom Höhenluftkurort Ostercappeln aufsteigen. Oder Sie flanieren von Mühlenort auf dem Friesenweg in Westrichtung über den Wiehengebirgskamm weiter, über die Schleptruper und Penter Egge ins Hasetal und zum Mittellandkanal, um sich in Bramsche am Anblick der vielen hübschen Fachwerkhäuser und an den gotischen Fresken in der Martinskirche zu erfreuen. Eintageswanderer aber marschieren von Mühlenort auf dem Pickerweg nach Engter hinaus. Auch da gibt es eine interessante Kirche mit einem romanischen Triumphkreuz, aber auch eine Bushaltestelle für die Rückfahrt nach Osnabrück. Und eine Reihe gemütlicher Wirtshäuser, um sich die Wartezeit bis zur Busabfahrt zu verkürzen.

Gehzeit Ⓐ oder Ⓑ jeweils 7½–8 Stunden, 2 Tage; bei Busrückfahrt von Engter nur 4–4½ Stunden.
Karte Topographische Karte 1:50000 Osnabrück L3714 u. Wanderkarte Tecklenburger Land, Landesvermessungsamt Nordrhein-Westfalen.
Anfahrt Mit der Bahn bis Osnabrück-Hauptbahnhof; mit dem Auto auf den BAB A1 und A30 von Münster, Rheine, Bremen oder Hannover.
Ausgangspunkt Osnabrück, Stadtmitte, Dom/Große Domsfreiheit/Bischöfl. Kanzlei (Großparkplatz).
Bitte beachten Notieren Sie schon in Osnabrück die Rückfahrzeiten ab Ostercappeln bzw. Bramsche (oder Engter). Falls Sie 2 Tage unterwegs sind – bestellen Sie die Übernachtungen in Wallenhorst bzw. in Engter vor.

2 Der Georgsmarienhütter Rundweg

Georgsmarienhütte – Kloster Oesede – Musenberg – Dörenberg – Lammersbrink – Georgsmarienhütte – Busfahrt nach Kloster Oesede

Ruhige Feld- und Waldwanderung, bergauf-bergab, viel Sicht, etwa zur Hälfte Sonne

Georgsmarienhütte ist ein weit ausufernder, moderner Industrieort mit über 30000 Einwohnern vor den Toren Osnabrücks. Im Jahre 1856 hatte sich der Georgsmarien-Bergwerks- und Hüttenverein, der seinen Namen vom damaligen Hannoverschen Königspaar ableitete, im Bereich der Gemeinden Malbergen und Oesede eingekauft und wurde darauf zur selbständigen Gemeinde erhoben. In unserer Zeit hat sich diese Gemeindeverwaltung außer um den Neubau blitzsauberer Wohnviertel, Schulen, Straßen und Sportanlagen auch um die Wanderer verdient gemacht: Ein dichtes Netz von Wander-

parkplätzen und Wanderwegen umgibt die Hüttenstadt und läßt schon wenige Gehminuten nach dem Verlassen der dichtbesiedelten Wohnbezirke den erholungsuchenden Wanderer und Spaziergänger vergessen, daß er sich im nahen Umkreis einer zwar noch jungen, aber aufstrebenden, betriebsamen Stadt befindet. Besonders zu empfehlen ist der 50 Kilometer lange Rundwanderweg »Rund um Georgsmarienhütte«, den Sie sich ganz nach Lust und Laune in mehreren Etappen erlaufen können. Er ist bestens markiert und verbindet die schönsten Orte und Punkte rings um die Stadt, wie zum Beispiel den Musenberg und die Forellenteiche Karlsstollen mit Grafensundern und dem Baumannsknollen, führt durch die Hüggelschlucht, durch das idyllische Zitter- und Schlotterbachtal und zu vielen bunten Bauernhöfen und urigen Gasthäusern, vor allem aber auf berühmte Aussichtstürme: zum Lammersbrink auf den

Varusturm und zum 331 Meter hohen Dörenberg auf den Hermannsturm. Von dort schaut man an klaren Spätherbst- und Vorfrühlingstagen weit über den nördlichen Teutoburger Wald und tief in die Täler und Ebenen hinein, ins Osnabrücker Land und ins Münsterland.

Gehzeit 3½–4 Stunden; gesamter Ringweg 12–15 Stunden, 2–3 Tage.
Karte Topographische Karten 1:50 000 L 3714 Osnabrück u. L 3914 Bad Iburg, Landesvermessungsamt Nordrhein-Westfalen; für den gesamten Rundweg auch die Wanderkarte 1:50 000 Tecklenburger Land.
Anfahrt Mit dem Bus von Osnabrück; mit dem Auto auf der BAB A 30 Osnabrück–Bad Oeynhausen oder auf den B 51 oder B 68 von Osnabrück, Münster oder Bielefeld.
Ausgangspunkt Georgsmarienhütte/Kloster Oesede (9 km südöstl. von Osnabrück), östl. Ortsrand, Klosterkirche (P).
Bitte beachten Notieren Sie vor dem Wanderstart die Busrückfahrzeiten.

Sehenswertes

Osnabrück Aus Platzgründen kann eine Erwähnung der vielen Sehenswürdigkeiten Osnabrücks hier leider nur in Stichworten erfolgen: Dom St. Peter – Gymnasialkirche – Johanniskirche – Marienkirche – Katharinenkirche – Residenzschloß – Bischöfliche Kanzlei – Rathaus – Stadtwaage – Kulturgeschichtliches Museum – Diözesanmuseum – Botanischer Garten – Zoologischer Garten – Gerichtsstätte Löwenpudel – Heger Tor (Ehrenmal 1817) – Reste der alten Stadtbefestigung mit Pernickelturm, Bocksturm, Vitischanze und Bürgergehorsam

Bramsche Pfarrkirche St. Martin (Anfang 13. Jh.), polygonaler Chor (15. Jh.) mit spätgotischer Rankenmalerei; schöne Barockausstattung – Steingräberweg Giersfeld bei Ankum
Georgsmarienhütte Kloster Oesede, ehem. Benediktinerinnenklosterkirche St. Johann (12. Jh.) mit Muttergottes-Gnadenbild – Heimat- und Freilichtmuseum »Villa Stahmer«
Engter Pfarrkirche (Anf. 13. Jh.), Triumphkreuz (um 1300), Grabstein (1340).

Von der Treppe des gotischen Osnabrücker Rathauses wurde am 25. Oktober 1648 der Westfälische Friede verkündet.

Ostercappeln Pfarrkirche St. Lambertus (1100); Taufstein mit dem Lambertus-Relief (1040), romanisches Kreuz (1250), Kreuzrelief (1450) – Marienkapelle, Kalvarienberg und Kreuzweg (Sicht!) – NSG Venner Moor – Aussichtsturm Venner Berg
Sutthausen Burg derer von Moltke (1685); Gutskapelle mit Plastiken (17. Jh.) des »Osnabrücker Meisters«
Wallenhorst/Rulle Alte Wallenhorster Dorfkirche St. Alexander (12./13. Jh.) mit interessanter Ausstattung – gotische Annenkapelle – ehem. Zisterzienserklosterkirche Rulle (1232) mit Gnadenkapelle (13. Jh.); Blutmonstranz (16. Jh.), 2 Vesperbilder (17. Jh.) – Wittekindsburg, Schutzanlage aus dem 9./10. Jh.

Freizeitangebot

Osnabrück Mehrere Frei- und Hallenbäder – alle Arten von Wassersport – Reiten – Segelfliegen – Golf – Tennis – Minigolf
Bramsche Frei- und Hallenbad – Naturbad am NSG Darnsee – Reiten – Tennis – Segeln – Rudern – Segelfliegen – Angeln
Georgsmarienhütte Waldbad – beheiztes Freibad – Hallenbad – Tennis – Reiten – Angeln – Kegeln – Trimmpfad
Wallenhorst/Rulle Frei- und Hallenbad – Wassersport – Reiten (Reithalle) – Tennis

Veranstaltungen

Kloster Oesede Freilichtspiele auf der Eichendorf-Waldbühne (Mai–September)

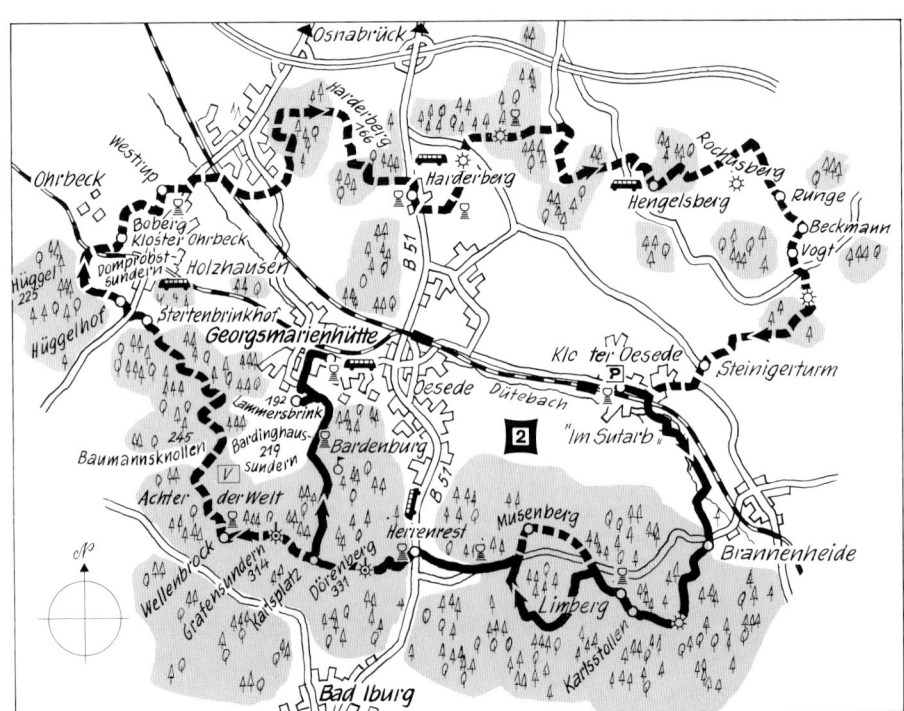

2 Bad Essen Bohmte Preußisch Oldendorf

Aussichtsberge im mittleren Wiehengebirge

Die infolge tektonischer Verschiebungen senkrecht aufgestellten Barkhausener Saurierspuren – 150 Millionen Jahre alte Fußabdrücke gewaltiger Lebewesen – befinden sich unmittelbar am Wittekindsweg.

Gut 70 Kilometer erstreckt sich das nur wenige Kilometer breite Wiehengebirge parallel zum Teutoburger Wald von West nach Ost: Sanft und kerzengerade steigt es bei Bramsche vom Mittellandkanal aus dem Emsland, wendet sich nördlich von Rödinghausen im stumpfen Winkel nach links der Weser zu und gleitet mit steiler Flanke an der Porta Westfalica zum berühmten Weserdurchbruch hin ab.

Dieser schlanke, von der Zivilisation bis jetzt nur wenig berührte Laubwald-Höhenzug, der die flache Weite der Norddeutschen Tiefebene vom Gehügel des Lippischen Berglandes abgrenzt, wird von einem fast 100 Kilometer langen Weitwanderweg gekrönt: Es ist der bestens rot-weiß markierte Wittekindsweg, der Osnabrück mit Minden verbindet (siehe Wandervorschlag 50/II/1). Südlich von Bohmte, im Bereich Bad Essen–Preußisch Oldendorf, führt dieser großartige Weg zu beachtlichen fast 200 Höhenmetern bergan und gibt dem Wiehengebirgswanderer auf dem Bad Essener Sonnenbrink eine große Fernsichtszene frei: Vom sonnenglitzernden Wasserspiegel des Dümmer im Norden bis zur langen Kette der Teutoburger Waldberge in Südrichtung schweift hier der Blick und ostwärts über die lippischen Berge hinweg zu den Felsen und Kuppen des Weserberglandes. Aber auch der beinahe gleich hohe Aussichtsturm Schwarzer Brink und der Bergfried der Ruine Limberg auf dem Waldsporn der Egge – die als Wiehengebirgsanhang bei Barkhausen vom Hauptkamm nach Norden abzweigt – erfreuen die Wanderer mit exzellenter Rundsicht.

Start für solch lohnende Wanderziele im mittleren Bereich des Wiehengebirges ist in zwei bekannten Kur- bzw. Erholungsorten: in Bad Essen und in Preußisch Oldendorf. Vom dicken Turm der 700jährigen Bad Essener Pfarrkirche bringt Sie eine genußvolle, nur wenig anstrengende Bergwanderung zwischen schönen alten Fachwerkhäusern aus dem modernen, blitzsauberen Heilbad hinauf zum Wiehengebirgskamm und über die Wald- und Aussichtshöhe des Linner Berges zu einer einmaligen Sehenswürdigkeit: ins Huntetal zu den berühmten Saurierfährten. Sie wurden die hier bei Barkhausen vor vielen Millionen Jahren von gewaltigen Lebewesen in dickem, feinem Schlamm abgedrückt, versteinerten später und stehen nun infolge tektonischer Verschiebungen seit Jahrhunderttausenden auf einer Felsenwand senkrecht am Talrand – begutachtet und bestaunt (aber nicht beklettert!) von jung und alt.

In Preußisch Oldendorf beginnt der zweite Wandervorschlag. Ein sichtreicher Weg wird Sie im Mittelteil dieser Höhewanderung vom Eggeturm zu den imposanten Resten der alten Landesburg auf dem 190 Meter hohen Limberg leiten. Diese Burg war mit 5000 Quadratmetern die räumlich größte der vier Ravensberger Grafschaftsburgen und übertrifft den Flächenraum der drei anderen Landesburgen (Sparrenburg, Ravensburg, Vlothoer Burg) um das Doppelte. Vor fast sieben Jahrhunderten wurde sie zur Bewachung und zum Schutz des Holzhauser Passes hoch über dem Durchbruchstal der Aue erbaut, in das Sie – wenn Sie Lust haben – von hier oben ganz bequem hinunterwandern können, um dort beim Gut Hudenbeck noch eine der schönsten Wassermühlen des Lübbecker Landes zu besichtigen.

1 Auf dem Wittekindsweg zu den Barkhausener Saurierfährten

Bad Essen – Sonnenbrink – Linner Berg – Linnerheide – Busfahrt nach Bad Essen

Anfangs nicht zu steiler Anstieg im Waldschatten, später nur wenig auf und ab, überwiegend Schatten

Die Saurierfährten sind nicht nur etwa 150 Millionen Jahre alt, sondern sie sind – meines Wissens – ein in Europa einzigartiges Naturdenkmal. Sie zeigen, in Schieferton gepreßt, gut ausgeprägte und gut erhaltene Fußspuren einer elefantenfüßigen, dreizehigen Tierkoloßfamilie, die einst dort gemütlich ihren Sonntagsausflug ins Wiehengebirge unternahm (das es damals noch gar nicht gab!) Diese große Sehenswürdigkeit ist das Ziel der Wanderung, aber auch unterwegs gibt es viel zu schauen – aber auch viel zu laufen und zu steigen. Durch schöne Parkanlagen geht es bergan zum ersten großen Tiefblick beim Forstlehrpfad am Waldrand und weiter hinauf zum Sonnenbrink-Aussichtsturm, dessen Plattform in 18 Meter Höhe das Walddach des Wiehengebirges überragt. Von hier führen Sie nun die weiß-roten Markierungsbalken des Wittekindsweges westwärts, am Alten Berghaus, am Sonnenwinkel-Heim und am Wildstein vorüber. Dabei gibt es unterwegs feine Ausblicke auf die Meller Berge und bis ins Hasetal – und anschließend bei der Schierenhorst-Hütte mitten im Forst eine längere Rast und eine Vesper aus dem Rucksack. Dann wandert man durch Waldesstille über den Osterberg und Linner Berg ins Huntetal zu den Saurierspuren. Und erweitert nach soviel Naturerleben am Spätnachmittag vielleicht sogar noch sein Kunstgeschichtswissen, indem man die uralte Barkhausener St.-Martins-Kirche besucht. Mit ihrem wuchtigen quadratischen Turm, einem romanischen Langhaus und einem gotischen Chor steht sie wie eine Burg malerisch inmitten des weiträumigen Friedhofs.

Gehzeit 4–4½ Stunden.
Karte Topographische Karten 1 : 50 000 L 3714 Osnabrück u. L 3716 Lübbecke, Landesvermessungsamt Nordrhein-Westfalen; oder Wanderkarte der Stadt Bad Essen.
Anfahrt Mit dem Bus von Osnabrück oder Minden; mit dem Auto auf den B 51, B 65 oder B 218 von Diepholz, Minden, Osnabrück oder Bramsche (BAB Bremen-Münster).
Ausgangspunkt Bad Essen, nördl. Stadtrand, Bohmter Straße, Gartenstraße, Niedersachsenstraße (Großparkplatz).
Bitte beachten Vor dem Wanderstart die Busrückfahrzeiten notieren. Unterwegs gibt es keinen Wanderstützpunkt: genügend Proviant und Getränke in den Rucksack packen.

2 Über die Preußisch Oldendorfer Egge

Preußisch Oldendorf – Aussichtsturm Schwarzer Brink – Ruine Limberg – Preußisch Oldendorf

Berg- und Höhenwanderung auf gut begehbarem Weg, nur wenig steil, schöne Aussicht, erstes und letztes Wanderdrittel schattig

»Einstmals in grauer Vorzeit« – so erzählt es die Sage, schon mehr als 1000 Jahre sind es her – »ritt der Sachsenherzog Widukind mit seinem Jagdgefolge durch die Wälder des Wiehengebirges. Geplagt von einem schmerzhaften Rheumatismus, dazu müde und durstig vom Jagen, ließ sich der Herzog am Gebirgshang im Schatten mächtiger Bäume nieder. Da hörte er im Gesträuch das helle Murmeln einer Quelle. Erfreut erhob er sich und trank vom frischen Wasser Zug um Zug aus der hohlen Hand. Und merkte, wie er dabei erfrischt, gekräftigt und gesund wurde. Immer wieder kam der Herzog zu diesem Quell und erquickte sich. So gut gefiel ihm das, so gut tat ihm die Heilkraft des klaren, reinen Borns, daß er sich gleich daneben auf dem Lyntberg – so nannte man damals den Limberg – eine stolze Burg erbauen ließ: die Lyntburg, die er bis zu seinem seligen Ende bewohnte. Die Sachsen aber hatten wieder einen starken, kraftvollen Helden zum Anführer.«

Diese Quelle, die dem wackeren Widukind Erfrischung und Genesung brachte, soll es heute noch unterhalb der Limberg-Burgmauern am Wege nach Börninghausen geben. Gefunden haben wir sie allerdings nicht, als wir vor einiger Zeit die Wanderung von Preußisch Oldendorf zum Schwarzen Brink und über den Eggekamm zur Ruine Limberg unternahmen. Vielleicht gelingt es Ihnen, den Born bei Ihrer Limberg-Wanderung dort irgendwo im Wald zu entdecken. – Wir entdeckten dafür allerdings auf dem Limberg gleich drei für uns sehr wichtige Dinge: eines der schönsten Naturschutzgebiete Westfalens, in dem uns die Vielfalt seltener Bäume und Sträucher faszinierte; einen wundervollen Ausblick von der Burgruine, von der wir nordwärts hinausschauten auf den Rahdener Forst und die Stemweder Berge, hinter denen die unendliche Weite der norddeutschen Tiefebene verblaute; und – ganz wichtig für müde Wanderer – ein Forsthaus, das schon seit über 100 Jahren als urgemütliches Gast- und Rasthaus geführt wird.

Gehzeit 3½–4 Stunden.
Karte Naturparkkarte 1:50000 Minden-Lübbecker Land, Landesvermessungsamt Nordrhein-Westfalen.
Anfahrt Mit der Bahn von Bünde oder Minden; mit dem Bus von Osnabrück oder Minden; mit dem Auto auf den B 51, B 65 oder B 218 von Diepholz, Minden, Osnabrück oder Bramsche (BAB Bremen-Münster).
Ausgangspunkt Preußisch Oldendorf, südl. Stadtrand, Bahnhof (P).
Bitte beachten Bei Abstieg nach Holzhausen: vorab Rückfahrplan erkunden.

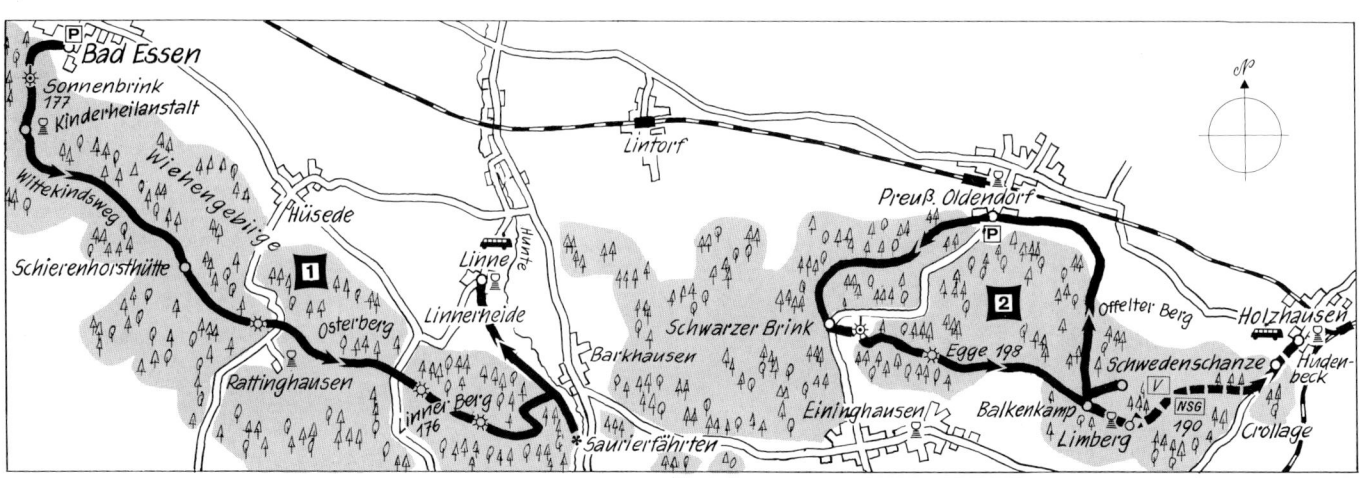

Sehenswertes

Bad Essen Ev. Pfarrkirche St. Nicolai, romanisch/gotisch (13./15. Jh.), 1662 erweitert; interessante Rittergrabsteine (16. Jh.); Reste der alten Kirchenburg auf dem Kirchplatz – alte Wassermühle – viele schöne, bunte Fachwerkhäuser mit Inschriften – in der Nähe: Schloß Hünnefeld, Wasserburg, 3flügeliges Herrenhaus mit Treppentürmen (17./18. Jh.) u. Taubenturm – Schloß Ippenburg, neugotisches englisches Herrenhaus (Mitte 19. Jh.) 1000jährige Eibe in Wehrendorf – Johanniskirche in Lintorf (15. Jh.) mit romanischen Bauteilen – Eielstädter Schlucht – Burg Wittlage (um 1500)

Barkhausen Ev. Pfarrkirche St. Martin, 2jochiges romanisches Langhaus mit Kreuzgratgewölben u. gotischem Chor, Ausstattung 17. Jh. – versteinerte Dinosaurierspuren im Schieferton des Huntetales

Preußisch Oldendorf Pfarrkirche St. Dionysius, ehem. Wehrkirche (um 1300), spätgoti-
sche Hallenkirche mit Schnitzaltar (1510) u. Barockorgel (1662) – in der Umgebung: Gut Groß-Engershausen, park- und wasserumgebenes Herrenhaus (1707); Haus Klein-Engershausen (18. Jh.) – Schloß Hollwinkel in Hedem, Renaissance – ev. Kirche St. Ulrich in Börnighausen, romanischer Saalbau mit quadratischem Chor u. kubischem Wehrturm, Schiff 1463 erneuert; reiche Ausstattung – geologischer Lehrpfad Steinbruch Linkenberg – Feuerwehrmuseum Schröttinghausen – Forstlehrpfad

Holzhausen Ev. Pfarrkirche St. Ulrich (Anf. 13. Jh.), romanisch erneuert – Ruine Limberg, urkundl. 1319, massiger Bruchsteinturm der früheren Landesburg der Grafen von Ravensberg, 12 × 12 m, 3 m Mauerstärke, Mauern, Wälle u. Gräben; Figenburg, ehem. Burgmannsitz mit Wappen – Gut Crollage, Herrenhaus der Frührainaissance (16. Jh.), 3flügeliger Bau mit Treppentürmen, barocke Einfahrt – Gut Hudenbeck (1558); Gutswassermühle (Ende 19. Jh.) mit 3geschossigem

Vor der Bad Essener St.-Nicolai-Kirche beginnt die Wanderung über den Wiehengebirgskamm zu den Barkhausener Saurierfahrten.

Krahnvorbau sowie einem interessanten Park

Lashorst Schloß Hüffe, spätbarock/klassizistisch (1775–84) auf rechteckiger Gräfteninsel, großzügige Anlage mit schönem Park

Freizeitangebot

Bad Essen Sole-Freibad – Sole-Hallenbad – Tennis – Segelfliegen – Reiten – Kegeln – Trimmpfad

Bohmte Beheiztes Freischwimmbad – Hallenbad – Tennis – Segelfliegen – Reiten – Wassersport auf dem Mittellandkanal

Preußisch Oldendorf Beheiztes Waldschwimmbad – Minigolf – Reiten – Angeln – »Freizeitpark Eggetal« – Trimmpfad

3 Lübbecke Hüllhorst Hille

Mühlen, Moore und Wallburgen des Lübbecker Ländchens

Mit einem stumpfen grünen Laubdachwinkel zeigt das Wiehengebirge bei Lübbecke als nördlichster deutscher Mittelgebirgszug über die flache Unendlichkeit der norddeutschen Tiefebene hinweg Richtung Bremen und Wilhelmshafen und läßt dahinter das Meer, die Nordsee, erahnen. Hier, längs des Mittellandkanals, erreicht das Gebirge mit dem Wurzelbrink und Heidbrink seine größte Höhe. Sanft steigt es von der Stadt Lübbecke und vom Großen Torfmoor bei Hille aus der horizontweiten Ebene südwärts zu 320 Höhenmetern an und fällt mit seinem Südabhang steil ins waldfreie Gehügel der Ravensberger Mulde nach Hüllhorst hinunter. Das ergibt bis zur Talsohle von Else und Werre immerhin einen Unterschied von fast 300 Metern und ist für norddeutsche Landschaftsverhältnisse eine recht respektable Höhendifferenz.

Während das Wiehengebirge im Raum Lübbecke vom Paß bei der Neuen Mühle bis zum Bergkirchener Paß eine Ausdehnung von fast 20 Kilometern hat, ist es bei den Wallburgen auf der Babilonie und auf dem Reineberg gerade 2½ Kilometer breit, bei Nettelstedt gar nur noch gut 1 Kilometer. Das ist wegen der vielen Naturschönheiten und volkskundlichen Sehenswürdigkeiten zwar ein sehr interessantes Wandergebiet – wie Sie selbst sehen und erleben werden –, aber es ist auch ein relativ kleiner Bereich. Deswegen habe ich zwischen Hille, Nettelstedt und Bad Rothenuffeln noch einen weitausholenden, aber erholsamen (und auch lohnenden, weil überaus interessanten) Schlenker an den Wandervorschlag 2 drangehängt – wegen seiner Länge allerdings nur für gut gehvortrainierte Wanderer geeignet. Es ist ein Rundwanderweg durch die ein wenig melancholische, aber infolge ihrer bezaubernden Schönheit faszinierende Flora (und Fauna) des Großen Torfmoors, ein Ausflugs- und Wanderziel par excellence! Zwischen solch urwüchsige Landschaft hat der Mensch im Laufe der Jahrtausende um Lübbecke, Hüllhorst und Hille viel Kunst- und Kulturgeschichtliches gestreut: altsächsische Wallanlagen, ehrwürdige alte Stadt- und Dorfkirchen, bunte Bürger- und Bauernhäuser aus Fachwerk und überall zünftige Wirtshäuser, um den Wanderhunger und -durst nicht gar zu groß werden zu lassen. Aber auch zu einer Reihe bestens erhaltener Wind- und Wassermühlen werden Sie die Wanderwege in Lübbecker Landen führen: zur Eickhorster Windmühle, zur Wassermühle und zur Windmühle in Eilhausen und zur schönsten Wassermühle in ganz Westfalen, der Roßmühle Oberbauernschaft.

1 Auf dem höchsten Berg des Wiehengebirges (320 m)

Lübbecke – Wurzelbrink (320 m) – Roßmühle Oberbauernschaft (– Babilonie) – Neue Mühle/Große Aue – Bahnfahrt nach Lübbecke

Erholsame Berg- und Waldtour auf gut markierten Wegen, überwiegend Schatten, weite Fernsicht

Von den Ausgrabungen der Wittekindsburg bei Rulle bis zu den Resten der Wittekindsburg auf dem Wittekindsberg an der Porta Westfalica leiten die weißroten Markierungsbalken des Wittekindsweges (siehe dazu auch Wandervorschlag 50/II/1) den Wiehengebirgswanderer in West-Ost-Richtung während einer genußvollen Fünf- bis Sechs-Tage-Tour über den Gebirgskamm. So kommt er dann am dritten oder vierten Wandertag – von den Barkhausener Saurierspuren und dem Nonnenstein herüber – auch an der Babilonie vorbei, von der die Sage erzählt, innerhalb ihrer einst mächtigen Schutzwallanlagen sei Anfang des 8. Jahrhunderts Widukind, der große Sachsenherzog, geboren worden.

Eines der schönsten Teilstücke dieses hervorragend trassierten und bezeichneten Weitwanderweges können Sie sich vom mehr als zwölf Jahrhunderte alten früheren »Gauhauptort« Lübbecke aus erlaufen. Nach einem stillen Waldaufstieg erreichen Sie einen der großartigsten Punkte des gesamten Wiehengebirges, der zugleich sein höchster Punkt ist: den Aussichtsturm auf dem 320 Meter hohen Wurzelbrink. Von ihm aus läßt sich das gesamte Widukindsland überschauen, vom Wesergebirge bis zum Teutoburger Wald und nordwärts bis zu den allerletzten Mittelgebirgsausläufern Deutschlands, den Dammer und Stemweder Bergen. Der Wittekindsweg bringt Sie jetzt ostwärts zur Kahlen Wart, von der es einen lohnenden Abstecher bergab zur Oberbauerschafter Roßmühle zu machen gilt.

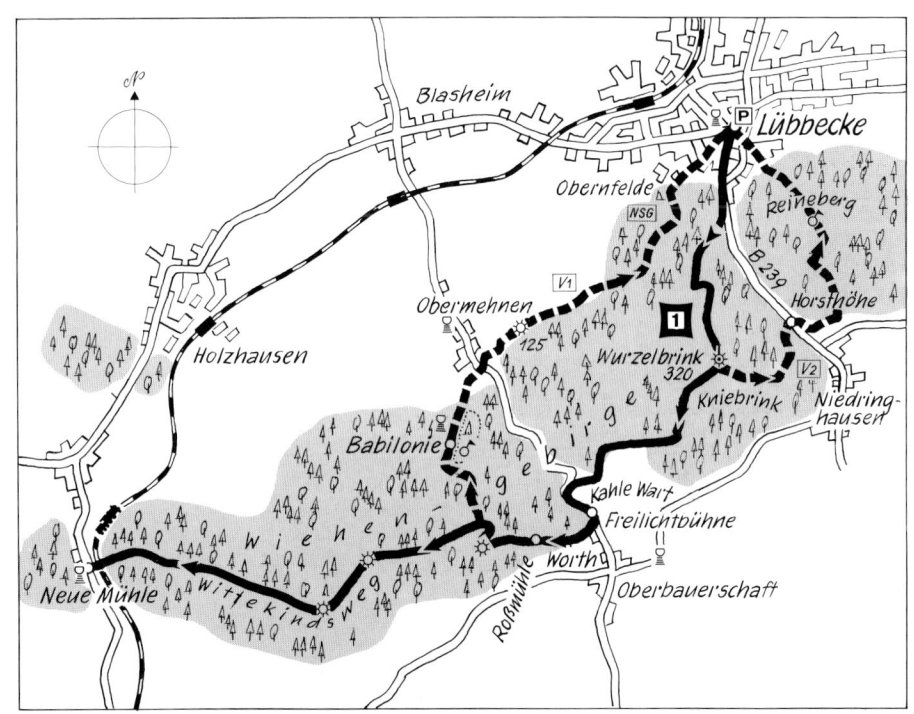

Ein wenig später muß man überlegen: Läuft man auf dem Herzogsweg nordwärts zur Babilonie und von Obermehnen auf dem Wiehengebirgs-Nordhangweg nach Lübbecke zurück? Oder marschiert man (ein wenig kürzer) auf dem Kammweg in Ostrichtung weiter bis zur Bahnstation beim Gasthaus Neue Mühle? Wegen der vielen schönen Ausblicke ins Ravensberger Land und wegen der vielen einsamen, beschaulichen Rastplätze unterwegs. Und um diese Qual der Wahl noch zu steigern: Ein Abstieg vom Wiehengebirgskamm zum Niederinghausener Paß und über den Reineberg ist auch nicht zu verachten. Man kommt dabei an den Resten der ehemaligen Landesburg vorbei, die von den Mindener Bischöfen vor über 1000 Jahren zum Schutze des Lidbekegaus auf dem Reineberg erbaut wurde.

Zum Schluß geht's von der steinalten Reineberg-Linde immer bergab – bis zum Lübbecker Bierbrunnen am Wall. Vielleicht haben Sie Glück und es wird gerade Freibier für durstige Wiehengebirgswanderer ausgeschenkt.

Gehzeit 3½–4 Stunden; evtl. 4½ oder nur 2 Stunden.
Karte Naturparkkarte 1:50 000 Minden-Lübbecker Land, Landesvermessungsamt Nordrhein-Westfalen.
Anfahrt Mit der Bahn von Bünde (Osnabrück/Bielefeld) oder Bassum (Bremen); mit dem Bus von Minden; mit dem Auto auf der B 65 oder B 239 von Osnabrück, Minden, Herford oder Rahden.
Ausgangspunkt Lübbecke, Stadtmitte, Marktplatz/Altes Rathaus (Großparkplatz).
Bitte beachten Notieren Sie schon vor dem Wanderstart die Bahnverbindung Neue Mühle–Lübbecke. Da es unterwegs keinen Stützpunkt direkt am Wege gibt: Verpflegung und Getränke im Rucksack mitführen.

2 Durchs Große Torfmoor auf den Wiehengebirgskamm

Hille – Großes Torfmoor – Wind- und Wassermühle Eilhausen – Nettelstedter Berg – A Eickhorst – Busfahrt nach Hille – B Eickhorster Berg – Wallücke – Bergkirchen – Bad Rothenuffeln – Busfahrt nach Hille

Anfangs flach und sonnig, später im Waldschatten bergwärts

Der Ausgangspunkt im ländlich-behäbigen Hille ist eine echt norddeutsch-niedersächsische Idylle: Ein aufgelassener, parkartiger Dorffriedhof mit verwitterten Grabsteinen, skurrilen Lebensbäumen und Eiben umgibt die wuchtige gotische Hiller Dorfkirche, neben der eine mit Ketten zusammengehaltene, uralte Eiche steht. Soviel Romantik versetzt wohl jeden Besucher von Hille gleich in die richtige

Die Eilhausener Windmühle am Rande des Großen Torfmoors.

Wanderstimmung, wenn er hinauszieht in die brettebenen, fruchtbaren Ackerfluren um den Mittellandkanal, immer dem grünen Bergrevier des Wiehengebirges entgegen. Doch schon bald wird's hochinteressant. Gleich jenseits des Kanals blättert sich im Naturschutzgebiet des großen Nettelstedter Geest- und Torfmoors das Land auf wie ein überdimensionales Naturkundebuch. Und wer drin lesen will, der kann über die jüngere Geschichte unserer Erde allerlei lernen: über das Urstromtal der Weser und die Eiszeit, über das Torfstechen und die Heilwirkung der Moorerde, über Vögel, Blumen und sich im Lufthauch wiegende, zarte Gräser. Gut bezeichnete Rundwanderwege leiten Sie hier von einem interessanten Punkt zum anderen, von Schautafel zu Schautafel – und von einem feinen Rastplatz zu einem noch feineren. Dazu hört man weiter nichts als den Ruf von Kuckuck und Kiebitz, das Blöken und Muhen weidender Schafe und Kühe und das Summen von vielen hundert Insekten. – Für uns, die wir aus dem hektischen Betrieb der Großstadt, aus Lärm und Benzindunst an ei-

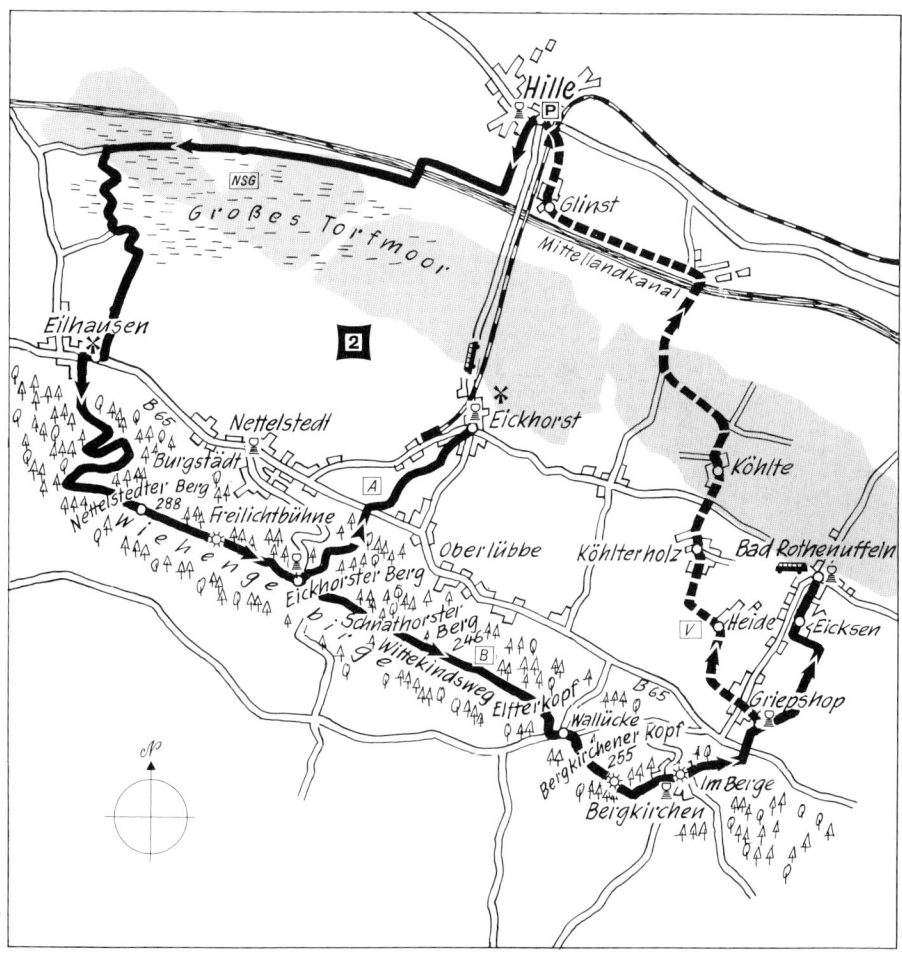

Herbststimmung bei der Babilonie
im Wiehengebirge.

Sehenswertes

Lübbecke Ev. Pfarrkirche St. Andreas, romanisch/gotisch (12/14. Jh.), Urpfarrei des Bistums, 3schiffige Hallenkirche; Kruzifix (12. Jh.) u. interessante Epitaphien (16./17. Jh.) – Rathaus (16. Jh.) mit schönem gotischen Giebel – Museum Burgmannshof (1735) – Bierbrunnen am Niedernwall – in der Umgebung: Reineberg, ehem. Landesburg der Bischöfe von Minden mit 1000jähr. Linde – Babilonie, altsächsische Wallburg, sagenhafter Geburts- und Aufenthaltsort Widukinds in den Frankenkriegen – Museumsdorf Rahden mit Burgruine (14. Jh.) – ev. Kirche Blasheim, spätromanische Saalkirche, zur spätgotischen Halle erweitert (1493) – Haus Obernfelde (18. Jh.), klassizistischer Entwurf von Schinkel – Wassergut Stockhausen (1699) – ev. Kirche Gehlenbeck, spätgotischer Saalbau (1495) – Gut Renkhausen, Neurenaissance (18. Jh.)

Hüllhorst Roßmühle Oberbauernschaft (1797), 8eckiger Fachwerkbau, Göpelwerk für 6 Pferde, Kammrad 32 m Umfang; Bokemühle u. Getreidemühle – viele schöne alte Bauernhöfe (u. a. Zweiständerhaus in Huchzen; Meyer zu Kniendorf)

Hille Ev. Pfarrkirche, spätgotisch (1523), 2½jochiger Saalbau, 1752–59 erweitert – von Oeynhausenscher Hof, Gräftenhof u. Rittersitz; malerisches Torhaus (1699)

Eickhorst/Nettelstedt Stocks Windmühle (1848) mit gut erhaltener Einrichtung – Peperscher Hof (1686), ehem. Bischofshof – Oldtimermuseum

Eilhausen Wassermühle mit oberschlächtigem Wasserrad – Windmühle (1748), sog. Königsmühle, vollständig erhaltenes hölzernes Triebwerk

Bergkirchen Ev. Pfarrkirche St. Nicolaus, spätromanischer Saalbau mit gotischem Chor (1346), 1752 erweitert

Freizeitangebot

Lübbecke Beheiztes Freischwimmbad – Hallenbad – Reiten – Tennis – Minigolf – Trimmpfad

Hüllhorst Reiten – Kegeln – Tennis – Trimmpfad in Bad Rothenuffeln/Bergkirchen

Veranstaltungen

Lübbecke Großes Bierbrunnenfest mit Freibier u. Festzug (August) – Freilichtfestspiele Nettelstedt

Hüllhorst Plattdeutsche Laienspiele auf der Freilichtbühne »Kahle Wart« in Oberbauernschaft

---

nem goldenen Frühlingsmorgen zum ersten Mal ins Hiller Moor kamen, war das ein phantastisches Erlebnis.

Am Nachmittag stiegen wir von den Eilhausener Mühlen hinauf zum Wiehengebirgskamm und promenierten auf dem Wittekindsweg über den Nettelstedter, Schnathorster und Bröderhauser Berg. Dann saßen wir am Abend im zauberhaften Bergkirchen neben der Widukindsquelle in einem herrlichen Wirtsgarten und wanderten anschließend nach Bad Rothenuffeln hinunter, dem roten Ball der untergehenden Sonne entgegen.

Gehzeit ☐A☐ 4½–5 Stunden; ☐B☐ 6½–7 Stunden; ohne Busfahrt bis 9 Stunden), 2 Tage.
Karte Siehe Wandervorschlag 1.

Anfahrt Mit der Bahn wie bei Wandervorschlag 1 bis Lübbecke, weiter mit dem Bus (auch von Minden); mit dem Auto auf der B 65 oder B 239 von Osnabrück, Minden, Herford oder Rahden.

Ausgangspunkt Hille (11 km nordöstl. von Lübbecke), südl. Ortsrand, Kirche (P).

Bitte beachten Schon vor Antritt der Tour die Busrückfahrzeiten notieren und evtl. die Übernachtung in Nettelstedt, Bergkirchen oder Bad Rothenuffeln vorbestellen.

4 Bad Oeynhausen Löhne

Großer Rundwanderweg um den Jordansprudel

Beim Bad Oeynhausener Kurhaus im Kurgarten beginnt der 42 Kilometer lange, von der Kurverwaltung bestens bezeichnete Wanderweg »Rund um den Jordansprudel«.

Der Name Bad Oeynhausen hat einen guten Klang in Deutschland und darüber hinaus in ganz Europa. Der Bülowbrunnen und der Wittekindsbrunnen, Oeynhausensprudel, Kaiser-Wilhelm-Sprudel und Morsbachsprudel haben den Ruhm der »Stadt ohne Stufen« seit fast 200 Jahren weit über die Grenzen Westfalens und Niedersachsens hinausgetragen. Vor allem aber der in den Jahren 1924–26 vom Oberbergrat Jordan abgeteufte Jordansprudel hat mit seiner eisen- und kohlensäurehaltigen Sulfat-Thermalsole in nunmehr gut fünf Jahrzehnten Hunderttausenden von Bewegungsbehinderten ihre Gesundheit wiedergegeben oder zumindest ihre Leiden gelindert. Mit 35,65 Grad Celsius und einer Schüttung von 6 200 Li-

tern pro Minute springt der Jordansprudel aus einer Tiefe von 724,56 Metern ganze 52 Meter empor und ist damit die größte Thermalsolequelle der Erde.

Schon Anfang des 19. Jahrhunderts hatte der Berghauptmann Carl August Ludwig Freiherr von Oeynhausen in der damaligen Ortschaft Neusalzwerk die erste Heilquelle erbohrt und setzte sich anschließend tatkräftig für den aufstrebenden Kurort ein. Zu Ehren seines Gründers und Förderers wurde das 1847 staatlich gewordene Bad schon ein Jahr später in Bad Oeynhausen umbenannt.

Heute kommen jährlich abertausend kranke und erholungsuchende Menschen in das großzügig und modern angelegte Heilbad, das sich mit seinen Vororten nordwärts bis zum Wiehengebirgskamm hinauf- und in Südrichtung weit ins Lippische Bergland hineinschwingt.

Mittelpunkt des Bades ist das im wilhelminischen Stil erbaute Kurhaus mit Wandel- und Trinkhallen, Bewegungszentren und Badehäusern. Die Gebäude liegen in einem der schönsten Parks von Deutschland, der in der Mitte des vorigen Jahr-

hunderts vom berühmten Gartenarchitekten Peter Joseph Lenné gestaltet wurde und eine einzigartige Vegetation seltener Bäume und Sträucher besitzt.

Aber nicht nur der Krankheit hat die Bad Oeynhausener Kurverwaltung den Kampf angesagt, sie will auch das Wohl der Gesunden fördern. Unter anderem durch Wandern in der schönen Bad Oeynhausener Umgebung, die den Besuchern alles bietet, was sich ein Wandererherz nur wünschen kann. Zum Beispiel stille Wege durch romantische Bachtäler, etwa das Siekertal, das Werretal oder das Borstenbachtal. Dazu kommen prächtige Aussichtsbastionen auf den Wiehengebirgshöhen und im Lippischen Bergland, wie die 264 Meter hohe Lutternsche Egge und den Eidinghauser Berg am Wittekindsweg, oder die Sicht von der Ebenöde bei Wölpke. Dazwischen liegen sonnenreiche Bauernfluren mit bunten Fachwerkhöfen und schattenspendende Laubwaldregionen, in denen die Wanderer, die mit wachen Augen durch die Landschaft streifen, ganz besondere Naturdenkmäler aufdecken können: kugelrund geschliffene, rot und

weiß-grau schimmernde Granitfindlinge, die von den eiszeitlichen Gletscherströmen 1000 Kilometer weit aus dem Norden hergewälzt wurden, bis von Norwegen und Schweden. Als aber Klima und Boden den Eismassen bei uns zu warm wurden, ließen die Ferner ihre skandinavischen Mitbringsel hier liegen und zogen sich wieder in ihre nordische Heimat zurück.

Um all das zu erleben, läßt man sich von einem von der Kurverwaltung Bad Oeynhausen bestens angelegten und markierten Rundwanderweg durch das Land an Werre und Weser führen: in einer Südrunde nach Lohe, Babbenhausen und Rehme; und in einer Nordrunde nach Werste, Bergkirchen und Dehme. Als Markierungszeichen dient die stilisierte Fontäne des Jordansprudels.

1 Auf dem Werre-Uferweg nach Löhne

Bad Oeynhausen – Werre-Uferweg – Löhne – Bus- oder Bahnfahrt nach Bad Oeynhausen
Einfache Talwanderung auf ebenen, gut begehbaren Wegen, kaum Schatten

Der Bad Oeynhausener Rundwanderweg ist relativ lang. So sollte man sich auf einer kurzen Wanderstrecke zunächst ein wenig einlaufen. Der Werre-Uferweg ist dazu hervorragend geeignet. Führt er doch immer hübsch eben und ohne Anstrengung dahin, vom Oeynhausener Kurpark durch den Sielpark zum Schwanenweiher und danach immer am Werreflüßchen entlang. Sein Wasser plätschert hier schon ein wenig müde der Weser entgegen, denn es hat bereits eine weite Reise hinter sich: über Bad Meinberg, Detmold, Lage und Herford aus dem Teutoburger Wald herunter. Von Löhne fährt man mit dem Bus oder mit der Bahn nach Bad Oeynhausen. Oder man läuft zurück, und zwar stets gegen die ⨉-Markierungen des Hauptwanderweges Nr. 8, aber diesmal auf der anderen Werreuferseite.

Wandererfahrenen Anhängern Karl Mays sei geraten, vom Gut Haus Beck in Löhne zum prachtvollen Renaissance-Wasserschloß Ulenburg hinüberzupirschen, im offenen, weglosen Gelände (und nicht auf der vielbefahrenen Straße über Esser!), am Mühbach aufwärts – ganz wie seinerzeit Winnetou.

Gehzeit 1½–2 Stunden; bis Ulenburg gut 1 Stunde länger.
Karte Naturparkkarte 1:50 000 Minden-Lübbecker Land, Landesvermessungsamt Nordrhein-Westfalen; evtl. auch Wanderkarte der Stadt Oeynhausen.
Anfahrt Mit der Bahn von Osnabrück–Herford oder Hannover–Minden; mit dem Auto

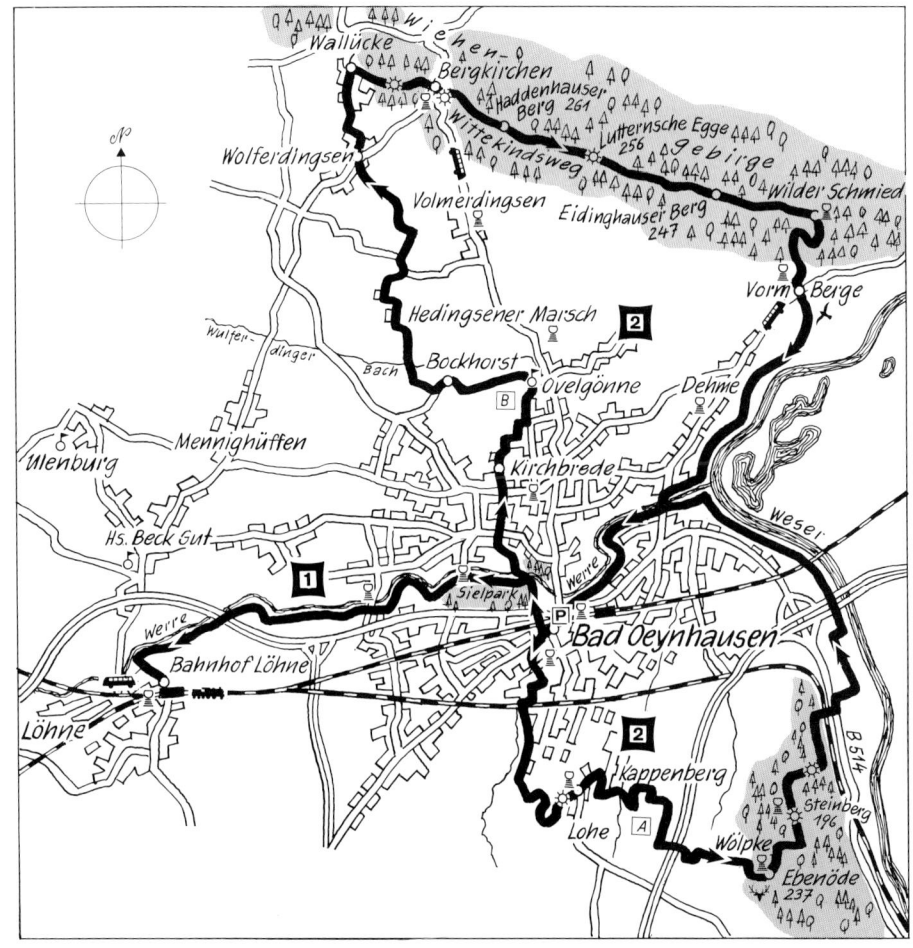

auf der BAB A30 oder A2 von Osnabrück, Köln, oder Hannover, oder auf der B61 oder B514/238 von Minden, Herford oder Hameln.

Ausgangspunkt Bad Oeynhausen, Stadtmitte, Verkehrspavillon an der Herforder Straße im Kurpark (Parkhaus am Nordbahnhof).

Bitte beachten Schon vor dem Wanderstart die Rückfahrpläne notieren.

2 Rund um den Jordansprudel

A Bad Oeynhausen – Siekertal – Lohe – Vlotho/Steinberg – Weserweg – Bad Oeynhausen – B Bad Oeynhausen – Bergkirchen – Wiehengebirge/Luttersche Egge/Wittekindsweg – Dehme – Weserpromenade – Bad Oeynhausen

Lange Wanderwege mit vielen Abkürzungsmöglichkeiten, zwei längere Anstiegsphasen, überwiegend Sonne

Den gesamten Jordansprudel-Rundwanderweg auf einmal abzumarschieren, ist ein recht anspruchsvolles und auch anstrengendes Wanderunternehmen. Denn 42 Kilometer Wanderstrecke (= von Marathon nach Athen!) verlangt allerhand Gehleistung – und auch Zeit, wenigstens drei Tage, am besten vier. So ist es vielleicht doch gut, wenn Sie diesen »Marathonlauf« auf mehrere Wanderungen verteilen. Unternehmen Sie doch erst einmal die etwa 5stündige Südrunde durchs Siekertal nach Lohe und Kappenberg und zum Wildgehege (und zu den Gasthäusern) an der Ebenöde in Wölpke. Am Steinbergholz entlang gelangen Sie dann zur Oberbecksener Wesertalsicht und hinunter zu der Werre-Weser-Mündung in Rehme.

Und weil Ihnen das bestimmt gut gefallen hat, werden Sie sich an späteren Wandertagen dann auch noch die Nordrunde erlaufen wollen: über Kirchbrede zum Schloß Ovelgönne und weiter durch Wolferdingsen bis kurz vor den Wallückepaß, wo Sie auf den Wittekindsweg treffen. Der führt Sie nun auf dem Wiehengebirgskamm ostwärts. So kommen Sie an der Bergkirchener Wittekindsquelle vorbei – durch deren Heilkraft der Herzog zum Christen geworden sein soll –, schauen anschließend von der Lutternschen Egge weit ins einstige Wittekindsland hinaus und können bei »Krauses Buche« auf dem Gesundheitsparcours ein wenig trimmen. Kurz darauf sitzen bestimmt auch Sie zur großen Rast im Gasthaus Wilder Schmied, das sich nach einem gewissen Fritz Marks nennt, der hier in der Waldeinsamkeit vor etwa 150 Jahren als bärenstarker Einsiedler in seiner Schmiede hauste. Der Dehmer Vogelpark und die 1200 Jahre alte Widukindskirche zu Reh-

Bad Oeynhausen-Werste: 4000 Jahre altes Steinkammergrab der Megalithkultur.

me sind die beiden letzten Stationen dieser großartigen Wanderung.

Zum Schluß noch ein Tip: Besorgen Sie sich (außer der angegebenen Naturparkkarte) auch die vorbildlich gezeichnete Wanderkarte der Stadt Oeynhausen. Darin finden Sie nicht nur alle hier angeführten Wanderziele aufgeführt, sondern auch sämtliche Wirtshäuser in der Bad Oeynhauser Umgebung. Deren Zahl ist Legion, so daß Sie unterwegs keine leiblichen Genüsse entbehren müssen.

Gehzeit A Südrunde 4½–5 Stunden, 1 Tag; B Nordrunde 7–8 Stunden, 2 Tage.

Karten, Anfahrt, Ausgangspunkt Siehe Wandervorschlag 1.

Bitte beachten A Bei Busrückfahrt (vorher Fahrplan erkunden!) ab Haltestelle Amtshausberger Weg (Kappenberg) oder Schmiedbrink (Babbenhausen/B514) wird die Tour um ca. 3 bzw. 2 Stunden kürzer. B Notieren Sie bereits in Bad Oeynhausen die Busrückfahrzeiten ab Dehme (2 Stunden kürzer) oder Bergkirchen (5 Stunden kürzer), und bestellen Sie die Übernachtung (in Dehme oder Bergkirchen) vor.

Sehenswertes

Bad Oeynhausen Jordansprudel, größte kohlensäure- u. eisenhaltige Thermalsolequelle der Erde (nur an Sonntagen), 6200 Liter/Min. aus 725 m Tiefe, 52 m hoch – Kurhaus u. Kurpark mit seltenen Pflanzen – Heimatmuseum in einem Bauernhaus (1739) – Deutsches Märchen- und Wesersagenmuseum – Norddeutsches Auto- u. Motorradmuseum – Pflanzenhaus – Wildgehege – Steinkammergrab (4000 Jahre altes Hünengrab)

Bergkirchen Gründung durch Karl den Großen (799) – ev. Pfarrkirche St. Nicolaus, spätromanischer Saalbau mit gotischem Chor (1346), 1752 erweitert – Widukindsquelle – Gedenkstein der Selliner auf dem Friedhof

Freizeitangebot

Bad Oeynhausen Beheiztes Freischwimmbad – Hallenbad – Thermalschwimmbäder – Angeln – Reiten – Fechten – Tennis – Kegeln – Minigolf – Boule – Boccia – Spielzentrum – Trimmpfad

Veranstaltungen

Bad Oeynhausen Parkbeleuchtungen u. Kurkonzerte – Kunstausstellungen

5 Bünde Hiddenhausen Kirchlengern

*Wo einst
Herzog Widukind
regierte*

Im frühen Mittelalter war das hügelige Land zwischen Wiehengebirge, Teutoburger Wald und Wesergebirge viele Jahre lang Schauplatz erbitterter Kämpfe zweier bedeutender deutscher Stämme. Unbedingt wollten die damals schon christianisierten Franken unter ihrem großen König Karl das Herrschaftsgebiet der heidnischen, stolzen Sachsen ihrem fränkischen Reich eingliedern, um es von den Pyrenäen bis zur Elbe und von Süditalien bis zur Ostsee auszudehnen.

Veranlaßt durch ständige Grenzkriege begann der fränkische Karl den Kampf um die Missionierung der Sachsen, die sich mit zähem Widerstand gegen ihre politische und religiöse Unterwerfung wehrten. So zerstörte Karl im Jahre 772 beim heutigen Obermarsberg auf der Eresburg das sächsische Nationalheiligtum: die hölzerne Irminsul, das germanische Sinnbild der den Himmel tragenden Weltsäule. 775 eroberte ein fränkisches Heer die Sigiburg und legte 776 mitten im sächsischen Gebiet an der Lippe die Karlsburg an. Auf dem von Franken und Sachsen besuchten Reichstag zu Paderborn war es dann dem rücksichtslosen, schlauen König Karl im Jahre 777 gelungen, das sächsische Territorium auf friedlichem Wege seinem Frankenreich einzugliedern. So wurde eine große Zahl sächsischer Adliger getauft, nachdem sie zugestimmt hatten, ihr Land in Missionssprengel einteilen zu lassen.

Doch da erwuchs dem mächtigen Karl ein trotziger und unerbittlicher Widersacher, der wie ein Volkstribun die begeisterten unteren Stände des sächsischen Stammes in den Freiheitskampf gegen die christlichen Franken führte. Es war die ebenso berühmte wie legendäre Gestalt des Sachsenherzogs Widukind (von vielen auch Wittekind genannt), der von jetzt an die ehrgeizigen Pläne des fränkischen Karl zu durchkreuzen versuchte. Wo es nur möglich war, lauerte er mit seinen Volksscharen den fränkischen Armeen auf, griff sie an und vernichtete große Teile dieser Truppen.

Da eilte wieder einmal Karl höchstpersönlich ins Sachsenland, stieß 780 bis zur Elbe vor und führte im Juli 782 auf dem Lippspringer Reichstag die sächsische Grafschaftsverfassung ein, mit deren Hilfe er meinte, die aufmüpfigen Sachsen besser regieren und kontrollieren zu können. Aber bereits im September des gleichen Jahres erhoben sich Widukind und seine Mannen erneut gegen die fränkische Oberhoheit und schlugen in der bekannten Schlacht am Süntel ein Frankenheer vernichtend.

Das war König Karl nun denn doch zuviel. Er reiste nach Sachsen, ließ sich hier vom christlichen Adel die Parteigänger des zu den Dänen geflohenen Widukind ausliefern und verlangte, im Verdener Blutgericht nicht weniger als 4 500 Aufständische an einem Tag an der Aller niederzumetzeln. So vermerken es stolz die Reichsannalen; Karl aber erhielt von der Nachwelt den Ehrentitel »der Sachsenschlächter« zugeteilt. Und wurde später im Jahre 800 wegen seiner »Verdienste um das Christentum« in Rom vom Papst zum abendländischen Kaiser gekrönt. Als Karl der Große ging er in die Geschichte ein.

Sein großer Gegner Widukind gab 785 seinen Widerstand auf und ließ sich an Weihnachten in Attigny an der Aisne taufen. Taufpate soll sein einstiger Widersacher Karl gewesen sein. Welche Ironie der Geschichte!

Wanderrast auf dem Weg zur Babilonie im Wiehengebirge.

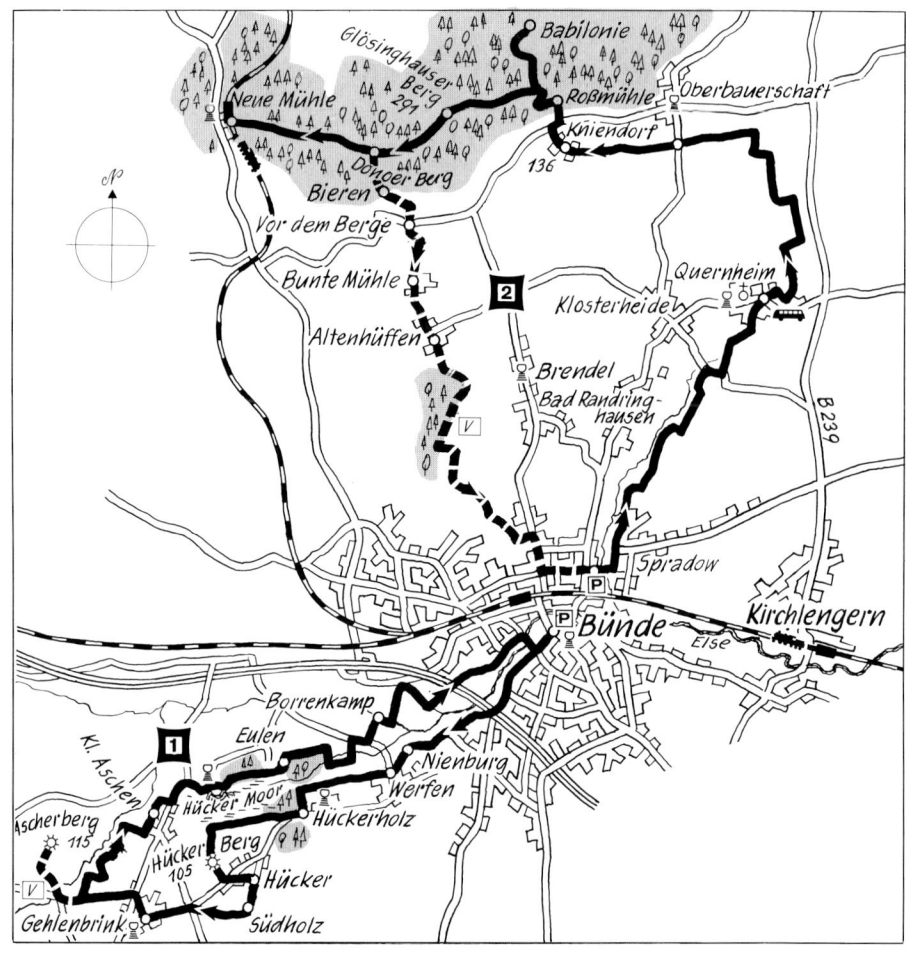

1 Durchs Hücker Moor
und auf den Ascherberg

Bünde – Hücker Moor – Hücker Berg –
Ascherberg – Bünde

Gemütliche, sonnenreiche Talwanderung,
meist eben, nur im mittleren Teil kurze,
flache Anstiege

»Hier auf dem Ascherberg hat der Widukind und seine Gesellen vor über
1000 Jahren in einem befestigten Winterlager gehaust, ehe er mit seinen Leuten ins
Elsetal hinunterzog, um bei Bünde gegen
die Franken zu kämpfen.« Das erzählte
uns der alte Bauer aus Kleinaschen am
Hücker Moor mit schwerer, langsamer
Sprechmelodie. Und bekräftigend fügte er
hinzu: »Schon mein Großvater hat uns
Kindern das vor fast 70 Jahren erzählt!«
Ob sie wohl stimmt, die Geschichte vom
Widukindslager am Ascherberg? Mehr als
20 Großväter müßten sie jeweils ihren En-
keln überliefert haben – so lange ist das
schon her. Geschichtliche Ereignisse und
mündlich überkommenes Sagengut haben
sich jedenfalls im Laufe der Jahrhunderte
um die Gestalt Widukinds oft zu einer umfangreichen Widukindslegende verbunden, der man beim Wandern im einstigen
Widukindsland zwischen Weser und
Hase, Else und Lippe immer wieder be-
gegnet.
Beschaulich und bequem sind die Wege

rechts und links der flachen Elsetalung hinaus zum Ascherberg. Durch stilles, kerniges Bauernland wandert man dahin, erreicht Nienburg und über den unbewaldeten Rücken des Hücker Berges das kleine Dorf Hücker und das schon wieder etwas städtischere Gehlenbrink. Jenseits des flachen Wiesentellers der Warmenau werden sicher auch Sie den Ascherberg erklimmen, von dem Sie wie von einem Feldherrnhügel aus Ihr nächstes Tourenziel am anderen Ufer des Elseflüßchens überschauen können: den Wiehengebirgskamm mit den Waldhöhen um den angeblichen Geburtsort Widukinds auf der Babilonie. In der Mitte der zweiten Wanderhälfte durchziehen Sie dann noch das Hücker Moor. Das ist eine poesievolle Landschaft, in der Wald und Wiesen, Heide, Sumpf und Moorwasser eine bezaubernde, melancholische Symbiose eingehen.

Am Anfang und am Ende solch erholsamen Gehens steht das 1000jährige Bünde, von dem ein Einheimischer zu uns sagte, es wäre »das Zigarrenkistl Deutschlands«. Und tatsächlich ist Bünde vor allem durch sein Deutsches Tabak- und Zigarrenmuseum berühmt geworden. Darin bestaunten wir die Pfeife des Grafen Luckner und die Zigarre Bismarcks, indianische Friedenspfeifen und kostbare Tabaktöpfchen.

Pfeifenköpfe im Deutschen Tabak- und Zigarrenmuseum zu Bünde.

Und die größte Zigarre der Welt – sie ist 18 Pfund schwer und 1,70 Meter lang. Ein »wohltrainierter« Raucher würde daran mehr als 600 Stunden ziehen. Beim Gedanken an soviel Rauch genossen wir anschließend die saubere, frische Luft des Hücker Moors und des Ascherberges besonders intensiv!

Gehzeit 5–5½ Stunden; auf den Ascherberg 6 Stunden.
Karte Topographische Karte 1:50 000 L 3916 Bielefeld, Landesvermessungsamt Nordrhein-Westfalen.
Anfahrt Mit der Bahn von Osnabrück, Bielefeld–Löhne oder Hannover–Bad Oeynhausen; mit dem Auto auf der BAB A30 von Osnabrück oder Hannover–Bad Oeynhausen.
Ausgangspunkt Bünde, südwestl. Altstadtrand, Tabakmuseum (Fachwerkbau), Fünfhauser Straße/Eschstraße (Fußgängerbereich; P gegenüber dem Museum).

2 Hinauf zur Babilonie

Bünde – Stift Quernheim – Roßmühle Oberbauernschaft – Wiehengebirgskamm/ Babilonie – Neue Mühle – Bahnfahrt nach Bünde

Anfangs flache Talwanderung, im Mittelteil stark ansteigende Bergwanderung, anschließend fast ebene Höhenwanderung, zur Hälfte Schatten

Genauso wie der Geburtsort Karls des Großen (den zwischen der Eifel und Oberbayern nicht weniger als fünf einst mächtige Burggemeinden für sich beanspruchen) ist auch der Ort, wo Widukind, Karls großer Widersacher, das Licht der Welt erblickte, im Dunkel der Geschichte versunken. Wahrscheinlich aber ist der Platz, an dem – wie es heißt – um die Mitte des 9. Jahrhunderts Widukinds silberne Wiege stand, doch wohl innerhalb der früher so mächtigen Wallanlagen auf der Babilonie gewesen. Hier soll der Sachsenherzog seine Jugend verbracht haben, hierher in die Fliehburg soll er sich immer wieder zurückgezogen haben, um sich mit seinen getreuen Sattelmeiern aus der Gegend um Enger (siehe Wandervorschlag 12/2 A) zu beraten. Und hier auf der Babilonie werden Sie (nach einer geruhsamen Wanderung zur ehrwürdigen Quernheimer Stiftskirche und zur guterhaltenen, interessanten Oberbauernschafter Roßmühle) im wahrsten Sinne des Wortes auf dem Höhepunkt dieser Wanderung stehen, um vom Kamm des Wiehengebirges weit hinauszuschauen auf die historischen Stätten des Widukindslandes: Die Widukindsburgen auf dem Limberg (Tour 2/2) und beim Kloster Rulle (Tour 1/1) liegen in Westrichtung nahe der Babilonie. Bergkirchen, wo die »Sage vom Quellwunder« berichtet, wie Widukind vom Heiden zum Christen bekehrt wurde, schaut mit seinem spitzen Kirchturm über den Waldkamm (Tour 3/2 B). Nach Osten geht der Blick zum Süntel, an dem Widukinds Streitgenossen einen ihrer größten Siege gegen Karls Truppen erkämpften. Und am Nordhorizont erahnt man die Türme der Stadt Verden an der Aller, wo Karl sein grausames Blutgericht abhielt. Zu Ihren Füßen aber liegt jenseits von Bünde im Dunst der Elsetalmulde das uralte, vom Mythos umwobene Enger. Dort wurde Widukind nach seinem Tode um 810 beigesetzt. Das romanische Flachrelief auf der Sandsteinplatte der Tumba des Herzogs ist eine der bedeutendsten Bildhauerarbeiten der salischen Kaiserzeit um 1100. Es zeigt Widukind in Königstracht mit Krone und Lilienzepter; seine rechte Hand erhebt er im Zeichen des Segens für sein Land.

Gehzeit 5–5½ Stunden; evtl. nur 2 Stunden bis Quernheim; oder bei V bis 7 Stunden.
Karte Naturparkkarte 1:50 000 Minden-Lübbecker Land, Landesvermessungsamt Nordrhein-Westfalen.
Anfahrt Siehe Wandervorschlag 1.
Ausgangspunkt Bünde, nördl. Stadtrand, Spradow, jenseits der Bahnlinie, Lübbecker Straße/Brücke des Ostbaches (P).
Bitte beachten Notieren Sie schon in Bünde die Bahn- und Busrückfahrzeiten.

Sehenswertes

Bünde Pfarrkirche St. Laurentius, romanisch (12. Jh.), der Sage nach von Widukind und seinen Sattelmeiern gegründet, von Wehrmauern umgeben – im Striediekschen Hof: Deutsches Tabak- und Zigarrenmuseum mit Rauchutensilien aus allen Ländern; Kreisheimatmuseum mit volkskundlichen Sammlungen und Fossilienfunden vom Doberg bei Bünde (dort interessanter Rundwanderweg durch vorgeschichtliche Mergelablagerungen) – Wasserschloß Bustedt (17. Jh.)
Quernheim/Oberbauernschaft Augustinerinnenstift Quernheim (12. Jh.), spätgotische Stiftskirche mit kostbarem Altarschrein (1554) u. Pieta des »Meisters von Osnabrück« – Roßmühle (1797), 8eckiger Fachwerkbau, Göpelwerk für 6 Pferde, Kammrad 32 m Umfang; Bockmühle u. Getreidemühle
St. Annen/Warmenau (10 km westl. von Bünde) St.-Anna-Kirche (1505), 1schiffig, polygonaler Chor; gotische Fresken, barocke Ausstattung, großer Barockaltar (1680)
Wittekindsstadt Enger siehe Wandervorschlag 12/2

Freizeitangebot

Bünde 2 beheizte Freischwimmbäder – Hallenbad – Reiten – Minigolf – Tennis – Rudern

6 Melle Rödinghausen Bissendorf Schledehausen

*Im Grönegau:
Sagen, Burgen
und Wasserschlösser*

Lang, lang ist's her, da stand vor Zeiten unweit von Rödinghausen auf einem hohen Berg des Wiehengebirges eine stattliche Burg, die dem reichen Ritter Kuno gehörte. Sein größtes Kleinod allerdings war sein einziges Kind, seine schöne, anmutige Tochter Gertrud. Und wie das so ist und schon immer war: Reichtum soll sich wieder mit Reichtum verbinden – so meinte es jedenfalls Ritter Kuno. Aber alle vermögenden Freier, die der Vater für das Burgfräulein aussuchte, hatten bei ihr kei-

ne Chance. Sie hatte ihr Herz schon lange vergeben, an den Ritter Konrad von der Burg auf dem Limberg bei Preußisch Oldendorf. Der war zwar fesch und tapfer und stets fröhlichen Sinnes, nur Geld hatte er nicht. So war es kein Wunder, daß der Vater des Fräuleins von einem solchen Schwiegersohn nichts wissen wollte. Schroff wies er ihn ab, als Konrad um die Hand Gertruds anhielt. Um Gertruds Eigensinn und Liebe zu brechen, lud der Vater viele junge, edle Ritter von nah und fern zu einem Turnier auf seine Burg. Der Stärkste und Beste im Kampf sollte als Sieger sich mit seiner Gertrud vermählen – ein Preis, der die Recken zu außerordentlichen Leistungen anspornte. Gewaltig erscholl im Burghof das Stampfen und Wiehern der Pferde, das Zusammenkrachen der Schwerter und das Splittern der Lanzen, als die Kämpfer in ihren prächtigen, goldglänzenden Rüstungen aufeinanderprallten, angefeuert von den Rufen der Zuschauer. Da sprengte ein unbekannter, stattlicher Ritter in einem einfachen Harnisch mit heruntergelassenem Visier über die Zugbrücke in den Burghof, mitten hinein ins Kampfgetümmel, und verlangte mitzustreiten. Herablassend gewährte es der Burgherr. Aber es dauerte gar nicht lange, dann hatte dieser Rittersmann alle, die sich ihm entgegenstellten – einen Brautwerber nach dem anderen – mit flinker, kraftvoller Hand in den Staub geworfen. Stolz neigte er sich als Sieger vor Gertrud. Doch als er sein Visier hochklappte,

zeichnete Enttäuschung und Zorn das Antlitz von Gertruds Vater, denn er erkannte Konrad den Limberger. Auch jetzt versagte der Vater dem Sieger wieder seine Tochter und trat ihm wütend entgegen. Vergeblich flehte Gertrud den Vater an – ein schrecklicher Kampf entbrannte. Wie Löwen rannten die zwei Ritterherren gegeneinander an, heftig und mit aller Kraft, bis beide zur gleichen Zeit von ihren Streitrössern stürzten und, von ihren Schwertern gegenseitig durchbohrt, tot zu Gertruds Füßen lagen. Da ward der Schmerz des Fräuleins riesengroß, denn sie hatte Vater und Bräutigam verloren. Sie entsagte allen Freuden des Lebens und wandelte die väterliche Burg mit all ihren Reichtümern in ein Nonnenkloster um, in dem sie noch viele Jahre als erste Äbtissin lebte. – So wurde aus der Burg des Ritters Kuno das Kloster Nonnenstein.

Auf diesen Nonnenstein wird Sie gleich der erste Wandervorschlag führen; reichlich werden Sie dort oben für Ihre Wandermühen mit großer Grönegausicht belohnt. Denn weit geht der Blick in Südrichtung, nach Melle, dem Hauptort des Grönegaus, und zu vielen Burgen und Wasserschlössern im Tal der Else und Hase: nach Waghorst, Böckel und Kilver, nach Bruche, Ostenwalde und Gesmold und weiter bis hin zur Schledehausener Schelenburg, neben der man ganz in der Ferne bei Bissendorf die Ledenburg ausmacht, und auch noch den Hügel der sagenumsponnenen Holter Burg.

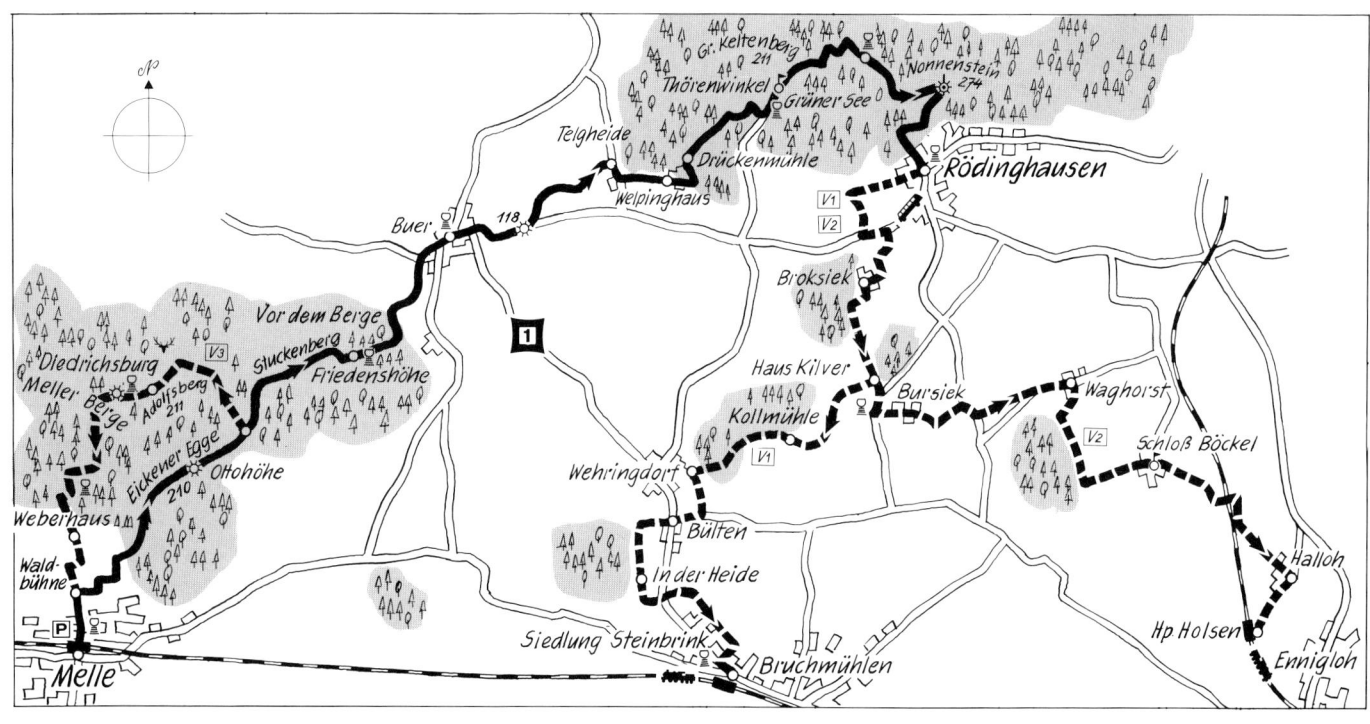

25

1 Auf dem Nonnenstein (274 m)

Melle – Eickener Egge (– Meller Berg) – Buer – Nonnenstein – Rödinghausen – Bus- und Bahnfahrt nach Melle

Bergwanderung mit zweimaligem Aufstieg, zur Hälfte Sonne, zur Hälfte Schatten, sehr gute Fernsicht

Der Grönegauweg, der Sachsenweg und der Erich-Gaertner-Weg sind drei großartige Weitwanderwege, die nach allen Himmelsrichtungen hin die Ravensberger Mulde durchmessen. Ganz nach Wunsch können Sie sich auf diesen ausgezeichnet durchmarkierten Wegen von einer der genannten Burgen zur anderen führen lassen. Ein weiterer, besonders erlebnisreicher Wanderweg im Grönegau leitet vom Kurort Melle aus dem Elsetal bergwärts zur Ottohöhe auf der Eickener Egge und über die Friedenshöhe ins noch recht mittelalterlich anmutende Buer. Hier könnte man nun direkt zum kostbaren spätgotischen Flügelschnitzaltar in Rödinghausen hinüberlaufen und südwärts vom Wasserschloß Haus Kilver entweder auf dem Sachsenweg über Kollmühle oder ostwärts an den Schlössern Waghorst und Böckel vorbei ins Elsetal zurückkehren.

Viel schöner (wenn auch ein wenig anstrengender) ist es jedoch, von Buer aus erst einmal zum Grünen See weiterzuwandern und von Nordwesten her den Nonnenstein zu ersteigen. Vom Aussichtsturm überblickt man hier den gesamten Grönegau und denkt vielleicht auch ein wenig über die Vergänglichkeit alles Irdischen nach: So war doch einst hier oben auf der Höhe des Wiehengebirges, nach dem schrecklichen Zweikampf zwischen Gertruds Vater und ihrem Bräutigam, Gertrud stets bedacht gewesen, als Äbtissin zusammen mit ihren Mitschwestern ein Gott wohlgefälliges Leben zu führen. Denn mit Hilfe ihres Reichtums aus der Erbschaft des Vaters versuchte sie durch Barmherzigkeit und Großzügigkeit die Leiden der Armen zu lindern. Doch gleich nach dem Tode Gertruds wurde den Nonnen wieder ihre Weiblichkeit bewußt. Anstatt in der Einsamkeit des Nonnenklosters ihren Sinn auf göttliche Dinge zu richten, wandten sich die Damen doch lieber wieder genußvollem weltlichen Wohlleben zu. Sie feierten Feste im Kloster und luden sich junge Herren dazu ein; die Bauersleute der Rödinghausener Umgebung aber wurden mit hochfahrenden Worten angehalten, das üppige, fröhliche Treiben in der Abgeschiedenheit des Wiehengebirges mit ihrem Zehnten zu bezahlen. Doch als einst große Hungersnot übers Land kam und die Scheuer der Bauern leer, die Keller

Immer wieder kommt man unterwegs beim Wandern in der Umgebung von Melle an kunstvoll gearbeiteten niedersächsischen Bauernhöfen vorüber.

und Speicher der Klosterfrauen aber reichlich gefüllt waren, da gärte es in der Volksseele. Denn die Nonnen weigerten sich hartherzig, von ihrem Überfluß den Hungernden in ihrer Not etwas abzuge-

ben – vergeblich war alles Bitten der Bevölkerung. Da stürmte das ergrimmte, darbende Volk die prächtigen Klostergebäude, verjagte die Nonnen, plünderte ihre luxuriös ausgestatteten Gemächer und zündete das Kloster an. Die ausgebrannten Mauern wurden später dem Erdboden gleichgemacht, kein Stein blieb auf dem andern. Nur der große, schwere Grundstein liegt heute noch da, wo einstmals das Kloster stand, als Erinnerung an die Völlerei und an den Hochmut der Nonnen. Ihre Seelen aber wurden dazu verdammt, in der mitternächtlichen Geisterstunde über den Berg zu wandeln und dabei den schweren Nonnenstein umzuwälzen. Ein uns bekannter Bauer aus Rödinghausen hat sie dabei sogar beobachtet, als er einmal in einer Sturmnacht zum Wiehengebirge hinaufstieg. So jedenfalls erzählte er es uns!

Gehzeit 5–5½ Stunden; V1 und V2 8–9 Stunden, 2 Tage; Rundweg über den Meller Berg zur Dietrichsburg nur 2½–3 Stunden.
Karte Topographische Karte 1 : 50 000 L 3716 Lübbecke, Landesvermessungsamt Nordrhein-Westfalen.
Anfahrt Mit der Bahn von Osnabrück oder Bielefeld–Herford über Bünde; mit dem Auto auf der BAB A30 von Osnabrück oder Hannover–Bad Oeynhausen.
Ausgangspunkt Melle, nördl. Stadtrand, Bahnhof (P).
Bitte beachten Vor Abmarsch Bus- und Bahnrückfahrzeiten notieren. Für V1 und V2 auch Übernachtung in Rödinghausen vorbestellen.

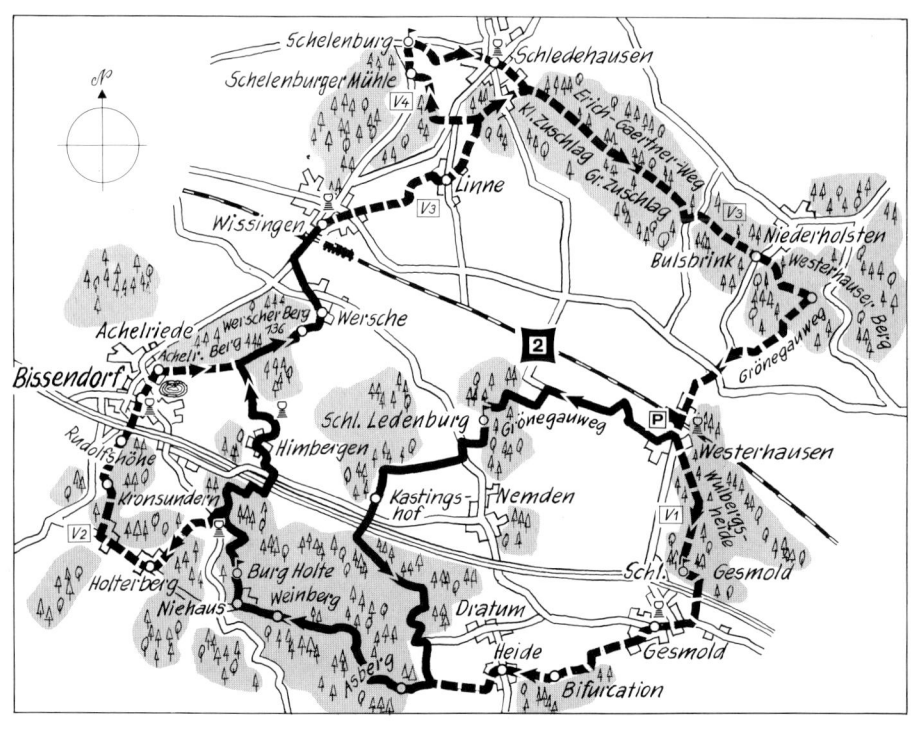

2 Ein langer Weg nach Holte und Schledehausen

Westerhausen – Ledenburg (oder Gesmold) – Holte – Bissendorf – Wissingen – Bahnfahrt nach Westerhausen – oder weiter nach Schledehausen und über den Großen Zuschlag

Gemütliche, wenn auch lange Wege mit einigem Auf und Ab, mehrere Abkürzungs- und Erweiterungsmöglichkeiten, zu gleichen Teilen Schatten und Sonne

Die Ruinen einer umfangreichen Höhenburg und die geschlossene Randbebauung mit frühmittelalterlichem Ringwall der ehemaligen Kirchenburg zu Holte, außerdem gleich drei bedeutende Wasserschlösser, das sind die wichtigsten Stationen dieses Wandervorschlags. Außer den Holter Burganlagen noch die einst wehrhafte Ledenburg, ein typischer Osnabrücker Renaissance-Landsitz, die malerische Schelenburg in früher Weserrenaissance von 1530 mit »Welschem Gewels« und die barocke Bischofsburg zu Gesmold. Daneben kann man in Bissendorf, Achelriede, Gesmold und Schledehausen interessante Pfarrkirchen besichtigen. Dazu liegen nur wenig abseits der hier vorgeschlagenen Wanderwege Slop- und Opfersteine, Erdfalten und Hünensteingräber (siehe Wanderkarte Bissendorf).

Zwischen soviel Sehenswertem muß man allerdings auch viel wandern, lang und weit. Wer gut zu Fuß ist, kann diese Wanderung auf 12 bis 14 Gehstunden ausdehnen, wofür er dann zwei, besser drei Tage einplanen sollte. Unterwegs geht es durch stille Wald- und Feldfluren dahin, mit manch feiner Aussicht, weit hinüber zu den Waldrücken des Großen Zuschlag und des Oldendorfer Berges und jenseits der Hase-Else-Bifurkation zum Holter Berg. Er erzählte dem einsamen Wanderer viele Geschichten, die man in der Bissendorfer Chronik nachlesen kann: von der Zerstörung der Holter Burg und ihrem Demanttisch, von den Räubern zu Holte, vom Kuß des Burgherrn, der in Holte ein hübsches Bauernmädchen begehrte, und vom spukenden Kirchspielhund zu Wissingen, der böse Wanderer biß und verwandelte, wenn sie schlugen und ärgerten. Vielleicht kommen Sie auch bei Nemden an den drei alten, verwitterten Wegkreuzen vorbei, die hier vom Mord und Selbstmord dreier feindlicher Brüder künden. Aus Habgier hatten sie sich gegenseitig umgebracht, nur weil einer dem anderen sein väterliches Erbteil nicht gönnte.

Gehzeit 6–6½ Stunden; bei V zusätzlich 2 oder nochmals 5 Stunden.

Karten Topographische Karte 1 : 50 000 L 3714 Osnabrück, Niedersächsisches Landesvermessungsamt; oder Wanderkarte 1 : 25 000 Feriengebiet Bissendorf.
Anfahrt s. Wandervorschlag 1.
Ausgangspunkt Westerhausen, Bahnhof (6 km westl. von Melle; P).
Bitte beachten Falls Sie die gesamte Varianten-Rundtour unternehmen wollen: Übernachtungen in Bissendorf bzw. Schledehausen vorbestellen u. Rückfahrplan notieren.

Sehenswertes

Melle Mittelpunkt des Grönegaus (des grünen Gaus) – kath. Pfarrkirche St. Matthäus, gotische Halle (13./14. Jh.); wertvolles Triumphkreuz (13. Jh.) – ev. Pfarrkirche St. Petrus (18. Jh.) mit kostbarer Barockausstattung, u. a. Orgel (1723) – Grönenburg am Grönenberg mit Heimathof (1777) u. Grönegaumuseum – Kurgarten – Wildpark, Waldbühne u. Märchenwald – Dietrichsburg, altsächsische Wittekinds-Wallburg; Aussichtsturm – Aussichtsturm Ottohöhe
Rödinghausen Ev. Pfarrkirche (12./16. Jh.); wertvoller gotischer Schnitzaltar (1520) mit 13 Tafeln aus Eichenholz – malerische Fachwerkbauten in Buer und Markendorf – Aussichtsturm Nonnenstein – Waldlehrpfad
Gesmold Pfarrkirche, klassizistisch (1836), 12eckiger Bau mit quadratischem Turm – Schloß (12. Jh.), Umbau im 16. und 17. Jh., 2flügeliger Wohntrakt mit Terrassenmauern; Evangelistenfiguren (um 1660) auf dem Bergfried – Else-Hase-Bifurkation (Verbindung): die Else fließt östl. in die Werre und Weser, die Hase fließt westl. in die Ems
Ledenburg Wasserschloß, Weserrenaissance

(1618–27), 2flügelig mit Wehrturm und schönem Treppenhaus
Holte Ev. Pfarrkirche St. Ursula (1770) mit romanischem Turm – Ruinen der Höhenburg, Reste des Pallas und Bergfrieds, 1144 vom bischöflichen Landesherrn geschleift – heimatkundlicher Wanderweg »Meiersberg und Augustinerkloster«
Schledehausen Ev. Pfarrkirche (13. Jh.); Rokokoaltar, Epitaphien (16. Jh.) – in der kath. Pfarrkirche bedeutender Sandsteinaltar (Anf. 15. Jh.) – Wasserschloß Schelenburg (12. Jh.), 1528–32 im Stil der Weserrenaissance von Jörg Unkair erweitert, Wendeltreppe mit feiner Steinmetzarbeit – Heimatmuseum in Bissendorf
Oldendorf bei Melle Pfarrkirche (13. Jh.) mit schönen Wandmalereien und reicher Ausstattung (16./17. Jh.), prachtvoller Schnitzaltar – Schloß Ostenwalde, 3flügeliges Herrenhaus (1689/1780)

Freizeitangebot

Melle Wellenfreischwimmbad – Hallenbad – Tennis – Reiten – Minigolf – Segelfliegen – Kegeln – Trimmpfad
Rödinghausen Beheiztes Freibad – Hallenbad im Kurhaus – Tennis – Angeln – Reiten – Kegeln
Schledehausen/Bissendorf Freischwimmbad – Golf – Minigolf – Kegeln – Reiten – Tennis – Trimmpfad

Der prachtvolle gotische Schnitzaltar in der Pfarrkirche zu Oldendorf bei Melle.

7 Ibbenbüren Hörstel Recke Mettingen Westerkappeln

Viel Geologie am nördlichen Ende des Teutoburger Waldes

Als Wiesenbach entspringt die Ibbenbürener Aa dem flachen Land um Ledde und wendet sich, in geringem Gefälle durch ebene Schwemmlandzungen mäandernd, nordwestwärts Ibbenbüren zu. Hier trennt die Aa mit ihrer 3 Kilometer breiten Wannentalung zwei recht gegensätzliche Höhenzüge voneinander. Im Süden gleitet der nordwestliche Teutoburger Wald vom Dreikaiserstuhl in runden Linien über die Dörenther Klippen und den Birgter und Riesenbecker Berg nach Hörstel und Bevergern ins weite, glatte Münsterland ab. Nach Norden zu erhebt sich die 14 Kilometer lange und 5 Kilometer breite Hochfläche des Schafberges 100 Meter über dem Aatal. Mit steilen Rändern bricht sie nach Recke, Mettingen und Westerkappeln hin ab und verliert sich flach auslaufend in der Ebene des Emslandes.

Im weitausholenden Nordostbogen umwinden auf drei Seiten Dortmund-Ems-Kanal und Mittellandkanal den nordwestlichen Teutoburger Wald und den Schafberg, zwei großartige Wanderbereiche mit ganz unterschiedlichen landschaftlichen Reizen. Ganz unterschiedlich deshalb, weil der geologische Aufbau dieser beiden Bergareale stark voneinander abweicht: Trocken, mit Koniferenwald bewachsen, aus weichen Formen modelliert der eine, der Teutoburger Wald. Kalkstein aus der Kreidezeit ist ihm am Südabhang als Vorkamm zum Münsterland hin vorgelagert, sein Hauptkamm aber besteht aus Buntsandstein. Bizarre Felsfiguren und zerklüftetes Blockwerk, eingebettet in einen grünen, hochragenden Waldrücken, das ist der Klettergarten der Dörenther Klippen um ihr Wahrzeichen, das Hockende Weib, zu dem die Kletterer bis von Münster, ja bis von Holland herkommen, um am rauhen Klippenfels zu trainieren. Ganz anders ist die geologische Beschaffenheit des Schafberges. Sein flaches, eckiges langgezogenes Gipfelplateau trägt weitgehend Ackerland über mächtigen Karbon- und Zechsteinschichten, die man beim Wandern zwischen den tiefen Bergwunden vieler großer Steinbrüche ausgiebig studieren kann.

Mittelpunkt solch unterschiedlicher Geologie und Ausgangspunkt hochinteressanter Wanderungen ist die vor gut 1100 Jahren entstandene Stadt Ibbenbüren im schönen Tal der Aa. Schon in der Karolingerzeit war das damalige Dorf Ibbenbüren aus uralten Bauerschaften zum Kirchspiel zusammengewachsen. Im frühen Mittelalter wurde es dann vom Edelherrengeschlecht derer von Ibbenbüren regiert, ging nach dem Aussterben dieser Edelherren 1245 an die Grafen von Tecklenburg über und wurde 1515 nach der tecklenburgischen Teilung Vogtei in der Grafschaft Lingen, bis der preußische König Friedrich I. 1702 die Grafschaft Lingen und damit auch Ibbenbüren, als Erbschaft seiner Mutter, seinem Staat eingliederte. Seitdem nahm Ibbenbüren als Steinkohlenbergbaustadt großen Aufschwung.

Von hier wandert man hinauf zu den Dörenther Klippen, um an klaren Tagen die Türme der 40 Kilometer entfernten Stadt Münster über den Waldhöhen der Baumberge auszumachen. Oder man besucht die Mineralienvorkommen am Schafberg und anschließend die melancholische Moorlandschaft ums Naturschutzgebiet Heiliges Meer.

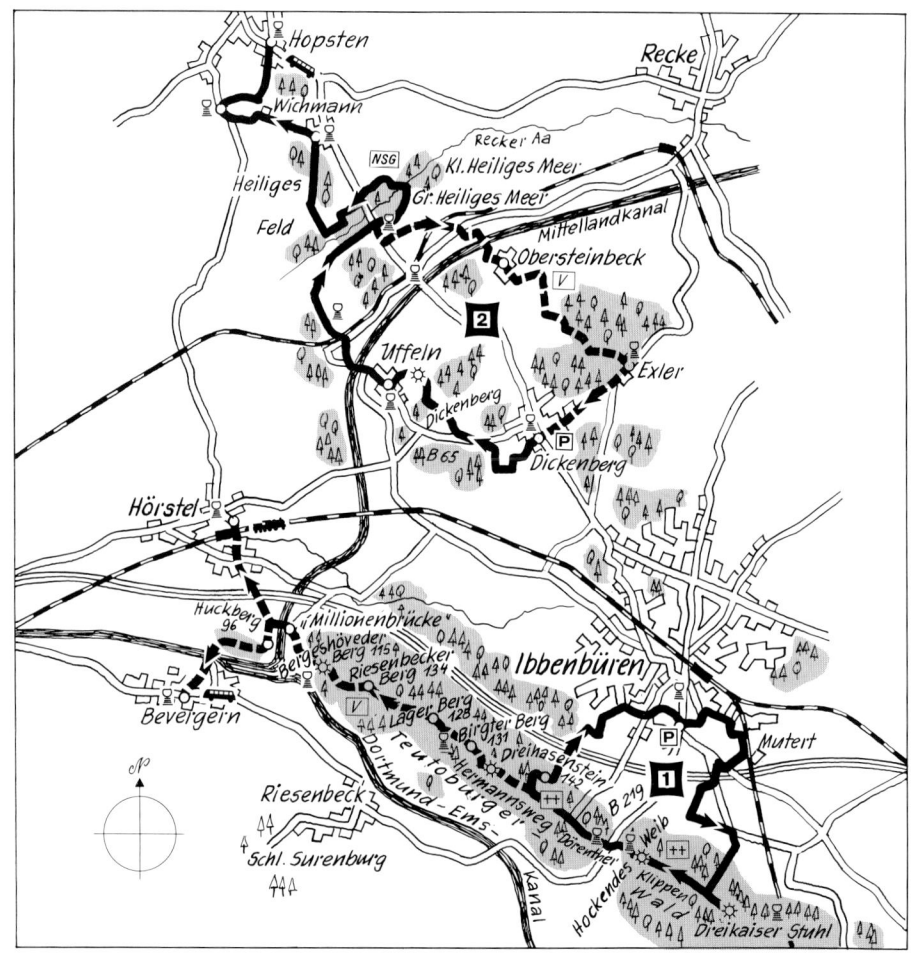

1 Über die Dörenther Klippen

Ibbenbüren – Dörenther Klippen – Drei-hasenstein – Ibbenbüren

Bergwanderung ohne steile Anstiegsphasen, anfangs sonnenreich, im Mittelteil Wald-schatten

Die Bergwanderung zu den Dörenther Klippen beginnt mit einem Seespazier-gang: Vom Ibbenbürener Schwanenwei-her an der Münsterer Straße läuft man in den weit geöffneten Aatalboden hinein und auf guten Spazierwegen ost-nord-wärts mühelos, weil flach, um den neu an-gelegten Aasee herum. Nach dem Über-schreiten der Aa auf einem Brückensteg geht es jetzt – immer noch flach und be-quem – zwischen Wiesen und unter der Autobahn hindurch, dann hinter dem Ib-benbürener Motorradmuseum von Mutert leicht, später ein wenig steiler ansteigend, zum Dreikaiserstuhl (159 m) hinauf. Hier schon haben Sie die Steigerei überstanden und wandern nun immer hübsch eben auf dem Waldkamm mit der H-Markierung des Hermannsweges nordwestwärts, erst zum Ehrenfriedhof, dann zur Almhütte und zum Hockenden Weib inmitten der Dörenther Klippen.

Spätestens nach dem Queren der Bundes-straße 219 müssen Sie eine Entscheidung treffen: Entweder Sie steigen vom Drei-hasenstein auf geradem (und kürzerem) Weg wieder hinunter ins Aatal nach Ib-benbüren. Oder Sie laufen auf dem Kammweg weiter, von einer schönen Aussichtsbastion zur anderen, vom Birgter Berg über den Lager und den Riesenbek-ker bis zum Bergeshöveder Berg und er-steigen vielleicht gar noch bei der Mün-dung des Mittellandkanals in den Dort-mund-Ems-Kanal von der Millionenbrük-ke aus den Huckberg. Und sehen von dort gleich in zwei große Ebenen hinaus: nach Norden ins Emsland, nach Süden ins Münsterland.

Empfehlen kann ich diese Variante vor al-lem aber aus einem sehr wichtigen Grund. Kunstliebende Wanderer erreichen hier unterwegs vom Lager Berg in wenigen Mi-nuten die Riesenbecker Pfarrkirche. In ihr wird eines der frühesten und interessante-sten Beispiele deutscher Bildnisgrabmo-numente aufbewahrt: der romanische, um 1130 entstandene »Grabstein der seligen Dame Reinhildis«.

Gehzeit 4–4½ Stunden; evtl. [V] 6–6¼ Std.
Karte Wanderkarte 1:50000 Tecklenburger Land, Landesvermessungsamt Nordrhein-Westfalen.
Anfahrt Mit der Bahn von Osnabrück oder Rheine; mit dem Auto auf den BAB Rhei-ne–Osnabrück–Hannover oder Münster-–Bremen, oder auf den B65/219.
Ausgangspunkt Ibbenbüren, südl. Stadtrand, Freibad an der Aa/Münsterer Straße (B219), Großparkplatz.

2 Mineralien am Weg über den Schafberg zum Heiligen Meer

Ibbenbüren-Dickenberg – Uffeln – Heiliges Meer – Hopsten – Busfahrt nach Ibben-büren

Nach sichtreichem Höhenweg gemütliches Bergabwandern, zum Schluß ebene Wege, nur wenig Schatten

Wer den Schafberg zum erstenmal von Sü-den oder Osten her sieht, der erschrickt: Ein mächtiges Industrierevier mit gewalti-gen Türmen und Schornsteinen krönt sei-ne Höhen. Aber bei genauer Betrachtung verliert soviel Technik schnell wieder ihre Schrecken, denn nur wenig westwärts da-von ist der Schafberg noch recht ursprüng-lich. Und dabei stellt man fest, daß unsere »modernen Zeiten« auch Wanderern und Hobbygeologen Interessantes bescheren. Sie können nämlich mittels riesiger Stein-brüche tief in das Innere des Schafbergs hineinschauen und so in Ruhe sein schwarz- und weißgebändertes Innenle-ben aus der Karbonzeit erkunden. Die schon seit 350 Millionen Jahren ausgestor-benen Pflanzenarten dieser Steinkohlen-zeit haben noch heute in der Ibbenbürener Umgebung ihre recht seltenen Nachfah-ren in Form von moosartigen Bärlappge-wächsen.

Ausgangspunkt ist diesmal das St.-Barba-ra-Kirchlein von Dickenberg. Nur wenig westwärts kommen Sie an den ersten Koh-lesandsteinbrüchen vorüber und werden nicht weit von der Uffelner Marienkirche entfernt im dortigen Hartsteinbruch am Mittellandkanal kleine Quarzit- und Kal-zitdrusen, dazu Bergkristalle und Blei-glanz finden – wenn Sie Glück haben. Jen-seits des Kanals erreichen Sie das Heilige Feld und das Recker Moor mit den Erd-fallseen und dem Großen und Kleinen Heiligen Meer. Bei der Biologischen Stati-on des Landesmuseums für Naturkunde Münster beginnt an der Hopstener Straße ein gut bezeichneter Rundwanderweg durch dieses überaus sehenswerte Natur- und Vogelschutzgebiet. Anschließend ge-langen Sie auf dem »Töddenweg« durch flaches Land nordwärts zur St.-Annen-Kapelle und schließlich zur Bushaltestelle im ehemaligen »Töddendorf« Hopsten. Den Rückmarsch nach Ibbenbüren kön-nen Sie vom Heiligen Meer aber auch über den Mittellandkanal und den Schaf-berg zum Wirtshaus Exler antreten, wobei Sie von Obersteinbeck aus einen Abste-cher in Südrichtung zur Berghalde der Zeche Preußag an der Ibbenbürener Stra-ße unternehmen können, um hier viel-leicht nach einigen schönen Pflanzenab-drücken im Kohleschiefer zu suchen: Glückspilze entdecken da Bärlapp-, Schachtelhalm- und Farngewächse.

Gehzeit 4–4½ Std.; evtl. [V] 5–5½ Std.
Karte Siehe Wandervorschlag 1.
Anfahrt Wie Wandervorschlag 1 bis Ibben-büren, weiter nach Dickenberg mit dem städ-tischen Bus bis Haltestelle Waldfriedhof, oder mit dem Auto auf der B65.
Ausgangspunkt Dickenberg (5 km nordwestl. von Ibbenbüren-Stadtmitte), St.-Barbara-Kirche an der B65/südöstl. Ortsanfang (P).
Bitte beachten Notieren Sie schon in Ibben-büren die Rückfahrzeiten ab Hopsten.

Sehenswertes

Ibbenbüren Christuskirche (1523–33), spät-gotisch mit romanischen Turmuntergeschos-sen – kath. Mauritiuskirche (1829–31), klassi-zistisch – Botanischer Garten in Dörenthe – Felsformation Hockendes Weib in den Dö-renther Klippen – Freizeithof Bögel – Motor-rad-Museum – Freizeitpark – Sommerrodel-bahn

Bevergern Pfarrkirche (15. Jh.), gotisch, ba-rocke Haube; innen wertvolles Schnitzwerk – Heimathaus – interessante Schleusen des Dortmund-Ems-Kanals und des Mittelland-kanals

Hörstel Kloster Gravenhorst (1256), Renais-sancefassade; Klosterkirche mit kunstvollen Grabsteinen (14.–17. Jh.)

Hopsten Pfarrkirche (1727), barock – Töd-denhäuser (= Fachwerkhäuser der Leinen-händler) – Dichtertreffpunkt »Haus Nyland« – zwei 1000jährige Eiben; 1000jährige Eiche

Mettingen Ev. Kirche (13. Jh.) mit spätroma-nischem Stufenportal – kath. Kirche, neuro-manisch, 72 m hoher Turm – Töttenmuseum u. Töttenhäuser

Recke/Bad Steinbeck Ev. Pfarrkirche (um 1250), romanisch; Taufbecken (11. Jh.) – Rek-ker Moor u. NSG Heiliges Meer mit Biologi-scher Station

Riesenbeck Pfarrkirche, romanischer Ur-sprung, Grabstein der sel. Reinhildis (um 1130) – Reinhildisbrunnen – Wasserschloß Surenburg, Renaissance (17. Jh.), 3flügeliges Herrenhaus

Westerkappeln Pfarrkirche, romanisch/ frühgotisch mit freitragendem Kreuzgewöl-be; prächtige Barockkanzel – Wasserburg Haus Cappeln (18. Jh.), histor. Rittersaal – Haus Langenbrück – Haus Velpe – Sloop-steene, jungsteinzeitliches Megalithgrab (2000 v. Chr.) im NSG Gabelin (Endmoräne mit bronzezeitl. Urnengräberfeld)

Freizeitangebot

Ibbenbüren Hallen- u. Freibäder – Angeln – Ballonfahren – Fahrradverleih – Kegeln – Klettern (Bergsteigerschule) – Reiten – Sommerrodeln – Segeln – Rudern – Windsurfing – Tennis – Minigolf
Mettingen Freibad – Hallenbad – Tennis – Reiten – Minigolf

Recke/Bad Steinbeck Hallenbad – Waldfreibad – Trimmpfad – Reiten – Angeln – Kegeln
Westerkappeln Beheiztes Freischwimmbad

Veranstaltungen

Recke Großer Jahrmarkt (3. September-Sonntag)
Mettingen Berühmte Kirmes (Ende August)

Die Dörenther Klippen bei Ibbenbüren: Wandergebiet und Klettergarten am Südabhang des Teutoburger Waldes.

8 Tecklenburg Lengerich Hagen Lienen

Im Süden des Tecklenburger Landes

Vom gut 200 Meter hohen Liener und Westerbecker Berg zieht sich der Kamm des Teutoburger Waldes auf der Linie Lienen–Lengerich–Tecklenburg–Brochterbeck beinahe kerzengerade nordwestwärts durch den Südteil des Tecklenburger Ländchens und strebt jenseits der Dörenther Klippen flach auslaufend der großen Ebene des Emslandes zu. Weit geht von den Tecklenburger Höhen der Blick nach Norden über die Aatalung hinweg zum Schafberg und in die Hasetalbucht bis zum Häusermeer Osnabrücks, während sich in Südrichtung am Rande des glatten münsterländischen Ackertellers die Türme der Bischofsstadt Münster zeigen.

Der Lengericher Berg und der Kleeberg, der Leeder Berg mit der Margarethenegge und der Klotenberg bei Brochterbeck, besonders aber die beiden Aussichtstürme Tecklenburgs, der Bismarckturm und der Wierturm, werden Ihnen solch großartige Fernsichten gewähren – allerdings nur bei schönem Wetter und klarer Luft. Deshalb sei Ihnen geraten, die in diesem Bereich des Teutoburger Waldes vorgeschlagenen Touren vor allem im Herbst und Spätherbst zu unternehmen und, bei wenig Schnee auch im Hochwinter. Dann ist hier die Luft rein und transparent, das Licht mild und goldfarben, die Witterung aber beständig und die Sonne an den südseitigen Waldhängen manchmal noch spätsommerlich warm.

Die alte, malerische Grafenstadt Tecklenburg, die mit Recht auch als »das norddeutsche Rothenburg« bezeichnet wird, liegt im Mittelpunkt dieser feinen Höhenwanderungen. Idyllische Gäßchen werden in der wohlerhaltenen Bergstadt von Torbögen überwölbt und von schmucken Fachwerkhäusern flankiert, die sich unter die Felsen der fast 1000jährigen Burgruine

Schon von weitem grüßt den Wanderer der Schieferhelm der Tecklenburger Pfarrkirche auf den Höhen des Teutoburger Waldes.

ducken. Inmitten von soviel beinahe noch mittelalterlicher Bürgerlichkeit steht die 400 Jahre alte Pfarrkirche, in der man die Epitaphien einiger Tecklenburger Grafen besichtigen kann. Einer der bekanntesten dieses Grafengeschlechts war Graf Simon, der am Anfang des 13. Jahrhunderts seinen Duodezstaat recht selbstherrlich regierte und sich eifrig in die große Reichspolitik mischte, fast wie ein mächtiger deutscher Stammesherzog. Im Streit zwischen Welfen und Staufern schlug Simon sich von der Seite Heinrichs des Löwen auf die Seite Barbarossas und begleitete den Kaiser in den Jahren 1189/90 auch auf seinem berühmten Kreuzzug. Damit schuf er die Voraussetzung, daß sich in der Folgezeit die Grafschaft Tecklenburg von einem Mini-Territorium zu einem ziemlich beachtlichen Machtfaktor entwickeln konnte: Von Ostfriesland bis vor die Tore von Münster dehnten damals die Grafen ihre Besitzungen aus.

Im »Haus am Wellenberg« von 1648, in dem das Tecklenburger Kreismuseum untergebracht ist, können Sie sich ausführlich über Tecklenburger Geschichte, über Kunst, Kultur und Brauchtum des Ländchens informieren, ehe Sie hinauswandern zum einst reichen Zisterzienserinnenstift Leeden und in den pittoresken Luftkurort Lienen. Und – wenn Sie genügend Zeit haben – vielleicht noch weiter durchs romantische Holperdorper Tal nach Hagen und am Silbersee vorbei auf die nahen Höhen des Hüggel.

Hobbygeologen aber sollten nicht verpassen, in den Kalksteinbrüchen von Brochterbeck und Lengerich ein wenig der Erdvergangenheit nachzuspüren. Sie finden dort mit etwas Glück Markasitknollen und Pyritwürfel, außerdem versteinerte Muscheln und Seeigel aus der Kreidezeit.

1 Auf dem Hermannsweg nach Brochterbeck

Tecklenburg – Bismarckturm – Hermannsweg (oder Waldlehrpfad) – Brochterbeck – Busfahrt nach Tecklenburg

Anfangs ebene Höhenwanderung mit reichlich Schatten und schöner Sicht, im zweiten Wanderteil gemütlich bergab

Der Hermannsweg ist die große 150 Kilometer lange »Wandermagistrale« des Teutoburger Waldes. In den letzten Jahren während der Sommermonate wegen der außerordentlichen landschaftlichen Schönheiten viel begangen, wird die Trasse des Hermannsweges in den übrigen Jahreszeiten wieder zum einsamen Spazierpfad, der den Wanderer zwischen bizarren Felsformationen und seltenen, ja kostbaren Pflanzen unter dem Laubdach des Waldes durch ein Land voller Poesie führt.

In seinem Westteil berührt der Hermannsweg auch die einstige Grafenhauptstadt Tecklenburg. Ich schlage Ihnen vor, von hier dem Hermannsweg in zwei Richtungen zu folgen, und zwar zuerst mit Hilfe dieses Wandervorschlags von der 1707

zerstörten Tecklenburger Burg westwärts. Unterwegs kommen Sie am Bismarckturm vorbei, können dann einen Abstecher zum Waldlehrpfad unternehmen, auf dem Sie einiges über einheimische und exotische Hölzer lernen, und dringen später in die Stille des Klotenberges (158 m) ein, ehe Sie schließlich südwärts bergab die romanisch-gotische Brochterbecker Pfarrkirche ansteuern. Müde Wanderer finden hier eine Bushaltestelle, unermüdliche einen Weg nach Tecklenburg. Entlang der (nur im Sommer verkehrenden) Tecklenburger Museums-Waldeisenbahn marschiert man am Südhang des Teutoburger Waldes ostwärts zum Golfplatz, kann nun wieder einige Abstecher (diesmal bergan) zu Kobbos Ruh, zum Heidentempel und zu Rolands Grab machen.

Ganz Eifrige laufen sogar über Niederdorf nach Tecklenburg zurück. Dabei treffen sie auf ein Schloß, zwei Steinhügel- und Megalithgräber und drei Wirtshäuser. Und schauen sich im Haus Marck – einem hübschen Wasserschloß – noch an, wo dort 1831 Friedrich von Bodelschwingh geboren wurde. Er war ein bedeutender Mann, nämlich der Gründer der Bethelschen Anstalten zu Bielefeld.

Gehzeit 2–2½ Stunden; ohne Busrückfahrt 4 bzw. 5 Stunden.
Karte Wanderkarte 1:50 000 Tecklenburger Land, Landesvermessungsamt Nordrhein-Westfalen.
Anfahrt Mit der Bahn von Osnabrück, Münster oder Rheine nach Lengerich oder Ib-

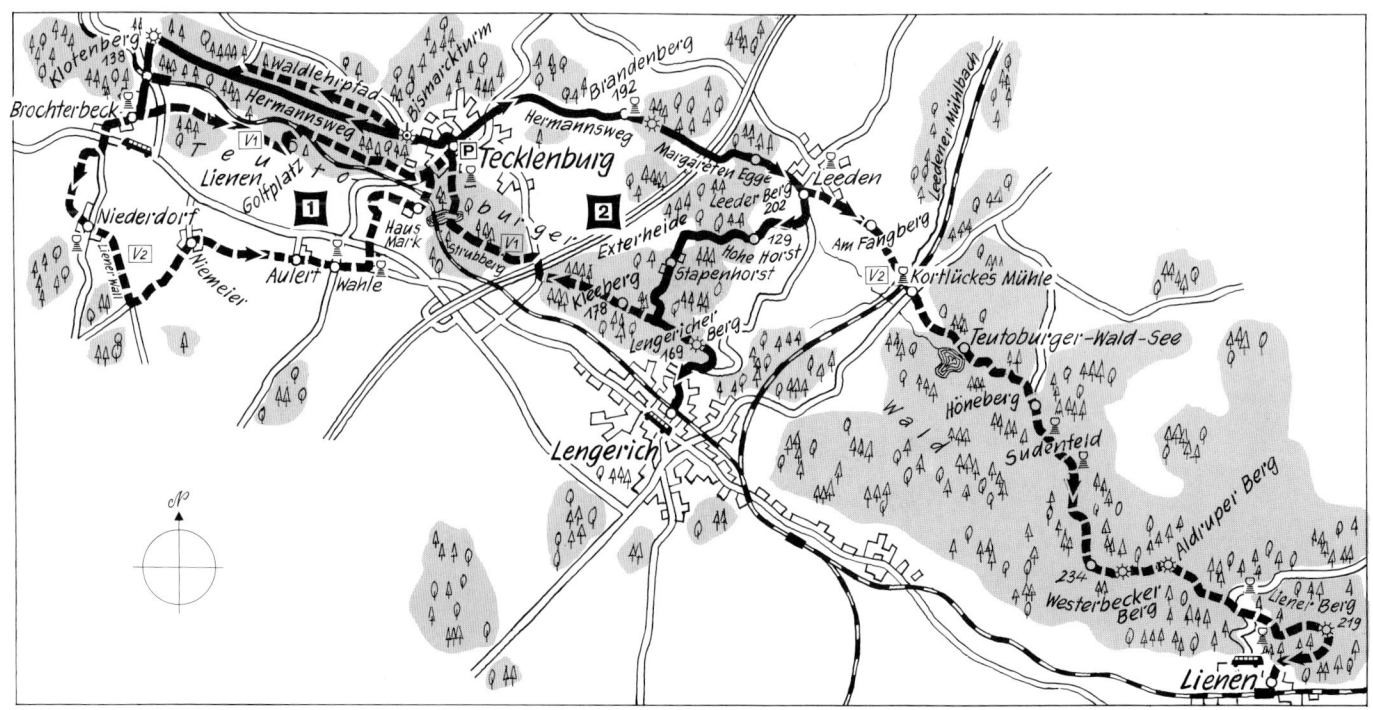

benbüren, weiter mit dem Bus; mit dem Auto auf der BAB Bremen–Osnabrück–Münster (Hansalinie).

Ausgangspunkt Tecklenburg, Stadtmitte, Markt, Nähe Kirche (Großparkplatz am Friedhof/Postamt).

Bitte beachten Schon in Tecklenburg die Busrückfahrzeiten notieren.

2 Auf dem Hermannsweg nach Leeden, Lengerich und Lienen

Tecklenburg – Hermannsbrücke – Leeden – Lengericher Berg – Lengerich – Busfahrt nach Tecklenburg – oder von Leeden auf dem Hermannsweg weiter nach Lienen – Busfahrt nach Tecklenburg

Angenehme Waldhöhenwanderung ohne größere Steigungen, viel Schatten und Sicht

Die Legge schließt den Tecklenburger Markt nach Norden ab und ist das Wahrzeichen der Stadt: Sie ist ein Torhaus aus dem Jahre 1577, das heute das städtische Puppenmuseum enthält. Früher wurde in der Legge das Leinen der Weber gemessen, auf seine Qualität geprüft und gestempelt, ehe man es ausgeführt hat. Allein von 1780 bis 1786 wurden für 830 000 Taler Leinenwaren verkauft.

In unserer Zeit ist die Legge vor allem Treffpunkt der Wanderer, die von ihr hinausziehen ins »Leinenländchen«. Auch für Sie wird dieser grazile Fachwerkbau Ausgangspunkt der – wenn Sie wollen – zwar ein wenig langen, aber sehr erholsamen zweiten Tecklenburger Wanderrunde sein. Auf dem Hermannsweg gelangen Sie über die Margarethenegge (die hl. Margarethe ist die Schutzpatronin von Lengerich) und den Leeder Berg zum ehemaligen Zisterzienserinnenkloster Leeden, das 1240 der Tecklenburger Graf Otto I. nach der Aufhebung des päpstlichen Banns als Sühnetat gestiftet hatte. Besuchenswert sind hier die Stiftskirche, die nach Kriegsbombardierungen wieder neu errichtet wurde, das zweistöckige Äbtissinnenfachwerkhaus – und die Stiftsschenke! Von Leeden läuft man entweder über die Hohe Horst und den Kleeberg und Strubberg nach Tecklenburg zurück oder über den Lengericher Berg nach Lengerich hinunter. »Wanderprofessionals« aber lassen sich von den weißen H-Markierungen des Hermannsweges auf dem Waldkamm weiter gen Osten führen. Am Teutoburger-Wald-See vorbei spaziert man zum Wirt in Sudenfeld, promeniert auf der Höhe zu einem alten Grenzstein der einstigen Königreiche Preußen und Hannover und erreicht schließlich die Holperdorper Steinbrüche am Westerbecker Berg (234 m). Nun ist es gar nicht mehr weit zum einsam am Liener Berg (219 m) gelegenen Gast-

Alte westfälische Fachwerkbauernhäuser.

haus Malepartus und nach Lienen. Gleich neben dem Dorfteich hat dort die Gemeindeverwaltung ein feines Wassertretbecken erbauen lassen. Besonders angenehm für Wanderer, die darin nach so langem Gehen ihre heißen Füße kühlen möchten.

Gehzeit 3–3½ Stunden; weiter bis Lienen 5–5½ Stunden.

Karte, Anfahrt, Ausgangspunkt: Siehe Wandervorschlag 1.

Bitte beachten Notieren Sie schon vor der Tour die Busrückfahrzeiten ab Lengerich bzw. Lienen.

Anmerkung Diese beiden Tecklenburger Wandervorschläge können Sie mit der Tour 7/1 zu einer dreitägigen Tecklenburger Weitwanderung verbinden: Ausgangspunkt Hörstel, Rückfahrt von Lienen (evtl. auch Hagen) mit dem Bus. Übernachtungen in Ibbenbüren und Tecklenburg vorbestellen.

Sehenswertes

Tecklenburg Ev. Pfarrkirche (1566) mit Epitaphien des Grafen Konrad (1557) u. der Gräfin Mechthildis (Anf. 17. Jh.) – Burg der Tecklenburger Grafen (seit 1100 urkundl.), 1702 an Preußen, 1707 zerstört u. abgetragen; Wierturm mit großer Fernsicht, Bastionen u. Freilichttheater, am Burgtor (1685) prächtiger Wappenfries – Marktplatz mit Legge (Torhaus, einstige Leinenprüfstelle, 16. Jh.), alter Linde, Brunnen u. schönen Fachwerkgiebelhäusern (u. a. Haus Frickenstein v. 1513; Krummacher-Haus, Geburtshaus des hier 1767 geborenen Fabeldichters) – Heimatmuseum am Wellenberg – Puppenmuseum – außerhalb: Haus Marck, Wasserschloß (15./ 18. Jh.), in dem 1831 Fr. v. Bodelschwingh geboren wurde, mit Rittersaal u. Bibliothek – Großsteingrab Wechte (2000 v. Chr.); bronzezeitl. Steinhügelgrab (1800 v. Chr.)

Brochterbeck Ev. Pfarrkirche, romanisch/ spätgotisch (13./14. Jh.); innen interessante

Trägerfiguren (Schabellen) – in der neugotischen kath. Pfarrkirche Vortragskreuz (16. Jh.) u. spätgotische Marienklage

Ledde Pfarrkirche, romanisch/gotisch (12./ 14. Jh.) mit Resten spätgotischer Ausmalung

Leeden Stift (1240 gegründet, seit der Reformation Damenstift, 1812 aufgelöst), gotische Stiftskirche und Äbtissinnenhaus (16. Jh.)

Lengerich Pfarrkirche, spätgotische Halle mit romanischem Portal (um 1250), bedeutende Epitaphien – Friedhofstor – ehem. Rittersitz Haus Vortlage

Lienen Reizvolles Ortsbild: 2geschossiges Fachwerkherrenhaus »Hohes Haus« (18. Jh.) – ev. Pfarrkirche, romanisch (12. Jh.) mit Gedenksteinen – mittelalterl. Steinkreuz – in der Umgebung: Rundhügelgräber mit Ringwall, »Grafentafel« u. Duwensteine aus Sandstein

Freizeitangebot

Tecklenburg Beheiztes Waldschwimmbad – Hotelhallenbad – Angeln – Reiten – Golf – Minigolf – Kegeln – Tennis – Trimmpfad

Lengerich Freischwimmbad – Hallenbad – Reiten – Tennis – Minigolf – Angeln – Wassersport auf dem Waldsee

Lienen Beheiztes Hallen-Freibad – Tennis – Reiten – Angeln

Veranstaltungen

Tecklenburg Freilichtspiele in der Burgruine (Mai–September) – großes Bürgerschützenfest (2. Woche im Juli)

Lienen Ausflüge mit der Tecklenburger Waldeisenbahn (mit Museumsdampflok)

9 Bad Iburg
Bad Laer
Bad Rothenfelde
Hilter
Versmold

Stille Wege durchs Bäderdreieck am Südhang des Teutoburger Waldes

Seit vielen Jahrzehnten bemühen sich die Mineralheilbäder Laer und Rothenfelde sowie das Kneippheilbad Iburg mit modernen Therapie- und Kureinrichtungen um das Wohl ihrer Besucher. Doch genau soviel Gesundheit wie in diesen Bädern finden die Gäste in der erholsamen Umgebung der Badeorte: Hervorragend angelegte und bezeichnete Wanderwege führen die Besucher des Bäderdreiecks hinaus in eine bezaubernde Landschaft, die Kranke bei beschaulichem Gehen an Körper und Geist gesunden läßt und Gesunden ihre Vitalität erhalten hilft.

Landschaftlicher Mittelpunkt dieses stillen Areals zwischen der alten Handelsstadt Versmold am Rande des münsterländischen Tieflandbeckens und Bad Iburg am Südabhang des Naturparks Teutoburger Wald ist der Kleine Berg, der sich vom Blomberg bei Bad Laer zum Lüdenstein und Aschendorfer Berg bei Bad Rothenfelde hinüberzieht und seinen Ersteigern eine weite Aussicht übers gesamte Bäderländchen bietet.

Untereinander verbunden aber werden die schönsten Punkte des Bäderdreiecks von exzellenten Streckenwanderwegen,

wie zum Beispiel vom Sundernweg und Dreiländereckweg, vom Ahornweg (dem früheren Vier-Tage-Weg) und von den Hauptwanderwegen X 5 und X 17. Vor allem jedoch vom Hermannsweg, der in diesem Bereich den Wanderer zwischen Bad Iburg und Hilter über den Kamm des Teutoburger Waldes leitet. Daneben ermöglichen gut markierte regionale Gemeindewege und erstklassige Busverbindungen überall eine problemlose Rückkehr zu den Ausgangsorten geruhsamer Wanderrouten, die Sie zum Zeppelinstein am Großen Freeden und zum Westerwieder Teufelsstein, aber auch zu dem malerisch gelegenen Wasserschloß Scheventorf bei Glane bringen werden.

Den – im wahrsten Sinne des Wortes – absoluten Höhepunkt des Bäderdreiecks allerdings erreichen Sie gleich im Verlauf des ersten Wandervorschlags: den Hermannsturm auf dem 331 Meter hohen Dörenberg. Vom Bad Iburger Urberg wandert man auf dem Grafensundernweg durch die abgeschiedene Rodung »Achter de Welt« und im kienig-würzigen Duft des Iburger Forstes dort hinauf. Und wird hier bei klaren Wetterverhältnissen mit wirklich umfassender Fernsicht über die dunklen, unendlich scheinenden Waldhöhen des Osnabrücker Osning belohnt. Eine Umschau, wie sie weit und breit nicht schöner zu finden ist!

1 Zur Osningsicht vom Dörenberg (331 m)

Bad Iburg – Grafensundern – Dörenberg/ Hermannsturm – Großer Freeden – Bad Iburg

Gute, bestens bezeichnete und schattenreiche Waldwege ohne Steilanstiegstrecken

Seit mehr als 900 Jahren beherrschen die massiven gelben Mauern der Iburg das Land ringsum. Doch bereits in vorgeschichtlicher Zeit befand sich auf dem mächtigen, hochragenden Felsenrücken eine strategisch wichtige Wallanlage, die von den Sachsen zur Festung ausgebaut wurde und in den Auseinandersetzungen zwischen Widukind und Karl dem Großen eine bedeutende Rolle spielte. Zweimal, 772 und 783, zerstörte Karl diese frühe Iburg. Bischof Benno II. von Osnabrück, der Ratgeber und Baumeister Kaiser Heinrichs IV., ließ dann im Jahre 1070 auf den Resten des alten Sachsenkastells eine neue Burg erbauen. Dazu stiftete er ein Benediktinerkloster und gab Auftrag zum Bau der ersten Klosterkirche. Sechs Jahrhunderte lang diente nun Schloß Iburg dem Bistum Osnabrück als Residenz, ehe der letzte evangelische Fürstbi-

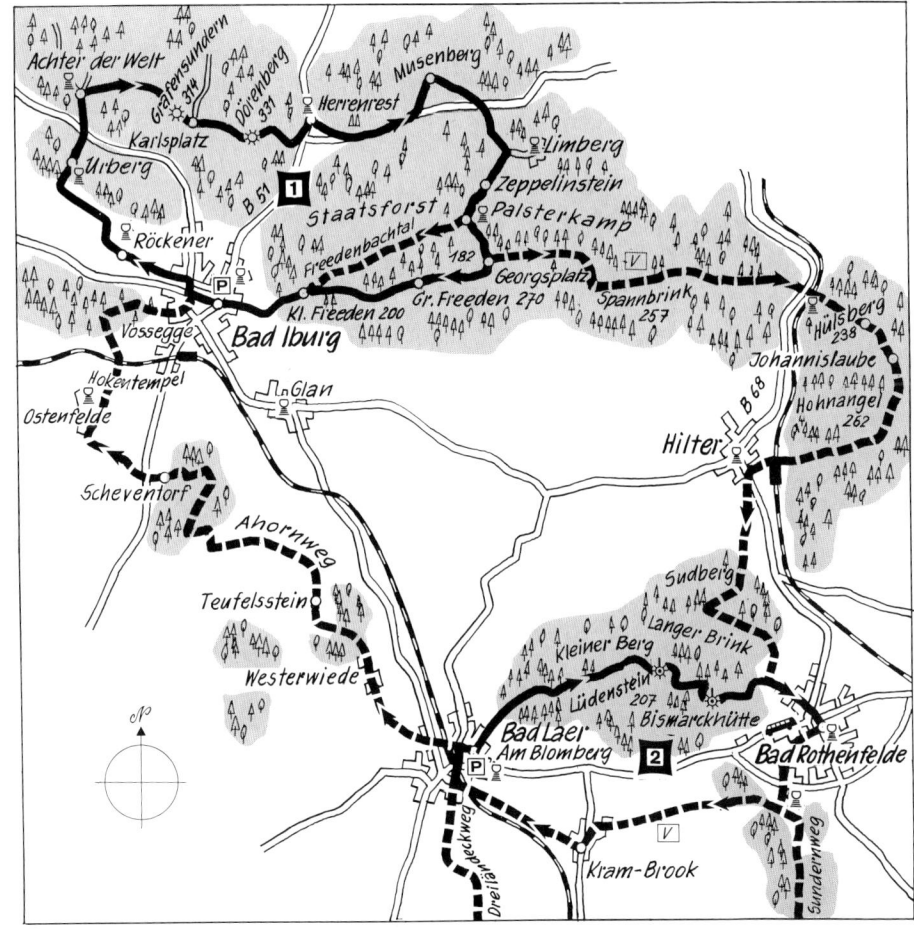

schof Ernst August I. mit seiner Gemahlin Sophie 1673 ins neuerbaute Osnabrücker Stadtschloß umzog. Deren im Jahre 1668 auf der Iburg geborene Tochter Sophie Charlotte wurde 1701 als Gattin Friedrichs I. Preußens erste Königin.

Hier oben auf der Iburg beginnt eine wundervolle Wanderung, die Sie in wenigen Minuten hinunter zum Charlottensee bringt, dem einstigen Klostermühlenteich. Vom Kurpark geht es anschließend nur sanft ansteigend im weit ausholenden Westbogen zu den Gasthäusern am Urberg und »Achter de Welt« bergan und jetzt auf dem Grafensundernweg ostwärts zum Aussichtsturm auf dem Dörenberg. Den Abstiegsweg können Sie sich ganz nach Wunsch gestalten. Kürzer ist es, vom Musenberg (256 m) am Zeppelinstein vorbei über den Großen und Kleinen Freeden (270 m/200 m) nach Bad Iburg zurückzulaufen, wobei Sie vom Waldgasthaus auch einen flacheren Weg durchs Freedenbachtal und am Haasesee vorbei wählen können. Gut 2 Stunden länger ist die Wanderschleife vom Georgsplatz am Großen Freeden in Ostrichtung zur Bushaltestelle in Bad Rothenfelde. Mit der H-Markierung des Hermannsweges gelangen Sie auf dem Waldkamm über den Spannbrink zum Haltepunkt Hankenberge und im Süd-West-Bogen über den Hülsberg (254 m) und Hohnangel (262 m) in den hübschen Ferienort Hilter. Zum guten Abschluß promenieren Sie über den Sudberg und Langen Brink hinunter zum Vogelpark und zum Rothenfelder Automobilmuseum.

Gehzeit 5–5½ Stunden; nach Bad Rothenfelde 7½–8 Stunden, dann besser 2 Tage.
Karten Topographische Karte 1 : 50 000 L 3914 Bad Iburg, Landesvermessungsamt Nordrhein-Westfalen; Wander- und Freizeitkarte 1 : 25 000 Bad Iburg.
Anfahrt Mit der Bahn bis Lengerich oder Versmold, weiter mit dem Bus (auch von Osnabrück); mit dem Auto auf der BAB Bremen–Münster (Hansalinie) über Lengerich, oder auf der B51 von Osnabrück oder Münster, oder auf der B68 von Bielefeld.
Ausgangspunkt Bad Iburg, südl. Altstadtrand, Drostenhof (Großparkplatz).
Bitte beachten Falls Sie die Variante nach Rothenfelde wählen: Übernachtung in Hilter vorbestellen u. Busrückfahrzeiten notieren. Verpflegung und Getränke im Rucksack mitführen.

2 Gesteine und Blumen am Wege zum Kleinen Berg (207 m)

Bad Laer – Blomberg – Kleiner Berg/ Lüdenstein – Bismarck-Hütte – Bad Rothenfelde – Busfahrt nach Bad Laer
Kurzer, nur flacher Aufstieg zu schöner Sicht, überwiegend Schatten

Der Spazierweg von Bad Laer über den Kleinen Berg nach Bad Rothenfelde ist kurz, aber oho! Wegen der schönen Aussicht vom 207 Meter hohen Lüdenstein und vom Aussichtsturm bei der Bismarck-Hütte, die Sie ohne Orientierungsschwierigkeiten und ohne größere Anstrengungen wie auf einem Kurpromenadeweg über den Blomberg erreichen.

Aber nicht nur die weiten Ausblicke machen den Weg über den Blomberg (= Blumenberg) interessant, sondern auch die naturkundlichen, die geologischen und botanischen Besonderheiten. Da sind vor

Ein Bauernhof im Tecklenburger Land am Wege nach Bad Laer.

Hoch über Bad Iburg: das bischöfliche Schloß und ehemalige Benediktinerkloster, das vor 900 Jahren Benno II. von Osnabrück gründete.

allem die verschieden mächtigen Lagen von Plänerkalken mit ihren Muschel- und Seeigelresten und seltenen Ammoniteneinschlüssen aus der Jugendzeit unserer Erde. Daneben gibt es 5 bis 6 Meter starke, von den Kohlensäuregasen der Laerer Sole gebildete Travertin- oder Sinterterrassen, die poröse, leichte Schwemmkalke, Tropfsteinhöhlen und Grottsteine enthalten, aber auch die für Bad Laer so charakteristischen »Piepsteine« (= Pfeifensteine). Das sind kalkverkrustete Schilfstengel, die wie Orgelpfeifen nebeneinanderstehen können. (Ein besonders großes und schönes Schaustück dieser Gesteine finden Sie im Kurmittelhaus von Bad Laer.)

Aber auch die Pflanzenwelt zeigt im feuchten, warmen Laubwald auf dem »Blumenberg« ihren Reichtum in Fülle. Hier wachsen größere Bestände des hübsch blau blühenden Immergrüns mit seinen glänzenden, lederartigen Blättern, dazu Bärlauch und Aronstab, Waldmeister und Buschwindröschen, Schlüsselblumen und Veilchen. Und eine der schönsten Pflanzen des Bäderdreiecks: der Lerchensporn, der zur Osterzeit den Waldboden mit seinen violetten Blütenteppichen dicht belegt. Auch Orchideen und Akelei können naturliebende Wanderer an der Westschulter des Blomberges bewundern (aber nicht pflücken!).

Wem aber diese erholsame 2-Stunden-Tour über den Kleinen Berg zu kurz ist, dem sei empfohlen, noch einen Spaziergang durch die geologisch hochinteressante Eiszeitlandschaft der Laerer Heide (3 Kilometer westlich von Bad Laer) zu unternehmen. Dort entdeckt man – mit viel Glück! – im Geschiebe der Elster- und Saaleeiszeit die Reste eines der ältesten Lebewesen der Erdgeschichte, das schon vor etwa 220 Millionen Jahren (im Perm) ausgestorben ist: nämlich bereits im Kambrium (also vor ca. 600 Millionen Jahren) vom nordischen Kalk eingeschlossene Dreilappkrebse, die der Fachmann auch Trilobiten nennt.

Gehzeit Ca. 2 Stunden; ohne Busrückfahrt 3½–4 Stunden.
Karte, Anfahrt Siehe Wandervorschlag 1.
Ausgangspunkt Bad Laer, südl. Ortsrand, Thieplatz/Glandorfer- Bielefelder Straße, Bushaltestelle (P beim roten Findling neben der Kreissparkasse).
Bitte beachten Notieren Sie vor Wanderbeginn die Busrückfahrzeiten ab Bad Rothenfelde.
Anmerkung Die Wandervorschläge 1 u. 2 können Sie mittels einer Begehung des Ahornweges (früher Vier-Tage-Weg) zur großen Bäderdreiecks-Rundtour (zwei bis drei Tage) zusammenfügen: Bad Iburg – Dörenbergturm – Hilter – Bad Rothenfelde – Kleiner Berg – Bad Laer – Ahornweg (Markierung schwarze Raute mit weißem Ahornblatt: Westerwiede/Teufelsstein – Schloß Scheventorf – Wirtshaus Sandkämper – Bad Iburg; siehe dazu Führerblätter des Ahornweges, Teutoburger-Wald-Verein, Bielefeld). Das Bäderdreieck erreichen Sie auch von Versmold auf dem Sundernweg (Markierung S über Loxten nach Bad Rothenfelde u. auf dem Dreiländereckweg (Markierung 3 über

Knetterhausen – Winkelsetten) in jeweils 2½–3 Stunden; Rückfahrt mit dem Bus. Geschichtlich und naturkundlich interessierten Besuchern des Bäderländchens werden die von der Gemeinde Bad Laer herausgegebenen »Kleinen Führer« und »Suderberge Hefte« empfohlen.

Sehenswertes

Bad Iburg Bischöfliches Schloß und Benediktinerkloster, 1070 von Benno II. gegründet, 3flügeliges Schloß, Bergfried mit Wappen des Bischofs Konrad von Rietberg (1482–1508), Rittersaal (1656) mit einer der ersten perspektivischen Decken Deutschlands (Taten des Herkules); kath. Klosterkirche (11.–16. Jh.), 3schiffige Halle mit schlanken quadratischen Pfeilern, barocker Sandsteinsarkophag des Stifters, wertvolle Epitaphien; Klostergebäude (1751–53, Baumeister Joh. Conrad Schlaun) mit Wandbild des Schmerzensmannes (15. Jh.) im Oratorium; ev. Schloßkirche (1664) – kath. Fleckenskirche St. Nikolaus (1226), 3schiffig mit rechteckigem Chor (13./14. Jh.); reiche Ausstattung: Taufstein (13. Jh.), Epitaphien (17./18. Jh.), spätmittelalterliche Plastiken – Altes Forsthaus Freudenthal, ehem. Jagdschloß (1594) mit Figurenschmuck von A. Stenelt – Wasserburg Scheventorf (1552) mit malerischen Fachwerkflügeln – Töpfermuseum – Uhrenmuseum – Zeppelinstein zur Erinnerung an den hier am 26.6. 1910 im Schneesturm gestrandeten LZ 7 – Märchenwald
Bad Laer Kath. Pfarrkirche (1871–73), frühromanischer Turm (11. Jh.) aus Sinterkalk – Kurmittelhaus u. Glockensee im Kurpark – Salzgarten (botanischer Naturgarten mit Salzpflanzen) – Heimatmuseum – schöne westfälische Fachwerkhäuser – frühgeschichtlicher Teufelsstein – Wildgehege in Westerwiede u. Winkelsetten – Waldlehrpfad
Bad Rothenfelde Altes und Neues Gradierwerk (1776/1818) – Heimatmuseum mit interessanten Sammlungen – Vogelpark – Märchenwald – Oldtimer-Automobilmuseum
Hilter Ev. Pfarrkirche mit bedeutender Orgel (17. Jh.) aus Hildesheim – Haus Hartmann (1752) von Joh. Conrad Schlaun – Schwarzwildgehege
Versmold Ev. Stadtpfarrkirche St. Petrus, romanisch-gotisch (13. Jh.), spätromanisches Portal – schöner Stadtpark mit seltenen Baum- und Straucharten

Freizeitangebot

Bad Iburg Beheiztes Freibad – Hallenbad – Tennis – Minigolf – Reiten – Rudern – Trimmpfad
Bad Laer Beheiztes Solefreibad – Solehallenbad – Hallenbad – Reiten – Tennis – Tischtennis – Minigolf – Angeln – Kegeln
Bad Rothenfelde Beheiztes Solefreibad – Wellenhallenbad – Reiten – Tennis – Tischtennis – Minigolf
Versmold Beheiztes Freischwimmbad – Hallenbad – Tennis – Reiten – Minigolf – Angeln

10 Dissen Wellingholzhausen Borgholzhausen Halle

Eiszeitlandschaft am Osnabrücker Osning

Noch bis zum heutigen Tage weiß niemand, warum vor mehr als 500 000 Jahren in Europa die Temperaturen im Jahresmittel um etwa 10 Grad Celsius sanken: vielleicht infolge Reduzierung der Sonneneinstrahlung durch kosmische Nebelmassen, vielleicht auch durch Änderungen in der Erdbahn oder Verlagerung des Golfstroms. Was es auch gewesen sein mag, die Vergletscherung des Nordens rückte damals immer weiter südwärts in unsere jetzt wieder recht gemäßigten Breiten vor. Gewaltige Eisbrüche bis zu einer Stärke von 250 Metern schoben sich während der sogenannten Elster-Eiszeit von Skandinavien in die norddeutsche Tiefebene und schleppten aus dem südlichen Norwegen und vom Baltikum abgehobeltes Geschiebe vor sich her, bis diese gigantische Eisfront schließlich auf der Linie Emsmündung–Hannover–Dresden zum Stehen kam.

Unter Zurücklassung ihres mittransportierten Gesteinsschuts zogen sich die Gletscherzungen während einer anbrechenden Warmzeit in ihre nordische Heimat zurück, stießen aber schon wenig später in der Saale-Eiszeit – vor etwa 230 000 Jahren – wieder in Südrichtung vor, diesmal mit besonderer Kraft. Um den Teutoburger Wald herum drangen die Eisströme des Emsland-Gletschers ins Münsterland ein und füllten die ganze westfälische Bucht mit Eis an. Kurz danach wälzte sich der Osnabrücker Glet-

scher gar über den Osnabrücker und Bielefelder Osning (= den mittleren Teutoburger Wald) hinweg und schob sich auf die münsterländischen Eisgebirge auf.

Während ihres jahrtausendelangen Abtauens nach erneutem Temperaturanstieg luden dann die Toteisreste dieser einstigen Riesengletscher vor ca. 180 000 Jahren Unmengen kristalliner und sedimentärer Gesteinsmassen ab, die sie oft aus fast 1 000 Kilometer Entfernung hergetragen und -gerollt hatten, aus Südfinnland und Nordschweden und aus dem Gebiet des Oslograbens: roten Granit und dunklen Porphyr, gefleckten Tigersandstein, syenitischen Gneis und nordischen Kalk mit über 200 Millionen Jahre alten Trilobiten-Einschlüssen.

Die Geröll-, Kies- und Sandschichten am Südhang des Teutoburger Waldes bestehen aus solchem Schmelzwassergesteinsschutt. Geologisch interessierte Wanderer können zwischen Dissen, Borgholzhausen und Halle mit wachen Augen die Reste der beiden großen Eisbewegungen studieren, ja manchmal mit Hilfe von Sand- und Kiesgruben oder Steinbrüchen tief in die

vom Gletschereis modellierte Moränenlandschaft hineinschauen und werden vielleicht gar den einen oder anderen interessanten Mini-Findling im Rucksack nach Hause tragen. Wir hatten das große Glück, in der Nähe von Dissen bei einem Bauern eine mächtige, glattgeschliffene hellrote Granitkugel für wenig Geld käuflich erwerben zu können. Wir wälzten sie in den Kofferraum unseres Autos und fuhren sie in unseren Garten. Da liegt sie nun zur Freude der ganzen Familie – ein Souvenir der Eiszeit. Und schaut aus wie ein überdimensionaler Edamer Käse – aus Norwegen!

1 Aussichtstürme und Seen nördlich von Dissen

Dissen – Steinegge – Blauer See – A Wellingholzhausen – Beutling – Ascher Egge – Dissen – B Kronensee – Johannisegge – Noller Schlucht – Dissen

Schattenreiche Bergwanderung mit großer Fernsicht, mehrmaliges Auf und Ab

Obwohl die Stadt Dissen infolge ihrer wohlsituierten mittelständischen Industrie

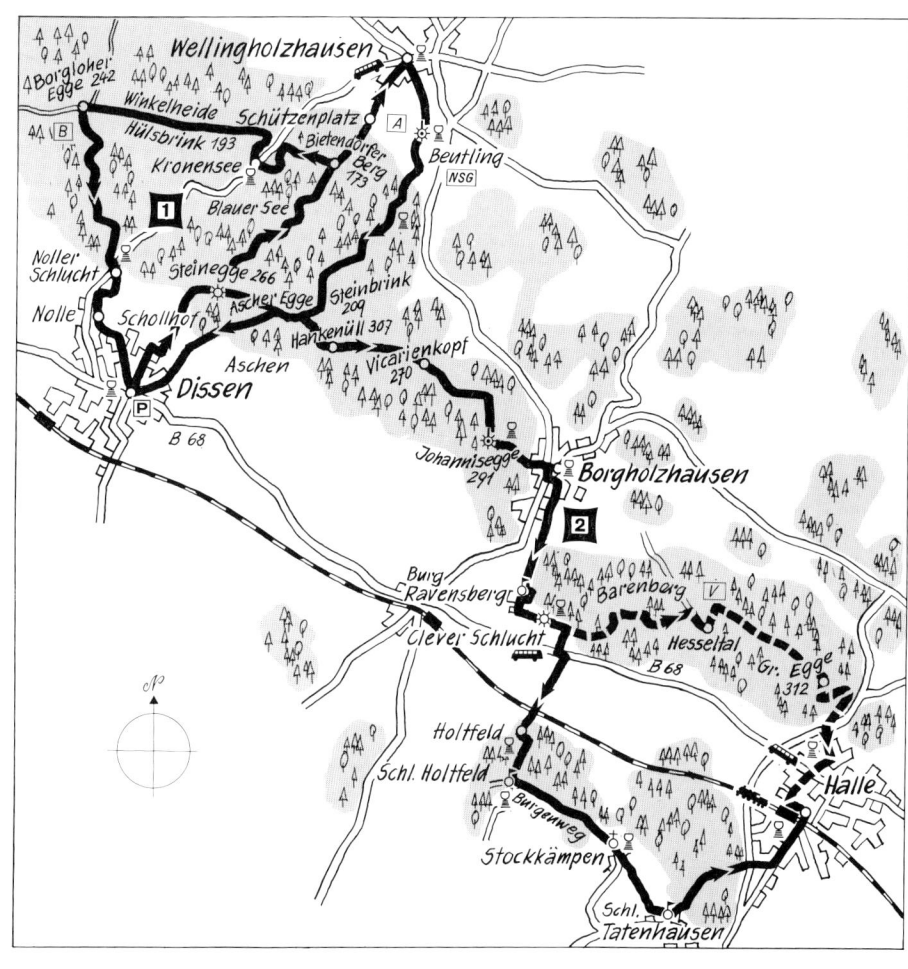

Der trutzige Bergfried der Burg Ravensberg, einst Stammsitz der Ravensberger Grafen – heute mit seiner Schloßgaststätte Rastplatz nach erholsamem Teutoburger-Wald-Wandern auf dem Hermannsweg.

einen recht modernen Eindruck vermittelt, kann sie doch auf eine fast 1 200jährige Geschichte zurückblicken. Schon zur Zeit Karls des Großen hatte Dissen als Mittelpunkt des Süderbergegaus große Bedeutung. Davon kündet noch heute die aus dem 12. Jahrhundert stammende evangelische Stadtpfarrkirche St. Mauritius. Die kreuzförmige Gestaltung der Querarme und ihr romanischer Westturm weisen außen auf die Anlage als frühe Wehrkirche hin. Überraschend jedoch ist in ihrem Inneren ein zierlicher, eleganter Rokokoaltar mit leuchtend farbig gefaßtem Figurenschmuck.

Bestimmen werden auch Sie einen Blick in die Kirche werfen, bevor Sie von St. Mauritius aus zur ersten Teutoburger-Wald-Runde starten: über sichtreiche, freie Feldhänge bergwärts zum Röwerkamp und auch gleich auf den ersten schönen Aussichtspunkt am Hermannsweg, auf die 266 Meter hohe Steinegge. Hier taucht man in ein weltverlassenes Waldareal ein, kommt am dunklen Auge des Blauen Sees vorbei und bald auch östlich des Bietendorfer Berges zu einem Wanderwegekreuz. Da gilt es zu entscheiden: Geradeaus (A) gelangen Sie in wenigen Minuten zu den ersten Häusern des kleinen Luftkurortes Wellingholzhausen und ersteigen am Nachmittag den Aussichtsturm im Naturschutzgebiet Beutling zur weiten Grönegau-Rundsicht. Dann wendet man sich weiter südwärts, quert bei der Ascher Egge erneut den Hermannsweg und wandert vom Osningkamm gemütlich nach Dissen hinunter. Etwas ausdauerndere und die absolute Stille bevorzugende »Waldläufer« werden sich noch vor Wellingholzhausen auf dem Johannisweg westwärts wenden (B). Sie erreichen den Kronensee und später über den Hülsbrink und durch das Noller Bachtal am Petersbrink die Noller Schlucht. Jetzt sind es nur noch 2 Kilometer nach Dissen zurück.

Gehzeit A 4–4½ Stunden; B 4½–5 Stunden.
Karte Topographische Karte 1 : 50 000 L 3914 Bad Iburg, Landesvermessungsamt Nordrhein-Westfalen.
Anfahrt Mit der Bahn von Osnabrück oder Bielefeld; mit dem Auto auf den B51, B68 oder B476 von Osnabrück, Bielefeld oder Münster.
Ausgangspunkt Dissen, Stadtmitte, Am Karlsplatz, Hauptstraße (B68), Kirche/Gasthaus zum Posthorn (P).
Bitte beachten In den Sommermonaten ist von Wellingholzhausen eine Rückkehr per Bus möglich: Vor Wanderstart Fahrplan notieren.

2 Drei-Schlösser-Wanderung im Ravensberger Land

Dissen – Steinegge – Johannisegge – Borgholzhausen – Burg Ravensberg – Schloß Holtfeld – Schloß Tatenhausen – Halle – Bahnfahrt nach Dissen

Anfangs Berg- und Waldtour mit viel Schatten, im zweiten Wanderteil flache, sonnige Wege ohne Anstiegsstrecken

Die Burg der einst mächtigen Grafen von Ravensberg wurde zwar 1633 im 30-jährigen Krieg zerstört, aber die Reste der alten Ringmauer und der 100 Meter tiefe Burgbrunnen, besonders jedoch der heute als Aussichtsturm dienende Bergfried künden noch immer von dem Grafengeschlecht, das jahrhundertelang übers Ravensberger Ländchen herrschte. Eine gemütliche Burggaststätte lädt dort zum Mittagessen all die Wanderer ein, die morgens zeitig in Dissen aufgebrochen sind, um auf dem Hermannsweg über den Teutoburger Waldkamm nach Borgholzhausen und Halle zu promenieren.

Unterwegs können Sie am Vormittag kurz hinter Dissen den Aussichtsturm auf der Steinegge erklimmen, und nur eine gute Stunde später – nach einem beschaulichen, nie anstrengenden Gang über die Höhen von Hankenüll, Vicarienkopf und Hollandskopf – stehen Sie auf der Johannisegge, um vom fast 300 Meter hohen Luisenturm weit in die scheinbare Endlosigkeit des flachen Münsterlandtellers hinauszuschauen. Noch vor dem Erreichen der Ravensberger Burg erschnuppert man in den Gäßchen von Borgholzhausen den süßen, verführerischen Duft des Honigkuchen, die hier beim Lebküchner Schulze in der Freistraße die Auslagen des alten, weitbekannten Geschäfts zieren. Und betrachtet vielleicht auch gleich daneben in der spätgotischen Pfarrkirche den steinernen Altaraufsatz, der in feiner Arbeit Reliefszenen aus der Passion Christi zeigt. Am Nachmittag stehen noch zwei Wasserschlösser im Stile prachtvoller Weserrenaissance auf dem Wanderprogramm: Schloß Holtfeld und Schloß Tatenhausen, die von der Clever Schlucht südwärts auf dem Burgenweg angesteuert werden. Abends sitzt man dann in einem der gepflegten Haller Gasthäuser – ein wenig

Der reichverzierte Renaissancegiebel des Wasserschlosses Holtfeld – eines der Ziele der Drei-Schlösser-Wanderung von Dissen nach Halle.

müde zwar vom vielen Gehen und Schauen, aber wohlgestärkt an Körper und Geist – und genehmigt sich ein Pils: beim »Sankt Georg« oder »Schmedtmann«, beim »Brune«, »Hollmann« oder »Diembeck«. Und erwischt schließlich gerade noch den letzten Bus nach Dissen.

Gehzeit 6½–7 Stunden; evtl. nur 4 oder 5½ Stunden.
Karte Topographische Karten 1 : 50 000 L 3914 Bad Iburg und L 3916 Bielefeld, Landesvermessungsamt Nordrhein-Westfalen.
Anfahrt, Ausgangspunkt Siehe Wandervorschlag 1.
Bitte beachten Erkundigen Sie sich schon in Dissen nach den Bus- und Bahnrückfahrzeiten.

Sehenswertes

Dissen Ev. Stadtpfarrkirche St. Mauritius (12./13. Jh.), romanischer Westturm, kreuzförmige Anlage mit Kreuzgratgewölben; schöner Rokokoaltar (1765) – Rathaus mit Grundmauern aus der Karolingerzeit anstelle des Meyerhofes – idyllische Fachwerkhäuser am Kirchplatz
Borgholzhausen Pfarrkirche, romanisch/spätgotisch (13./16. Jh.), Chor von 1496, Wandpfeiler mit spitzbogigen Gurt- und Schildbögen; steinerner Altaraufsatz (1501) mit 13 Hochreliefbildern – Schloß Brinke (am Sachsenweg, 5 km östl. von Borgholzhausen), frühbarockes, 2flügeliges Herrenhaus (1674) – Burg Ravensberg (12. Jh.) mit Bergfried, 100 m tiefem Brunnen, Mauerringresten u. Schloßgaststätte; früher Stammsitz der Grafen von Ravensberg – Märchenwald
Halle Evang. Pfarrkirche St. Johannis (13.–15. Jh.) mit frühgotischer Ausmalung (13. Jh.) – in der westlichen Umgebung: Pfarrkirche Stockkämpen (17. Jh.) mit schöner Barockausstattung – Schloß Holtfeld (1599) mit prächtigem Renaissancezieriegel – Schloß Tatenhausen (1540), imposante, malerische Anlage, wahrscheinlich von Jörg Unkair; Treppenturm, Halbkreisgiebel mit Kugelverzierungen; schöner Park mit großen Wasserflächen – Schneikerscher Steinbruch (geologische Aufschlüsse)

Freizeitangebot

Dissen Freischwimmbad – Hallenbad – Tennis – Reiten
Borgholzhausen Freischwimmbad – Tennis – Reiten – Trimmpfad
Halle Freischwimmbad – Hallenbad – Tennis – Minigolf – Trimmpfad

11 Bielefeld Werther Steinhagen

Auf großer Tour durchs Ravensberger Land

Inmitten ihrer Stadt setzten die Bielefelder einem Vertreter des Gewerbes ein Denkmal, dem sie im Laufe vieler Jahrhunderte zum größten Teil ihren kontinuierlichen, immer mehr wachsenden Wohlstand verdanken: dem Leinenweber. Es zeigt ihn, wie er seinerzeit aus dem umliegenden Ravensberger Land in die Stadt kam, um den Bielefelder Kaufleuten seine Waren anzubieten. Zu einem mit blanken Knöpfen besetzten Leinenrock trägt er einen großen Schlapphut auf dem Kopf, in der einen Hand hält er eine lange, gebogene Pfeife zum Mund, mit der Rechten stützt er sich auf seinen zusammengewickelten Regenschirm. Auf den Rücken hat er den ledernen »Holster« geschnallt, in dem er seine Leinenerzeugnisse zur Bielefelder Legge trägt.

Diese Legge (= Leinenschauanstalt) hatte der Große Kurfürst 1678 gegründet, nachdem das Ravensberger Land 1647 an die Hohenzollern gefallen war. Damit wurde auch die Handelsstadt Bielefeld brandenburgisch. Doch schon gut 400 Jahre vorher war Bielefeld vom Ravensberger Grafen Hermann an der wichtigsten Paßstraße des Teutoburger Waldes gegründet worden und erhielt bereits 1214 Stadtrechte. Die im Jahre 1256 erbaute Burg Sparrenberg war in der Folgezeit Residenz der Grafen von Ravensberg, bis sie 1346 durch Erbvertrag an die Grafen von Jülich kam. Mächtige Bastionen der Renaissancezeit mit ausgedehnten unterirdischen Katakomben prägen noch heute das Bild der Burg auf dem Bielefelder Osning hoch droben über der Stadt.

Dem Wanderer, der auf dem Hermannsweg oder auf einem der vielen anderen Weitwanderwege nach Bielefeld kommt, bietet die Stadt heutzutage nach den schrecklichen Zerstörungen im Zweiten Weltkrieg 1943 um den Jahnplatz ein recht modernes Bild. In den engen Sträßchen der Altstadt allerdings findet man trotz vieler Neubauten immer noch die wohltuende Atmosphäre überkommener bürgerlicher Behäbigkeit. Der vierteilige Kleeblattgiebel von Spiegels Hof, das Crüwellhaus mit seinem stattlichen spätgotischen Treppengiebel und die elegant geschwungenen Renaissancegiebel der Lampehäuser, dazu ehrwürdige Kirchen der Gotik, wie die um 1280 begonnene, doppeltürmige Neustädter Marienkirche mit ihren kunstvoll gearbeiteten Grabdenkmälern Ravensberger Grafen des 14. und 15. Jahrhunderts, weisen Bielefeld auch als Stadt der schönen Künste aus. Moderne Kunst und viel Sehenswertes präsentiert die alte Leineweberstadt in ihren Museen: in der Kunsthalle, besonders jedoch im Kulturhistorischen und im Naturkundemuseum, aber auch im Botanischen Garten. Hier erhält der Wanderer einen guten Überblick über die Vergangenheit der Stadt, über ihre Geschichte und ihre Kultur und über ihre schöne Umgebung, ehe er hinaufzieht zu Johannisberg und Hünenburg und zum Bauernhofmuseum und Tierpark Olderdissen. Oder von der Sparrenburg aufbricht, um sich auf dem Hermannsweg den »Eisernen Anton« mit seiner umfassenden Osningsicht zu erwandern.

Vorher allerdings sollte man in der Bielefelder Altstadt unbedingt noch die gotische Stadtpfarrkirche St. Nikolai besuchen. Sie steht gleich neben dem Leineweberdenkmal und enthält ein Wunderwerk abendländischer Holzbildhauerkunst: den über vier Jahrhunderte alten Antwerpener Flügelaltar. Er erzählt in zehn meisterhaft geschnitzten und 14 gemalten Szenen das Leben Jesu.

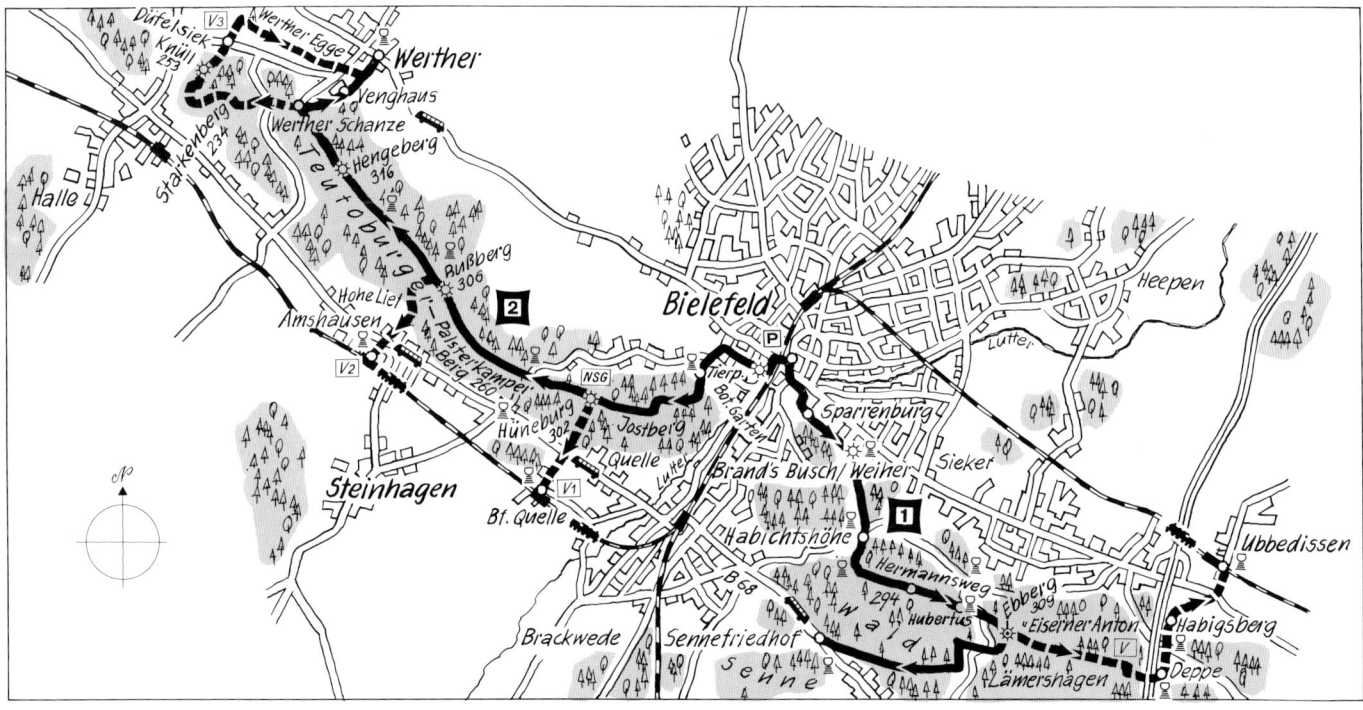

1 Über den Bielefelder Osning zum »Eisernen Anton«

Bielefeld – Sparrenburg – Gasthaus Brand's Busch – Habichtshöhe – Brackwede (oder Ubbedissen) – Busfahrt nach Bielefeld

Berg- und Kammwanderung mit weiter Aussicht, gute, markierte Wege, viel Schatten

Der »Eiserne Anton« ist ein Aussichtsturm auf dem 309 Meter hohen Ebberg. Vor vielen Jahren ließ ein Bielefelder Industrieller, der wegen seines »eisernen Willens« bekannt war, den Turm errichten. Leider aber wächst der »Eiserne Anton« mit den ihn umgebenden Bäumen nicht mit, so daß von Jahr zu Jahr die wirklich schöne Aussicht mehr und mehr behindert wird. Trotz allem aber lohnt sich eine Besteigung des Turms, denn noch geht der Blick südwärts weit hinaus ins Münsterland und über die tausend Häuschen der Sennestadt an seinem Fuß hinweg bis zum Schloß Holte hinterm Stukenbrocker Kirchturm. Vielleicht wird um den »Eisernen Anton« mal der Wald ein wenig ausgeholzt, wie uns das schon vor Jahren angekündigt wurde.

Um dorthin zu kommen, steigt man am Wanderbeginn von der Neustädter Marienkirche zur Sparrenburg auf und wendet sich auf dem Kamm des Teutoburger Waldes ostwärts. Von den H-Markierungen des Hermannsweges stets gut geführt, gelangen Sie erst – bequem, weil eben – auf der Eschenpromenade zum Gasthaus Brand's Busch, dann an der Habichtshöhe vorbei zu den beiden Wirtshäusern Eiserner Anton und Hubertus. Da haben Sie es gar nicht mehr weit zum Aussichtsturm »Eiserner Anton« und können jetzt zwischen zwei Abstiegsmöglichkeiten zum Bus nach Bielefeld wählen. Entweder geht's über Lämershagen und Gräfinghagen (Gasthaus Deppe) nordwärts nach Ubbedissen – oder am Südhang des Bielefelder Osnings entlang zum Sennefriedhof. Jede der beiden Möglichkeiten hat für aufmerksame Naturfreunde kleine, stille Freuden am Wege bereit: interessantes Gestein, schöne Ausblicke, einladende Rastbänke und viele zarte Blumen.

Gehzeit 3–3½ Stunden; oder Ⓥ 4–4½ Stunden.
Karte Wanderkarte 1:50000 Stadt Bielefeld und Ravensberger Land, Landesvermessungsamt Nordrhein-Westfalen.
Anfahrt Mit der Bahn von Osnabrück, Münster, Dortmund und Hannover; mit dem Auto auf der BAB A2 Ruhrgebiet–Hannover oder auf der B61 oder B68 von Herford, Osnabrück, Gütersloh oder Paderborn.
Ausgangspunkt Bielefeld, nördl. Altstadtrand, Niederwall/Altstädter Kirchplatz (Nähe Rathaus/Stadttheater; P im Parkhaus Ritterstraße).
Bitte beachten Notieren Sie schon in Bielefeld die Rückfahrzeiten.

2 Über den Bielefelder Osning nach Werther

Bielefeld – Tierpark – Hünenburg – Bußberg – Hengeberg – Werther – Busfahrt nach Bielefeld

Höhenweg mit einer mäßig steilen Aufstiegsstrecke, schöne Aussichtspunkte, bequeme Wege, mehr als die Hälfte Schatten

Wenn Sie diesen und den vorhergehenden Wandervorschlag mit den Touren 10/2 und 9/1 zu einer Weitwanderstrecke über den Teutoburger-Wald-Kamm zusammensetzen wollen, durchmessen Sie das Ravensberger Ländchen dort, wo es am schönsten ist: nämlich auf dem Hermannsweg zwischen Oerlinghausen und Bad Iburg. Im mittleren Teil dieser drei bis viertägigen Höhenwanderung kommen Sie dann auch in der Nähe von Borgholzhausen an einer weiteren einstigen Residenz der Ravensberger Grafen vorbei: an den Ruinenresten der Burg Ravensberg.

Sollten Sie aber nur einen Tag zur Verfügung haben, so unternehmen Sie doch einmal diese Wanderung allein. Sie werden nicht enttäuscht werden, denn ein Wanderhöhepunkt reiht sich an den anderen. Nach dem Aufstieg zum Johannisberg hat man eine feine Sicht auf die ehemalige Leineweber- und heutige Universitätsstadt Bielefeld. Gleich daneben können Sie einen Rundgang durchs Bauernhofmuseum machen und nur wenig später, im Olderdissener Park, viele einheimische Tiere sehen, deren Beobachtung in freier Natur infolge zunehmender Zivilisation leider immer schwieriger wird.

In nur 25 Gehminuten erreichen Sie von dort die Wallanlagen im Naturschutzgebiet Hünenburg, in deren Nähe Sie eine ganze Reihe seltener Pflanzen entdecken können (weshalb zu empfehlen ist, ein Bestimmungsbuch im Rucksack mitzunehmen). Weiter geht's auf dem Waldkamm westwärts zum »Peter auf'm Berge« (das ist ein Wirt) und über zwei reichlich 300 Meter hohe Erhebungen mit weiten Durchblicken ins Flachland: über den Bußberg und über den Hengeberg.

Von der Werther Schanz ist es möglich, auf kurzem Wege nach Werther bergab zu marschieren. Oder – was zwar länger, aber viel schöner ist – noch eine fast 2stündige Wanderschleife über den Knüll und die Werther Egge dranzuhängen. Dabei kommen Sie auch zum Gedenkstein für Walther von der Vogelweide und zur »Kaffee-

Solche Genüsse warten in den Wirtshäusern rund um Bielefeld nach beschaulichen Wandertagen am Abend auch auf Sie: westfälischer Schinken und original Steinhäger.

mühle«. Das ist einer der schönsten Aussichtspunkte oberhalb des hübschen, mit bunten Fachwerkhäusern geschmückten Kirchplatzes von Halle. Drunten, im Wirtshaus neben der Kirche, schmeckt dann der Steinhäger genauso gut wie in seinem Geburtsort Steinhagen!

Gehzeit 4½–5 Stunden; über Knüll und Werther Egge 6½ Stunden.
Karte, Anfahrt, Ausgangspunkt Siehe Wandervorschlag 1.
Bitte beachten Notieren Sie bereits in Bielefeld die Rückfahrpläne ab Quelle, Steinhagen, Halle oder Werther – je nachdem, wo Sie die Tour beenden wollen. Da unmittelbar am Wege kein Stützpunkt ist: Proviant und Getränke in den Rucksack packen – und vielleicht auch ein Blumenbestimmungsbuch.

Sehenswertes

Bielefeld Altstädter Pfarrkirche St. Nikolai, gotische Halle, nach der Zerstörung modern gestaltet; innen: großer flämischer Schnitzaltar aus Antwerpen (16. Jh.), 10 geschnitzte Szenen im Mittelteil, 14 gemalte Szenen auf den Flügeln, das Leben Jesu darstellend – Neustädter Pfarrkirche St. Maria (1280), 3schiffige gotische Halle; innen: berühmte

gotische Grabmäler Ravensberger Grafen (14./15. Jh.), bedeutender gotischer Choraltar (um 1400) des »Meisters des Berswordt-Altars« im »Weichen Stil«, 15 hochgotische Steinfiguren (um 1300) vom ehem. Lettner – kath. Pfarrkirche St. Jodocus, spätgotisch (1505–11); innen: die sog. »Schwarze Madonna« (um 1210), holzgeschnitzt mit silbernen Köpfen – reform. Kirche (ehem. Augustinerinnenkirche), spätgotisch; innen: bemerkenswerter barocker Altartisch – Burg Sparrenberg (1256) der Grafen von Ravensberg mit gotischem Eingangstor und wiedererrichtetem Bergfried; im Hauptbau Spielkartenmuseum; Bastionen aus der Renaissancezeit (ab 1535); ausgedehnte »Katakomben« (Führung) – trotz starker Kriegseinwirkungen

blieben noch einige schöne Bürgerhäuser erhalten (Crüwellhaus, Lampehäuser, Adelshof Spiegel) – Kulturhistorisches Museum – Naturkundemuseum – Kunsthalle – Botanischer Garten – Westfälisches Bauernhausmuseum – Tierpark Olderdissen – in Schildesche: Pfarrkirche (ehem. Nonnenstiftskirche), hochgotisch (1330–50) mit schönem spätgotischem Schnitzaltar (1501) und reichdekoriertem Sakramentshäuschen – in Kirchdornberg: Pfarrkirche (1327), gotische Halle mit Wandmalereien (14./16. Jh.); schöne Barockausstattung (Kanzel von 1685)

Steinhagen Pfarrkirche, gotisch (14. Jh.); gemalter Flügelaltar (Mitte 15. Jh.), spätgotische Maßwerkkanzel, barocker Taufstein (1693)

Am Hermannsweg: der wuchtige Bergfried der Sparrenburg bei Bielefeld, einst Sitz des mächtigen Ravensberger Grafengeschlechts.

Freizeitangebot

Bielefeld Mehrere Hallen- und beheizte Freischwimmbäder – Tennis – Angeln – Reiten – Segelfliegen – Minigolf – Trimmpfad
Steinhagen Hallenbad, Freischwimmbad

Veranstaltungen

Bielefeld Leineweberfest (Mai) – mehrere Theater – Konzerte in der Rudolf-Oetker-Halle

12 Herford
Enger
Spenge
Jöllenbeck

*Sicht- und Sonnenwege
im Wittekindsland*

Die über 200 Jahre alte, gut erhaltene Liesberg-Windmühle bei Enger ist einer der schönsten Aussichtspunkte im Wittekindsland.

Im Jahre 1686 kam ein 24jähriger Architekt aus der westfälischen Hanse- und Freien Reichsstadt Herford in die königlich-sächsische Residenzstadt Dresden, um hier seine Architekturkenntnisse zu vervollständigen. Das Bürgertum sowie der Adel gaben ihm erste Aufträge: Er entwarf vornehme Stadtpalais, aber auch einfache Vorstadt- und Dorfkirchen und unternahm nebenbei Studienreisen nach Salzburg, Wien und Rom. Vom hervorragenden Können und Geschmack ebenso wie vom Ehrgeiz dieses jungen Mannes erfuhr auch August der Starke, der damals als Kurfürst von Sachsen und König von Polen in Dresden regierte. Er erkannte das Genie des strebsamen Baumeisters und beauftragte ihn mit mehreren prachtvollen

Großbauten, um seine Residenzstadt zu verschönern, vor allem aber, um seinem fürstlich-absolutistischen Gottesgnadentum den rechten Glanz zu verleihen. Da nutzte der Zuwanderer aus Herford seine Chancen und Möglichkeiten, erbaute das heitere, orientalisch-verspielte Lustschloß Pillnitz und das Japanische Palais an der Elbe, gestaltete Augusts Jagdschloß Moritzburg neu und lieferte die Pläne für das Warschauer Schloß. So arbeitete er sich bei Hofe immer weiter empor, bis er schließlich den Titel eines königlichen Hofbaumeisters und kurfürstlich-sächsischen Oberlandbaumeisters erhielt. Als einer der ganz großen Baumeister und als einer der Vollender des deutschen Spätbarocks ging er in die Baugeschichte ein. Sein Hauptwerk ist der berühmteste, eleganteste und wohl auch schönste Barockbau Mitteldeutschlands: der Dresdner Zwinger! Der Name seines genialen Schöpfers lautet Matthäus Daniel Pöppelmann. Am 17.1.1736 ist er 74jährig in Dresden gestorben. Sein Elternhaus aus dem Jahre 1538, das sogenannte Bürgermeisterhaus, in dem Pöppelmann am 3.5.1662 geboren wurde, steht mit seinem schönen spätgotischen Stufengiebel trotz der Bombenstürme des letzten Krieges immer noch an der Höckerstraße in der Herforder Innenstadt.

Ganz in der Nähe von Pöppelmanns Geburtshaus befindet sich Herfords geographischer und historischer Mittelpunkt: die romanische Stifts- und Münsterkirche. Schon 789 hatte der sächsische Edle Wolderius in Herford für 14 hochadlige Jungfrauen ein Stift gegründet, das von der sächsischen Kaiserfamilie gefördert wurde. Unter der Äbtissin Gertrud II. zur Lippe, die im Jahre 1220 den ersten großen und einzigen romanischen Hallenkirchenbau Deutschlands beginnen ließ, wuchs das Kloster zu einer wohlhabenden, einflußreichen, papst- und reichsunmittelbaren Abtei heran. Sie hatte auf dem Reichstag Sitz und Stimme vom Rang eines geistlichen Fürstentums, bis sie nach über 1000jährigem Bestehen durch den Reichsdeputationshauptschluß im Jahre 1803 der Säkularisation zum Opfer fiel.

Sicher werden Sie nach der Besichtigung des Pöppelmannschen Geburtshauses und nach dem Bewundern der vielen Kunstschätze in der einst so bedeutenden Herforder Stiftskirche ein wenig nachdenklich werden über die Menschen und ihre Wege und Irrwege durch den wechselvollen Lauf der Geschichte. Dann aber wandern Sie hinaus in die herrliche Umgebung der Stadt: vom Tierpark Waldfrieden über den Stuckenberg zu umfassender Rundsicht vom Bismarckturm und von der wohlerhaltenen Liesberg-Windmühle am Rande der ehrwürdigen Widukindsstadt Enger zu den romantisch in flacher Bach- und Auenlandschaft gelegenen Sattelmeierhöfen.

Sollte Sie Ihr Weg aber einmal nach Dresden führen, so werden Sie bestimmt nicht nur Pöppelmanns Barockwunderwerk, den Zwinger, besuchen, sondern vielleicht auch das Grab dieses größten Sohnes von Herford. Es befindet sich gar nicht weit vom Zwinger entfernt in der einst vom Meister erbauten Friedrichstädter Matthäuskirche.

1 Auf dem Stuckenberg (210 m)

Herford/Tierpark Waldfrieden – Sieker – Stuckenberg/Bismarckturm – Herford/Tierpark Waldfrieden

Nur wenig fordernde Bergwanderung, viel Schatten, große Sicht, gute Wege

Geschichtliche und kunstgeschichtliche Erlebnisse werden Sie keine haben auf dieser kurzen und überaus gemütlichen Wanderung, die beim Tierpark Waldfrieden am nordöstlichen Stadtrand von Herford beginnt und Sie durch ein stimmungsvolles Waldareal bergan- und bergab führt nach Sieker im Finnebachtal. Dafür aber gibt's unterwegs Erholung und Nervenentspannung völlig kostenlos in größeren Mengen – und anschließend vorm Abstieg zum Gasthaus Steinmeier am Stuckenberg-Südhang auf dem gut 200 Meter hoch gelegenen Bismarckturm einen ganz besonderen Aussichtsgenuß.

Die Reliefplatte der Renaissancetumba des Sachsenherzogs Wittekind in der Stiftskirche St. Dionysius zu Enger.

Bei klarem Wetter überschaut man hier das gesamte Widukindsland, vom Wiehengebirge bis zum Teutoburger Wald und bis zur Lemgoer Mark. Und sieht 150 Meter unter sich aus den hellen Dunstschleiern der Werretalung die Türme des alten Herevurth aufragen, das einst Karl der Große an einer Furt am Zusammenfluß von Aa und Werre als Königshof gründete.

Gehzeit 2–2½ Stunden.
Karte Topographische Karte 1 : 50 000 L 3918 Herford, Landesvermessungsamt Nordrhein-Westfalen.
Anfahrt Mit der Bahn von Detmold, Lemgo, Münster–Bielefeld, Osnabrück oder Hannover–Bad Oeynhausen; mit dem Auto auf der BAB A2 Hannover–Ruhrgebiet oder auf den B 61 oder B 239 von Bielefeld, Minden, Detmold oder Lübbecke-Löhne.
Ausgangspunkt Herford, nordöstl. Stadtrand, Tierpark Waldfrieden/Wanderinformationstafel (P – Anfahrt von der Stadtmitte durch die Stiftberg-, Vlothoer und Stadtholzstraße).

2 Von Wittekinds Grab zu den Sattelmeierhöfen und nach Schloß Mühlenburg

A **Enger – Liesberg-Mühle – Sattelmeierhöfe – Mark – Enger –** B **Enger – Baringer Bachtal – Spenge – Busfahrt nach Enger**

Flache Spazierwege ohne Steigungen, reichlich Sonne

Den Sarkophag Wittekinds (oder auch Widukinds) in der romanischen Stiftskirche St. Dionysius zu Enger bedeckt eine schwere Reliefplatte, die den berühmten Sachsenherzog und Widersacher Karls des Großen im Königsornat zeigt. Daneben steht ein spätgotischer Flügelaltar, den der holländische Meister Hinrik Stavoer 1525 schnitzte.
Solch kunstgeschichtliche Kostbarkeiten wird sich bestimmt jeder Wanderer an-

schauen, ehe er vom segnenden Christus des spätromanischen Tympanons am südlichen Kirchenportal zu dieser ersten Engerer Rundwanderung startet. Da promeniert man erst einmal zur Liesberg-Windmühle hinauf, die als Wahrzeichen auf einem Hügel im Süden die Stadt überragt, und wendet sich nun über zivilisationsleere Feldfluren zu den Sattelmeierhöfen hin, die wahrhaft majestätisch seit Jahrhunderten zwischen Äckern, Wiesen, Weihern und uralten Bäumen das flache Land beherrschen – der Johann, der Ebmeier und der Evert. In großer Wegschleife durchwandert man das Alsbeckebachtal und die Mark und kehrt schon nach relativ kurzem Gehen in die Wittekindsstadt Enger zurück. Und besucht hier vielleicht gar noch das Wittekindsmuseum.
Demnächst aber können Sie gleich wieder eine so wenig anstrengende Tour laufen. Diesmal geht's von der über 1000jährigen Stiftskirche, erst am Bolldamtal, dann am Baringer Bach, auf dem Westerengerweg nach Spenge. Dort treffen Sie auf Schloß Mühlenburg mit interessantem Turm, geschwungenen Renaissancegiebeln und schöner Loggia. Gar nicht weit davon befindet sich die Bushaltestelle für die Rückfahrt. Ringsum stehen einige gute, preiswerte Wirtshäuser, um die beim Wandern »verschwendeten« Kalorien wieder auffüllen zu können – mit echtem, vielgelobtem Herforder Pils.

Gehzeit A und B jeweils 2½–3 Stunden.
Karte Topographische Karte 1 : 50 000 L 3916 Bielefeld, Landesvermessungsamt Nordrhein-Westfalen.
Anfahrt Mit der Bahn bis Herford (siehe Wandervorschlag 1), weiter mit dem Bus; mit dem Auto auf der BAB A30 (Osnabrück–Bad Oeynhausen) bis Ausfahrt Hiddenhausen, oder A2 (Hannover–Ruhrgebiet) bis Ausfahrt Herford, weiter auf der Landstraße, oder auf der B61 oder B239.

Ausgangspunkt Enger, Stadtmitte, Barmeierplatz, westl. der Kirche (P).
Bitte beachten Notieren Sie schon in Enger den Busrückfahrplan.

Sehenswertes

Herford Münster (ev. Pfarrkirche), romanisch/gotisch (1220–1260), älteste deutsche Hallenkirche, 3schiffig, 3jochig, gotische Eingangshalle »Paradies«, Wolderiuskapelle (1735), Nonnenempore, Säulenzimborium; spätgotischer Taufstein, spätgotische Holzschnitzarbeiten der 12 Apostel, prächtige Kanzel (1635), interessante Grabmäler (14./15. Jh.) verschiedener Äbtissinnen – neben der Kirche der Altstädter Marktbrunnen, Renaissance (1616) – Neustädter Kirche St. Johannis, gotisch (13./14. Jh.), 3schiffige, 3jochige Hallenkirche; Gestühl 17. Jh., Fenster 14. Jh. – neben der Kirche der Neustädter Marktbrunnen, Renaissance (1599) – Radewiger Kirche St. Jakobi, gotische Halle (14. Jh.); Gestühl 17. Jh. – kath. Pfarrkirche St. Johann Baptist (1716) – Stiftsberger Kirche St. Maria, romanisch, zur gotischen Halle umgebaut (1290–1350), eine der eindrucksvollsten Westfalens; spätgotischer Hochaltar u. Sakramentshäuschen aus Sandstein (1325) – viele alte, schöne Bürger- und Fachwerkhäuser (u. a. Remensnider-Haus, 1525; Engelking-Haus, 1532; Rothehaus, 16. Jh.; Abteihäuser, 17. Jh.; Kantorhaus, 1484; Bürgermeisterhaus, 1538) – Städtisches Museum Daniel-Pöppelmann-Haus – Tierpark Waldfrieden
Enger Stiftskirche St. Dionysius (ev. Pfarrkirche), romanisch (12. Jh.), am südl. Querschiff spätromanisches Tympanon, kreuzrippengewölbter Chor (1225); Renaissancetumba (mit Pilastergliederung) des Herzogs Widukind, Flachrelief auf einer Sandsteinplatte, spätgotischer Schnitzaltar (1525) von Hinrik Stavoer mit 12 Passionsszenen u. Kreuzigung nach Anregungen Dürers, kostbarer Kirchenschatz – Wittekindsgedächtnisstätte mit Erinnerungsstücken an den Sachsenherzog – viele schöne Fachwerkhäuser – gut erhaltene Liesberg-Windmühle (1756) – in der Umgebung die Höfe der Sattelmeier, einst privilegierte Gefolgsleute der Landesherren, die ihnen früher verpflichtet waren, jederzeit ein gesatteltes Pferd bereitzuhalten

Freizeitangebot

Herford Beheiztes Freischwimmbad – Hallenbad – Sauna – Tennis – Minigolf – Angeln – Reiten – Kegeln – Trimmpfad
Enger Hallenbad – Kegeln – Reiten
Spenge Freischwimmbad

Veranstaltung

Enger Timpken-(= Semmelzipfel) Fest zur Erinnerung an den Tod Widukinds (6. Januar)

13 Bad Salzuflen Leopoldshöhe Exter

Im Lippischen Bergland: Salzquellen und Waldeinsamkeit

Die Saline des lippischen Staatsbades Salzuflen zählt zu den ältesten bekannten Solequellen Deutschlands und hatte schon vor fast 2000 Jahren große Bedeutung, wie römische Münzfunde beweisen. Aber nicht nur die Angehörigen der Legionen des Varus – die hier in der Nähe im Jahre 9 n.Chr. so üble Erfahrungen mit den Cheruskern machten – kurierten in Salzuflen ihr Rheuma aus, das sie sich im neblig-feuchten Norden Germaniens zugezogen hatten. Auch Karl der Große lagerte mit seinen Soldaten bei den Salzquellen am Zusammenfluß von Salze, Bega und Werre. Zu dieser Zeit, 779, wird »Medoffuli« – wie Bad Salzuflen damals hieß – auch erstmals in Urkunden erwähnt.

Später wechselte die Herrschaft häufig: Von der Abtei Herford fiel der Ort an die Grafen von Schwalenberg und kam anschließend über die Sternberger an Schaumburg und Lippe. Seit 1906, seit der Erbohrung des Leopoldsprudels, stieg dann das einstige Fürstlich-Lippische Solebad auch zum Thermalbad auf.

Heute ist Salzuflen eines der bedeutendsten Bäder im Gebirgsdreieck Teutoburger Wald–Wiehengebirge–Wesergebirge, das man auch das Lippische Bergland nennt. Hunderte von medizinischen Fachkräften bemühen sich mit Hilfe von zehn Mineralquellen – davon vier Solequellen, drei Thermen und drei Trinkbrunnen –, mächtigen Gradierwerken und fortschrittlichen Therapieeinrichtungen um die Gesundheit der Salzufler Bade- und Kurgäste.

Trotz soviel moderner Medizin zeigt die alte Salzstadt seinen Besuchern noch viel Schönes und Interessantes aus ihrer Vergangenheit, denn der Wohlstand seines Bürgertums ließ schon vor Jahrhunderten ehrwürdige und kunstvolle Gebäude wachsen. Da steht die romanisch/spätgotische Stadtkirche mit ihrem eleganten Barockhelm auf dem Hallenbrink neben Renaissancehäusern, deren feingearbeitete und geschwungene Giebel einen weichen Kontrast zu den rechteckigen, bunten Formen malerischer Fachwerkhäuser des 16. und 17. Jahrhunderts am Salzhof bilden. Das Rathaus, ein spätgotischer Bau von 1545, und das Alte Bürgermeisterhaus am Markt mit seinem zierlichen, pilastergegliederten Weserrenaissancegiebel dokumentieren bis in unsere Zeit den außergewöhnlichen Kunstsinn, aber auch den Reichtum Salzuflens.

Jedoch – so schön wie es in den Gäßchen der Stadt auch sein mag, mindestens genauso schön, ganz bestimmt aber erholsamer ist es außerhalb der alten Stadtmauern, wenn Sie die hier vorgeschlagenen Wandertouren unternehmen. Durch den Salzufler Forst geht es zum Bismarckturm auf dem Vierenberg und von Vegers Eiche nach Seligenwörden; oder vielleicht gar bis Exter – heraus aus dem Trubel der Stadt in die Stille schattiger, aber auch sichtfreier Waldhöhen rechts und links des Salzetales.

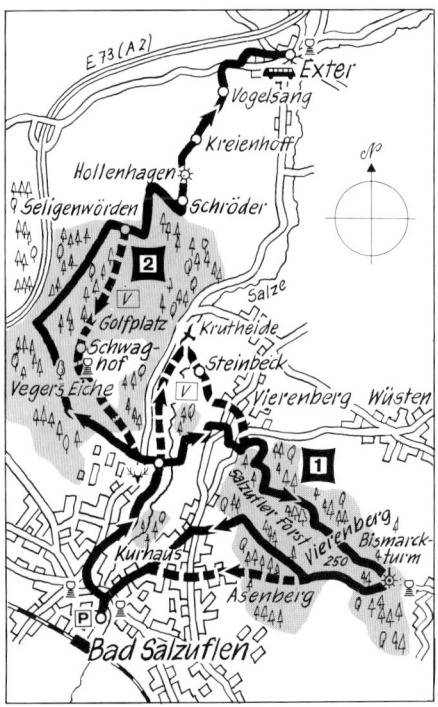

1 Kurze Runde über den Vierenberg

Bad Salzuflen – Landschaftskurpark – Salzetal – Vierenberg/Bismarckturm – Bad Salzuflen

Anfangs gemütliche Talwanderung, später nur wenig anstrengende Bergwanderung, gut bezeichnete Wege, sichtreich

Inmitten der Salzufler Altstadt beginnt diese erste Wanderung ins Salzetal und auf seine Höhen. Doch schon wenige Gehminuten später erreichen Sie salzeaufwärts das Gradierwerk und danach auf gepflegten Promenadewegen den Landschaftskurpark mit seinen idyllischen Weihern und Trinkbrunnen. Alle Sprudelquellen zusammen haben übrigens eine tägliche Ergiebigkeit von 9,6 Millionen Litern und fördern dabei 740000 Kilo Salz zutage. Nach dem Wildgehege wendet man sich bei den Steinbecker Fischteichen rechts bergwärts, kommt so am Stumpfen Turm vorüber und läßt hier die Zivilisation weit hinter sich, wenn man in die Einsamkeit stiller Forstareale um den Vierenberg Richtung Bismarckturm eintaucht.

Den Rückweg ins Salzetal nimmt man entweder nordwestwärts, vorbei an den Stauteichen, durchs Asental. Oder westwärts auf dem Hauptwanderweg X4/9 (Hansaweg) über den Asenberg und zu den Hünengräbern. In jedem Falle finden Sie immer wieder am Waldrand die schönsten Aussichts- und Rastbänke. Und dazwischen herrlich frische, angenehm prickelnde Kneipp-Tretbecken.

Gehzeit 2–2½ Stunden; bei ⓥ evtl. bis 3½ Stunden.
Karte Topographische Karte 1:50000 L 3918 Herford, Landesvermessungsamt Nordrhein-Westfalen.
Anfahrt Mit der Bahn von Osnabrück, Bielefeld oder Hannover–Bad Oeynhausen über Herford oder von Lemgo oder Detmold; mit dem Auto auf der BAB A2 Ruhrgebiet–Hannover oder auf der B239 von Lübbecke-Herford oder Detmold.
Ausgangspunkt Bad Salzuflen, Stadtmitte, Markt, historisches Rathaus (Parkhaus Herforder Straße oder Großparkplatz Kurzentrum).

Im Salzetal bei Bad Salzuflen: Begegnung mit der »Konkurrenz hoch zu Roß« vom Reiterhof Gut Steinbeck.

2 Der Obernberg und das Finnebachtal

Bad Salzuflen – Landschaftskurpark – Vegers Eiche – Kellerteiche – Seligenwörden – Exter – Busfahrt nach Bad Salzuflen

Erst flacher Waldanstieg, dann Steilaufstieg zu einer sichtfreien Hochfläche, zur Hälfte Sonne

Auch dieser Wandervorschlag beginnt zwischen den stilvollen Patrizierhäusern der Salzufler Altstadt und führt Sie hinaus in die »Stadt der Gesundheit« um den Landschaftskurpark im Salzetal. Erstaunlich ist hier immer wieder die Wandlung Salzuflens vom einst behäbigen Bauernbad zum neuzeitlich-eleganten Großbad mit großzügig gestalteten Kurmittelhäusern. Gut erkennbar wird dies, wenn man

vom Inselbrunnen beim modernst eingerichteten Bewegungszentrum aus einer heiter belebten Landschaft hinauswandert in die Waldnatur des Obernberges, sozusagen jetzt ins »Land der Gesundheit«. Die Schwaghofer Teiche und die Kellerteiche, Bergrats Ruh und Vegers Eiche heißen dort oben die Wanderziele vorm romantisch gelegenen Seligenwörden im Finnebachtal. Das zieht sich in seinem oberen Teil als offenes Wiesental vom Herforder Stuckenberg (jenseits der Auto-

Bad Salzuflen: das spätgotische Rathaus mit seiner geschwungenen Treppengiebelfront aus der Renaissance.

bahn, siehe Wandervorschlag 12/1) herunter und mündet mit seinem unteren Bereich als tief eingeschnittener Waldbachgraben ins Salzetal.

Wer einen Rundweg unternehmen will, dem sei geraten, vom Finnebachtal bei Seligenwörden entweder auf dem Sugenpfad oder auf der Schaftrift (am Golfplatz entlang) zum Gasthaus Schwaghof zu promenieren – wegen des Nachmittagskaffees. Er findet unterwegs im Walddämmer ein umfangreiches, kostenloses Überangebot gesundmachender Stille, dazwischen Schutzhütten, Rastbänke und mattsilberglänzende Waldweiherspiegel. Und überall auch Wegweiser und Wanderinformationstafeln, damit man sich ja nicht verlaufen kann.

Streckenwanderern sei empfohlen, von Seligenwörden aus im Steilanstieg die waldfreien Höhen um Holtenhagen und Exter zu erklimmen: wegen der schönen Aussicht übers Lippische Bergland hinweg bis zum Wesergebirge jenseits von Vlotho und Rinteln.

Gehzeit 3–3½ Stunden.
Karte, Anfahrt, Ausgangspunkt siehe Wandervorschlag 1.
Bitte beachten Falls Sie die Streckenwanderung nach Exter wählen: Vor Wanderstart Busrückfahrplan erkunden.

Sehenswertes

Bad Salzuflen Ref. Stadtkirche, spätgotischer Turm (1524) mit barockem Helm (1782), nach einem Brand 1763–65 neu erbaut – Rathaus, spätgotisch (1545), Renaissancegiebelfront (1580) mit spitzbogigem Portal; im Erdgeschoß seit dem 16. Jh. Ratskeller – viele alte Bürgerhäuser: Altes Bürgermeisterhaus (1560/1595), Renaissancegiebel mit feiner Pilastergliederung; gotisches Fachwerkhaus (1520) Wenkenstr. 10a; Fachwerkgiebelhäuser (16./17. Jh.) mit reichen Zierschnitzereien: Lange Str. 7, 33, 35, 41; Apotheke (1620) am Markt; Stadthaus (1632) am Hafermarkt – Bauernburg Schwaghof (Mitte 16. Jh.) mit 2 massiven Untergeschossen und 1 Fachwerkobergeschoß – Reste der Stadtmauer – Warttürme (15. Jh.) Stumpfer Turm u. Katzenturm – Stadtmuseum – Wildgehege – außerhalb: Rokokoschloß Schötmar (1750); innen vorzügliche Schnitzarbeiten im Rocaillestil u. Gemälde der Tischbein-Schule; glanzvoller Festsaal; schöner Park mit Rosengarten – alte Kilianskirche – Kamphof (1617)

Freizeitangebot

Bad Salzuflen 4 Thermalsole-Schwimmbäder (je 2 Hallen- und Freibäder) – Angeln – Billard – Boccia – Bowling – Golf – Kegeln – Reiten – Minigolf – Tennis – Tischtennis – Trimmpfad

14 Lage
Schloß
Holte-Stukenbrock
Oerlinghausen
Sennestadt

Vom Lager Berg zur Senne

Welch ein Unterschied zwischen den vier oben genannten Städten! Eingebettet in die grüne, bucklige Welt des Lippischen Berglandes (das vom Werreflüßchen – aus dem Teutoburger Wald kommend und der Weser zufließend – hier in weitgeöffnetem, flachem Tal durchzogen wird) die eine: die Stadt Lage. Mit behäbiger Bürgerlichkeit breitet sich die einstige Hauptstadt des lippischen Zieglerhandwerks zwischen den altgermanischen Johanniskultsteinen und der Wilhelmsburg auf dem Lager Berg aus. – Im Süden, jenseits des großen, berühmten Waldkamms (der dort das Lipper Land zwischen Bielefeld und Detmold kerzengerade von Nordwest nach Südost zerschneidet) weit verstreut und breit abseilernd ins sandige Heideland der Vorwaldebene, die zweite: die Doppelstadt Schloß Holte-Stukenbrock mit ihrer stattlichen Wasserburg Holte aus dem 17. Jahrhundert, mit einem Großwild-Safaripark und der kleinen Pfarrkirche St. Johannis, deren Turm von Paderborner Bischöfen zum Zeichen der Gegenreformation eine massige Barockhaube aufgesetzt bekam. – Dazwischen (von Norden als Bergstadt den Hang des 344 Meter hohen Tönsberges zum Kamm des Teutoburger Waldes hinaufkletternd und weit Ausschau haltend übers Lipper Land) die dritte: der Luftkurort und Ferienort Oerlinghausen. Mit seinen Ortsteilen Helpup und Lipperreihe greift er vom

Lippischen Bergland über den Waldriegel hinweg und in die trockenen Sandflächen der Senne hinein. – Nur wenig westlich davon (sich den sonnigen Südhang des Teutoburger Waldes flach in die brettebene Weite des Münsterlandbeckens hinunterschwingend) der letzte der vier Orte: die Sennestadt, als Entlastungsstadtteil Bielefelds für 20 000 Einwohner nach modernsten Gesichtspunkten geplant und als autogerechte Stadt seit den fünfziger Jahren verwirklicht. »Bei aller Naturnähe eine konzentrierte Wohnbebauung um einer neuen Gemeinschaftsbildung und städtischen Lebensform willen, nicht zuletzt zur Vermeidung eines sinnlosen Zerfließens unserer Städte in die Landschaft.« Weise Worte des in Pommern geborenen ehemaligen Stettiner, Braunschweiger und Dresdner Stadtplaners Dr. Hans Bernhard Reichow, dem Architekten der Sennestadt.

So unterschiedlich wie die vier Städte, so unterschiedlich – und das heißt hier vor allem abwechslungsreich – sind auch die Wanderwege in ihrer Umgebung. Und wer Augen hat zum Erschauen, also zum Suchen und Auffinden der kleinen und oft verborgenen Dinge (und sich dafür auch die Zeit nimmt!), der wird beim Wandern zwischen Lager Berg und Senne reichlich belohnt werden: Er wird das Summen von hunderttausend Insekten, das Zirpen der Grillen und das Krächzen der Häher hören, wenn er im Sonnenglast über die ausgetrockneten Heidesandböden der Senne dahinzieht. Er wird den herbsüßen, kienigen Duft des Koniferenwaldes in sich einsaugen, fast wie den heilungspendenden Sprudel eines sogenannten »Weltbades«, wenn er nach dem Passieren des Dalbker Kruges durchs Menkhauser Bachtal in den Forst eindringt. Er wird im Mittagslicht taumelnde Schmetterlinge beobachten und scheues Wild erspähen, wenn er

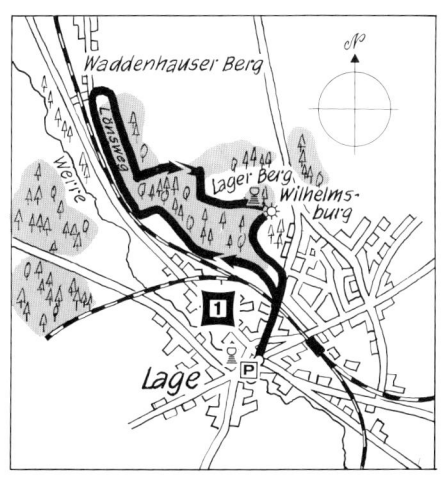

sich vorsichtig und leise durch die Feld- und Waldfluren um Oerlinghausen bewegt. Und er wird sich – last not least – in den überall am Wanderwege stehenden, einfachen, aber ausgezeichnet bewirtschafteten Gasthäusern Mettwurst und Bier schmecken lassen – klares, frisches, goldgelbes, weißschäumendes westfälisches Pils.

1 Auf dem Lager Berg

Lage – Stadtwald – Wilhelmsburg – Lage
Einfacher Bergspaziergang, überwiegend schattig, schöne Aussicht

Vor die große Tour von der Senne auf den Rücken des Teutoburger Waldes und wieder zur Senne habe ich eine kleinere gesetzt – einen Spaziergang quasi zum Einlaufen für spätere, größere Wandertaten. Das Besondere an diesem kurzen Ausflug ist, daß er in einem Bereich liegt, der von den Wandervereinen nicht erschlossen und damit von vielen Wanderern noch gar nicht entdeckt ist: der südwestliche Teil des Lippischen Berglandes zwischen Lemgo, Detmold und Oerlinghausen. Hier gibt es noch keine markierten Fern- und Weitwanderwege und auch kaum Wanderparkplätze, an denen gutbeschilderte lokale Rundwanderwege beginnen. Aber es hat – wie ich meine – den großen Vorteil, daß man in diesem Bereich noch wie einst in der »Wandervogelzeit« pfadfinderartig – im wahrsten Sinne des Wortes – das Land zwischen Bega und Otternbach, Werre und Haferbach durchzieht, ausgerüstet mit Wetterbekleidung, Rucksack und vor allem mit einer guten Karte (!), um überall – bei nur wenig Geldausgaben – die »kleinen« Erlebnisse zu finden, von denen ich einige vorhin angesprochen habe.

Wenn Sie sich einen Überblick über dieses (noch!) unerschlossene Wanderareal verschaffen wollen, sollten Sie einmal den Wandervorschlag auf den Lager Berg unternehmen. Er steht als Inselberg zwar noch nicht einmal 100 Meter über der Stadt Lage und dem Tal der Werre, die zu seinen Füßen ein wenig faul der Weser entgegenmäandert. Aber er ist ein genußvoller, runder Wanderberg, der außer einem gewaltigen, burgähnlichen Gasthaus eine Kaisererinnerungsstätte und auch noch ein Naturfreundehaus auf seinem breiten Buckel trägt. Dazu ist der Lager Berg auch ein großartiger Aussichtsberg, von dem aus Sie mit den Augen einen ersten Spaziergang übers einsame Lipper Bauernland antreten können. Ja, er ist zwischen dem Windelstein in der Lemgoer Mark und dem Oerlinghausener

Tönsberg der schönste Aussichtsberg weit und breit.

Gehzeit 2–2½ Stunden.
Karte Naturparkkarte 1:50000 Naturpark Eggegebirge und südl. Teutoburger Wald, Landesvermessungsamt Nordrhein-Westfalen.
Anfahrt Mit der Bahn von Bielefeld, Detmold, Lemgo oder Osnabrück-Herford; mit dem Auto auf der B66 oder B239 von Bielefeld, Lemgo, Detmold oder Herford.
Ausgangspunkt Lage, Stadtmitte, Marktkirche/Rathaus (P hinter der Kirche).

2 Von der Senne zur Senne – über den Teutoburger-Wald-Kamm

Schloß Holte-Stukenbrock – Schloß Holte – Kammertönsmühle – Dalbke – Oerlinghausen – Hünensaut – Sennestadt – Bahnfahrt nach Schloß Holte-Stukenbrock

Lange Flachlandwanderung, im Mittelteil Berg- und Höhenwanderung, viel Sonne mit größeren Schattenstrecken, gute Sichtverhältnisse vom Waldkamm aus

All denen, die sich nicht auf die hier vorgeschlagene Streckenwanderung begeben wollen, sei vorweg gesagt, daß sie vom bunten, neu hergerichteten Wasserschloß Holte aus auch einige kurze Rundwanderungen unternehmen können. Eine Wanderinformationstafel beim Holter Schloßkrug weist neun markierte Rundwanderwege aus. Naturdenkmäler wie die 1000jährige Eiche und Findlinge aus der Eiszeit, dazu Fischteiche und die Kipshagener Teiche, ein Wildfreigehege, das Alte

Forsthaus und das Wirtshaus Dresselhaus können Sie sich vom Holter Schloß aus problemlos auf den ruhigen Wegen des Holter Waldes erwandern.

Tatendurstige Weitwanderer beginnen die Zwei-Tage-Tour am besten beim Holter Bahnhof, weil sie hier nach der Rückfahrt von Sennestadt auch endet. Im großen Süd-West-Bogen fängt das Wandervorhaben an: durch eine Siedlung und den Schloßpark zum Wasserschloß und zur Kammertönsmühle. Jetzt geht's immer nordwärts, beinahe stangengerade, entlang des Menkhauser Baches und durch Lipperreihe den Teutoburger Waldhöhen und damit Oerlinghausen entgegen. Dort können Sie in Ostrichtung den Sandsteinrücken des Tönsberges (334 m) zu weiter Fernsicht besteigen, anschließend in der 800 Jahre alten Stadtkirche eine kostbare Barockorgel mit heraldischen Schnitzereien bewundern und – wenn Sie Lust haben – sich im »Freilichtmuseum Germanengehöft« vorstellen, wie es wohl gewesen wäre, wenn Sie zur Varus- und Hermannszeit zu einer cheruskischen Sippe gehört hätten.

Nach der Übernachtung erklimmt man

am nächsten Morgen auf dem Hermannsweg westwärts wieder den Waldscheitel, quert den Markengrund (den eine großartige Errungenschaft unserer Zivilisation »ziert«: eine riesige Hochspannungsleitung) und hält sich erneut bergauf, am Kamm südwärts, bis vor die Autobahn. Immer in Südrichtung promenieren Sie nun sanft bergab, der großen Ebene entgegen, erst durch den Hochwald zu den ersten Häusern der Sennestadt, am Schluß im Landschaftsschutzgebiet Bullerbachtal hinaus zum Bahnhof Sennestadt.

Gehzeit 6½–7 Stunden, 1½–2 Tage.
Karte Siehe Wandervorschlag 1.
Anfahrt Mit der Bahn von Bielefeld oder Paderborn; mit dem Auto auf der BAB A2 Ruhrgebiet–Hannover, oder auf der B68 von Bielefeld oder Paderborn.
Ausgangspunkt Schloß Holte-Stukenbrock, Bahnhof (P).
Bitte beachten Notieren Sie schon vor Wanderungsbeginn die Bahn- bzw. Busverbindungen.
Anmerkung Nach soviel Stille beim Wandern zwischen Lager Berg u. Senne ist später einmal doch ein Besuch im Stukenbrocker »Großwild-Safaripark« ganz interessant. Sie können dort mit dem eigenen Wagen auf einer 6 Kilometer langen Piste oder auch in gläsernen Zügen auf Foto-Safari gehen: Welch ein Kontrast zu den Rehen, Eichelhähern, Meisen und Schmetterlingen in der einsamen, freien Wildbahn des Teutoburger Waldes u. den Löwen, Tigern, Elefanten u. Nashörnern in der von Menschentrubel u. Autoblech gezeichneten »Freien Wildbahn« des »Safarilandes«!

Das barocke Wasser- und Jagdschloß Holte bei Bielefeld.

Sehenswertes

Lage Pfarrkirche St. Johannis, romanisch/gotisch, Turm 12. Jh., Chor um 1300, Halle 1471 – Zieglermuseum – Johannissteine, erratische Blöcke, eine altgermanische Kultstätte – in Heiden: Pfarrkirche (14. Jh.) u. 1000jährige Linde (13 zusammengewachsene Linden)

Oerlinghausen Stadtpfarrkirche (12. Jh.), zur spätgotischen Halle (Anf. 16. Jh.) umgebaut; kostbare Barockorgel mit heraldischem Schnitzwerk – Vorgeschichts- und Heimatmuseum am Barkhauser Berg – »Freilichtmuseum Germanengehöft«, Rekonstruktion eines cheruskischen Bauernhofes des 1. Jh. – Tönsberg mit Windmühlenstumpf und sächsischem Ringwall, Ehrenmal, Lönsgedenkstein

Schloß Holte-Stukenbrock Wasser- u. Jagdschloß Holte (1616 begonnen, 1664 vollendet) auf 6eckiger, künstlicher Insel; Treppenturm u. 2 turmartige Flügel mit wuchtigen Barockhauben – »Großwild-Safaripark« mit Jungtierzoo und »Großer Völkerschau« – Stukenbrock: Pfarrkirche St. Johannis, romanisch/gotisch, mit wuchtigem Barockhelm am ehem. Vierländereck (Bistum Paderborn, Fürstentum Lippe, Grafschaft Ravensberg, Grafschaft Rietberg)

Im Oerlinghausener Freilichtmuseum Germanengehöft bei Bielefeld.

Sennestadt »Wohntrabant« Bielefelds (5000 Wohneinheiten), Planung seit 1954, Ausbau seit 1957, autogerechte Stadtlandschaft ohne Straßenkreuzungen – schöne Wasserflächen – LSG Bullerbach

Freizeitangebot

Lage 2 Freischwimmbäder – Reiten – Tennis – Trimmpfad

Oerlinghausen Hallenbad – beheiztes Freischwimmbad – Segelfliegen – Angeln – Reiten – Trimmpfad

15 Detmold Augustdorf Heiligenkirchen Berlebeck

Ob hier wohl einst Hermann siegte?

Da streiten sich nun schon seit Jahrhunderten die gelehrten Herren Doktores herum, wo die berühmte Varus- oder Hermannsschlacht denn eigentlich statt gefunden habe. War es an den Quellen der Lippe oder am Oberlauf der Ems? Oder vielleicht im Süntel oder im Wiehengebirge? Oder gar noch weiter weg, im Hildesheimer Wald? Schon der berühmte Tacitus wußte es nicht mehr genau, als er seine Geschichtsannalen schrieb, denn er wurde

erst gut 40 Jahre nach der Schlacht geboren und konnte sich nur auf mündliche Berichte stützen.

Fest steht jedenfalls: Stattgefunden hat das große Ringen zwischen Römern und Germanen, über das der weltbeherrschende Kaiser Augustus in seinem »Ewigen Rom« jammerte: »Varus, Varus, gib mir meine Legionen wieder«, als er von der katastrophalen Niederlage seines dicken Generals im Norden Germaniens hörte. Unter Führung des Arminius (Hermann) hatten die Cherusker und andere germanische Stämme im September des Jahres 9 n. Chr. die Truppen des römischen Statthalters P. Quinctilius Varus, mit dem Hermann eigentlich befreundet war, auf dem Marsch vom Sommerlager zum Rhein ins Winterlager überfallen. Drei römische Legionen und sechs Kohorten, die durch Unwetter und Geländeschwierigkeiten behindert waren, wurden in dreitägigen Kämpfen fast völlig niedergemacht, ganze 20 000 Mann. Varus überlebte, aber er bekam Angst vor seinem hohen Herrn in Rom und stürzte sich ins Schwert.

Infolge der verlustreichen Schlacht waren die Träume der Römer, die Grenze ihres Weltreichs bis an die Elbe oder vielleicht gar bis zur Ostsee vorzuschieben, zerstoben. Aber Realisten waren sie eben doch, die Römer: Sie erbauten sich nach dem Cheruskerschlamassel ganz einfach einen Limes, der vom bayerischen Kelheim zum hessischen Frankfurt, also von der Donau zum Main, führte und damit den

bereits »kultivierten« germanisch-keltischen Südwesten Deutschlands kurzerhand und kerzengerade vom düster-nebligen »barbarischen« Restgermanien abschnitt. So konnten die Römer noch über vier Jahrhunderte lang jenseits von Donau und Rhein in ihren prächtigen Thermen der schon damals befestigten Städte Regensburg, Trier, Mainz und Köln vielseitigen und überaus abwechslungsreichen Bade- und Massagevergnügungen nachgehen und dabei ungestört von den bösen Germanen »wie Gott in Frankreich« (bzw. »wie Gott in Süddeutschland«) leben. So wurde schön langsam der ganze Germanentrubel vergessen.

Bis dann in den letzten Jahrzehnten ein neuer Germanentrubel, oder besser: -rummel, ausbrach. Und das kam so: Schon lange vor dem »großen Großdeutschen aus Braunau«, gleich nach den Befreiungskriegen, wurde den Deutschen ihre »völkische« Zusammengehörigkeit erneut bewußt. Und deshalb bauten sie sich vor mehr als hundert Jahren einen »Großen Hermann« mitten in den Lippischen Wald hinein. Da steht er nun im Feldherrnlook, gestützt auf seinen Schild, angetan mit Sandalen, Toga und Flügelhelm, eine Mischung aus Lohengrin und Hermes der Götterbote, und hebt die rechte Hand zum Gruße. Dazu sticht er mit seinem Germanenschwert senkrecht in den blauen Teutoburger-Wald-Himmel hinauf, gerade so, als ob er erneut das Zeichen zum Angriff geben möchte.

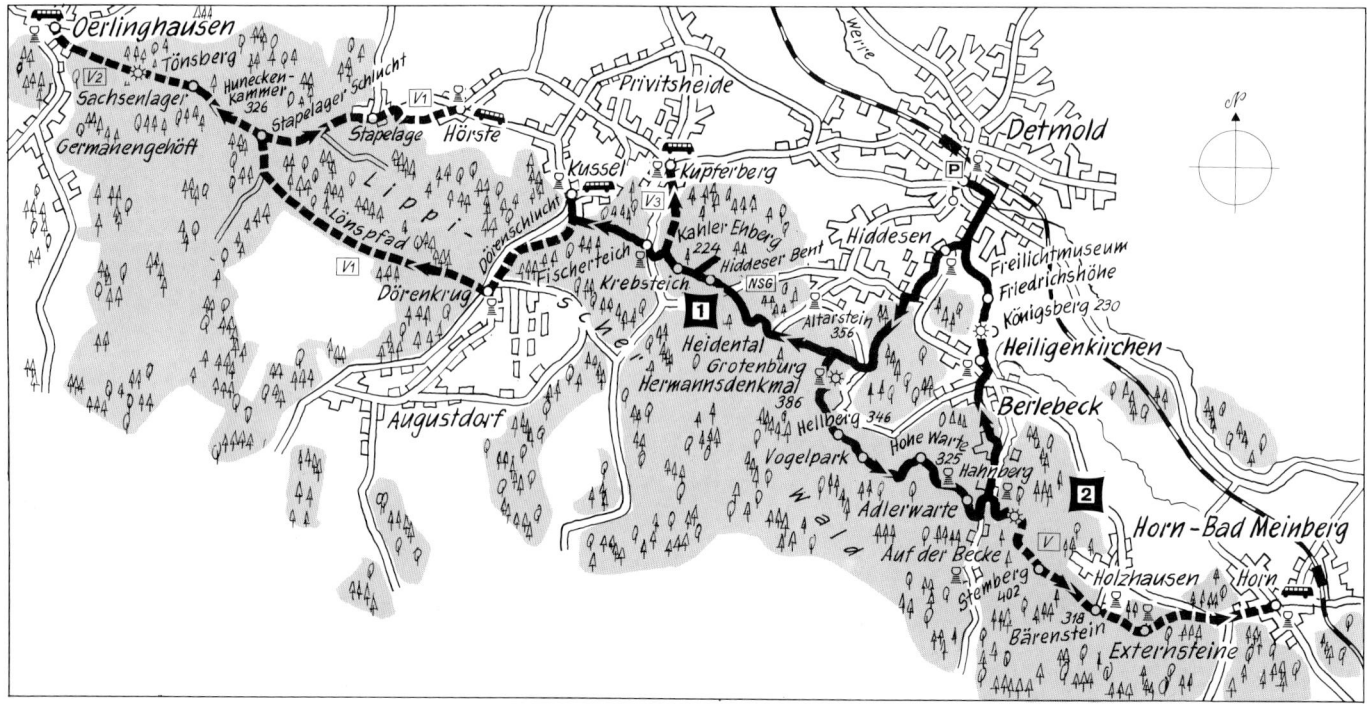

Aber es kommen schon lange keine Römer mehr vorbei, sondern nur noch Dortmunder, Hannoveraner und Hamburger. Und manchmal auch (über soviel Arminiusrummel ein wenig verwunderte) Dänen und Holländer. Oder ab und an ein italienischer Gastarbeiter aus der Umgebung von Perugia am Trasimenischen See. Stolz erklärt er seinen andächtig lauschenden deutschen Freunden, Hermann »der Etrusker« sei einst ein Landsmann von ihm gewesen – so vor ca. 3 000 Jahren. All diese Hermannspilger aber haben vieles gemeinsam. Sie steigen aus chromblitzenden Karossen, kaufen Postkarten, Eis und weiße Gipsminihermänner, besteigen dann das Denkmalsrund unterm riesigen Kupferhermann, zeigen nordwärts ins Lipper Land und südwärts ins Münsterland, schwingen sich dann wieder in ihre Fahrzeuge, um sich zur nächsten Teutoburger-Wald-Attraktion zu begeben. Vielleicht zu den Externsteinen? Oder auch ins Gasthaus zur Forelle in Berlebeck.

1 Vom Hermannsdenkmal auf dem Hermannsweg nordwestwärts

Detmold – Hermannsdenkmal – Hiddeser Bent/Kahler Ehberg – Donoper Teich – Kussel – Busfahrt nach Detmold – oder weiter: Dörenschlucht – Tönsberg – Oerlinghausen – Busfahrt nach Detmold

Berg-, Höhen- und Waldwanderung, überwiegend Schatten, bestens angelegte, markierte und betreute Wege

Natürlich besuchen »den Hermann« nicht nur Autofahrer, sondern auch Wanderer. Und das sind in den Sommermonaten nicht wenige. Da aber die Autofahrer – zu jeder Jahreszeit! – bei weitem in der Überzahl sind, möchte ich Ihnen empfehlen, zum Hermannsdenkmal zeitig in der Frühe hinaufzupilgern. Auch in Detmold ist es morgens am schönsten: wenn die ersten Geschäftsleute noch etwas verschlafen ihre Läden aufsperren und grünbeschürzte Wirte vor der Gasthaustür den Gehsteig säubern, wenn außer Milchfuhrwerken, Postboten und Zeitungsausträgern noch kaum jemand unterwegs ist, die engen Gäßchen der Stadt aber vom Duft frischgebackener Semmeln erfüllt sind. Dann macht es viel Freude, zwischen hübschen, bunten Fachwerkhäusern und den elegant-vornehmen Fassaden der Bürgervillen in der Frische des noch jungen Tages durch die biedermeierlich geprägte einstige Residenzstadt hinauszuwandern ins Berlebecketal. Am glatten, dunklen Wasserspiegel des »Kanals« entlang geht es zur Alten Mühle und wald- und bergwärts zu den mächtigen Wallanlagen der Grotenburg. Wer gut zu Fuß ist (und auch entsprechend Zeit hat), kann nun vom Denkmal in zwei Wandertagen auf dem Hermannsweg (oder wenn er Lust hat teilweise parallel dazu entlang der Senne auf dem Lönspfad) bis nach Oerlinghausen (siehe Wandervorschlag 14/2) marschieren. Ein wundervolles, stilles Gehen bei nur geringer Anstrengung. Am Hochmoor Hiddeser Bent vorbei (lohnender Abstecher!) wandert man zum Naturschutzgebiet Donoper Teich und vom Gasthaus Dörenkrug am südlichen Ende der Dörenschlucht zur Stapelager Schlucht. Erlebnis- und sichtreich geht es weiter: Wistinghauser Schlucht – Aufstieg zur Antoniuskapelle auf dem Tönsberg – Berggasthaus Oerlinghausen. Von hier, aber auch schon früher, von Hörste, gibt es eine Busverbindung nach Detmold. Kurzstreckenwanderer finden Bushaltestellen auch bereits in Pivitsheide. Und können dort zum Wanderschluß im beheizten Naturbad Fischerteich sogar noch ein erfrischendes Bad nehmen.

Gehzeit 3½–4 Stunden; evtl. weiter bis Oerlinghausen ([V2]) 6½–7 Stunden, dann besser 2 Tage.
Karte Naturparkkarte 1 : 50 000 Naturpark Eggegebirge und südl. Teutoburger Wald, Landesvermessungsamt Nordrhein-Westfalen.
Anfahrt Mit der Bahn von Bielefeld, Osnabrück oder Hannover über Lage, oder von Paderborn – Horn-Bad Meinberg; mit dem Auto auf der B1 oder B66 und B239 über Lage oder Horn-Bad Meinberg.

Ausgangspunkt Detmold, Stadtmitte, Marktplatz/Rathaus/Schloß (Großparkplatz Kaiser-Wilhelm-Platz, vor dem Gericht an der Paulinenstraße im Westen der Altstadt).
Bitte beachten Notieren Sie bereits in Detmold die Busfahrpläne ab Pivitsheide, Hörste, Oerlinghausen bzw. Schwarzenbrink.

2 Vom Hermannsdenkmal auf dem Hermannsweg südostwärts

Detmold – Hermannsdenkmal – Vogelpark – Hohe Warte – Adlerwarte Berlebeck – Freilichtmuseum – Detmold – oder von Berlebeck weiter: Holzhausen – Externsteine – Busfahrt nach Detmold

Kaum anstrengende Kammwanderung mit viel Schatten und guter Sicht, ausgezeichnete Wegverhältnisse

Auch östlich des Hermannsdenkmals gibt es auf dem Südostkamm des Lippischen Waldes viele beschauliche Tourenmöglichkeiten für Nah- und Weitwanderer. Eine kurze, aber sehr schöne Tour ist eine Überwanderung von Hellberg und Hoher Warte. Da kommen Sie unterwegs in Berlebeck auch an der berühmten Adlerwarte vorbei. Es ist die größte Greifvogelwarte Deutschlands, in der Sie Geier mit Flügelspannweiten von fast 3 Metern bei ihren Flugvorführungen beobachten können.

Der allwöchentlich in Detmold durchgeführte Markt bildet ein buntes, lebendiges Kontrastbild zu den vornehm kühlen Kirchen- und Häuserfassaden aus der Zeit der Gotik und des Klassizismus.

Sehenswertes

Detmold Ref. Marktkirche, späteste Gotik (1547); 3schiffige, 2jochige Halle, rippenlose Kreuzgewölbe; gotischer Turm (1564) mit Renaissancehaube (1592), zierlicher Epitaph (1590), der schönste in Lippe, klassizistischer Orgelprospekt (1791–96) – Residenzschloß, Renaissance (1548–57), von Jörg Unkair u. Cord Tönnis, Rundturm 1470 mit Haube (Anf. 17. Jh.); zahlreiche Prunkräume mit Kunstschätzen (Porzellan, Gobelins des 17. Jh., Besichtigungsmöglichkeit); Hofgarten – Neues Palais, barock (1706–18), klassizistisch umgestaltet (1847–54), jetzt Nordwestdeutsche Musikakademie; schöner Palaisgarten mit seltenen Bäumen – Lippisches Landesmuseum, interessante Sammlungen (Natur-, Völker- und Volkskunde, Ur- und Frühgeschichte) – Westfälisches Freilichtmuseum (80 ha, mehrere Bauernhöfe und viele andere Bauwerke mit Mobiliar und Geräten) – Alt-Detmold mit malerischen Fachwerkhäusern, Geburtshaus F. Freiligraths, Sterbehaus Chr. Fr. Grabbes – außerhalb: Adlerwarte Berlebeck – 1000jährige Eiche Hornoldendorf – Blumen- und Vogelpark Heiligenkirchen (320 Vogelarten) – Märchenwald – Waldlehrpfad u. Opfersteine Distelbruch – Ruine Falkenburg – Schwarzwildgehege Heidenoldendorf – auf der Grotenburg (386 m; 3 km südl. von Detmold): Hermannsdenkmal, 26 m hohes Kupferstandbild des Cheruskerfürsten Arminius auf 30 m hohem Sockel, 7 m langes Schwert, 550 kg schwer, 1838–46 von E. v. Bandel entworfen, 1875 vollendet

Augustdorf / Oerlinghausen / Horn (Externsteine) siehe Wandervorschläge 14 u. 16

Freizeitangebot

Detmold Mehrere beheizte Freischwimmbäder – Hallenbad – Tennis – Minigolf – Angeln – Kegeln – Segelfliegen – Trimmpfad
Hörstel (Stadtteil von Lage, siehe Wandervorschlag 14/1) Beheiztes Wald-Freischwimmbad – Hallenbad – Tennis – Reiten – Kegeln – Boccia – Waldsportpfad

Veranstaltungen

Detmold Landestheater (Oper, Schauspiel, Operette, Musical) – Konzerte in der Musikakademie

Wenn es Ihnen Spaß macht, werden Sie jenseits des Wiembecketales auf dem Rückweg kurz vor Detmold am Königsberg noch einen Rundgang durchs Westfälische Freilichtmuseum unternehmen, um dort anhand bäuerlicher Kulturdenkmäler das Leben unserer Ahnen zu studieren.

Langstreckenmarschierer jedoch werden auf dem Hermannsweg (hier auch Europa-Fernwanderweg 1) am Stemberg entlang und über den Bärenstein nach Holzhausen und zu den Externsteinen laufen. Da finden sie Anschluß an den Wandervorschlag 16/1, der auf die Velmerstot und nach Altenbeken führt. Das ist dann allerdings eine ganz schön lange, aber großartige Drei-Tage-Tour.

Gehzeit 4–4½ Stunden; bei Rückfahrt von Berlebeck nur 3 Stunden.
Karte, Anfahrt, Ausgangspunkt Siehe Wandervorschlag 1.
Bitte beachten Busfahrpläne ab Berlebeck bzw. Horn notieren.

16 Horn-Bad Meinberg Steinheim Altenbeken

Auf den höchsten Gipfeln des Teutoburger Waldes

Das prachtvolle barocke Wasserschloß Vinsebeck bei Steinheim war einst Sommerresidenz der Domherrn von Lippe – im Heubachtal wandern Sie an ihm vorüber.

Wie schmutzige Schurwolle lagerten dicke graue Wolkenballen auf dem verdüsterten Kamm des Teutoburger Waldes, als wir in der ersten Novemberwoche Bad Meinberg erreichten, um hier noch einige spätherbstliche Wanderurlaubstage zu verbringen. Leichter Nieselregen tropfte am nächsten Morgen beim Durchwandern des Beller Holzes in das leise Säuseln des Westwindes hinein, feuchtigkeitsschwer war der Waldboden. Melancholisch zeigte sich am Rande des Holzes die sonst bei hellem Licht so heitere Szene um das Naturschutzgebiet Norderteich. Gebeugt vom vielen Wasser standen die Gräser und letzten Blumen am Wege, wie erstarrt von der Herbstkühle und wie erschrocken vor einem vielleicht schon zeitig heraufziehenden Winter. Immer noch schwermütig hingen dunkle Wolkenhaufen über den Türmen der Stadt Steinheim, während wir die Pfarrkirche und ihren schönen spätgotischen Flügelschnitzaltar besuchten.

Erst am späten Nachmittag, im Heubachtal, legte sich der Wind; die bis dahin geschlossene Wolkendecke riß auf und gab kurz vorm Wasserschloß Vinsebeck die ersten Durchblicke in die blaue Tiefe des Himmels frei. Schräg, beinahe waagerecht fielen nun die Strahlen der sich neigenden Sonne über das Land, tauchten es wieder in bunte Farben und versprachen am Abend beim Abstieg vom Bellenberg nach Bad Meinberg für den kommenden Tag ruhiges Herbstwetter.

Und doch konnten wir es nur erahnen, als wir unsere prallgefüllten Rucksäcke am frühen Morgen in dichten Nebelschwaden durchs Wiesental der Wiembecke schleppten, dem Unteren und Oberen Teich entgegen, deren noch herbstlich warme Wasserspiegel in die Frische des anbrechenden Tages hineindampften. Wie Erlkönigs Töchter standen Büsche und Bäume schemenhaft am Wege, wie sagenumwobene Burgruinen verloren sich die Externsteine himmelwärts im Dunst. Darüber wogte die Sonne als matte Silberscheibe überm Nebelmeer und verwandelte beim Aufstieg zur Waldkammhöhe mit ihrem wechselnden, diffusen Licht Kiefern, Fichten und Buchen zu sich nahenden, schwankenden Gestalten.

Doch plötzlich verloren sich die Nebel

und stiegen aus dem Zangen- und Silberbachtal über dem Waldpelz zu weißleuchtenden Cumuluswolken auf. Voll seltener Klarheit und Transparenz flimmerte beim mittäglichen Aufstieg zur Velmerstot die Luft ringsum über dem Lipper Land. Dabei brannte uns die Sonne aus einem föhnartig aufgeheiterten Himmel beinahe sommerlich auf den Rücken. Vom Herbstgold verzaubert waren die Birken- und Eichenhaine, deren trockene, noch nicht abgefallene Blätter wie bunte Wimpel vom sanften Lufthauch bewegt wurden.

Wir rasteten und schauten und stiegen weiter, und je weiter wir bergwärts kamen, desto mehr öffnete sich das Land unter uns. Immer wieder Neues fing der Blick ein: Horn und Bad Meinberg lagen zu unseren Füßen, die Lemgoer Mark mit dem Windelstein wölbte sich dahinter auf, und ganz in der Ferne, im »Hohen Norden«, erschienen jenseits des Lippischen Berglandes die Felsmauern des Wesergebirges, die Luhdener Klippen und auch der Hohenstein im Süntel, neben dem sich bei Blomberg der Winterberg aufbuckelte.

Allein standen wir später in der Stille des Spätnachmittags auf dem Gipfelfelsstock der Lippischen Velmerstot und schauten wie gebannt zur goldroten Sonne hin, die sich unter makellosem Himmelsblau im flachen Bogen nach Westen dem Ende ihres Tageslaufs zuneigte, sahen ein letztes Aufleuchten der Senneebene im Abendschein und das Versinken des Sonnenfeuerballs im Norddeutschen Tiefland, während die Schwärze der Nacht vom Solling aus den Köterberg übersprang und ins horizontweite Münsterland kroch. – Da packten wir unsere Rucksäcke und stiegen tiefbewegt durch die Dämmerung unterm Sternenhimmel nach Leopoldstal ab.

Für Ihre Besteigung der Velmerstot aber wünsche ich auch Ihnen einen solch herrlichen, für uns unvergeßlichen Tag.

1 Von den Externsteinen zur Velmerstot (441 m)

Horn – Externsteine – Silbermühle – Velmerstot – Leopoldstal (oder Altenbeken) – Bus- oder Bahnfahrt nach Horn

Zum Teil anstrengende Bergwanderung mit flachen Wegstrecken, ein Steilaufstieg und öfteres Auf und Ab, schatten- und sichtreich

Die soeben geschilderte Tagestour können Sie ohne weiteres zur Zwei-Tage-Kammwanderung erweitern, indem Sie auf dem Eggeweg (Markierung weißes X) südwärts nach Altenbeken weiterziehen. Dabei haben Sie in Feldrom, Leopoldstal und vor allem im zauberhaften Silberbachtal die Auswahl zwischen mehreren

Schon in romanischer Zeit wurde dieses gewaltige Kreuzabnahmerelief von Paderborner Mönchen des Klosters Abdinghof in die Felsen der Externsteine gemeißelt.

blitzsauberen Gasthäusern mit relativ preisgünstigen Übernachtungsmöglichkeiten und bestens zubereiteten Teutoburger-Wald-Forellen zum Abendmahl.

Eine Drei-Tage-Tour, die wirklich allen Ansprüchen wohltrainierter Weitwanderprofis gerecht wird, ergibt sich, wenn Sie diesem Wandervorschlag hier (Externsteine–Silberbachtal–Velmerstot–Altenbeken) die Tour 15/2 als Wanderouvertüre von Detmold zum Hermannsdenkmal und weiter auf dem Hermannsweg (Markierung weißes H: Grotenburg–Hohe Warte–Berlebeck–Holzhausen) voranstellen. Bei den Externsteinen erreichen Sie dann Anschluß an Tour 16/1 und dringen jenseits der leider nicht zugänglichen Preußischen Velmerstot (468 m – sie ist also 27 Meter höher als die Lippische Velmerstot) auf dem Klippenweg (16/1 V2) in fast absolute Waldeinsamkeit ein. Feldromer Berg (448 m), Bedastein, Schwarzes Kreuz und Rehberg (427 m) heißen dort die

wichtigsten Wander- und Fernsichtstationen am Eggeweg (der auf dieser Strecke auch mit dem Europa-Fernwanderweg Nr. 1 identisch ist), ehe genau über dem Altenbekener Eisenbahntunnel in Westrichtung zum Altenbekener Bahnhof, einem der wichtigsten Eisenbahnknotenpunkte Westfalens (500 Meter langer Viadukt!), abgestiegen wird – ein überaus erholsames Wanderunternehmen über den in diesem Bereich stets mehr als 400 Meter hohen Eggekamm, der sich südlich der Velmerstot unmittelbar an den Teutoburger Wald anschließt.

Gehzeit 4–4½ Stunden, 1 Tag; oder mit V2 bis 7½ Stunden, dann besser 2 Tage.
Karte Naturparkkarte 1:50000 Naturpark Eggegebirge und südl. Teutoburger Wald, Landesvermessungsamt Nordrhein-Westfalen.
Anfahrt Mit der Bahn von Detmold, Paderborn oder Bad Driburg; mit dem Auto auf der B1 oder B239 von Paderborn, Detmold, Hameln oder Höxter.
Ausgangspunkt Horn-Bad Meinberg, Stadtteil Horn, Ortsmitte, Rathausplatz (P hinter dem Verkehrsamt).
Bitte beachten Schon in Horn Bus- bzw. Bahnverbindungen notieren. Bei V2 wird empfohlen, Getränke und Proviant im Rucksack mitzuführen.

2 Durch den Beller Forst auf den Bellenberg (312 m)

Bad Meinberg – Norderteich – Steinheim – Vinsebeck – Bellenberg – Bad Meinberg

Wald-, Feld- und im letzten Drittel auch Bergwanderung, nur flach ansteigende Wanderwege, schlecht, teilweise gar nicht markiert, viel Sonne

Fünf recht unterschiedliche Hauptwanderziele sind es, die Sie während dieser langen Tagestour ansteuern: 1. Schon wenige Minuten nach dem Verlassen des Bad Meinberger Ortszentrums promenieren Sie durch den gepflegten Meinberger Kurpark, umrunden anschließend die große Fontäne eines neu angelegten Sees und queren gleich danach ein hochinteressantes »Silvaticum«. Das ist ein großzügig gestalteter Länderwaldpark, in dem über 100 Arten winterharter Gehölze aus 13 Waldlandschaften Europas, Amerikas und Asiens ein einzigartiges Naturerlebnis vermitteln. – 2. Nach dem Durchkreuzen des Beller Forstes, der als stille Waldoase mitten ins weithin offene Bauernland gelagert ist, erwandern Sie sich das poesievolle Naturschutzgebiet Norderteich, ein Refugium manch seltener Wasservögel, das von einem Forstnaturlehrpfad, einem Schwarzwildgehege und mehreren gutbeschilderten Rundwanderwegen umgeben ist – und von nicht weniger als vier gemütlichen Wirtshäusern. – 3. Jenseits der Maddenmühle im Naptetal sehen Sie schon die Steinheimer Stadtpfarrkirche St. Marien vor sich, in deren Chorraum Sie den bereits erwähnten kostbaren Flügelaltar aus dem 15. Jahrhundert bewundern können. Seine herrlich geschnitzten Hochreliefs enthalten Darstellungen aus der Passionsgeschichte. – 4. Im Heubachtal treffen Sie dann am Nachmittag auf das Wasserschloß Vinsebeck, eine erstklassige Barockschöpfung von 1720, einst Sommerresidenz der Domherren von Lippe. – Und schließlich 5. Den Wanderschluß bildet ein sichtreicher Übergang über den großartigen, unbewaldeten Bellenberggipfel mit einer weiten Umschau aufs Lippische Bergland und Weserbergland.

Alles in allem also: Es warten viele abwechslungsreiche und vorzügliche Wandererlebnisse auf Sie. Wenig erfreulich allerdings ist der Blick vom Bellenberg übers Silberbachtal hinweg zu den nahen Gipfeln des Teutoburger- und Egge-Wald-Kamms. Dessen höchste Erhebung, die 468 Meter hohe Preußische Velmerstot

krönt dort oben, anstatt eines von Rast- und Aussichtsbänken umgebenen Bergkreuzes, eine Ansammlung scheußlicher schwarzer Kugeln einer Radarstation (oder ist es eine Raketenfestung?) – ein »Schmuck« der Landschaft, eine »löbliche Errungenschaft« unserer »modernen Zeiten«, zum Wohle der Menschheit!

Gehzeit 7–7½ Stunden, 1 Tag, besser 2 Tage; bei Busrückfahrt von Steinheim nur ca. 3½ Stunden.
Karte Naturparkkarte 1:50000 Naturpark Eggegebirge und südl. Teutoburger Wald und topographische Karte 1:50000 L 4120 Bad Pyrmont, Landesvermessungsamt Nordrhein-Westfalen.
Anfahrt Siehe Wandervorschlag 1.
Ausgangspunkt Horn-Bad Meinberg, Stadtteil Bad Meinberg, westl. Ortsrand, Heinrich-Drake-Platz (Großparkplatz unterhalb der ev. Kirche).
Bitte beachten Falls Sie in Steinheim übernachten wollen: Zimmer vorbestellen. Falls Sie von Steinheim zurückfahren wollen: Vor dem Wanderstart Fahrplan erkunden.

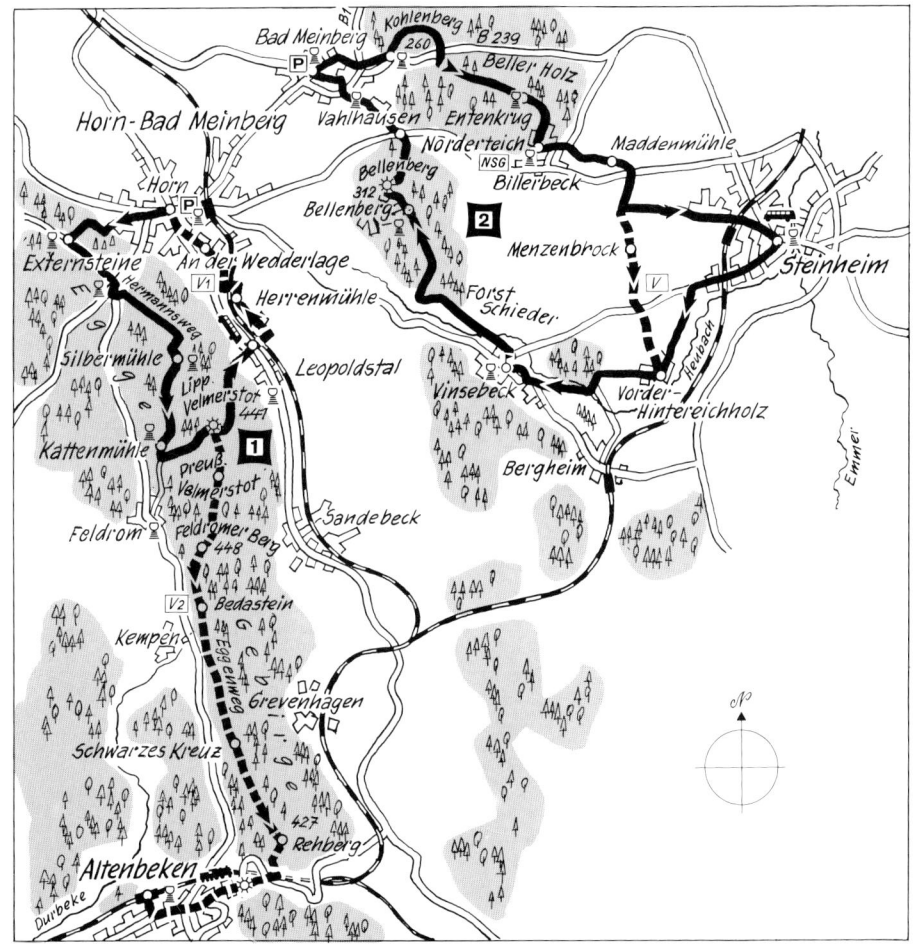

Sehenswertes

Horn-Bad Meinberg Ortsteil Horn: Stadtpfarrkirche, spätgot. (15. Jh.), 2jochige Halle, romanischer Turm – Burg (1344–48) mit Heimatmuseum – alte Stadtmauer mit Eulenturm – viele schöne Fachwerkhäuser – außerhalb: NSG Externsteine (306 m), eindrucksvolle Felsengruppe (Sandstein) im Lippischen Wald, bis zu 37,5 m hoch, vorgeschichtliche Kult- und Opferstätte (Gestirnsheiligtum der Sachsen?), seit 1093 christliches Wallfahrtsheiligtum, 1115 geweiht (Grotteninschrift); kunsthistorisch bedeutsames, gewaltiges, von den Mönchen des Klosters Abdinghof in den Felsen gemeißeltes Relief der Kreuzabnahme Christi aus der Romanik (um 1130); in der Nähe: Lönsstein und Waldlehrpfad Krebsbachtal – Lippischer Velmerstot (441 m, Veldromer Stoß = Steilabhang), Felsengruppe mit Entfernungsrichtungspfeilen, große Sicht! – Ortsteil Bad Meinberg: Pfarrkirche, romanisch (12. Jh.) – schöne Kuranlagen mit Länderwaldpark (»Silvaticum«) – NSG Norderteich mit breiter Röhrichtzone, Forstlehrpfad und Wildgehege – Fissenknicker Windmühle
Steinheim Stadtpfarrkirche (1160), romanisch/gotisch, mehrfach umgebaut und vergrößert; im Chor berühmter Hochaltar (Flügelschnitzaltar) aus der niederrheinischflämischen Schule mit 13 Gruppenbildern der späten Gotik (um 1500); Sakramentshäuschen, 9 m hohe Sandsteinturmpyramide, interessanter Schwedenstein – in der Umgebung: Wasserschloß Vinsebeck, barock (1720), 2geschossig, von 17 m breiter Gräfte umgeben; Pfarrkirche, Renaissance (1605) mit reicher Barockausstattung; Epitaphien – Wasserschloß Thienhausen, Renaissance (1609) mit schönem Giebel – Waldlehrpfad Elschenberg
Altenbeken Rehberg-Eisenbahntunnel, 1640 m lang; Eisenbahnviadukt, 500 m lang, 34 m hoch, 24 Bogen – Wallfahrtskapelle Hl. Kreuz, barock umgestaltet u. eingerichtet (1669) – Eggemuseum – Forstlehrpfad

Freizeitangebot

Horn-Bad Meinberg Hallenbad – beheiztes Freischwimmbad – Kegeln – Tennis – Angeln – Minigolf – Reiten – Waldsportpfad – Wintersport in Holzhausen (Lift mit Flutlicht)
Steinheim Beheiztes Freischwimmbad – Kegeln – Tennis – Angeln – Minigolf – Segelfliegen – Hallenbad in Sandebeck – Freibad in Grevenhagen
Altenbeken Frei- und Hallenschwimmbad – Angeln – Tennis – Kegeln – Skilift in Duhne – Rodelbahn

Veranstaltungen

Horn-Bad Meinberg Parade der »Schlachtschwertierer« mit historischen Kettenpanzern – Aufführungen auf der Bellenberger Freilichtbühne

17 Paderborn Bad Lippspringe Schlangen

Zwischen Senne, Lippe und Egge

An mehr als 200 Stellen sprudeln die Paderquellen mitten in der Paderborner Altstadt zwischen Büschen, ehrwürdigen Kirchen und Bürgerhäusern aus dem porösen Kalkgestein hervor. Ihr Wasser erhalten die Quellen aus den Bachversickerungen der Paderborner Hochfläche um Lichtenau, Grundsteinheim und Iggenhausen, um Herbram und Schwaney. Hier war das Paderborner Quellwasser in den Klippen und Klüften der Cenomanplänerschichten verschwunden, nachdem es als Sauer und Odenheimer Bach, als Schmittwasser oder Ellerbach von den regenreicheren Waldhöhen der Egge heruntergerannt kam.

In Paderborn mischt sich nun dieses Eggewasser zu fünf Quellarmen zusammen, zum Warmen Pader, Damm- oder Kalkpader, Börnepader, Rothobornpader und zum Dom- oder Dielenpader. Noch innerhalb der Stadtmauer wird daraus der Pader, der nach nur 4 Kilometern Lauf am Renaissanceschloß Neuhaus, dem ehemaligen »Lustschloß« der Paderborner Bischöfe, von der Lippe aufgenommen wird. Auch die Lippe erhält vom Eggegebirge

her ihr Wasser, das zwischen der Hohlsteinhöhle und der Bielsteinhöhle östlich von Schlangen in den Sennesanddünen versickert und in der Bad Lippspringer Ortsmitte als kräftig wasserführende Lippequelle wieder zutage tritt. Dagegen wird ein anderes Eggegebirgs- und Teutoburger-Wald-Wasser, das als Strothe und Thune träge und ein wenig unschlüssig, ob es sich mit der Lippe vereinigen soll, 10 Kilometer lang unmittelbar neben der Lippe westwärts einhermäandert, schließlich dann aber doch nach dem Neuhauser Lippeknick in der Nähe der Thunemühle vom größeren und stärkeren Lippegewässer verschluckt.

Für Hobbygeologen und Laiengewässerforscher also ist dieses Gebiet an Lippe, Senne und Egge ein hochinteressantes Areal, um sich ein wenig mit der jüngsten Vergangenheit unserer guten Mutter Erde zu befassen. Junge Vergangenheit deswegen, weil die Kreidezeit – in der die Paderborner Hochebene und das Eggegebirge durch ungeheure tektonische Kräfte geformt wurden – im Verhältnis zum etwa 5 Milliarden Jahre währenden Erdenleben noch gar nicht so lange her ist, nämlich »erst« 100 Millionen Jahre. Die endgültige Oberflächengestaltung der Sennesandlandschaft und des Eggesüdhanges geschah gar erst vor ungefähr 500 000 bis 250 000 Jahren, als die skandinavischen Gletschermassen der Elster- und Saaleeiszeit das nordöstliche Westfalen in dicken Schichten überlagerten und durch ihr Gewicht glatthobelten.

Mit offenen Augen und wachem Geist wandernde Naturfreunde werden im Land am Oberlauf der Lippe zwischen gelb-trockenen Sanddünen, runden Findlingen und steilwandigen Erosionstälern immer wieder wie durch weit geöffnete Fenster in die so abwechslungsreiche Geschichte der Erde zurückschauen. Und sie werden daneben stets aufs neue die Wunder der Gegenwart entdecken: die roten Blütentrauben des Waldweidenröschens neben Küchenschellen, Lab-, Finger- und Heidekraut auf den Kreidesandböden zwischen Silbergras und rotem Fingerhut, während auf den Kalkböden weißer und rosaroter Lerchensporn die Berghänge überzieht und Aaronstab, Maiglöckchen, Leberblümchen, Lungenkraut und Anemonen die Herzen der Vorbeigehenden erfreuen. Darüber aber segelt immer noch der Mäusebussard, in weiten, flügelschlaglosen Kreisen Beute für seine Jungen suchend. Dabei stößt er hoch über den Forstwipfeln der Teutoburger-Wald-Hänge die schrillen Schreie eines jagenden Raubvogels aus.

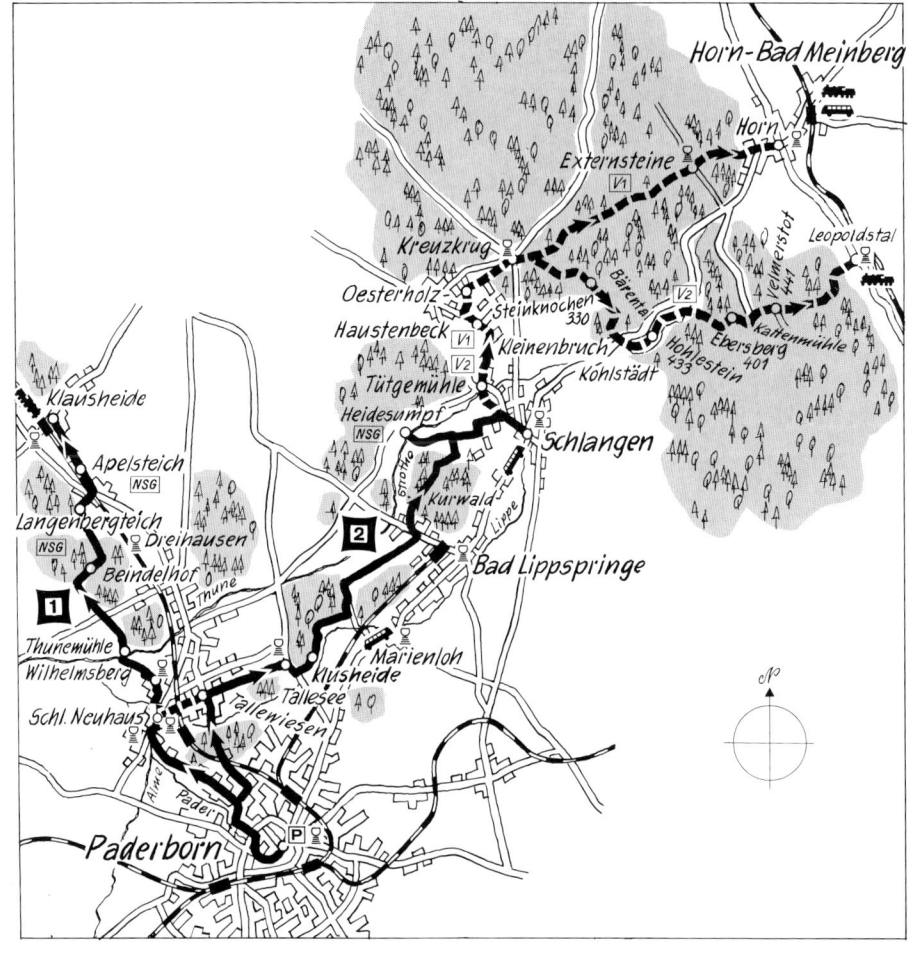

1 Am Pader entlang zum Schloß Neuhaus

Paderborn – Schloß Neuhaus – Langenbergteich – Apelsteich – Klausheide – Bahnfahrt nach Paderborn

Flachlandwanderung ohne jede Steigung, nur wenig Schatten

Beide hier vorgeschlagenen Wanderungen hinaus in die Senne bzw. hinauf zum Kamm des Teutoburger Waldes und der Egge beginnen in der 1000 Jahre alten Bischofsstadt Paderborn, gar nicht weit von den Paderquellen entfernt: am Dom.

Schon in der Karolingerzeit gegen 820, wenige Jahre nach der Gründung des Bistums Paderborn durch Karl den Großen und kurz nachdem Badurad Bischof geworden war, wurde mit dem Dombau an der wichtigen Kreuzung des Hellweges (vom Rhein zur Elbe) mit der Nord-Süd-Verkehrsstraße (Frankfurt–Bremen) begonnen. Unter Kaiser Heinrich II., dessen Gemahlin Kunigunde anno 1002 im Dom gekrönt wurde, nimmt Paderborn einen großen Aufschwung: Bischof Meinwerk erweitert den Dom, gründet Kloster Abdinghof und Stift Busdorf und befestigt die Stadt, die im 12. Jahrhundert eine beachtliche Ausdehnung mit fünf Toren erreicht. Die Wirren der Reformationszeit übersteht Paderborn auf katholischer Seite ebenso wie den 30jährigen Krieg. Anschließend führt Bischof Ferdinand von Fürstenberg Paderborn in der Barockzeit zu neuer Blüte. Doch im Zweiten Weltkrieg erleidet die Stadt erhebliche Verluste an Bausubstanz. Der Innenbereich wird durch riesige Flächenbrände zu 85 Prozent verwüstet.

Heute sind diese Wunden wieder geheilt, die Altstadtstraßen und die Kunstdenkmäler Paderborns zeigen wieder ein freundliches Bild, wenn Sie von den gepflegten Gartenanlagen um die Paderquellen aufbrechen, um in etwa 1 Gehstunde zum Schloß Neuhaus zu bummeln, erst an der Pader entlang, dann durch die Fürstenallee und die Schloßstraße. Bereits 1260 ließ Bischof Simon zur Lippe ein erstes Wasserschloß in Neuhaus errichten, das seit 1370 ständige bischöfliche Residenz wird. Noch immer ist es eines der imposantesten Schlösser Westfalens. Malerisch spiegelt sich die Vielzahl der Türme und Giebel in den Wasserflächen seiner Gräfte. Von Neuhaus können Sie entweder auf dem Wanderweg der Tour 2 in entgegengesetzter Richtung durch die Stadt-

Paderborn: die romanischen Türme der Abdinghof-Klosterkirche und des Doms (rechts) in Nähe der Paderquellen (vorne)

Das Paderborner Rathaus – späteste Weser-renaissance (1613–1618) mit großartiger, reichgeschmückter Giebelgruppe.

heide und zwischen den Fischteichen wieder zu den Paderquellen zurückkehren. Oder Sie setzen den Spaziergang auf dem Hauptwanderweg X 3 in Nordwestrichtung fort, an der Thunemühle vorbei und durch den Sander Bruch zu den Naturschutzgebieten Langenbergteich und Apelsteich. Und wenn Sie danach schließlich in Klausheide den Zug nach Paderborn besteigen, haben Sie eine recht beachtliche Trimmtour hinter sich.

Gehzeit 3½–4 Stunden.
Karte Naturparkkarte 1:50000 Naturpark Eggegebirge u. südl. Teutoburger Wald, Landesvermessungsamt Nordrhein-Westfalen.
Anfahrt Mit der Bahn von Dortmund, Bielefeld oder Hannover–Hameln; mit dem Auto auf der B1, B64 oder B68 von Soest, Münster, Bielefeld, Hameln, Bad Driburg oder Warburg.
Ausgangspunkt Paderborn, Stadtmitte, Dom (Großparkplatz am nördl. Altstadtrand, Heierswall/Hathumarstraße).
Bitte beachten Studieren Sie schon in Paderborn den Bahnrückfahrplan.

2 An der Lippe und Strothe entlang nach Bad Lippspringe

Paderborn – Fischteiche – Tallesee – Bad Lippspringe – Schlangen – Busfahrt nach Paderborn (oder weiter zum Eggegebirgs-kamm)

Bis Bad Lippspringe flache Heide- und Waldwanderung, anschließend bei [V1] und [V2] Bergwanderung ohne Steilaufstiege, überwiegend Schatten

Diesmal geht's von den Paderquellen wieder Richtung Neuhaus, aber ein wenig nördlicher, erst zu den Fischteichen, wo Sie die Sandlandschaft des Naturschutzgebietes Stadtheide queren. Nach dem Passieren der Lippebrücke hält man sich stets nordwärts, immer auf der orographisch rechten Seite der Lippe, am Rande des riesigen Truppenübungsplatzes Senne entlang. Tallewiesen, Tallesee, Klusheide, Strothebaggersee heißen hier am Weitwanderweg X 4 vor Bad Lippspringe die Wanderetappen. Nach dem bekannten Heilbad wird jenseits des Lippespringer Kurwaldes das Naturschutzgebiet Heidesumpf an der Strothe angesteuert, aber bald auch in Schlangen eines der vielen adretten Wirtshäuser und anschließend die Bushaltestelle.
Wer noch Lust und Zeit zum Weiterwandern hat, der pilgert an einem zweiten

Wandertag über die Tütgemühle zum Kreuzkrug und quer durch den Lippischen Wald bis zu den skurrilen Sandsteinfelsen der Externsteine (siehe auch Tour 16/1). Ganz Unermüdliche können solch großartige Wandervergnügen vom Kreuzkrug aus durchs Bärental und über den Ebersberg im wahrsten Sinne des Wortes »auf die Spitze treiben«: nämlich auf die 441 Meter hohe Spitze der Lippischen Velmerstot.

Gehzeit 5–5½ Stunden; evtl. [V1] 9 Stunden; oder [V2] 10 Stunden, dann jeweils 2 Tage.
Karte, Anfahrt, Ausgangspunkt Siehe Wandervorschlag 1.
Bitte beachten Notieren Sie schon in Paderborn die Bus- bzw. Bahnrückfahrpläne ab Marienloh, Bad Lippspringe, Schlangen, Horn-Bad Meinberg bzw. Leopoldstal, und bestellen Sie bei [V1] oder [V2] die Übernachtung in Bad Lippspringe oder Schlangen vor. Es besteht oben auf dem Eggekamm Anschlußmöglichkeit an die Wandervorschläge 16, 15, 14/1 u. 11.

Sehenswertes

Paderborn Die Vielzahl der Paderborner Sehenswürdigkeiten erlaubt hier leider nur eine Aufzählung in Stichworten: Dom St. Mariae, St. Kiliani und St. Liborii (kostbarer und sehenswerter Domschatz) – Bartholomäuskapelle, daneben Ausgrabungen (Pfalzaula u. -kapelle) – Alexiuskapelle – Liborikapelle – ehem. Klosterkirche Abdinghof – Stiftskirche Busdorf – Gaukirche St. Ullrich – Jesuitenkirche und -kloster – Michaelskirche – Rathaus, Weserrenaissance (1613–20), von H. Baumhauer – Erzbischöflicher Hof – ehem. Jesuitenkolleg – Türme der Stadtmauer – Wohnbauten: Bachstr. 1 (gotisch), Marienplatz 2 (Renaissance), Hatumarstr. 7 (Fachwerk, 1570) – Diözesanmuseum – Akademische Bibliothek – Naturkundliches Heimatmuseum – Museum für Stadtgeschichte im Adam-und-Eva-Haus – ehem. bischöfliches Wasserschloß Neuhaus
Bad Lippspringe Kath. Pfarrkirche St. Martin mit wertvoller Pieta-Holzplastik (16. Jh.) – in der Umgebung mehrere Höhlen: Hohlsteinhöhle, Lukenloch, Bielsteinhöhle, Teufelshöhle, Huinschenhöhle

Freizeitangebot

Paderborn 2 Freischwimmbäder – 5 Hallenbäder – Reiten – Tennis – Segeln – Rudern – Segelfliegen – Golf – mehrere Trimmpfade
Bad Lippspringe Thermal-Freischwimmbad – Thermal-Hallenbad – Golf – Minigolf – Reiten – Tennis – Angeln – Trimmpfad

Veranstaltungen

Paderborn Liborifest mit 8tägiger Kirmes (Samstag nach dem 23. Juli) – Festwochen im Schloß Neuhaus (mit Freilichtspielen)

18 Bad Driburg Neuenheerse Dringenberg Gehrden Brakel

*Kur- und Ferienwege
an Nethe und Aa, Brucht
und Öse*

Es ist noch gar nicht so lange her, da hieß das große, schmale Waldgebirge, das im Norden von der Gabelung des Dortmund-Ems-Kanals, im Süden von der weiten Parklandschaft der Münsterschen Bucht und im Südosten vom Tal der Diemel begrenzt wird, ganz einfach »der Osning« (abgeleitet vom altdeutschen Os-Egg = Wald-Kante). Erst im 17. Jahrhundert führte der Paderborner Bischof Ferdinand von Fürstenberg für den Bereich des Lippischen Waldes um die Grotenburg den schon in den Annalen des Tacitus vorkommenden Namen »saltus Teutoburgensis«, also Teutoburger Wald, ein.
Seitdem hat sich eingebürgert, die Egge beim Silberbachtal bzw. an der 468 Meter hohen Preußischen Velmerstot vom Teutoburger Wald geographisch abzutrennen und den immer wieder auf über 400 Meter ansteigenden Waldkamm der Hochegge als eigenen, 35 Kilometer langen Gebirgszug zu bezeichnen. Während von Rheine bis zur Lippischen Velmerstot die H-Markierungen des Hermannsweges den Wanderer auf einer Länge von 156 Kilometern sicher über die Teutoburger-Wald-Höhen leiten, ist es von den Externsteinen bis nach Niedermarsberg das Markierungszeichen weißes Andreaskreuz, das nun den Eggegebirgswanderer problemlos, weil ohne Orientierungsschwierigkeiten, durch die stillen, ausgedehnten und noch weitgehend zivilisationsentrückten Waldgebiete führt, die in Nord-Süd-Richtung die Paderborner Hochfläche

von der Brakeler Muschelkalkschwelle trennen.
Im Verlauf seiner 73 Kilometer langen Trasse zieht sich dieser Eggeweg (der auf seiner ganzen Strecke mit dem Europa-Fernwanderweg E1 identisch ist) in seinem Mittelteil zwischen Altenbeken und Neuenheerse auch über die Höhen des Driburger Stadtwaldes, die den allseitig bergumschlossenen Bad Driburger Talkessel auf seiner Westseite überragen. Vom Wanderparkplatz »Schöne Aussicht«, der sich unmittelbar am Eggeweg im Südostteil des Stadtwaldes befindet, sind es nur wenige Gehminuten zu den mächtigen Wallanlagen und imposanten Mauerresten der Iburg, die im Laufe zweier Jahrtausende ganz unterschiedliche Funktionen erfüllte. Kultstätte war sie in vorgeschichtlicher Zeit, sächsische Schutzburg mit einem Nationalheiligtum in der Karolingerzeit, Benediktinerinnenkloster und Trutzfeste der Paderbroner Bischöfe im Hohen Mittelalter. Heute dient sie als Ausflugsgaststätte und einzigartiger Aussichtspunkt.
Besondere Bedeutung hat die Iburg in un-

serer Zeit aber auch als Wanderraststation. Führt doch nicht nur der Eggeweg an ihr vorbei, sondern auch einer der schönsten Kurwanderwege Westfalens direkt zu ihr hin: der von der Bad Driburger Kurverwaltung bestens angelegte und markierte Sachsenringweg. Die S-Markierungszeichen dieses großartigen Rundwanderweges werden Sie während einer angenehmen 5-Stunden-Höhentour – ohne längere Steilanstiegsphasen! – um das sonnige Bad Driburger Wanderamphitheater herumführen, von einer prächtigen Aussicht zur anderen.
So trainiert, können Sie sich dann auch an ein anderes exzellentes Wanderunternehmen wagen: an eine Um- und Überwanderung der Brakeler Muschelkalkschwelle. Geheimnisumwitterte Burgen und eindrucksvolle Klosteranlagen, hübsche Landkirchen und interessante geologische Besonderheiten stehen hier auf dem Wanderprogramm. Und dazwischen immer wieder gemütliche Wirtshäuser, in denen man seinen Wanderdurst löschen kann, in Neuenheerse, Dringenberg und Gehrden, in Siddessen, Rheder und Brakel.

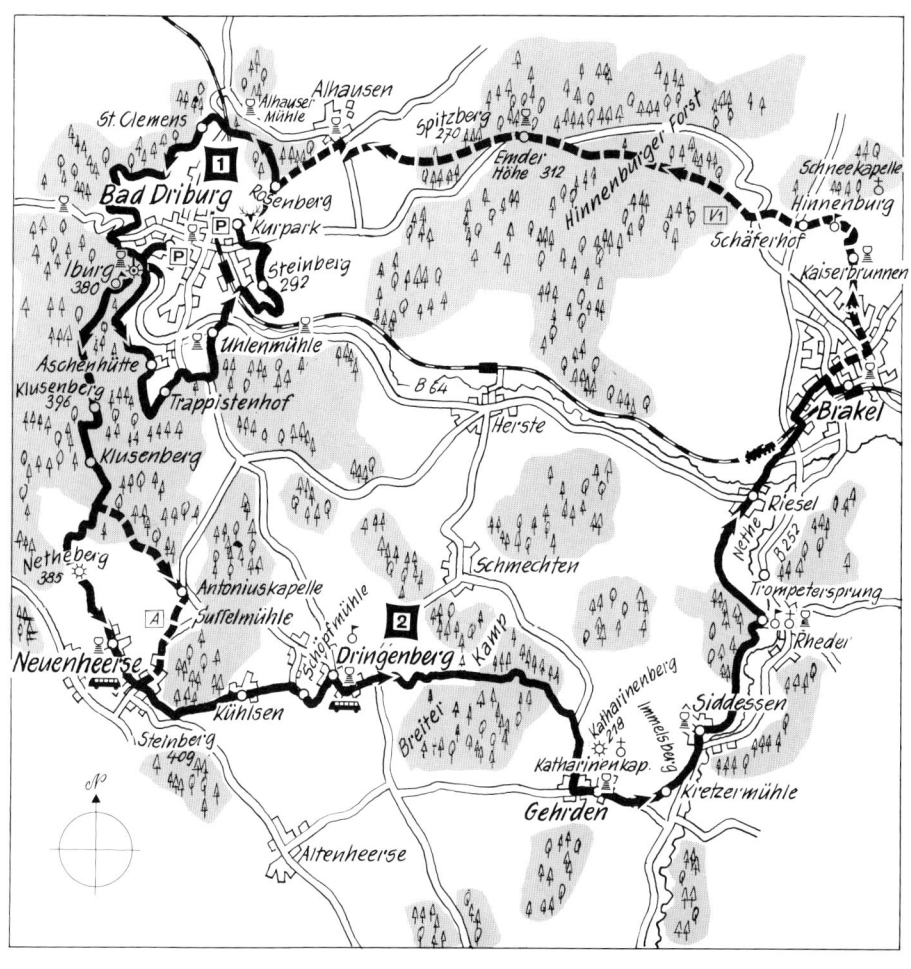

1 Der Sachsenringweg

Bad Driburg – Kurpark – Weberhöhe – Iburg – Trappistenhof – Steinberg – Kurpark Bad Driburg

Bequeme Höhenwege mit viel Aussicht und viel Sonne, mehrere kurze, nie steile Anstiegsstrecken

Gut 15 Kilometer ist der Sachsenringweg lang, das ist allerhand Strecke! Aber die braucht Sie nicht zu erschrecken und auch vom Wandern nicht abzuhalten. Denn einmal werden Sie infolge der vielen trefflichen Tief- und Ausblicke bei nur kaum wechselnden Höhenunterschieden Zeit und Mühen unterwegs bald vergessen. Und zum andern können Sie überall und jederzeit ihr Ringwandervorhaben ganz einfach abbrechen und zum Beispiel vom Mausoleum der Grafen Oeynhausen auf dem Rosenberg, vom Reeser Kreuz oder von der Weberhöhe in kurzer Zeit zur Driburger Talsohle absteigen. Eifrige Trimmfreunde aber lassen sich von den S-Zeichen des Sachsenringweges weiter verführen und führen und laufen auf dieser erstklassigen Höhenpromenade vom Stellberg zur Aussichtsterrasse des Gasthauses Sachsenklause auf der Iburg hinüber.

Nach den leiblichen Genüssen können Sie dann vielleicht auch weiteren Wandergenüssen nicht widerstehen und gehen anschließend die Südrunde zum Trappistenhof aus. Und werden zum Schluß gar noch den Steinberg mitnehmen. Weil es hier nochmals eine schöne Aussicht gibt: weit über den Driburger Bergzirkus hin-

Am Bad Driburger Kurhaus im Kurpark beginnt eine geruhsame Wanderung auf dem Sachsenringweg über die Höhen um Bad Driburg.

weg zu seinem Wahrzeichen auf der Hochegge – zum Turm der sagenumwundenen Iburg.

Gehzeit 4½–5 Stunden; je nach Abkürzung nur 2 oder 3 Stunden.
Karte Naturparkkarte 1:50000 Naturpark Eggegebirge u. südl. Teutoburger Wald, Landesvermessungsamt Nordrhein-Westfalen; oder Stadtplan u. Wanderkarte der Stadt Bad Driburg.
Anfahrt Mit der Bahn von Paderborn oder Northeim–Höxter; mit dem Auto auf der B64 von Paderborn oder Höxter, oder auf der B252 über Brakel.
Ausgangspunkt Bad Driburg, östl. Stadtrand, Kurpark (P beim Kurhaus).

2 Über die Brakeler Muschelkalkschwelle

Bad Driburg – Eggeweg – Neuenheerse – Kühlsen – Dringenberg – Gehrden – Rheder – Brakel – Bahnfahrt nach Bad Driburg (oder zu Fuß über Alhausen nach Bad Driburg)

Wegen ihrer Länge ein wenig anstrengende und daher Gehvortraining erfordernde Weitwanderung, zur Hälfte Schatten, zur Hälfte Sonne, mehrere Steilanstiege

Nachdem Sie auf den verschiedenen Wanderetappen des Sachsenringweges festgestellt haben, wie es um Ihre Kondition steht, werden Sie nun sicher das anspruchsvollere Wanderunternehmen nach Brakel durchführen wollen. Es beginnt – wie könnte es anders sein – mit einem Aufstieg von Bad Driburg zur Iburg, von der aus Sie auf dem Eggeweg in die einsamen Wälder des Füllenberges und Klusenberges eindringen. Am Netheberg haben Sie eine prachtvolle Sicht auf den romanisch-gotischen »Egge-Dom«, wie die Kirche des einstigen »Hochadeligen Kaiserlichen Freiweltlichen Damenstifts zu Heerse« (Neuenheerse) auch genannt wird. Schon 868 war das Stift von Bischof Luithard von Paderborn und seiner Schwester Walburga für Töchter der Adelshäuser gegründet worden, die wenigstens 16 Ahnen nachweisen konnten.

Weil Sie nun zum Weiterwandern den Hauptwanderweg X 2 benutzen werden, haben Sie bis Brakel keinerlei Orientierungsprobleme. Unterwegs kommen Sie immer wieder zu schönen Aussichtspunkten, von denen Sie weit Ausschau halten über die bucklige Welt der Muschelkalkhochfläche, die durch die tiefen, manchmal schluchtartig engen Täler der Öse, Nethe, Aa und Brucht vielfältig gegliedert wird. Bergsporne wechseln mit einzelstehenden Waldkuppen und langgezogenen Felderrücken ab, hinter denen sich viel Interessantes verbirgt. So steht auf einem

sichtsreichen, bergkegelartigen Trachitkalkplateau die einst mächtige Dringenberger Burg, früher Sommerresidenz Paderborner Fürstbischöfe. Und gleich daneben finden Sie die dreischiffige spätgotische Pfarrkirche, deren Ursprung noch in die Gründerzeit der Stadt Dringenberg zurückreicht.

Nur eine gute Wanderstunde weiter können Sie in Gehrden die im 12. Jahrhundert aus heimischen Tuffsteinquadern erbaute ehemalige Klosterkirche St. Petrus und Paulus und ein malerisches Fachwerkrathaus von 1730 besichtigen, während in Siddessen an der Mündung der Öse in die Nethe viele schöne Bauernhäuser mit interessanten Inschriften auf Sie warten.

Netheabwärts gilt es, in Rheder ein Barockschloß, das Naturschutzgebiet Sieseberg und den Trompetersprung zu besuchen, aber auch das vorzügliche Schloßbräubier der Mengersenschen Brauerei zu probieren. Danach sollten Sie nicht vergessen, wenigstens einen Blick in die zauberhafte Pfarrkirche zu werfen. Sie wurde vom berühmten Barockbaumeister Johann Conrad Schlaun im Jahre 1717 errichtet. Empfohlen sei Ihnen auch von Riesel aus ein Abstecher zur barocken Kapelle Mariae Heimsuchung auf die Höhe des Triftholzes. Ein Alabasteraltar und eine herrliche Sicht ins Aa- und Nethetal sind die Belohnung für den kleinen Umweg.

Zwei-Tage-Wanderer werden solch abwechslungsreiches Gehen durch ein wundervolles Land mit viel Geschichte und Kunst (aber auch mit viel Natur!) in Brakel mit einer Bahnfahrt nach Bad Driburg beschließen. Drei-Tage-Wanderer werden auf dem Hauptwanderweg X 16 und auf dem Friedrich-Wilhelm-Weber-Weg über Alhausen zu Fuß nach Bad Driburg zurückkehren. Vorher allerdings gibt's auch in Brakel wieder allerhand Sehenswürdigkeiten anzuschauen. Unter anderem zwei ehrwürdige Kirchen, ein spätgotisches Rathaus und im Norden der Stadt die Hinnenburg. Umgeben vom dunklen Waldkranz steht sie hoch über dem Bruchttal – wie ein Schloß aus 1001 Nacht.

Gehzeit 9–10 Stunden, 2 Tage; evtl. nur 3 oder 4½ Stunden; oder Ⓥ bis 15 Stunden, dann 3 Tage.
Karte Naturparkkarte 1:50000 Naturpark Eggegebirge und südl. Teutoburger Wald, evtl. auch Wanderkarte 1:25000 Neuenheerse-Willebadessen, beide Landesvermessungsamt Nordrhein-Westfalen.
Anfahrt Siehe Wandervorschlag 1.
Ausgangspunkt Bad Driburg, westl. Stadtrand, Wanderparkplatz Schützenplatz/ Kriegerdenkmal/ Nähe Iburgstadion (P).

Bitte beachten Falls Sie mit dem Bus von Neuenheerse oder Dringenberg zurückfahren wollen: vor Wanderbeginn Fahrplan notieren, ebenfalls den Bahnfahrplan Brakel–Bad Driburg. Falls Sie in Neuenheerse, Dringenberg, Gehrden oder Brakel übernachten wollen: Zimmer vorbestellen.

Sehenswertes

Bad Driburg Pfarrkirche St. Peter und Paul, neugotisch (1895–97) mit Wiedenbrücker Schnitzaltären und romanischem Taufstein (13. Jh.) – gräfl. Kurhäuser im Biedermeierstil (1790–1800) mit Kurpark und Wildgehege – Iburg, riesige Wallanlagen aus 2 Jahrtausenden (vorgeschichtlich-sächsisch-karolingisch), ab 1130 Benediktinerkloster, ab 1189 Paderborner Festung; Kaiserturm (1904) und Sachsenklause (1925) – Arboretum Steinberg – Völkerkundliches und Zoologisches Museum Missionshaus St. Xaver – in Pömbsen: Pfarrkirche mit schönem Barockaltar und Kluskapelle – in Alhausen: Geburtshaus (malerisches Fachwerk) des Dichters Fr. W. Weber

Brakel Kath. Pfarrkirche St. Michael (Ende 12. Jh.), kreuzförmige Gewölbebasilika, gotisch erweitert (Chor von 1350); sehenswerte Barockausstattung, Kreuzstein (1338) Hoch-kreuz (Mitte 16. Jh.) und spätgotische Totenleuchte – Kapuzinerkirche von J. C. Schlaun (1715–18), barocker/gotisierter Saalbau – Rathaus, spätgotisch (Ende 15. Jh.) mit Treppengiebeln, Weserrenaissanceportal (1573) – Rolandsäule, gotisch (Ende 14. Jh.) – Schloß Hinnenburg, mittelalterlicher runder Eckturm, Flügelbauten um 1600 – Schneekapelle – Annenkapelle – Kaiserbrunnen – Modexer Turm (13. Jh.) – romantische Nethebrücke – Freilichtbühne Bökendorf

Dringenberg Burg mit Bergfried, Mauern, Graben und 40 m tiefem Brunnen (um 1320) – Pfarrkirche, romanisch mit gotischen Umbauten; Ewige Lampe, Pieta (15. Jh.), sitzende Madonna (1720), 6 Grabplatten aus Sandstein – in Kühlsen: Josefskapelle (1767), Barockaltar mit romanischer Madonna (12. Jh.), Pieta (16. Jh.)

Gehrden Ehem. Benediktinerinnenklosterkirche/kath. Pfarrkirche, romanisch (2. Hälfte 12. Jh.), kreuzförmige Gewöbebasilika, Säulen mit Würfelkapitellen; Barockorgel (1648), kostbare spätgotische Schnitzarbeiten – Katharinenkapelle (1686) auf dem Reusenberg (Sicht!) – 3 km westl.: Schonlaukapelle (Sicht!)

Neuenheerse Ehem. Damenstiftkirche, romanisch/gotisch (Anf. 12. Jh.), 3schiffige Krypta, barocker Turmhelm; Hochaltar

Die romanisch/gotische Benediktinerinnenklosterkirche Neuenheerse (Bildmitte) wurde bereits Anfang des 12. Jahrhunderts erbaut.

(Marmor und Alabaster) barock (1705), prachtvolle Barockorgel, Bechertaufstein (1585), gotisches Kreuz (1460) – Wasserschloß Alte Abtei, Weserrainnaissance (1599–1603) – Antoniuskapelle

Rheder Pfarrkirche, barock (1717) von J. C. Schlaun; Barockaltar und geschnitzter Taufstein – Schloß (1750) mit Park – NSG Sieseberg (alte Bäume, reiche Flora; Sicht!) – Trompetersprung

Riesel Barocke Marienkapelle (1739) am Triftholz (Sicht!)

Freizeitangebot

Bad Driburg Beheiztes Freischwimmbad – Hallenbad – Bewegungsbad – Tennis – Minigolf – Golf – Reiten – Angeln – mehrere Trimmpfade

Brakel Naturfreibad – beheiztes Freischwimmbad – Hallenbad – Tennis – Rudern – Segelfliegen – Reiten – Angeln – Kegeln – Trimmpfad

19 Willebadessen Lichtenau Kleinenberg Atteln

In weiter Runde über die Paderborner Hochfläche

Mehr als 300 Meter beträgt der Höhenunterschied, den die Paderborner Hochfläche auf einer Entfernung von 20 Kilometern als schräggestellte Ebene überwindet. Von der etwa 100 Meter hoch gelegenen Bischofsstadt an den Paderquellen steigt das Land südostwärts über mehrere Bodenschwellen um Dahl und Dörenhagen bis nach Iggenhausen und Grundsteinheim bereits bis zu einer Höhe von gut 300 Metern an. Das nun anschließende Soratfeld ist ein 10 Kilometer breites, unbewaldetes und beinahe gänzlich ebenes Hochplateau, das in seinem Ost- und Südteil von den einsamen Forstarealen des Eggegebirgskamms umwunden wird.

Flach und wasserreich wölbt sich dieser Kamm aus den Bach-, Teich- und Bruchlandschaften des Asseler, Willebadessener und Kleinenberger Waldes in Ostrichtung zu über 400 Höhenmetern auf und bricht westlich des hübschen Luftkurortes Willebadessen vom Paderborner Berg bis zum Aussichtspunkt Bierbaums Nagel in steiler Sandsteinklippenstufe teilweise 200 Meter tief ins Nethetal ab.

Kultureller Mittelpunkt der Paderborner Hochfläche ist das an ihrem Südostrand gelegene Lichtenau, als Großgemeinde mit 14 über die Hochebene weitverstreuten Stadtteilen »die Hauptstadt des Soratfeldgaus«, wie uns ein Einheimischer voll Stolz erklärte.

Aber Lichtenau ist nicht nur der Hauptort des Soratfeldes, sondern auch »der« Wandermittelpunkt im stimmungsvollen Bachtälerdreieck der Nethe-, Altenau- und

Sauerflüßchen. Die Verwaltung der Gemeinde Lichtenau hat das auch voll erkannt, denn sie bemüht sich, das jetzt schon recht umfangreiche Wanderwegenetz zwischen den Stadtteilen Henglarn-Atteln-Ebbinghausen, Grundsteinheim-Iggenhausen-Hebram und Asseln-Hakenberg-Kleinenberg noch weiter zu verbessern: Überall werden neue Rundwanderwege angelegt, Markierungen erneuert und Wanderparkplätze errichtet, dazu Wandertafeln und Wegweiser aufgestellt und Wanderkarten gezeichnet, damit sich nur ja keiner verlaufen kann. Außerdem stellt das Lichtenauer Verkehrsamt interessierten Wanderern umfangreiches Informationsmaterial über die landschaftlichen Besonderheiten der schönen Lichtenauer Umgebung zur Verfügung.

Davon kann sich jeder überzeugen, wenn er vom kostbaren, dreistöckigen Alabaster-Reliefaltar in der gotischen Lichtenauer Pfarrkirche zu großen oder kleineren Wanderrunden auf der Paderborner Hochfläche hinauszieht. An den Hügelgräbern der Bülheimer Heide vorbei ins melancholische Naturschutzgebiet Eselsbrett oder vom Klosterkirchenmuseum Dalheim zum berühmten Gnadenbild in der zauberhaften Rokokokapelle zu Kleinenberg. Vielleicht aber auch durch das Sauertal mit seiner Bachversickerung zu den Erdfällen und Schwalchlöchern bei Grundsteinheim.

Vorangestellt habe ich solch genußvollem Soratfeldwandern eine Eggekammtour.

Auf ihr werden Sie von der über 800 Jahre alten Klosteransiedlung Willebadessen das pittoreske Renaissance-Wasserschloß Borlinghausen erreichen. Wanderhöhepunkte gibt's hier südlich des Lichtenauer Kreuzes gleich mehrere: Unmittelbar nach dem Naturschutzgebiet Hirschstein queren Sie auf dem Eggeweg die »Alte Eisenbahn«, steuern anschließend die Karlsschanze, den »Kleinen Herrgott« und das Försterkreuz an und auf dem Klippenweg auch »Bierbaums Nagel«. Das ist ein 431 Meter hoher steinerner Aussichtsturm, den ein Herr Bierbaum, einstiger Besitzer des Borlinghausener Rittergutes, 1849 als Überraschung für seine aus Kassel stammende Frau erbauen ließ – damit sie, immer wenn sie Heimweh hatte, das Wahrzeichen ihrer Heimatstadt sehen konnte: den Herkules auf der Wilhelmshöhe.

1 Waldeinsamkeit auf der Egge

Willebadessen – Karlsschanze – »Kleiner Herrgott« – Klippenweg – »Bierbaums Nagel« – Borlinghausen – Busfahrt nach Willebadessen

Anfangs Bergwanderung mit längerem, teilweise auch steilem Anstieg, später flache Höhenwanderung, überwiegend Schatten

Nun, den Kasseler Herkules haben wir während unserer Willebadessener Eggegebirgstour nicht gesehen, dafür aber viel anderes Interessantes, für das sich ein Hinwandern und Angucken auch gelohnt hat. So entdeckten wir im Umkreis des riesigen Egge-Ehrenmals am Naturschutzgebiet Hirschstein unter uraltem, düsterem Buchenwald ein ungeheuerliches, erschütterndes Chaos der Natur: Zerborstene, unterhöhlte Felstürme und riesige Kammabstürze der Hochegge bilden hier zusammen mit gewaltigen Blockhalden und zerklüfteten, von Spaltenfrost verwitterten Sandsteinbänken ein Areal der Urgewalten. Die mächtigen Schichten 20 Meter hoher Klippen, die vor etwa 130 Millionen Jahren am Strand des Kreidemeeres abgelagert wurden, sind überzogen mit dunkelbraun gefärbten Eisenadern und übersät mit Waben- und Lochverwitterungen, aus denen gelbbrauner Sand rieselt. Und weil dicke und dichte Keupermergelschichten das Wasser nicht versickern lassen, sind dazwischen um den Michaelsborn überall Quellbezirke mit dunklen, blanken Wasseraugen und pechschwarze Quellsümpfe eingelagert, in denen sich Wildschweine suhlen.

Oben, unmittelbar am Eggeweg (auch Europa-Fernwanderweg E 1), der hier einst 1761 von Hannoveranern, Braunschweigern und Franzosen heftig umkämpft war, steht ein verwittertes Steinmal, der »Kleine Herrgott«. Zur Zeit Karls des Großen soll an dem Mal ein Kruzifix angebracht gewesen sein, über das sich die Sachsen lustig machten, weil ja ihr hochverehrter Gott Irminsul viel, viel größer war. Gleich daneben, nur einige Gehminuten weiter, erinnert das »Försterkreuz« an den dort 1885 von Wilddieben erschossenen Förster Karl Krahe. Einen Abstecher sollten Sie auch zu den ausgedehnten Wallanlagen der Karlsschanze unternehmen. Sie ist eine der größten und schönsten vorgeschichtlichen Volksburgen Westfalens.

Nur wenig nördlich davon gilt es vorher die 3 Kilometer lange »Alte Eisenbahn« zu besichtigen. 1849 hatte man versucht, die Eisenbahnlinie Kassel–Paderborn an dieser Stelle in einer tiefen Schlucht und einem Tunnel über den Eggekamm zu führen. Aber die Tunnelportale soffen hier im Quell- und Wassereinzugsgebiet von Hellebach und Sauer immer wieder ab, bis dann große Erdrutsche dem Bauvorhaben

ein jähes Ende bereiteten. Gerade so wie 1000 Jahre vorher dem Kanalbauunternehmen des großen Karls im Fränkischen, der Donau und Main bei Treuchlingen mittels eines Altmühl-Rezat-Kanals verbinden wollte. Gott sei Dank ist eben die Natur manchmal immer noch stärker als der Mensch mitsamt seiner Intelligenz, seinem Fleiß – und seinen Maschinen.

Gehzeit 3½–4 Stunden; ohne Busrückfahrt 6–6½ Stunden.
Karte Naturparkkarte 1:50000 Naturpark Eggegebirge und südl. Teutoburger Wald, Landesvermessungsamt Nordrhein-Westfalen.
Anfahrt Mit der Bahn oder mit dem Bus von Paderborn–Altenbeken oder Warburg–Scherfede; mit dem Auto auf der B68 von Paderborn über Lichtenau, oder auf der B7 von Kassel–Warburg über Scherfede–Borlinghausen, oder auf der B252 von Brakel über Niesen.
Ausgangspunkt Willebadessen, Stadtmitte, Kirche/Schloß (P).
Bitte beachten Schon in Willebadessen die Busrückfahrzeiten notieren. Da es unterwegs keine Stützpunkte gibt: Verpflegung und Getränke in den Rucksack packen.

Die Amerunger Kapelle zwischen Holtheim und Atteln.

2 Sonnenwege im Soratfeld

Lichtenau – NSG Eselsbrett – Schwarzes Bruch – Schönthal – A Bülheimer Heide – Sauertal – Lichtenau – B Kleinenberg – Holtheim – Husen – Atteln – Ebbinghausen – Grundsteinheim – Iggenhausen – Herbram – Hakenberg – Lichtenau

A *kurze, wenig anstrengende Wanderschleife,* B *lange, Gehvortraining erfordernde Weitwandertour, aber ohne große Anstiegsstrecken*

Anstatt des ganz großen Drei-Tage-Wanderns können Sie erst einmal eine knappe 5-Stunden-Soratfeldtour probieren, um die Muskeln und Gelenke im Odenheimer Bachtal und im oberen Sauertal ein wenig fit zu machen. Die zauberhafte Bach-, Wiesen- und Jungwaldlandschaft um die mit gelben Röhrichtgürteln bewachsenen Wasserflächen des Eselsbrett-Moors, die mildglänzenden Kristallspiegel der Schönthalweiher östlich des blumenbunten Schwarzen Bruchs und die Hügelgräber der Bülheimer Heide sind hier im Lichtenauer Osten die Wanderattraktionen.

Aber auch die »Große Tour« können Sie beliebig abkürzen, denn von allen am Wege liegenden Orten (genaueres siehe im Begleitbuch) fahren Busse zum Ausgangspunkt Lichtenau zurück. Als wichtigste Wanderstationen seien Ihnen noch genannt: die Rokokokirche im Ortsteil Kleinenberg, um die herum es einige feine Aussichtshügel gibt (Oberer Kleinenberg, 395 m; Warthügel, 368 m; und Steinhügel, 365 m), die Marschallsburg bei Holtheim und das schon erwähnte ehemalige Augustinerkloster Dalheim. Am Hauptwanderweg X 2 liegt die Amerunger Kapelle,

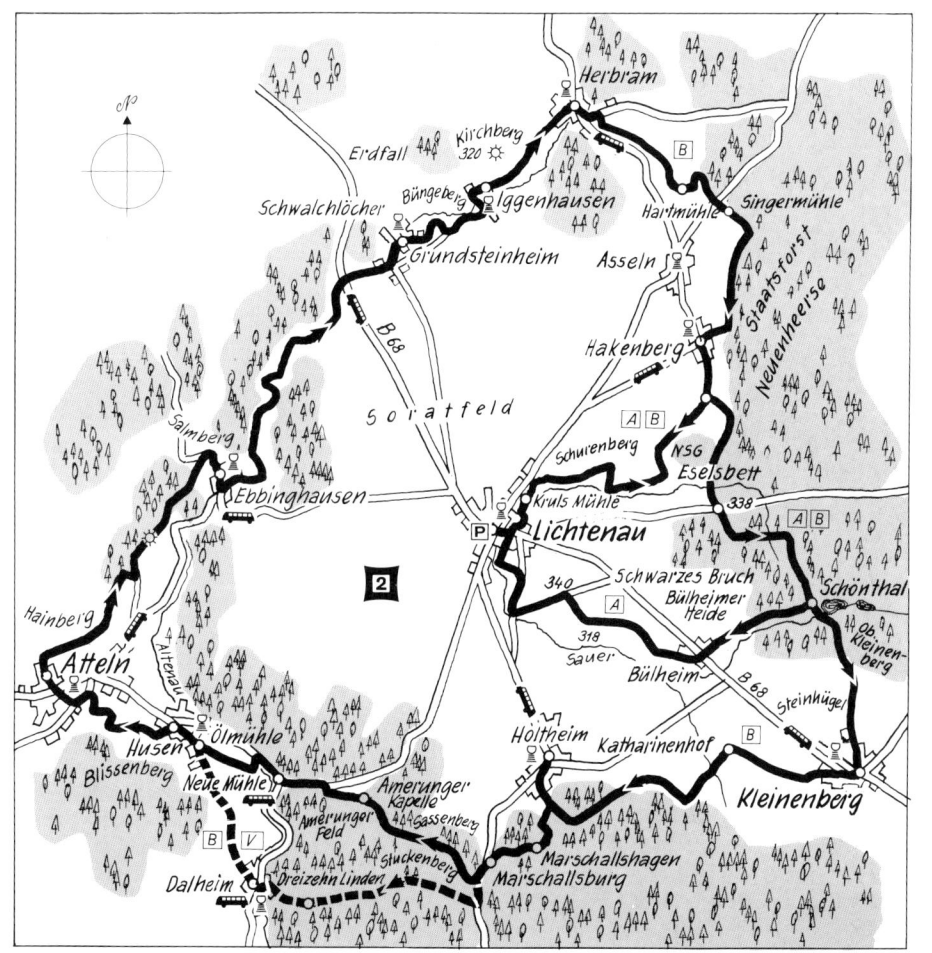

Neben vielen anderen Sehenswürdigkeiten trifft man beim Wandern übers Soratfeld auch auf steinzeitliche Kistengräber (oben).

während Sie der Burgenweg (Hauptwanderweg X 3) von Atteln an der Altenau-Sauer-Vereinigung über die Sauerhöhen, teilweise auch im Sauertal nach Ebbinghausen und Grundsteinheim führen wird (Schwalchlöcher, Erdfälle, Sauerversickerung: siehe auch Tour 17). Von Iggenhausen aus lohnt ein Abstecher aus dem Schmittwasertal zum Kirchberg (320 m), Mölkeberg (350 m), Hahnenberg (360 m) oder Reischlagsberg (362 m) – wegen der weiten Sicht über die Paderborner Hochfläche. Mühlen und immer wieder stille Bachtäler gibt's um Herbram, Asseln und Hakenberg. Dazwischen aber können Sie stets aufs neue und überall riesige Bündel Gesundheit in Ihren Rucksack packen und gleich scheffelweise die Erholung nach Hause tragen. Und das auch noch völlig unentgeltlich!

Gehzeit ⒶⒷ 4½–5 Stunden; Ⓑ 17–18 Stunden, 3 Tage; viele Abkürzungsmöglichkeiten.
Karte Naturparkkarte 1:50000 Naturpark Eggegebirge u. südl. Teutoburger Wald, Landesvermessungsamt Nordrhein-Westfalen.
Anfahrt Mit dem Bus von Paderborn oder Warburg–Scherfede; mit dem Auto auf der B 68 von Paderborn, oder auf der B 7 und B 68 von Kassel–Warburg–Scherfede.
Ausgangspunkt Lichtenau, Stadtmitte, Kirche/Rathaus (P).
Bitte beachten Notieren Sie bereits in Lichtenau die Busrückfahrzeiten, und bestellen Sie die Übernachtungen (in Kleinenberg, Atteln, Grundsteinheim bzw. Hebram) vor.

Sehenswertes

Willebadessen Kath. Pfarrkirche, doppeltürmige ehem. Klosterkirche St. Vitus, romanisch/gotisch, des 1149 gegründeten Benediktinerklosters (Schloß); mehrere Umbauten und Erweiterungen im 15. und 18. Jh.; innen: kostbarer, in Silber getriebener, vergoldeter Vitusschrein, romanisch (1207), Madonna mit Kind und Täubchen (14. Jh.), Barockkan-

zel, ornamentierte Gründerkapelle, Kreuzgang (1704) – großzügige ehem. Klostergebäude (Abteigebäude, 1744; Konventsgebäude, 1713) – Skulpturenpark – Vituskapelle Klusenberg (1687) – Wildgehege (Dam-, Muffel-, Schwarz- und Rotwild) mit Waldsee – Karlsschanze auf der Hochegge, keltisch-sächsische Wallanlage (1. Jh. v. Chr.), Gesamtlänge der Wälle 3 km, 3–4 m hoher, 1 km langer Hauptwall; 6 m hoher, 24 m Umfang messender Opferstein »Fauler Jäger« und Druidenhöhle

Borlinghausen Wasserschloß (16./17. Jh.), barock mit Renaissancegiebel, balustergeschmückte Brücke – neugotische Pfarrkirche mit interessanten Epitaphien (16. Jh.) – Reste der Spiegelburg auf dem Eggekamm

Lichtenau Kath. Pfarrkirche (1273 und 14./15. Jh.), 1670 neu errichtet; 3schiffig; ausgezeichneter 3stöckiger Hochaltar mit Reliefdarstellungen aus Alabaster (Renaissance, 17. Jh.) – ehem. bischöfliche Burg (14. Jh./1658), rechteckiger, 4geschossiger Bau – NSG Eselsbrett, Moorlandschaft – Hügelgräberfeld in der Bülheimer Heide – Waldlehrpfad – in den Ortsteilen: **Asseln:** in der Pfarrkirche (1906) Kanzel (1616) u. Madonna (14. Jh.) – **Dalheim:** ehem. Augustinerkloster, 1196 von Benediktinerinnen gegründet, 1803 säkularisiert, 1schiffige Klosterkirche, gotisch (1670), Kreuzgang mit Wand und Gewölbemalereien, heute Museum von Abgüssen mittelalterlicher Steinplastiken – Sonnenuhr (18. Jh.) – **Grundsteinheim:** Sauerversickerung (das Wasser der Sauer tritt in den 200 Paderquellen wieder zutage); Schwalchlöcher, Dolinenfelder, alter Kalkofen, interessanter Kalksteinbruch, Sauerflußhöhle u. Sauerkanzel; Bogenbrücke (1734) – **Hakenberg:** in der Dorfkapelle (1751) 2 gotische Reliefbilder – **Husen:** in der Pfarrkirche Ausstattung der Dalheimer Klosterkirche (Hochaltar, Strahlenmadonna, Orgelempore) – **Kleinenberg:** spätbarocke Wallfahrtskirche Mariae Heimsuchung; geschnitztes Gnadenbild – Kreuzigungsgruppe Hohes Kreuz mit barocken Sandsteinstationen – Pfarrkirche (1745), romanischer Turm – Reste der mittelalterlichen Befestigungsanlagen

Atteln Pfarrkirche, barock (1738); bedeutender Hochaltar (1621), Doppelmadonna (18. Jh.), sitzende Madonna (Ende 13. Jh.), Pieta (17. Jh.), Petrus und Augustinus (17. Jh.) – barocker Bildstock (1743) »Spieker« mit Giebelschnitzerei (1588)

Henglarn Reste der Vierenburg (Wallgraben, Mauerwerk, 12. Jh.) – Steinkistengräber

Freizeitangebot

Willebadessen Hallenbad – Angeln – Kegeln – Minigolf – Tennis – Trimmpfad
Lichtenau Beheiztes Freischwimmbad – Hotelhallenbad – Reiten – Angeln – Minigolf – Waldsportpfad – mehrere Skilangloipen – in Husen Minigolf – in Atteln Freischwimmbad – in Henglarn Reiten – in Ebbinghausen Hallenbad u. Trimmpfad – in Holtheim Minigolf u. Reiten – in Kleinenberg Reiten, Tennis u. Angeln

20 Warburg Scherfede Marsberg Borgentreich

Wochenendfreuden rechts und links der Diemeltalung

Es gibt Leute, die meinen, ein kühles westfälisches Pils wäre fast genauso unvergleichlich und vortrefflich wie die ganze romantische ehemalige Reichs- und Hansestadt Warburg und ihre schöne Umgebung. Nun, diese Leute haben vielleicht sogar recht. Aber, da man sich allen Genüssen des Lebens nur zur entsprechenden Zeit hingeben (und sich diese Genüsse vorher auch verdienen) sollte, werden mir bestimmt und besonders die Wanderer beipflichten, wenn ich meine: erst wandern. Erst sich die interessante Landschaft der Warburger Börde und die oft verborgenen Schönheiten des Diemeltales per pedes anschauen, erst sich mit der abwechslungsreichen Geschichte des Warburger Ländchens und mit den kulturellen und völkischen Besonderheiten seiner Menschen vertraut machen – und dann eines der vielen zünftigen Wirtshäuser zwischen Blankenrode, Marsberg und Scherfede, zwischen Bonenburg, Hardehausen oder Germete aufsuchen.

Und lohnende Ziele für ein Wanderwochenende gibt's genug zwischen Egge, Diemel und Börde: Da stehen stimmungsvolle Kirchen und ehemalige Klosterbauten neben pittoresken Ruinen einst stolzer Burgen. Mächtige Wallanlagen aus vorgeschichtlicher und sächsischer Zeit (bei Obermarsberg, auf dem Gauslkopf und Leuchteberg) weisen weit in die Vergangenheit zurück. Dazwischen findet man verwunschene, von Sagen umwobene Naturdenkmäler (wie die Adam-und-Eva-Steine und den Sieben-Brüder-Baum im Scherfeder Wald). Das Schönste von allem aber ist wohl, daß es überall prächtige Aussichtsbastionen gibt: den Heinturm bei Ossendorf zum Beispiel oder die Hohe Warte bei Bonenburg, aber auch die Ab-

Das ehemalige Zisterzienserstift Hardehausen im Eggegebirge bietet den Wanderern in seiner schönen Umgebung viel Sehenswertes, wie ein Wildgehege, drei Naturlehrpfade und viele interessante Felsformationen.

bruchkante des Sintfeldes bei Oesdorf und Essentho (die Hohe Asche ist hier immerhin 436 Meter hoch!), um nur einige der wichtigsten zu nennen.

Ausgangspunkt solch großartigen Wanderns im Tale und über die Höhen der Diemel ist das 1000jährige Warburg. Wie ein ostwestfälisches Rothenburg klebt es mit seinen Toren und Türmen, Mauern und Kirchen am Südhang über der Diemel und wartet für seine Besucher mit viel mittelalterlicher Romantik auf. Daher sollten Sie an einem Vor-Wandertag erst einmal die Plätze und Fachwerkgäßchen der Stadt beschaulich durchbummeln, ehe Sie am Spätnachmittag hinaus zur romanischen Burgruine Desenberg fahren: Sie ist das Wahrzeichen des Warburger Landes und steht auf einem spitzen Basaltkegel 150 Meter hoch über den glatten, fruchtreichen Lößböden der Börde. Und entsprechend ist dort oben auch die Fernsicht: horizontweit über die Warburger Börde und das Diemeltal hinweg bis zu den hessischen Vulkanen, ins Weserbergland und zum Eggegebirge. Aber sehen Sie selbst, staunen Sie und freuen Sie sich!

1 Am Rande der Warburger Börde

Warburg – Heinberg – Wallburg Gaulskopf – Diemeltal – Bahnhof Scherfede – Bahn- oder Busfahrt nach Warburg oder weiter nach Marsberg – Bahnfahrt nach Warburg

Bequeme Tal-, Höhen- und wieder Talwanderung, sonnenreich, bei V *anschließend schattenreiche Waldwanderung, gute Wege*

Mitten im reizvollen Warburg beginnt diese geradezu klassische Wanderung. Als Orientierungshilfen dienen Ihnen dabei die X-Markierungszeichen zweier in Wandererkreisen berühmter Weitwanderwege: Der Diemel-Ems-Weg bringt Sie an einem Tag über Wrexen und durch einsame Forstareale des Scherfeder Waldes ins winzige Blankenrode. Hier treffen Sie auf den Eggeweg (auch Europa-Fernwanderweg E 1), der Sie nun an einem zweiten Wandertag am Südostrand des Sintfeldes nach Essentho und Niedermarsberg leitet, sozusagen ein Wanderunternehmen entlang der Diemel, zweimal über die Diemel und wieder hin zur Diemel. Das ist ein Pensum von immerhin fast 40 Kilometern und sollte nur von vortrainierten Gehern angegangen werden.

Für Gelegenheitswanderer habe ich eine Tour herausgesucht, die nicht so lang ist und an einem Tag bewältigt werden kann. Nach einem kurzen Warburger Altstadtbummel bergab ins Tal zur Diemel-Twiste-Vereinigung geht es beschaulich, weil

Barocker St. Nepomuk an der Warburger Diemelbrücke.

ohne von Autos belästigt zu werden, weiter: am dunklen Wasser des ein wenig müde in seinem Wiesental dahinfließenden Diemelflüßchens erst hübsch eben, dann aber in großer Wegkehre hinauf zur ersten großen Börde- und Eggesicht beim Heinturm. Er steht überm Diemeltal inmitten von Heideland auf dem langgestreckten, gratartigen Rücken des Heinberges wie auf einem Feldherrnhügel. (Weswegen der Heinturm auch zweimal umkämpft war, im Zweiten Weltkrieg und vorher – besonders heiß – im Siebenjährigen Krieg). Später wird die Diemel gequert und der Gaulskopf erstiegen. Das ist ein Bergkoloß in Form eines Pferdekopfes, der von den Wallanlagen einer sächsischen Fliehburg umgeben ist. Nur 200 Meter südlich davon liegen die Reste der sagenumwobenen Wahlsburg.

Für alle Ein-Tages-Wanderer ist die Tour nach einem Nordabstieg ins Diemeltal drüben am Scherfeder Bahnhof zu Ende. Wochenwanderer laufen westwärts weiter, zu den Wällen und Schanzen der Leuchtebergburg und nach Wrexen an der Diemel. Bergauf erreichen Sie jetzt im Scherfeder Wald die »Sieben Brüder« und die

Felsgruppe »Adam und Eva«, ehe Sie über Knechts- und Stuckenberg zur Stadtwüstung von Alt-Blankenrode gelangen, das bereits im Mittelalter während einer Ritterfehde zerstört wurde. Die nächsten Stationen am Wege nach Marsberg sind: ein Naturlehrpfad und die Altenauquellen bei Blankenrode sowie die hochinteressanten Bleikuhlen, Reste eines uralten Erztagebaugebietes in der Nähe der Hohen Asche. Jenseits des Sintfeld-Bergdorfes Essentho können Sie nach einem stillen Gang auf der »Via Regia« durch die Mischwälder der Haart von den Höhen eines Zechsteinbruchs den letzten großen Ausblick genießen. Doch dann hören Sie schon das Pfeifen und Rattern der Eisenbahn tief drunten im Tal und laufen hinunter zur Diemel – und zum Marsberger Bahnhof.

Gehzeit 3½–4 Stunden; oder 11–12 Stunden, dann 2 Tage.
Karte Naturparkkarte 1:50 000 Naturpark Eggegebirge u. südl. Teutoburger Wald, Landesvermessungsamt Nordrhein-Westfalen.
Anfahrt Mit der Bahn oder mit dem Bus von Paderborn, Brilon oder Kassel; mit dem Auto auf der BAB A 44 Ruhrgebiet–Kassel, oder auf den B 68 und B 7 oder B 241 von Paderborn, Kassel oder Höxter–Beverungen.
Ausgangspunkt Warburg, nordöstl. Altstadtrand, (Großparkplatz Bahnhofstraße/Umgehungsstraße).
Bitte beachten Rückfahrzeiten schon bei Wanderbeginn erkunden. Da es unterwegs keinen Wanderstützpunkt gibt: Proviant und Getränke im Rucksack mitführen. Bei V sollten Sie auch die Übernachtung in Wrexen bzw. Blankenrode vorbestellen.

2 Im Naturpark Südegge

Scherfede – Wisentgehege – Hardehausen – Hohe Warth – Bonenburg – Rimbeck – Scherfede

Kaum anstrengende Wald- und Höhentour, reichlich Schatten, schöne Ausblicke

Diesmal müssen Sie nicht die Eisenbahn benutzen, um an Ihren Ausgangspunkt zurückzugelangen. Die hier vorgeschlagene zweite Wanderung im Bereich Warburger Börde–Diemeltal ist eine Rundwanderung, die Sie allerdings gegen Ende des zweiten Wanderdrittels in Bonenburg je nach Lust und Laune mittels einer Busrückfahrt beenden können. Gehvortraining brauchen Sie also keines für dieses erholsame Wandern in den harzduftenden, ozonreichen Waldungen der Südegge. Dafür sollten Sie aber etwas Orientierungssinn (und eine gute Wanderkarte!) besitzen, denn Sie bewegen sich hier nicht auf überregionalen Hauptwanderwegen, die von den fleißigen Mitgliedern des Eggegebirgsvereins hervorragend unterhalten und markiert werden, sondern auf örtlichen Strecken- und Rundwanderpfaden, deren Bezeichnung manchmal ein wenig lückenhaft ist.

Davor jedoch müssen Sie keine Angst haben, wenn Sie entsprechend ausgerüstet in Scherfede losmarschieren, erst zur Klusmühle, dort norwärts auf dem Trimmparcours am Hardehauser Hammer vorüber und im stimmungsvollen Bachtal zum Rundgang durchs Wiesentgehege. In Hardehausen laden Sie wichtige Bauwerke zur Besichtigung ein: die von der Säkularisation leider stark betroffenen Gebäude der einst so berühmten Zisterzienserabtei – und gleich gegenüber das adrette Wirtshaus mit seiner umfangreichen Speisekarte. Am Nachmittag können Sie sich nach einem ruhigen und aussichtsreichen Gang über die Hohe Warth und noch vor der Rückkunft nach Scherfede in der Bonenburger Pfarrkirche an einigen schönen Ausstattungsstücken der 1812 abgerissenen Hardehauser Klosterkirche erfreuen. Es sind dies eine geschnitzte Kanzel aus dem 17. Jahrhundert, ein prunkvoller barocker Sakristeischrank und ein Taufstein, der aus einem romanischen Würfelkapitell herausgearbeitet wurde.

Gehzeit 5–5½ Stunden; bei Busrückfahrt nur 3½ Stunden.
Karte Siehe Wandervorschlag 1.
Anfahrt Mit der Bahn oder mit dem Bus von Paderborn, Brilon oder Kassel; mit dem Auto auf der BAB A 44 (Ruhrgebiet–Kassel), oder auf den B 68, B 7, B 252 oder B 241 von Paderborn, Kassel, Höxter–Beverungen oder Brakel.
Ausgangspunkt Scherfede, Ortsmitte, unterhalb der Kirche an der Briloner Straße/Am Bach (Großparkplatz).
Bitte beachten Falls Sie von Bonenburg zurückfahren wollen: Fahrplan notieren.
Anmerkung Hier noch ein Tip für Spaziergänger: Sie erreichen vom Wanderparkplatz Hardehausen auf dem Mickenpatt (Markierung ⌐⌐) nordwärts in einer reichlichen ½ Stunde die Hardehauser Klippen, die vor 120 Millionen Jahren als Sedimentgestein den Strand des westfälischen Kreidemeeres bildeten (Kultstätte Opferstein: ein mächtiger, bemooster Felsblock mit Quelle; sehr lohnend – weite Sicht!).

Sehenswertes

Warburg Die vielen Sehenswürdigkeiten der ehem. Freien Reichs- und Hansestadt Warburg können in diesem Buch leider nur stichwortartig angegeben werden: Schönes, terrassenförmig gestuftes Stadtbild – Altstädter Kirche Mariae Himmelfahrt, frühgotisch; kostbare Ausstattung (silbernes Altarkreuz von Ant. Eisenhoit) – Johanniskirche (13. Jh.) – Dominikanerkirche und ehem. Dominikanerkloster »Gymnasium Marianum« auf einem Altstadtfelsen – Burgkapelle mit romanischer Krypta – Amtshaus (1471) der Bäckergilde – Arnoldihaus (1512) – mittelalterliche Wehranlagen mit Franken-, Sachsen- und Chattenturm (1443) – Heimatmuseum – Burgruine Desenberg (354 m) aus dem 12.–14. Jh. – Heinturm auf dem Heinberg (259 m), Rundturm (12 m hoch) einer ehem. Warte – 2 Waldlehrpfade

Scherfede/Hardehausen Ehem. Zisterzienserstift Hardehausen, Klostergebäude (jetzt Landvolkhochschule), barock (1675–1713); Kreuzgang; Abtei (1698); Totenkapelle (Karner), frühgotisch (um 1300); steinernes Kornhaus (1723) – Wildgehege – 3 Waldlehrpfade
Blankenrode Wüstung Alt-Blankenrode, vorgeschichtl. Fluchtburg und Kultstätte, in sächsischer Zeit erweitert; später (1248) Burg und Grenzveste mit 4000 (?) Einwohnern; in der Bengeler Fehde 1395 durch Graf Heinrich VII. von Waldeck zerstört und nicht wieder aufgebaut – Naturlehrpfad – NSG Bleikuhlen
Marsberg Obermarsberg: Eresburg, Wehrgrenzveste der Cherusker, die größte sächsische Volksburg, umstrittener Standort der Irminsul; von Karl dem Großen 772 erobert und zerstört; erstes Kirchlein auf sächsischem Boden, von Papst Leo III. im Beisein Karls 799 geweiht
Borgentreich (nördl. von Warburg) In der neugotischen Pfarrkirche bedeutendste Orgel (Rokoko) Nordwestdeutschlands (um 1730) aus dem Kloster Dalheim

Freizeitangebot

Warburg/Germete Zwei Frei- und Waldschwimmbäder – Hallenbad – Segelfliegen – Minigolf – Reiten – Angeln – Kegeln – Tennis – Trimmpfad
Scherfede/Hardehausen Hallenbad – Angeln – Reiten – Trimmpfad

Veranstaltung

Warburg Wirtschaftsschau Warburger Oktoberwoche

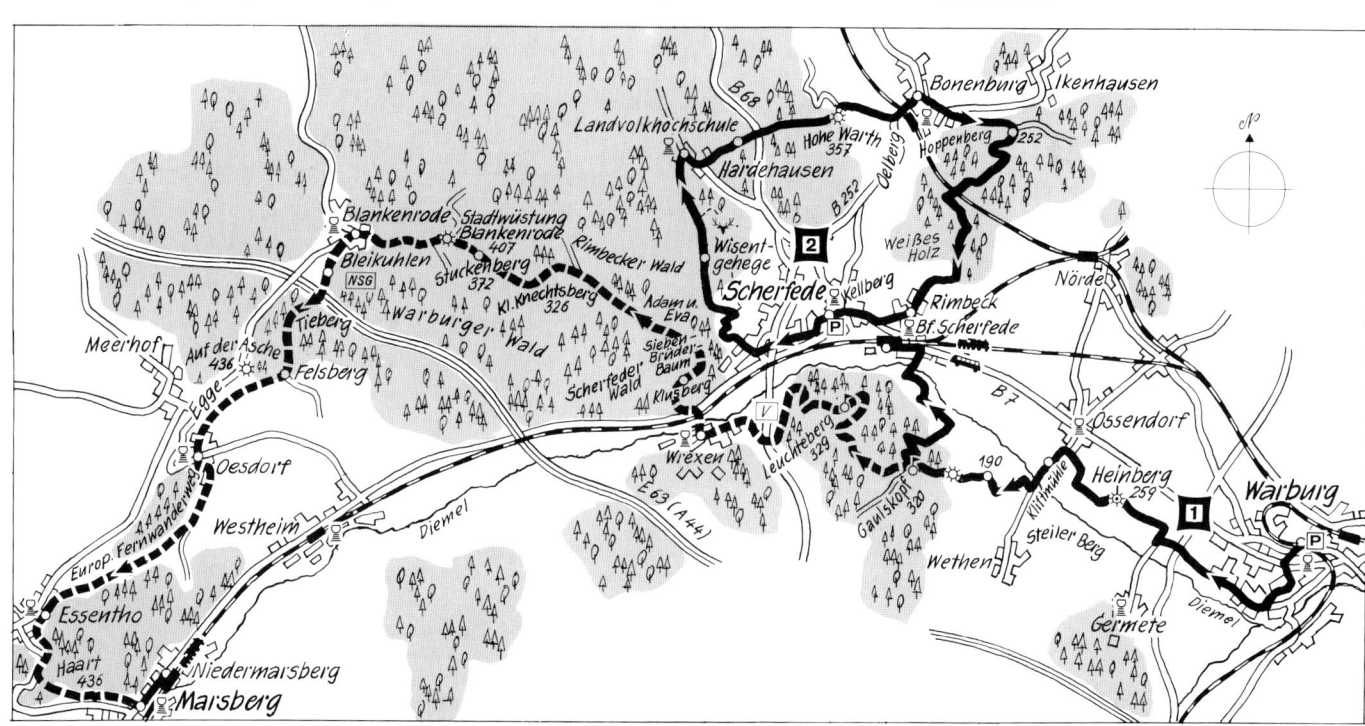

21 Hann. Münden
Fuldatal
Reinhardshagen

*»Wo Werra sich
und Fulda küssen . . .«*

Lang, lang ist's her, da lernten wir in der Schule diesen Spruch, der vor über 80 Jahren in stolzer, deutschnationaler Kaiserzeit auf den Weserstein gemeißelt wurde:

»Wo Werra sich und Fulda küssen,
Sie ihren Namen büßen müssen.
Und hier entsteht durch diesen Kuß,
Deutsch bis zum Meer, der Weserfluß.«

Wie eh und je – als wäre die Zeit stehengeblieben – sieht man Touristen und Wanderer, jung und alt, eben alle Besucher der uralten Welfen- und zauberhaften Fachwerkstadt Münden an der Nordspitze der Tanzwerder-Insel auf der Bank neben dem Weserstein unterm mächtigen Kastanienbaum sitzen. Sie lauschen dort dem Gurgeln und Gischten des Wassers, schauen verträumt dem davoneilenden Fluß nach, und manche trauern vielleicht ein wenig um die schon lange vergangene Burschenschafts- und Wandervogelromantik. Aber Fulda und Werra rauschen noch immer wie damals von ihren hessisch-fränkischen und thüringischen Quellgebieten nach Münden hinunter und kümmern sich dabei recht wenig um mo-

derne Zeiten und Zonengrenzen, die sie gleich mehrmals »überwinden«. Nur ihr Wasser ist leider nicht mehr so sauber wie zur Zeit der Jahrhundertwende.

Mit herrischer Gebärde trennt dieses Wasser mittels enger Täler, die tief in den erdmittelalterlichen Weser-Buntsandsteinschild eingeschnitten sind, gleich drei weitflächige und zivilisationsferne Waldgebiete des 200 Quadratkilometer großen Naturparks Münden voneinander ab: den Kaufunger Wald im Süden der Stadt vom Reinhardswald im Westen und vom Bramwald im Nordosten. Alle drei Forstareale sind Wanderdorados, wie man sie sich nicht schöner vorstellen und wünschen kann. Und sie werden allen Ansprüchen gerecht, die Kurz-, Lang- und Weitwanderer an eine Weserberglandtour stellen. Glanzvolle Aussichtspunkte sind hier Legion (wie der Weserblick und Herkulesblick, Tillyschanze, Staufenberg oder Vaaker Berg, um nur einige wenige zu nennen). Dazwischen gibt es Wildparks und ein Waldmuseum, Hochmoore, einsame, erfrischende Quellen und viel Kunst am

Wege. Dazu werden stimmungsvolle Waldpfade und gemütliche Gasthäuser mit vielen Tropfen Gesundheit zu einem Wandercocktail zusammengemischt, der jedem schmeckt.

Zu solch feinen Dingen werden Sie die im folgenden beschriebenen Tourenvorschläge führen. Sie beginnen alle in der Mündener Altstadt, die ihr romantisches mittelalterliches Gepräge bis in unsere Zeit bewahrt und auch wohlgepflegt hat. Denn schon Goethe bewunderte im Jahre 1801 bei seinem Besuch in Münden die reizvolle Lage der Drei-Flüsse-Stadt und ihre schmucken Fachwerkhäuser aus fünf Jahrhunderten, in deren Mitte das prächtige Rathaus im Stile der Weserrenaissance steht – eines der allerschönsten in Deutschland. Alexander von Humboldt zählte Münden gar zu den sieben am schönsten gelegenen Städten der Welt und stellte es in eine Reihe mit Istanbul und Rio de Janeiro. Und Humboldt mußte es wissen, denn er war ein weitgereister Mann.

1 Ins Fulda- und Werratal

A Hann. Münden – Tilly-Schanze – Wilhelmshausen – Simmershausen – Ihringshausen – Bahnfahrt nach Hann.Münden – B Hann. Münden – Weserblick – Staufenberg – Lippoldshausen – Hedemünden/ Werratal – Kaufunger Wald/Rinderstall – Hann. Münden

A *Nicht allzusehr fordernde Höhenwanderung, nur anfangs ein Steilanstieg* B *Vortraining verlangende Berg- und Waldwanderung mit mehreren steilen Anstiegspfaden*

Weil Hann. Münden eine Drei-Flüsse-Stadt ist, habe ich auch drei Wandervorschläge für Sie herausgesucht. Die ersten beiden werden Sie fulda- und werraaufwärts bringen, der dritte verläuft weserabwärts.

Beginnen wir mit der Fuldatour (A): Sie ist die kürzeste der drei Wanderungen und führt Sie nach einem zwar steilen, aber relativ kurzen Aufstieg zur schönsten Mündener Talsicht beim Gasthaus Tillyschanze. Von hier aus stürmte der berühmt-berüchtigte bayerische General im 30jährigen Krieg zum Pfingstfest 1626 die Stadt,

»Wo Werra (links) sich und Fulda (rechts) küssen . . .«, da beginnen am Hann. Mündener Weserstein (Bildmitte unter der großen Kastanie) drei wundervolle Touren ins Fuldatal, in den Kaufunger Wald und in den Reinhardswald.

die von evangelischen dänischen Soldaten und Mündener Bürgern verteidigt wurde. Nur langsam erholte sich Münden damals von den Zerstörungen und Plünderungen. Jenseits der Schanzen beginnt einer der brillantesten Höhenwege des Weserberglandes: Mit viel Sicht und einigem Auf und Ab promeniert man am Südhang des Reinhardswaldes (Markierung X3 »Wildbahn«) hoch über der Fulda nach Wilhelmshausen zur romanischen ehemaligen Zisterzienserinnenklosterkirche Wahlshausen und zum Bahnhof Ihringshausen.

Um einiges mehr an Anforderungen stellt die Werra-Tour (B): Sie ist doppelt so lang und daher als Wochenend-Trimm- und -Erholungstour hervorragend geeignet. Nicht so steil ist hier der Aufstieg zu den Rastbänken der Weserlied-Anlage, die dem Dichter und dem Komponisten des »Weserliedes«, Franz von Dingelstedt und Gustav Pressel, gewidmet ist. Nun nimmt Sie für eine Stunde die X-Markierung des »Studentenpfades« auf und entführt Sie in die Einsamkeit des südlichen Bramwaldes. Am Staufenberg, oberhalb von Wiershausen, haben Sie die erste ganz große Sicht nach Süden. Im reizenden, fachwerkbunten Dörfchen Lippoldshausen werden Sie sicher den dicken, alten Burgwehrturm begutachten, den die Einwohner des Ortes seit 500 Jahren ganz einfach als Kirchturm benutzen, indem sie ihm ihr Kirchlein anfügten und dieses mit köstlich-naiven Decken- und Wandmalereien schmückten. – Übrigens: das adrette Wirtshaus gleich daneben ist auch nicht gerade zu verachten.

Wohlgestärkt wird weitergelaufen, im weiten Bogen durch den Hedemündener Wald (Osterberg, 391 m; Großer Kopf, 385 m) und im 250-Meter-Abstieg zur Hedemündener Werratalsohle. Doch gegenüber muß man gleich wieder tüchtig bergan, nicht sehr steil zwar, aber dafür ein wenig lang. Denn der Große Steinberg im Kaufunger Wald ist immerhin gut 500 Meter hoch – das will erstiegen sein, vor allem, wenn Sie vom Naturfreundehaus auf dem Kammweg X 4 noch eine gute ½ Stunde zum »Fünfburgenblick« weiterwandern. Von dort aus können Sie die Burgen Hanstein, Ludwigstein, Arnstein, Berlepsch und Ziegenberg erspähen – und noch einiges mehr, weshalb der Abstecher unbedingt zu empfehlen ist. Unmittelbar nach dem Erreichen des »Frau-Holle-Pfades« wird das poesievolle Hochmoor-Naturschutzgebiet »Hühnerfeld« passiert und der »Rinderstall« angesteuert. Dort treffen Sie ein Tiergehege, ein Waldmuseum, einen Forstlehrpfad, ein Gasthaus – und an Sonntagen leider auch viele Autos an. Von nun an geht's bergab – bis nach Münden.

Gehzeit A 4–4½ Stunden; evtl. nur 2½ Stunden; B 9–10 Stunden, 2 Tage; evtl. nur 4½–5 Stunden.
Karte Topographische Karte 1:50000 Naturpark Münden und der Reinhardswald, Hess. Landesvermessungsamt.
Anfahrt Mit der Bahn von Kassel oder Göttingen, mit dem Bus (im Sommer auch mit dem Schiff) von Hameln; mit dem Auto auf der BAB A7 Frankfurt–Kassel–Hannover, oder auf der B 3 oder B 80 von Kassel, Göttingen oder Höxter.
Ausgangspunkt Hann. Münden, Stadtmitte St.-Blasii-Kirche (P nordwestl. der Altstadt auf dem Großparkplatz an der Kleinen Weser).
Bitte beachten Notieren Sie vor Abmarsch

den Bahnfahrplan ab Ihringshausen (A), und bestellen Sie die Übernachtung in Lippoldshausen bzw. Hedemünden (B) vor.

2 Nach Reinhardshagen: durch den Bramwald hin – im Reinhardswald zurück

Hann. München – Bramwald/Vaaker Berg – Reinhardshagen – Bus- oder Schiffahrt nach Hann. München – oder über den Gahrenberg/Reinhardswald zurück
Nur wenig anstrengende Waldwanderung ohne längere Anstiegsstrecken, überwiegend Schatten

Diesmal wandern Sie von der Weserlied-Anlage auf dem Trimm- und Forstlehrpfad weserabwärts – immer hübsch eben auf den Bramwaldhöhen und vielleicht auch immer hübsch langsam, denn in gut 4 Gehstunden schaffen Sie es leicht, über den Vaaker Berg (380 m), vorbei an Hedwigseiche und Hinüberbuche, Reinhardshagen zu erreichen. Je nach Kondition (und der Ihnen zur Verfügung stehenden Zeit) haben Sie dort gleich drei Möglichkeiten, den Ausflug zum guten Ende zu bringen. Entweder fahren Sie mit dem Bus zurück oder, viel beschaulicher und erholsamer, mit dem Schiff. Wanderprofis benutzen von Veckerhagen den Hauptwanderweg durch den Reinhardswald: im idyllischen Hemelbachtal hinauf bis zum fast 500 Meter hohen Aussichtspunkt im einstigen Braunkohlerevier um den Gahrenberg und nun auf der »Wildbahn« bei leichtem Gefälle zur Tillyschanze.

Alle hier vorgeschlagenen Touren beginnen und enden in Hann. Münden, das außer durch seine bezaubernde Lage und sein hübsches Stadtbild noch durch eine recht eigenartige Persönlichkeit berühmt geworden ist. Als Kinder sangen wir ein Spottlied auf diesen sonderbaren Mann:

Ich bin der Doktor Eisenbart,
Kurier die Leut' auf meine Art,
Kann machen, daß die Blinden sehn,
Und daß die Lahmen wieder gehn.«

Im oberpfälzischen Oberviechtach wurde der Aeskulapjünger Johann Andreas Eisenbart 1663 geboren, seit 1727 liegt er an der St.-Aegidien-Kirche zu Münden begraben, als würdiger »Königlich Preußischer Rat und Hofoculist« und »Königlich Großbritannischer und Kurfürstlich Braunschweigisch-Lüneburgischer privilegierter Landarzt«, wie sein Grabstein erzählt. Und da soll noch einer sagen, er wäre ein Scharlatan und Quacksalber gewesen. Geholfen hat er eben doch so manchem, der Doktor Eisenbart, auch wenn er ein Sprücheklopfer war. Weit bekannt ist sein Spruch: »Wer nit kummt (zu ihm nach Münden) ist selber schuld«.

Gehzeit 4–4½ Stunden, 1 Tag; oder 9–10 Stunden, 2 Tage.
Karte, Anfahrt und Ausgangspunkt Siehe Wandervorschlag 1.
Bitte beachten Schon in Hann. Münden Rückfahrpläne (Bus oder Schiff) erkunden. Proviant u. Getränke mitnehmen. Evtl. Übernachtung in Reinhardshagen vorbestellen.

Sehenswertes

Hann. Münden St.-Blasii-Kirche, gotisch (1487–1502 u. 1584), 3schiffige Halle, Kreuzrippengewölbe; Barockaltar (um 1700), Taufkessel (1392), frühbarocker Orgelprospekt (1645) – St.-Aegidien-Kirche, spätgotisches Langhaus (1684) – ref. Kirche (1708) mit Barockkanzel – Rathaus, Renaissance (1603–09) mit Prunkfassade – Welfenschloß (1070), 1561 durch Brand zerstört und unter Herzog Erich II. neu erbaut, jetzt Heimatmuseum – Werrabrücke (1329) – Stadtbefestigung: Oberes Tor, Rotunde (Reliefwappen, 1501), Mauern – viele besonders schöne Bürgerhäuser – Tillyschanze mit 28 m hohem, massivem Aussichtsturm (130 Stufen) – Werratal-Autobahnbrücke, 55 m hoch, 416 m lang – im Kaufinger Wald: ehem. »Rinderstall« der Mündener Bauern (Waldgasthaus, Wildgehege, Forstlehrpfad, Waldmuseum, NSG Hochmoor Hühnerfeld) – Burg Sichelnstein, ehem. Grenzfeste (um 1360)
Fuldatal/Wilhelmshausen Ehem. Zisterzienserinnenklosterkirche Wahlshausen, romanisch (1142–52), kreuzförmige Flachdeckenbasilika; 8eckiger Taufstein (um 1200), barock wirkende westfälische Orgel (1802) aus der Franziskanerkirche Lügde
Reinhardshagen Veckerhagen: Ev. Pfarrkirche (1778), kreuzförmig mit verschiefertem Mittelturm – Landgräfliches Schloß (1690), großzügige Anlage – interessante ehem. Eisenhütte aus der Mitte des 19.Jh., heute verschiedenartig genutzt: Direktorhaus, Maschinenhaus, Gießhalle – Vaake: Pfarrkirche, romanisch (13./14.Jh.) aus Bruchsteinen; gotische Wandmalereien (um 1400) – Burgruine Bramburg
Bursfelde (5 km nördl. von Reinhardshagen) Ehem. Benediktinerklosterkirche St. Thomas u. St. Nikolaus, romanisch (12.Jh.), 3schiffig; Wandmalereien (15.Jh), spätgotischer Stiftersarkophag u. Kreuzgangreste

Freizeitangebot

Hann. Münden Hochbad-Schwimmstadion – Hallenbad – Angeln – Kegeln – Reiten – Minigolf – Segelfliegen – Tennis – alle Arten Wassersport auf der Weser – Waldsportpfad
Reinhardshagen Beheiztes Freischwimmbad – Hallenbad – Minigolf – Angeln – Kegeln – Reiten – alle Arten Wassersport auf der Weser – Trimmpfad

Veranstaltung

Hann. Münden Freilichtaufführungen »Das Spiel vom Doktor Eisenbart« (im Sommer)

22 Kassel Hofgeismar Grebenstein Immenhausen Trendelburg

Dornröschenromantik im Reinhardswald

Der Verlauf der Deutschen Märchenstraße, die sich quer durch Hessen und entlang der Weser bis zur Nordsee hinzieht, wird von ihren acht wichtigsten Stationen bestimmt. In Hanau, dem Geburtsort der Gebrüder Jacob und Wilhelm Grimm, beginnt an ihrem Denkmal die Märchenstraße, erreicht bei Eschwege die Residenz der bettenschüttelnden Frau Holle auf dem Hohen Meißner und in Ebergötzen bei Göttingen die historische Wilhelm-Busch-Mühle, in der die frechen Burschen Max und Moritz seinerzeit zu Schrot zermalen wurden – »ricke-racke, mit Geknacke«. Nur wenig nördlich davon hat die Gemeinde Bodenwerder ihrem bekanntesten Sohn, dem Hieronimus Freiherrn von Münchhausen ein Brunnendenkmal gesetzt: Der Lügenbaron wurde hier geboren und ist hier auch in der Klosterkirche begraben. Der herrliche Giebel des Hamelner Rattenfängerhauses und das Deutsche Märchenmuseum zu Bad Oeynhausen markieren weitere Abschnitte der Märchenstraße, ehe sie in Bremen am Denkmal der weltberühmten Bremer Stadtmusikanten endet. Das eigentliche Wahrzeichen der Deutschen Märchenstraße jedoch ist die Sababurg, das Dornröschenschloß im Reinhardswald. Handwerksburschen und Fuhrknechte hatten der Wirtstochter Katharina Dorothea Viehmann die sonderbare Geschichte vom eingewachsenen, verfallenden Schloß des Dornröschens Ende des 18. Jahrhunderts erzählt, die Gebrüder Grimm haben sie dann aufgeschrieben.
Er ist ein echter Märchenwald, dieser Reinhardswald mit seinen dunklen, düsteren Fichtenforsten und lichtdurchfluteten Laubgehölzen, auf deren Blättern die Sonnenstrahlen tanzen, wenn sie der Lufthauch des Windes streift. Wie Sagengestalten aus einer anderen Welt ragen bizarre, knorrige Eichenarme in den oft makellos blauen Weserberglandhimmel, während daneben riesige, silbern- und rotbraun leuchtende Buchenschirme das Sonnenlicht reflektieren und zu einem schwarz-weißen Fleckerlteppich zerschneiden, wenn es den Waldboden berührt.
Dazwischen aber öffnen sich immer wieder die zauberhaftesten Lichtungen, an deren Rändern hoch überm Waldsaum auf einer Basaltkuppe die beiden mächtigen Rundtürme der Sababurg aufstreben, deren Zierde ihre so wenig dazupassenden, weichgeschwungenen Welschen Hauben sind. Eine Märchenburg par excellence in deutschen Landen; kein Wunder, daß durchreisende Kaufleute und versprengte Söldner von dieser mittelalterlichen Burg so oft fabulierten, sie sei das Schloß des schönen Dornröschens.

Alte Eiche im Reinhardswald.

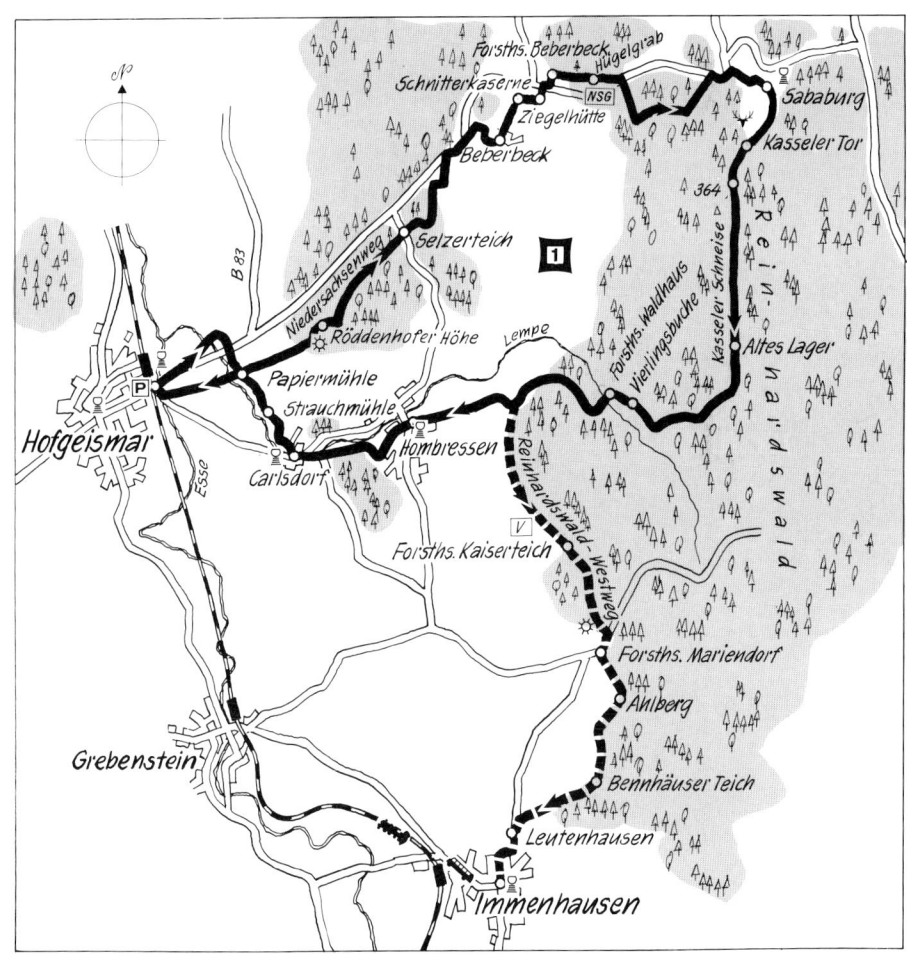

Ein überaus lohnendes Wanderziel, wie es nur wenige gibt im Weserbergland, ist diese Sababurg, die Sie auf vielen Wegen durch den Reinhardswald ansteuern können: vom Osten, von der Weser her, aber auch von Westen, aus dem Diemel- und Essetal heraus in langem, aber gemütlichem Bergwärtswandern Richtung Beberbeck. Als nächste Tour im Raum Diemel-Esse-Holzape können Sie einen weiteren, ganz besonderen Wanderleckerbissen genießen: einen wundervollen Gang vom romantisch hoch über der Diemeltalung gelegenen Trendelburg zur Wallfahrtskirche zum »Heiligen Leichnam zu Gottsbüren«. Aber darauf komme ich im zweiten Wandervorschlag noch genauer zu sprechen.

1 Auf der Sababurg

Hofgeismar – Beberbeck – Sababurg – Vierlingsbuche/Waldhaus – Hombressen – Carlsdorf – Hofgeismar

Einfache, aber wegen ihrer Länge ein wenig fordernde Waldwanderung, gute Wege in meist schattenreichem Gelände

Alle Kasseler, Kasselaner und Kasselener haben's gut: Sie können die Zivilisationsmüdigkeit und Streßsituationen karrieregeplagter Großstadtmenschen sehr leicht und schnell hinter sich lassen, indem sie sich in den Bus oder in ihren eigenen fahrbaren Untersatz setzen und in kurzer Zeit einen der vielen Wanderparkplätze in der schönen Kasseler Umgebung ansteuern. Einer der allerschönsten Ausgangspunkte für nervenentspannendes Wandern ist der Bahnhofsvorplatz von Hofgeismar im Essetal – er liegt gerade 20 Kilometer vom Kasseler Stadtzentrum entfernt. Probieren Sie also das Wandern im Reinhardswald gleich einmal auf einem bequemen Sonnen- und Aussichtsweg (dem Niedersachsenweg) durchs Bachtal der Lempe und hinauf zur Röddenhofer Höhe, dann am Selzerteich vorbei nach Beberbeck. Da steht ein großzügig angelegtes, ehemals landgräflich-hessisches Gestüt mit klassizistischem, schloßartigem Fürstenhaus – aber leider kein Gasthaus. Also geht's weiter Richtung Sababurg, denn da gibt es gleich zwei Wirtshäuser (und eine Bushaltestelle).

Nach wohlverdienter Rast (inzwischen liegen immerhin etwa 4 Stunden fröhlichen Wanderns hinter Ihnen) gilt es nun, dort allerhand anzuschauen: Außer dem Dornröschenschloß einen Tierpark mit Wildpferden, Wisenten und Hirschen, Wildschweinen, Störchen und Känguruhs. Neben der Burg können Sie ein Basalt-Naturschutzgebiet besteigen oder – was bei viel Sababurgtrubel besonders an-

genehm ist – vom Kasseler Tor mit der »Wildbahn«-Markierung auf der Kasseler Schneise in die Stille des Reinhardswaldes davonlaufen; 6 Stunden lang und 15 Kilometer weit führen Sie die Wege ins Holzapetal und zum Forsthaus Waldhaus im idyllischen Lempetal und schließlich zu den einfachen, preisgünstigen, aber hervorragenden Wirtshäusern von Hombressen, Carlsdorf und Hofgeismar. Da solch intensives Wandern doch einige Kondition verlangt, sind mehrere kurze Gehtrainingsstrecken zu empfehlen. Die großartigen Höhenwege des Habichtswaldes um Schloß Wilhelmshöhe und den Herkules eignen sich dafür hervorragend!

Gehzeit 8½–9 Stunden, 2 Tage; bei Busrückfahrt nur ca. 4 Stunden.
Karte Topographische Karte 1:50000 Naturpark Münden und der Reinhardswald, Hess. Landesvermessungsamt.
Anfahrt Mit der Bahn von Kassel oder Warburg, oder von Northeim bis Bad Karlshafen, weiter mit dem Bus; mit dem Auto auf der B 83 von Kassel oder Hameln–Höxter.
Ausgangspunkt Hofgeismar, östl. Stadtrand, Bahnhof (P).
Bitte beachten Wanderstützpunkt nur bei der Sababurg, daher Übernachtung vorbestellen. Getränke und Proviant im Rucksack mitführen. Bahn- bzw. Busrückfahrzeiten (ab Immenhausen bzw. Sababurg) notieren.

2 Waldwanderers Wallfahrt zum »Heiligen Leichnam zu Gottsbüren«

Trendelburg – Nasser Wolkenbruch – Saurental – Keßpfuhl – Gottsbüren – Nesselgrund/Holzapetal – Trendelburg

Einfache Wanderung durch Feld- und Waldfluren, mehrmals kurz bergauf, teils Schatten, teils Sonne

Mit diesem sogenannten »Heiligen Leichnam« hatten die Nonnen von Lippoldsberg einen ganz beachtlichen und recht schlitzohrigen »Dreh« gemacht, so berichtet es jedenfalls die Überlieferung.

Und das ging so: Im Jahre 1331 soll beim Dorf Gundesbüren von einem Schmied im Wald der »unverweste Leichnam Christi«, versehen »mit den blutenden Wundmalen der Kreuzigung«, gefunden worden sein. Gesehen hat ihn allerdings bis zum heutigen Tage niemand, die listigen Lippoldsberger Klosterfrauen aber verhalfen der Sache mittels eifriger Mundpropaganda zu weiterer Publizität, so daß unzählige Pilger zu diesem »Wunder« von nah und fern herbeiströmten. Die Opfergaben der Pilger jedoch sanierten den Haushalt der cleveren Damen und den ihres geistlichen Oberherrn, des Erzbischofs von Mainz, gleich mit; der kassierte nämlich auch ein Drittel der Einnahmen. Angeblich war dem Bischof diese Geldquelle inmitten seiner Besitzungen an Weser und Diemel so wertvoll, daß er unmittelbar neben dem Wallfahrerort die Sababurg zu dessen Schutz erbauen ließ.

Geblieben ist von dem einst gewaltigen Wallfahrerrummel eine breiträumige, dreischiffige gotische Hallenkirche, deren Innenraum farbiges Rankenwerk und figürliche Darstellungen in Rot, Hellgrau und Weiß schmücken. Die Kirche ist das eigentliche Ziel dieses Trendelburger Wandervorschlags, doch gibt es auch unterwegs viel Sehenswertes und Erholsames. Zum Beispiel auf dem Saurentaler Hochplateau zwei riesige Erdfälle, den Nassen und den Trockenen Wolkenbruch, und kurz vor Gottsbüren einen melancholischen Weiher. Ein lyrischer, beglückend ruhiger Rückwanderweg im Tal der Holzape beschließt die Tour: ein Weg, von dem man wünscht, daß er nie zu Ende gehen möge – so schön ist er.

Gehzeit 4½–5 Stunden; evtl. nur 4 Stunden).
Karte Siehe Wandervorschlag 1.
Anfahrt Mit der Bahn von Kassel bis Hümme oder von Northeim bis Bad Karlshafen, weiter mit dem Bus; mit dem Auto auf der B 83 von Kassel oder Hameln–Höxter.
Ausgangspunkt Trendelburg, östl. Stadtrand, Gasthaus zum Goldenen Löwen, unterhalb der Burg an der B 83 (P).

Sehenswertes

Hofgeismar Ehem. Kollegiatstiftskirche Liebfrauen/ev. Pfarrkirche, gotisch (1200/1330/1446); 3schiffige Halle mit romanischem Kern; Altarpassionstafel (um 1300), ein hervorragendes Stück gotischer Malerei; 12eckiger Taufstein (um 1320); geschnitztes Chorgestühl (14. Jh.); wertvoller Kirchenschatz – Dekanat/Probstei/Martinskapelle, gotisch (1329, 1568 umgebaut) – Neustädter Pfarrkirche, romanisch mit gotischem Langhaus (1341) u. Chor (1414) – Hochzeitshaus (1621), jetzt Heimatmuseum – klassizistisches Amtshaus (1842) – Stadtteil Gesundbrunnen

Die Veste Trendelburg im romantischen Diemeltal – von Landgraf Ludwig I. im 15. Jahrhundert neu erbaut, doch bereits ums Jahr 1300 urkundlich erwähnt.

– Schlößchen Schönberg, frühklassizistisch (1787); Wilhelmsbad (1745); Friedrichsbad (1770); Brunnenhaus (1790); Rundtempel (1792) – Beberbeck: ehem Gestüt des hess. Kurfürsten Wilhelm II. (1826–40) mit klassizistischem Fürstenhaus, Officianten-Haus, Pavillons und Stallgebäuden – Sababurg (335 m), um 1300 erwähnt, seit 1429 hessisch, 1490 u. 1598 neu erbaut u. erweitert; Welsche Hauben, 1658, seit 1889 Ruine; spätgotischer Pallas, 2 mächtige Rundtürme, Kanzleibau (1583); Tierpark u. Kinderzoo – NSG Urwald – Hugenottenkirche Carlsdorf
Grebenstein Ev. Stadtkirche St. Bartolomäus, gotisch (Mitte 14. Jh.), 3schiffige Halle, wertvolle Ausstattung (Gotik u. Barock) – Rathaus (14. Jh.), nach Brand 1672 erneuert; Barockportal (1726) – 4 gotische Fruchtspeicher und viele schöne Fachwerkhäuser

(15.–18. Jh.) – fast vollständig erhaltene Stadtbefestigung – Heimatmuseum – Burgruine (1272/1400) auf dem Burgberg
Immenhausen Ev. Pfarrkirche, gotisch (1409–46), 3schiffige Halle; ausgezeichnete und seltene Originalausmalung, spätgotisches Chorgestühl – Fachwerkrathaus (1662) – Stadtbefestigung – Glasbläserei
Trendelburg Ev. Stadtkirche, gotisch (1448) mit barocker Haube (1789); spätgotische Wandgemälde, Barockkanzel (1633) – Burg (um 1300), unter Landgraf Ludwig I. neu erbaut (1443–56), malerische 5eckige Anlage mit Rundtürmen, Bergfried, 3geschossigem Pallas, Kapelle u. Halsgraben – Deisel: ev. Pfarrkirche, spätgotisch mit Ausmalung 1560; viele schöne Fachwerkhäuser – Gottsbüren: ev. Pfarrkirche (ehem. »Wallfahrtskirche zum Hl. Leichnam«), 3schiffige gotische

Halle (14. Jh.) mit interessanter farbiger Ausmalung; westfälische Renaissanceorgel

Freizeitangebot

Hofgeismar Beheiztes Parkschwimmbad – Hallenbad – Reiten – Angeln – Segelfliegen – Kegeln
Grebenstein Freischwimmbad – Minigolf – Tennis – Angeln
Immenhausen Beheiztes Freischwimmbad – Hallenbad
Trendelburg Beh. Freischwimmbad – Reiten – Tennis – Kegeln – Angeln – Trimmpfad

23 Göttingen Dransfeld Adelebsen

Kaum bekannte Wanderpfade östlich der Weser

Ganz langsam steigt die Dransfelder Hochebene auf etwa 15 Kilometer Länge aus dem Schwülmetal bei Adelebsen in Südrichtung an und erreicht jenseits von Dransfeld mit dem Hohen Hagen die beachtliche Höhe von 500 Metern. Begrenzt wird dieses nur wenig bewaldete, sicht- und sonnenreiche Hochplateau von zwei ziemlich gegensätzlichen Flußtälern. Im Westen von der engen, tief in die Buntsandsteinplatte eingesägten Wesertalsohle, im Osten von der weit geöffneten, sanft geschwungenen Göttinger Leinetalmulde. Inselkuppengleich überragen hier und dort unregelmäßig verstreut die Reste einst gewaltiger Vulkaneruptionen um teilweise 100 oder 200 Höhenmeter das felderbedeckte Hochland.

Es sind die Basaltkegel der Grefenburg und Hünenburg, des Ossenberges, Dransberges oder Backenberges, von denen man annimmt, daß ihre jetzt glasharten Gesteinskerne in der Zeit der Alpenauffaltung als glühendflüssige Schlote zur Dransfelder Hochfläche aufgestiegen sind. Die alles zersetzende Witterung der Jahrmillionen und der alles verändernde Mensch haben diese einst so stolzen Vulkane zu dem gemacht, was sie heute sind: waldgrüne, runde, teilweise von Basaltbrüchen gekrönte Hügel, die als herrliche Rastbuckel und weitschauende Aussichtsgipfel erholungsuchende Stadtmenschen zur Überwanderung einladen – und zwar in eine Landschaft, die noch weitgehend abseits der großen Touristenströme liegt. Noch haben die Massen dieses stille Areal sonniger Höhenrücken, reizvoller Bachtä-

ler und uriger Gasthäuser nicht so richtig entdeckt (die fahren lieber auf der Autobahn Kassel–Hannover oder auf der Wesertalstraße daran vorbei). Das hat seine Gründe: Hotelkomfort gibt's hier noch nicht viel und auch nicht viel »Zerstreuung« und »Amusement«; es ist also »nicht viel los« zwischen Weser und Leine!

Wir allerdings fanden, daß während unserer Wanderungen über die Dransfelder Hochfläche eben doch allerhand »los« war. Überall gab es unberührte Natur und viel Kunst am Wege, dazu interessante Geologie und Flora, während wir den Weg selbst immer wieder mit einigem Ausspähen selber erkunden mußten, ohne von wohlmarkierten Hauptwanderwegen geleitet zu werden. Und gerade das machte uns viel Spaß!

So will ich Ihnen vor dem Wanderstart in dieses schöne Gebiet noch einige Ratschläge mit auf den Weg geben: Außer etwas Orientierungssinn und guter körperlicher Verfassung brauchen Sie unbedingt eine entsprechende Wanderausrüstung (da häufig starker Wind auf den Hö-

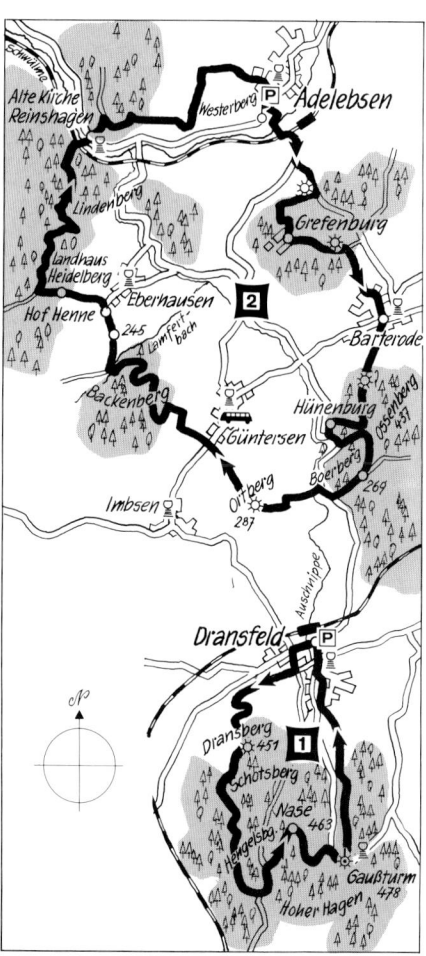

henzügen bläst), vor allem aber eine erstklassige Wanderkarte – ich muß das immer wieder betonen! Dann werden alle Wanderfreunde, die einmal auf den kaum begangenen Wegen östlich der Weser ein relativ wenig bekanntes Stück Deutschland kennenlernen wollen, ein wahres Vergnügen an den beiden Touren haben, besonders, wenn sie mit dem BLV-Begleitheft und der angegebenen Göttinger Karte (und vielleicht auch mit einem kleinen Taschenkompaß) immer den richtigen Weg gefunden haben.

1 Der Hohe Hagen (528 m) und die geheimnisvollen Winkel des Professors Gauß

Dransfeld – Dransberg – Hoher Hagen/ Gaußturm – Dransfeld

Einfache Bergwanderung auf überwiegend sonnigen Wegen, nur wenig markiert

In den Jahren 1821 bis 1823 zog der Mathematikprofessor und Direktor der Göttinger Universitätssternwarte, Carl Friedrich Gauß, immer wieder bei klarer Sicht aus der Stadt Göttingen hinaus zum Hohen Hagen, um dort, unterstützt von seinen Assistenten und Studenten, einer mysteriösen Tätigkeit nachzugehen: Unter Einsatz des von ihm erfundenen Heliotrops (was soviel wie Fernrohrsonnenspiegel heißt) und komplizierter Winkelmeßinstrumente bestimmte er das geodätische Dreieck Hoher Hagen – Brocken (Harz) – Thüringer Inselberg und erhielt die Werte 70 Kilometer × 105 Kilometer × 82 Kilometer. Damit hatte er das bis dahin größte trigonometrische Dreieck abgesteckt und leitete so einen neuen Abschnitt in der Landesvermessung ein. An diese Arbeiten des damals bereits weltberühmten Professors erinnert ein kleines Museum im 1964 nach Einsturz neu erbauten Gausturm, dem Aussichtsturm auf dem Hohen Hagen.

Turm und Museum sind das Hauptziel des Dransfelder Wandervorschlags. Vorher werden Sie an den Basaltklüften einst feuerspeiender Lavaschlote vorbeiziehen, werden schon um den Dransberg, Schotsberg und Hengelsberg weite Ausschau übers wellige Hochland halten. Das ganz große Erlebnis allerdings wird eine Besteigung des Gausturms sein: An transparenten Frühlings- und Spätherbsttagen geht hier der Blick fast unendlich von Horizont zu Horizont – vom Teutoburger Wald bis zum Brocken im Harz und vom Leinebergland und Weserbergland bis zum Thüringer Wald. Ein wahrhaft menschenverbindender Ausguck über die von hier oben nicht sichtbaren, völkertrennenden

Einflußzonengrenzen hinweg und tief ins thüringisch-sächsische Mitteldeutschland hinein.

Gehzeit 3½–4 Stunden.
Karte Wanderkarte 1:50000 Göttingen und Umgebung, Niedersächs. Landesvermessungsamt.
Anfahrt Mit der Bahn von Kassel-Hann. Münden oder Göttingen; mit dem Auto auf der B3 (Kassel-Hann.Münden-Göttingen), oder auf der Landstraße von Holzminden – Uslar.
Ausgangspunkt Dransfeld, Ortsmitte, Kirche/Rathaus (P).

2 Stille Wege zwischen Vulkanbergen

Adelebsen – Grefenburg – Barterode – Hünenburg – Güntersen – Alte Kirche Reinshagen – Adelebsen

Ausdauer verlangende Weitwanderung in überwiegend buckeligem Gelände, nur im letzten Wanderdrittel Schatten, kein steiler Aufstieg

Nach der recht ruhigen Gausturmtour (nur an Sonn- und Feiertagen ist dort allerhand Auto- und Ausflugsbetrieb) können Sie es nun noch ruhiger haben, wenn Sie die folgende Wanderung unternehmen. Dafür ist sie auch länger, Markierungen sind zum größten Teil gar keine oder oft nur spärlich vorhanden, so daß man sich auf solche Wegbezeichnungen nicht verlassen sollte. Allerdings können Sie diesen großen (aber grandiosen!) Rundwanderweg auch abkürzen: in Güntersen, indem Sie mit dem Bus – über Göttingen – nach Dransfeld zurückfahren. Besser ist es natürlich, die Wanderung in einem Stück durchzuführen, unterwegs aber (vielleicht in einem der Landgasthäuser zu Güntersen oder Imbsen) eine Übernachtung einzulegen. Wenn Sie das nicht wollen, heißt es, in Adelebsen zeitig am Morgen aufzubrechen und tüchtig zu marschieren. Vorher jedoch sollten Sie sich noch die mächtige, die Schwülmetalung krönende Burganlage anschauen: Ein neungeschossiger, 30 Meter hoher Wohnturm überragt ein mächtiges Renaissanceschloß, das von den romantischen Gäßchen zierlicher Fachwerkhäuser flankiert wird.
Doch dann kann's losgehen, stets südwärts aus dem Schwülmetal hinauf zur Grefenburg (die gar keine Burg ist, sondern ein umfangreicher Basaltbruch) und jenseits von Barterode über die Westhänge gemütlicher Aussichtshügel zur Hünenburg (die einmal eine Burg war, nämlich ein vorgeschichtlicher Keltenring). Wacholdersträucher und Immergrün stehen am Wege und viele zarte Blumen, bis weit in den Herbst hinein. Nach dem Queren des Ausschnippetals wird westwärts wei-

Der Gänselieslbrunnen im Herzen der alten Universitätsstadt Göttingen.

tergebummelt, von einer Fernsichthöhe zur anderen, über den Ortberg und an den riesigen Steinbruchwunden des gut 300 Meter hohen Backenbergs vorüber. Den Wanderabschluß bildet ein beschaulicher Waldbogen, von Eberhausen zur Alten Reinshagener Kirche an der Schwülme und hinüber zur landbeherrschenden Burg Adelebsen.
Zwei-Tage-Wanderern möchte ich noch zwei kurze Besichtigungstips geben: Nach einer Fahrt im bezaubernden Niemetal abwärts kommen Sie vor der Weser links zum 34 Meter hohen Rundturm der Bramburg. Die Grafen von Northeim hatten sie hier auf den Weserhöhen vor fast 1000 Jahren errichten lassen, zum Schutze des ehemaligen Benediktinerklosters Bursfelde. Immer noch eindrucksvoll sind dessen einfache Formen romanischer Baukunst. Als besondere Kostbarkeit aber besitzt die Klosterkirche eine Glocke, die 1470 in Danzig für den Königsberger Dom gegossen wurde.

Gehzeit 6–6½ Stunden, 1 Tag, besser 2 Tage; bei Busrückfahrt über Göttingen nur ca. 3 Stunden.
Karte Siehe Wandervorschlag 1.
Anfahrt Mit der Bahn von Göttingen oder Höxter; mit dem Auto auf der Landstraße von Göttingen oder Höxter-Uslar.
Ausgangspunkt Adelebsen, Ortsmitte, Burg (P).
Bitte beachten Falls Sie von Güntersen zurückfahren wollen: schon in Adelebsen die Busfahrpläne erkunden.

Sehenswertes

Göttingen Albanikirche, gotisch (1423–67), innen harmonische Raumwirkung; Flügel eines ehem. Hochaltars (1499) von Hans

In Adelebsen, zwischen Weser und Leine, steht dieser wuchtige Turm einer talbeherrschenden, einst mächtigen Burganlage.

von Geismar – Jakobikirche, gotisch (1361–1433); im Chor glanzvoller Flügelaltar (1402) – Johanniskirche, gotisch (um 1300–Anf. 15. Jh.) – Marienkirche, gotisch (um 1300–1524); monumentaler Wandelaltar – Nikolaikirche, gotisch (um 1330–1355) – Paulinenkirche des ehem. Dominikanerklosters, gotisch (um 1330) – reform. Kirche (1752/53) mit Kanzelaltar – Rathaus, gotisch (1369/1404) mit großzügiger Eingangslaube

– Universitätsbauten (1735–1865) – viele schöne Patrizierhäuser (15.–18. Jh.) – Bismarckhäuschen – Städt. Museum, Völkerkundesammlungen u. Zoologisches Museum – Sternwarte

Dransfeld Martinskirche (1834) u. Pulverturm – Gaußturm (1964) auf der Hohen Warte, 51 m hoher Aussichtsturm mit Gaußgedächtnisstätte (Montag geschlossen) – Forstlehrpfad

Adelebsen Ritterburg u. Schloß auf einem Sandsteinfelsen, 990 erwähnt, Neubau ab 1650, erweitert nach 1700; 5eckiger Wohnturm (um 1350); Mosthaus (14. Jh./1597); reichdekoriertes Renaissanceportal (1598) u. Rittersaal (1654); barockes Rentamt; Unter-

burg von 1740 u. 1896; Forstamt (1685) – St.-Martins-Kirche (1685/1796) mit imposantem Barockaltar und Renaissancekanzel; kunstvolle Grabdenkmäler (1580–1701) – Waldlehrpfad

Freizeitangebot

Göttingen 4 beheizte Freischwimmbäder – 2 Hallenbäder – Tennis – Rollschuhlaufen – Golf – Minigolf – Reiten – Kegeln – Wassersport auf dem Kiessee – Trimmpfad

Dransfeld Beheiztes Freischwimmbad – Tennis – Minigolf – Angeln – Kegeln – Waldsportpfad

Adelebsen Hallenbad – Tennis – Reiten

24 Bodenfelde
Wahlsburg
Oberweser

Klosterromanik und
Fachwerkidylle
an der oberen Weser

In weitausholenden, bisweilen engen Flußbögen windet sich die noch junge Weser von den Ortsteilen Gottstreu und Oedelsheim der langgestreckten Gemeinde Oberweser nach Bad Karlshafen hinunter. Flach greifen unterwegs bei Gieselwerder und Gewissenruh, Wahmbeck und Wiesenfeld die Gleithänge der Wesertalung in die Flußkrümmungen hinein. Doch steil, oft senkrecht stürzen gegenüber die Felsen der Prallhänge zum Wasser der Weser ab und gewähren manchmal kaum Platz für die den Fluß begleitenden Straßen und Eisenbahnschienenstränge. In sanften Wellen hängen über den Steilabbrüchen und Wiesenlehnen dieser etwa 20 Kilometer langen Flußstrecke rechts und links die licht- und dunkelgrünen

Forstreviere des Solling- und Reinhardswaldes auf den Talrändern und bilden einen weichen, farbigen Kontrast zum hellen, harten Fels der Sandsteinblöcke. Dazwischen eröffnen steinerne Balkons und Laubwaldfenster den Besteigern der Bergkronen stets aufs neue die herrlichsten Aus- und Tiefblicke. Die Spitzen schwarzer Schieferkirchtürme, die breiten, roten Satteldächer der Bauernhäuser und Landhäuschen lenken die Blicke der Wanderer immer wieder hinunter in den Talboden,

Die Wahmbecker Weserfähre setzt Sie während der zweiten Bodenfeldener Wanderung von Wahmbeck nach Gewissenruh über.

genauso wie die Silberschleifen des Flusses, die unvermittelt hinter einer Talbiegung auftauchen, doch bald wieder hinter einer anderen verschwinden.

Mittelpunkt solch abwechslungsreicher Landschaftsbilder sind zwei recht unterschiedliche Ansiedlungen an der Einmündung der Schwülme in die Weser. Der Flecken Bodenfelde breitet sich mit seiner 1 Kilometer langen Weserpromenade als heiterer und gepflegter Erholungsort nördlich der Schwülmemündung aus und belebt vor allem im Sommer den Fluß und seinen hier besonders enggezogenen Norduferbogen mit vielen Anglern und Wassersportlern. Südlich der Schwülme gruppiert sich die Klostersiedlung Wahlsburg-Lippoldsberg um die wegen ihrer großartigen Bauformen weitgerühmte einstige Lippoldsberger Nonnenklosterkirche St. Georg und Maria. Der schwere, würdeausstrahlende Ernst dieser dreischiffigen Gewölbebasilika steht seit dem Jahre 1150 in faszinierender Gegensätzlichkeit zur grazilen, leichtbeschwingten Buntheit der umliegenden Orte in Oberweser-Fachwerkbauweise und dominiert mit grauen, klaren, gradlinigen Formen im Berg- und Wiesenland des Schwülmemündungstrichters. Diese Kirche St. Georg und Maria ist einer der bedeutendsten romanischen Baukörper in Deutschland: Künstlerische Harmonie und geschichtliche Bedeutung vereinigen sich hier zu seltener, geschlossener Vollkommenheit.

1 Schloß Nienover und der Lug-ins-Land

Bodenfelde – Schloß Nienover – Lug-ins-Land – Bad Karlshafen – Bus-, Bahn- oder Schiffahrt nach Bodenfelde
Ruhige Tal-, Wald- und Höhenwanderung ohne große Anstrengungen, überwiegend Schatten, feine Aussichtspunkte

Dieser erste Vorschlag im Wanderbereich Bodenfelde–Lippoldsberg–Oberweser wird Sie von Bodenfelde aus in die einsamen Wälder des südlichen Solling führen, wobei Sie diesen schönen Ausflug wieder einmal so recht nach Gutdünken gestalten können. Entweder als Rundwanderweg, indem Sie vom burgartigen Sollingschloß Nienover zu Fuß nach Bodenfelde zu-

rückkehren. Oder Sie dehnen die Tour als Streckenwanderung bis Bad Karlshafen aus und benutzen dort ein öffentliches Verkehrsmittel für die Rückfahrt. Dafür besonders zu empfehlen ist in den Sommermonaten die beschauliche Schiffsverbindung Karlshafen–Bodenfelde.

Auf den freien Sonnenhöhen des Bodenfelder Panoramaweges ums vordere Reiherbachtal, das in seinem Südteil von einem Weserarm durchzogen wurde, der einst den Kahlberg umspülte, beginnt dieses Wandern. Doch schon nach einer guten ½ Stunde wird rechts in den Waldschatten eingetaucht und entlang des Ahneberges in einem reizenden Bachtal nordwärts zum Forsthaus Amelith promeniert. Nun sind es nur noch wenige Gehminuten zum ehemaligen Jagdschloß Nienover der Braunschweiger Herzöge (jetzt Privatbesitz), das auf einem mächtigen Sandsteinfelsen von 11 Meter hohen Stützmauern gehalten wird. In der Nähe stehen die Zehntscheune, die Amtsmühle und das Wildenhaus, ein früheres Stallgebäude für die frei (wild) weidenden Stuten und Fohlen des Gestüts Nienover. Alle diese Gebäude waren im 30jährigen Krieg 1626 beim Überfall Tillys auf das Schloß Nienover abgebrannt und wurden in den folgenden Jahrzehnten wieder aufgebaut. Nach längerer Rast schließt sich ein einsamer Gang auf der Lauenförder Trift durch den Winnefelder Forst zum Lug-ins-Land an, der als großartige Schaukanzel hoch über der Wesertaltiefe steht. Von da an geht's bergab, erst am Laubwaldhang zur Einmündung des Sperriesgrundes und an der Weser entlang in die großzügig angelegte Barock- und Hugenottenstadt Bad Karlshafen (siehe Tour 25/1 und 2), wo bereits Bus, Bahn oder Schiff auf Sie warten.

Gehzeit 4–4½ Stunden; zu Fuß zurück insgesamt 4½–5 Stunden.
Karte Wander- und Freizeitkarte 1:50 000 Naturpark Solling-Vogler, Niedersächs. Landesvermessungsamt.
Anfahrt Mit der Bahn von Göttingen oder Holzminden–Höxter; mit dem Bus von Hann. Münden oder Hameln; mit dem Auto auf den B 80/83 (Wesertalstraße) von Kassel-Hann. Münden oder Hameln, oder auf der B 241 oder B 64 von Göttingen oder Paderborn.
Ausgangspunkt Bodenfelde, südl. Ortsrand/ Weserpromenade (P).
Bitte beachten Notieren Sie vor Aufbruch die Rückfahrpläne ab Bad Karlshafen: Sie können mit der Bahn, mit dem Bus und im Sommer auch mit dem Weserschiff zum Ausgangspunkt in Bodenfelde zurückkehren.

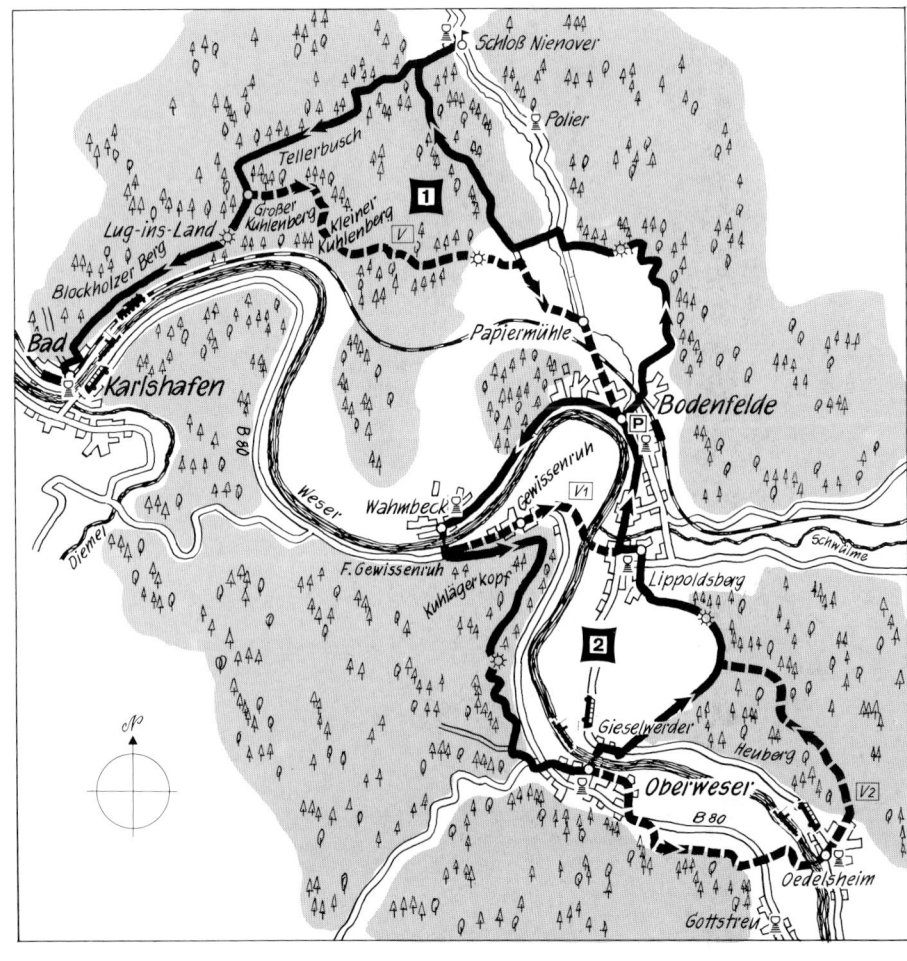

2 Kleiner, mittlerer oder großer Weg nach Lippoldsberg

Bodenfelde – Wahmbeck – Gieselwerder – (Oedelsheim) – Wahlsburg/Lippoldsberg – Bodenfelde

Tal- und Höhenwanderung mit mehrmaligem Bergauf und Bergab, meist Schatten, immer wieder schöne Aussicht

Weserabwärts, weseraufwärts und wieder weserabwärts sind Sie dieses Mal unterwegs, und das entweder 2½, 4½ oder 6 Stunden lang. Somit wartet ein Spaziergang für Senioren oder Familien mit kleineren Kindern, eine Tour für gehfreudige Wanderfamilien oder eine recht beachtliche Unternehmung für gut vortrainierte Trimmwanderer auf Sie. Je nach körperlicher Verfassung werden Sie sich also den Weg nach Lippoldsberg einteilen, der in jedem Falle erst einmal mit einer flachen Uferpromenade am Einlaufen beginnt. Wie in alten Zeiten setzen Sie anschließend in Wahmbeck mit der Weserfähre zum Straßendorf Gewissenruh über, das genauso wie der kleine Ort Gottstreu 12 Kilometer stromauf am Anfang des 18. Jahrhunderts von glaubensvertriebenen Waldensern aus Frankreich gegründet wurde. Eine schlichte, malerische Kirche und in die Fachwerkbalken der Häuser eingeschnittene fromme Sprüche nebst französischen Familiennamen künden noch heute vom standfesten Glauben der einst Verfolgten.

Von Gewissenruh setzen die Spaziergänger mit der Weserfähre direkt zum Kloster Lippoldsberg über; die Wanderer machen sich südwärts über die Nordosthöhen des Reinhardswaldes auf den Weg nach Gieselwerder. Da steht eine zauberhafte Fachwerkkirche, die einen achteckigen Schieferreiter auf ihrem breiten Walmdach trägt. Auch gäbe es die Freilichtausstellung »Mühlenplatz« zu besichtigen; bestimmt aber werden Sie eines der gemütlichen Gasthäuser an der Weser besuchen.

Anschließend führt die »mittlere« Tour über die Gieselwerder Brücke auf die andere Weserseite. Ausdauernde »Langstreckenläufer« allerdings werden noch weiter weseraufwärts ziehen, um erst die Oedelshausener Fähre zum östlichen Weserufer zu benutzen. Das eigentliche Wanderziel, die eindrucksvolle Klosterkirche zu Lippoldsberg erreicht man dann in knapp 2 Gehstunden mitten durch die

Die dreischiffige romanische Gewölbebasilika (um 1100) des einstigen Lippoldsberger Nonnenklosters.

weltfernen Waldregionen des Wahlsburger Forstes. Doch kurz vorm Abstieg zur Schwülme werden Sie nahe der ins Walddickicht eingewachsenen Wahlsburgruinen für soviel fleißiges Wandern erst noch einmal mit einer geradezu klassischen Wesertalsicht belohnt.

Gehzeit 2½–3 Stunden (V1); oder 4½–5 Stunden; oder 5½–6 Stunden (V2), dann besser 2 Tage.
Karte Wander- und Freizeitkarten 1:50000 Naturpark Münden und der Reinhardswald, Hess. Landesvermessungsamt, und Naturpark Solling-Vogler, Niedersächs. Landesvermessungsamt.
Anfahrt und Ausgangspunkt Siehe Wandervorschlag 1.
Bitte beachten Vergessen Sie nicht, sich schon in Bodenfelde nach den Fähr-, Schiffs- und Busverbindungen zu erkundigen. Bei V2 auch Übernachtung vorbestellen.

Sehenswertes

Bodenfelde-Wahlsburg/Lippoldsberg Lippoldsberg: erste Klosterkirche St. Georg mit Nonnenkloster um 1080, Neubau des gesamten Klosterbezirks um 1140, in der Reformation durch Hessen säkularisiert – ehem. Klosterkirche St. Georg u. Maria, romanisch (1141–52), einheitlich geplante u. gebaute 3schiffige Gewölbebasilika im gebundenen System mit Querschiff, 3schiffigem Chor und 3 parallelen Apsiden; Westportal mit geteiltem Tympanon, Südportal mit Giebelsturz; innen: spätromanischer Taufstein (um 1220) – Reste der Klosteranlage mit Kreuzgangarkaden – klassizistisches Wiegehaus (ehem. Hammerhaus, 1819) mit Portikus aus hölzernen toskanischen Säulen u. Sollingplatten – Bodenfelde: Schloß Nienover, seit 1144 urkundl., 5–11 m hohe Strebepfeiler, ab 1180 Lehen der Grafen von Dassel, ab 1303 welfisches Jagdschloß, im 30jähr. Krieg zerstört, 1640–56 Wiederaufbau – Zehntscheune (1723) – Amtsmühle (1724) – Wildenhaus (ehem. Stallgebäude der »Wilden«, 1715)
Oberweser Schöne Fachwerk- und Hugenottenkirchen in den Ortsteilen Gieselwerde, Gewissenruh, Gottstreu und Oedelshausen – in Gieselwerder: bescheidene Reste einer alten Wasserburg; besonders schöne Fachwerk-Traufenhäuser; Freilichtausstellung »Der Mühlenplatz« (Vergangenheit in Miniatur) – Waldlehrpfad

Freizeitangebot

Bodenfelde Beheiztes Freischwimmbad – Hallenbad – Waldschwimmbad – Angeln – Minigolf – Tennis – Kegeln – Reiten – alle Arten Wassersport auf der Weser
Oberweser Beheiztes Freischwimmbad – Hallenbad – Minigolf – Angeln – Kegeln – Reiten – alle Arten Wassersport auf der Weser

25 Bad Karlshafen Beverungen

Französischer Barock in Hessens Norden

Zwischen der Schwülmemündung bei Bodenfelde und der Diemelmündung bei Bad Karlshafen bildet die Weser auf einer Länge von etwa 13 Kilometern die Nordgrenze Hessens gegen Niedersachsen hin, während sich die hessisch-westfälische Landesgrenze von der Diemelmündung südwestwärts gegen Liebenau und Warburg hinzieht. Nur wenig südlich dieses Dreiländerecks hatte schon der sächsische Kaiser Otto I. im Jahre 944 den Königshof »Helmerateshusa« anlegen lassen, neben dem bereits einige Jahrzehnte danach Graf Eckard eine bedeutende Reichsabtei gründete. Diese erhielt von Otto III. 997 Münz-, Zoll- und Marktrecht zugesprochen und ging wenige Jahre später als Geschenk Kaiser Heinrichs II. an seinen Freund, den Bischof Meinwerk von Paderborn. Das Streben der Helmarshausener Äbte nach Unabhängigkeit von geistlichen und weltlichen Herren führte im Laufe der nächsten 200 Jahre zur Errichtung der stark befestigten Krukenburg und der Neustadt »Alt-Köln«. Doch wie das so oft im Leben und auch im Laufe der Geschichte war und immer noch ist: Der Kleine muß sich an einen Großen anlehnen - und wird dann doch vom Großen geschluckt. So erging es auch dem Kloster Helmarshausen. Nach einem Schutzvertrag mit Hessen im Jahre 1479 wurde die Abtei vom mächtigen Nachbarn und Landesherrn am Anfang des 17. Jahrhunderts vereinnahmt. Immer mehr ging's bergab mit dem Kloster. Aber auch auf der Krukenburg zeugen heute nur noch mächtige Ruinen von ihrer einstigen Größe.

Da erscheint noch im gleichen Jahrhundert in den hessischen Annalen ein Fürst, in dem sich geistige Größe, organisatorisches Geschick und wirtschaftlicher Weitblick zu einer außerordentlichen Barockpersönlichkeit verbanden: Landgraf Karl von Hessen-Kassel. Um die braunschweigische Weserzollstation Hann. Münden zu umgehen, ließ er zum Wohle seines Landes einen Bauplan von beachtlichen Dimensionen in Angriff nehmen. Die Diemel sollte von ihrer Mündung bis nach Kassel kanalisiert, beim Abzweig des Diemelkanals von der Weser im Sumpfschwemmland von Diemel und Weser eine neue Stadt mit eigenem Hafen erbaut werden. So entstand ab 1699 an der Diemelmündung nur wenig nördlich der Krukenburg als Neugründung die Hugenottenstadt Sieburg. Anfangs wurden dort hauptsächlich französische Glaubensflüchtlinge angesiedelt, die 1685 nach der Aufhebung des Toleranzediktes von Nantes durch Ludwig XIV. ihre Heimat verlassen mußten; später trafen in wachsendem Maße auch deutsche Zuwanderer ein.

Obwohl das Kanalprojekt beim Tode des Landgrafen erst bis Schönberg gediehen war und nie vollendet wurde, wuchs die Stadt weiter, erhielt den Namen Karlshafen und zeigt noch heute ihren Besuchern die vornehmen Fassaden hugenottischer Barockvergangenheit aus den Jahren 1700–1730. Schmuckstück der Stadt ist das von der Diemel gespeiste Hafenbecken. An seiner von gepflegten Grünanlagen umgebenen Wasserfläche beginnen die nächsten beiden Wanderungen.

1 Die Drei-Länder-Tour

Bad Karlshafen – Hann. Klippen – Würgassen – Herstelle – Hess. Klippen – Bad Karlshafen

Einfache Höhen- und Talwanderung mit zweimaligem Auf- und Abstieg, gute Wegverhältnisse, nur anfangs Schatten

Es ist ein eigenartiges Gefühl und eine Wohltat, an einem Nachmittag die Grenzen von drei Ländern überschreiten zu können, ohne daß man es merkt – was sonst im übrigen, von politischen Grenzen immer noch zerrissenen Europa leider nicht möglich ist. Hier am engen Weserdurchbruch von Hessen nach Niedersachsen und Westfalen hinaus stoßen die Gebiete dreier recht verschiedener deutscher Stämme zusammen, die sich jahrhundertelang um manchen Quadratmeter Land und um ihren Glauben böse gestritten haben. Doch seit Jahrzehnten kommen nur noch friedliche Urlauber- und Wandererscharen ins Land, um vom eleganten Bad Karlshafener Barockrathaus größere (oder auch kleinere) Wandertaten zu vollbringen.

Vielleicht unternehmen auch Sie einmal folgende relativ kurze Tour, die aber einen großen Erlebniswert hat. Durch den stillen Ferriesgrund steigt man nach Niedersachsen empor zum Dreiländerblick am Südrand des Solling und wandert oberhalb der Hannoverschen Klippen gemütlich ins westfälische Würgassen hinunter. Dort benutzt man wie vor 100 Jahren die Kahnfähre über die Weser, hält sich auf der Hersteller Flußpromenade weserabwärts, bis man die Türme und Kuppeln einer Atomkathedrale vor sich auftauchen sieht. Da erschrickt man vor soviel »moderner Zeit«, läuft lieber nicht gerade wei-

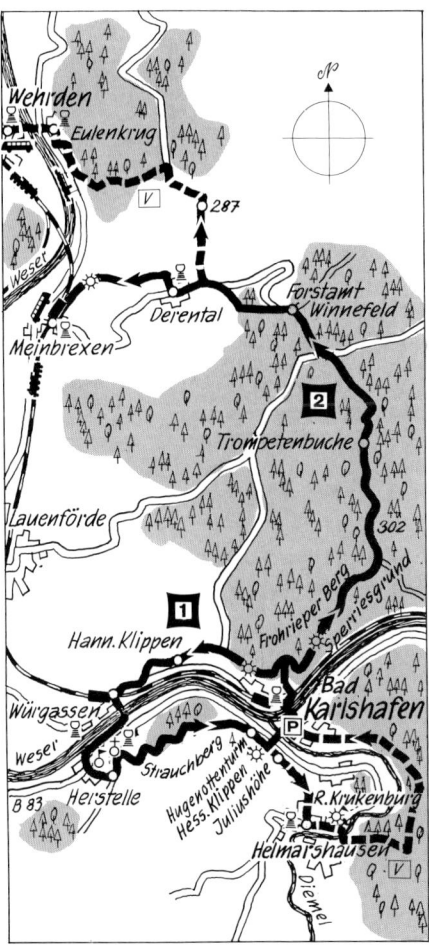

Das Bad Karlshafener Rathaus wurde 1715–1718 unter Landgraf Carl von Hessen-Kassel in eleganten Barockformen ursprünglich als Jagdschloß errichtet. Im Vordergrund das Hafenbecken des geplanten Weser-Diemel-Kanals, der Kassel mit der Weser verbinden sollte.

ter, sondern besser links bergwärts zur schönsten Aussicht weit und breit: auf den Strauchberg. Gleich danach wird oberhalb des Westfalentors wieder das Land Hessen angesteuert und vom Hugenottenturm über die Hessischen Klippen nach Karlshafen abgestiegen.

Geschichtlich interessierte Wanderer allerdings werden auf der Höhe zur Krukenburg weiterpromenieren und vom Wechselberg hoch überm Diemeltalbogen am Rande des Reinhardswaldes zurückkehren. Dann aber müssen Sie insgesamt gleich dreimal bergauf- und bergabtrimmen. Und das ist dann besonders gut für den Kreislauf!

Gehzeit 2½–3 Stunden; oder (Ⅴ) 4½–5 Stunden.
Karte Wanderkarte 1:50000 Naturpark Solling-Vogler, Niedersächs. Landesvermessungsamt.
Anfahrt Mit der Bahn von Paderborn, Northeim oder Holzminden; mit dem Bus von Höxter oder Hann. Münden; mit dem Schiff von Hameln–Höxter oder Hann. Münden; mit dem Auto auf der Wesertalstraße (B 80/83) von Hameln, Hann. Münden oder Kassel.
Ausgangspunkt Bad Karlshafen, Stadtmitte, Hafenbecken, Rathaus/Gasthof zum Landgraf Carl (P).
Bitte beachten Falls Sie von Herstelle mit dem Bus zurückfahren wollen (ca. 1 Stunde kürzer): Fahrplan notieren.

Die Ruine der Krukenburg bei Helmarshausen stammt aus romanischer Zeit.

2 Durch den Winnefelder Forst

Bad Karlshafen – Trompetenbuche – Forstamt Winnefeld – Derental – Meinbrexen oder Wehrden – Bahn- bzw. Busfahrt nach Bad Karlshafen

Nicht anstrengende, weil im allgemeinen ebene Waldwege, schattenreich

Das Forsthaus Winnefeld liegt mitten in einer stimmungsvollen, kleinen Rodung des Winnefelder Forstes, der hier den Südwestteil jenes riesigen, teilweise noch völlig unberührten Waldgebietes zwischen Weser, Schwülme und Ilme bildet, das man den Solling nennt. Früher, im 12. und 13. Jahrhundert, war Winnefeld ein blühendes Gemeinwesen, wie man noch heute an den wallartigen, eingewachsenen Grundmauern der ehemaligen Kirche erkennen kann, die immerhin eine Länge von 22 Metern und eine Breite von 7 Metern hatte. Doch die Einwohner kämpften gegen Krankheiten und Kälte, gegen Plünderer und Hunger vergebens. Und gegen den Wald, der immer wieder versuchte, die Rodung zuzuwachsen. So erlahmten ihre Kräfte, und sie gaben auf. Geblieben ist die Einsamkeit des Waldes, die von den Menschen unserer Zeit so dringend für ihre Erholung benötigt wird.

Ein köstlich stiller Weg wird Sie von Bad Karlshafen aus dorthin leiten. Stets gut geführt von den Markierungskreuzen des Hauptwanderweges Nr. 10 stiefelt man durch diesen herrlichen Wald und erlebt dabei etwas, das jeder immer wieder einmal erleben sollte: nämlich wenig. Man hört das Knacken der Äste, wenn das Wild durchs Unterholz bricht; man lauscht dem Schrei des Fasans und dem Ruf der Wachtel und beobachtet über den Baumwipfeln und an den Waldrändern das flinke Kreisen und Stürzen der Mauersegler, wenn sie in die dichten Schwärme der Mücken hineinstoßen. Aber dann freut man sich doch auf eine »Alte Wurst«, auf ein »Waldarbeiterfrühstück« oder eine »Schlachtschüssel« in den einfachen, aber blitzsauberen Wirtshäusern von Derental, Meinbrexen oder Wehrden.

Gehzeit 3½–4 Stunden; Ⅴ bis 4½ Stunden.
Karte, Anfahrt, Ausgangspunkt Siehe Wandervorschlag 1.
Bitte beachten Notieren Sie schon vor Wanderbeginn die entsprechenden Rückfahrpläne, und führen Sie etwas Proviant und Getränke im Rucksack mit.

Sehenswertes

Bad Karlshafen Rathaus, urspr. Packhaus u. Jagdschloß mit Ratsstube (1715–18), steiles Walmdach mit Dachreiter, Glockenspiel, offene Arkaden; Festsaal mit Régencestuck – Invalidenhaus (1704–10), 3geschossige, schloßartige Anlage – Freihaus (1723), unvollendet – Gasthof Zum Landgraf Carl (1699) – Thurn- und Taxissches Postgebäude (1768) – Hafenbecken mit Carrés an den Längsseiten – viele schöne Einzelhäuser des 18. Jh. – Hugenottenmuseum

Helmarshausen Ehem. Benediktinerabtei St. Petrus (1011), ab 1550 als Steinbruch benutzt; Ostflügel der Klostergebäude mit Rundbogenarkaden und romanischen Tierkapitellen – ev. Stadtpfarrkirche, romanischer Kern, 1476 u. 1799 umgebaut; Kanzel (17. Jh.), Orgel (1732) – besonders reichgeschnitzte Fachwerkhäuser des Diemeltyps (16.–18. Jh.) – Reste der Stadtbefestigung u. Turm – Krukenburg (1220); romanische Türme u. Umfassungsmauern, gotischer Pallas; Johanniskapelle (geweiht 1126), frühmittelalterlicher Zentralbau, 13 m Durchmesser – Tierpark

Beverungen Burgturm, 1332, 1914 erneuert – Wildpark Schirmke – Herstelle: einst befestigtes Lager Karls des Großen, später Burg (19. Jh.) u. Benediktinerinnenkloster Heilig Kreuz – Karlstein mit Bonifatiuskreuz – Wehrden: Schloß Metternich, in dem Annette von Droste-Hülshoff oft zu Besuch weilte

Freizeitangebot

Bad Karlshafen/Hellmarshausen Temperiertes Mineral-Freischwimmbad – Hallenbad – Angeln – Kegeln – Minigolf – Reiten – Tennis – alle Arten Wassersport auf der Weser
Beverungen Beheiztes Freischwimm- u. Hallenbad – Angeln – Tennis – Minigolf – Reiten – alle Arten Wassersport auf der Weser

26 Uslar
Hardegsen
Moringen
Northeim

Bachlandschaften im südlichen Solling

Wie Finger greifen die Bachläufe mit ihren Tälern zwischen Moringen, Hardegsen und Uslar in die Waldflächen des Südsolling ein und gliedern sie vielfältig auf. Die meisten dieser Bäche entspringen als Waldquellen dem mittleren Bereich der Solling-Buntsandsteinplatte, wenden sich mit vielen kleinen, unbekannten Waldbachgeschwistern südwärts dem Uslarer Becken zu und schicken ihr Wasser anschließend in die Schwülme und Weser: der Rehbach und Malliehagenbach, der Italbach und die Ahle, die sich manchmal schon beinahe wie ein kleines Flüßchen gebärdet. Ähnlich, doch ein wenig anders ist es am Südostrand des Solling. Hier um Hardegsen und Moringen sind es der Schöttelbach, die Lunau, Kobbeke und Espolde, und – etwas nördlicher davon – die sich aus vielen Ahlsburgrinnsalen zusammensetzende Bölle, die den Sollingwald in Ostrichtung entwässern und sich nach kurzem Lauf in der Northeimer Umgebung mit der Leine vereinigen.

In dieses idyllische Revier murmelnder Waldbäche ist schon vor langer Zeit der Mensch von Süden und Südosten eingedrungen. So entstanden die großen Kahlschläge im Moringener und Uslarer Becken und im Tal der Ahle um Sohlingen und Schönhagen, aber auch die kleineren, meist langgezogenen Rodungen von Trögen und Üssinghausen, Volpriehausen und Delliehausen, von Dinkelhausen, Malliehagen und Eschershausen. Dazwischen blieben im Bergland der Ahlsburg und in der südlichen Weper, vor allem

aber um den Großen Steinberg und auf dem Strutberg, dessen Steilabbruch der Sollingturm krönt, noch riesige, einsame Waldgebiete stehen, die heute als »grüne Lunge« zivilisationsmüden Städtern Entspannung und körperliche Ertüchtigung beim Wandern bringen.

Ein hervorragend angelegtes und bestens bezeichnetes Netz problemlos zu begehender Weitwanderwege und örtlicher Rundwanderpfade locken den, der Lust hat und willens ist, mit relativ wenig Aufwand sich ein großes Stück Gesundheit zurückzuerobern, hinaus in die Unberührtheit der Bach- und Waldlandschaften des Südsolling. Das klare Wasser leichtfüßig quirlender Bachschleifen und der kienige, herbsüße Duft abgeschiedener Waldstücke gehen hier immer noch eine zauberhafte Verbindung ein, die angefüllt ist mit freundlicher, oft auch mit lyrisch-geheimnisvoller Poesie.

1 Zwei Wanderschleifen um Uslar

A Uslar – Strutberg – Sohlingen oder Schönhagen – Busfahrt nach Uslar – B Uslar – Donnershagen – Großer Steinberg – Kirchenruine Malliehagen – Delliehausen – Volpriehausen – Bus- oder Bahnfahrt nach Uslar

Kurze bzw. lange Berg- und Waldwanderung, überwiegend Schatten, großartige Aussichtspunkte

Als im 13. Jahrhundert die Herzöge von Braunschweig-Lüneburg bis zur Oberweser vordrangen, gründeten sie im Hochtal der Ahle die Stadt Uslar, fügten diesem Stützpunkt eine Burganlage bei und verliehen der neuen Ansiedlung das Stadtrecht. 300 Jahre später ließ der prunkliebende Herzog Erich II. von Calenberg für sich in den Jahren 1559–65 in Uslar ein mächtiges Renaissanceschloß erbauen, das er »Freudental« nannte. Doch so rechte Freude hatte niemand an dem

Schloß: Obwohl es eines der bedeutendsten Schloßbauten des Weserlandes war, wurde es nie so großartig wie geplant. Noch unvollendet, schlug 1612 der Blitz in das Schloß; die ganze Herrlichkeit brannte ab, so daß bis ins 20. Jahrhundert nur noch mächtige Mauerreste von seiner einst stolzen Größe künden. Der gleich nach dem Schloßbrand ausbrechende 30-jährige Krieg vernichtete dann auch den Wohlstand der Uslarer Bürger. Trotz soviel Mißgeschick ist Uslar heute ein hübsches, buntes Landstädtchen mit besonders schönen Fachwerkhäusern aus dem 16. und 17. Jahrhundert, deren kunstvolles Schnitzwerk die Hauptstraßen der Stadt prägen. Mittelpunkt dieser wohltuenden, geschäftigen Bürgerlichkeit ist der ehemalige Burgplatz, der von den zwei wichtigsten Gebäuden Uslars flankiert wird: vom romanischen Turm der evangelischen Johanniskirche, in der Sie die Malereien und Schnitzarbeiten eines kostbaren spätgotischen Flügelaltars bewundern können, und vom zierlichen Uhrtürmchen des Fachwerkrathauses.

Vor diesem Rathaus haben wir auch unsere Uslarer Wanderschleifen begonnen, sind nordwärts aus der Stadt hinausgezogen auf den Knobben zur ersten großen Sicht über die Feldertafeln des Uslarer Beckens hinweg nach Süden auf die horizontweiten Forstregionen des Bramwaldes und haben anschließend in Westrichtung (A) den höchsten und eindrucksvollsten Aussichtspunkt zwischen Weser und Leine erstiegen, den 36 Meter hohen Sollingturm auf dem Strutberg. Nach einem Waldbogen zum Lunahorn sind wir Richtung Schönhagen ins Ahletal hinuntergewandert und mit dem Bus nach Uslar zurückgefahren.

Bei unserem nächsten Besuch in Uslar haben wir uns dann an ein etwas umfangreicheres Wanderunternehmen gewagt (B). Diesmal umrundeten wir anfangs das

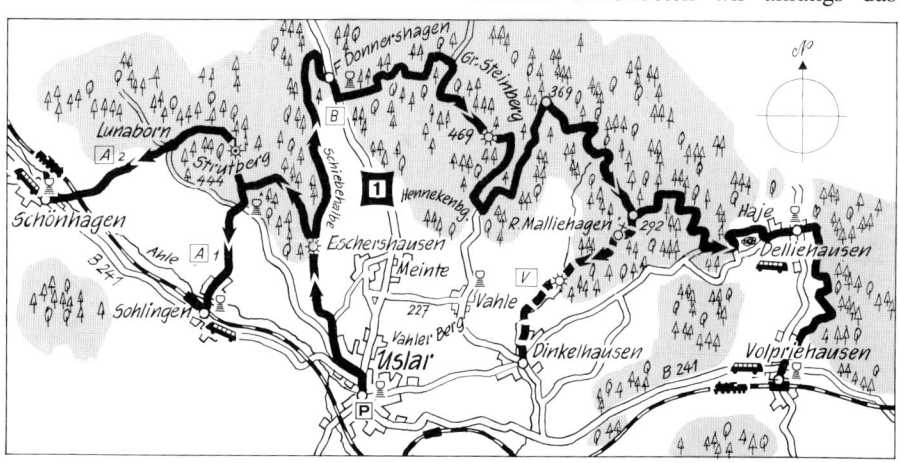

Gleich am Anfang einer stillen Wanderung auf den Weperkamm promenieren Sie auch durch den gepflegten Kur- und Naturgarten vorm gotischen Muthaus der Hardegsener Burg.

stimmungsvolle Ital Richtung Donnershagen und erreichten nun auf verschlungenen, einsamsten Waldpfaden über den Großen Steinberg (469 m) den Bräuerstein und den Wanderparkplatz am Hennekenberg mit seiner hübsch angelegten Grill- und Raststation Waldschmiede. Auf dem Hauptwanderweg 29a pilgerten wir anschließend um viele verträumte Waldbachläufe herum zur stimmungsvoll in einer Waldrodung gelegenen Kirchenruine der Dorfwüstung von Malliehagen, das schon im 15. Jahrhundert von seinen Bewohnern verlassen wurde. Im Endspurt dieser zwar ein wenig langen (daher zeitigen Aufbruch erfordernden!), aber überaus erholsamen Weitläufertour gelangten wir am Nachmittag zum dunklen, tief unten im Waldbecken gelegenen Delliehausener Bergsee. Durchs Rehbachtal erwischten wir schließlich und endlich spätabends gerade noch den letzten Bus nach Uslar – müde, aber glücklich.

Gehzeit Ⓐ 2½ bzw. 3 Stunden; Ⓑ 6–6½ Stunden; Ⓥ nur ca. 5 Stunden.
Karte Wanderkarte 1:50000 Naturpark Solling-Vogler, Niedersächs. Landesvermessungsamt.
Anfahrt Mit der Bahn von Karlshafen (Höxter, Paderborn), oder von Northeim (Göttingen, Hannover); mit dem Auto auf den B 241/497 oder B 80/83 von Göttingen, Warburg, Hameln und Kassel.
Ausgangspunkt Uslar, Stadtmitte, Graftplatz, Kirche/Rathaus (P).
Bitte beachten Zwischen Donnershagen und Delliehausen (Ⓑ) gibt es keinen bewirtschafteten Wanderstützpunkt: Proviant und Getränke im Rucksack mitführen. In den großen Solling-Waldgebieten sind eine gute Wanderkarte und ein Kompaß unbedingt erforderlich. Notieren Sie schon in Uslar die Bus- und Bahnrückfahrpläne.

2 Von Hardegsen auf den Weperkamm

Hardegsen – Weper/Balos – Fredelsloh – Busfahrt nach Hardegsen

Sonnen- und aussichtsreiche Bergwanderung, nur eine längere Anstiegsphase

Auch Hardegsen hatte in früheren Zeiten eine Burg, die im 14. und 15. Jahrhundert Herzogssitz war. Erhalten ist davon allerdings nur noch das 1345 erbaute Muthaus (Mahlhaus, später Kornmagazin) mit eindrucksvollen gotischen Kellergewölben und das Hagenhaus (Vorratshaus). Hier im einstigen Burghof bei der Burgschänke wollen wir die Hardegsener Wanderung

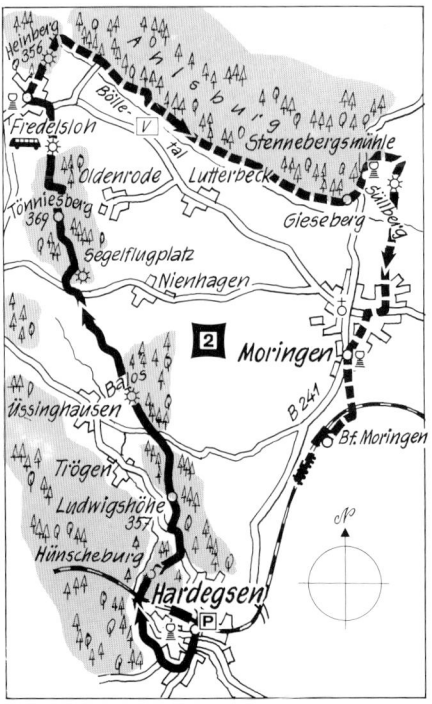

beginnen lassen, die Sie als Ein- oder Zwei-Tages-Tour gestalten können.

Durch den Kurpark spazieren Sie erst einmal zum Wildpark hinüber, in dem es viele einheimische Tiere zu besichtigen gibt, die in den umliegenden Sollingwäldern noch vorkommen, aber auch dem leisesten und vorsichtigsten Wanderer nur noch höchst selten begegnen. Anschließend führt Sie die Markierung ✕ 17 weiter, um die Hünscheburg herum und aus dem Espoldetal bergwärts auf den Weperkamm. Jetzt haben Sie auf dem kerzengeraden Weg nach Norden in den kommenden Wanderstunden die Zivilisation hinter sich und eine Kette ausgezeichneter Aussichtskanzeln, auf denen Sie frische Luft und viel Sonne tanken können, vor sich: die Ludwigshöhe (357 m), den Balos (376 m), den Tönniesberg (369 m) und ganz zum Schluß den Fredelsloher Berg (361 m). Dann steigen Sie zum Töpferdorf Fredelsloh ab und besichtigen sicher dort die hübschen Keramikarbeiten nebst der 800jährigen Klosterkirche St. Blasii. Und fahren mit dem Bus nach Hardegsen zurück – wenn Sie Ein-Tages-Wanderer sind.

Sind Sie aber auf zwei Wandertage eingestellt, so marschieren Sie am nächsten Morgen auf dem Töpfersteig (auf dem früher die Botenfrauen der Töpfer ihre Waren in Kiepen nach Einbeck getragen haben) über den Heinberg zur Dicken Eiche am Südrand der Ahlsburg und nun immer südostwärts zwischen Wald und Böllebach zum Lehrpfad bei der Stennebergsmühle und bis zum Bahnhof Moringen. Das ist einer der schönsten mir bekannten Wanderpromenaden, der Sie steigungslos von Quellbach zu Quellbach durch die Stille leitet.

Gehzeit 4–4½ Stunden; bei Ⓥ 8–8½ Stunden, dann 2 Tage.
Karte Siehe Wandervorschlag 1.
Anfahrt Mit der Bahn von Karlshafen (Höxter, Paderborn) über Uslar, oder von Northeim (Göttingen, Hannover); mit dem Auto auf den B 241/446 von Göttingen, Northeim oder Uslar (Hameln, Warburg).
Ausgangspunkt Hardegsen, Ortsmitte, Hauptstraße (Lange Straße)/B 241, Stadtwappenbrunnen/Fotogeschäft an der großen Straßenkurve.
Bitte beachten Vor dem Wanderstart Bus- und Bahnfahrpläne erkunden. Bei Ⓥ auch Übernachtung in Fredelsloh vorbestellen.

Sehenswertes

Uslar Johanniskirche, romanischer Turm (13. Jh.), Langhaus (1845), gotischer Chor (1428–70); Kreuzigungsrelief u. Sakramentshäuschen (um 1450); spätgotischer Flügelaltar (um 1500) mit geschnitzten Darstellungen aus dem Leben Christi, spätgotische Glasmalereien im mittleren Chorfenster – Fachwerkrathaus (2. Hälfte 17. Jh.) mit Uhrtürmchen – Schloßruine Freudental (um 1560) – Renaissancefachwerkhäuser – Heimatmuseum – Reste der Stadtmauer

Hardegsen Reste der Herzogsburg (13. Jh.), Muthaus mit mittelalterlichem Rittersaal (Holzbalkendecke) – Pfarrkirche St. Mauritius, spätgotischer Chor (1463), saalartiges Langhaus (1768); gotische Grabkapelle St. Georg – Wildgehege – Märchengarten

Moringen St.-Martins-Kirche, romanische Basilika (um 1100), Langhaus (um 1300), spätgotischer Chor – Liebfrauenkirche, spätmittelalterlicher Turm, klassizistischer Neubau (1850) – Burgreste (Brauhaus) – Opferteich, altgermanische Kultstätte – Forstlehrpfad Griesberg und terrassenarte Versinterung der Ducksteinquelle an der Ahlsburg

Fredelsloh Ehem. Klosterkirche St. Blasii, romanisch (12. Jh.), 3schiffige Pfeilerbasilika; Taufstein (13. Jh.), Sandsteinreliefs der 12 Apostel (Mitte 14. Jh.)

Northeim St.-Sixtus-Kirche, spätgotisch (1467–98), 3schiffige Halle, gedrehter Turm; mehrere spätgotische Flügelaltäre, spätgotische Glasmalereien (um 1480), Barockorgel (1730) – Hospital St. Spiritus, besonders eindrucksvoller Fachwerkbau (um 1500) – Benediktinerkloster St. Blasii (um 1100) – St.-Fabian- und -Sebastian-Kapelle (um 1350) – viele alte Fachwerk-Traufenhäuser (mit Erklärungstafeln) – guterhaltene Stadtmauer – Heimatmuseum

Das Fachwerkrathaus von Uslar mit seinem schmucken Uhrtürmchen stammt aus der 2. Hälfte des 17. Jahrhunderts und ist eines der schönsten zwischen Solling und Harz.

Freizeitangebot

Uslar Beheiztes Freischwimmbad – Hallenbad – Tennis – Reiten – Segelfliegen – Kegeln – Trimmpfad – im Ortsteil Volpriehausen: beheiztes Freischwimmbad

Hardegsen Beheiztes Freischwimmbad – Minigolf – Reiten – Segelfliegen – Tennis – Kegeln

Moringen Kombiniertes Hallen- und Freischwimmbad – Minigolf – Reiten – Segelfliegen – Kegeln – Trimmpfad

Northeim Freischwimmbad – Hallenbad – Reiten – Angeln – Minigolf – Tennis – Segelfliegen – Rudern – Golf – Trimmpfade

27 Einbeck Dassel Neuhaus i. Solling

Naturschönheiten zwischen Ilme und Hochsolling

Das in diesem Kapitel abgesteckte Wanderrevier wird durch sehr abwechslungsreiche Natur geprägt: Von den ebenen, fruchtreichen Felderteppichen der Ilmeniederung, deren Niveau bei nur etwa 100 Meter liegt, steigt das Land westwärts zum Buntsandsteinplateau des Hochsolling auf und überwindet dabei einen Höhenunterschied von mehr als 400 Metern, denn die Waldkuppen der Großen Blöße bei Silberhorn erreichen immerhin eine Höhe von 527 Metern. Diese recht gegensätzlichen Landschaftsbilder sonniger Akkerfluren um Markoldendorf und schattenreicher, lichtdurchfluteter Sollinghochwälder werden am Ostrand der weiträumigen Forste von einer ganzen Reihe mittelhoher, inselartiger, weil oft freistehender Waldhöhenrücken getrennt. Ihre Namen lauten: die Ahlsburg bei Rotenkirchen und Lauenberg, der Eilenser Wald bei Hilwartshausen, der Burgberg nördlich des Gestüts Relliehausen und der Amtsberg zwischen Hunnesrück und Mackensen. Sie locken mit einsamen Wanderwegen, Landgasthäusern und Aussichtspunkten den Wanderer auf ihre Höhen.

Aber auch die Täler sind stimmungsvoll und still in diesem Gebiet: das Fredelsloher Becken, in dem die Bölle entspringt, der Hullerser Grund beim Naturschutzgebiet Kaisereiche und das Ilme- und Riepenbachtel östlich von Sievershausen. Besonders aber auch das Dölmetal im Hochsolling, während man durch die Wälder des nördlichen Solling im wundervollen Hellentaler Grund dahinwandert oder vom Schießhaus durch die Waldschlucht des Hasselbaches Holzminden erreicht.

Drei größere und weitbekannte Ansiedlungen setzen überaus unterschiedliche Akzente im Wanderbereich Ilme-Hochsolling: Einbeck, berühmt als ehemalige Hansestadt, als bunte Fachwerkstadt und vor allem als Geburtsstadt des Urbockbiers, bezaubert seine Besucher mit wohlerhaltenen und wohlgepflegten Gebäuden und Ausstattungsstücken mittelalterlicher Kunst – und (nicht zuletzt) durch das lebensfrohe Flair seiner Gäßchen. Dassel war schon vor mehr als 1 000 Jahren Stammsitz des einst mächtigen Geschlechts der Grafen von Dassel, die draußen vor der Stadt auf dem Kalksteinhöhenzug Hunnesrück von ihrer Burg aus den Sülberggau regierten. Ihr bedeutendster Vertreter war in der Stauferzeit Rainald von Dassel, im 12. Jahrhundert Erzbischof von Köln und Kanzler Kaiser Barbarossas. Neuhaus im Solling ist ein moderner heilklimatischer Kurort, von dem ein erstklassiges Rundwanderwegenetz in die manchmal unendlich erscheinenden Walddome des Hochsolling führt. Glanzstück von Neuhaus jedoch ist der 35 Hektar große Solling-Wildpark. Von verschiedenen Hochsitzen aus können die Besucher Dam- und Rotwild, Mufflons und Wildschweine in freier Wildbahn beobachten – besser, intensiver und bequemer als beim Wandern in den Forsten ringsum.

1 Von der Ruine Grubenhagen zur Erichsburg

Einbeck – Busfahrt nach Rotenkirchen – Ruine Grubenhagen – Fredelsloh – Lauenberg – Burgberg – Dassel – Ruine Hunnesrück – Markoldendorf – Busfahrt nach Einbeck

Lange, Kondition verlangende Weitwanderung mit mehreren Abkürzungsmöglichkeiten, viele kleine Auf- und Abstiege

Die Einbecker Wanderung beginnt mit einer Busfahrt (nach Rotenkirchen). Und sie endet mit einer Busfahrt (von Markoldendorf nach Einbeck zurück). Dazwischen liegen drei Tage fleißigen, aber auch erholsamen Wanderns. Jetzt werden Sie vielleicht einen Schreck bekommen und

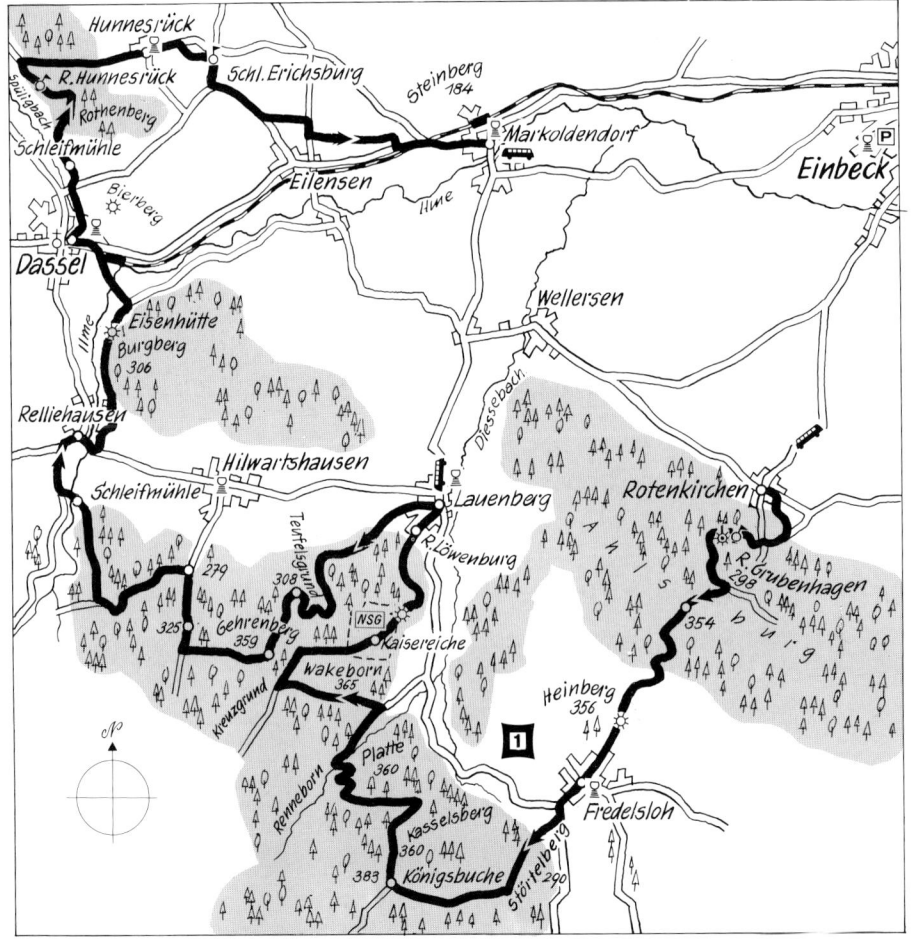

sagen: Drei Tage nur auf Schusters Rappen – das ist zuviel! Nun, Sie müssen ja nicht so lange aushalten, denn unterwegs gibt's immer wieder Bushaltestellen, von denen aus Sie nach Einbeck zurückfahren können. Die erste steht gleich mitten im romantischen Töpferdorf Fredelsloh (siehe auch Wandervorschlag 26/2), aber auch in Lauenberg, Hilwartshausen, Relliehausen und Dassel hält ein Bus, mit dem Sie dann schon nach 2-, 5- oder 9stündigem Gehen die Tour beenden können, wenn Sie's »dick« (und den Fahrplan schon in Einbeck notiert) haben.

Die Hauptstationen dieser weiten Wanderreise seien hier stichwortartig erwähnt: 1. die große Aussicht vom Turm der Burgruine Grubenhaben (290 m) auf den Höhen der Ahlsburg; 2. herrlich poesievolle Waldbachtäler um Kasselsberg (360 m), Platte (379 m) und Wakeborn (365 m); 3. das Naturschutzgebiet Kaisereiche bei Lauenberg (mit seiner Ruine Löwenburg); 4. der einsame Waldübergang vom Gehrenberg (359 m) ins Riepenbach- und Ilmetal nach Relliehausen; 5. eine Besteigung des Burgberges (306 m), der kurz vor Dassel mit steiler Westflanke die Ilme überragt; und 6. am Amtsberg ein Besuch der wenigen Reste der von den Welfen in der Hildesheimer Fehde 1520 verwüsteten Burg Hunnesrück. Die Waldschenke »Im kühlen Grunde«, der Eselsteich und das berühmte ostpreußische Trakehnergestüt Hunnesrück sind neben der 1528–30 erbauten Wasserfestung Erichsburg die wichtigsten Wanderattraktionen des dritten Tourentages. Dazu gibt's unterwegs überall beschauliche Rastplätze, an Waldrändern, in Bachtälern und auf den Sonnenhängen grüner Almwiesenberge, die über ihren Kalkkronen zur schönsten Herbstwanderzeit leuchtend-bunte Laubwaldmützen tragen.

Gehzeit 4½–5 Stunden, 1 Tag; oder aber 8½–9 Stunden, 2 Tage; oder 12–13 Stunden, 3 Tage.
Karte Wanderkarte 1:50000 Naturpark Solling-Vogler, Niedersächs. Landesvermessungsamt.
Anfahrt Mit der Bahn von Hannover oder Kassel–Göttingen; mit dem Auto auf der B 3 oder B 64 von Göttingen–Northeim, Seesen–Bad Gandersheim, Paderborn–Holzminden oder Hannover–Alfeld.
Ausgangspunkt Einbeck, nordöstlicher Altstadtrand, Bahnhof/Postamt/Busbahnhof (P).
Bitte beachten Die gesamte Drei-Tage-Tour verlangt vor allem Gehvortraining, aber auch Orientierungssinn in den großen Waldgebieten. Eine gute Wanderkarte und ein Kompaß sind unbedingt erforderlich – Übernachtungen vorbestellen. Busrückfahrzeiten vor Wan-

deraufbruch notieren – Getränke und Proviant im Rucksack mitführen. Die Busverbindung nach Rotenkirchen besteht nur werktags (evtl. Taxi).
Anmerkung Zum Vortrainieren für solch intensives Wandern sei Ihnen der Erholungspark Einbecker See und der Einbecker Stadtwald empfohlen (siehe auch Wandervorschlag 32/2).

2 Rund- und Streckenwanderwege im Hochsolling

Neuhauser Rundweg (NSG Torfmoor – Silberborn – NSG Mecklenbruch – Mühlenberg) oder Neuhaus – Schießhaus – Holzminden – Busfahrt nach Neuhaus
Meist völlig ebene Waldwege, fast nur Schatten

Urlaubs- und Wandermittelpunkt des etwa 500 Quadratkilometer großen Naturparks Solling ist der relativ kleine, aber blitzsaubere Höhenluftkurort Neuhaus. Von hier zieht man hinaus in die reizvollen Quellgebiete von Dölme, Ahle und Holzminde, durchquert die gelben, melancholischen Hochmoorflächen unberührter Naturschutzgebiete, wie das Friedrichs-

Im Töpferdorf Fredelsloh.

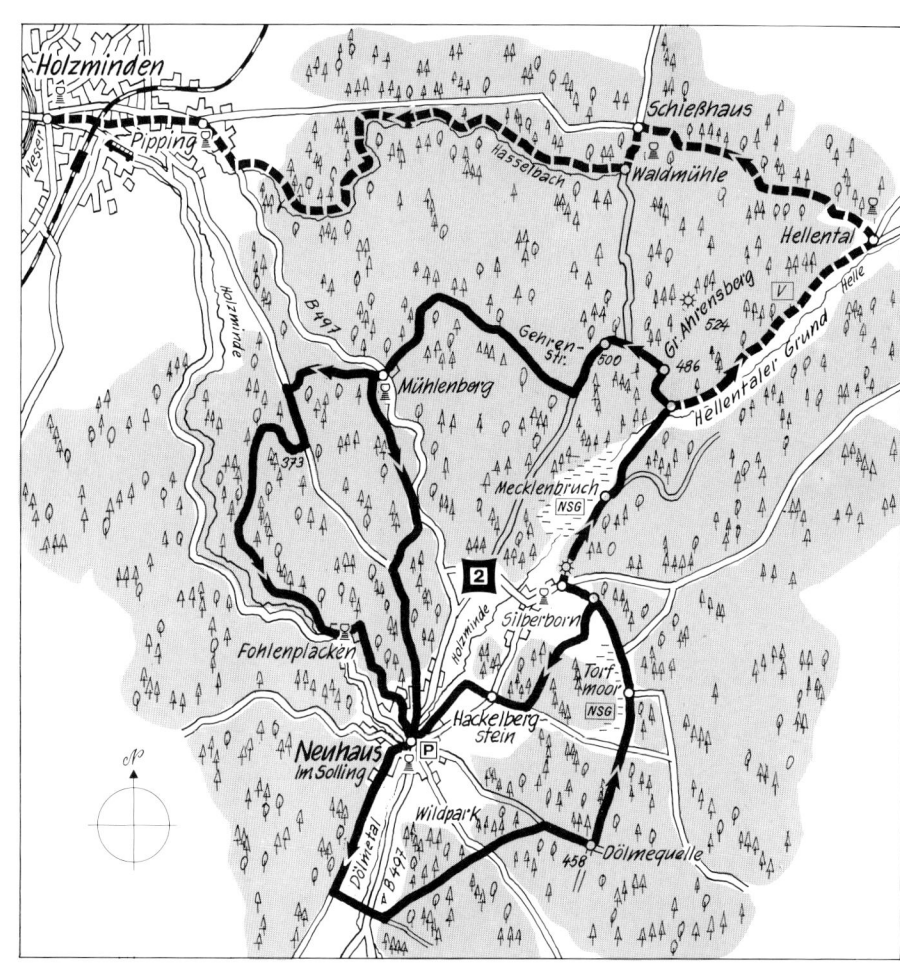

*Einbeck: Das Rathaus mit seinen drei schie-
fergedeckten Rundspitzen bestimmt das
weitgehend einheitliche Bild des Markt-
platzes.*

häuser Bruch, das Mecklenbruch oder das
Silberborner Torfmoor oder dringt in
goldbraune Eichenhaine und schwarzgrü-
ne Fichtenforste ein, in denen schwer und
beinahe körperlich greifbar die Einsamkeit lastet.

Schleifenartige Rundwanderwege führen
vom Neuhauser Ortszentrum in diese
großartige Wildnis aus Wald und Wasser
hinein. Alle Wege sind bestens markiert
und können jederzeit mittels kurzer Rück-
wege zu den Bushaltestellen in Silberborn,
Mühlenberg oder Fohlenplacken abgekürzt werden, so daß Spaziergänger und
Wanderer voll auf ihre Kosten kommen.
Bergsteigerische Leistungen werden dabei
keine verlangt, allenfalls ein wenig Gehvortraining, wenn Sie den ganzen, im Begleitheft beschriebenen Neuhauser Rundweg unternehmen wollen oder die lange
Tour durch Hermann Löns' »Tal der Lie-
der« nach Hellental und vom Schießhaus
in den vielen Windungen des Hasselbach-
tals hinunter ins Wesertal nach Holzminden – quer durch den Nordsolling zwischen wiegenden Farnschirmen und fetten
Moospolstern, zwischen Wildblumengär-
ten und den langen, weißen, seidig glän-

zenden Gräsern des Hochwaldes: Das
sind dann allerdings auch zwei Erlebnis-
urlaubstage mit höchstem Erholungswert!

Gehzeit Jeweils 7–8 Stunden, 2 Tage (Neuhauser Rundweg oder Nordsollingtour).
Karte Siehe Wandervorschlag 1.
Anfahrt Mit dem Bus von Holzminden oder
Uslar; mit dem Auto auf der B 497 (bzw.
B 241) von Holzminden oder Uslar, oder auf
der Landstraße von Einbeck–Dassel, oder
von Höxter.
Ausgangspunkt Neuhaus im Solling, Ortsmitte, Kurverwaltung (Großparkplatz).
Bitte beachten Übernachtungen in Silberborn, Mühlenberg bzw. Hellental vorbestellen und Busfahrpläne studieren. Es wird
empfohlen, etwas Proviant in den Rucksack
zu packen und eine gute Wanderkarte (evtl.
auch einen Kompaß) mitzuführen.

Sehenswertes

Einbeck Marktkirche St. Jakobi (13. Jh.) mit
Barockfassade (18. Jh.); geschnitzte Kanzel
(1637) – ehem. Stiftskirche St. Alexandri, gotisch (14. Jh.), 3schiffige Halle mit Krypta
(1316); frühgotisches Chorgestühl (1288),
Messingtaufbecken (1427) in der Hl.-Blut-
Kapelle – Hospitalkirche St. Spiritus (Heimatmuseum) – St.-Bartholomäus-Kapelle
mit spätgotischen Wandmalereien – Rathaus
(1555) mit 3 spitzen Vorbauten und reichge-
schnitztem Fachwerk – Ratswaage (1565),
kunstvolle Schnitzereien – Ratsapotheke und
»Brodhaus« (um 1560) – viele andere schöne
Bürgerhäuser mit der Traufenseite zur Straße
– Teile der Stadtbefestigung mit Türmen,

Wällen und Gräben (Storchen-, Pulver- und
Dieturm – Biermuseum
Dassel St.-Laurentius-Kirche, gotische
(1447), 3schiffige Halle; umfangreiche Malereien (1580) aus der Leidensgeschichte Chri-
sti – Burgruine Hunnesrück der Grafen von
Dassel (1520 zerstört) – Amtshaus mit früh-
barocker Muttergottes – Trakehnergestüt
Hunnesrück – Erichsburg, von Herzog Erich
d. Ä. 1528–30 erbautes Wasserschloß mit
»Neuem hohen Gebäude« (1604–12), Re-
naissanceportal – Heimatmuseum – Mär-
chengarten – Burgruine Grubenhagen bei
Rotenkirchen mit Bergfried – Forstlehrpfad
Lauenberg
Neuhaus i. Solling/Silberborn Ehem. Jagd-
schloß hann. Könige – NSG Torfmoor,
Mecklenbruch und Friedrichshäuser Bruch –
Wildpark und Arboretum – sagenumwobe-
ner Sandsteinblock »Hackelbergstein« mit
Andreaskreuz und 4 Kreuzen

Freizeitangebot

Einbeck Beheiztes Freischwimmbad – Hallenbad – Tennis – Reiten – Minigolf –
Angeln – Kegeln – Trimmpfad
Dassel Waldschwimmbad – 2 beheizte Freischwimmbäder
Neuhaus i. Solling 3 Hotelhallenbäder – Angeln – Bowling – Kegeln – Minigolf – Tischtennis – Reiten – Skilanglauf (Skilift) – Eis-
lauf – Waldsportpfad

Veranstaltung

Neuhaus i. Solling Osterfeuer, Ostersonn-
abend

28 Höxter
Boffzen
Fürstenberg
Wehrden

*Corveyer
Wanderimpressionen*

Die 1100 Jahre alte Benediktinerabtei Corvey mit ihrem berühmten romanischen Westwerk.

Wie »ein ferner Gruß des heiteren, mainfränkischen Barock an das walddunkle Wesertal auf dem Boden großer Geschichte« – so schrieb treffend ein bekannter Kunsthistoriker – liegt die einstige Benediktinerabtei Corvey in einer weitausholenden Weserflußschleife vor den grünen Waldhängen des Solling. Ein zeitgenössischer Chronist nannte Corvey auch »das Wunder Sachsens und des Erdkreises«. 1000 Jahre lang, bis zur Säkularisierung der Fürstabtei im Jahre 1803, hatte Corvey als einer der großen Kulturleuchttürme des Abendlandes sein geistiges und geistliches Licht über Mitteleuropa ausgestrahlt. Bis hinauf in den fernen skandinavischen Norden reichte die Corveyer Missionierung, denn Ansgar, der Apostel Norwegens, war Mönch in Corvey gewesen.

Im Jahre 815 hatte Kaiser Ludwig der Fromme im nahen Hethi, dem heutigen Neuhaus, ein Nova Corbeia von Mönchen der Abtei Corbie an der Somme gründen lassen. Doch die ungünstige Lage des Ortes mitten in den damals weltfernen

Urwäldern des Solling veranlaßte sieben Jahre später Kaiser Ludwig, den Klosterleuten sein Landgut Huxori zu schenken. Dort siedelten sie sich auf dem hochwassergeschützten Platz an der Weser an und begannen mit dem Neubau der Abtei. Bereits 848 wird die Klosterkirche dem heiligen Erzmärtyrer Stephan geweiht, nachdem schon 836 die Gebeine des heiligen Vitus von St. Denis nach Corvey gebracht worden waren. Von 873–85 erhielt die Kirche ihr karolingisch-frühmittelalterliches Westwerk, das heute noch – nach 1100 Jahren! – die Klosteranlagen überragt. 400 Jahre lang dauerte die Blütezeit des Klosters. Dabei wurde Corvey zum Zentrum der Christianisierung des deutschen Ostens und spielte in der Politik des Reiches eine überragende Rolle. Die sächsischen Kaiser waren oft zu Gast in der Abtei und hielten dort ihre Reichs- und Hoftage ab; allein Kaiser Heinrich II. weilte siebenmal in den Mauern Corveys. Außerdem wurde in der Bibliothek antikes Schrifttum gesammelt und dadurch der Nachwelt erhalten. So erlebte der

Konvent unter Abt Wibald und unter dem sächsischen Kaiserprinzen Widukind II. im 12. und 13. Jahrhundert seine glänzendsten Jahre, dann geriet das Kloster mit dem Niedergang des Kaisertums in Verfall und erfüllte nur noch örtliche Aufgaben.

Nachdem die Soldateska des 30jährigen Krieges verheerend im Kloster und in der benachbarten Stadt Höxter gewütet hatte, kam durch den münsterschen Fürstbischof und Corveyer Fürstabt Christoph Bernhard von Galen in der Barockzeit nochmals ein neuer Aufschwung über die Abtei. Die Klostergebäude wurden neu errichtet, eine neue, großräumige Saalkirche mit gotisierenden Kreuzgewölben wurde gebaut und mit einer leider etwas derben Ausstattung versehen. Nach der Säkularisation fällt Corvey an das Fürstenhaus Nassau-Oranien, wird 1807 dem Königreich »König Lustigs« von Westfalen angegliedert und kommt schließlich an Preußen.

Heute ist das einst so berühmte Kloster als »Schloß« im Besitz des Herzogs von Ratibor, der sich Fürst von Corvey nennt. Geblieben ist vom alten Glanz das ehrwürdige, machtvolle Westwerk. Immer wieder zieht es mit seinen imposanten, spitzbehelmten Doppeltürmen die Blicke der Wanderer auf sich, wenn sie auf den Höhen des westlichen Solling um Lüchtringen, Boffzen oder Fürstenberg ihren Weserbergland-Wanderfreuden nachgehen oder von Höxter aus die drei Hausberge der alten Weser- und Hansestadt besteigen: den Rauschenberg, den Ziegenberg und den Brunsberg.

1 Zwei Mini-Bergtouren nördlich und südlich von Höxter

A Höxter – Rauschenberg – Höxter oder Corvey – B Höxter – Ziegenberg – Brunsberg – Höxter

Längere, aber nie steile Aufstiegswege zu schöner Wesertalsicht, überwiegend schattig und gut bezeichnet

A Ein Spaziergang durch Höxter ist ein Gang durch die Bau- und Kunstgeschichte der Jahrhunderte. Von der romanischen Kilianikirche über die frühgotische Minoritenkirche bis zum Rathaus aus dem 17. Jahrhundert und der Dechanei in Holzbaurennaissance findet man jeden Baustil, denn überall im Stadtgebiet haben sich auch noch viele schöne Bürgerhäuser aus der Barockzeit und dem Biedermeier erhalten. Deshalb habe ich dieser kurzen Rauschenbergwanderung eine Stadtbesichtigung vorangestellt, die Sie am besten an der Weserbrücke beginnen lassen. Wie

in einem lebhaft pulsierenden Stadtfreilichtmuseum läuft man durch das alte Höxter hinaus in die Stille des fast 300 Meter hohen Rauschenbergrückens, gelangt hier zum Mäuseturm und auf einem relativ bequemen Waldweg zur Bushaltestelle beim Forsthaus Nachtigall. Oder man verlängert die Tour zur Teufelsschlucht und zum Prinzessinnenkap, promeniert jetzt stangengerade über die Weserwiesen nach Corvey und schlendert zum Schluß auf der Weserpromenade nach Höxter zurück.

B Zum Naturschutzgebiet Ziegenberg und zur Ruine Brunsberg steigen Sie am besten vom Felsenkeller auf dem Rodeneckurweg zum gleichnamigen Aussichtsturm bergwärts. Über den Klippenweg geht's nun entlang der Sachsengräben ums Schleifental herum südwärts und auf dem Burgweg, Philosophenweg und Sägerweg bestens markiert zum Waldlehrpfad retour. Mittelpunkt dieser kaum anstrengenden Kurzwanderung sind die Burgreste auf dem Brunsberg, die angeblich noch aus der Zeit Karls des Großen stammen sollen. Karl kämpfte unten im

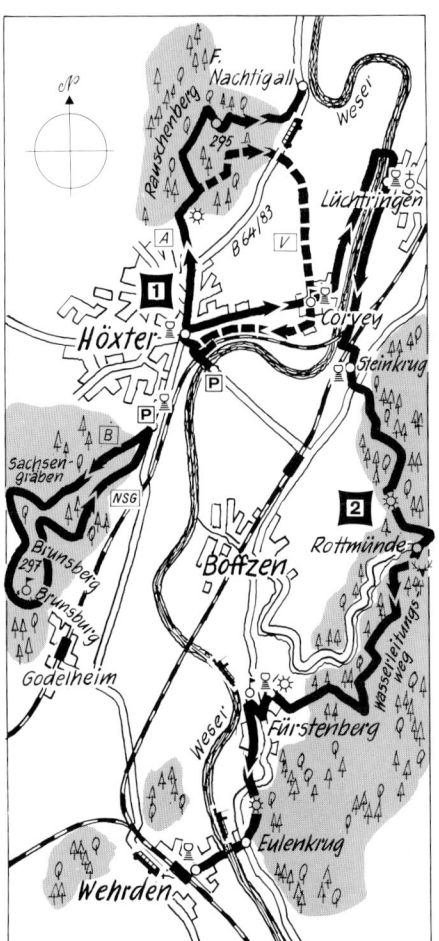

Wesertal auf dem Godelheimer Feld 775 gegen die Sachsen und trieb sie trotz tapferer Gegenwehr in den Fluß. Nur die alte Schloßlinde am südlichen Burggraben hat bis heutigentags dort oben in der Waldeinsamkeit den Jahrhunderten getrotzt.

Gehzeit A 1½–2 Stunden; bei V bis 3 Stunden; B 2–2½ Stunden.
Karte Wanderkarte 1:50000 Naturpark Solling-Vogler, Niedersächs. Landesvermessungsamt (A und B); für B noch zusätzlich Topographische Karte 1:50000 L 4322 Höxter.
Anfahrt Mit der Bahn von Paderborn, Northeim oder Holzminden; mit dem Bus von Hameln oder Kassel; mit dem Schiff von Hameln oder Hann. Münden; mit dem Auto auf den B 80/83 (Wesertalstraße), oder der B 64 bzw. B 239 von Hameln, Kassel, Paderborn oder Bielefeld.
Ausgangspunkte Höxter, östl. Stadtrand, Großparkplatz am rechten Weserufer (A); oder (B) Höxter, südlicher Stadtrand, Wanderparkplatz an den B 64/83 (Godelheimer Straße).

2 Fürstenberg: Weißes Gold aus einem weißen Schloß

Höxter – Corvey – Lüchtringen – Rottmünde – Fürstenberg – Wehrden – Bus oder Schiffahrt nach Höxter

Leichte Berg- und Höhenwanderung mit viel Schatten, gute Wegmarkierungen

Im Gegensatz zur ältesten Porzellanmanufaktur Europas in Meißen, deren Wahrzeichen die blauen Kurschwerter sind, trägt das Prozellan der zweitältesten Manufaktur Deutschlands ein blaues F mit der Herzogskrone auf seiner Rückseite. Auf der einstigen Welfenburg Fürstenberg hatte Herzog Karl I. von Braunschweig die Porzellanmanufaktur 1745 gegründet. Eine Schausammlung mit erlesenem Fürstenberg-Porzellan gibt Aufschluß über das künstlerische Schaffen der Manufaktur. In unmittelbarer Nähe des Schlosses sitzt man nach intensivem Schauen und Wandern wohlverdient auf der »Weserterrasse« bei Kaffee und Kuchen und genießt eine prachtvolle Aussicht ins Wesertal. Mit den Augen kann man von hier oben nochmals die Tour verfolgen: Von Höxter durch die Corveyer Allee zum Kloster Corvey und nun weserabwärts im großen Bogen über die neue Lüchtringer Brücke ins hübsche Lüchtringen (da gibt es mehrere gemütliche Gasthäuser unmittelbar am Fluß).

Weiter geht's jetzt stets weseraufwärts, erst eben am Wasser, dann im kurzen Steilaufschwung zum »Steinkrug« (das ist schon wieder ein Wirtshaus). Gleich danach

wird es sehr still, wenn Sie am westlichen Sollinghang dem Wildgehege Rottmünde entgegenwandern, dann anschließend auf dem Wasserleitungsweg den Westrand des Boffzener Forstes queren und bald auch hoch droben auf dem Wersteilhang Schloß Fürstenberg erreichen.

Der Schluß der Tour ist einfach und gar nicht mehr lang. Entweder geht man steil direkt zum Fürstenberger Dampferanlegesteg hinunter oder flach weiter stromauf zum Gasthaus Eulenkrug und fährt mit der Weserfähre hinüber zum Bus in Wehrden. Romantiker können von hier in den Sommermonaten auch mit dem Schiff nach Höxter zurückfahren und sich dabei auf dem Oberdeck von der Abendsonne die letzte Bräune des Tages holen.

Gehzeit 5½–6 Stunden; evtl. nur 5 Stunden.
Karte Wanderkarte 1 : 50 000 Naturpark Solling-Vogler, Niedersächs. Landesvermessungsamt.
Anfahrt Siehe Wandervorschlag 1.
Ausgangspunkt Höxter, östl. Stadtrand (Großparkplatz am rechten Weserufer).
Bitte beachten Notieren Sie schon in Höxter die Rückfahrverbindungen.
Anmerkung Diesen Wandervorschlag können Sie mit dem Wandervorschlag 25/2 zu einer schönen Zwei-Tage-Tour zusammenfügen.

Sehenswertes

Höxter Kilianskirche (ev. Stadtpfarrkirche), romanische Pfeilerbasilika (1110–40) mit großartigem Westwerk; auf dem Hochaltar Kreuzigungsgruppe (um 1520), Kanzel (1597) mit Alabasterrelief, Taufe (1631), Orgel (1710), Leuchter (17. und 18. Jh.) – Minoritenkirche, frühgotisch (um 1280) mit gotischem Lettner u. Maßwerkfenstern, barocker Dachreiter – Rathaus, Renaissance (um 1610) mit Treppenturm, reichgeschnitzter Erker; innen: romanische Figurengruppe (um 1265) der ehem. Stadtwaage – viele schöne Bürgerhäuser (hessisch-fränkisch-niedersächsisch) v.a. aus der Spätgotik u. Renaissance – gut erhaltene Stadtbefestigung – NSG Ziegenberg u. Bielenberg mit Waldlehrpfad
Corvey Ehem. Benediktinerabtei (jetzt Schloß); Abteikirche (848–85), zur barocken Saalkirche umgebaut (um 1670); romanisches Westwerk, ältestes noch erhaltenes Baudenkmal Westfalens, Helme von 1583; innen: 5schiffige Krypta, darüber Johannischor (Gastkirche der Kaiser) mit Kaiserloge; etwas schwülstige Barockausstattung (Orgel, 1690) – Abteigebäude, barock (1696–1714), 113 m lang, 90 m breit, mit Bildnisgalerie aller Äbte, Kreuzgang mit bedeutendem romanischen Kruzifixus, 2geschossiger Kaisersaal, Bibliothek, Museum; auf dem Friedhof das Grab des Dichters Hoffmann von Fallersleben

Das Renaissance-Rathaus zu Höxter mit seinem festungsartigen Treppenturm aus dem Jahre 1610.

Fürstenberg Schloß (jetzt Porzellanmanufaktur), ehem. braunschweigische Burg (1350), zu einem Renaissanceschloß umgebaut (1589–1613), 3geschossiger, reichverzierter Torbau mit meisterhaftem Treppenhaus (18. Jh.) – Porzellanmuseum

Freizeitangebot

Höxter Freischwimmbad am Weserufer – Hallenbad – Freischwimmbäder auch in Lüchtringen, Ottbergen u. Stahle (dort auch Hallenbad) – Kegeln – Angeln – Minigolf – Tennis – Reiten – Segelfliegen – alle Arten Wassersport auf der Weser – Trimmpfad
Boffzen Freischwimmbad Lauenförde – Angeln – Kegeln – alle Arten Wassersport auf der Weser

Veranstaltungen

Corvey Schloßkonzerte und Musikwoche (Juni)

29 Holzminden Bevern Polle

Auf dem Dach des Weserberglandes

Der Köterberg ist der Stolz des Weserberglandes. Mit seinen 503 Höhenmetern ist er zwar nicht der höchste Gipfel des Gebirgszuges – diesen Rang macht ihm gleich jenseits des Wesertales die etwa 20 Meter höhere Große Blöße im Solling streitig –, aber er ist der schönste Aussichtsgipfel zwischen Brocken, Velmerstot und Süntelturm. Als mächtiger, imposanter Kegel steht sein freier, unbewaldeter Gipfelaufbau über der Steinheimer und Ottensteiner Hochfläche. Nadelgleich zeigt die Spitze des Fernsehturms auf seinem tellerrunden Gipfelplateau in den Himmel, als möchte der Berg wie mit erhobenem Zeigefinger sagen: Wanderer, zu mir mußt Du heraufsteigen, ich lege Dir die Welt zu Füßen! 62 Ortschaften kannst Du von mir aus sehen, dazu ein herrliches Flußtal und die berühmtesten Mittelgebirge Norddeutschlands, vom Harz bis zum Wiehengebirge und vom Deister bis zum Eggegebirge!

Wohin er auch geht, der Teutoburger-Wald- und Weserbergland-Wanderer wird er immer wieder seine Blicke auf diesen Berg richten, der oft ganz unvermittelt an einem Waldrand vor ihm steht oder beim Überschreiten eines Höhenrückens in der Ferne auftaucht. Er ist der Sehnsuchtsberg wohl eines jeden Wanderers im Weserbergland und Teutoburger Wald, und er verspricht seinen Besteigern die schönsten Sonnenunter- und -aufgänge zwischen Hannover, Kassel und Osnabrück. So nimmt man sich also vor, den Köterberg zu besteigen. Da aber eine Autostraße viele »Sitzbergsteiger« zu ihm hinauf bringt, wartet man für dieses Unternehmen eine umfangreiche Schönwetterlage im Vorfrühling ab.

Wenn dann so Mitte bis Ende März die Wetterkarte ein größeres Hochdruckgebiet ankündigt, nimmt sich der Wanderer drei Urlaubstage und macht sich in Holzminden an der Weser auf den Weg. Mit dem Fluß geht es gemütlich, weil flach und eben, durchs erste, zarte Grün der Weserwiesen nach Forst, darauf im Kreuzgrund bergan zur großen Wesertalsicht vom Knapp und zur ersten längeren Rast. Am Nachmittag erreicht er – von den Andreaskreuzen gut trassierter Weserbergland-Weitwanderwege bestens geführt – unmittelbar hinter Heidbrink die Weserfähre, die ihn wie zur Zeit von Ludwig Richters »Überfahrt am Schreckenstein« zum alten Poller Fährhaus übersetzt. Hier im Ort bezieht er sein Zimmer, das er in einem der adretten Wirtshäuser vorbestellt hat, und unternimmt noch einen Abendspaziergang hinauf zur Ruine der einstigen Poller Grafenburg, die im 30jährigen Krieg von Tilly erobert und von den Schweden zerstört wurde. Da sitzt er nun hoch überm Weserfluß, schaut dem runden roten Vollmond entgegen, der gerade vom Waldkamm des Vogler aufsteigt und sich jenseits von Brevörde in einem Wasserbogen des Stroms spiegelt und denkt sich: Morgen gibt's einen schönen Tag.

Zeitig in der Früh wandert der Köterberg-Besteiger in die Morgenfrische des Spiekersiekbachtals hinein, trimmt anschließend oberhalb der Alten Ziegelei über freies Feld ein wenig schwitzend den Hebenberg hinauf und schlürft unterwegs das klare Wasser des Waldbaches dreimal aus der hohlen Hand – weil das ewige Gesundheit bringen soll. Dann pilgert er nach Hummersen hinüber und freut sich dort an den Märzenbechern und Krokus-

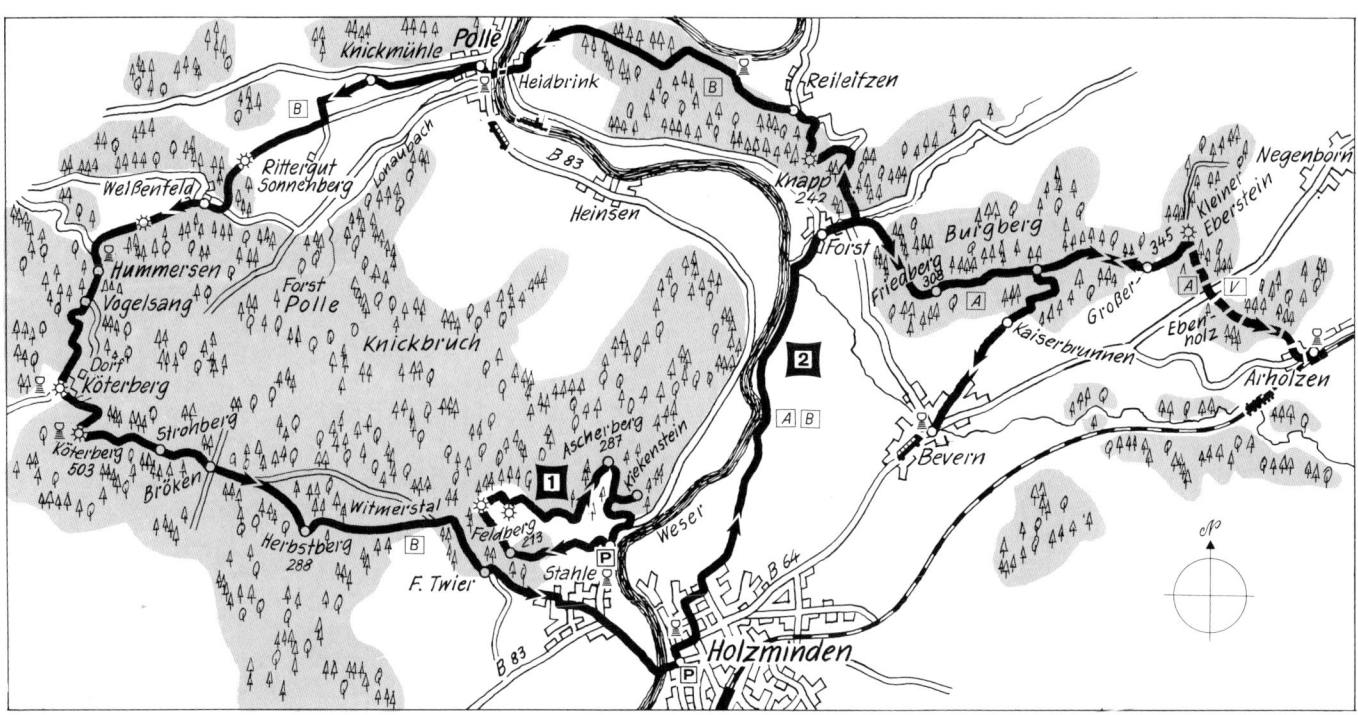

sen in den winzigen Vorgärten schmucker Fachwerkhäuser. Zwischen den blauen Sternen der Leberblümchen und den goldgelben Glocken der Schlüsselblumen und weißen Buschwindröschen schnauft der einsame Wanderer nachmittags zum Ort Köterberg empor und sieht mit Sorge von Westen eine Wolkenwand aufziehen. Und schon rollen schwarze Haufenwolken über den Köterberggipfel hinweg und lassen droben das Berggasthaus in den zähen Nebelschwaden eines Frühlingsgewitters verschwinden. Da stülpt er sich die Anorakkapuze über, kämpft keuchend gegen den Sturm an und erreicht bei Blitz und Donner den rettenden Hütteneingang, gerade zusammen mit den ersten dicken Regentropfen. Drinnen in der Gaststube findet er ein junges Ehepaar aus Bielefeld vor und einen älteren Herrn aus Springe am Deister – sonst niemanden. Er bestellt sich ein gewaltiges Kotelett mit Majonäsesalat und einen Schoppen Wein. Und läßt sich's erst einmal schmecken. Der Wirt aber meint fröhlich dazu: »Schade, daß Sie ein so schlechtes Wetter mitgebracht haben; sonst sehen wir von hier aus sogar die Zugspitze: die Spitze des Zuges nämlich, der von Paderborn nach Hildesheim fährt.« Da muß der Wanderer gar nicht lachen, er verzieht sich vielmehr müde nach oben in die »Falle«.

Beim ersten Dämmerschein am nächsten Morgen zieht er sich seine Bergschuhe an und tritt vor die Tür. Hier sieht er im Süden unter roten Wolkenfahnen auf dem Habichtswald den Kasseler Herkules im Morgenlicht stehen, sieht, wie jenseits der Porta Westfalica die Nacht hinterm Wesergebirge davonschleicht und schaut fasziniert, wie links vom Brocken der rote Sonnenball die Harzberge überklettert und dabei das Land mit seinen Strahlen erfüllt, rot, gold, gelb, weiß, gleißend. Dabei studiert er immer wieder die Aussichtsziele, die auf den beiden Bronzetafeln vorm Wirtshaus vermerkt sind. – Anschließend frühstückt er und wandert frohen Herzens hinunter ins Wesertal, dem Fluß und dem jungen Tag entgegen.

Der Köterberg ist mit seinen 503 Metern zwar nicht die höchste Erhebung des Weserberglands, aber ganz sicher sein schönster Aussichtsberg.

1 Köterbergsicht vom Feldberg (213 m)

Stahle – Feldberg – Kiekenstein – Stahle

Nur wenig anstrengende Bergwanderung, im ersten Teil Sonne, im zweiten Schatten

Ehe Sie diese eben beschriebene, lange Köterbergwanderung unternehmen, werden Sie sich vielleicht in der Holzmindener Umgebung ein wenig einlaufen wollen. Dazu eignet sich eine Besteigung der sichtfreien Feldberghöhen (213 m) und eine Überwanderung des Waldreviers um den Ascherberg (287 m) ganz hervorragend. Die Marienkapelle und das riesige Mahnkreuz auf dem Feldbergplateau mit einer prachtvollen Sicht ins Wesertal und zum Köterberggipfel stehen am Anfang dieser kurzen Tour, den Mittelteil bildet ein stiller Übergang durchs Landschaftsschutzgebiet Orttal, den Schluß ein Besuch des Aussichtspunktes auf dem Kiekenstein, von dem man in wenigen Minuten abwärts das Gasthaus Kiekenstein erreicht – gerade noch zur rechten Zeit: zum Mittagessen.

Gehzeit 2–2½ Stunden.
Karte Wanderkarte 1:50000 Naturpark Solling-Vogler, Niedersächs. Landesvermessungsamt.
Anfahrt Mit der Bahn von Kassel, Göttingen oder Paderborn; mit dem Bus oder Schiff von Hameln oder Hann. Münden; mit dem Auto auf den B 83 (Wesertalstraße), B 64 oder B 497 von Hameln, Hann. Münden, Göttingen oder Paderborn–Bad Driburg.
Ausgangspunkt Stahle (2 km nordwestl. von Holzminden), Hotel Kiekenstein an der B 83.
Bitte beachten Unterwegs gibt es keinen Stützpunkt.

2 Köterberg (503 m) und Eberstein (345 m)

Holzminden – Forst – Ⓐ Burgberg – Eberstein – Bevern – Busfahrt nach Holzminden – Ⓑ oder von Forst nach Polle – Köterberg – Holzminden

Ⓐ *Einfache, aber wenig Gehvortraining verlangende Bergwanderung, zur Hälfte Schatten;* Ⓑ *lange, anstrengende Bergwanderung mit viel Sonne und Sicht*

Eine Besteigung des Köterberges können Sie auch in Polle beginnen und in Holzminden beenden und von hier mit dem Bus oder – angenehmer – mit dem Schiff zum Ausgangspunkt Polle zurückfahren. Die Wandervariante Ⓐ ergibt dann eine separate Tour, die Sie von Forst auf den Friedberg (308 m) und Burgberg (341 m) führt. Nur wenig weiter ostwärts steht der 1968 für Filmaufnahmen renovierte Turm einer ehemaligen Zeigertelegraphenstation. Er war Teil einer optischen Telegraphenlinie, die in den Jahren 1833–49 als Vorgängerin des elektrischen Telegraphen zwischen Berlin und Koblenz betrieben worden war. Anschließend gelangen Sie auf dem Waldkamm des Ebersteins zur einst stolzen Burg Everstein. Tiefe Gräben und mächtige Wallanlagen erinnern noch an den Stammsitz der Eversberger Grafen, den die Welfenherzöge 1493 abtragen ließen.

Zur Rückfahrt nach Holzminden benutzt man entweder den Bus ab Bevern oder die Bahn ab Arholzen. Oder man wandert südwärts gemächlich in den Solling hinein und vom Schießhaus und Wirtshaus

Waldmühle (siehe Wandervorschlag 27/2 Ⓥ) im bezaubernden Hasselbachtal Richtung Holzminden abwärts. Aber das ist dann eine Zwei-Tage-Tour.

Gehzeit Ⓐ Zur Burg Everstein 4½–5 Stunden; Ⓑ auf den Köterberg 8–9 Stunden, 2 Tage; bei Rückfahrt von Polle nur ca. 4 Stunden, bei Anfahrt nach Polle nur ca. 5 Stunden.
Karte Wanderkarte 1:50000 Naturpark Solling-Vogler und topographische Karten 1:50000 L 4122 Holzminden, Niedersächs. Landesvermessungsamt, und L 4120 Bad Pyrmont, Landesvermessungsamt Nordrhein-Westfalen.
Anfahrt Siehe Wandervorschlag 1.
Ausgangspunkt Holzminden, Johannismarkt/Jugendherberge an der Weserbrücke (Großparkplatz).
Bitte beachten In der Hochsaison Übernachtungen in Polle bzw. auf dem Köterberg vorbestellen. Vor Wanderstart Fahrpläne (Schiff, Bus, Bahn) erkunden.

Sehenswertes

Holzminden Pfarrkirche St. Marien, romanisch, Ende 16. Jh. umgebaut – Tillyhaus (1609) – Raabebrunnen – Heimatmuseum mit geologischen Sammlungen – viele schöne Fachwerkhäuser – modernes Glockenspiel – Waldmuseum u. Wildpark in Neuhaus
Polle Malerische Burgruine (1285), Hauptsitz der Grafen von Everstein, seit 1408 welfisch, im 30jähr. Krieg (1623 u. 1641) zerstört
Bevern Schloß (1603–12) derer von Münchhausen, Renaissance – Pfarrkirche (1595), im 19. Jh. erneuert; Münchhausengrabsteine, in der Vorhalle farbige Stuckreliefs (1596) – Burg Everstein (1100) auf dem Ebersteins mit Vorburg Kl. Eberstein, ab 1408 welfisch, 1493 auf Befehl des Herzogs von Braunschweig abgetragen – optischer Zeigertelegraphenturm der Telegraphenlinie Berlin–Koblenz (1833–49)

Freizeitangebot

Holzminden Beheiztes Freischwimmbad – Hallenbad – Freischwimmbad in Neuhaus – Angeln – Kegeln – Reiten – Tennis – Minigolf – Segelfliegen – alle Arten Wassersport auf der Weser
Polle Freischwimmbad in Heinsen – Angeln – Kegeln – Minigolf – alle Arten Wassersport auf der Weser
Bevern Freischwimmbad – Kegeln – Angeln

Holzminden an der Weser: die romanische Pfarrkirche St. Marien.

30 Bodenwerder Hehlen Ottenstein Brevörde Rühle

*Im Lande des
Hieronymus Freiherrn
von Münchhausen*

Als der Kaiserlich-Russische Rittmeister Hieronymus Carl Friedrich Freiherr von Münchhausen nach vielen Abenteuerjahren wieder in seinen Heimatort Bodenwerder an der Weser zurückkehrte, erzählte er seinen erstaunten Landsleuten die folgende wahre Geschichte: Es war auf dem Balkan, als sich der Baron einmal auf seinen Reisen einem Feldzug gegen die Türken anschloß. Dabei wurden diese eines Tages in die Stadt Osakow hineingetrieben und auf der anderen Seite gleich wieder hinaus. Weil aber das feurige Litauerpferd des Barons so außerordentlich schnell war, erreichte er unmittelbar hinter den Türken als erster den Marktplatz von Osakow. Dort wartete er auf seine Leute und ließ unterdessen das Pferd am Brunnen trinken. Es soff und soff ganz unmäßig mit einem Durst, der nicht zu löschen war. Münchhausen wunderte sich darüber sehr, sah sich nach seinen Mannen um – und erschrak ganz schrecklich: Verdutzt stellte er nämlich fest, daß der gesamte hintere Teil des Tieres fehlte. Das Wasser aber lief hinten aus dem Pferd genauso wieder heraus, wie es vorn getrunken wurde. In dem Moment kam der Reitknecht des Barons herangejagt und erzählte ihm atemlos, daß man das Schutzgatter des Stadttors genau in dem Augenblick fallen gelassen hatte, als Münchhausen durchs Tor in die Stadt ritt. Dabei wurde sein Roß mitten durchgeschnitten. Das Vorderteil

jedoch sei allein weitergaloppiert, während das Hinterteil draußen vor der Stadt blieb und auf eine Wiese rannte. Da ritt Münchhausen auf dem zweibeinigen Pferdevorderteil wieder zur Stadt hinaus, ließ geschwind seinen Feldscher rufen und beide Pferdeteile ganz einfach wieder zusammennähen. Das auf diese Weise wieder komplettierte Roß diente daraufhin seinem Herrn noch viele Jahre.

Die Bürger von Bodenwerder aber hatten auch nach 200 Jahren noch soviel Spaß an der Geschichte, daß sie vor einiger Zeit einen Brunnen vor Münchhausens Geburtshaus aufstellen ließen, in dem der Baron am 11. Mai 1720 das Licht der Welt erblickte. So sitzt der Lügenbaron wie damals in Osakow nun mitten in Bodenwerder auf seinem halbierten Pferd und beugt sich erstaunt zurück, weil seinem Roß das Brunnenwasser hinten zum Bauch herausläuft. Dieser originelle Brunnen ist der Ausgangspunkt für zwei wundervolle Wandertouren in die Umgebung von Bodenwerder, wie sie im Weserbergland kaum schöner, aber auch kaum gegensätzlicher vorstellbar sind. Der Wandervorschlag 1 wird Sie bergwärts zum zauberhaften Hattenser Kirchlein leiten, das sturmumtost und sonnenüberflutet die Ottensteiner Hochfläche beherrscht. Der Wandervorschlag 2 bringt Sie von der Bodenwerder Königszinne quer durch den Naturpark Vogler auf den Bodoturm und auf die höchste Erhebung im Vogler: auf den 460 Meter hohen Ebersnacken.

Wir trugen auf all unseren Wanderungen durchs Land der Herren von Münchhau-

sen stets zwei kleine Büchlein mit uns, die wir so oft als möglich bei großer Rast in den stillen Walddomen des Vogler oder am Rande der Ottensteiner Hochfläche aus dem Rucksack holten, um darin die eine oder andere Geschichte zu lesen. Das eine Buch war ein vom »Verein der Freunde des Vogler« herausgegebener Führer, der uns viel Interessantes über die Schönheiten des Naturparks Vogler berichtete. Das andere waren die Erzählungen des Hieronymus Freiherrn von Münchhausen. Sie amüsierten und faszinierten uns immer wieder durch ihre dichterische Fantasie und ihre hohe Fabulierkunst, die den Aufschneiderbaron unsterblich werden ließen.

1 Über die Ottensteiner Hochfläche

Bodenwerder – Hehlen – Ottenstein – Steinmühle (oder Brevörde) – Busfahrt nach Bodenwerder
Bergwanderung mit weiter Sicht und intensiver Sonneneinstrahlung, nur während der Aufstiegsphase Schatten, gute Wege

Ziel und Höhepunkt dieser prächtigen Tour ist die Hattenser Kirche. Weltabgeschieden steht sie in fast 300 Meter Höhe am Nordrand der Ottensteiner Hochflä-

Das Münchhausen-Denkmal vor dem Geburtshaus des »Lügenbarons« in Bodenwerder.

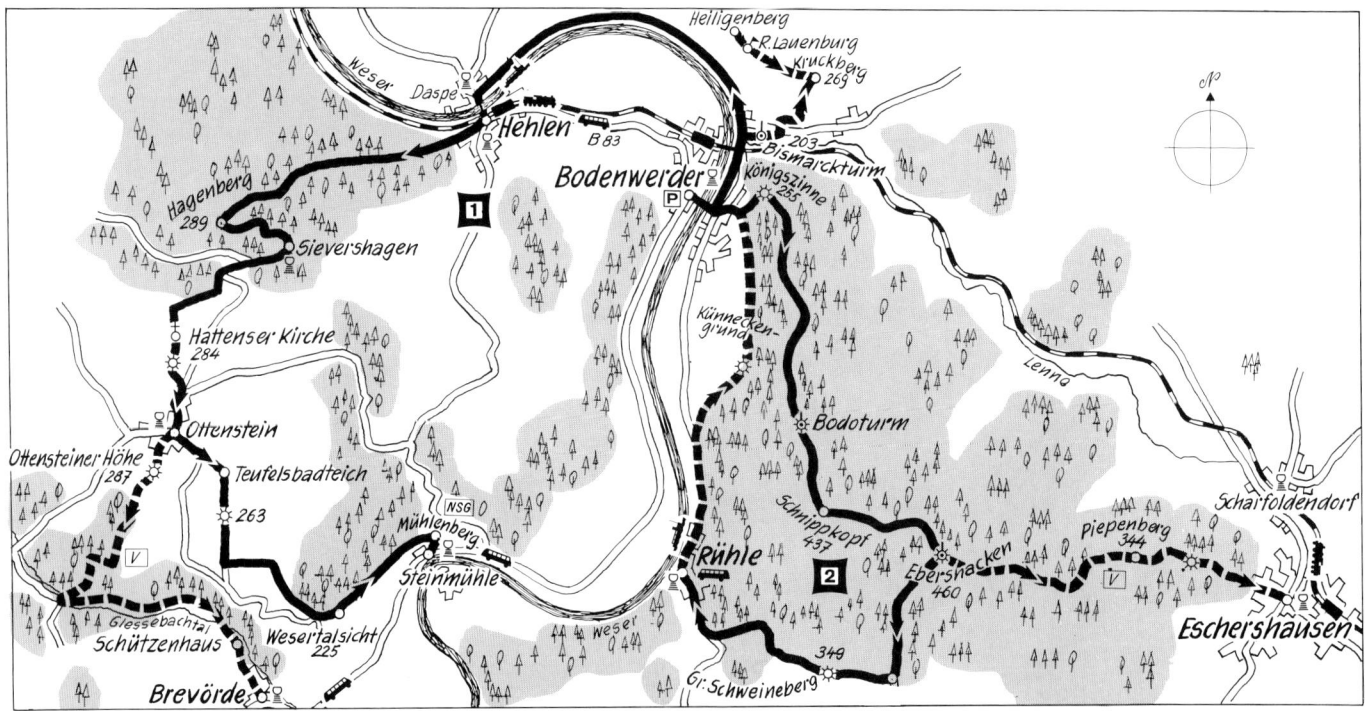

che, die nach allen Richtungen hin durch tief eingeschnittene Täler begrenzt wird: das Wesertal umwindet das Plateau im Norden, Osten und Süden gleich von drei Seiten, die Waldbachtäler der Glesse und des Sievershagener Baches begrenzen die Hochfläche nach Südwesten und Nordwesten. Wanderrast- und Hauptort des tafelartigen Berges ist der Flecken Ottenstein, in dem Sie auch übernachten können – was dringend zu empfehlen ist, denn die Gesamttour ist mit einer reinen Gehzeit von etwa 6 Stunden doch ein wenig lang.

Das Ganze beginnt recht harmlos: nämlich mit einer Promenade an der Weser entlang (von der Sie einen schleifenartigen Abstecher zum Bismarckturm, zur Franzosenhöhe am Kruckberg und zur Ruine Lauenburg anhängen können). In Daspe wartet dann die Fähre nach Hehlen auf Sie. Die vollendete Raumschönheit der achtseitigen Immanuelskirche und das schulenburgische Renaissanceschloß sollten Sie sich dort unbedingt vor dem Weiterwandern über den Hehlener Berg und Hagenberg nach Sievershagen anschauen. Den Abstieg von Ottenstein ins Wesertal nimmt man entweder durchs idyllische Glessebachtal nach Brevörde. Oder man bummelt südostwärts eben übers Plateau zur hinreißenden Wesertalsicht oberhalb von Brevörde und gelangt anschließend auf einem pittoresken Höhenweg zur Steinmühle beim Naturschutzgebiet Mühlenberg.

Das spätromanische Hattenser Kirchlein, der eigentliche Mittelpunkt dieser schönen Wanderung, ist das letzte Gebäude des gleichnamigen Bauerndorfes, das im 30jährigen Krieg zerstört wurde. Unter der Friedhofslinde fanden wir ein seltsames Sandsteingrab, das mehr einem oberbayerischen Bauernbett als einem Grab ähnelte. Es erzählte die Geschichte eines afrikanischen Häuptlingssohnes, der als Sklave nach Brasilien verkauft worden war und hier in der Einsamkeit der Ottensteiner Hochfläche seine letzte Ruhestätte gefunden hatte. Wie rätselhaft und wunderlich schicksalhaft doch die Spuren mancher Menschen über diese Erde führen!

Gehzeit 5½–6 Stunden; bei Busrückfahrt von Hehlen nur 2½ Stunden.
Karte Wanderkarte 1:50000 Naturpark Solling-Vogler und topographische Karte 1:50000 L 3922 Hameln, Niedersächs. Landesvermessungsamt.
Anfahrt Mit der Bahn von Göttingen/Northeim oder von Hameln; mit dem Bus oder Schiff von Hameln oder Hann. Münden; mit dem Auto auf der B 83 (Wesertalstraße) oder B 24/B 64 von Göttingen, Salzgitter, Hameln oder Hann. Münden.
Ausgangspunkt Bodenwerder, Stadtmitte (B 83), Münchhausenbrunnen vor Münchhausens Geburtshaus (Rathaus)/Heimatmuseum (P neben dem Hotel Deutsches Haus).
Bitte beachten Erkundigen Sie sich schon in Bodenwerder nach den Busfahrplänen ab Steinmühle bzw. Brevörde. Bestellen Sie evtl. die Übernachtung in Ottenstein vor.

2 Durch den Naturpark Vogler

Bodenwerder – Königszinne – Bodoturm – Ebersnacken – Rühler Schweiz – Busfahrt nach Bodenwerder
Waldbergwanderung auf bestens markierten Weit- und örtlichen Streckenwanderwegen, meist Schatten

Von einem Aussichtsturm zum anderen wandern Sie während dieser prachtvollen Tour über den Waldkamm des Vogler. Von der Bodenwerder Königszinne (255 m; sie wurde 1863 als Denkmal für den letzten hannoverschen König Georg und zur Erinnerung an den 50. Jahrestag der Völkerschlacht bei Leipzig erbaut) geht es im sanften Wandanstieg über den Lehmbrink (364 m) zum 1957 errichteten Bodoturm auf dem Zimmertalskopf (412 m). Jenseits von Schnippkopf (437 m) und Hammershüttenkopf (412 m) taucht dann plötzlich der 26 Meter hohe Ebersnackenturm vor Ihnen auf, der im Jahre 1960 fertig wurde. Fantastisch, was es von ihm aus bei schönem Wetter zu sehen gibt; dies alles aufzuzählen, ist einfach nicht möglich. Verraten sei nur, daß wir sogar den Brocken im Harz und das Ohmgebirge erspähten, dazu die Hohe Tafel, den Deister und das Wesergebirge. Und mit dem Fernglas auch den »Dicken Hermann« auf der Grotenburg im Teutoburger Wald. Das war allerhand. Und wir fanden, daß es nur wenige Punkte in Deutschland gibt, von denen aus man eine ähnliche Fernsicht hat. Es sei denn von

An der Weser bei Rühle.

der Zugspitze – aber das ist keine Kunst, denn die ist auch 2500 Meter höher als der Ebersnackenturm.

Nach der großen Rundsicht marschiert man einfach und gerade (und auch auf relativ kurzem Weg) ostwärts zum Bahnhof Eschershausen hinunter. Genießer fügen noch einen Südwanderbogen zum Großen Schweineberg (349 m) und nach Rühle an; Unermüdliche laufen gar vom Weinbergdenkmal in der Rühler Schweiz an einem zweiten Wandertag auf dem Weserhöhenweg zu Fuß nach Bodenwerder retour.

Gehzeit 5–5½ Stunden; ohne Busrückfahrt 7–7½ Stunden, dann besser 2 Tage.
Karte, Anfahrt, Ausgangspunkt Siehe Wandervorschlag 1.
Bitte beachten Da es unterwegs keine Stützpunkte gibt: Verpflegung und Getränke in den Rucksack packen. Notieren Sie schon in

Bodenwerder Bahn- und Bus-, evtl. auch Schiffsverbindungen ab Rühle (bzw. Eschershausen).

Sehenswertes

Bodenwerder Stadtkirche St. Nicolai, gotisch (1407–11), 3schiffige Halle mit Kreuzgewölben; 6eckiger Taufstein (1608), Reste von Wandmalereien (Anf. 16. Jh.) – Rathaus (1605), ehem. Herrenhaus derer von Münchhausen, Weserrenaissance; Münchhausengedenkraum – Münchhausen-Gartenhaus im Berggarten (1763) mit grottenartigem Erdgeschoßgewölbe – spätgotische St.-Gertraudis-Kapelle mit Kreuzrippengewölben – zahlreiche Ackerbürger-Fachwerkhäuser aus dem 17. Jh. – mittelalterliche Stadtmauer mit 3 Türmen – Heimatmuseum – Forstlehrpfad Rühle – Wildgehege
Kemnade Ehem. Benediktinerinnenklosterkirche, romanisch (1046), flachgedeckte, 3schiffige Pfeilerbasilika aus salischer Zeit; gotischer Altarschrein (um 1400), Kruzifixus (13. Jh.), prachtvolle Schnitzmadonna (15. Jh.), »Christus im Elend« (15. Jh.), Pieta

(Ende 15. Jh.); zahlreiche interessante Epitaphien; Grab des »Lügenbarons« – Reste der Stiftsgebäude
Hehlen Immanuelskirche (1697–99), 8seitiger Zentralbau mit quadratischen Treppenhaustürmen und Welschen Hauben, doppelgeschossige Emporen; von kannelierten Pilastern eingefaßte Kanzel, Spiegelgewölbe aus Holz mit Stuckdekorationen; theologische Bibliothek – Schloß (Weserrenaissance; 1579–84) derer von Schulenburg, 4flügelige Anlage, von Wassergräben umzogen, Sandsteinpforte mit Allianzwappen des Erbauers (1579); im Park Barockputten
Ottenstein Ehem. Burg, Zufluchtsort des Sachsenherzogs Heinrich des Löwen – romanische Hattenser Kirche (Sicht!) mit Renaissancealtar – typische Weserlandschaft (Muschelkalkfelsen) beim NSG Steinmühle

Freizeitangebot

Bodenwerder Temperiertes Sole-Freischwimmbad – Hallenbad – Tennis – Angeln – Kegeln – Minigolf – alle Arten Wassersport auf der Weser – Hallenbad auch in Hehlen

31 Stadtoldendorf Eschershausen

Beschauliche Ausflüge in der Heimat Wilhelm Raabes

Eschershausen nennt sich mit Stolz die Wilhelm-Raabe-Stadt. Hier gibt es eine Raabe-Apotheke, eine Raabestraße und ein Raabedenkmal vor der Wilhelm-Raabe-Schule. Und ganz in der Nähe, hoch droben auf dem Hils, steht ein Wilhelm-Raabe-Aussichtsturm, dessen Besteigung ein überaus lohnendes Unternehmen ist. Das Geburtshaus Wilhelm Raabes ist ein hübsches, altes Fachwerkhaus am westlichen Altstadtrand Eschershausens und enthält eine schlichte, sehenswerte Gedenkstätte mit Erinnerungsstük-

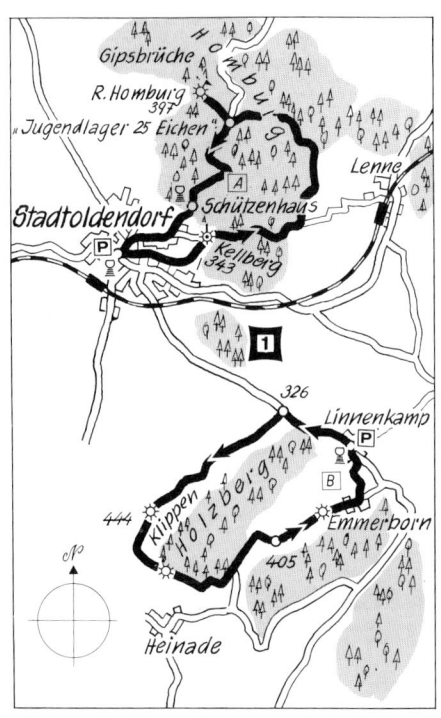

ken an den großen Erzähler. Er wurde am 8. September 1831 in Eschershausen geboren, verbrachte im benachbarten Stadtoldendorf von 1842–45 drei Jahre seiner Kindheit und starb am 15. November 1910 in Braunschweig. Dazwischen liegt ein wechselvolles Leben als freier Schriftsteller in Wolfenbüttel, Stuttgart und Braunschweig. Raabe war ein Dichter des poetischen Realismus. Seine Bücher sind voll verhaltener Melancholie über das Schwinden der »guten alten Zeit«. Raabes Roman »Alte Nester« spielt zum größten Teil in Stadtoldendorf und Eschershausen. Berühmt sind die »Chronik der Sperlingsgasse« von 1857 aus dem Milieu Alt-Berlins und der Entwicklungsroman »Der Hungerpastor« aus dem Jahre 1864. Wilhelm Raabes subjektive, psychologisch meisterhafte Erzählkunst gibt den Charakterschilderungen den Vorrang gegenüber der Handlung. Seine Figuren sind Sonderlinge und seltsame Käuze, die äußerlich oft scheitern, innerlich aber frei bleiben.

Sowohl in Stadtoldendorf wie auch in Eschershausen, den Ausgangspunkten der nächsten Wandervorschläge, werden auch Sie – trotz Autolärm und Neonreklamen – noch einiges von der biedermeierlichen Atmosphäre des vergangenen Jahrhunderts und damit aus den Romanen Wilhelm Raabes verspüren. Etwa wenn Sie von Stadtoldendorf hinaufwandern zu den stillen Waldhöhen der Homburg, die als mächtige Fels- und Aussichtsbastion das Lennetal überragt, oder wenn Sie von Linnenkamp aus das flache, nach drei Seiten steil abbrechende Kalkplateau des Holzberges umrunden. Die wohl schönste Tour zwischen Hils und Vogler bringt Sie von Scharfoldendorf auf den schmalen, langgestreckten Kamm des Ith. Von Höhle zu Höhle, von einer interessanten Dolomitkalkklippe zur anderen wandert man

Auch in der Umgebung von Stadtoldendorf erleichtern Wanderinformationstafeln die Orientierung.

dort dahin. Und schaut ganz oben vom Rothenstein weit hinaus in die Heimat Wilhelm Raabes.

1 Auf die Homburg und über den Holzberg

Ⓐ **Stadtoldendorf – Kellberg – Große Homburg – Stadtoldendorf – Ⓑ Linnenkamp – Holzberg – Emmerborn – Linnenkamp**

Ⓐ *Gemütliche Bergwanderungen mit viel Schatten und viel Sicht;* Ⓑ *gute, jedoch schlecht markierte Wege*

Die beiden Stadtoldendorfer Hausberge sind ganz unterschiedlicher Natur. Rundkuppig, bewaldet, vom Bergfried einer einst mächtigen Burg gekrönt, das ist die Große Homburg auf dem Tillkamm. Plateauartig abgeplattet, meist unbewaldet, von bizarren Muschelkalkklippen umkränzt zeigt sich der Holzberg. Relativ kurz sind die Wege dorthin; in etwa je 3 Gehstunden können Sie beide Berge über- bzw. umwandern. Den einen, die Homburg (Ⓐ), steuern Sie vom Stadtoldendorfer Kellberg an. Am Waldrand geht es bei schöner Sicht nordwärts um den Till zum »Jugendlager 25 Eichen«, in dem Schulklassen unter fachmännischer Anleitung mit forstwirtschaftlichen Kulturarbeiten vertraut gemacht werden. Danach wandern Sie im Steilanstieg noch 60 Höhenmeter zum restaurierten Bergfried der Homburg (397 m), von dem aus Sie weit nach Süden und Westen schauen können, über das Odfeld hinweg tief in die endlos scheinenden Waldareale des Vogler und Solling hinein und bis zum Eberstein und Köterberg. Auf einem Waldlehrpfad gelangen Sie wieder bergab, machen unterwegs nach rechts vielleicht noch einen Abstecher zu den weitbekannten Stadtoldendorfer Gipsbrüchen (wenn es nicht gerade geregnet hat: sonst bleiben Sie im Schlamm stecken!). Am Spätnachmittag genießen Sie wohlverdient eine lange Rast auf der gepflegten Gartenterrasse der Waldgaststätte Schützenhaus.

Der Holzberg (Ⓑ), der am besten von Linnenkamp her angegangen wird, bietet seinen Besuchern kaum Wald und auch keine geschichtsträchtigen Burgreste. Dafür aber eine einzigartige Kalkbodenflora (weswegen zu empfehlen ist, außer etwas Proviant auch ein Blumenbestimmungsbuch in den Rucksack zu packen). Unterwegs gibt es viele beschauliche Aussichts- und Rastbalkone, am Wanderschluß dann in Linnenkamp ein einfaches, aber gutes und preiswertes Wirtshaus, in dem der Wirt persönlich gewaltige Wiener Schnitzel und große Tulpen Bier zum Tisch

bringt – frisch, goldgelb, schäumend, den Wanderdurst löschend.

Gehzeit Ⓐ 2½–3 Stunden; Ⓑ 3–3½ Stunden.
Karte Wanderkarten 1 : 50 000 Naturpark Solling-Vogler, Niedersächs. Landesvermessungsamt, oder Leinebergland, Verkehrsverein Leinebergland.
Anfahrt Mit der Bahn von Paderborn–Holzminden oder Kreiensen (Göttingen–Hannover); mit dem Auto auf der B 64 (Holzminden–Seesen), oder auf der B 240 von Hameln über Eschershausen (bis Linnenkamp, weiter mit dem Bus oder auf der Landstraße mit dem eigenen Auto).
Ausgangspunkte Ⓐ Stadtoldendorf, Stadtmitte, Kirche/Rathaus (P); Ⓑ Linnenkamp (3 km östl. von Stadtoldendorf), Ortsmitte, Bushaltestelle/Telefonhäuschen (P).

2 Der Lüerdissener Ithklippenweg

Eschershausen – Rothenstein – Ithkamm – Dielmissen – Busfahrt nach Eschershausen
Sonnenreiche Kammwanderung mit vielen schönen Aussichtspunkten, ausgezeichnet markiert, nur am Anfang ein relativ flacher Anstieg

Beinahe 25 Kilometer lang erstreckt sich der Wald- und Kalkkamm des Ith von Eschershausen nordwestwärts und erreicht dabei oft nur eine Breite von 1 bis 2 Kilometern. Sanft steigt der Ith bei Holzen aus dem Ruthe- und Lennetal zum 396 Meter hohen Rothenstein empor, zieht sich nun bei fast gleichbleibender Höhe entlang der Ithbörde und längs des Saaletals an Salzhemmendorf und der Burg Lauenstein vorbei. Im Krüllbrink gewinnt er mit 438 Metern seine größte Höhe und bricht dann vom Falkenstein steil und jäh nach Coppenbrügge ins Auetal ab. Auf der gesamten Länge seines schlanken Rückens trägt der Ith einen großartigen, durchgehend markierten, geradezu klassischen Kammwanderweg, der Sie durch ein Labyrinth bizarrer Juraschichtfelsklippen und kühner Kalktürme

leitet – von einer schönen Aussicht zur nächsten, beschaulich und erholsam, volle zwei Wandertage lang.

Da ich mir jedoch vorstellen kann, daß dieses zwar feine, aber etwas umfangreiche Geh- und Trimmvergnügen so manchem Hobbywanderer vielleicht doch ein wenig zu lang ist, habe ich den Nordteil des Ithweges oberhalb von Dielmissen einfach von der Kammwanderung abgeschnitten und daraus eine eigene Tour gemacht (siehe Wandervorschlag 36/1). Im Südteil des Ith kommen Gelegenheitsmarschierer bei nur geringer Anstrengung auch voll auf ihre Kosten. Die Profis werden diese Wanderung sowieso mit dem Vorschlag 36/1 zur großen Ith- bzw. Thüsterbergbegehung zusammenfügen.

Vorm Gasthaus Hundertmark im Eschershausener Stadtteil Scharfoldendorf lassen wir diese 3stündige Ithrunde beginnen: mit geringer Steigung zur Rothensteinhöhle und zur Kammhöhe. Nordwärts wird jetzt über das Segelfluggelände auf dem Rothenstein zum recht originellen Flugzeugrestaurant am Capellenhagener Paß promeniert. Hier beginnt in der Nähe des Ith-Hotels der Weg über die Lüerdissener Klippen, deren Weißer Jura die Kletterer herausfordert, ihre Künste zu beweisen. Endpunkt des Höhenweges ist (an diesem Wandertage) die Dielmissener Kanzel, von der man noch einmal tief ins Lennetal hinunterschaut. Endpunkt der Tagestour ist am Abend die Dielmissener Bushaltestelle.

Gehzeit 3–3½ Stunden.
Karte Siehe Wandervorschlag 1.
Anfahrt Mit dem Bus oder mit der Bahn von Hameln, Höxter oder Kreiensen bis Eschershausen, weiter mit dem Bus; mit dem Auto auf der B 64 oder B 240 von Paderborn–Höxter, Seesen und Hameln.
Ausgangspunkt Eschershausen, Ortsteil Scharfoldendorf, westl. Ortsende (2 km westl. von Eschershausen-Mitte), Gasthaus Hundertmark an der Straßenkurve der B 240 (P).
Bitte beachten Bei Wanderstart Busrückfahrplan studieren.

Sehenswertes

Stadtoldendorf 40 alte niedersächs. Fachwerkhäuser (u. a. Peneckisches Haus, 1602, Ratskeller, 1629) – Pfarrkirche (18. Jh.) – Camphof am Kellberg, alter Gutshof mit Bauten des 17. Jh. – Raabegedenkstätten u. mehrere schöne Brunnen – mittelalterliche Stadtmauer, Hagentorturm, Försterbergturm – Ruine Homburg (12. Jh.) auf steilem Bergkegel, seit 1535 verfallend; Bergfried (Aussichtsturm) 1934–36 erneuert; Forstlehrpfad – Gipsbrüche – Heimatmuseum – durchs schöne Hooptal zum ehem. Zisterzienserkloster

Die Kalkklippen auf den Ithkamm beeindrukken durch ihre bizarren Formen den Wanderer; ihre steilen Wände fordern Kletterer zur Begehung heraus.

Amelungsborn, 1129 vom Northeimer Grafen Siegfried IV. gegründet, seit dem 16. Jh. verfallend; die romanische Klosterkirche wurde nach den Zerstörungen im 2. Weltkrieg wieder aufgebaut; gotischer Chor mit Glasmalereien des 15. Jh., wertvoller gotischer 3sitziger Levitenstuhl aus rotem Sandstein, Taufstein von 1592

Eschershausen Alte Wehrkirche St. Martin (1746) – Wilhelm-Raabe-Geburtshaus mit Gedächtnisstätte – viele schöne Fachwerkhäuser – Wilhelm-Raabe-Aussichtsturm (471 m) auf dem Hilst (siehe Wandervorschlag 33/2) – auf dem Ithkamm: bizarre Kalkfelsklippen (u.a. Kamelskopf), weißer Jura, Dolomit, Malm – Rothensteinhöhle: 61 m tiefe Tropfsteinhöhle, nur mit Licht zugänglich, barg Funde der Stein- und Bronzezeit (Knochen, Scherben, Bronzegeräte) – Bärenhöhle, Einstieg nur mit Seil durch einen 31 m tiefen Kamin – Flugzeugrestaurant Ith

siedlung beim Segelfluggelände Ithwiesen (Vickers-Viscount 814 der Lufthansa von 1959–68) – Naturasphaltbrüche Holzen

Freizeitangebot

Stadtoldendorf Beheiztes Freischwimmbad – Hallenbad – Tennis – Reiten – Kegeln – Minigolf – Trimmpfad
Eschershausen Beheiztes Mineral-Freischwimmbad – Segelfliegen – Klettern (Ithfelsen) – Kegeln – Skilauf auf dem Ith

32 Bad Gandersheim Kreiensen Greene Freden

Mittelalterliche Kirchen und Burgen an Gande und Leine

Seit mehr als 1000 Jahren kündet die frühromanische Abteikirche St. Anastasius des vom sächsischen Herzog Luidolf im Jahre 852 gegründeten Kanonissenstifts Gandersheim von der Macht seiner Äbtissinnen, die oft hochadlige, kaiserliche Prinzessinnen waren und den Rang reichsunmittelbarer Fürstinnen hatten. Kraftvoll bestimmt das schildmauerartige Westwerk des Doms mit seinen zwei achteckigen Türmen den Stiftsplatz, dessen ehrwürdige Bauten – vor allem das stattliche Renaissance-Rathaus – den rechten Rahmen für diesen prächtigen Altstadtplatz bilden. Auch in seinem Inneren hat das Gandersheimer Münster trotz vieler Veränderungen und Anbauten seine Monumentalität aus der Blütezeit um das Jahr 1000 herum bewahrt. Gotische Altäre, wertvolle Holzplastiken und Bronzeleuchter der Romanik und Spätgotik sind die kostbarsten Ausstattungsstücke der Kirche.

Neben der Stiftskirche steht noch immer das Abteigebäude, hinter dessen reichgegliederter Renaissancefassade einst die Fürstäbtissinnen residierten. Der Kaisersaal ist mit Bildern von Kaisern, Königen und Herzögen geschmückt, die das Stift in seiner Glanzzeit protegierten und auch häufig besuchten. Besonders die ottonischen Kaiser hielten sich oft am Ort der Stiftung ihres Vorfahren auf. Die Schwester Kaiser Heinrichs IV., die Äbtissin

Burg Greene an der Leine ist Ausgangspunkt einer beschaulichen Wanderung durch den Greener Wald.

Adelheid II., war eine der bedeutendsten Klosterfürstinnen. Unter ihrer Leitung wurden um 1080 das Mittelschiff der Stiftskirche und der Fräuleinchor neu errichtet und die Krypta eingebaut. 100 Jahre vorher lebte im Reichsstift die berühmte Roswitha von Gandersheim. Sie spielt in der Literaturgeschichte eine wichtige Rolle, denn sie war als Zeitgenossin Kaiser Ottos I. die erste große deutsche Dichterin und schrieb Dramen, Legenden und historische Abhandlungen in lateinischer Sprache. Ein Roswitha-Fenster in der Stiftskirche und der Roswitha-Brunnen auf der Stiftsfreiheit erinnern an das 1000. Todesjahr der Dichterin.

Zu soviel großer geschichtlicher Vergangenheit gesellt sich seit gut 100 Jahren der Ruhm der Gandersheimer Solequellen. Beim Kurhaus im Norden der Altstadt beginnen auch die meisten Wanderwege in die schöne Gandersheimer Umgebung. Von hier ersteigt man den Osterberg oder den Clusberg, aber es gibt noch viele andere ruhige Wandergebiete im Umkreis von Gandersheim: Der Mechthäuserberg auf dem Heber erwartet Sie mit stillen Wanderwegen zur Ruine Wohlenstein und zur Wilhelm-Busch-Gedächtnisstätte Mechtshausen. Auch der Äbtissinberg bei Ellierrode oder der sichtreiche Wadenberg nördlich der Gande sind lohnende Ziele. Uns gefiel es auch ganz besonders, auf den stillen Waldwegen westlich der Greener Burg reichlich Frischluft zu tanken. Und weil es so schön war, hängten wir eine zwar etwas lange, aber nur wenig anstrengende Tour über den Selterkamm nach Freden dran. Vielleicht probieren Sie die auch einmal.

1 Der Osterberg und der Clusberg – zwei Gandersheimer Hausberge

Bad Gandersheim – Osterberg – Schanze – Clusberg – Bad Gandersheim

Bestens markiert zweimal auf und ab, gute Wege, nur wenig steil, etwa zur Hälfte Schatten

Eigentlich besteht dieser Wandervorschlag aus zwei separaten, kurzen Touren. Und das hat seinen Vorteil: Wenn Sie nämlich nach der ersten 2-Stunden-Runde über den Osterberg an der Gandebrücke in der Nähe der Hildesheimer Straße vom Laufen genug haben, dann beenden Sie die Gesamttour an dieser Stelle ganz einfach, schlendern durch den Kurpark in die Stadt zurück und haben somit anstatt eines Wandervorschlages gleich deren zwei. Denn auch die erste Wanderschleife über den Osterberg bietet allerhand: An die gemütliche Promenade entlang der Osterseen und im Bachtal der Eterna schließt sich ein nur wenige Minuten dauernder Waldaufschwung (unterwegs evtl. Abstecher zur Nußbaum- und Ostereiche) an, der Sie bergwärts auf die Schanze (266 m) beim Dreiländereck bringt. Hier hatten die Franzosen im 7jährigen Krieg Geschütze in Stellung gebracht, um die in der Heberbörde lagernden Preußen zu bedrohen. Eigenartige, in den weichen Stein gehauene Nischen erinnern noch daran. Wanderer erhalten dort oben als Belohnungsbonbon für ihren Aufstieg zur Schanze kostenlos eine prachtvolle Tiefsicht in die Heberbörde und nach Bad Gandersheim.

Die Wanderhöhepunkte der Clusbergschleife sind: ein stiller Sicht- und Sonnenweg zur romanischen Benediktinerklosterkirche von Clus und der Aufstieg zum Clusberg (237 m), über den ein land- und forstwirtschaftlicher Lehrpfad führt. Früher stand hier sogar ein Aussichtsturm, den man 1901 zu Ehren Kaiser Wilhelms I. erbaut hatte. Aber auch ohne Turm können Sie vom Clusberg weit in das landschaftlich reizvolle Gandersheimer Umland hinausschauen.

Gehzeit 3½–4 Stunden; evtl. nur 2 Stunden.
Karte Wander- und Freizeitkarte 1:50000 Leinebergland, Verkehrsverein Leinebergland; oder Wanderkarte der Stadt Bad Gandersheim.
Anfahrt Mit der Bahn von Hannover, Göttingen oder Braunschweig; mit dem Auto auf der BAB Kassel–Göttingen–Hannover über Echte oder Seesen, oder auf der B 64 oder B 445.
Ausgangspunkt Bad Gandersheim, Stadtmitte, Stiftsfreiheit, Stiftskirche (P).

2 Auf der Hube und über den Selter

Greene – Burgberg Negenborn – Wirtshaus An den Teichen – Greene – oder weiter über den Selterkamm nach Freden – Bahnfahrt nach Greene

Wald- und Höhenwanderung, mehrere schöne Aussichtspunkte, überwiegend Schatten, schlecht, teilweise gar nicht markierte Wege

Seit dem 9. Jahrhundert war Greene ein Stützpunkt der Luidolfinger am Hellweg, der hier die Leine überschritt. 1308 wurde eine neue Höhenburg errichtet, die aber

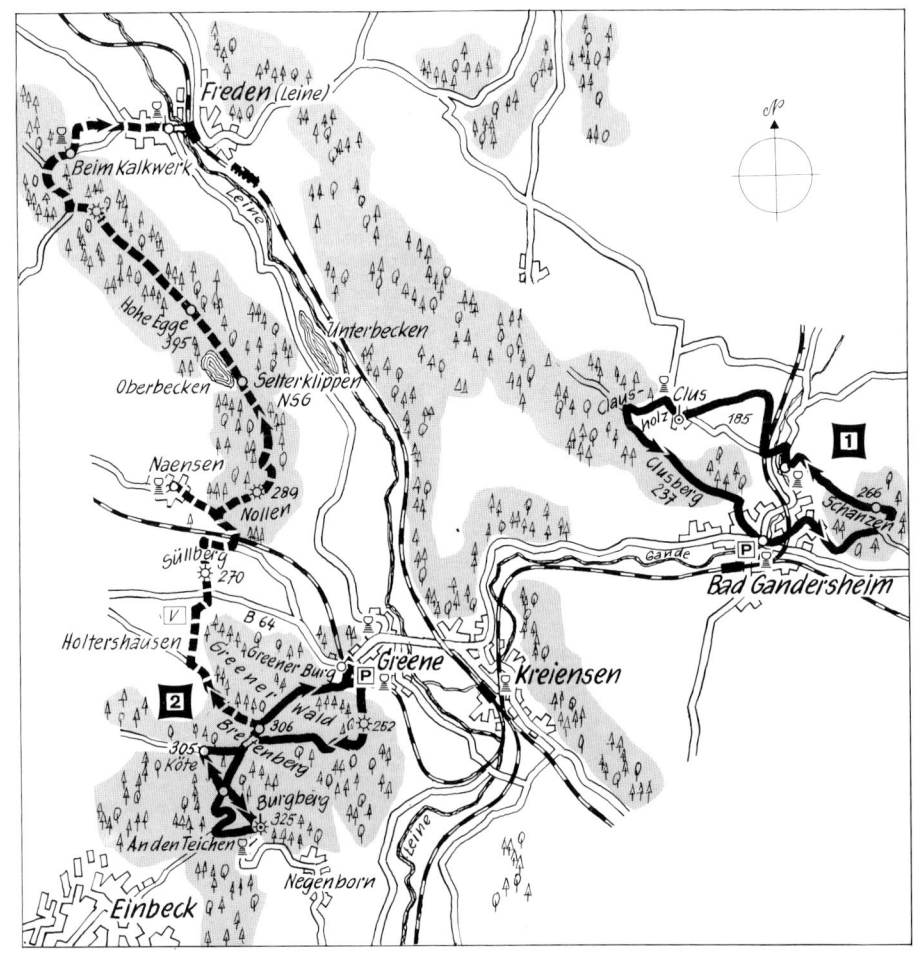

Vor dem karolingischen Westwerk des Bad Gandersheimer Münsters beginnt und endet die stille Wanderung zum Osterberg und auf den Clusberg.

bereits 1553 und 1618 der Zerstörung anheimfiel. Genau dort, beim trutzigen Turm der Greener Burgruine, beginnt dieser Wandervorschlag über die Hube, also durch den Greener Wald und Einbecker Stadtforst. Zum Greener Brockenblick und zur Negenborner Wallburg zieht man von hier hinaus, trifft unterwegs auf die Schwarze Hütte und auf die Köte, kehrt mittags in der Waldgaststätte An den Teichen ein und hält am Abend in der zünftigen Greener Burgschänke bei Wildschützroulade und Einbecker Bier die große Wanderschlußrast. Das war dann ein rechter Wandertag!

Wem das zu wenig ist, der promeniert nordwärts über die prächtige Aussichtshöhe des Süllberges und gelangt von Naensen aus auf den Selterkamm, über den ein großartiger Klippenweg mit vielen exzellenten Leinetalausblicken führt. Die Siebenkammersteine, Steinkeule und Steinpilz sind markante Naturdenkmäler dieses schmalen Gebirgszuges, der in der Hohen Egge immerhin 395 Meter erreicht und im Pumpspeicherwerk Weddehagen/Erzhausen ein hochinteressantes Wasserkraftwerk besitzt.

Von Freden können Sie mit der Bahn nach Greene zurückfahren. Oder – falls Sie noch genug Wandertatendrang in sich spüren (und noch zwei Tage Zeit haben) – jenseits des Leineflusses die auf der übernächsten Seite vorgeschlagenen Wanderungen 33/1 [A] und 1 [B] dranhängen: ins bezaubernde Alfeld und bis zum Barockschloß Brüggen.

Gehzeit Hube 3½–4 Stunden; Selter 6–6½ Stunden, dann besser 1½ Tage.
Karte Wander- und Freizeitkarte 1:50000 Leinebergland, Verkehrsverein Leinebergland.
Anfahrt Mit der Bahn von Hannover, Göttingen oder Braunschweig über Kreiensen; mit dem Auto auf der BAB Kassel–Göttingen–Hannover über Bad Gandersheim, oder auf der B 64 oder B 445.
Ausgangspunkt Greene, westl. Ortsrand, Burg jenseits der Bahnlinie, Wanderparkplatz oberhalb der Burg bei der Burgschänke/Wanderinformationstafel.
Bitte beachten Falls Sie über den Selter wandern wollen: Vor Abmarsch in Greene Bahnrückfahrzeiten (auch Bus) notieren – Evtl. Übernachtung vorbestellen. Verpflegung und Getränke im Rucksack mitführen.

Sehenswertes

Bad Gandersheim Münster, ehem. Kanonissenstiftskirche St. Anastasius und Innocentius, romanisch (856–927), 3schiffige Basilika, karolingisches Westwerk, ottonische Krypta, früh- und hochgotische Kapellen; spätgotische Altäre, Triumphkreuz (um 1500), 5armiger Bronzeleuchter (Anf. 15.Jh.), Stifterbild (um 1570), Stifterplastik (um 1300) – Abtei, Renaissanceflügel (1599) mit 2 Ausluchten; Elisabethbrunnen (1748) – Georgenkirche, romanischer Turm, Schiff u. Chor 1428 bzw. 1550; lebhafte Ausmalung (1676) u. reichbebilderte Emporenwandungen, Altar (1711), St.-Georgs-Holzplastik im Weichen Stil (Anf. 15.Jh.), Kruzifix (15.Jh.) – Burg (1530), einst Sitz des Stiftsvogts – Rathaus, Renaissance (1580) mit Heimatmuseum – viele schöne Fachwerktraufenhäuser der Gotik u. Renaissance

Clus Ehem. Benediktinerklosterkirche, romanisch (1124–59), 3schiffige Basilika; im Chor (1486) Lübecker Hochaltar (1487) mit reichem Schnitzwerk, spätgotische Glasgemälde (um 1486) – land- u. forstwirtschaftlicher Lehrpfad

Mechtshausen Wilhelm-Busch-Gedächtnisstätte (der Dichter lebte dort 10 Jahre im Pfarrhaus u. starb am 9. 1. 1908)

Greene/Kreiensen Burg Greene, seit dem 11.Jh. urkundl., 1308 neu errichtet, 1553 u. 1618 zerstört – ev. Pfarrkirche (15.Jh.), 1575 umgebaut, romanischer Turm; barocker Kanzelaltar, 2flügeliger Altarschrein – schöne Fachwerkhäuser

Einbeck Sehenswertes u. Sportmöglichkeiten siehe Tour 27

Freizeitangebot

Bad Gandersheim Beheiztes Mineral-Sole-Freibad – Thermal-Sole-Hallenbad – Minigolf – Kegeln – Angeln – Reiten – Segelfliegen – Tennis – Trimmpfad
Kreiensen/Greene/Freden Freischwimmbad – Hallenbad – Sauna – Minigolf – Angeln – Reiten – Kegeln

Veranstaltungen

Bad Gandersheim Domfestspiele (Sommer)

33 Alfeld
Delligsen
Grünenplan
Brüggen

Kammwanderwege
im Leinebergland

200 Kilometer weit und beinahe kerzengerade zieht sich das Tal der Leine in Süd-Nord-Richtung von Bad Heiligenstadt im thüringischen Eichsfeld durch das nordwestliche Mitteldeutschland zur Aller und Weser hinunter. Dabei windet sich der Leinefluß auf seinem Lauf von Göttingen nach Hannover zwischen sanftgeschwungenen Höhenrücken durch, die teilweise bis zu 400 Meter aufsteigen, ja diese Höhe mit dem Kanstein auf dem Thüster Berg oder mit dem Wilhelm-Raabe-Turm im Hils und mit einigen anderen Erhebungen in der Grünenplaner Umgebung teilweise beträchtlich übersteigen. Als langgezogene, dunkle Forstbarrieren sind diese Waldriegel des Leineberglandes in blauen Scheiben von Ost nach West hintereinander aufgestaffelt. Der Hildesheimer Wald, die Sieben Berge und der Sackwald liegen östlich der Leine, links von ihr die schmale Waldkette Thüster Berg – Duinger Berg – Selter. Diesen sind bei Brügge der noch schmalere Külf und der Reitberg vorgelagert, während sich jenseits von Delligsen westwärts der Ith und der etwas breitere, beinahe kreisrunde Waldkamm des Hils anschließt, der den Luftkurort Grünenplan fast gänzlich umgürtet. Dazwischen sind lichtgrüne Talrodungsmulden eingestreut, aus denen sich flache, fruchtreiche Felderteppiche bis an den Fuß der Bergwaldregionen ausbreiten.

Durchzogen wird dieses schöne Revier stiller Sonnentäler und schattiger Mischwaldzonen von einem dichten Netz hervorragend angelegter und bestens bezeichneter Fern- und Rundwanderwege, die eigenartigerweise wenig begangen werden. Eigenartig deswegen, weil das Bergland an der Leine seinen Besuchern eine breite Palette einzigartiger Naturschönheiten anbietet. Da stehen buntblühende Wildblumenpolster in den Rinnen heller Kalksteinbänder, bizarre Felsklippen überragen almartige Wiesentrichter, in denen Bachschlingen quirlen. In dieses poesievolle Land sind überall großartige Schaukanzeln und Rastbalkone gestreut, von denen der Wanderer nach stundenlangem, erholsamem Aufladen der Nerven im schweren Duft der Wälder weit hinausblickt auf die Fluchten sich endlos dehnender Bergkämme. Wie zum Beispiel vom Himmelbergturm oberhalb von Eimsen oder von der Hohen Tafel in den Sieben Bergen, von der Ruine Winzenberg am Westrand des Sackwaldes oder vom Wilhelm-Raabe-Turm auf dem Großen Sohl im Hils.

Ein weiterer Grund, das stimmungsvolle Leinebergland zu durchwandern, könnte vielleicht auch ein Spruch sein, den wir kürzlich auf dem Fremdenverkehrsprospekt eines hübschen kleinen Ortes am Rande des Duinger Berges lasen: »Wir bemühen uns, besonders nett zu unseren Gästen zu sein, weil wir noch nicht so viele haben.« Wir probierten das aus – und fanden, daß es stimmt.

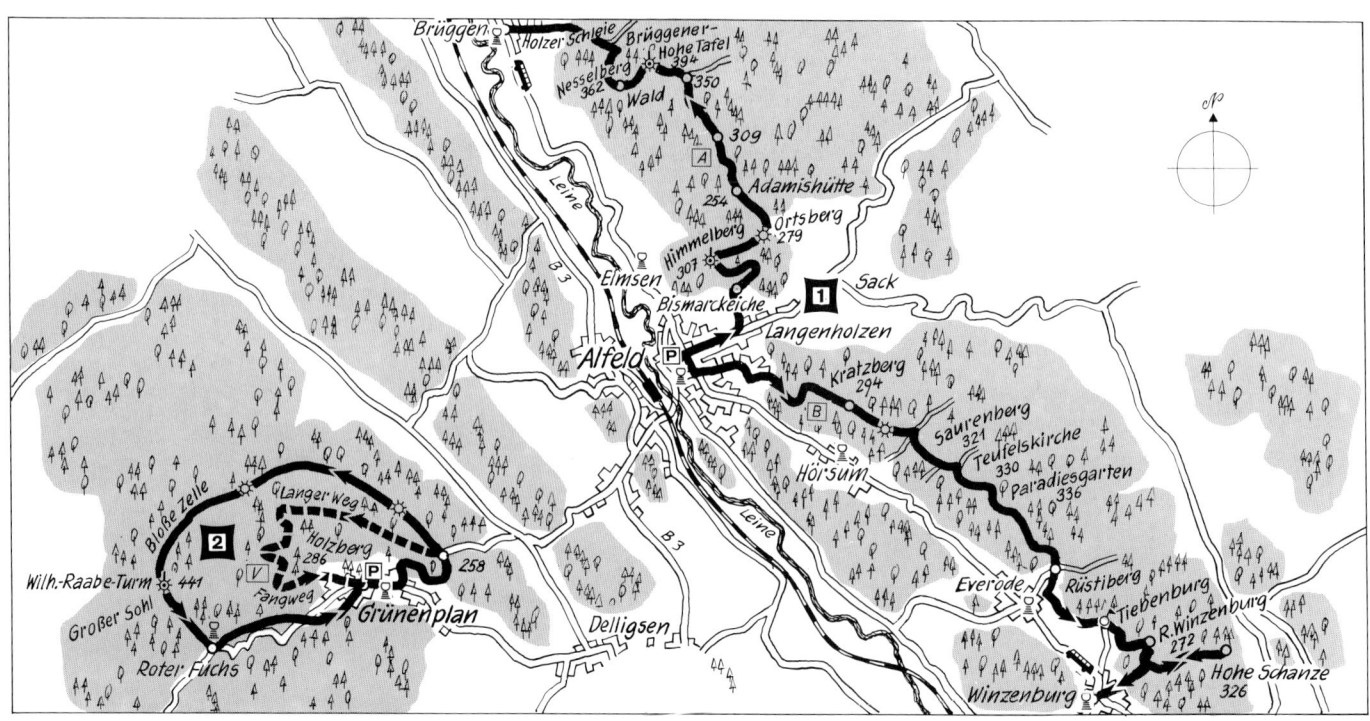

1 Zwei Alfelder Höhenwege: Über die Sieben Berge und am Sackwald entlang

Ⓐ **Alfeld – Himmelbergturm – Sieben Berge – Hohe Tafel – Brüggen – Busfahrt nach Alfeld – Ⓑ Alfeld – Sackwald – Tiebenburg – Ruine Winzenburg – Winzenburg – Busfahrt nach Alfeld**

Auf Schattenwegen durch Wald zu feiner Aussicht, jeweils nur kurze, nie steile Anstiegsstrecken

»Die Perle des Leineberglandes« nannte ein Bekannter die Stadt Alfeld. Damit hatte er gar nicht so unrecht. Die ehemalige Hanse- und heutige Alpenveilchenstadt Alfeld, die vor allem durch ihre Cyklamenzucht einen guten Ruf genießt (und durch eine weltbekannte Tierhandelsfirma, die von hier aus zoologische Gärten beliefert) überraschte uns mit vielen interessanten und schönen Dingen. In der Stadt entdeckten wir in der doppeltürmigen gotischen Nikolaikirche ein wertvolles romanisches Triumphkreuz, in unmittelbarer Nähe am Frührenaissance-Rathaus ein reichgegliedertes Portal und einen von Karyatiden getragenen, herrlichen Aufsatzgiebel. Gleich daneben steht eine ganz

Gleich am Beginn des ersten Alfelder Wandervorschlags zur Ruine Winzenburg führt Sie der Weg zur spätgotischen St.-Nikolai-Kirche und an der im Jahre 1610 vom Hildesheimer Meister Andreas Steiger erbauten Alten Lateinschule (rechts) vorbei, deren bunten geschnitzten Figurenschmuck Sie mit viel Freude bewundern werden.

besondere Kostbarkeit: die vom Hildesheimer Meister Andreas Steiger 1610 erbaute Alte Lateinschule. Ihre ornamentalen und figürlichen Schnitzereien und Inschriften tun noch heute den jungen Leuten tröstend kund, daß sich die Schüler schon von jeher mit der klassischen Antike und der biblischen Welt beschäftigen mußten.

Mit Wohlgefallen vermerkten wir gleichfalls, daß der Alfelder Stadtrat sich auch um die Wanderer bemüht. Mehrere am Stadtrand aufgestellte, sehr übersichtlich gestaltete Wanderinformationstafeln wiesen uns, sicher geführt von den Markierungen stilisierter Waldtiere, hinauf zur Bismarckeiche und auf den gut 300 Meter hohen Turm des Himmelberges. Von ihm wanderten wir über den Ortsberg zur Adamis-Hütte und erreichten nach etwa 3stündigem Marschieren durchs Waldgebiet der Sieben Berge die Hohe Tafel (394 m) – leider ohne dabei den Sieben Zwergen und Schneewittchen zu begegnen.

An einem weiteren Alfelder Wandertag erstiegen wir von der Informationstafel am Stiefelsteich den »Kuckuck« und promenierten in vielen Schleifen am Sonnenhang des Sackwaldes südostwärts. Den Kratzberg entlang ging es ins Hörsumer Tal und um Saurenberg, Teufelskirche, Paradiesgarten und Rüstiberg zu den Apenteichen, an denen sich eine prähistorische Kultstätte befand (wie entsprechende Funde bewiesen haben). Ganz nahe liegen die Reste der Tiebenburg, einem Vorwerk der frühmittelalterlichen, 1522 zerstörten Winzenburg, die Sie anschließend in wenigen Gehminuten erreichen. Lohnend ist von dort (vor dem Abstieg zur Winzenburger Bushaltestelle) ein Abstecher zum Historischen Lehrpfad auf der Hohen Schanze. Hier befand sich schon in der Stein- und Bronzezeit eine Ansiedlung, die um 800 n. Chr. von den Franken zur Klosterzelle und Burg ausgebaut wurde.

Gehzeit Ⓐ Sieben Berge 4–4½ Stunden; Ⓑ Sackwald 5½–6 Stunden.
Karte Wander- und Freizeitkarte 1 : 50 000 Leinebergland, Verkehrsverein Leinebergland.
Anfahrt Mit der Bahn von Göttingen oder Hannover; mit dem Auto auf der B 3 von Göttingen oder Hannover, oder auf der Landstraße von Hameln, Hildesheim oder Salzgitter.
Ausgangspunkt Alfeld, Marktplatz, Rathaus (P in der Perkstraße/Mittelstraße, oder auf mehreren Großparkplätzen am Altstadtrand).
Bitte beachten Notieren Sie schon bei Wanderstart die Busrückfahrzeiten ab Winzenburg bzw. Brüggen. Unterwegs keine Wanderstützpunkte: Proviant und Getränke im Rucksack mitführen.
Anmerkung Beide Wandervorschläge können zu einer besonders schönen Zwei-Tage-

Tour verbunden werden: Start in Brüggen – Übernachtung in Alfeld (vorbestellen!) – Rückfahrt von Winzenburg über Alfeld nach Brüggen.

2 Im Waldringgebirge des Hils

Grünenplan – Hilskamm – Wilhelm-Raabe-Turm – Wirtshaus Roter Fuchs – Grünenplan

Überwiegend schattenreiche Waldwanderung auf nur sanft ansteigenden Wegen, großartige Aussichtspunkte

In weitausholendem Bogen zieht sich der meist 400 Meter hohe Hilskamm als riesiges Waldamphitheater um das Grünenplaner Glasebachtalbecken, das sich nur in Ostrichtung nach Dellingsen hin öffnet, von Alfeld bzw. Eschershausen jedoch allein mittels alpenartiger Paßstraßen über den Von-Langen-Platz bzw. über den Roten Fuchs zugänglich ist. Herzog Karl I. von Braunschweig hatte 1744 hier auf dem Grünen Plan im Hils inmitten eines seit Jahrhunderten traditionsreichen Glasmachergebietes den Auftrag gegeben, eine Spiegelglasfabrik nebst Werkssiedlung zu errichten und sie in staatlicher Regie zu betreiben. Heute ist das Grünenplaner Werk die einzige westdeutsche Erzeugungsstätte augenoptischer Gläser. Der Ort selbst wuchs zu einem gepflegten Luftkur-, Erholungs- und Wanderzentrum heran. Zu seinen Schmuckstücken zählt der landeskulturelle Von-Langen-Vogelschutz-Lehrpfad mit einer Vielzahl von Schautafeln und der großartige Hilskamm-Rundwanderweg. Dazu kommen ein Forstlehrpfad, das Glasmuseum und der romantisch gelegene Glasebachteich. Für Abwechslung beim Wandern ist also gesorgt, wie Sie auch den Wegangaben des Begleitheftes entnehmen können. Glanzpunkt jeglichen Wanderns im Hils ist eine Besteigung des 15 Meter hohen Wilhelm-Raabe-Turms auf dem Großen Sohl (471 m). Weit schweift von dort der Blick in die Runde – über das gesamte Leinebergland hinweg ostwärts bis zum Brocken und in Westrichtung übers Wesertal bis zur Höhenkette des Teutoburger Waldes. Am Tourenende kommt dann auch das leibliche Wohl nicht zu kurz: Beim »Roten Fuchs« oder beim »Lampe« warten die köstlichsten Wildgerichte auf Sie. Auch eine »Hüttjerpfanne« oder einen »Glasmachertopf« sollten Sie dort mal probieren.

Gehzeit 4½–5 Stunden; kurze Runde Ⓥ nur 2½–3 Stunden.
Karte Siehe Wandervorschlag 1.
Anfahrt Mit dem Bus von Eschershausen (Bahnhof) oder Alfeld (Bahnhof); mit dem

Auto auf der B 3 (Hannover–Göttingen) oder B 240/64 von Alfeld oder Eschershausen.
Ausgangspunkt Grünenplan, Ortsmitte, Hilsstraße/Kurhausstraße, Großparkplatz an der Hauptstraße (Nähe Postamt/ Lampes Hotel/ Spiegelglasfabrik).

Sehenswertes

Alfeld Ev. Pfarrkirche St. Nikolai, spätgotische (1409–23), 3schiffige Halle mit doppeltürmiger Westfassade; romanisches Triumphkreuz (Anf. 13. Jh.), Taufstein (14. Jh.), Sakramentshäuschen (Anf. 15. Jh.), Grabsteine (16.–18. Jh.) – Rathaus, Renaissance (1584–86), polygonaler Treppenturm mit 8teiliger Glockenhaube, Zwiebelhelm u. Laterne, reichgegliedertes Portal (1586), Auslucht mit Ziergiebel – St.-Elisabeth-Hospital (1827) u. Kapelle (1668) mit bemalter Holzbalkendecke u. frühbarockem Kanzelaltar – Altes Seminar/Lateinschule (1610), jetzt Heimatmuseum, malerischer Fachwerkbau mit buntem Schnitzwerk – einige schöne Fachwerk-Bürgerhäuser (15.–17. Jh.) – Fagus-Werk (1911–18) von Walter Gropius – Zyklamen-Großkulturen – Himmelberg-Aussichtsturm – Freizeitzoo – Historischer Lehrpfad Winzenburg
Brüggen Schloß (1693) des Wolfenbütteler Barockbaumeisters J. B. Lauterbach; imposanter, 3achsiger Mittelrisalit; stuckverzierter, pilastergegliederter Festsaal; englischer Park – Schloßkapelle (1704) mit klassizistischem Kanzelaltar (1827) – Torbau (1716) – ev. Pfarrkirche, barock (1688–1711) mit 8seitigem Spitzhelm
Lamspringe Ehem. Abteikirche St. Adriani u. St. Dionysii (1670–91), gotisierte, 3schiffige Halle mit kraftvoller, einheitlicher Barockausstattung (kunstvoller Hochaltar, Chorgestühl, Orgel mit reichgegliedertem Prospekt) – Klostergebäude (Anf. 18. Jh.); im Klostergarten die Lammequelle – ev. Pfarrkirche (1692); Kanzelaltar
Grünenplan Glasmuseum – naturkundlicher Von-Langen-Lehrpfad – Waldlehrpfad – 15 m hoher Wilhelm-Raabe-Turm (471 m, Sicht!)

Freizeitangebot

Alfeld Beheiztes Freischwimmbad – Hallenbad – Tennis – Angeln – Reiten – Kegeln – Minigolf – Trimmpfad
Grünenplan Beheiztes Freischwimmbad – Minigolf – Kegeln – Trimmpfad
Lamspringe Waldfreibad – Kegeln – Trimmpfad

34 Bad Salzdetfurth Sibbesse Bockenem

Wald- und Fernsichtberge im Flußdreieck Lamme-Nette-Innerste

Wo mit scharfem, tiefem Süd-Nord-Schnitt das Lammeflüßchen den Ostausläufer des Hildesheimer Waldes von seinem gut 15 Kilometer langen Hauptmassiv abtrennt, dort liegt – eingeklemmt zwischen die Waldkuppeln von Welfenhöhe und Sauberge – der weitbekannte und blitzsaubere Kurort Bad Salzdetfurth. Eng ist hier das Lammetal, steil steigen nach Westen und Osten die Flanken der Berge an, die sich durch die Salzbewegungen des Untergrundes aufwölbten. Unter dem Druck der schwereren Gesteinsdecke wurden die leichteren Salzschichten plastisch verformt und bis in die Nähe der Oberfläche des Deckgebirges aufgeworfen. Da werden die Salze abgelaugt und treten im Lammetal als Solequellen zutage. Gleich zwölf solcher Salzbrunnen nutzt Bad Salzdetfurth seit dem Mittelalter als reiche Pfründe für Bischöfe und Herzöge, und ein klein wenig dieses Reichtums ist auch im Ort selbst hängengeblieben. Seit dem 19. Jahrhundert hat Salzdetfurth diese Quellen auch für Heilzwecke erschlossen. Außerdem wird an den Berghängen unter der Welfenhöhe ein großes Kalivorkommen zur Düngerherstellung abgebaut.

Aber nicht nur durch seine Terrain- und Trinkkuren, durch Fango- und Moorbehandlungen hat Bad Salzdetfurth einen guten Namen, sondern auch infolge seiner schönen und gemütlichen Wanderwege. Vom gepflegten Kurpark wandert man hinauf zum Friedrich-Kabus-Turm auf der Welfenhöhe und in einer erholsamen Waldwegerunde um die Betonnadel des Fernsehturms auf dem Griesbergkamm herum dem ehemaligen Gasthaus Erlen-

tal entgegen. Anschließend geht es weiter ins Klusbachtal, um dort im Juni/Juli – mit ein wenig Gespür – die nördlichsten Orchideen Deutschlands zu entdecken und sich an ihnen zu erfreuen. (Nicht pflücken!).

Ein neuer Wandertag wird an ihrem Weg einen schmucken Herrensitz nach dem anderen aufreihen: Söder, Hennekenrode, Derneburg und Ruine Wohldenberg sind ihre Namen. Ebenso hat ein Abstieg vom Ebersberg in den Ambergau seine Reize und bringt für jung und alt viel Interessantes. In Bockenem kann man ein Heimatmuseum besuchen. Gleich daneben steht das Tillyhaus, in dem der kurfürstlich-bayerische General während des 30jährigen Krieges im Namen der kaiserlichen Reichsliga sein Hauptquartier hatte, als draußen vor der Stadt die Schlacht zu Lutter am Barenberge tobte. Aber auch die chromglitzernden Karossen im Oldtimer-Museum zu Störy sind sehenswert.

1 Große Sicht von der Welfenhöhe (282 m)

Bad Salzdetfurth – Welfenhöhe/Friedrich-Kabus-Turm – Erlental – Auf dem Herze – Bad Salzdetfurth

Sehr stille Berg- und Waldwanderung auf meist schattigen Forstwegen und -straßen, in der ersten Wanderhälfte gut markiert

Vor langer, langer Zeit jagte wieder einmal der Ritter von Steinberg in seinen Wäldern südlich von Hildesheim. Dabei ver-

irrte er sich und suchte, von Durst geplagt, nach einer Quelle. Er fand sie in der Nähe des Lammeflüßchens am Hang des heutigen Sothenberges (Soth = Brunnen). Aber er war sehr enttäuscht, als er bemerkte, daß statt frischen Quellwassers scheußlich schmeckende Sole aus dem Berg sprudelte. Obwohl der Ritter jetzt noch mehr Durst bekam, hatte er einen glänzenden Einfall: Er ließ Salzsieder aus anderen Gegenden seines Landes kommen. Sie rodeten den Wald, errichteten Siedekoten und stellten darin Salzsudpfannen auf. Diese Ansiedler, die sich »Sölter« nannten, legten den Grundstein für den Reichtum des Ritters, der nun einen ertragreichen Handel mit Salz begann. Das muß so um das Jahr 1000 herum gewesen sein, denn bereits 1194 wird der Name Salzdetfurth in Urkunden erwähnt. Die Salzsiederansiedlung entwickelte sich später zu einem beachtlichem Handelszentrum an der alten Frankfurter Heer- und Handelsstraße nach dem Osten.

Die Sage vom Steinberger Ritter und vieles andere über »Solc, Salz und Sölter« schrieb 1961 der Salzdetfurther Heimatforscher Friedrich Kabus auf. Nach ihm ist auch der hoch droben im Tidexer Wald versteckte Friedrich-Kabus-Aussichtsturm genannt, der seinen Besteigern von der Welfenhöhe aus einen weiten Rundblick gewährt. Er geht tief ins Leinebergland hinein auf die Waldkämme von Hils und Ith und südostwärts übers Harzvorland hinweg bis zum 1142 Meter hohen

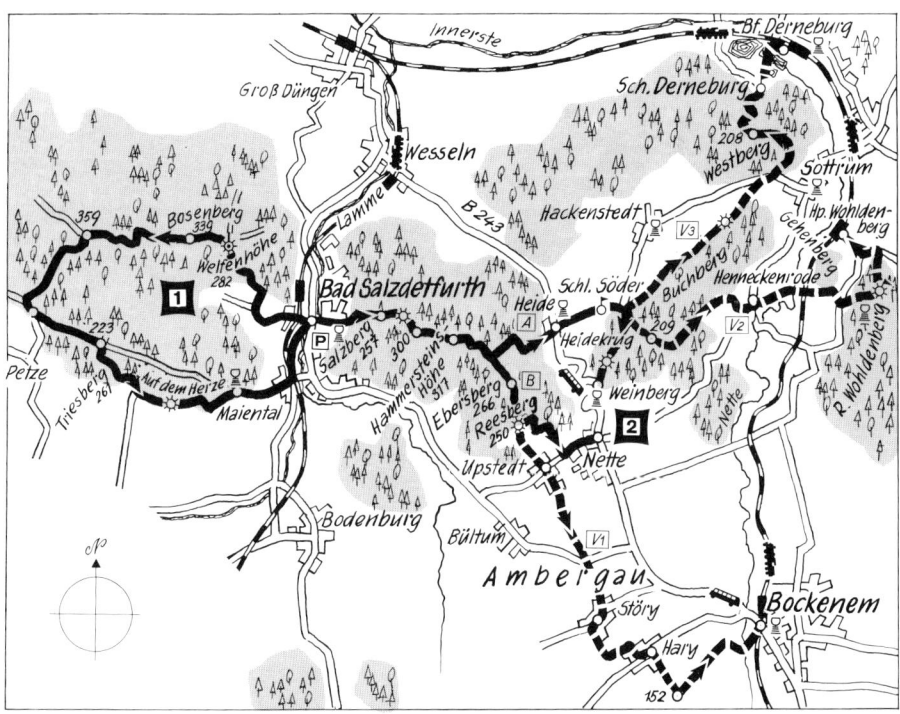

Granitmassiv des Brocken. Aus dem Salzdetfurther Lammetal steigt man dort hinauf, vorbei am Kalibergwerk (oder auch durch die Wolfsschlucht und über den schönen Aussichtspunkt Augenweide). Nach der Fernsicht taucht man fast 2 Stunden lang bis zum einstigen Gasthaus Erlental am Rande von Petze in die Einsamkeit des Hildesheimer Waldes ein, umrundet dabei den Griesberg und promeniert wieder nach Bad Salzdetfurth retour. Man kann dies entweder von Petze aus stangengerade durchs unberührte Klusbachtal tun, genau ostwärts direkt zur Waldgaststätte Maiental, oder im leichten Südostbogen an den ehemaligen Kalkbrüchen »Auf dem Herze« vorüber. Wir fanden letzteres schöner: wegen der vielen feinen Ausblicke in den »sonnigen Süden«.

Gehzeit 4–4½ Stunden.
Karte Wander- und Freizeitkarte 1:50000 Leinebergland, Verkehrsverein Leinebergland.
Anfahrt Mit der Bahn von Hildesheim oder Göttingen–Bad Gandersheim; mit dem Auto auf der BAB A 7 (Hannover–Hildesheim–Göttingen Kassel), oder auf der B 243 über Wesseln.
Ausgangspunkt Bad Salzdetfurth, Stadtmitte, Oberstraße/Bodenburger Straße/Postamt an der Lamme (P).

2 Eine Burg und vier Schlösser an der Nette

Bad Salzdetfurth – Sauberge/Hammersteins Höhe – Schloß Söder – Nette – oder weiter nach Bockenem, Wohldenberg oder Derneburg – Bus- bzw. Bahnfahrt nach Bad Salzdetfurth

Nach steilem Anstieg flache Abstiegs- und Höhenwege, anfangs schattig, später sonnenreich, nur teilweise markiert

Dieser zweite Bad Salzdetfurther Wandervorschlag besteht eigentlich aus fünf! Während der Überwanderung des großen, stillen Waldgebietes der Sauberge haben Sie von Hammersteins Höhe (317 m) wieder viele schöne Fernsichten bis nach Hildesheim und zu den Harzbergen, die vom riesigen Torfhauser Sendeturm und vom Brocken überragt werden. Nach dem Abstieg müssen Sie sich am Waldrand in etwa 190 Meter Höhe entscheiden: Links kommen Sie über freies Feld zur Bushaltestelle vorm Gasthaus Söder Heidekrug, können allerdings noch eine lohnende Ost-Süd-Schleife (Ⓐ) zum sehenswerten westfälischen Herrensitz derer von Brabeck anhängen und gelangen durch einen weitläufigen Landschaftspark an einem großen Teich vorbei zum Gasthaus am Weinberg (219 m, Sicht!). Südwärts (Ⓑ)

ersteigen Sie die Waldhöhen von Ebersberg (266 m) und Reesberg (260 m, Sicht vom Waldrand!) und wandern zum Bus nach Nette. Oder Sie laufen vom Reesberg südwärts (Ⓥ1) Richtung Upstedt, Störy und Hary und schließlich nach Bockenem an der Nette weiter, mitten in die Feldertafellandschaft des sonnigen, weitgeöffneten Ambergaus hinein.

Zwei andere lohnende Möglichkeiten gibt es von Söder aus: Entweder (Ⓥ2) um den Buchberg herum ins Nettetal zum schloßartigen Herrenhaus Hennekenrode bergab und an seiner hübschen Teichanlage vorbei. Danach geht es gleich wieder bergan zur mittelalterlichen Burg Wohldenberg (218 m), wo Sie die barocke St.-Hubertus-Kirche und eine Burgschänke erwarten. Oder (Ⓥ3) entlang des Buchberges Richtung Sottrum und über den Westberg ins Innerstetal nach Derneburg. Dies ist ein ehemaliges Augustinerinnenkloster, das einst ein Schloß der Winzenberger Grafen war und 1815 nach der Säkularisation wieder zum Schloß wurde. Mit seinen gotisierten Formen und zinnenbekrönten Ecktürmchen liegt es prächtig und romantisch in der reizvollen Teichlandschaft der Nette-Innerste-Vereinigung.

Gehzeit Ⓐ und Ⓑ 3–3½ Stunden; evtl. Ⓥ1, Ⓥ2 oder Ⓥ3 5–5½ Stunden.
Karte Topographische Karte 1:50000 L 3926 Bad Salzdetfurth, Niedersächs. Landesvermessungsamt.
Anfahrt Siehe Wandervorschlag 1.
Ausgangspunkt Bad Salzdetfurth, Stadtmitte, Hotel Kaiserhof an der Lamme (P).
Bitte beachten Erkundigen Sie sich schon in Bad Salzdetfurth nach den Bus- und Bahnrückfahrzeiten (ab Nette, Bockenem, Wohldenberg, Derneburg, Wesseln bzw. Großdüngen – letztere sind Umsteigestellen).
Hinweis Ein sehr schönes Wandergebiet sind auch die Bodensteiner Klippen am Hainberg (5 km östl. von Bockenem): mehrere gut bezeichnete Rundwanderwege über die Große Klippenkette, außerdem Sofaklippe, Hohlenberg, Schlahköpfe, Jägerhaus (Whs.), Hubertus-Hütte – alles in allem eine Miniaturausgabe des Elbsandsteingebirges.

Sehenswertes

Bad Salzdetfurth St.-Georgs-Kirche (1430), nach Zerstörung Auf- u. Umbau (1700) im Stil der Nachgotik; barocke Ausstattung; Glockenspiel – Friedrich-Kabus-Turm (282 m) auf der Welfenhöhe – Kalibergwerk, bis 1000 m tief, tägliche Förderung ca. 10000 t Rohsalz – Kurpark u. Gradierwerk – schöne Fachwerkhäuser im fränkisch-thüringischen und niedersächsischen Stil – vor dem Rathaus Findlinge aus der letzten Eiszeit vor etwa 250000 Jahren
Bockenem Stadtkirche St. Pankratius (1403), spätgotische, 3schiffige Halle; innen spätgoti-

scher Figurenschmuck: 12 Apostel u. Kruzifix (um 1640) – Superintendantur, Fachwerkgiebelhaus mit schönem Schnitzwerk (1584), Hauptquartier Tillys im 30jährigen Krieg – Königsturm, Rest der Bockenemer Landwehr (1412) – Automobilmuseum Störy – Heimatmuseum
Söder Schloß (1742, 1791 umgebaut), hufeisenförmig, von Wassergräben umgeben; toskanische Portalanlage, offene Laterne mit Zwiebelhaube; klassizistischer Freundschaftstempel (1790) am Klappenberg; reizvoller Landschaftspark
Henneckenrode Ehem. Herrenhaus (1579, 1783 umgestaltet), 3achsiger Risalit, 3ge-

schossige Auslucht (1580), 2 Rundpavillons (1699) – kath. Kirche (1597) mit neuromanischem Turm; bedeutender spätgotischer Schnitzaltar (1525–30) mit interessanten Malereien, reichverzierter Taufstein (um 1580)
Wohldenberg Burganlage (1174) der Grafen von Wöltingerode, mehrfach zerstört, 1800 Abbruch – St.-Hubertus-Kirche (1731), barocker Saalraum; kostbare Decke u. einheitliche, elegante Rokokoausstattung, reichgegliedertes Westportal mit Inschrift des Bauherrn Clemens August, Erzbischof und Kurfürst von Köln, Herzog in Bayern – Pestsäule am Fußweg zur Burg (1518) mit Figurenreliefs

Derneburg-Astenbeck Schloß und Gut, Umbau des ehem. Klosters (1700) in ein neugotisches Schloß (1815); englischer Park; in der Nähe des Gutes Steinbild des hl. Nepomuk (1748)

Freizeitangebot

Bad Salzdetfurth Freischwimmbad – Tennis – Tischtennis – Minigolf – Angeln
Bockenem Beheiztes Freischwimmbad – Reiten – Tennis – Angeln

Immer wieder schaut man von den Wanderbergen um Bad Salzdetfurth weit hinaus ins Land zwischen Weser, Leine und Harz.

35 Hildesheim Nordstemmen Elze Gronau

Autofreie Wandertage vor den Toren der Großstadt Hildesheim

Ein wenig träge – gerade so, als ob er viel Zeit hätte – mäandert der Leinefluß in seiner breiten, fruchtreichen Talsenke von Gronau und Elze in genauer Nordrichtung durch glattes Bauernland nach Hannover hinunter. Dabei blitzt er immer wieder freundlich in der Sonne auf und scheint sich darüber zu freuen, daß er den ein wenig mühevollen Durchbruch durchs Leinebergland zwischen Göttingen und Alfeld nun endgültig hinter sich hat und sich jetzt auf seiner Reise hinaus ins norddeutsche Flachland gar nicht mehr anstrengen muß.

Doch da stellt sich dem Leinewasser bei Nordstemmen ein hoher, runder Waldberg in den Weg. Zinnenbekrönt und türmebewehrt ragt darauf eine mächtige Burg, einem Märchenschlosse gleich, die Landschaft beherrschend aus dem grünbunten Laubwaldmantel hervor und schaut dem Leinefluß herausfordernd entgegen – so, als möchte sie ihm befehlen: »Wenn Du zur Aller und Weser willst, dann mußt Du um mich herumwandern!« Da schlägt das Wasser der Leine einen Bogen nach rechts, kriecht unter einer Brücke durch und hängt erschrocken noch eine große S-Schleife dran. Und setzt seinen Weg wieder faul und kerzengerade nach Norden fort.

Der Berg, der sich der Leine entgegenstemmt, ist der Schulenburger Berg, die Burg auf ihm ist das neugotische Welfenschloß Marienburg. Von der genannten Leinebrücke führt Sie der erste Wandervorschlag auf einem bequemen Rundwanderweg bis vor die Tore der Burg. Sie ist

ein Museum: Noch vollständig eingerichtete Wohnräume des letzten hannoverschen Königspaares, König Georgs V. und seiner Frau Königin Marie, warten hier auf Ihre Besichtigung.

Diese kurze Rundwanderung ist das rechte Vortraining für ein etwas längeres Wanderunternehmen, das Sie – mit zwei Varianten – zu den schönsten Punkten im nördlichen Teil des Hildesheimer Waldes leiten wird. Der Aussichtsturm und der zünftige Wirtsgarten auf dem fast 300 Meter hohen Sonnenberg sind hier die Hauptwanderziele. Aber auch die sich daran anschließende Kammwanderung nach Heyersum (Ⓐ) oder zur Sorsumer Mühle (Ⓑ) ist empfehlenswert und überaus lohnend. Letztere vor allem deswegen, weil Sie aus dem Sorsumer Bachtal auf einer herrlichen Waldpromenade über den Lerchenberg zum Gasthaus Wilhelmshöhe hinüberwandern können und damit zur großen Hildesheimer Rundsicht.

Breit lagert sich von dort oben aus die Stadt zwischen dem Knebelberg und dem Steinberg ins Innerstetal, überall zeigen die Turmspitzen ehrwürdiger Kirchen übers Häusermeer. Von diesen Kirchen ist der Dom das berühmteste Bauwerk. Seine Geschichte ist auch die glanzvolle Geschichte der Stadt. Der Hildesheimer Mariendom entstand aus einer legendenumwobenen Marienkapelle, die der Karolingerkaiser Ludwig der Fromme in der ersten Hälfte des 9. Jahrhunderts an der Stelle eines Wunders errichten ließ. An die

Kapelle wurde bereits ab 851 unter Bischof Altfried eine monumentale Basilika angebaut, von der noch – trotz schwerster Zerstörungen im 2. Weltkrieg – das Querhaus und das Chorquadrat erhalten sind. Nach einem Brand im Jahre 1046 erstand die Kathedrale unter Bischof Azelin aufs neue. Ihr großartiger Gesamteindruck blieb, obwohl durch Umbauten mehrmals verändert, bis heute erhalten.

In ihr und an ihr beeindruckten uns immer wieder besonders der romanische, aus dem 11. Jahrhundert stammende Heziloleuchter, dessen Krone einen Durchmesser von 6 Metern hat; und die im Jahre 1015 in einem Stück gegossenen, also fast 1000 Jahre alten Bronzetüren, die unter dem bedeutenden Bischof Godehard (1022–38) am Dom angebracht wurden. Ihre 16 meisterhaft gefertigten Relieftafeln zeigen Bilder von der Erschaffung Adams bis zur Himmelfahrt Christi.

1 Auf der Marienburg

Nordstemmen – Rundwanderweg Schloß Marienburg

Sehr leichte, kurze Tour mit schöner Aussicht

Gegen den Uhrzeigersinn promenieren Sie während dieses kurzen 2-Stunden-Spaziergangs um den Schulenburger Berg herum, erst einmal von der Nordstemmener Leinebrücke nordwärts bergan. Nach etwa 15 Minuten werden auch Sie bestimmt einen Abstecher nach links durch

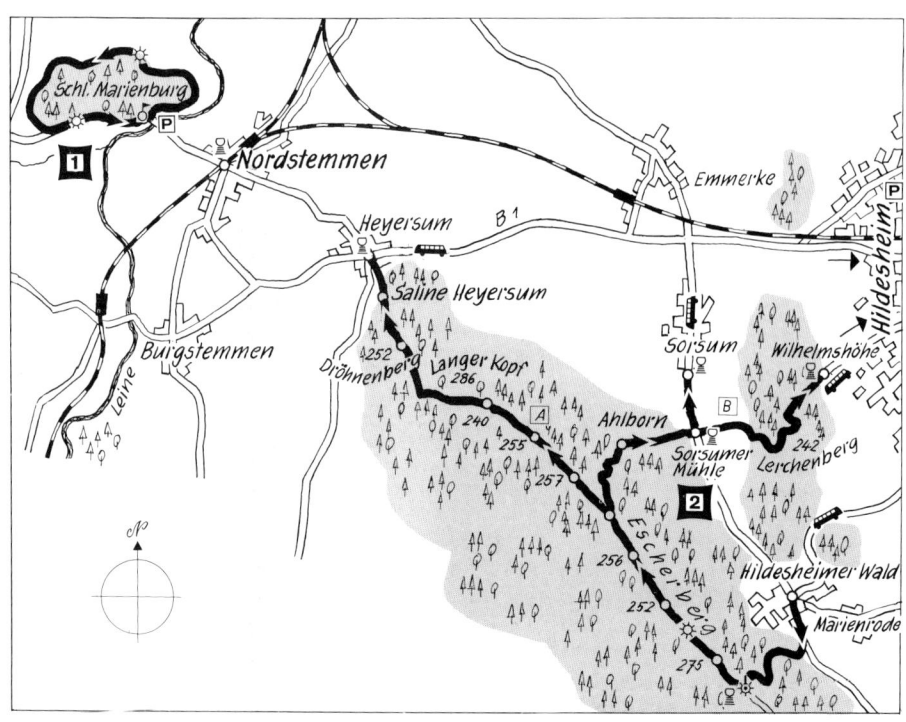

ein Waldtälchen hinauf zum imposanten Schloß Marienburg unternehmen, das erst in den Jahren 1858–67 in romantischer Neugotik als vierflügelige Anlage erbaut wurde und dem letzten Welfenkönigspaar als Sommerresidenz diente. Bedeutende und umfangreiche Sammlungen von Gegenständen der Kunst und des Kunstgewerbes – Gemälde, Möbel, Waffen, Fahnen und Erinnerungsstücke aus sieben Jahrhunderten – werden im Schloß zur Schau gestellt.

Der Rundgang um den Schloßberg wird anschließend in Westrichtung fortgesetzt, immer beschaulich am Waldrand entlang und immer mit schöner Sicht ins umliegende Calenberger Land. Schließlich rastet man an der Südseite auf einer Sonnenbank und schaut dabei das Leinetal hinauf, zu Schneewittchens Sieben Bergen bei Alfeld und zwischen Külf und Osterwald zum Thüster Berg, auf dem Sie bei klarem Wetter auch ohne Fernglas den 433 Meter hohen Lönsturm auf dem Kanstein erblicken werden. Dann macht man sich auf zur Leinebrücke. Und weil es noch zeitig am Tage ist, besichtigt man vielleicht gar noch – dann allerdings per Auto – die eine oder andere der unten aufgeführten Sehenswürdigkeiten: Bei Burgstemmen die hoch über der Leine gelegene Poppenburg oder nördlich von Mehle die Augustinernonnenklosterkirche Wülfinghausen und die gotische Klosterkirche zu Wittenburg, von der aus Sie in wenigen Minuten den Weißen Brink erreichen, eine der schönsten Fernsichtbastionen an Leine und Saale. Aber auch der Besuch einer der gemütlichen Gastwirtschaften in Elze oder Gronau ist kein schlechter Tagesabschluß.

Gehzeit 2–2 ½ Stunden.
Karte Wander- und Freizeitkarte 1 : 50 000 Leinebergland, Verkehrsverein Leinebergland.
Anfahrt Mit der Bahn von Hannover, Hildesheim oder Göttingen; mit dem Auto auf der B1 (Braunschweig–Hildesheim–Hameln) oder auf der B3 (Hannover–Alfeld–Göttingen).
Ausgangspunkt Nordstemmen (13 km westl. von Hildesheim), Leinebrücke (1 km nordwestl. des Ortes; P).

Schloß Marienburg bei Nordstemmen an der Leine – im vorigen Jahrhundert Sommerresidenz des letzten Hannoverschen Königspaares.

2 Viel Stille im Hildesheimer Wald

Hildesheim – Busfahrt zum Hildesheimer Wald – Escherberg – A Langer Kopf – Heyersum – Busfahrt nach Hildesheim – B Sorsumer Mühle – Lerchenberg – Wilhelmshöhe – Busfahrt nach Hildesheim

Beschauliche Waldwanderung auf guten Wegen, nur anfangs ein ziemlich flacher Anstieg, bestens markiert

Droben auf dem Sonnenberg im Hildesheimer Wald – gleich neben dem Hildesheimer Aussichtsturm, von dem Sie übers Leinebergland und bis in den Harz schauen können – steht eines der urigsten und idyllischsten Gasthäuser zwischen

Innerste, Leine und der Weser. Einfache Holzbänke an langen, blankgescheuerten Holztischen laden im Freien die Wanderer unter schattigen Bäumen zu Bier und Mettwurst ein.

Mit dem Stadtbus Nr. 3 fährt man vom Hildesheimer Hauptbahnhof hinaus und pilgert dann in einer guten ½ Stunde bergwärts zum Turm und Wirtshaus.

Nach der Rast geht es auf dem Kammweg weiter, stets nordwärts und von einer weiß-roten Markierung bestens geführt. Und immer unter dichten Baumwipfeln, durch deren runde Laubwaldfenster Sie mal rechts nach Hildesheim ins Innerstetal und mal links nach Gronau und Elze

Die dreischiffige und doppelchörige romanische Basilika St. Michael zu Hildesheim wird von vier runden Treppentürmen flankiert und von zwei trutzigen Vierungstürmen bekrönt.

ins Leinetal Ausschau halten werden. So wandern Sie eine reichliche Stunde beinahe eben dahin, doch spätestens dann müssen Sie sich entscheiden: Entweder Sie marschieren geradeaus (A) zum Bus in Heyersum, oder Sie nehmen den rechten, etwas kürzeren Weg (B) zum Bus in Sorsum. Vielleicht aber bummeln Sie gar nach einer leiblichen Stärkung im Garten des Gasthauses Sorsumer Mühle über den Lerchenberg noch bis zur Hildesheimer Wilhelmshöhe weiter.

Gehzeit A u. B je 4–4½ Stunden.
Karte siehe Wandervorschlag 1.
Anfahrt Mit der Bahn von Hannover, Braunschweig oder Göttingen; mit dem Auto auf der BAB A7 von Hannover oder Kassel–Göttingen, oder auf der B1 oder B6 von Hameln, Braunschweig oder Salzgitter.
Ausgangspunkt Hildesheim, Stadtmitte, Hauptbahnhof (P in einem der umliegenden Parkhäuser).
Bitte beachten Erkunden Sie schon bei Wanderstart die jeweiligen Busrückfahrzeiten.

Sehenswertes

Hildesheim Die Hildesheimer Sehenswürdigkeiten können hier leider wegen ihrer großen Anzahl nur namentlich genannt werden: Dom St. Mariae – St.-Michael-Kirche – St.-Godehardi-Kirche – Mauritiuskirche – Kreuzkirche – Andreaskirche – Lamberti-Kirche – Jakobikirche – Magdalenenkirche – Rathaus – Rolandsbrunnen – Tempelhaus – Kehrwiederturm – Domprobstei – Roemer-Pelizaeus-Museum – Heimatkundliches Roemer-Museum
Nordstemmen (Umgebung) Schloß Marienburg, neugotisch (1857–68), Sommerresidenz des letzten hannoverschen Königspaares; jetzt sehenswertes Schloßmuseum – Poppenburg (bei Burgstemmen), seit 1227 urkundl., Hildesheimer Schutzburg der Straße Hildesheim–Paderborn, 3stöckiger Pallas (um 1380), Bauteile vom Anfang 16. Jh.; Domänenpächterhaus (Ende 17. Jh.); kath. Kirche (1785) im Palas mit Spätbarockausstattung – Calenberg, ehem. Welfenresidenz; Wall, Graben, Turm, Bastion u. Kasematten
Elze (Umgebung) Wittenburg, ehem. Augustinerchorherrenstiftskirche, spätgotisch (Ende 15. Jh.) mit polygonalem Chorschluß; gotisches Chorgestühl (um 1500), Taufe (1590), Grabsteine – Wülfinghausen, ehem.

Augustinernonnenklosterkirche (um 1400), gotische, 1schiffig, 6jochig; gotisches Chorgestühl, Barockgemälde; Stiftsgebäude (1735–40).
Gronau Pfarrkirche St. Matthäi, (1457), gotisch 1856–59 erneuert; prachtvoller Schnitzaltar (Anf. 15. Jh.), schöne Kreuzigungsgruppe (um 1520), Abendmalskelch u. Patene (13. Jh.) – ehem. Dominikanerklosterkirche (1715), gute Innenausstattung (um 1720), Pieta (Ende 15. Jh.) – reichgeschnitzter Engelbrechtscher Hof (1590)
Hildesheimer Wald Marienrode, ehem. Zisterzienserklosterkirche (1412–62) gotisch; Ausstattung 18. Jh.; Klausurgebäude (Anf. 18. Jh.) u. Cosmas-u.-Damian-Kapelle (1792) – Kapelle Barienrode (1734); wertvolle Kanzel (1650), ausgezeichnete Altartafel (um 1520)

Freizeitangebot

Hildesheim Alle Bade- und Sportmöglichkeiten einer Großstadt
Elze Freischwimmbad – Minigolf – Tennis – Trimmpfad
Nordstemmen Beheiztes Freischwimmbad – Tennis
Gronau Freischwimmbad – Golf – Segelfliegen – Tennis – Trimmpfad

36 Salzhemmendorf Coppenbrügge Duingen Eldagsen Osterwald

Kalkfelsen und Aussichtstürme des nördlichen Leineberglandes

Thüste, Wallensen und Duingen sind die Hauptorte einer geologischen Besonderheit: der erdgeschichtlich hochinteressanten Saalemulde. Auf allen Seiten wird diese Mulde von mächtigen Gebirgszügen und grünen Bergwäldern umschlossen: vom schroff aufstrebenden, langen Ith und vom schüsselförmigen Hils im Westen und Süden; nordöstlich vom durchgehenden Kamm zweier etwas breiterer Waldrücken, dem Thüster Berg und dem Duinger Berg, die an ihrer schmalsten Stelle durch den Marienhagener Paß von einander getrennt werden. Nur nach Norden ist die Saalemulde bei Salzhemmendorf offen. Das Saaleflüßchen durchbricht hier zwischen den Aussichtstürmen, die mehr als 400 Meter hoch auf dem Kanstein (Thüster Berg) und auf dem Krüllbrink (Ith) stehen, mit seinem flachen, fruchtbaren Talboden die Kalkfelsbarrieren und wendet sich anschließend

nordostwärts der Stadt Elze und der Leine zu.

In Äonen von Jahren wurde dieses Areal am Ende des Erdmittelalters vor etwa 100 Millionen Jahren durch ungeheure Kräfte aus dem Erdinneren umgestaltet. Die Kalk-, Mergel- und Dolomitablagerungen der Jurazeit wurden angehoben, aufgefaltet, ja teilweise senkrecht aufgestellt. Dabei entstanden in den einstigen Bodenschichten des Urmeeres riesige Spannungen, die zu Rissen in den Deckschichten führten. Wind und Regen, Frost und Sonnenstrahlen trugen später im Lau-

Weit reicht der Blick von der Kalkklippe des 440 Meter hohen Kansteins: hinunter nach Lauenstein in der Saalemulde und hinüber auf den Waldriegel des Ithkamms.

fe der Jahrhunderttausende das ihrige dazu bei, diese recht unterschiedlich harten Meeresablagerungen zu formenreichen Gesteinstürmen und Felsnadeln verwittern zu lassen. Diese stehen nun als bizarre, manchmal skurrile Kalkkulisse am Wanderwege, oft phantastischen Sagengestalten gleich.

Aber auch in die Erde hinein können geologisch interessierte Wanderer beim Durchstreifen des Saalebeckens schauen. Im Weenzer Gipsbruch findet man aus dem Ende des Erdaltertums feinkörnigen, mit Schwefel versetzten Gips der Zechsteinzeit, der hier aus großer Tiefe mit Gewalt heraufgepreßt worden ist und in seiner schönsten Form als Marienglas bezeichnet wird. Eifrige Sammler werden dort auch – mit ein wenig Glück – durch goldglänzende Markasit- und Pyritfunde belohnt. Nur wenig entfernt davon können Hobbygeologen in den Duinger Tongruben Analcim-Kristalle aus Toneisenknollen heraushämmern.

Dieses abwechslungsreiche Gebiet werden Sie auf ihrer nächsten Wanderung über den Ith und über den Thüster Berg kennenlernen. Während einer weiteren Tour können Sie dann von den Höhen des Osterwaldes südwärts den nördlichen Teil des Leineberglandes aus der Ferne betrachten. Hoch und steil stehen dort die Aussichtstürme auf dem Krüllbrink und Kanstein über den Tälern der Saale und Aue.

1 Um und durch die Saalemulde

Coppenbrügge – Fahnenstein – Bessinger Klippen – Krüllbrink – Lauenstein – Busfahrt nach Coppenbrügge – oder weiter: Ithkamm – Wallensener Seeplatte – Thüster Berg – Salzhemmendorf – Busfahrt nach Coppenbrügge

Als Gesamtstrecke eine anstrengende, aber sehr schöne Bergwanderung, die jedoch viele Abkürzungsmöglichkeiten per Busrückfahrt hat

Um Ihnen den nötigen Wanderappetit zu verschaffen, möchte ich die – im wahrsten Sinne des Wortes – Wanderhöhepunkte und »Wanderschmankerl« gleich zu Anfang nennen. Es sind dies einmal die Bessinger Klippen am Fahnenstein mit dem Wackelstein, das Felsblockgewirr der Teufelsküche und die Kalksäulen Adam und Eva kurz vorm Ithturm (439 m). Auf dem Krüllbrink kommen Sie zum Mönchenstein und Friedenstein, danach werden Sie vielleicht an der Zwillingsbuche vorbeiwandern oder auch vom Lauensteiner Paß am Poppenstein (nochmals feine Sicht!) zur Lauensteiner Burg (und zur Bushaltestelle) absteigen. Trainierte Geher laufen

auf dem Ithkamm südwärts weiter zu den Brehmker und Dohnser Klippen und kurz vor dem Felskopf Hammerstein (336 m, Sicht!) zum Forsthaus Ockensen hinunter und nach Wallensen (Übernachtung oder Busrückfahrt) hinüber.

Am nächsten Tage durchstreift man vom Feldherrnhügel Horst aus das Seengebiet Humboldtsee–Weinberger See–Bruchsee, das gewiefte Landschaftskosmetiker in vierjähriger Arbeit (und in lobenswerter Weise!) aus einer 1966 stillgelegten Braunkohlengrube rekultiviert haben. Und beendet den zweiten Wandertag entweder zu Thüste oder Duingen (auch jeweils Bushaltestellen) in einem der preiswerten Landgasthäuser mit einer gewaltigen Portion Sauer- oder Schweinebraten.

Ein dritter Bergwandertag bringt Sie schließlich über den Thüster Berg zur großen Fernsicht vom Lönsturm auf dem Kanstein (440 m), der mitten im Klettergarten hannoverscher Alpinisten steht. Überall ragen hier wieder eckige, klotzige, aber auch schlanke Kalkriffe empor. Die markantesten heißen Liebesnadel, Falkenturm, Frühstücks- und Mittagsfelsen, sowie auch Hexenküche, Eckturm, Dreckturm und Konkurrenzturm.

Diese ganze herrliche Wandertour wird durch bestens markierte Wege zusammengehalten, über deren Verlauf Sie sich unterwegs immer wieder anhand von hervorragend gestalteten Wanderinformationstafeln genauestens orientieren können.

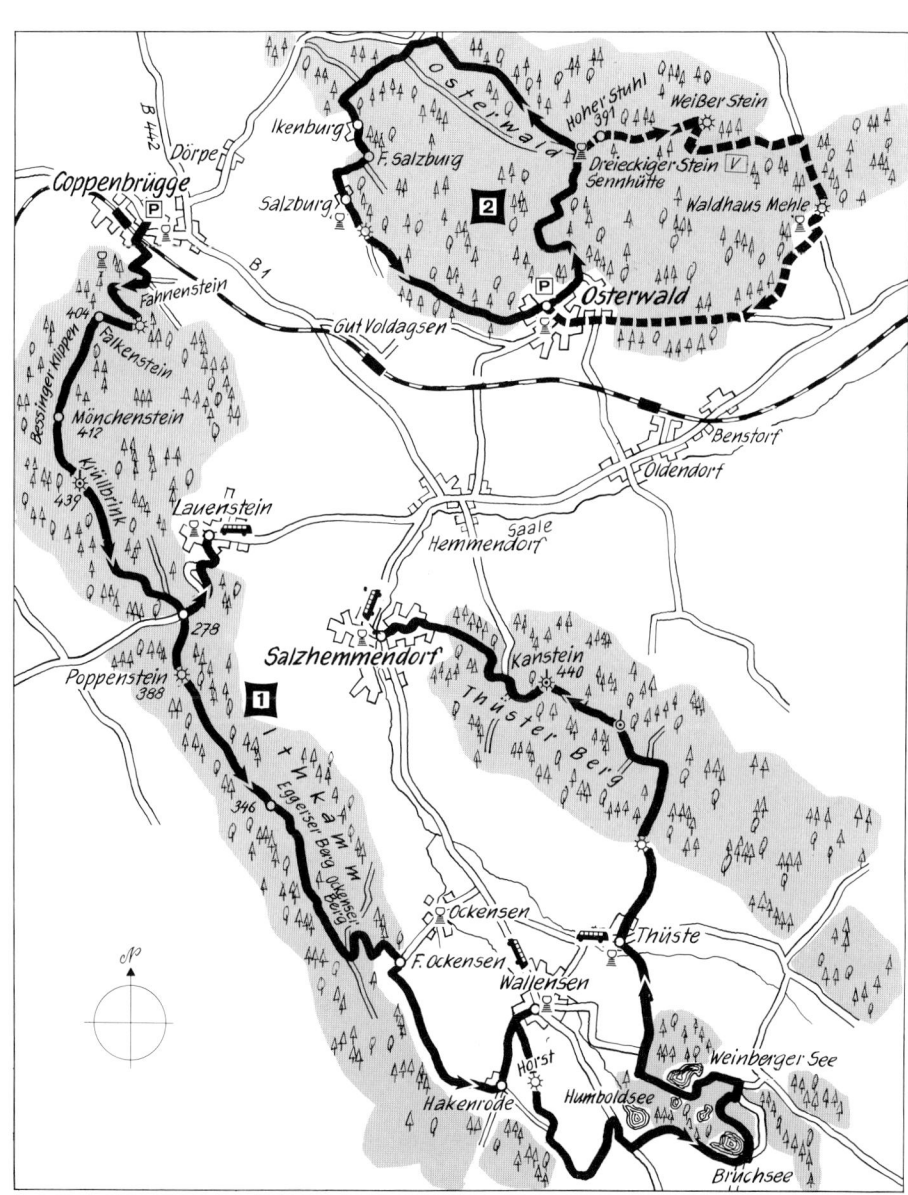

evangelische Glaubensflüchtlinge aus dem Fürsterzbistum Salzburg gründeten, wartet nochmals ein verführerisches Wirtshaus auf Sie. Ähnlich schön ist auch die Ostschleife (V̄): von der Senn-Hütte auf dem Höhenwaldweg zum Weißen Stein und über den Ahrensberg zum Waldgasthaus Mehle. In beiden Fällen haben Sie bis zum Schluß vom südlichen Waldrand aus stets aufs neue die schönsten Fernsichten – weit über die Talmulden von Aue und Saale hinweg und tief hinein ins Kalkklippenland um die Saalemulde.

Gehzeit 4½–5 Stunden.
Karte Siehe Wandervorschlag 1.
Anfahrt Mit der Bahn von Hameln oder von Hildesheim/Hannover über Elze; mit dem Auto auf der B1 oder B442 von Hildesheim, Hameln oder Bad Nenndorf–Bad Münder–Coppenbrügge über Oldendorf.
Ausgangspunkt Osterwald, nördl. Ortsrand, Wanderparkplatz am Hüttenstollen/Emil-Isermeyer-Haus (Nähe Kurh./Waldbühne).

Sehenswertes

Salzhemmendorf Pfarrkirche, gotisch (15. Jh.), Langhaus Anf. 17. Jh.; schönes Taufbecken (1610), gotisches Steinkreuz (1397) – bizarre Kalkklippenlandschaft um den Ithturm (439 m) auf dem Krüllbrink u. um den Lönsturm (440 m) auf dem Kanstein – Naturlehrpfad – Rasti-Freizeitland Benstorf
Coppenbrügge Ruinen einer Schloßanlage des 16. Jh. (Wasserburg Spiegelberg), 2 mächtige Rundtürme, Zwinger u. Graben – Pfarrkirche, romanische Mauern, Turm 1564, Schiff 1670 (Saalkirche mit Emporen); Altarretabel u. Kanzel (1685), Taufstein (Mitte 16. Jh.), Orgelprospekt (1755) – in Marienau Reste des Karmeliterklosters (13. Jh.) u. alte Kirche
Lauenstein Ehem. Burg der Edlen von Homberg (13. Jh.), ab 1403 braunschweigisch, ab 1434 zu Hildesheim; Knappenhof – Spiegelberger Kapelle (1464) – Pfarrkirche (1756), Turm 1513
Duingen Töpfermuseum – Waldlehrpfad
Osterwald Ehem. Steinkohlenbergwerk (Besichtigungsstollen) – Naturdenkmäler »Meerpfuhle«, 2 kleine Waldteiche mit schwarzem Wasser – Freilichtbühne

Freizeitangebot

Salzhemmendorf Thermal-Sole-Freischwimmbad Wallensen – Hallenbad – Freizeitgelände Humboldtsee – Tennis – Kegeln – Freischwimmbad Lauenstein – Klettergarten am Thüster Berg – Trimmpfad
Coppenbrügge Beheiztes Freischwimmbad – Hallenbad – Tennis – Kegeln – Reiten
Duingen Freischwimmbad – Freizeitanlage Königskamp – Kegeln – Segelfliegen – Trimmpfad
Osterwald (Ort) Waldschwimmbad

Gehzeit 3–3½ Stunden bis Lauenstein; oder weiter über den Ith und Thüster Berg 11–12 Stunden, dann wenigstens 2, besser 3 Tage.
Karte Wander- und Freizeitkarte 1 : 50000 Leinebergland, Verkehrsverein Leinebergland.
Anfahrt Mit der Bahn von Hameln oder von Hildesheim/Hannover über Elze; mit dem Auto auf der B1 oder B442 von Hildesheim–Elze, Hameln oder Bad Nenndorf–Bad Münder.
Ausgangspunkt Coppenbrügge, Stadtmitte, Schloß, Großparkplatz bei der Normaluhr.
Bitte beachten Notieren Sie bereits in Coppenbrügge die Busrückfahrzeiten, und bestellen Sie in der Hochsaison die Übernachtungen vor. Da es weder auf dem Ithkamm noch auf dem Thüster Berg Wanderstützpunkte gibt: Verpflegung und Getränke im Rucksack mitnehmen.

2 Wenig begangene Wege im Osterwald

Osterwald – Dreieckiger Stein/Senn–Hütte – Gehlenbachbrücke – Salzburg – Osterwald

Kaum anstrengende Bergwanderung, ausgezeichnet beschildert und markiert, überwiegend schattenreiche Waldwege

Unmittelbar oberhalb des hübschen, südseitig gelegenen Ferienortes Osterwald, genau da, wo seine adretten Häuschen bis in die Forste des gleichnamigen Waldberges hineinklettern, gibt es eine ganze Menge anzuschauen. Hier steht ein sehr schön

Das Naturdenkmal Wasserbaum bei Ockensen am Ostabhang des Ithkamms.

gestaltetes Informationshaus mit vielen Schautafeln über den Schacht- und Stollenbetrieb des Steinkohlenbergbaus im Osterwald, der urkundlich schon 1587 genannt und erst 1948 eingestellt wurde. Gleich daneben wartet der Barbarastollen auf Ihre Besichtigung.
Auf einer Wanderwegtafel werden Sie anschließend die Wegmarkierungen studieren und danach vielleicht den im Begleitheft beschriebenen Rundweg antreten; das heißt, es sind eigentlich zwei Rundwanderwege. Nach einem relativ kurzen Aufstieg zum Dreieckigen Stein und Hohen Stuhl (391 m) lädt Sie bereits die Senn-Hütte zur Einkehr. Die Hütte wurde 1911 vom ersten Hüttenwirt Justus Kramer errichtet, der als Tischlergeselle jahrelang durch alle Gaue Deutschlands gezogen war und sich in den Alpen zum Bau der Senn-Hütte als Stützpunkt für die Osterwald-Wanderer inspirieren ließ. Westwärts promeniert man später mit dem leise glucksenden Gehlenbachwasser der Gehlenbachbrücke und dem Wanderparkplatz Schmulls Rampe an der Paßstraße zu, die den Osterwald vom Deister abteilt. In Salzburg, das vor 200 Jahren

37 Blomberg Schieder-Schwalenberg Marienmünster Nieheim

Auf Fernwanderwegen übers Blomberg-Nieheimer Hochplateau

Gelegentliche Hobbywanderer und trainierte Wanderprofis kommen hier im Südosten des Lippischen Berglandes voll auf ihre Kosten. Die Hobbywanderer, weil sie auch auf kurzen Strecken viel sehen, viel erleben und dabei nie vom Wege abkommen können, denn die stets gut sichtbaren Andreaskreuz-Markierungen der Weitwanderwege leiten auch Wanderanfänger völlig sicher von einer Sehenswürdigkeit und von einem prächtigen Aussichtspunkt zum anderen. Und wenn Sie meinen, genügend Erlebnisse und genug Ozon in sich aufgenommen zu haben, dann steigen Sie beim nächsten Ort ganz einfach in den

Bus bzw. in die Eisenbahn und fahren in kurzer Zeit wieder zum Ausgangspunkt retour. Die Bahn- und Busverbindungen sind zwischen Blomberg, Schieder-Schwalenberg und Falkenhagen, aber auch zwischen Marienmünster, Nieheim und Steinheim ganz ausgezeichnet.

Wanderprofis jedoch können auf diesen erstklassig trassierten Fernwanderwegen (besonders schön: der Burgensteig X 2) großartige, gesundheitsfördernde Trimm-Märsche veranstalten – ein, zwei oder auch drei Tage lang. Anfangs geht es von Blomberg durch den waldreichen Nordrand des Hochplateaus zum weitschauenden Aussichtsturm auf dem Kalenberg bei Schieder, vorbei an vielen vorgeschichtlichen Wallburgen. Später, ab Kloster Marienmünster, kreuz und quer über die sonnendurchflutete, ebene Hochfläche hinweg, an mehreren Burgen und Schlössern vorbei. Ganz zum Schluß folgt dann ein ebenso beschaulicher wie nervenentspannender Talgang mit den träge strömenden Wassern der Emmer bis zum Bahnhof Steinheim (siehe dazu auch Wandervorschlag 16/3). Alles in allem: ein leistungsorientiertes, erlebnisreiches Wandern mit großem Erholungswert.

Was gibt es nun beim Wandern alles anzuschauen? So viel, daß ich während der anschließenden Tourenbeschreibungen nur eine kurze Übersicht geben kann. Auch die geschichtlichen und kunstgeschichtlichen Angaben unter »Sehenswertes« können aus Platzgründen nur einen kleinen Begriff von dem vermitteln, was Sie unterwegs erwartet. Ich empfehle Ihnen daher,

Das Alte Amtshaus in Blomberg aus dem Jahre 1572 mit seinen reichen Zierschnitzereien von Meister Bartold Sander aus Horn.

während der Wandertage durch den Südostteil des Lippischen Berglandes unbedingt zwei Büchlein im Rucksack mitzutragen. Vor allem einen regionalen Reiseführer Teutoburger Wald–Weserbergland und, wer die vielen herrlichen Kirchen, Rathäuser und Burgen etwas genauer kennenlernen will, der sollte auch einen westfälischen Kunstführer dabeihaben. So ausgerüstet, werden Sie Land und Leute der Blomberg-Nieheimer Hochebene und deren Geschichte und Kunst erst richtig verstehen. Wir fanden jedenfalls, daß sich dieses »Wandern mit Büchern« überaus gelohnt hatte.

1 Wallburgen und Waldwege beiderseits der Emmer

Blomberg – Eschenbruch – Herlingsburg – Kalenberg – Schieder – Ringwall Siekholz – Blomberg
Bestens markierte Weitwanderwege, überwiegend Schatten, nur wenig Steigungen

Ein schmuckes Fachwerkrathaus, eine der schönsten spätgotischen Hallenkirchen in Lippe, ein wuchtiges Stadttor und viele romantische Gäßchen prägen das guterhaltene Altstadtoval Blombergs. Im bunten Innenhof der malerischen Burg, die ein prächtiger Renaissance-Erker ziert, beginnt diese große Wanderschleife ins Emmertal nach Schieder und wieder nach Blomberg zurück. Entlang der Stadtmauer und durch den Parkgürtel der Stadt wandert man anfangs mit der Markierung X5, später auf dem Burgensteig mit X2 hinaus in den Barntruper und Blomberger Stadtwald, am Wachturm vorbei zur ersten Raststation in Eschenbruch.

Wer meint, die Herrlingsburg (325 m) – zu der Sie von hier in wenigen Minuten durchs Walddämmer aufsteigen – wäre eine Märchenburg mit Zinnen und Türmen, der wird enttäuscht werden. Sie ist vielmehr eine vorgeschichtliche Volks- und Fluchtburg (wahrscheinlich aus der Zeit des Arminius), deren Wallanlagen von beachtlicher Ausdehnung sind. Der alte Grenzstein am Eingang zeigt auf der einen Seite das Wappen von Waldeck-Pyrmont, auf der anderen die Lippische Rose.

Der Aussichtsturm auf dem Kalenberg (400 m) gestattet Ihnen anschließend die erste große Rundsicht übers Blomberg-Nieheimer Plateau, südwärts bis zum Teutoburger Wald, nordwärts bis nach Bad Pyrmont. Die riesigen Wälle am Fuße des Berges sollen zu einer Königsburg aus der Zeit Karls des Großen gehört haben.

Unten im heilklimatischen Kurort Schieder erwartet Sie am Nachmittag ein hüb-

sches Barockschloß der Grafen Lippe-Brake. Durch den Schloßpark führt Sie jetzt die Markierung X5 ins Siekholz zum mittelalterlichen, zweiteiligen Ringwall Altenschieder aus keltischer und fränkischer Zeit. Nach Blomberg ist es von dort nur noch eine gemütliche Gehstunde.

Gehzeit 7–7½ Stunden; bei Busrückfahrt von Schieder nur ca. 5 Stunden.
Karte Topographische Karte 1 : 50 000 L4120 Bad Pyrmont, Landesvermessungsamt Nordrhein-Westfalen.
Anfahrt Mit der Bahn von Lage-Lemgo oder Hameln bis Barntrup, von Paderborn oder Hameln bis Schieder, weiter mit dem Bus; mit dem Auto auf den B1, B239 oder B66 von Paderborn, Hameln, Lemgo oder Höxter.
Ausgangspunkt Blomberg, Stadtmitte, Burg, Nähe Marktplatz/Rathaus (Großparkplatz).
Bitte beachten Falls Sie von Schieder zurückfahren wollen: Rückfahrmöglichkeiten notieren.

2 Große Tour nach Schwalenberg, Marienmünster und Nieheim

Schieder – Schwalenberg – Oldenburg – Marienmünster – Sommersell – Nieheim – Steinheim – Bahnfahrt nach Schieder
Lange, aber bei ein wenig Gehvortraining kaum anstrengende Weitwanderung, anfangs Schatten, später reichlich Sonne

Langstreckenwanderer werden sicher den Nordbogen des soeben beschriebenen Wandervorschlags der nun folgenden Tour voranstellen; Kurzstreckenwanderer werden diese Wanderung in Schieder am Barockschloß unweit des Kalenbergturms beginnen lassen.
Zunächst geht es hinaus in »Das Möth« (Moor) und mit den X-Markierungszeichen des Hauptwanderweges Nr. 5 um den Adamsberg herum nach Schwalenberg. Dort steht hoch überm Ort die von

Vom »Künstlerdorf Schwalenberg«, der ehemaligen Residenz der Schwalenberger Grafen am Hauptwanderweg 5, geht der Blick weit hinaus ins Lippische Land.

Graf Volkwin III. um 1230 erbaute Residenzburg der Schwalenberger. Im Ort selbst, der idyllisch auf einer Terrasse des Burgberges liegt, finden Sie ein originelles Fachwerkrathaus mit seltsam wechselnden Schnitzzierformen, ein Kleinod der Weserrenaissance aus dem Jahre 1579. Gleich daneben schmücken Zeichnungen, Aquarelle und Ölgemälde die Gasträume der »Künstlerklause«, in der sich vor Jahrzehnten die in Schwalenberg lebenden Maler zum geselligen Umtrunk trafen.

Das romantische Fachwerkstädtchen verlassen Sie auf dem Burgensteig Richtung Kollerbeck, kommen unterwegs an der Bergveste Oldenburg, einer weiteren Stammburg der Schwalenberger Grafen, vorüber und halten zu Marienmünster im Gasthaus Klosterkrug große Rast – aber bestimmt erst, nachdem Sie die berühmte Benediktinerklosterkirche und ihre exzellente Barockausstattung ausführlich besichtigt haben. Das Glanzstück dieser schlichten Hallenkirche ist die 1738 vom bedeutenden Orgelbaumeister Johann Patroklus Möller aus Lippstadt gebaute Orgel. Sie gehört zu den wertvollsten Denkmälern der Orgelbaukunst in Deutschland. Aber auch der Hochaltar, das Chorgestühl und das schmiedeeiserne Chorgitter sind erstklassige Kunstwerke der Barockzeit.

Fortgesetzt wird die Tour an einem weiteren Wandertag zum Schloß Grevenburg bei Sommersell und – nun mit viel Sonne – über lichtgrüne und braungefleckte Hügelketten, die grünbunte Laubwaldmützen tragen, nach Nieheim. Dieser Ort ist weitum bekannt durch seine gotische Pfarrkirche St. Nikolaus – und durch seinen schmackhaften Käse.

Die ganz Unermüdlichen setzen ihre Trimmreise von da aus durchs weit offene Wiesental der Emmer noch bis nach Steinheim fort.

Gehzeit 9–10 Stunden, 2 Tage; bis Marienmünster nur 4½ Stunden.
Karte Siehe Wandervorschlag 1.
Anfahrt Mit der Bahn von Paderborn oder Hameln; mit dem Auto auf den B1, B239 oder B66 von Paderborn, Hameln, Lemgo oder Höxter.
Ausgangspunkt Schieder-Schwalenberg, Ortsteil Schieder, nördl. Ortsrand, Bahnüberführung, Nähe Bahnhof (P).
Bitte beachten Bestellen Sie die Übernachtung(-en) vor, und notieren Sie schon in Schieder die Rückfahrpläne.
Anmerkung Der Hauptwanderweg X 5 bringt Sie auf einem sehr schönen, lohnenden Abstecher von Schwalenberg nach Biesterfeld, Rischenau und zur ehemaligen spätgotischen Kreuzbrüder-Klosterkirche Falkenhagen. Ihr kostbarster Schatz sind die Chorfenster mit Glasmalereien von 1490. Sie stellen die Gottesmutter, die Kreuzigung und das Pfingstwunder dar.

Sehenswertes

Blomberg Ref. Pfarrkirche (ehem. Augustinerklosterkirche), spätgotisch (1462–79); Gruft der Grafen zur Lippe – Burg (1235), 3flügelige Anlage, Burgtor und Palas 15. Jh., Renaissance-Erker (1569); Amtshaus (1572) mit Schnitzereien – Rathaus, gotisierter Unterbau (1587) mit vorgekragtem Fachwerkobergeschoß und 3 Zwerchgiebeln – Niederes Tor, spätgotisch (um 1545) – zahlreiche Fachwerkgiebelhäuser (16.–18. Jh.) mit figürlichem Schnitzwerk

Schieder Barockschloß (um 1700) der Grafen zur Lippe mit Kurpark – Herlingsburg, keltische Volksburg, 784 als altsächsische Veste Skidrioburg (Schiederburg) genannt – vorgeschichtliche Kultstätte im Niesetal mit mehreren Opferschalensteinen u. Steinkreis mit »Hexenstein« – zweiteilige Ringwallanlage Altenschieder; Holzerdewall u. Mörtelmauer, keltisch-altsächsisch u. fränkisch

Schwalenberg Malerstädtchen, viele schöne Ackerbürgerhäuser in Fachwerk (16.–18. Jh.) mit rotvioletten Höxterplattendächern – ref. Pfarrkirche, romanisch/gotisch (1200/1320) mit Dachreiter (1624) – Rathaus, Renaissance (1579) mit ehemaliger offener Markthalle, Bürgersaal u. Ratsstube (1603) – Burg Schwalenberg, im 13. u. 14. Jh. Residenz der Grafen von Schwalenberg, Hauptflügel mit Treppenhaus, Renaissanceumbau 1627/28 – Volkwinbrunnen u. Schwalenbrunnen – in der »Künstlerklause« Gemäldeausstellung – Waldlehrpfad Rischenau

Marienmünster Ehem. Benediktinerklosterkirche, Kloster 1128 gegründet, romanisches Westwerk (im 19. Jh. erneuert), barocke Halle (1679); ausgezeichnete Barockausstattung (Hochaltar, Chorgestühl, Orgel); romanische Grabmäler Schwalenberger Grafen; barocke Klostergebäude – in der Nähe: Oldenburg, ehem. Stammburg der Schwalenberger (um 1100), Wohnturm aus der 2. Hälfte des 14. Jh., Graben u. Wallmauer – Grevenburg, Schloß der Herren von Oeynhausen (1536)

Nieheim Kath. Pfarrkirche St. Nikolaus, gotische Halle (13. Jh.) mit Taufstein (16. Jh.) u. gotischem Sakramentshäuschen – Sterbehaus u. Grab des Dichters Fr. W. Weber – Rathaus (1610) – viele schöne niederdeutsche Fachwerkhäuser

Steinheim Sehenswürdigkeiten und Sportmöglichkeiten siehe Wandervorschlag 16/2

Freizeitangebot

Blomberg Freischwimmbad – Hallenbad – Tennis – Minigolf – Segelfliegen – Angeln
Schieder Beheiztes Freischwimmbad – Minigolf – Angeln – Kegeln
Schwalenberg Freischwimmbad
Nieheim Freischwimmbad – Angeln – Kegeln – Minigolf – Reiten – Trimmpfad

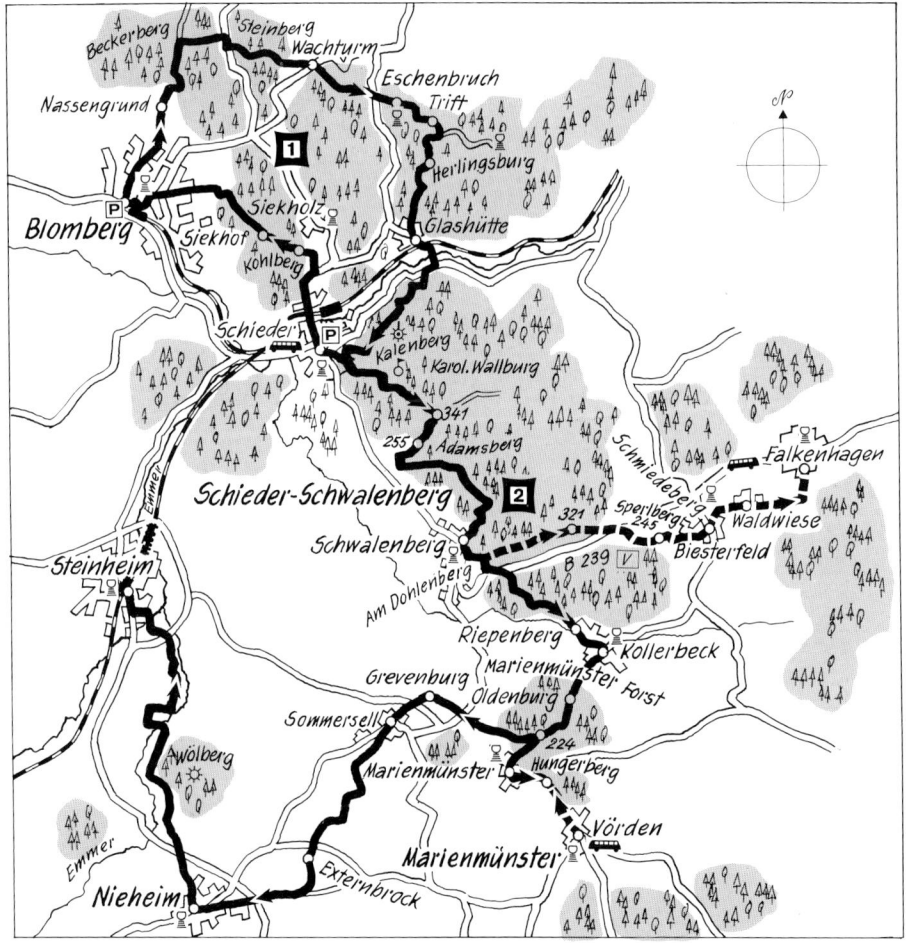

38 Bad Pyrmont Lügde Emmerthal

Sechsmal »Gipfelglück« überm Pyrmonter Talbecken

Ein bekannter Heimatschriftsteller schrieb einmal, daß das herrliche Pyrmonter Talbecken »leider durch übergroße Betonklötze in den letzten Jahrzehnten verunziert« worden sei. Mit dieser Bemerkung hat er bedauerlicherweise recht. Aber es gibt in der Pyrmonter Umgebung immer noch eine ganze Reihe empfehlenswerter und erholsamer Wanderwege, bei deren Begehung man von den scheußlichen Betonburgen nichts sieht. Diese Wege lassen den Wanderer vergessen, daß er sich in der Nähe eines sogenannten »Weltbades« befindet. Auf ihnen entrinnt man dem Trubel eines umfangreichen, pulsierenden Badebetriebes hinaus in die Stille der prachtvollen Landschaft um Pyrmont, hinauf in den herbsüßen, kienigen Duft der Laubwälder. Und wenn man ganz oben auf den Pyrmonter Aussichtstürmen steht, auf dem Spelunkenturm, Schellenbergturm oder Bismarckturm, dann schaut man eben nur ganz kurz einmal auf die Pyrmonter Betonsilos hinunter, aber lang und weit und tief ins Umland hinaus: Das betriebsame Emmerthal ab- und aufwärts – nordwärts bis zur Weser und zu den Hamelner und Rintelner Bergen, südwärts bis zum Kalenbergturm bei Schieder und auf die grünen Höhen des Blomberger Stadtforstes, aus denen die runde Waldschulter der Herlingsburg aufwächst. Einen Ausflug wert sind auch die baumlosen, etwa 300 Meter hohen Sicht- und Sonnenkuppen des Osterberges, Kirch-

berges und Mittelberges, die rechts und links der altertümlichen Erholungsstadt Lügde das Tal der Emmer einrahmen. Auf ihnen sitzt man sogar in der Urlaubshochsaison in beinahe absoluter Einsamkeit sonnennah und zivilisationsfern auf bunten Rastbänken (und wenn keine da sind, auch mal am Feldrand oder Wiesenrain), lauscht dem katzenartigen Schrei des Bussards, dem Krächzen des Hähers und dem Summen von aberhundert Insekten, beobachtet taumelnde Schmetterlinge und – mit ein wenig Glück – äsende Rehe.
Am Nachmittag macht man sich auf, wandert hinunter ins Emmertal, den Geräuschen der Kurstadt entgegen, aber auch zu so manch gemütlichem Gasthaus hin, das sich im eleganten Bad Pyrmont zwischen den schwungvollen Villenfassaden der Gründerzeit oder im malerischen Lügde hinter den behäbigen Fachwerkmauern schmucker Ackerbürgerhäuser versteckt. Die Zahl dieser wahrhaft gastlichen Wirtshäuser ist in Pyrmont Legion, aber auch in Lügde sind nicht weniger als sieben um die ehrwürdige, 800 Jahre alte Kreuzbasilika St. Kilian versammelt. Die Hauptapsis dieser Kirche schmücken übrigens die (nach Corvey) frühestbekannten romanischen Wandmalereien im östlichen Westfalen.

Beim Hylliger Born beginnt der erste Bad Pyrmonter Wandervorschlag zum Spelunkenturm und Schellenbergturm.

1 Drei Aussichtstürme nördlich von Bad Pyrmont

Bad Pyrmont – Spelunkenturm – Schellenbergturm – Bismarckturm – Bad Pyrmont
Bergwanderung im Waldschatten mit großer Rundsicht, nur am Anfang ein längerer Aufstieg

Seinen Namen erhielt Pyrmont von der mittelalterlichen Burg »mons petri« (Petersberg), die unter Erzbischof Philipp von Köln nach 1180 auf dem Schellenberg errichtet wurde. Nach dem Aussterben der Grafen von Pyrmont 1494, denen diese Burg anfangs als Residenz gedient hatte, verfiel sie. Dafür gab 1526 Friedrich VI. von Spiegelberg den Auftrag, unten im Tal das »Feste Schloß« zu erbauen, eine massive, rechteckige Anlage mit Wassergräben, Wällen und Kasematten. Doch schon 180 Jahre später ließ Anton Ullrich Graf von Waldeck-Pyrmont diese »Feste« am Anfang des 18. Jahrhunderts zu einem repräsentativen Barockschloß umgestalten. Unmittelbar hinter diesem Schloß zieht sich Bad Pyrmonts großzügig angelegter Kurpark zum Pyrmonter Forst bergwärts. Mit seltenen Bäumen, farbenprächtigen Blumenrabatten, weiten englischen Rasenflächen und einem in Deutschland einzigartigen Palmengarten ist der Kurpark eine Sehenswürdigkeit allererster Ranges. Durch diesen wundervollen Park wandert man vom Brandenburger Tor des Kurparks hinauf zur ersten überwältigenden Fernsicht vom 25 Meter hohen eisernen

Spelunkenturm auf dem Bomberg, kommt anschließend unter schönen, alten Buchenbeständen am Gasthaus Sennhütte vorbei und verliert sich danach in den einsamen Waldregionen des Pyrmonter Berges (360 m). Daß Sie auch den Weg verlieren, müssen Sie nicht befürchten, denn Wegmarkierungen und -schilder leiten Sie sicher zum Schellenbergturm (312 m) hinüber, um den herum noch ansehnliche Reste der einstigen erzbischöflichen Burg zu sehen sind. Aus ihren Quadern wurde auch der Aussichtsturm erbaut, von dem man bis zum »Dicken Hermann« im Teutoburger Wald schauen kann – wenn nicht gerade Nebel ist.

Beim Abstieg nach Bad Pyrmont können Sie am Eschenkamp ein Germanengrab besuchen und werden vielleicht gar noch den dritten Pyrmonter Aussichtsturm auf dem Königsberg »mitnehmen« – den Bismarckturm.

Gehzeit 3–3½ Stunden; bei V evtl. nur gut 2 Stunden.

Karte Topographische Karten 1 : 50 000 L 4120 Bad Pyrmont, Landesvermessungsamt Nordrhein-Westfalen, und L 3920 Rinteln, Niedersächs. Landesvermessungsamt; oder Stadt- und Wanderplan der Stadtverwaltung Bad Pyrmont.

Anfahrt Mit der Bahn von Hameln oder Paderborn–Altenbeken; mit dem Auto auf der Emmerthalstraße von Hameln, oder auf der B1 von Paderborn (Detmold) über Barntrup.

Ausgangspunkt Bad Pyrmont, Stadtmitte, Kaiserplatz/Kaiser-Wilhelm-Denkmal (Großparkplätze beim Hallenbad und Tierpark an der Südstraße).

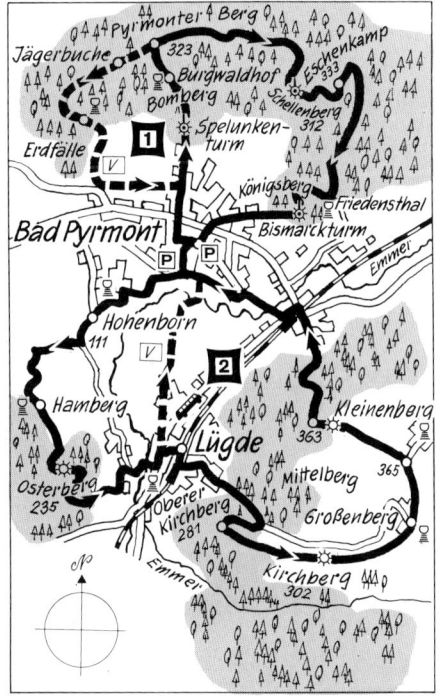

2 Drei Fernsichtberge oberhalb Lügde

Bad Pyrmont – Hohenborn – Osterberg – Lügde – Kirchberg – Großenberg – Kleinenberg – Bad Pyrmont

Sonnenreiche Bergwanderung mit zwei längeren, aber nicht steilen Anstiegsphasen, gute Wege, aber teilweise nur schwach markiert

Als im Jahr 1681 mehr als 40 Fürsten aus ganz Europa in Bad Pyrmont zur Kur weilten, lud sie der ebenfalls anwesende brandenburgische Große Kurfürst zu einem geselligen Beisammensein an seine Tafel und kredenzte den erstaunten Herrschaften ein heißes, aromatisches, bräunlich-schwarzes Getränk: Es war der erste Kaffee, der auf deutschem Boden getrunken wurde. – Nach 300 Jahren – in deren Verlaufe nicht nur Fürsten des Reichs, sondern auch viele Fürsten aus dem Reich des Geistes nach Bad Pyrmont kamen, von Goethe über Klopstock bis Herder – hat die Stadt ihr Gesicht, wie schon eingangs beschrieben, ein wenig gewandelt: Aus dem einst mondänen »Fürstenbad« wurde ein »Volksbad« mit modernsten Kureinrichtungen und Sportanlagen. Eine dieser vorbildlichen Anlagen ist das Hallen-Wellen-Freibad beim Tier- und Vogelpark an der Emmer im Süden der Stadt.

Hier soll die nächste Wanderung beginnen, eine Drei-Berge-Tour, deren Mittelpunkt die Fachwerkstadt Lügde ist, in der sich bis heute der uralte Volksbrauch der Feuerräder erhalten hat, die am Ostersonntag zu Tal gerollt werden. Am Pyrmonter Gondelteich vorbei promeniert man hinaus zum Wirtshaus Hamborner Mühle und zum Berggasthaus Hamberg, überwandert den Osterberg (235 m), der als brillante Rundsichtkanzel überm Emmer- und Eschenbachtal steht, und nimmt das Mittagessen in Lügde ein. Nachmittags gibt's, wie so oft, zwei Möglichkeiten, dieses erholsame Wandern fortzusetzen. Entweder bummeln Sie – kurz, flach und bequem – auf dem Hauptwanderweg ×6 durchs Emmerwiesenbecken nach Pyrmont zurück. Oder Sie besteigen noch zwei Berge: den Kirchberg, auf dem der Ort Großenberg (328 m) liegt, und den Mittelberg, den der Ort Kleinenberg (365 m) krönt. Das erfordert am Nachmittag ab Emmertalsohle einen Aufstieg von fast 300 Höhenmetern. Aber es lohnt sich: Erwartet Sie doch wiederum eine der glanzvollsten Aussichten zwischen Köterberg, Velmerstot und Deisterturm. Aber auch das 376 Meter hoch gelegene Gasthaus Windmühle ist da oben als Schaukanzel und Wanderstützpunkt nicht zu verachten.

Gehzeit 5–5½ Stunden; bis Lügde nur 2 Stunden; bei V 3 Stunden.

Karte, Anfahrt Siehe Wandervorschlag 1.

Ausgangspunkt Bad Pyrmont, südl. Stadtrand, Schloß/Schloßstraße (Großparkplätze beim Hallenbad und Tierpark an der Südstraße).

Bitte beachten Falls Sie von Lügde zurückfahren wollen: Busfahrplan notieren.

Sehenswertes

Bad Pyrmont »Feste Schloß« (1526–36) der Spiegelberger Grafen, Wassergräben, Wälle, Kasematten, Wohntrakt (1556) mit Toranlage, 2 prächtige Wappen (1562), Umbau u. Erweiterung (1706–10 und 1725/1770); Großer Saal mit Stuckdecke u. Pilastergliederung, Kleiner Saal im Zopfstil – berühmte Kuranlage, Park, Palmengarten, Wasserläufe, mehrere über 100 Jahre alte Alleen, Hylliger Born, Helenenquelle, Kurhäuser, Theater – Heimatmuseum (geologische und urgeschichtliche Sammlungen) – ND Erdfälle (siehe Wandervorschlag 1/V), mit Wasser gefüllte, trichterförmige Bassins, 250 m Umfang, bis 12 m tief, durch Deckeneinstürze ausgewaschener Gipshöhlen entstanden – Naturwunder CO_2-Dunsthöhle, Bismarckstraße – Aussichtstürme Spelunkenturm, Bismarckturm, Schellenbergturm (ehem. Burg der Kölner Erzbischöfe u. der Grafen von Pyrmont, seit dem 15. Jh. verfallend) – Tier- u. Vogelpark – Waldlehrpfad – Wildgehege Eichenborn

Lügde Kilianskirche, romanisch (1130–70), unverändert gebliebene, gewölbte Kreuzbasilika mit 3schiffigem Langhaus; in der Halbkuppel der Hauptapsis wertvolle Wandmalereien des 12. Jh.: Christus als Weltenrichter – Franziskanerkirche mit Barockgiebel (1755) – einheitliches Straßenbild der Stadt mit vielen schönen Fachwerkgiebelhäusern – Reste u. Türme der Stadtmauer – Heimatmuseum

Freizeitangebot

Bad Pyrmont Sole-Thermal-Bewegungsbad – beheiztes Freischwimmbad – Hallenwellenbad – Hufeland-Bad – Reiten – Angeln – Golf – Minigolf – Kegeln – Tennis – Segelfliegen – Boccia – Rudern – Trimmpfad

Lügde Freischwimmbäder in Lügde, Rischenau, Hummersen, Elbrixen – Golf – Segelfliegen – Angeln – Kegeln

Veranstaltungen

Lügde Feuerlauf der Osterräder, ältester Osterbrauch in Norddeutschland (am Abend des 1. Osterfeiertages)

Vom Osterberg, von dem Sie zur ehrwürdigen romanischen Lügder Kilianskirche hinterlaufen, rollen am Ostersonntagabend die Feuerräder ins Tal der Emmer.

39 Lemgo Dörentrup

*Die schönsten
Ausflugswege
der Hansestadt Lemgo*

Das Hexenbürgermeisterhaus zu Lemgo –
eines der schönsten Renaissancehäuser an
der Weser.

Die Deutsche Hanse war ein Zusammenschluß von Städten, die gemeinsame Handelsinteressen hatten. Bereits in der Mitte des 13. Jahrhunderts bildeten die Hamburger und Lübecker Kaufleute eine Hanse. Schon wenige Jahrzehnte später umfaßte die Deutsche Hanse von Lübeck aus, das die unbestrittene Führung im Städtebund errang, sowohl Handelsstädte im Nord- und Ostseeraum wie auch im Binnenland. Ab 1300 leitete Lübeck die Hansetage, deren Beschlüsse für alle Mitglieder bindend waren. Die Zahl dieser Mitglieder schwankte: 70 bis 80 Städte wurden zum festen Kern der Hanse, mehr als 100 Städte assoziierten sich dem Handelsbund. Hamburg, Bremen und Emden gehörten an der Nordsee genauso zur Hanse wie Danzig, Reval, Elbing, Riga oder Dorpat an der Ostsee. In rheinisch-westfälischen Landen waren Köln, Dortmund und Münster bedeutende Hansestädte, im niedersächsischen Bereich Hildesheim, Braunschweig und Göttingen; sogar Breslau und Krakau schlossen sich der Hanse an. Infolge ihrer wirtschaftlichen Macht errang die Hanse auch großen politischen Einfluß im Ostseeraum, der ihr die Vormachtstellung in Nordeuropa sicherte und die Hansemitglieder zu einer reichen Städtekultur führte.

Dieser ersten großartigen, völkerverbindenden »Europäischen Wirtschaftsgemeinschaft« des Mittelalters trat kurz nach ihrem Zusammenschluß auch die Stadt Lemgo bei. Sie war im Jahre 1190 vom Edelherrn Bernhard II. zur Lippe als Hauptort des »Limgauwe« (= Lehmgaus) gegründet worden und kam durch ihre Hansezugehörigkeit sehr schnell zu wirtschaftlicher und kultureller Blüte. Lemgoer Tuch, Leinen und Garn waren fast vier Jahrhunderte lang in ganz Europa ein Begriff. Doch der Niedergang des deutschen Binnenhandels, der 30jährige Krieg und der aufkommende Fürstenabsolutismus verursachten im 17. Jahrhundert das Ende der Hanse. Auch Lemgos Wohlstand schwand dahin. Dafür gelangte die Stadt gerade in dieser Zeit zu einer sehr traurigen Berühmtheit. Der »Hexenbürgermeister« Hermann Cothmann regierte Lemgo in einer der schlimmsten Schreckensepochen der deutschen Geschichte. Lemgo wurde Zentrum und erschütternder Schauplatz des Hexenwahns. Damit versank der Hanseruhm der Stadt

in den Annalen der Geschichte. Als kleinbürgerliche Ackerbauernstadt überdauerte sie die folgenden Jahrhunderte, bis sie durch ihre Meerschaumerzeugnisse, vor allem aber durch die Meyersche Hofbuchhandlung im 18. und 19. Jahrhundert wieder einen erstklassigen Ruf bekam, ja sogar zu einem »westfälischen Leipzig« aufrückte.

Geblieben vom geschichtlichen Höhepunkt der Lemgoer Hansezugehörigkeit sind viele grandiose Bauwerke des 14., 15. und 16. Jahrhunderts, die heute wie damals das Bild der Stadt bestimmen. Zwischen diesen Kostbarkeiten aus Gotik und Renaissance, die Lemgo wie die Wände eines Schmuckkästchens zieren, werden Sie bergwärts ziehen in die Lemgoer Mark, hinauf zum Aussichtsturm am Windelstein – werden während eines zweiten Wandertages das Hillentrup-Dörentruper Hochtal zur Burg Sternberg hin umrunden. Am Abend jedoch werden Sie bestimmt immer wieder den Wanderabschluß in einem der urgemütlichen Lemgoer Gasthäuser feiern. Das bekannteste von ihnen ist das historische Wirtshaus Alt-Lemgo. Kunsthistoriker preisen es als »die Krone des lippischen Fachwerkbaus«.

1 Rast- und Gasthäuser in der Lemgoer Mark

Lemgo – Lemgoer Mark – Schöne Aussicht – Aussichtsturm – Windelstein – Waldfrieden – Lemgo

Nur wenig anstrengende Berg- und Waldwanderung mit viel Fernsicht, gute Wegmarkierungen

Ich muß es immer wieder betonen und wohl die meisten Wanderer werden mir zustimmen: Was wäre das Wandern ohne Gasthäuser?! Allenfalls nur eine dreiviertel Freude, vielleicht gar nur eine halbe. Eines der einfachen Sorte, aber eines der allerschönsten in westfälischen und niedersächsischen Landen ist das Gasthaus zur Schönen Aussicht, beim Damwildgehege am Waldrand der Lemgoer Mark. Wanderer und Ausflügler sitzen hier bei genüßlicher Rast hoch über der alten Hansestadt am sonnigen Südhang, lassen sich das kühle, schäumende Pils schmecken und essen dazu draußen im herrlichen Wirtsgarten bei frischer Höhenluft die besten Mettwurstbrote der Welt, die von der Wirtin persönlich serviert werden. Dabei

geht man südwärts mit den Augen über den gesamten Kamm des Teutoburger Waldes und Eggegebirges spazieren, fast 100 Kilometer weit.

Weil jedoch diese Wanderung über die Lemgoer Mark insgesamt etwa 3½ Stunden dauert, der Aufstieg von Lemgo zur »Schönen Aussicht« aber nur eine gute ½ Stunde, müssen Sie schließlich doch weiter, wenn Sie die ganze Tour hinter sich bringen wollen. Fast eben promeniert man jetzt zum Lemgoer Aussichtsturm (und zur dortigen Waldgaststätte), erreicht anschließend auf dem Hansaweg mit der Markierung X 9 den Windelstein (347 m) und pilgert von da südwärts zur Bushaltestelle beim Reiterhof Rieperturm an der B 66 hinunter. Dabei kommen Sie unterwegs am »Waldfrieden« vorbei – das ist schon wieder ein schöngelegenes Gasthaus.

Gehzeit 3–3½ Stunden.
Karte Topographische Karte 1 : 50 000 L 3918 Herford, Landesvermessungsamt Nordrhein-Westfalen; evtl. auch L 3920 Rinteln, Niedersächs. Landesvermessungsamt.
Anfahrt Mit der Bahn von Bielefeld oder Hameln–Barntrup; mit dem Auto auf den B 1/B 66 oder B 238 von Bielefeld oder Hameln, Rinteln oder Detmold, oder von Herford (BAB A2/B239).
Ausgangspunkt Lemgo, westl. Altstadtrand, Parkpalette Wüste am Steinweg/Herforder Straße.
Bitte beachten Schon in Lemgo Busrückfahrzeiten notieren.

2 Auf der Burg Sternberg

Dörentrup/Schwelentrup – Burg Sternberg – Alt-Sternberg – Kleeberg – Homeien – Hillentrup – Schwelentrup

Einfache Bergwanderung, anfangs ein längerer, aber nur wenig steiler Aufstieg, sehr gute, bestens bezeichnete Wege

Seit 700 Jahren verstecken sich die gotischen Mauern der einstigen Residenzburg

des Sternberger Grafengeschlechts bei Linderhofe in den grünbunten Laubwaldpelzen des fast 400 Meter hohen Stühneberges und Dörenberges. Jahrhundertelang regierten die Sternberger Herren von hier aus ihr Minireich; heute beherbergt die Burg neben einer Musik- und Instrumentenbauschule auch eine interessante Sammlung alter Musikinstrumente. Außerdem ist die Burg Kreuzungspunkt zweier berühmter Hauptwanderwege, nämlich des Hansaweges (X 9) und des Burgensteigs (X 2).

Das Landgasthaus Grünental im kleinen Kur- und Erholungsort Schwelentrup, ein Ortsteil von Dörentrup, ist der rechte Ausgangspunkt, um den Sternberger Burgberg zu erklimmen. Ohne große Anstrengung spaziert man durchs Mühlingsbachtal zum Weiher und Schwarzwildgehege und danach auf dem Försterweg in der Waldstille weiter bergan. Nach der Burgbesichtigung stromert man nordwärts der Wallanlage Alt-Sternberg zu und schlendert vom Wanderparkplatz Dickte am Eselsbach und durch den neu angelegten Kurpark wieder ins Mühlingsbachtal hinunter. Kluge Leute kosten diese ruhige Landschaft voll aus und hängen daher noch eine etwas längere West-Süd-Wanderschleife dran: über den Kleeberg (360 m) nach Homeien und Hillentrup. Und entdecken dort am Nachmittag eine der hübschesten Landkirchen in der Lemgoer Umgebung.

Gehzeit 4½–5 Stunden; evtl. nur 2½–3 Stunden.
Karte Siehe Wandervorschlag 1.
Anfahrt Mit der Bahn von Bielefeld–Lemgo oder Hameln; mit dem Auto auf der B66 von Lemgo oder B 1/66 von Hameln–Barntrup.
Ausgangspunkt Dörentrup/Ortsteil Schwelentrup (8 km östl. von Lemgo), westl. Ortsanfang, Gasthaus Grünental/Informationstafel (P).
Bitte beachten Da es unmittelbar am Wanderweg keine Gasthäuser gibt (außer in Linderhofe): Getränke u. Proviant in den Rucksack packen.

Sehenswertes

Lemgo (seit 1916 Alte Hansestadt Lemgo) Johanniskirche, ehem. Franziskanerkirche, spätgotisch (1464), klassizistisch umgebaut (1799); St.-Johannis-Turm, frühgotisch (um 1240) – Marienkirche, gotisch (1280–1330), 3schiffige Halle; großartige Maßwerkfenster der frühen Gotik (1280), spätgotischer, gemalter niederrheinischer Flügelaltar (um 1470), Triumphkreuz (Anf. 16. Jh.), berühmte Orgel (1612) von Gottfried Fritsche aus Meißen mit Renaissanceschnitzereien, eine der besten in Deutschland, Bildnisplatte einer Tumba (um 1378) – Nikolaikirche, spätroma-

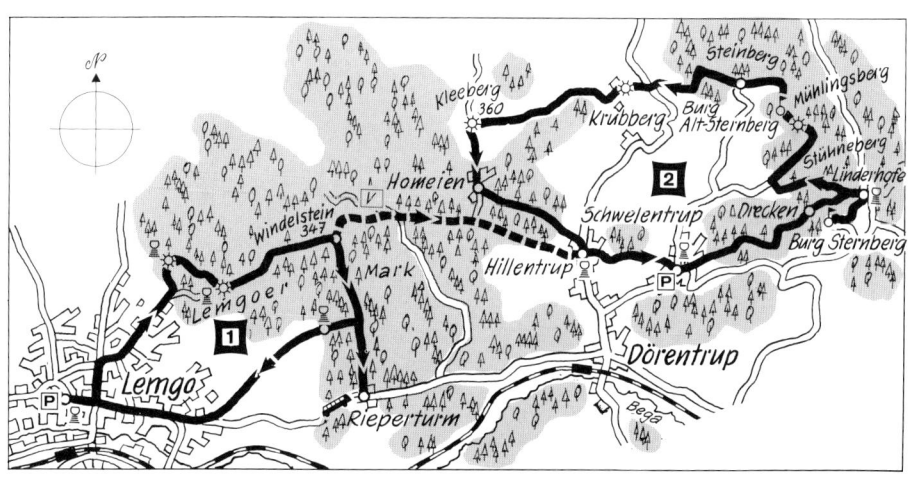

nisch (1220–50), gotisch erweitert, 4jochige Halle; romanische u. gotische Malereien, romanisches »Deesis«-Tympanon u. romanisches Marienretabel (um 1230), überreichgeschnitzter Hochaltar (1643), Renaissance-Taufe (1597), Schnitzepitaph (1617) u. Steineepitaph (1587) – das Rathaus (Spätgotik u. Renaissance, um 1480 u. 1525–1590) zählt zu den schönsten in Deutschland: offene Eingangshalle »Laube« (1565) u. vorgekragte »Kornherrnstube« (1589), »Neue Ratsstube« (1590), formenreicher, besonders schöner »Apothekenerker« (1612); Ratskeller (1545/1589) – Zeughaus (1548) – Ballhaus (1608–11) – Lippehof, ehem. Schloß der Grafen zur Lippe, klassizistisch/barock (1734) – Abtei (1585), 1758 umgebaut (Freitreppe); im Park das Kranichdenkmal (1788), einziges deutsches Vogeldenkmal – viele großartige Bürgerhäuser aus dem 15. u. 16.Jh.: beschnitztes Fachwerk im Fächer-Schnürrollen-Stil oder Stein mit gotischen Staffelgiebeln bzw. prächtigen Renaissancegiebeln u.

prunkvollen Portalen; u.a. Haus Sonnenuhr, Hexenbürgermeisterhaus (jetzt Heimatmuseum), Wippermannsches Haus, 4 gotische »Buden«, Donopscher Adelshof, Gasthaus Alt-Lemgo, Kerssenbrokscher Adelshof, Planetenhaus – Junkerhaus, von Karl Junker ab 1891 als künstlerisch-kurioses Wohnhaus im selbsterfundenen Buckelstil phantastisch gestaltet – Schloß Brake, Weserrenaissance (1584–91), erbaut vom berühmten Lemgoer Baumeister Hermann Wulf, architektonisch hervorragender Wohn- u. Treppenturm, Ostflügel (1666) mit Barockportal – Stadtwall mit Pulverturm – Kakteen- u. Orchideenzüchtereien – Aussichtturm in der Lemgoer Mark

Dörentrup Burg Sternberg bei Linderhofe, Residenz der gleichnamigen Grafen (13./14.Jh.), jetzt Musikschule u. Musikinstrumentensammlung; gotisches Tor (1520), Hauptburg mit 2 Wohntürmen (»Steinwerke«, 15.Jh.), Torbau mit Einfahrt (1570), Pallas (1580) mit Burgbrunnen u. Rittersaal,

Auf dem Marktplatz der Alten Hansestadt Lemgo beginnt vor dem prachtvollen Renaissancegiebel des Rathauses die aussichtsreiche Tour in die Lemgoer Mark.

Ringmauer aus der Gründungszeit (13.Jh.) – Wasserschloß Wendlinghausen, Weserrenaissance (1613–16) – Landschaftspark mit See – Schwarzwildgehege

Freizeitangebot

Lemgo Beheiztes Freischwimmbad – Hallenbad – Angeln – Tennis – Reiten – Minigolf – Kegeln – Trimmpfad
Dörentrup Freischwimmbad – Hallenbad – Angeln – Reiten – Minigolf

Veranstaltungen

Lemgo Internationale Orgeltage

40 Vlotho Kalletal

Wenig besuchte Kalletaler Wanderziele

Mit einer Länge von 20, teilweise bis zu 30 Kilometern wenden sich die Flüsse des Lippischen Berglandes der Vereinigung mit der Weser entgegen: die Emmer, Humme und Exter, die Kalle, der Vlothoer Forellenbach und der größte Fluß der Region, die Werre. Ihre meist noch klaren Wasser mäandern in tiefeingeschnittenen Talmulden voll abwechslungsreicher landschaftlicher Schönheit, durchziehen in ihren Quellgebieten als junge, schmächtige Rinnsale mit weiten Bachschlingen stille Wiesensenken, passieren am Fuße sanfter Talhänge dunkle Forstreviere und schlängeln sich – nun schon erwachsen geworden – sonnenflimmernd durch lichthelle Auwaldoasen. Dabei verbinden die Flüßchen auf ihrer Reise zur Weser viele adrette Ferienorte.

Eine der idyllischsten dieser Tallandschaften ist das Kalletal, einer der reizvollsten dieser Urlaubsorte der wenig bekannte Marktflecken Hohenhausen an der Westerkalle. Er ist Hauptort der Gemeinde Kalletal und zugleich Erholungs- und Wanderzentrum des gleichnamigen Bachtales. Das Wasser des Tales hat seinen Ursprung bei Bavenhausen, strebt nordwärts nach Hohenhausen und Dalbke und verbindet sich hinter Langenholzhausen mit der von Heidelbeck daherschlendernden Osterkalle zur Kalle. Doch schon bald danach münden ihre Wasser kurz vor Vlotho in den Weserstrom. Rechts und links werden die beiden Kallebäche an ihren Ufern von schönsten Aussichtsbergen begleitet, die sich als wenig oder gar nicht bewaldete Kuppen zwischen Vlotho, Linnenbeeke und Talle auf der westlichen Seite aufreihen, auf der östlichen zwischen Bavenhausen, Heidelbeck und Varenholz. Ruschberg, Selberg und Bonstapel sind ihre Namen im Westen; im mittleren Bereich heißen sie Herberg, Rafelder Berg und Möllenberg; und als Osterberg, Wirksberg und Kirchberg werden sie östlich der Osterkalle bezeichnet.

Diese neun trefflichen Rast- und Fernsichtgipfel können Sie während des erlebnisreichen, mehrtägigen (aber auch ab-

Der »Jugendhof« bei Vlotho – ein Meisterwerk westfälischer Fachwerkbaukunst.

kürzbaren) Wandervorschlags 2 kennenlernen. Vorangestellt habe ich dieser großartigen, wenn auch weiten Tour durch einen der schönsten Teile des Lippischen Berglandes eine kurze, nur wenig anstrengende Besteigung des Vlothoer Amtsberges. Daran schließt ein fast ebener Rundgang über den Steinberg und über die Ebenöde an. Auch diese gemütliche Tour beschert Ihnen wieder viele weite Ausblicke: hinunter auf den nahen Weserfluß, hinüber zu den Felsrampen des Wesergebirges und hinaus in den Werretalkessel, hinter dem als horizontweite Waldmauer die blaugrünen Höhen des Wiehengebirges aufwachsen.

1 Amtshausberg und Ebenöde – zwei Aussichtswarten über der Weser

Vlotho – Amtshausberg – Steinberg – Ebenöde – Vlotho

Leichte Bergtour mit steilem Aufstieg am Anfang, später flach, sehr gut markierte Wege, viel Schatten

Vlotho, der alte Furtplatz an der Weser (vlaute = flache Stelle), zwischen Amts-

hausberg und Winterberg in die Talsohle des Forellenbaches eingezwängt, entstand vor über 1 000 Jahren als Fischersiedlung. Schon 1250 erhielt die Ansiedlung Stadtrechte, zur gleichen Zeit ließ Heinrich von Oldenburg auf den vorgeschichtlichen Wallanlagen des heutigen Amtshausberges eine Höhenburg erbauen, deren Umfassungsmauern den noch vorhandenen 60 Meter breiten und 110 Meter langen Burgplatz umschließen. Zu diesem Platz und damit zum ersten faszinierenden Ausblick bringt Sie ein steiler Steig aus dem Gewirr der Vlothoer Altstadtgäßchen bergwärts. Am Burgtorbogen finden Sie eine Informationstafel über die Geschicke der Burg auf dem Amtshausberg und gleich daneben einen Wanderwege- und Waldsportpfadhinweis.
Nach dem Umschauen (und nach soviel Berganschnauferei) wird das Gehen nun etwas angenehmer. Im leichten Auf und Ab gelangen Sie nach Sperlsiek und auf den Steinberg (196 m) sowie schließlich zur Gaststätte Forsthaus am Waldrand und damit zur großen Sicht nach Norden und Westen. Übers Bad Oeynhauser Häu-

sermeer schweift der Blick zu den endlos scheinenden Forstbarrieren des Wiehengebirges und des Teutoburger Waldes, aber auch tief ins Lippische Bergland zu den Höhenkuppen der Kalletaler Berge. Das erweckt sofort Erwartungen und Freude auf kommende Wandertage!
Der Rückweg nach Vlotho ist einfach zu finden: Vom Wildgehege bei der Wölpker »Bergschänke« pilgern Sie südwärts über die Ebenöde (237 m) wieder zur Burg vor und auf der Burgstraße nach Vlotho hinunter.

Gehzeit 2–2½ Stunden.
Karte Topographische Karte 1 : 50 000 L 3918 Herford, Landesvermessungsamt Nordrhein-Westfalen.
Anfahrt Mit der Bahn von Bad Oeynhausen oder Hameln–Rinteln; mit dem Auto auf der BAB A2 (Hannover–Herford–Ruhrgebiet), oder auf den B514/238 (Wesertalstraße) von Minden oder Hameln–Rinteln.
Ausgangspunkt Vlotho, Stadtmitte, Kirchplatz/ev. Kirche/Hotel Stadt Vlotho (P).

2 In zwei Tagen rund um die Kalletäler

Vlotho – Talle – Bavenhausen – Hohenhausen – Heidelbeck – Varenholz – Busfahrt nach Vlotho

Lange, etwas Gehvortraining erfordernde Berg- und Höhenwanderung, durchgehend gute Sichtverhältnisse, im großen und ganzen bestens markiert, wenig Schatten

Dank seiner beiden hübschen Kurorte Bad Senkelteich und Moorbad Seebruch am Eiberg darf sich die Großgemeinde Vlotho stolz als staatlich anerkannter Luftkurort bezeichnen. Viel von dieser klaren, ozonreichen Höhenluft des Lippischen Berglandes kann jeder Wanderer völlig gratis während der nun folgenden Tour in sich einsaugen: Ohne sich schinden zu müssen, steigt man anfangs flach, jedoch ein wenig lang am Weserhang zum Gasthaus Schöne Aussicht bergwärts und erreicht nun bald die höchste Erhebung des Winterberges, den 295 Meter hohen Ruschberg. Schon ab Vlotho konnten Sie sich der Führung durch die Andreaskreuze des Hauptwanderweges 3 anvertrauen. Diese leiten Sie jetzt sicher nach Plögerei (von hier gibt es die Abkürzungsmöglichkeit [V] über die Bentorfer Windmühle und den Möllenberg – 225 m, Sicht! – zum Bushalt in Dalbke an der Kalletalstraße B238) und weiter nach Linnenbeeke (evtl. lohnender Abstecher zum NSG Selberg, 275 m). Durch das Naturschutzgebiet Steingrund (100 000 Jahre alte skandinavische Eiszeitfindlinge!) geht es bergan zur

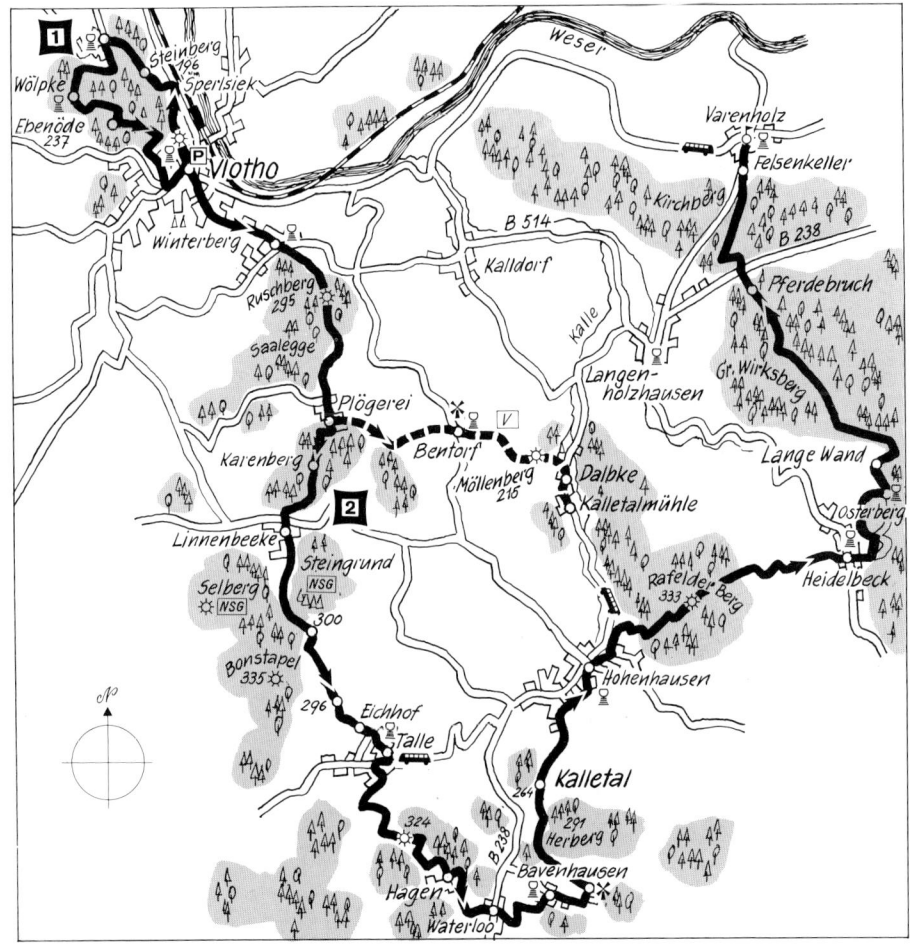

Das gotische Benediktinerinnenkloster Möllenbeck an der Weser mit seinen zwei runden Westtürmen aus dem Anfang des 10. Jahrhunderts.

Kreuzung mit dem Weg X4, von der Sie in wenigen Minuten den höchsten Berg des Wittekindslandes erklimmen können, den 335 Meter hohen Bonstapel.

Die nächste wichtige Wanderstation ist der kleine Ort Talle. Eine weiße, gotische Landkirche ist hier von einem berggartenartigen, malerischen Friedhof umgeben, auf dem uralte Eschen stehen. Der urgemütliche Fachwerkbau des Alten Krugs gleich gegenüber vervollständigt diese Dorfidylle. Über Hagen bummelt man anschließend ins Westerkallequellgebiet bei Waterloo hinunter und trimmt sich gleich wieder bergwärts zur Bavenhauser Windmühle und auf den Herberg (291 m).

In Hohenhausen ist Wanderhalbzeit. Dort beginnt am nächsten Morgen der zweite Wandertag mit einem schönen Aufstieg zum Rafelder Berg (333 m). Es folgt ein Besuch des Heidelbecker Jagdmuseums, dann aber ist die große Rast fällig. Dafür eignet sich besonders gut das Waldgasthaus Waldfrieden am Osterberg.

Zum Wanderfinale stromert man über den Wirksberg (212 m) und Kirchberg (177 m) zum Felsenkeller in Varenholz. Wer aber das Glück hat, an diese zwei intensiven Wandertage noch einen Ruhetag anhängen zu können, wird bestimmt in Varenholz die großzügig gestaltete Schloßanlage

besichtigen. Sie gehört zu den bedeutendsten der Weserrenaissance. Aber auch die nahe Benediktinerinnenklosterkirche Möllenbeck belohnt die Besucher: mit ihrer tiefbeeindruckenden Einheitlichkeit geradezu klassisch romanisch-gotischer Formensprache.

Gehzeit 10–11 Stunden, 2 Tage; bei Busrückfahrt ab Hohenhausen nur etwa 5½ Stunden, ab Heidelbeck nur etwa 8 Stunden; bis Dalbke/Tierpark Kalletalmühle nur gut 3 Stunden.

Karte Topographische Karten 1 : 50 000 L 3918 Herford, Landesvermessungsamt Nordrhein-Westfalen, und L 3920 Rinteln, Niedersächs. Landesvermessungsamt.

Anfahrt, Ausgangspunkt Siehe Wandervorschlag 1.

Bitte beachten Erkunden Sie schon in Vlotho die Busrückfahrzeiten ab Talle, Hohenhausen, Heidelbeck, Langenholzhausen und Varenholz bzw. Dalbke. Packen Sie genügend Proviant und Getränke in den Rucksack. Wetterschutz nicht vergessen. In der Hochsaison Übernachtung in Hohenhausen vorbestellen.

Sehenswertes

Vlotho Stadtpfarrkirche St. Stephani (17. Jh.), ehem. Klosterkirche des im 13. Jh. gegründeten Klosters Segenstal – Amtshausberg mit der Ruine der 1250 erbauten Burg der Herren von Vlotho, später Drostensitz; vorgeschichtliche Wallanlagen, berühmte Sicht – Jugendhof Vlotho, altes Fachwerkbauernhaus – Haus Dr. Malz (1686) – NSG Linnenbeeke: Ablagerung von 1000 Findlingsblöcken aus der eiszeitlichen Vergletscherung

Gemeinde Kalletal/Hohenhausen: Pfarrkirche St. Paulus, romanisch (12. Jh.), 1schiffiger Gewölbebau, Chor im 15. Jh. erneuert, spitzbogige Maßwerkfenster – **Dalbke:** Tierpark Kalletal (400 Tiere) – **Kalldorf:** Hünengräber auf dem Haiberg (162 m) – **Langenholzhausen:** Pfarrkirche St. Helena, romanischer Turm (12. Jh.), Chor 15. Jh., Spitzbogenfenster, Wandmalerei (15. Jh.); Landesherrliche Mühle (Bruchstein mit Fachwerk; Heimatmuseum – **Lüdenhausen:** Waldlehrpfad – **Talle:** Pfarrkirche, gotisch (1482), 2jochige Halle; malerischer Friedhof mit klassizistischen Grabsteinen; historischer Marktplatz – **Varenholz:** 4flügeliges Schloß der lippischen Grafen, ausgezeichnete Weserrenaissance (1540/1591–1600), im Stil einer mittelalterlichen Burg mit vielen Giebeln u. Türmen u. eigenartigem, diagonalem Streifenputz; Pfarrkirche mit schöner Kanzel (1681) u. Orgel (1748) – **Heidelbeck:** Jagdmuseum

Möllenbeck (bei Rinteln) Ehem. Benediktinerinnenkloster, später Augustinerkloster, gotisch (15.Jh.); Klosterkirche mit 2 runden Westtürmen (Anf. 10. Jh.), 3schiffige, gewölbte Halle, 1schiffiger Chor; innen Reliefrest (12. Jh.) der Stifterin Hildburg; Malereireste in der Sakristei; 3schiffige Krypta – Klostergebäude mit quadratischem Klosterhof; eindrucksvolle Kreuzgänge mit rippenlosen Gewölben; im Refektorium vertäfelte Decke

Freizeitangebot

Vlotho Beheiztes Waldfreibad – Tennis – Reiten – Kegeln – Minigolf – Angeln – alle Arten Wassersport auf der Weser – Trimmpfad

Gemeinde Kalletal Freischwimmbad – Boccia – Kegeln – Minigolf – Reiten – Trimmpfad in Lüdenhausen – Weserfreizeitzentrum Varenholz mit allen Wassersportarten auf der Weser

41 Extertal Barntrup

Auf und um die Hohe Asch (370 m)

*Und meine Seele spannt
Weit ihre Flügel aus,
Flog durch die stillen Lande,
Als flöge sie nach Haus!*

Diese Zeilen aus Joseph von Eichendorffs Gedicht »Mondnacht« rezitierte ein Bekannter, beflügelt durch die romantische Schönheit und absolute Stille eines Abends im Vorfrühling, an dem wir von Bösingfeld zur Hohen Asch aufgestiegen waren. Nun beobachteten wir bei einem linden Märzlüfterl von der Aussichtsbank am Waldrand, wie der Vollmond gleich einem roten Ballon hinter der Waldmauer des Solling aus der Dämmerung hervorkroch – für uns ein unvergeßliches Erlebnis! Weit geht dort oben vom neuen Aussichtsturm beim Turmcafé die Fernsicht: zum Süntel und Wesergebirge, zur Egge und über die horizontweiten Bergfluchten des Teutoburger Waldes und Wiehengebirges. Das Lippische Bergland breitet sich in endlosen Hügelketten rings um die Hohe Asch. Ostwärts zeigt der Köterberg seinen turmnadelbekrönten Kegel und verspricht noch großartigere Aussicht nach Osten bis zum Harz. Westwärts zertrennt das Trogtal der Exter das Land von Süden her und verliert sich im breiten Talschnitt der Weser.

Diese Exter ist die große Schwester der beiden Kalleflüßchen und die etwas schmächtigere Zwillingsschwester der Emmer. Ihr schönes, von freundlichen Feldertafeln und stimmungsvollen Mischwaldhängen eingerahmtes Wiesental liegt genau in der Mitte der genannten Flußschwestern und strebt mit ihnen von den Höhen des Lippischen Berglandes in Nordrichtung der Weser zu.

Unmittelbar unterhalb des 312 Meter hohen Brommberges und des 342 Meter hohen Saalberges, die sich beide nur wenig nördlich des Höhenluftkurortes Barntrup befinden, beginnt die Exter ihre Reise zur einstigen Festungs- und Universitätsstadt Rinteln und wird dabei etwa 20 Kilometer lang von aussichtsreichen Höhenrücken und von einer gut ausgebauten Talstraße begleitet. Und von einer Eisenbahnlinie, die zu den Attraktionen des Lippischen Berglandes zählt, denn in den Sommermonaten verkehren auf ihr noch die altertümlichen Dampfrösser und Plattformwaggons der Extertalbahn.

Noch als junges Flüßchen windet sich die Exter kurz hinter ihrem Ursprung bei der ehemaligen gräflich-sternbergischen Residenz Alverdissen, dem »Tor des Extertales«, durch den adretten Marktflecken Bösingfeld. Er ist nicht nur der Hauptort der Großgemeinde Extertal, sondern auch ein gemütlicher Ferienplatz, und die Gemeindeverwaltung gibt sich viel Mühe, das reizvolle Bösingfelder Umland besonders für Wanderer attraktiv zu machen. Das zeigt vor allem eine neu und sehr gut gestaltete, bestens zu empfehlende Umgebungswanderkarte, in die das dicht angelegte Extertal-Rundwanderwegnetz übersichtlich eingezeichnet wurde. Außerdem ist Bösingfeld (bzw. die Burg Sternberg bei Linderhofe, siehe auch Wander-

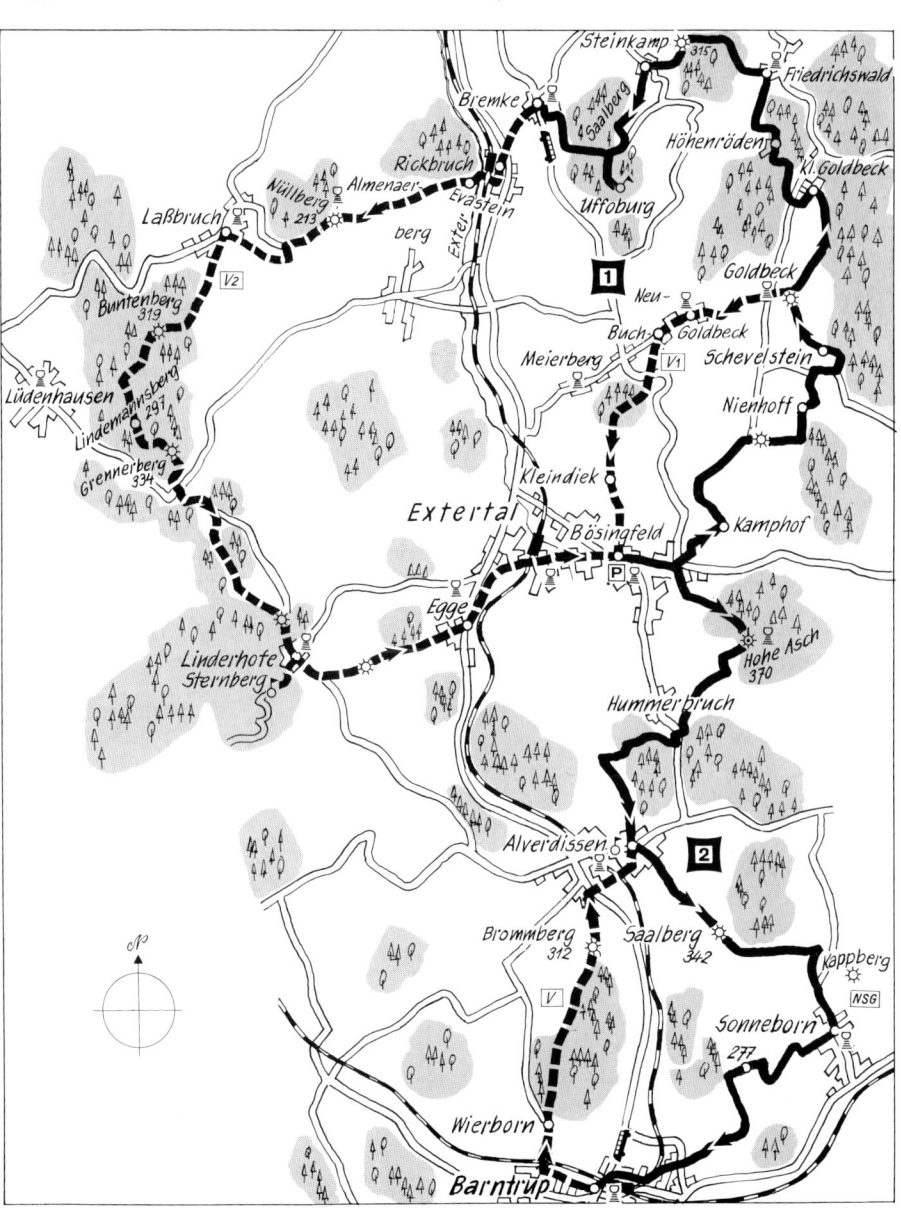

vorschlag 39/2) Schnittpunkt berühmter Weitwanderwege (Europa-Fernwanderweg E1, Burgensteig X2, Hansaweg X9 und Hauptwanderweg X5). Für uns war Bösingfeld des öfteren Ausgangspunkt, um die anschließend beschriebenen Wandertouren zu unternehmen: zum Bergdorf Goldbeck und nach Friedrichswald und Linderhofe. Aber auch nach Barntrup – über den Saalberg, Knappberg und Bromberg. Und über die Hohe Asch.

1 Die Bösingfelder Nordrunde

Bösingfeld – Goldbeck – Friedrichswald – Bremke – Busfahrt nach Bösingfeld – oder weiter über Linderhofe nach Bösingfeld

Bergwanderung mit einer bzw. zwei langen, aber wenig steilen Anstiegsstrecken, ausgezeichnet markiert, Sonne und Schatten gemischt

Dieser Wandervorschlag bringt Sie ebenso wie der nächste schon in wenigen Gehminuten zur ersten großen Fernsicht bergwärts. Aus 300 Höhenmetern schauen Sie bereits kurz hinter Gehring südwärts und pilgern dann bei immer großartiger werdenden Ausblicken über den freien Sonnenhang (aus diesem Grund ist die Tour vor allem für den Vorfrühling zu empfehlen!) nach Nienhof und Schevelstein hinüber und nach Goldbeck (Wirtshaus!) hinauf. Hinter Kleingoldbeck erreichen Sie mit 370 Metern den höchsten Punkt dieser Nordschleife und steigen dann von Friedrichswald zu den vorgeschichtlichen Wällen der Uffoburg und ins Bremkebach- und Extertal ab, vorbei an vielen weiteren schönen Aussichtspunkten. Von Bremke können Sie, falls Ihnen nur ein Wandertag zur Verfügung steht, mit dem Bus der Extertalbahn nach Bösingfeld zurückfahren. Zwei-Tage-Wanderer machen sich Richtung Laßbruch auf den Weg, über den Almenaer und Nüllberg, am Evastein vorüber. Mit dem Buntenberg (319 m), Lindermannsberg (297 m) und Grennerberg (334 m) gewinnt man anschließend den westlichen Waldhöhenkamm des Extertales und wird für soviel anstrengendes (aber auch erholsames) Gehen bei Linderhofe – noch vor dem Abstieg nach Bösingfeld – mit einem kunsthistorischen Wan-

Die wuchtigen Mauern von Schloß Barntrup sind – im wahrsten Sinne des Wortes – der Höhepunkt aller Extertalwanderwege; von hier zieht sich das Tal der Exter nordwärts über Bösingfeld zur Weser hinunter.

derleckerbissen belohnt: Die Burg Sternberg überrascht ihre Besucher mit einem wohlerhaltenen mittelalterlichen Gepräge. Aber auch eine interessante Sammlung alter Musikinstrumente ist dort das Anschauen wert.

Gehzeit 4–4½ Stunden, 1 Tag; oder 10–11 Stunden, 2 Tage; V1 3½–4 Stunden.
Karte Topographische Karte 1:50000 L 3920 Rinteln, Niedersächs. Landesvermessungsamt; oder Wanderkarte Extertal der Gemeinde Extertal.
Anfahrt Mit dem Bus von Hameln oder Barntrup (jeweils Bahnstationen); mit dem Auto auf der Extertalstraße von Hameln oder Paderborn (B1).
Ausgangspunkt Bösingfeld, Ortsmitte, Rathaus / Kirche (P).
Bitte beachten Notieren Sie die Busrückfahrzeiten ab Bremke, u. bestellen Sie für V2 in der Hochsaison die Übernachtung in Friedrichswald, Bremke oder Laßbruch vor.

Burg Sternberg hoch überm Extertal bei Bösingfeld war im 13. und 14. Jahrhundert der Stammsitz des einst mächtigen Rittergeschlechts der gleichnamigen Grafen; heute beherbergt sie eine interessante Musikinstrumentensammlung

2 Die Bösingfelder Südrunde

Bösingfeld – Hohe Asch – Hummerbruch – Alverdissen – Saalberg – Sonneborn – Barntrup – Busfahrt nach Bösingfeld – oder über den Brommberg nach Alverdissen

Bergwanderung mit mehreren relativ flachen Anstiegsstrecken, sehr gut bezeichnet, überwiegend Sonne und gute Sichtverhältnisse

Nur 40 Aufstiegsminuten sind es vom Bösingfelder Marktplatz zur berühmten Rundsicht vom Turm der Hohen Asch. Gleich daneben verführt der Wirtsgarten des Bergcafés zur ersten kurzen Rast, dann schlendert man über Hummerbruch zum Alverdissener Schloß talwärts, erklimmt eine zweite Aussichts- und Sonnenbastion, den Saalberg (342 m), und bei Sonneborn vielleicht auch noch eine dritte, den Knappberg (286 m) mit seinem Naturschutzgebiet. Das Renaissanceschloß Barntrup (und die Bushaltestelle) wird anschließend auf dem Hauptwanderweg X5 angesteuert, an der Grillstation Kuhle und dem Windmühlenstumpf vorüber.
Wer gehtrainiert und noch frisch ist, wandert vom Barntruper Schloß nordwärts nach Wieborn hinaus und durchs Krähenholz zur vierten großen Fernsicht vom Brommberg (312 m). In Alverdissen wartet dann schon der letzte Bus nach Bösingfeld.

Gehzeit 5–5½ Stunden; bei V bis 7 Stunden, dann besser 1½ Tage.
Karte Topographische Karten 1:50000 L 3920 Rinteln, Niedersächs. Landesvermessungsamt, und L 4120 Bad Pyrmont, Landesvermessungsamt Nordrhein-Westfalen.

Anfahrt, Ausgangspunkt Siehe Wandervorschlag 1.
Bitte beachten Erkunden Sie die Busfahrpläne ab Barntrup bzw. Alverdissen, und bestellen Sie in der Hochsaison für V die Übernachtungen (evtl. in Alverdissen oder Barntrup) vor.

Sehenswertes

Bösingfeld-Linderhofe Burg Sternberg, im 13./14. Jh. Residenz der Grafen von Sternberg, gotisches Tor (1520) zur Vorburg (jetzt Kreisjugendheim), Hauptburg mit 2 Wohntürmen (»Steinwerke«) des 15. Jh., Torbau (1570–73) mit Einfahrt, Palas (1575–89) mit mittelalterlichem Burgtretbrunnen u. Rittersaal, Ringmauer (Anf. 13. Jh.); in der Hauptburg Musikschule Peter Harlan mit Musikinstrumentensammlung – 1000jährige Eiche Göstrup
Sonneborn Dorfkirche mit romanischem Turm (Mitte 12. Jh.) u. frühgotischem Schiff u. Chor (um 1300); romanisches Flachrelief (12. Jh.) mit Sonnensymbol über der Tür, Wandmalereien (um 1545) zum luth. Katechismus
Barntrup Kerßenbroksches Schloß (1584–88) mit reichen Zierformen der Weserrenaissance; 3 Ecktürme, 1 Treppenturm mit Hauben – Schloß Alverdissen (1662–63) mit gräfl. Gruftkapelle (1739)

Freizeitangebot

Bösingfeld Beheiztes Freischwimmbad – Hallenbad – Tennis – Angeln – Kegeln – Reiten – Drachenfliegen – Skilift in Asmissen
Barntrup Beheiztes Freischwimmbad – Schachanlage im Schwimmbad – Tennis – Reiten – Kegeln – Freischwimmbad Alverdissen

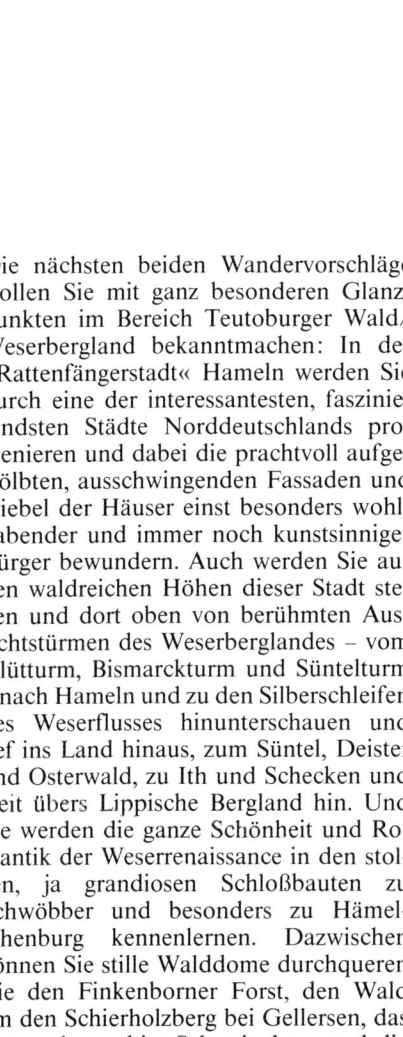

42 Hameln
Aerzen

*Im Zentrum der
Weserrenaissance*

Die nächsten beiden Wandervorschläge wollen Sie mit ganz besonderen Glanzpunkten im Bereich Teutoburger Wald/Weserbergland bekanntmachen: In der »Rattenfängerstadt« Hameln werden Sie durch eine der interessantesten, faszinierendsten Städte Norddeutschlands promenieren und dabei die prachtvoll aufgewölbten, ausschwingenden Fassaden und Giebel der Häuser einst besonders wohlhabender und immer noch kunstsinniger Bürger bewundern. Auch werden Sie auf den waldreichen Höhen dieser Stadt stehen und dort oben von berühmten Aussichtstürmen des Weserberglandes – vom Klütturm, Bismarckturm und Süntelturm – nach Hameln und zu den Silberschleifen des Weserflusses hinunterschauen und tief ins Land hinaus, zum Süntel, Deister und Osterwald, zu Ith und Schecken und weit übers Lippische Bergland hin. Und Sie werden die ganze Schönheit und Romantik der Weserrenaissance in den stolzen, ja grandiosen Schloßbauten zu Schwöbber und besonders zu Hämelschenburg kennenlernen. Dazwischen können Sie stille Walddome durchqueren wie den Finkenborner Forst, den Wald um den Schierholzberg bei Gellersen, das Naturschutzgebiet Schweineberg und die unberührten, weltfernen Waldungen des östlichen Süntel um die Wirtshäuser Eulenflucht und die Bergschmiede. Nach dem Verlassen des Walddämmers aber werden vor Ihnen immer wieder herr-

lich idyllische Wiesentalauen auftauchen: südlich der Weser das Oberdehmker Bachtal mit der Uhlmühle bei Dehrenberg, das Bebertal mit Schloß Schwöbber, das breit ausufernde Hummetal mit dem fachwerkbunten Dorf Aerzen und das enge, belebte Emmertal bei Hämelschenburg. Im Norden der Weser sind es die Täler von Herksbach und Hamel, in die Sie von Holtensen und Bad Münder hineinwandern.

All diese Schönheiten der Kunst und der Natur verbinden sich zu einer Erholungslandschaft par excellence, deren Mittelpunkt das alte Hameln ist. Schon gegen Ende des 8. Jahrhunderts zogen Mönche aus Fulda zu der von Karl dem Großen angelegten Furt durch die Weser und gründeten an der Stelle des heutigen Münsters St. Bonifatius ein Kloster mit Stiftssiedlung, deren Landesherr im 13. Jahrhundert der Welfenherzog Albrecht von Braunschweig wurde. Der Bürgerwohlstand der Renaissance- und Reformationszeit prägte damals das trotz Bombenkrieg noch erhaltene, bestens restaurierte Stadtbild. Hameln wurde zum Mittelpunkt eines der prächtigsten Baustile in deutschen Landen: der Weserrenaissance. Davon künden noch immer die großzügig und elegant gestalteten Fassaden des Hochzeitshauses und Rattenfängerhauses, des Stiftsherrnhauses, des Dempterschen und des Leistschen Hauses. Und vieler anderer Bürgerhäuser mehr.

Die Hamelner Osterstraße mit (von links) Hochzeitshaus, Marktkirche St. Nikolai, Stiftsherrnhaus und Stadtmuseum/Leisthaus – Glanzpunkte herrlichster Weserrenaissance.

1 Schloß Hämelschenburg, die »Krone der Weserrenaissance«

Hameln – Klütturm – Dehrenberg – Schwöbber – Aerzen – (Bahn- oder Busfahrt nach Hameln) – Hämelschenburg – Busfahrt nach Hameln

Einfache, aber ein wenig lange Berg-und-Tal-Wanderung, anfangs ein kurzer Steilaufstieg, zum überwiegenden Teil Schatten

Im ersten Hamelner Wandervorschlag sind fünf recht unterschiedliche Wanderphasen zusammengefaßt:
1. Ein Bummel durch die Straßen der Altstadt von Hameln wird Sie nicht nur zu den schönsten Renaissance-Bürgerhäusern bringen, sondern auch zur evangelischen Münster- und ehemaligen Klosterkirche St. Bonifatius. Ihre dreischiffige gotische Halle beherbergt einige sehenswerte Ausstattungsstücke wie das gotische Sakramentshäuschen auf dem Hochaltar.
2. Ein Steilaufstieg führt Sie anschließend von der Weserbrücke bergan zur ersten überwältigenden Wesertalsicht vom Klütturm und zum Waldlehrpfad beim Forst- und Gasthaus Finkenborn.
3. Ein stiller Waldweg leitet Sie nun durch

den Hamelner Stadtforst nach Riepenburg, Dehrenberg und zur Uhlmühle.

4. Das 400 Jahre alte Wasserschloß Schwöbber des Hilmar von Münchhausen und der im englischen Stil gestaltete Schloßgarten wird Sie genauso bezaubern wie die schmucken Fachwerkhäuser und die reich ausgestattete Barockpfarrkirche im nahen Aerzen an der Humme. Auch ein vierflügeliges Herrenhaus des Herzogs Erich von Calenberg aus dem Jahre 1533 können Sie dort besichtigen (Rückfahrmöglichkeit mit Bus nach Hameln).

5. Wohltrainierte Wanderer erreichen von hier nach einem 3-Stunden-Marsch über den Schierholzberg den gemütlichen Ort Gellersen und bald darauf das schönste und stolzeste Schloß des Weserberglandes, die »Krone der Weserrenaissance«: die Hämelschenburg, die ab 1588 Jürgen von Klencke erbauen ließ und die sich noch heute im Besitz dieser Familie befindet. Grandios sind die äußeren Formen des Baues, überaus eindrucksvoll ist die Raumaufteilung im Inneren, prächtig auch die Ausstattung.

Auf keinen Fall aber sollten Sie neben soviel Prachtentfaltung gleich gegenüber das unscheinbare Gotteshaus übersehen: Es ist die ehemalige Schloßkapelle, von einem welschen Dachreiter gekrönt und mit Kunstgegenständen geschmückt. Ihr kostbarster Schatz ist ein aus Lindenholz geschnitztes »Paradiesgärtlein« von zierlicher spätgotischer Eleganz.

Gehzeit Bis Hämelschenburg ca. 7 Stunden, 2 Tage; bis Aerzen nur 4–4½ Stunden.
Karte Wanderkarte 1 : 50000 Hameln-Weserbergland der Stadt Hameln; oder topographische Karten 1 : 50000 L 3922 Hameln und L 3920 Rinteln, Niedersächs. Landesvermessungsamt.
Anfahrt Mit der Bahn von Hannover, Bad Oeynhausen, Paderborn oder Hildesheim; mit dem Auto auf den B1, B217 oder B 83 (Wesertalstraße) von Hannover, Hildesheim, Holzminden, Paderborn oder Minden.
Ausgangspunkt Hameln, nördlicher Altstadtrand, Informationszentrum Deisterallee (Parkmöglichkeiten: Tiefgarage Ratshausplatz oder Parkhaus Kopmannshof).
Bitte beachten Erkunden Sie schon in Hameln die Rückfahrzeiten (ab Aerzen oder Hämelschenburg), und bestellen Sie für [V] in der Hochsaison die Übernachtung in Aerzen vor.

2 Das Naturschutzgebiet Schweineberg und der Süntelturm (440 m)

Hameln – Bismarckturm – Wirtshaus Heisenküche – Unsen – Süntelturm – Wirtshaus Eulenflucht – Wirtshaus Bergschmiede – Bad Münder – Bahnfahrt nach Hameln

Sichtreiche Berg- und schattenreiche Waldwanderung, bequeme, sehr gut bezeichnete und beschildete Wege

Wanderstart für diese erlebnisreiche und erholsame 6-Stunden-Wanderung ist der Bismarckturm auf der Weserhöhe am Rande des nördlichen Hamelner Stadtwaldes; Wanderziel ist der etwas außerhalb von Bad Münder liegende Bahnhof. Ausgangs- und Endpunkt des gesamten Unternehmens allerdings ist der Hamelner Hauptbahnhof, von dem Sie die Stadtbuslinie 23 bis zum Bismarckturm bringen wird; nach Hameln zurück benutzen Sie ab Bad Münder die Bundesbahn. Dazwischen erwandern Sie sich zwei paradiesisch einsame Waldareale, die bei Unsen durch die schmale, flache Talmulde des Herksbaches getrennt werden.

Noch davor treffen Sie im südlichen Waldteil bereits nach etwa 1 Gehstunde auf einen weitbekannten Wanderstützpunkt, auf das Forstgasthaus Heisenküche. Zwei weitere, mitten im östlichen Süntelwald gelegene Rasthäuser sind das Wirtshaus Eulenflucht und das Gasthaus An der Bergschmiede, die Sie beide zu beschaulichem Verweilen verführen werden. Zu den weiteren Wanderhöhepunkten zählt bei Holtensen die Durchquerung des Naturschutzgebietes Schweineberg (277 m) mit seiner zauberhaften Muschelkalkflora, die im Frühling ganze Teppiche weißer Märzenbecherblüten über die Bergwiesen breitet. Hinter Welliehausen erklimmen Sie dann am Nachmittag die Hohe Egge (440 m) und sehen vom Süntelturm weit ins niedersächsische und westfälische Land hinaus. Mit ein wenig Wetterglück werden Sie den gesamten Bereich dieses Wanderbuches überschauen können: Vom Wiehengebirge über den Teutoburger Wald bis zum Lippischen und Leinebergland geht dort süd- und ostwärts der Blick und nordwärts in die große Ebene ums Häusermeer von Hannover, neben dem weit draußen am Nordwesthorizont der Wasserspiegel des Steinhuder Meeres aufblitzt.

Gehzeit 5½–6 Stunden; evtl. nur 2 Stunden.
Karte Wanderkarte 1 : 50000 Hameln-Weserbergland der Stadt Hameln; oder topographische Karte 1 : 50000 L 3922 Hameln, Niedersächs. Landesvermessungsamt.
Anfahrt Siehe Wandervorschlag 1.
Ausgangspunkt Hameln, östl. Altstadtrand,

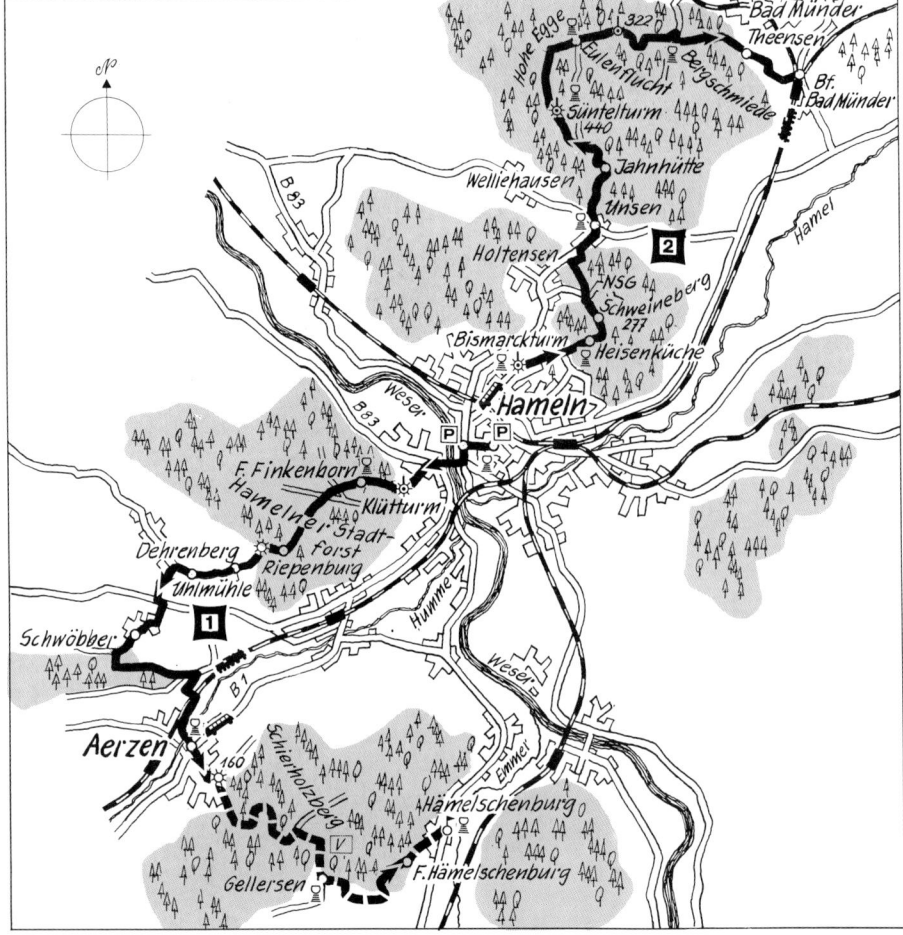

Schloß Hämelschenburg bei Hameln, der bekannteste und bedeutendste Bau der Weserrenaissance.

Bahnhof (Tiefgarage Rathausplatz oder Parkhaus Kopmannshof).
Bitte beachten Rückfahrzeiten notieren.

Sehenswertes

Hameln Münsterkirche St. Bonifatius, romanisch/gotisch (7./12./13. Jh.), romanische Krypta, gotischer Chor – Marktkirche St. Nikolai (um 1200), Siebenlingestein, vergoldete Rokokokanzelreliefs – St. Georgs-Kapelle mit Standbild des Drachentöters (15. Jh.), Flügelaltar u. Holzplastiken – viele schöne Bürgerhäuser der Weserrenaissance: u. a. Hochzeitshaus (1610–17) mit Rattenfängerfiguren u. Glockenspiel; Rattenfängerhaus (1603); Leisthaus (1589), jetzt Museum; Stiftsherrnhaus (1558); Dempterhaus (1607); Lückingsches Haus (1638); Löwenapotheke (um 1300); Rattenkrug (1568); Redenhof (1568) – Haspelmathturm (13. Jh.), mittelalterlicher Wehrturm – Rattenfängerfigurenspiel im Bahnhofsrestaurant – Hastenbecker Kirche, gotisch (1619), Renaissanceportal, Barockausstattung, Redensches Marmorgrab (1693) – Hastenbecker Schloß, neugotisch (1869) – Tierpark Waldlehrpfad – Naturschutzgebiete Schweineberg (Märzenbecherblüte) u. Ohrberg (exotische Bäume u. Sträucher: Azaleen, Rhododendron)

Hämelschenburg Schloß derer von Klencke (1588–99), Hauptwerk der Weserrenaissance; interessante Waffenkammer (Führungen) – ehem. Schloßkapelle (1563) mit welschem Dachreiter; hölzerner Renaissance-Epitaph des Schloßbauherrn Jürgen v. Klencke, spätgotisches »Paradiesgärtlein« aus Lindenholz: Maria mit Kind u. 6 hl. Frauen (Ende 15. Jh.), interessanter Taufstein (1610)

Aerzen Wasserschloß Schwöbber, Weserrenaissance (1574–88/1601), 3flügelige Anlage, durch 8eckige Treppentürme verbunden, freie Giebel; Graben; englischer Garten (18. Jh.)

Bad Münder
Siehe Wandervorschlag 44

Freizeitangebot

Hameln Naturfreibad – beheiztes Freischwimmbad – Hallenbad – Minigolf – Kegeln – Klettern – Reiten – Segelfliegen – Tennis – alle Arten Wassersport auf der Weser

Veranstaltungen

Hameln Rattenfänger-Freilichtspiele auf der Terrasse des Hochzeitshauses (Pfingsten–September jeweils Sonntag 12–12.30 Uhr, kein Eintrittsgeld)

43 Hessisch Oldendorf Fischbeck Hemeringen Großenwieden

Klassische Wanderwege im Reiche der Grafen von Schaumburg

Es gibt kaum ein Areal im Weserbergland, das dem aufmerksamen, an seiner Umwelt interessierten Wanderer mehr an abwechslungsreichen Erlebnissen bietet, als das relativ kurze Teilstück des Wesertales um Fischbeck, Hessisch Oldendorf und Großenwieden. Großartige Werke der Kunst und bedeutende Ereignisse der Kunstgeschichte vereinigen sich hier in einer zauberhaften Landschaft mit den Schauplätzen außerordentlicher historischer Begebenheiten zu Höhepunkten in der Geschichte des Landes an der Weser. Die zwei wichtigsten Bauwerke der Geschichte und Kunstgeschichte zwischen Hameln und Rinteln habe ich an den Anfang und an den Schluß des zwar etwas langen, aber in jeder Beziehung lohnenden zweiten Wandervorschlags gesetzt.

Nur wenig weserabwärts des adretten Ferien- und Fachwerkortes Hessisch Oldendorf grüßen hoch vom Nesselberg her, der dem Kamm des Wesergebirges vorgelagert ist, die Zinnen, Türme und Mauern der trotz vieler Zerstörungen immer noch recht imposanten Schaumburg schon von weiten den Wanderer. Von dort oben aus regierten ab 1100 die einst mächtigen Grafen von Schaumburg ihr Minireich, zu dem eine Zeitlang sogar Holstein gehörte. Doch nach dem Tode Graf Ottos V. wurde

1640 mitten im 30jährigen Krieg der gesamte Besitz der Schaumburger zwischen dem Landgrafen von Hessen (daher Hessisch Oldendorf) und dem in Detmold regierenden Haus Lippe aufgeteilt. Damit kam auch die Schaumburg zu Hessen, befindet sich aber jetzt im Eigentum der Fürsten Schaumburg-Lippe.

Den Wanderschluß der zweiten Tour bildet eine ganz besondere Sehenswürdigkeit: Es ist das über 1000 Jahre alte ehemalige Augustinerkanonissenstift Fischbeck. Bereits 955 gründete die Gräfin Helmburg, der Kaiser Otto I. das Gut Fischbeck geschenkt hatte, hier an der Weser das Kanonissenkloster und unterstellte es dem Schutz des Kaisers. Konrad III. übereignete 1147 das Stift der Abtei Corvey, dessen Abt der mit Kaiser Konrad III. befreundete Wibald von Stablo und Corvey war. Aber schon wenige Jahre später, 1158, erhielt das Konvent vom Papst seine Unabhängigkeit bestätigt. Nach der Reformation wurde 1559 die evangelische Predigt eingeführt und das Kloster in ein evangelisches Damenstift umgewandelt. Geblieben aus der Glanzzeit des Fischbecker Klosters ist die aus dem 12. und 13. Jahrhundert stammende Stiftskirche, eine dreischiffige, flachgedeckte Basilika. Sie ist eine der wenigen noch erhaltenen, einheitlich romanischen Kirchen des Wesergebietes – und eine der bedeutendsten und interessantesten überhaupt. Kostbar ist auch immer noch ihre Ausstattung, trotz so manchem Kriegs- und Raubzugs, den das Stift über sich ergehen lassen mußte. Unbedingt ansehenswert sind ein großes romanisches Triumphkreuz vom Anfang des 13. Jahrhunderts, im Chor die um 1300 geschaffene Holzgrabfigur der Klosterstifterin Gräfin Helmburg und aus dem Jahre 1480 ein wunderbar ausdrucksstark geschnitzter gotischer »Christus im Elend«.

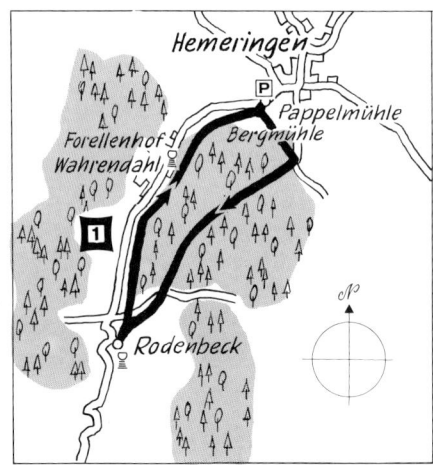

1 Die Hemeringen-Rodenbecker Waldrunde

Hemeringen – Berghaus Rodenbeck – Forellental – Hemeringen

Kaum anstrengende, schattenreiche und gut markierte Wald- und Talwanderung

Der umfangreichen und wegen ihrer Länge auch ein wenig anstrengenden zweiten Oldendorfer Tour sollten Sie diese kurze Wanderung zum Einlaufen voranstellen. Es geht dabei von der Pappelmühle bei Hemeringen durchs Osterholz, dann stangengerade und nur wenig ansteigend über den einsamen Hemeringer und Lachemer Berg südwärts der Streusiedlung Rodenbeck entgegen und durchs Mühlental am Hemeringer Bach entlang wieder retour. Das dauert gerade 2 Stunden. Unterwegs gibt's zwar keine Kunst und auch keine Geschichte, aber viel Stille und viel unberührte Natur. Das heißt soviel wie Nervenentspannung und Erholung. Entschädigt werden Sie für »so wenig« Erlebnisse durch den Besuch von gleich zwei zünftigen Wirtshäusern: zur Kaffeezeit am Nachmittag im Berghaus Rodenbeck und zur Vesperzeit beim Abendessen im Gasthaus Forellental.

Gehzeit 2–2½ Stunden.
Karte Wander- und Freizeitkarte 1 : 50 000 Deister-Süntel-Osterwald, Niedersächs. Landesvermessungsamt.
Anfahrt Mit dem Bus von Hameln, Aerzen, Hess. Oldendorf oder Rinteln (jeweils Bahnstationen); mit dem Auto auf der B83 (Wesertalstraße) von Hameln oder Rinteln über Hessisch Oldendorf.
Ausgangspunkt Hessisch Oldendorf/Ortsteil Hemeringen, südl. Ortsrand, Bushaltestelle Bergmühle.

2 Von der Weser zur Weser – über den Süntel

Hessisch Oldendorf – Welsede – Schaumburg – Rohdental – Langenfeld – Hohenstein – Süntelturm – Fischbeck – Busfahrt nach Hessisch Oldendorf

Gehvortraining verlangende Berg- und Höhenwanderung auf ausgezeichnet markierten und beschilderten Wegen, ausreichend Schatten

Hinauf zur Schaumburg, in den Süntel und nach Fischbeck – das ist eine lange Tour (9–10 Stunden!). Und weil es unterwegs auch viel zu schauen gibt, sollten Sie sich dafür wenigstens zwei Tage Zeit nehmen.
Wanderstart ist in Hessisch Oldendorf, an dessen Stadtrand im 15. Jahr des 30jährigen Krieges am 28.6. 1633 die verbündeten Schweden, Hessen und Lüneburger in einer berühmten 30000-Mann-Schlacht die katholischen Truppen des Kaisers be-

siegten. Dort, bei der spätgotischen Oldendorfer Hallenkirche, wird der Bus
bestiegen und nach Welsede hinausgefah-
ren. Hier beginnt der Aufstieg zur
Schaumburg, die Sie jetzt schon vor
Augen haben. Vom Burggemäuer aus genießen Sie dann eine schöne Aussicht ins
Wesertal und übers Lippische Bergland.
Da aber die Fernsicht vom Wesergebirgskamm noch viel, viel schöner ist, macht
man sich nach der Burgbesichtigung
gleich auf zur Terrasse des Wirtshauses
Paschenburg (336 m). Neben ihr soll sich
– wie uns ein Rintelner Studienrat erklärte
– zur Zeit der alten Germanen eine Opferstätte befunden haben, wo im Frühjahr
(Paschen = Ostern) Wotans Gattin Freyja
gehuldigt wurde.

Die Markierungszeichen des neu angelegten, 210 Kilometer langen Weserberglandweges leiten Sie nun durch eine bezaubernde Landschaft. Naturschutzgebiete,
Kultur- und Naturdenkmäler und immer
wieder horizontweite Fernsichten reihen
sich auf den Bergriegeln und Waldkäm-
men des östlichen Wesergebirges und des
Süntel aneinander wie kostbare Perlen einer Kette: Die Hünenburg enthält Reste
der einstigen Burg Hohenrode. Gleich daneben beginnt beim Eingang in den wundervollen Schneegrund der Bergpfad
durch die Blaugrasvegetation der Krähen-
und Schrabsteine. Das schluchtartige Höl-
lental und der infolge einer harten Ge-
steinsbank natürlich entstandene Langen-
felder Wasserfall schließen sich an. Im
Toten- und Blutbachtal (nach der
Schlacht auf dem Dachtelfeld soll 782 das
Wasser vom Blut der Erschlagenen rot gewesen sein) gelangen Sie dann zur Blutbu-
che und zu einem Mahnkreuz (bei dem
eine Wildsau einen Jäger erlegt hat!) und
schließlich zur Baxmannbaude. (Die Sage
erzählt vom bösen Wirt und Jäger Bax-
mann aus Oldendorf, der nicht sterben
konnte, weil er nach jeder Beerdigung
wiederauferstehen und im Süntel mit einem Fingerhut einen Brunnen ausschöp-
fen mußte.)

Jetzt geht es steil bergan und mitten hinein
ins Klippenrevier des Hohensteins und
der Teufelskanzel. Durch einen Berg-
rutsch entstand hier die mit 50 Metern
höchste Kletterfelswand Norddeutschlands, die Führen aller Schwierigkeitsgra-
de aufweist. In der zivilationsunberührten,
sonnigen Lage um den Hohenstein hat
sich auch eine botanisch hochinteressante
Eiszeitreliktflora erhalten.

Von der altgermanischen Kultstätte »Grüner Altar« promeniert man anschließend
– immer auf der Höhe und stets beinahe
eben – in die vor allem im Herbst farben-

frohe, rotbraune Buchenwaldeinsamkeit
des Süntel davon und steigt am Nachmittag des zweiten Wandertages über Pötzen
und den Großen Finnenberg (215 m) ins
Wesertal nach Fischbeck ab. Vorher allerdings werden Sie noch den absoluten Höhepunkt dieser Wanderung erklimmen:
den 440 Meter hoch gelegenen Süntelturm. Die Fern- und Rundsicht von ihm
ist einzigartig!

Gehzeit 9–10 Stunden, 2 Tage; beim Abstieg
Pappmühle – Hessisch Oldendorf nur
7–7½ Stunden.
Karte Wander- und Freizeitkarte 1 : 50000
Deister-Süntel-Osterwald, Niedersächs. Landesvermessungsamt; oder Fremdenverkehrskarte 1 : 50000 des Landkreises Schaumburg.

*Die altehrwürdige, romanisch/gotische
Stiftskirche in Fischbeck an der Weser ist
Endpunkt einer erholsamen Zwei-Tages-
Wanderung über den Süntel.*

Anfahrt Mit dem Bus von Hameln oder Rinteln (jeweils Bahnstationen); mit dem Auto
auf der B 83 von Hameln oder Rinteln.
Ausgangspunkt Hessisch Oldendorf/Stadt-
mitte (Bushaltestelle) oder Hessisch Olden-
dorf/Welsede (westl. Ortsende, Gasthaus
Lindenkrug an der B 83).
Bitte beachten Notieren Sie schon beim
Wanderstart die Busfahrpläne für die Rückfahrt, und bestellen Sie in der Hochsaison die
Übernachtung vor. Die Wanderung sollte
möglichst nicht am Wochenende durchgeführt werden – viel Betrieb!

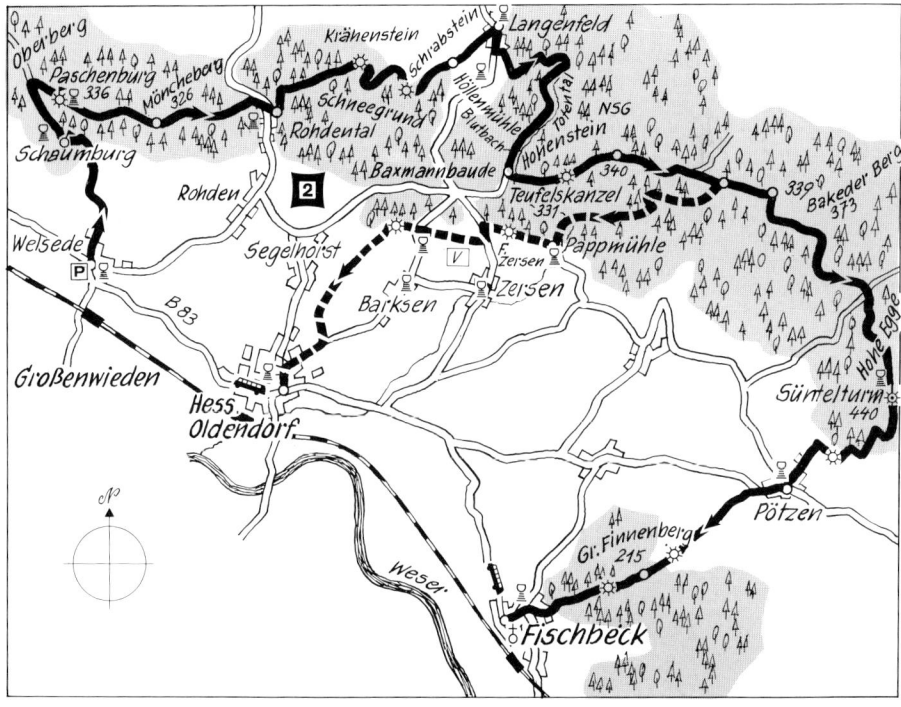

Sehenswertes

Hessisch Oldendorf Stadtpfarrkirche, gotisch (15. Jh.), 3schiffige Halle; Altaraufsatz (1590), prachtvolles Hildesheimer Bronzetaufbecken (1590), Gemälde des 17. Jh. – Münchhausenhof (16. Jh.) mit Treppenturm; schöne Giebel und Portale – Fachwerkbauten Post und Hof von Mengersen – Waldlehrpfad – wildzerklüftete Kalksteinfelsen im NSG Hohenstein mit seltener Flora – Süntelbuche bei Raden – Tierfreigehege in Hemeringen und Rohdental – Süntelturm (440 m, große Sicht!)

Schaumburg Seit 1100 Stammsitz der Grafen von Schaumburg auf dem Nesselberg; Unter- und Oberburg (Weserrenaissance um 1600); »Dicker Turm« (14. Jh.); im Torgebäude kleines Museum; Schloßgaststätte; Aussicht

Fischbeck Ehem. Augustinerkanonissenstift, romanisch (955 gestiftet); Stiftskirche (10./ 12./13. Jh.), 3schiffige, flachgedeckte Basilika mit Krypta unter dem Chor; kostbare Ausstattung aus 6. Jh. (u. a. Altar von 1709, Kanzel von 1734, Triumphkreuz um 1200; Stifterfigur um 1300 – Führungen) – Stiftsgebäude (13.–18. Jh.) mit stimmungsvollem Kreuzgang (13./14. Jh.); Sollingplattendächer

Große Wesertalsicht vom Klippenweg über den Krähenstein und Schrabstein zum Hohenstein.

Freizeitangebot

Hessisch Oldendorf Beheiztes Freischwimmbad – Freibad Haddessen – beheiztes Waldschwimmbad Rohden – Angeln – Tennis – Minigolf – Klettern (Klettergarten) – Kegeln – Reiten – alle Arten Wassersport auf der Weser – Trimmpfade
Fischbeck Freischwimmbad – Reiten – Angeln – Wassersport

44 Springe
Bad Münder
Eimbeckhausen
Nienstedt
Völksen

Über den Kleinen und
»großen« Deister

Die Großen dieser Welt hatten schon immer das Bedürfnis, ihr fürstlich-männliches Prestige auf der Jagd darstellen und befriedigen zu müssen – von Kaiser Karl dem Großen über Kaiser Franz Joseph bis zu Kaiser Wilhelm II. So zogen auch die Grafen von Hallermunt, deren Burg einst am Fuße des Hallermuntkopfes stand, bereits im Mittelalter im wildreichen Kleinen Deister auf die Jagd. Als aber das Gebiet später an die Welfen gefallen war, entstand dort in den Jahren 1835–39 der 1573 Hektar große Hofjagdbezirk Saupark des hannoverschen Königshauses und wurde, weil ein Gericht König Ernst-August von Hannover wegen Wildschadens verurteilt hatte, mit einer 17 Kilometer langen und 2,5 Meter hohen Schutzmauer umgeben. Anschließend errichtete man am Nordrand des Sauparks auch den klassizistisch anmutenden Bau des Jagdschlosses Springe. Als 1866 nach der verlorenen Schlacht von Langensalza das Königreich Hannover eine preußische Provinz wurde, gingen nun die Könige von Preußen und damit die deutschen Kaiser im Springer Saupark ihrer Jagdlei-

denschaft nach. Der Wilhelmsblick und die Kaiserallee, die kerzengerade von der Kaiserrampe an der Bundesstraße 217 zum Jagdschloß führt, erinnern noch an diese preußische Vergangenheit.

Heute ist der Springer Saupark ein bestens gepflegtes niedersächsisches Naturschutzgebiet, in dem nicht mehr die Fürsten aufregenden Jagdabenteuern frönen, sondern erholungsbedürftige Stadtmenschen geruhsamem Wandervergnügen. So wird das Wild im Kleinen Deister und auf dem anschließenden Nesselberg (beides sind Ziele des ersten Springer Wandervorschlags) nicht mehr geschossen, sondern nur noch beobachtet.

Genauso wie im »großen« Deister gleich gegenüber. Der unterscheidet sich allerdings sehr wesentlich von seinem kleinen Bruder: Hier sind die Wege zwar länger und etwas anstrengender als im Kleinen

Wie vom Wiehen- und Wesergebirge, so weitet sich auch vom Deister aus der Blick nordwärts in die Unendlichkeit der Norddeutschen Tiefebene.

Deister, aber auch weniger begangen, daher stiller und somit noch erholsamer. Dazu reiht sich auf dem Deisterkamm zwischen den Gasthäusern Steinkrug, Köllnischfeld und Heisterburg ein großartiger Aussichtspunkt an den anderen: vom Bielstein, vom Annaturm und vom Nordmannsturm und von vielen anderen Schaukanzeln mehr werden Sie dort oben weit ins niedersächsische Land hinausblicken. Wem das alles aber noch zu wenig ist, der kann – außer einer Riesenportion Gesundheit – auch noch Beeren und Pilze in Mengen im Rucksack nach Hause tragen.

1 Fotosafariwege im Saupark Springe

Jagdschloß Springe (Saupark) – Burgberg – Wolfsköpfe – Drakenberg – Wisentgehege – Jagdschloß ([A]) – oder weiter ([B]): Grasberg/Hirschtor – Kukesburg – Brünnighausen

Gemütliche Waldwanderung auf guten Wegen, schattenreich mit einigen schönen Aussichtspunkten

Das einstige Jagdschloß Springe ist vom Land Niedersachsen in den Jahren 1964–67 zum Jagdlehrhof und Jagdmuseum umgebaut worden und eignet sich am besten als Ausgangspunkt für Wanderstreifzüge durch den Park. Darin steht dem interessierten Wanderer ein befestigtes Wegenetz mit etwa 50 Kilometern Länge zur Verfügung, von dem aus man das Wild (ca. 100 Stück Dam-, 120 Stück Schwarz- und 50 Stück Muffelwild) in Ruhe beobachten und fotografieren kann. Im Nordostteil des Sauparks wurde zwischen den Forsthäusern Mühlenbrink und Eispfad das Wisentgehege vom Naturschutzgebiet abgetrennt. In diesem Großgehege leben heute wieder Tiere unter natürlichen Bedingungen in freier Wildbahn, die einst in deutschen Wäldern heimisch waren. Außer dem vom Aussterben bedrohten Wisent ist das vor allem der Elch und der Dachs. Aber auch Bisam, Marder und Fuchs, dazu Waschbären, Wildkatzen, Nutrias und viele Vogelarten haben hier eine Heimat gefunden. Daneben wirbt ein Lehrpfad um Verständnis für die Ökologie des Waldes.

Dem Wanderer, dem der im Begleitheft vorgeschlagene Rundgang [A] zu kurz ist, sei geraten, den Springer Saupark durchs Hirschtor über den Grasberg (378 m) zu verlassen ([B]) und sich das am Südhang des Nesselberges gelegene hübsche Töpferdorf Brünnighausen zu erwandern. Aber auch ein Besuch des sehr informativen Freilichtmuseums in den Steinbrüchen der Kukesburg ist dort in der Nähe unbedingt zu empfehlen.

Gehzeit [A] 3½–4 Stunden ohne Wisentgehege; [B] zusätzlich 3–3½ Stunden.

Karte Wander- und Freizeitkarte 1 : 50 000 Deister–Süntel–Osterwald, Niedersächs. Landesvermessungsamt.
Anfahrt Mit dem Bus von Springe (Bahnstation der Strecke Hannover–Hameln); mit dem Auto auf der B 217 oder B 442 von Hameln, Hannover oder Bad Nenndorf (an der BAB Hannover–Ruhrgebiet).
Ausgangspunkt Springe, Saupark (3 km östl. der Stadt), Jagdschloß/Jagdmuseum (Großparkplatz neben dem Schloß).

2 Auf dem Ostkamm des Deister

Springe – Köllnischfeld – [A] Bielstein – Taternpfahl – Völksen – Bahnfahrt nach Springe – [B] Annaturm – Nienstedter Paß – Nordmannsturm – Altenhagen II – Messenkamp – Busfahrt nach Springe

Ausdauer verlangende Bergwanderungen, nur am Anfang ein längerer Aufstieg, dann meist ebene Wege, viel Schatten, aber auch viel Sicht

Springe ist ein romantisches, altes Fachwerkstädtchen an der Deisterpforte, durch die sich die Bahnlinie Hannover–Hameln und die Bundesstraße 217 zwischen dem Kleinen Deister und dem »großen« Deister von Völksen nach Bad Münder hindurchzwängen. Hier an der Deisterpforte leuchtet auf der Göbelbastei jeden Abend für den größten Sohn der Stadt, für den Uhrmacher Heinrich Göbel, ein Glühlampensymbol von 3,5 Meter Durchmesser. Göbel hatte 1854, 25 Jahre vor dem geschäftstüchtigeren Amerikaner Edison, die Kohlenfadenglühlampe erfunden. Göbel lachten damals die Leute aus – Edison erhielt den Ruhm und machte das Geschäft! In der Nähe dieser Superglühlampe beginnen zwei wunderschöne Tageswanderungen in den östlichen Bereich des Deistergebirges. Für beide Touren möchte ich Ihnen den gleichen Anstiegsweg zum Deisterkamm empfehlen: Es ist ein Teilstück des Europa-Fernwanderweges E1, den Sie

An vielen Stellen erleichtern im Deister übersichtlich gestaltete Orientierungs- und Informationstafeln das Wandern.

vom bunten Springer Marktplatz aus zu den Steinbrüchen am Ebersberg (355 m) hinaufsteigen. Beim urigen Wirtshaus auf dem Rodungsplateau der Forstsiedlung Köllnischfeld – der Name erinnert an ein Feldlager kölnischer Truppen im Jahre 1459 – müssen Sie nun entscheiden: A In Ostrichtung bringt Sie die Münder Heerstraße und der Deisterkammweg zum Sattel und Wegkreuz an der Wöltjebuche, von der Sie anschließend in wenigen Minuten zur prächtigen Rast- und Fernsichtbastion des Bielsteins (343 m) bergan pilgern. Taternpfahl (256 m), Kalenberg (309 m) und Streitbuche sind die folgenden Wanderstationen auf dem Weg nach Völksen. B Westwärts können Sie von Köllnischfeld an den Hirschköpfen (389 m) vorbei den Annaturm (405 m) erklimmen und spazieren dann auf der vortrefflichen Wald- und Höhenpromenade des Deisterkammweges zum Försterdenkmal (395 m) und über die Hohe Warte (378 m). Jenseits des Nienstedter Passes werden Sie bestimmt noch zur großen Rundsicht auf den Nordmannsturm (379 m) trimmen, ehe Sie nach Messenkamp, Nienstedt oder Eimbeckhausen ins Tal der Rodenberger Aue absteigen. Alles in allem zwei unvergeßliche Wandertage!

Gehzeit A 5–5½ Stunden; B 6–6½ Stunden.
Karte Wander- und Freizeitkarte 1 : 50 000 Deister-Süntel-Osterwald, Niedersächs. Landesvermessungsamt; oder »Wandern im Deister« 1 : 25 000.

Anfahrt Mit der Bahn bzw. mit dem Bus von Hannover, Hameln oder Bad Nenndorf; mit dem Auto auf der B 217 oder B 442 von Hameln, Hannover oder Bad Nenndorf.
Ausgangspunkt Springe, Stadtmitte, Markt, schmiedeeiserner Brunnen (P beim Neuen Rathaus/Burgstraße).
Bitte beachten Studieren Sie schon bei Wanderbeginn die Rückfahrzeiten ab Völksen bzw. Messenkamp (Altenhagen II, Nienstedt, Eimbeckhausen).
Anmerkung Die Tourenvarianten A und B können Sie auch zu einer sehr schönen Zwei-Tage-Wanderung zusammenfügen: Ausgangspunkt dafür ist Völksen, Übernachtung (vorbestellen!) in Köllnischfeld, Busrückfahrt von Messenkamp. Eine Drei-Tage-Tour ergibt die Gesamtüberwanderung des Deister von Lüdersen bis nach Bad Nenndorf (siehe dazu Wandervorschläge 44/2 A und 2 B mit 45 und 46/1).

Sehenswertes

Springe Stadtpfarrkirche St. Andreas, gotisch (15. Jh.), 3schiffige Halle mit Nachbildung des vor 100 Jahren gestohlenen spätgotischen 12-Apostel-Schnitzaltars u. Barockorgel – frühere Posthalterei Haus Peters (1616) – Geburtshaus des Uhrmachers Heinrich Göbel, der 1854 die erste Glühlampe erfand (Gedenktafel mit ewigem Licht) – Ratskeller (1638) mit Springer Stadtwappen – Heimatmuseum auf dem Burghof – NSG Saupark mit Dam-, Schwarz- u. Muffelwild, Jagdschloß (Jagdmuseum), Wisentgehege, Höhlen u. Felsformationen, Lehrpfad – Vogelschutzwarte u. alte Glashütte beim Wirtshaus Steinkrug
Eldagsen Obergut der Grafen von Haller-

munt (2geschossiger Fachwerkbau) u. Untergut mit Herrenhaus (18. Jh.) – ev. Pfarrkirche, 3schiffige romanische Säulenbasilika (um 1180), gotische An- u. Umbauten (Sakristei um 1350, Chor von 1479); nach den Zerstörungen des 30jähr. Krieges 1673–78 erneuert; innen: wertvoller, großer gotischer Flügelschnitzaltar (um 1480), 3,75 m hohes Sakramentshaus (1488), Taufstein (1689), Kanzel mit Barockfiguren (1689), Grabsteine des 16./ 17. Jh., alte Schlagglocke (um 1200) – alter, mordsagenumwobener Kreuzstein »Alexanderkreuz«
Wülfinghausen Ehem. Augustinernonnenkloster (Anf. 13. Jh.), Klosterkirche, gotisch (um 1400), 1740 u. 1904 verändert; Chorgestühl aus dem 15. Jh.
Bad Münder Gemütliches Fachwerkstadtbild mit Stadtmauerresten u. alten Bauten (Steinhof, Mönnichshof, Pächterhof) – Haus der Väter mit Steingiebel (16. Jh.) – Heimatmuseum – schöner Kurpark
Eimbeckhausen Ev. Kreuzkirche, romanisch (12. Jh.), Turm von 1499, gotischer Chor (1508); gotischer Schnitzaltar (Anf. 16. Jh.) in neugotischem Schrein, Kanzel u. Empore von 1671 u. 1688 – Herrenhaus einer Wasserburg (1618), Sonnenuhr (18. Jh.) aus Sandstein

Freizeitangebot

Springe Freischwimmbad – Hallenbad – Freischwimmbad in Bennigsen – Tennis – Rollschuhlauf – Reiten – Minigolf – Kegeln – Trimmpfad – Wintersportmöglichkeit Kurzer Ging (Skilift)
Bad Münder Freischwimmbad – Hallen-Mineralwasserbad – Minigolf – Kegeln – Tennis – Reiten – Rodeln – Trimmpfad

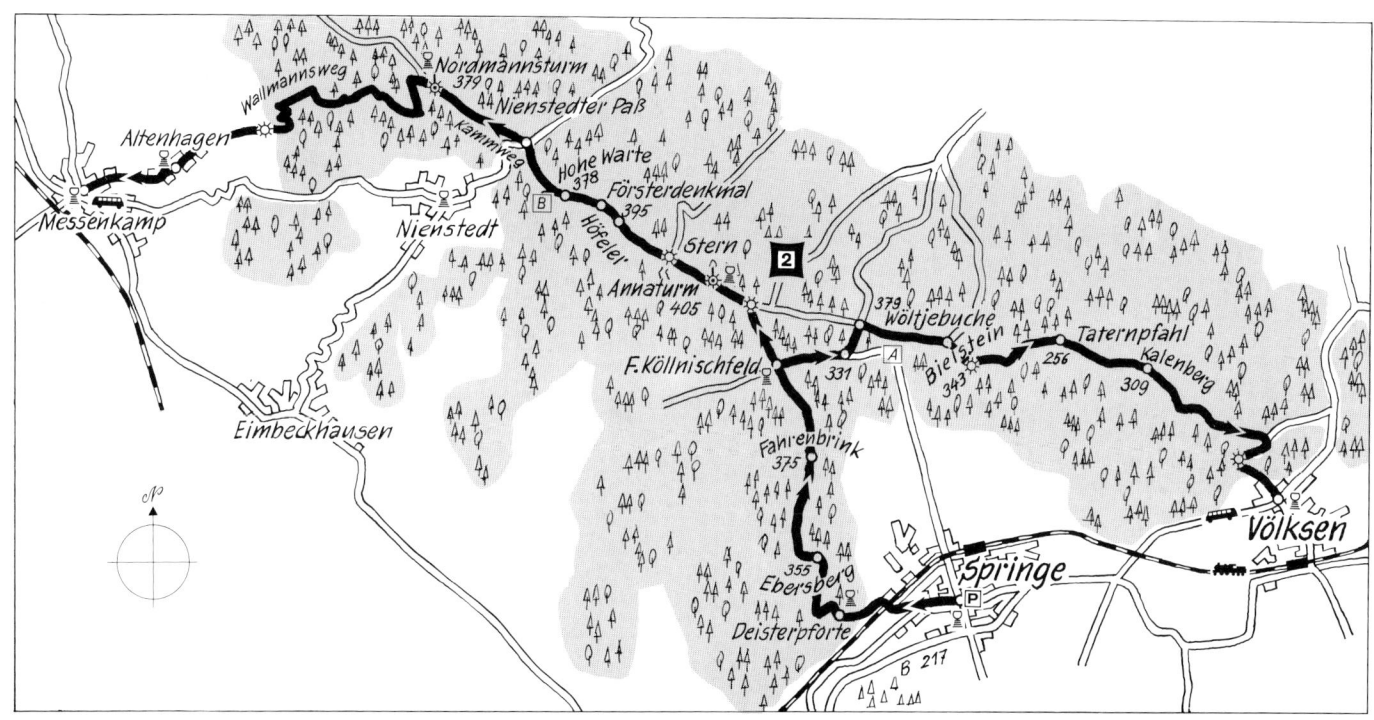

45 Hannover Ronnenberg Gehrden Wennigsen Barsinghausen

Großstadtnahe Deister-Wanderwege

Der Deister ist der Hausberg der Großstadt Hannover. Aus dem südwestlichen, nur 60 bis 70 Meter hoch gelegenen Vorland der niedersächsischen Landeshauptstadt wölbt er sich – von Lüdersen, Egestorf und Barsinghausen sanft ansteigend und steil ins Tal der Rodenberger Aue abfallend – in seinem Mittelteil auf über 400 Höhenmeter empor. Dieser zwischen Wennigsen und dem Sole- und Schwefelbad Münder bis zu 8 Kilometer breite Waldhöhenzug, riegelt die Norddeutsche Tiefebene als erster Mittelgebirgsrücken nach Süden zu ab. Zwischen Bad Nenndorf und Völksen-Bennigsen erreicht dieser »große« Deister (im Gegensatz zum Kleinen Deister südlich des Hallertales und östlich der Deisterpforte) eine West-Ost-Ausdehnung von gut 20 Kilometern. Seine höchsten Erhebungen befinden sich im mittleren Bereich der in der Kreidezeit aufgeschobenen Deister-Sandsteinbarriere. Ihre Namen lauten: Großer Hals (361 m), Hohe Warte (378 m), Bröhn (405 m), Hirschköpfe (389 m) und Bielstein (343 m).

Auf seiner gesamten Länge wird der Deister von einem großartig angelegten, bestens markierten und daher problemlos zu begehenden Weitwanderweg durchzogen: dem Deister-Kammweg. Er ist zwischen Bad Nenndorf und dem Forstgasthaus Köllnischfeld mit dem Europäischen Fernwanderweg Nr. 1 identisch. An diesem erstklassigen, ja geradezu klassischen Höhenwanderweg stehen auch die beiden berühmten Aussichtstürme des Deister, der Nordmannsturm und der Annaturm.

Horizontweit schweift von ihnen bei guter Sicht das Auge: in Nordrichtung über das Häusermeer von Hannover hinweg und hinaus ins flache norddeutsche Land, hinter dessen scheinbarer Unendlichkeit man die Ostsee erahnt; nach Westen zu den Bückebergen und zum Steinhuder Meer; süd- und ostwärts zu Süntel und Ith, neben denen die schwarzgrünen Waldhöhenscheiben des Weser- und Lippischen Berglandes und des Leineberglandes hervorlugen.

In der ehemaligen Steinkohle-Bergwerksstadt Barsinghausen, (die sich zu einem schmucken Erholungsort gewandelt hat) und in der 700 Jahre alten Augustinerinnen-Klostersiedlung Wennigsen beginnt und endet eine ganze Reihe schöner, stiller Wanderwege auf den Deisterkamm. Der eine (Wandervorschlag 1) wird Sie zum Großen Hals, zur Alten Taufe und auf die Deistertürme führen; der andere (Wandervorschlag 2) erreicht vom Wanderzentrum Waldkater aus den Bielstein. Und wer ganze große Wanderlust verspürt, wird diese Tour bis zur Bennigser Burg und bis zum Naturschutzgebiet Süllberg bei Lüdersen ausdehnen.

Ehe Sie aber dorthin starten, schnell noch zwei Tips: Zwei prächtige Gebiete für Wanderanfänger, aber auch zum Einlaufen für Wanderprofis (und für solche, die es werden wollen) sind zwischen Hannover und Deister der Benther Berg und der Gehrdener Berg. Hier der Tourensteckbrief für beide: kurze, angenehme Rundwanderwege – bestens markiert – kaum anstrengend – feine Aussichtspunkte – ausgezeichnete Wandergasthäuser.

1 Von Barsinghausen zum Deisterkamm

Barsinghausen – Deisterkamm – Nordmannsturm – Nienstedter Paß – Hohe Warte – Annaturm – Egestorf – Bahnfahrt nach Barsinghausen

Umfangreiche Wald- und Bergtour mit einem flachen Anstieg am Anfang und einem flachen Abstieg am Ende, große Fernsicht nach allen Himmelsrichtungen

Wer die Wahl hat, der hat immer wieder auch die Qual. Und in Barsinghausen haben Sie eine große Auswahl an gemütlichen Deister-Wanderwegen. Ich möchte Ihnen zwei Aufstiegs- und zwei Abstiegsvorschläge zum Deisterkamm unterbreiten. Zuerst der längere: Er bringt Sie durchs Fuchsbachtal – vorbei an den Forellenteichen und der Bösquelle – bergwärts zum Kammweg, auf den er beim Sendeturm auf dem Großen Hals (361 m) stößt. Nun wird's bequem, weil ziemlich flach: Ostwärts geht es am Steinblock der Alten Taufe (352 m) vorüber und bald auch auf den Nordmannsturm (379 m) hinauf. Nach dem Nienstedter Paß (hier quert die einzige Autostraße den Deister) wird die Hohe Warte (378 m) überwandert, das Försterdenkmal auf dem Höfeler (395 m) angesteuert und vom Wegekreuzungspunkt Stern aus ein kurzer Abstecher auf den Annaturm (405 m) gemacht.

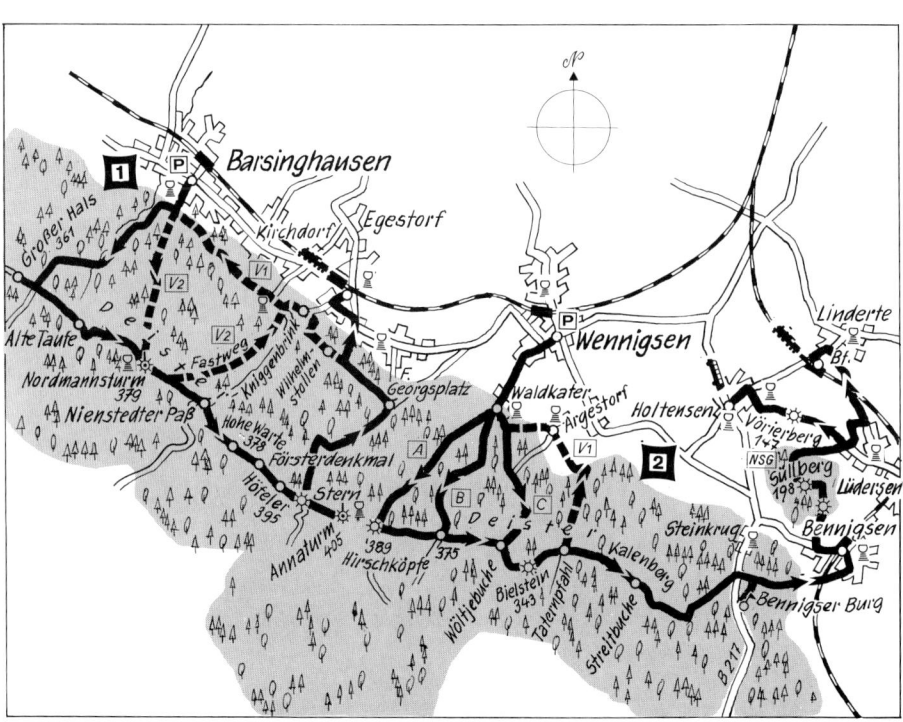

Dann läuft man im Forellenbachtal zum Forsthaus Georgsplatz hinunter und fährt von Egestorf nach Barsinghausen zurück. Gußeiserne Geher pirschen dorthin per pedes, immer am Waldrand entlang. – Wem aber diese 6–7-Stunden-Tour zu lang ist, der erklimmt den Nordmannsturm von der Brauns- und Hellenenquelle aus und marschiert auf dem Forstweg bergab nach Egestorf. Das war dann auch eine ganz hübsche Tour.

Gehzeit 5–5½ Stunden; V1 ca. 7 Stunden.
Karten Wander- und Freizeitkarte 1 : 50 000 Deister-Süntel-Osterwald; oder »Wandern im Deister« 1 : 25 000, beide Niedersächs. Landesvermessungsamt.

Anfahrt Mit der Bahn oder mit dem Bus von Hannover oder Bad Nenndorf; mit dem Auto auf der B 217 (Hannover–Hameln) über Wennigsen, oder auf der B 65 von Hannover oder Bad Nenndorf (an der BAB Hannover–Ruhrgebiet).

Auch im Hochwinter lohnt sich eine Überwanderung des Deisterkamms.

Ausgangspunkt Barsinghausen, südl. Stadtrand, Großparkplatz Bahnhofstraße/Deisterstraße/Marktstraße.

Bitte beachten Notieren Sie die Rückfahrzeiten ab Egestorf.

2 Von Wennigsen zum Deisterkamm

Wennigsen – Deisterkamm – Bielstein – Taternpfahl – Kalenberg/Streitbuche – Bennigser Burg – Bennigsen – Süllberg – Vörier Berg – Bahnhof Holtensen-Linderte – Bahnfahrt nach Wennigsen

Viel Wald, viel Schatten, aber auch viel Sicht, angenehme Wege, nur teilweise markiert, ein längerer, aber nicht steiler Anstieg

Die dreischiffige spätromanische Basilika des im Jahre 1224 erstmals urkundlich genannten Augustinernonnenklosters Wennigsen ist Mittelpunkt der gleichnamigen Gemeinde am Deister-Nordrand und Ausgangspunkt dieser beschaulichen Wanderung durch den östlichen Teil des Deistergebirges. Von der Kirche promeniert man unter alten Kastanien ohne Steigung zum Wanderparkplatz Waldkater hinaus, bei dem einige gut bezeichnete, relativ kurze Rundwanderwege beginnen (von denen der 2stündige Eltenweg der interessanteste ist).
Schon vor dem Waldrand ist dort eine Entscheidung fällig, denn gleich drei Anstiegswege (A, B und C – siehe Begleitheft) leiten zum Deisterkamm bergan. Wir wählten den westlichen, den Hülsebrinkweg zum Bismarckstein und auf die Hirschköpfe (389 m), schwenkten da auf den Kammweg ein, kamen so nach gut

Hannover: Das Neue Rathaus wurde 1898–1913 von Hermann Eggert im wuchtigen Neurenaissancestil erbaut.

2 Stunden (ab Wennigsen) an der Wöltjebuche (323 m) vorbei und gelangten anschließend auf den 343 Meter hohen Bielstein zur großen Südfernsicht und zur wohlverdienten Mittagsrast. Beim Taternpfahl (256 m) wurde später die Hannoversche Heerstraße gekreuzt und in Ostrichtung zum Kalenberg (309 m) hinaufgeschwitzt.
Von nun an ging's bergab: Die Streitbuche wurde passiert und an tiefen Hohlwegen entlanggewandert. Jenseits der Bundesstraße 217 erreichten wir die Wälle der Bennigser Burg und bald darauf auch den schönen Bennigser Gutspark. Und weil es noch zeitig am Nachmittag war, fügten wir dem Ganzen noch einen Westbogen ums Naturschutzgebiet Süllberg an und überquerten kurz vor Holtensen den letzten Aussichts- und Verschnaufpunkt dieses langen, aber eindrucksvollen Wandertages – den nur 147 Meter hohen Vörierberg. Er steht wie ein Feldherrnhügel über der flachen Ihmetalsenke.

Gehzeit 8–9 Stunden, 1½ Tage (mehrere Abkürzungsmöglichkeiten).
Karte Siehe Wandervorschlag 1.
Anfahrt Mit der Bahn von Hannover oder Bad Nenndorf; mit dem Auto auf der B 217 (Hannover–Hameln), oder auf der B 65 von Hannover oder Bad Nenndorf (an der BAB Hannover–Ruhrgebiet) über Barsinghausen.
Ausgangspunkt Wennigsen, Ortsmitte, Klosterkirche (gegenüber P).
Bitte beachten Notieren Sie schon beim Wanderstart die Rückfahrzeiten, und packen

Sie genügend Proviant und Getränke in den Rucksack: unterwegs keine Wanderstützpunkte bis Bennigsen. Übernachtungsmöglichkeit in Bennigsen oder im Forsthaus Köllnischfeld am Südabhang des Deister unterhalb des Kammweges: in der Hochsaison vorbestellen.
Anmerkung Diese beiden Deister-Wandervorschläge können Sie mit der Tour 46/1 zur großen, dreitägigen Deister-Überquerung zusammenfügen (siehe auch Wandervorschlag 44/2).

Sehenswertes

Hannover Die Vielzahl der hannoverschen Sehenswürdigkeiten erlaubt leider nur eine Aufzählung in Stichworten: Marktkirche St. Georg u. Jakobus – Aegidienkirche – Kreuzkirche – St.-Johannis-Kirche – Propsteikirche St. Clemens – Christuskirche – Altstädter Rathaus – Leineschloß – Opernhaus – Reste der Stadtbefestigung – Landesmuseum – Kestner-Museum – Historisches Museum – Schloß Herrenhausen mit berühmten Gartenanlagen u. Wilhelm-Busch-Museum
Barsinghausen Ehem. Klosterkirche St. Marien, romanisch (um 1250), eine der ältesten Hallenkirchen Niedersachsens, unvollendet; spätgotischer Schnitzaltar, Taufbecken von 1588, schöne Epitaphien des 17. u. 18.Jh. – Klostergebäude aus dem 17.Jh. – Waldlehrpfad Hohenbostel
Wennigsen Ehem. Augustinernonnenkloster: Stiftskirche, romanisch (um 1230) mit Nonnenchor, gotischer Chor, Kirchenumbau 1556; romanisches Tympanon (»Thronender Christus«) an der Südseite, gotisches Sakramentshäuschen, spätgotische Schnitzfiguren; Klostergebäude (Anf. 18.Jh.) – Heimatmuseum – Märchengarten – ND Ziegeneiche Waldkater – alte Glashütten im Ortsteil Steinkrug – Wallanlage der Bennigser Burg (10.Jh.) – auf Gut Bredenbeck wurde am 16.10. 1752 der Schriftsteller Adolf Frh. v. Knigge geboren (»Über den Umgang mit Menschen«)
Ronnenberg Michaeliskirche, romanische Basilika, spätgotischer Chor; spätgotischer Schnitzaltar – vorgeschichtliche »Sieben-Trappen-Kultsteine« in Benthe

Freizeitangebot

Hannover bietet das vollständige und umfangreiche Sport- und Freizeitangebot einer Großstadt
Barsinghausen Beheiztes Freischwimmbad – Hallenbad – Tennis – Reiten – Kegeln - Minigolf – Trimmpfade
Wennigsen Beheiztes Waldfreischwimmbad – Freischwimmbad Bredenbeck – Reiten – Kegeln - Tennis – Trimmpfad

Veranstaltungen

Barsinghausen Sommerfestspiele auf der Deister-Freilichtbühne

46 Wunstorf
Bad Nenndorf
Rodenberg
Lauenau
Rehburg-Loccum
Steinhude

*Urlaubserlebnisse am
Europa-Fernwanderweg
E1*

Der im Jahre 1976 angelegte Europäische Fernwanderweg Nr. 1 Ostsee–Bodensee–Mittelmeer verbindet im südlichen Niedersachsen recht unterschiedliche Landschaftsbilder: Von den melancholischen Moorflächen ums Steinhuder Meer wendet er sich über Hagenburg hinauf zum allerletzten, nordwestlichsten Ausläufer des Weserberglandes, dem langgezogenen Aussichtsrücken der Rehburger Berge, deren Ostschulter man den Düdinghäuser Berg nennt. Westlich von Wunstorf quert der E1 nun das Idenser Moor und den Mittellandkanal und läuft ab Haste zwischen braungefleckten Feldertafeln und stillen Auwaldarealen im Zickzack nach Bad Nenndorf hinüber. Hier beginnt der Aufstieg des E1 in die einsamen Bergwälder des Deisterkamms, die er bei den Wallanlagen der Heisterburg erreicht.

In dieses abwechslungsreiche und landschaftlich hochinteressante Wandergebiet im Süden des Steinhuder Meeres werden Sie die folgenden zwei Tourenvorschläge führen, die Sie mittels einer Begehung des Europa-Fernwanderweges Nr. 1 (siehe dazu auch Wandervorschlag 50/I) zwischen Steinhude und Bad Nenndorf zu einer erlebnisreichen Drei-Tage-Wanderung zusammenfügen können. Mit den Touren 45 und 44 kann diese dann sogar ihre Fortsetzung bis zum Springer Saupark und zum Osterwald finden und wird damit zu einem einwöchigen Ferienwan-

derunternehmen abseits der großen Autostraßen.

Drei ziemlich gegensätzliche Orte sind in diesem Bereich das Anschauen wert: der elegante staatliche Kurort Bad Nenndorf, der ländlich-bescheiden wirkende Klosterort Loccum und der lebhafte, blitzsaubere Ferien- und Freizeitort Steinhude.

Bad Nenndorf, in dem zu Beginn des 19. Jahrhunderts bereits »König Lustig von Westfalen« – wie man Napoleons Bruder Jérôme nannte – zur Kur war, ist heute ein modernes, der Gesundheit aller Volksschichten dienendes Staatsbad, dessen Sole-, Schwefel- und Schlammkuren einen ausgezeichneten Ruf genießen. Vielbesucht sind seine Badehäuser und Trinkhallen, bestens gepflegt die Nenndorfer Kurgartenanlagen und ozonreich die Waldwanderwege im Deister, an dessen Westflanke Bad Nenndorf liegt.

Loccum, die bedeutendste Klostergründung der Zisterzienser in Niedersachsen, wurde nach der Reformation nicht säkularisiert, sondern unter Abt Salfeld in ein lutherisches Predigerseminar umgewandelt, dem seit 1952 die Evangelische Akademie angeschlossen ist. Die um 1250 errichtete, großartige Stiftskirche hat ihre frühgotischen Formen beinahe unverändert bis in unsere Zeit erhalten können.

Steinhude, das über 700 Jahre alte Fischerdorf am größten Binnensee Norddeutschlands, ist eines der wichtigsten Erholungs- und Wochenendparadiese Niedersachsens. Urige Gasthäuser und pittoreske Andenkenläden in bunten, mit Schnitzereien verzierten Fachwerkhäuschen und die auf den Wellen des Steinhuder Meeres tanzenden Mastspitzen zahlloser Segelboote im Hafen prägen das Ortsbild. Diese optischen Eindrücke mischen sich mit dem Lachen und Singen der Ausflügler und mit dem würzigen Duft, der den vielen Aalräuchereien entströmt, zu einer einzigartigen Urlaubsatmosphäre.

1 Heisterburg und Wirkesburg – zwei Wallfluchtburgen am Westabhang des Deister

Bad Nenndorf – Heisterburg – Wirkesburg – Lauenau – Busfahrt nach Bad Nenndorf

Nur wenig anstrengende Bergwanderung auf schattigen, gut bezeichneten Wegen, am Anfang ein sehr flacher Anstieg

Die frühgeschichtlichen Wehr- und Wallsysteme der Heisterburg und Wirkesburg verstecken sich oberhalb von Rodenberg und Lauenau seit 1000 Jahren in den Laubwaldausläufern des Deister und sollen einst den Adelshöfen im Tal der Todenberger Aue als Fluchtburgen gedient

haben – aber darüber streiten sich die Gelehrten. Von Bad Nenndorf aus wandert man auf dem Europa-Fernwanderweg Nr. 1 da hinauf: Zunächst zwischen den schmucken Blumenrabatten und leise rauschenden Brunnen des Nenndorfer »Sonnengartens«, geht es später durch einen ausgedehnten englischen Naturpark in den Erlengrund mit seinen Weihern und Holzbrückchen. Jenseits der Bundesstraße 65 und der Autobahn wird bereits das erste verführerische Wirtshaus angesteuert, die Cecilienhöhe. Doch weiter muß man bergan – ein wenig sanfter jetzt – zum Trimmpfad beim Gasthaus Mooshütte und nach nochmals 1 Gehstunde zur Waldschänke Heisterburg bei der Teufelsbrücke. Nun ist es gar nicht mehr weit zur Kreuzbuche, in deren Nähe Sie die Wälle der Heisterburg und der Wirkesburg finden werden.

Wir wählten von hier den Südweg ins Auetal zur Bushaltestelle in Lauenau. Aber auch eine Rückkehr über die Bantorfer Höhe nach Bad Nenndorf ist sehr schön. Überaus lohnend ist allerdings ein Abstieg zum Wirtshaus Walhalla und nach Hohenbostel. Die dortige Pfarrkirche birgt in ihrem gotischen Chor interessante Malereien des 16. Jahrhunderts.

Gehzeit 3–3½ Stunden.
Karte Wander- und Freizeitkarte 1 : 50 000 Deister-Süntel-Osterwald, Niedersächs. Landesvermessungsamt; oder Fremdenverkehrskarte des Landkreises Schaumburg.
Anfahrt Mit der Bahn von Hannover oder

Wunstorf; mit dem Auto auf der BAB Hannover–Ruhrgebiet, oder auf der B 65 oder B 442 von Hannover, Minden–Stadthagen, Springe–Bad Münder oder Wunstorf.
Ausgangspunkt Bad Nenndorf, Stadtmitte, Kurhausstraße/Am Thermalbad/Großparkplatz.
Bitte beachten Schon bei Wanderbeginn den Busrückfahrplan erkunden.

2 Kloster Loccum, die Rehburger Berge und das Steinhuder Meer

Loccum – Sündern – Münchehagen – Rehburger Berge – Düdinghausen – Hagenburg – Steinhude – Busfahrt nach Loccum

Feine Sichtverhältnisse auf guten, aber teilweise gar nicht oder nur schlecht markierten Wegen, für die Gesamttour ist Gehvortraining erforderlich

Mitten auf dem dörflichen Marktplatz von Loccum steht eine Wanderinformationstafel, die anzeigt, daß hier der 150 Kilometer lange Karl-Bachler-Weg (Hauptwanderweg X 4) ins Lippische und Weserbergland beginnt. Mit seiner X-Markierung spaziert man durchs Klostertor zur Stiftskirche, quert anschließend den Klosterhof und den Klosterwald und wendet sich den Ruinenresten der einst gräflichen Luccaburg im Landschaftsschutzgebiet Sündern zu. Bei den Fischteichen verläuft der Karl-Bachler-Weg genau südwärts Richtung Bückeburg–Wesergebirge weiter, Sie aber laufen links erst hübsch eben (aber unmarkiert!) nach Münchehagen hinüber und anschließend hinauf zum Fernsehturm auf dem Brunnenberg (161 m), der höchsten Erhebung der Rehburger Berge. Auf ihrem Waldkamm – einer Endmoräne der Saaleeiszeit – geht es nun ostwärts zum Wilhelmsturm und durchs Höhendorf Bergkirchen zum Düdinghäuser Berg. Schöne Ausblicke auf den 32 Quadratkilometer großen Wasserspiegel des Steinhuder Meeres und süd-

wärts ins Sachsenhäger Auetal begleiten Sie dabei. In Hagenburg laden ein Findlingsgarten und am Naturschutzgebiet Meerbruch ein Naturlehrpfad zu einem Rundgang ein. Dann promeniert man am Ufer des Steinhuder Meeres durch die Moorwiesen Steinhude zu – mitten hinein in das bunte, lebhafte Treiben dieses weitbekannten Ausflugsortes.
Sollte jemandem die gesamte Tour zu lang sein, so kann er vom Brunnenberg über den Nordwestkamm der Rehburger Berge (über den Loccumer Berg, 118 m) nach Loccum zurückkehren.
Besonders erwähnen möchte ich noch den in Steinhude beginnenden, etwa 20 Kilometer langen Rundwanderweg ums Steinhuder Meer. Extra beschrieben werden muß allerdings seine Wandertrasse nicht, so gut markiert und bezeichnet ist dieser nur wenig anstrengende, erstklassige Weg um den »Niedersächsischen Bodensee«!

Gehzeit 6½–7 Stunden; V nur ca. 4 Stunden.
Karte Wander- und Freizeitkarte 1 : 50 000 Naturpark Steinhuder Meer, Niedersächs. Landesvermessungsamt; oder Fremdenverkehrskarte des Landkreises Schaumburg.
Anfahrt Mit dem Bus von Wunstorf (Bahnstation Hannover-Minden); mit dem Auto auf der B 441 von Niendorf/Weser oder Hannover–Wunstorf.
Ausgangspunkt Rehburg-Loccum, Ortsteil Loccum, Ortsmitte, Marktplatz (P).
Bitte beachten Notieren Sie die Busrückfahrzeiten ab Steinhude bereits in Loccum. Übernachtungsmöglichkeiten gibt es in Bad Rehburg (nach ca. 2 Gehstunden) und in Hagenburg (nach ca. 5 Gehstunden); in der Hochsaison Vorbestellung erforderlich.

Sonnenuntergang am Steinhuder Meer, dem größten Binnensee Norddeutschlands.

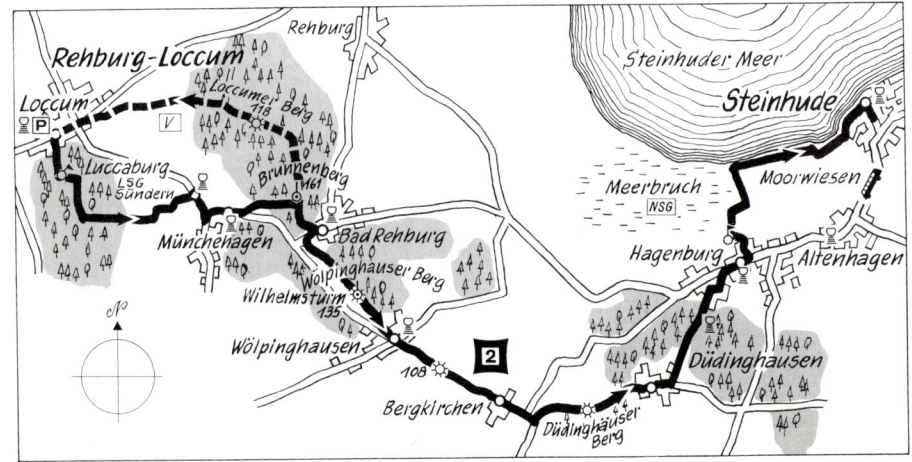

Sehenswertes

Bad Nenndorf Besonders schön angelegter Kurpark mit Blumenrabatten u. Springbrunnen – Englischer Park mit klassizistischem Schlößchen (1806) des Kurfürsten Wilhelm I. von Hessen – kurioser »Blumenkrater« mit eisenhaltigen Quellen – Vogelgehege u. Kleintierzoo
Hohenbostel Pfarrkirche, romanisch/gotisch (12. Jh.), polygonaler Chor (1463); interessante Ausmalung des 16. Jh., Kanzelaltar (1787)
Hülsede St.-Aegidien-Kirche, gotisch (um 1300) mit sehr gut erhaltenen Malereien (1577); Kruzifix (14. Jh.), Altar (1700), Taufe (1671), Kanzel (1574) – Wasserburg, Weserrenaissance (16. Jh.)
Lauenau Ehem. herzogliche Wasserburg (16. Jh.), von breitem Wassergraben umgürtet

– Schloß Schwedestorf derer von Münchhausen (um 1600), Weserrenaissance – Schloß derer von Meysenburg im englischen Tudorstil (19. Jh.)

Rehburg-Loccum Ehem. Zisterzienserkloster Loccum: Stiftskirche, eindrucksvoller gotischer Bau (1240–80) mit bedeutenden Ausstattungsstücken wie Hauptaltar, Chorgestühl, wertvolles Triumphkreuz (13. Jh.), Sakramentshäuschen (15. Jh.), 2 Schnitzaltäre (16. Jh.) u. viele andere Kostbarkeiten; Klosterbezirk aus dem 13. Jh. mit stimmungsvollem Kreuzgang u. Kapitelsaal

Rodenberg Schloß der Grafen von Schaumburg (13./16. Jh.) mit Wall u. Graben – Jakobs-Pfarrkirche Grove, romanisch/gotisch (12. Jh./1437); wertvoller, gemalter gotischer Flügelaltar (um 1440), geschnitzte Madonna (Mitte 15. Jh.), Kruzifix (Ende 15. Jh.), Tauf-

stein (1578) – 2schiffige Apelerner Kirche (12. Jh.), gotisches Langhaus – Wasserburg derer von Münchhausen (1561)

Steinhude Idyllische Inselfestung Wilhelmstein (1765–67) der Grafen von Schaumburg-Lippe – NSG Meerbruch mit Lehrpfad – Findlingsgarten Hagenburg – Heimatmuseum

Wunstorf Stiftskirche St. Cosmas u. Damian, romanisch (um 1200) mit bedeutenden Kunstschätzen der Gotik – Marktkirche St. Bartholomäus, romanischer Turm, Langhaus des 17. Jh.; wertvolle Ausstattung – Dechanei (1601) – Waldlehrpfad Hohes Holz – in Idensen bedeutende Grabeskirche (um 1120) des Bischofs Sigwart von Minden, ein Meisterwerk rom. Architektur mit den ältesten Fresken Deutschlands (um 1130) in byzantinischer Formensprache

Freizeitangebot

Bad Nenndorf Beheiztes Freibad – Thermalsole-Frei- und Hallenbad – Hallenwellenbad – Tennis – Minigolf – Kegeln – Trimmpfad

Lauenau Beheiztes Mineralwasser-Freischwimmbad – Kegeln

Loccum Freischwimmbad

Steinhude Freibadeinsel mit Sandstrand – Angeln – Kegeln – Reiten – Minigolf – Tennis – alle Arten Wassersport auf dem Steinhuder Meer – Trimmpfad

Wunstorf Freischwimmbad, auch in Bokeloh und Luthe – Reiten – Kegeln – Tennis – Trimmpfad

47 Bückeburg
Bad Eilsen
Obernkirchen
Stadthagen

*Schaumburger
Fersichtberge*

Der Idaturm ist der schönste Aussichtsturm der einstigen Grafschaft Schaumburg. Obwohl er auf dem rundgekrümmten, nur 211 Meter hohen Waldrücken des Harrl kaum mehr als 100 Meter über die frühere Schaumburger Residenzstadt Bückeburg und ihre Umgebung emporragt, ist der Idaturm ein großartiger Lug-ins-Land: Als lang hingelagerte Kulisse steigt im Süden die Bergkette des Wesergebirges und des Süntel mit der Luhdener Klippe steil aus dem Auetal in die Höhe. Ostwärts wächst hinter Bad Eilsen die dunkle Mischwaldschulter der Bückeberge auf, neben denen sich im Deister die Rodenberger Höhe mit der Heisterburg zeigt. Auf der anderen Seite aber weitet sich jenseits von Bückeburg das flache Land aus. Von Minden zur Weser schweift der Blick nordwärts und weiter über den Mittellandkanal zum Schaumburger Wald, an den sich nach rechts die von den Gletschermassen der Eiszeit aufgetürmte Endmoräne der Rehburger Berge anschließt. Dahinter schimmert weit draußen der seidenmatte Wasserspiegel des Steinhuder Meeres in der Sonne auf. Welch eine Rundsichtbastion ist dieser Idaturm! Aber auch die Bückeberge bieten dem Wanderer viele brillante Aussichtspunkte. Vom Kammweg schaut man hier bei den berühmten Obernkirchner Sandsteinbrüchen oder auch vom Südhang des Großen Karl oft unvermittelt jäh und manchmal beinahe senkrecht ins bis zu 200 Meter tiefer liegende, belebte Auetal aus einer abgeschiedenen Waldlandschaft hinunter – wie aus einer anderen, besseren Welt.

Den Harrl und die Bückeberge – die beide dem ersten großen norddeutschen West-Ost-Gebirgszug Wiehengebirge–Wesergebirge–Deister wie Inselberge vorgelagert sind – umgeben an ihren flach aus der Tiefebene ansteigenden Nordwestflanken vier bekannte Städtchen. Drei von ihnen spielen in der deutschen Geschichte und Kunstgeschichte eine bedeutende Rolle: Bückeburg, Obernkirchen und Stadthaagen. Der vierte Ort, Bad Eilsen, ist ein weitbekannter Schwefelschlamm-Kurort, der wie in einen Garten zwischen den Harrl und dem Naturschutzgebiet Heeßer Berg ins Tal der Aue gebettet ist.

Alle vier Städte sind Anfangs- und Endpunkte besonders schöner und erholsamer Wanderwege. Von Bückeburg aus erwandert man sich den Idaturm auf dem Harrl und kann anschließend – wenn man gern auch mal ein etwas längeres Wanderunternehmen durchführen will – in Bad Eilsen südwärts zum Wesergebirge einschwenken. Von der uralten Klosteransiedlung Obernkirchen aus können auch Nicht-Bergsteiger den Kamm der Bückeberge auf ganz bequemen Waldwegen erklimmen. Am Abend werden Sie dann in einem der gemütlichen Gasthäuser der alten schaumburgischen Residenz Stadthagen ihre müden Füße ausruhen.

1 Zum Harrl und auf den Idaturm

Bückeburg – Harrl/Idaturm – Bad Eilsen – Busfahrt nach Bückeburg – oder weiter zum Wesergebirgskamm: Luhdener Klippe – Frankenburg – Papenbrink – Wülpker Egge – Bückeburg

2stündiger Spaziergang oder Zwei-Tage-Wanderung, gute und gut markierte Wege, sonnen- und sichtreich mit längeren Waldschattenstrecken

Schon um das Jahr 1300 herum erbauten die Grafen von Schaumburg am Harrl die erste Bückeburg und gaben der daneben

Auch heute noch hat Stadthagen durch seine vielen schmucken, wohlerhaltenen Fachwerkhäuser einen ganz besonderen Reiz.

entstehenden Ansiedlung den gleichen Namen. Doch 300 Jahre später wurde im ersten Jahrzehnt des 17. Jahrhunderts der hochgebildete Graf Ernst von Schaumburg, der vom Kaiser in den erblichen Reichsfürstenstand erhoben worden war, zum zweiten Gründer Bückeburgs. Er war der geniale Auftraggeber bedeutender Bückeburger Kunstschöpfungen des frühen Barock, die heute noch der Stadt ein wahrhaft fürstliches Gepräge verleihen. Am Anfang Ihres Spaziergangs über den Harrl werden Sie an den großartigsten,

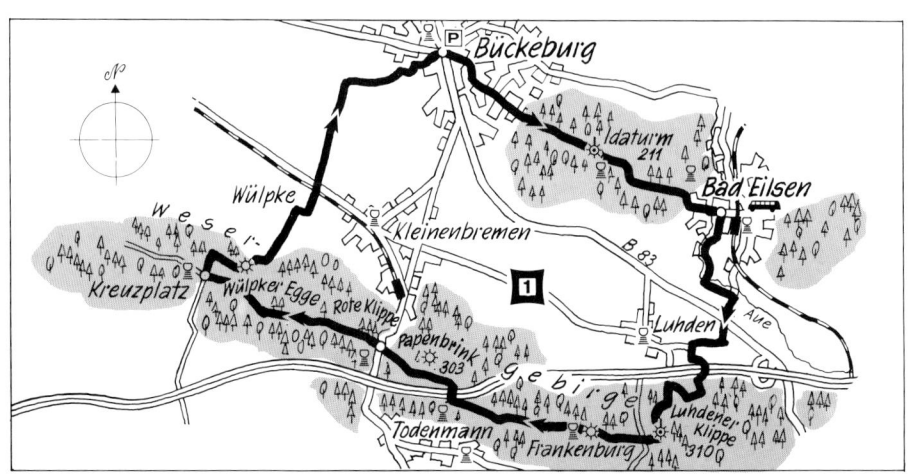

unter Fürst Ernst errichteten Bauwerken Bückeburgs vorbeipromenieren. So an der prachtvollen Fassade der Stadtkirche, die zu den frühesten evangelischen und schönsten deutschen Großkirchenbauten gehört (in ihr war J.G.Herder von 1771–76 Oberprediger). Ferner am fürstlichen Residenzschloß, das unter der Regierung Fürst Ernsts (1601–22) von berühmten Künstlern neu gestaltet und neu ausgestattet wurde, um vor aller Welt dem Glanz des fürstlichen Musenhofs einen entsprechenden Rahmen zu geben. Nach soviel monumentaler Kunstgeschichte ist man froh, gleich oberhalb der Stadt in die Waldeinsamkeit des Harrl eintauchen zu können. In etwa 1 Gehstunde überqueren Sie diesen Höhenrücken nach Bad Eilsen hin, schlendern jetzt vom Park zur schönen Aussicht zum Wildgehege und anschließend durch die Harrlallee dem Tuffsteinbrunnen im Auetal zu. Spaziergänger werden noch den gepflegten Bad Eilsener Bergkurpark besuchen, ehe sie mit dem Bus nach Bückeburg zurückfahren. Wanderer verlassen die Stadt in Südrichtung, ersteigen vom Auetal aus den Turm der Luhdener Klippe (siehe auch Wandervorschlag 48/1) und pilgern dann von den Wallanlagen der vorgeschichtlichen Frankenburg auf dem Kamm des Wesergebirges westwärts – vorbei an vielen reizvollen Aus- und Tiefblicken und immer dem Kreuzplatz bei der Wülpker Egge entgegen. Da steht vor dem Abstieg nach Bückeburg einer der bekanntesten Wanderstützpunkte des Weserberglandes: das Gasthaus Mettwurst-Möller.

Gehzeit 1½–2 Stunden; oder 6½–7 Stunden, dann 2 Tage.
Karte Naturparkkarte 1 : 50000 Minden-Lübbecker Land, Landesvermessungsamt Nordrhein-Westfalen; oder Fremdenverkehrskarte 1 : 50000 des Landkreises Schaumburg.
Anfahrt Mit der Bahn von Minden oder Hannover–Wunstorf; mit dem Auto auf der BAB A 2 (Hannover–Ruhrgebiet), oder auf der B 65 oder B 83 (Wesertalstraße) von Minden, Hannover–Stadthagen oder Hameln.
Ausgangspunkt Bückeburg, Stadtmitte, Rathaus, Bahnhofstraße/Hauptstraße (B 65/83; P hinter dem Rathaus bei der Sparkasse).
Bitte beachten Rückfahrt ab Bad Eilsen (evtl. ab Rinteln) notieren. Evtl. Übernachtung in Todenmann (mehrere Möglichkeiten) vorbestellen.

2 Über die Bückeberge

Obernkirchen – Bückebergekamm – Sandsteinbrüche – Wierser Tor – Großer Karl – Beckedorf – Busfahrt nach Obernkirchen
Bergwanderung im Waldschatten ohne Steilanstieg, nur teilweise markiert, aber gute Wege

Drei wichtige Wanderstationen bestimmen die Tour über die Bückeberge. Die erste ist die malerische Kleinstadt Obernkirchen. Hier soll schon Kaiser Ludwig der Fromme im Jahre 815 ein Benediktinerinnenkloster gegründet haben, das 1167 von Bischof Werner von Minden als Augustinerstift erneuert wurde. Aus dieser Zeit steht noch heute die romanisch-gotische Stiftskirche, deren Vollendung sich bis zum Ende des 14.Jahrhunderts hinzog. Mächtig und wie für die Ewigkeit gebaut überragen die wuchtigen Türme des romanischen Westbaus die dreischiffige gotische Halle des Langhauses.
Von der Obernkirchner Stiftskirche zieht man zur Stadt hinaus und auf dem Höhenweg zu den »Fünf Buchen« hinauf. Gleich neben dem Gasthaus Walter (343 m) auf dem Bückebergekamm gelangen Sie nun zur zweiten interessanten Wanderstation: zu den Oberkirchner Sandsteinbrüchen. Ihr hellgrauer Stein wurde seit Jahrhunderten in alle Himmelsrichtungen ausgeführt. Nicht nur die Weserrenaissance wäre ohne diesen schönen, geschmeidigen Sandstein beinahe undenkbar, auch die Türme des Kölner

Doms, die Rathäuser zu Bremen, Hamburg und Antwerpen wurden aus Obernkirchner Sandstein erbaut – ja, sogar das Zarenschloß in Petersburg.
Nach dem Erforschen der alten Brüche beginnt jetzt eine großartige Höhenpromenade zum Wormsthaler Tor (von dort evtl. Abstieg in Westrichtung zum Forsthaus Halt und nach Langenbruch und Stadthagen) und zum Wierser Tor. Danach geht es über den Großen Karl (302 m) und den Münchhausener Berg (159 m) zur letzten Wanderstation, dem Heisterschlößchen (nicht zu verwechseln mit der Heisterburg im Deister!) auf dem Heisterberg. Es ist eine Hünenburg, die angeblich als Wehranlage zum Schutze des am Nordrand der Bückeberge vorbeiführenden Hellweges angelegt worden war.
An der Beckedorfer Bushaltestelle endet diese zwar ein wenig lange, aber stille und besonders erholsame Tageswanderung. Wer allerdings entsprechend Zeit hat, sollte für eine Bückeberge-Tour wenigstens zwei Tage einplanen, um sich nach dem großen Kammwandern am zweiten Tag während eines Spazierganges durch die romantischen mittelalterlichen Straßen Stadthagens in aller Ruhe am wohlerhaltenen, bunten Ortsbild erfreuen zu können. Vor allem aber an den zahlreichen Kunst- und Kulturdenkmälern seiner stolzen Vergangenheit.

Gehzeit 5½–6 Stunden; V1 nur 4½ Stunden.
Karte Topographische Karte 1 : 50000

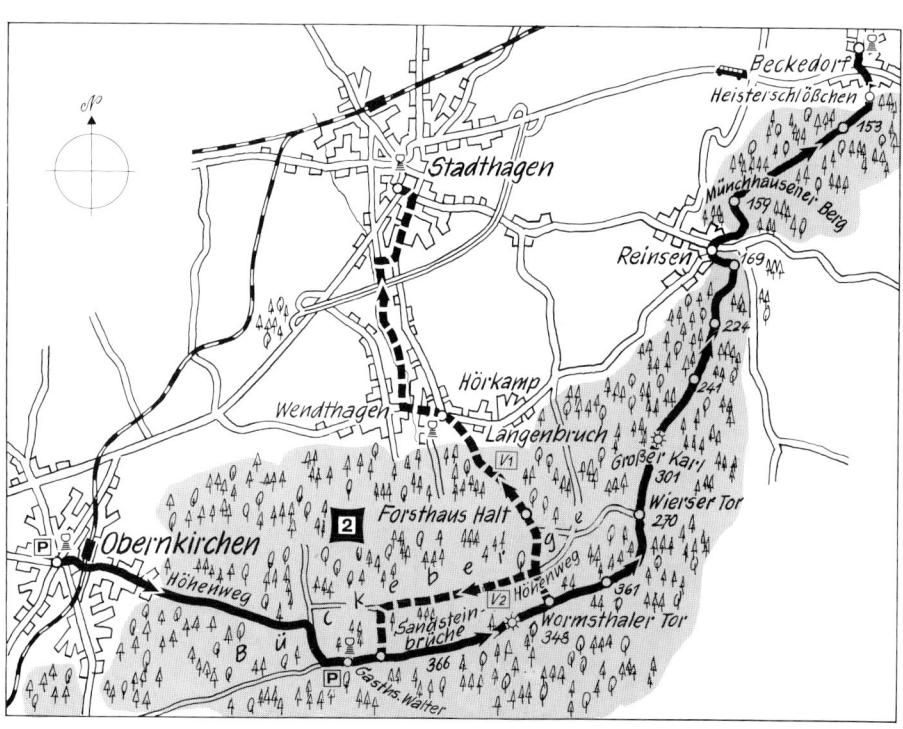

L 3720 Stadthagen, Landesvermessungsamt Nordrhein-Westfalen; oder Fremdenverkehrskarte des Landkreises Schaumburg.

Anfahrt Mit dem Bus von Stadthagen oder Bückeburg (jeweils Bahnstationen); mit dem Auto auf der BAB A 2 (Hannover–Ruhrgebiet) über Bad Eilsen, oder auf der B 65 (Hannover–Bad Nenndorf–Minden).

Ausgangspunkt Obernkirchen, Stadtmitte, Stiftskirche/Stiftsplatz (P).

Bitte beachten Studieren Sie schon in Obernkirchen die Rückfahrpläne. Packen Sie genügend Proviant und Getränke in den Rucksack: ab Gasthaus Walter (bei den Steinbrüchen) gibt es keinen Wanderstützpunkt. Übernachtungsmöglichkeiten nur im Auetal (fast 200 Höhenmeter Abstieg).

Sehenswertes

Bückeburg Ev. Stadtkirche, frühbarock (1611–15) mit prachtvoller Fassade, Halle mit gotisierenden Kreuzrippengewölben; vorzügliche Ausstattung aus der Erbauungszeit – Herderdenkmal – Jetenburger Kapelle (1570–73) mit sehenswerter Ausstattung – fürstliches Schloß (1560–63/1601–22/1732); reiche Kunstsammlungen und Gemäldegalerie (Führungen); Schloßkapelle (14. Jh./ 1604); Mausoleum im Schloßpark – Heimatmuseum – Hubschraubermuseum – Waldlehrpfad im Harrl

Bad Eilsen Kuranlage Zur schönen Aussicht – Bergkurgarten u. NSG Heeßer Berg – Idaturm (211 m, Sicht!) – Waldlehrpfad – Heimatmuseum (Schaumburg-Lipper Trachten)

Obernkirchen Stiftskirche, romanisch/gotisch (1150–1396), imposantes romanisches Westwerk, 3schiffige gotische Halle; kostbare Ausstattung aus Gotik u. Barock (Hochaltar, Kanzel, Taufstein) – malerische Klostergebäude mit Kreuzgang (13./16.–18. Jh.) – Altstadt mit schönen Fachwerkhäusern – Obernkirchner Waeldensandsteinbrüche auf dem Bückeberg (Aussichtspunkt, 342 m) – NSG Uhlenbruchtal – Waldlehrpfad

Stadthagen Ev. Stadtkirche St. Martini, gotisch (ab 1318–15. Jh.), 3schiffige, querschifflose, kreuzrippengewölbte Halle mit wertvoller Ausstattung: Altar, Triumphkreuz, Grabdenkmäler – Mausoleum des Fürsten Ernst (1609–25), imponierende Architektur u. erstklassiger Figurenschmuck – ref. Kirche (1486) – Johannishof (1312), früher Leprosenhaus – fürstliches Schloß, italienische Renaissance (1535–37) mit schönem Park – Rathaus, Weserrenaissance (16. Jh.) – in der Altstadt viele sehenswerte Gebäude u. alte Befestigung – Heimatmuseum – Wilhelm-Busch-Gedenkstätte in Wiedensahl

Baum Fürstliches Lust- und Jagdschloß (1760/61) im Schaumburger Wald, dekorativer Schloßgarten u. interessante Grabmäler

Freizeitangebot

Bückeburg Beheiztes Freischwimmbad – Hallenbad – Minigolf – Kegeln – Reiten – Segelfliegen – Tennis – Trimmpfad

Bad Eilsen Beheiztes Freischwimmbad – Tennis – Minigolf – Angeln – Kegeln

Obernkirchen Beheiztes Freischwimmbad – Minigolf – Kegeln – Tennis – Trimmpfad

Stadthagen Beheiztes Wellenfreischwimmbad – Hallenbad – Minigolf – Kegeln – Tennis – Reiten – Segelfliegen

Das monumentale frühbarocke Stadtschloß Bückeburg, ehedem Residenz der Grafen und Fürsten von Schaumburg-Lippe.

48 Rinteln Auetal

Aussichtstürme beiderseits der Weser

Die einstige Universitäts- und Festungsstadt Rinteln gehört zu den reizvollsten Orten an der mittleren Weser, obwohl die Stadt keines der ganz großartigen Bau- und Kunstdenkmäler besitzt, durch die das Weserbergland so berühmt wurde. Dafür bezaubert Rinteln durch die Romantik seiner über die Jahrhunderte hinweg wohlerhaltenen Altstadt, deren geschlossene Bausubstanz jeden Besucher überrascht. In kompletten Straßenzügen hat sich das Gesicht einer wohlhabenden Kleinstadt des 16. und 17. Jahrhunderts bewahrt. Die Adelshöfe derer von Münchhausen und viele prachtvolle Bürgerhäuser am Marktplatz und in der Brenner- und Bäckerstraße prägen auch heute noch das Bild der Stadt. Zwischen soviel Fachwerkidylle kündet das Alte Rathaus mit seinen zierlichen Erkern und stattlichen Weserrenaissancegiebeln vom stolzen Kunstsinn der Rintelner Bürger. Auch die gotische ehemalige Jakobsklosterkirche, besonders aber die Marktkirche St. Nikolai unmittelbar neben dem Rathaus sind eine Besichtigung wert. Letztere stammt aus dem 13. Jahrhundert und wurde um 1770 mit eleganten Turmkuppeldächern bekrönt. Der Kircheninnenraum besticht durch seine außerordentlich großzügigen Proportionen und ist mit einer großen Anzahl bedeutender Kunstschätze aus Renaissance und Barock reich geschmückt. Den Stadtkern Rintelns umschließt ein Gürtel autofreier Gartenanlagen und Promenadenwege, die den Spaziergänger zu einem beschaulichen Stadtrundgang einladen. Diese Parkwege wurden 1816 anstelle der mächtigen Festungswälle angelegt, die auf Befehl Napoleons geschleift werden mußten. Damit endete ein wichtiger Abschnitt der abwechslungsreichen

Hoch droben auf dem Nesselberg: Schloß Schaumburg, seit dem Jahre 1100 Sitz der Grafen von Schaumburg – heute ein lohnendes Ausflugs- und Wanderziel an der Weser.

Rintelner Stadtgeschichte, die im Jahre 1239 begonnen hatte, als Graf Adolf IV. von Schaumburg in der Nähe einer Furt durch die Weser an ihrem linken Ufer ein mit Mauern und Türmen befestigtes Stadtwesen anlegen ließ. Große Bedeutung erlangte Rinteln, als 1621 der prunkliebende Fürst Ernst von Schaumburg die Stadthagener Universität nach Rinteln verlegte, das dann nach der schaumburgischen Teilung 1647 an Hessen fiel und darauf zur Festung ausgebaut wurde.

Heute ist Rinteln eine lebhafte, moderne Stadt mit vielen gepflegten Freizeit- und Erholungsbereichen, von denen der Doktorsee an der Weser der bekannteste ist. Aber auch eine Reihe schönster Wanderungen führen vom Ort aus bergwärts auf die Höhen rechts und links der Weser. Den Weg nach Süden durch den Rintelner Stadtforst zum Ludwigsturm auf dem Rumbecker Berg und den Gang über den vom Weser- und Auetal begrenzten Kamm des Wesergebirges von Todenmann auf den Luhdener Klippenturm und zum Schloß Schaumburg werde ich Ihnen anschließend vorstellen.

1 Auf dem Ludwigsturm (340 m)

Exten – Ludwigsturm – [A] Hohenrode – Busfahrt nach Exten – [B] Wennenkamp – Friedrichshöhe – Busfahrt nach Exten

Gut markierte Wald- und Bergwanderung auf bestens bezeichneten Wegen zu großer Fernsicht

Von den vielen Aussichtstürmen des Weserberglandes ist der Ludwigsturm einer der großartigsten: der wirklich umfassenden Rundsicht wegen, die von hier das Wesertal auf- und abwärts reicht. Dahinter steht als eine grüne Waldmauer das Wesergebirge mit dem Luhdener Klippenturm und mit Schloß Schaumburg. Im Süden öffnet sich das lippische Land bis zum Teutoburger Wald.

Ein unbedingt lohnendes Wanderziel also ist dieser Ludwigsturm, den man am besten von Exten aus angeht. Anfangs auf einem gemütlichen Weg entlang der Exter (deren Wasser dort in früheren Zeiten die Mühlräder kleiner Eisenhämmerschmieden betrieben hat), dann sanft steigend den bewaldeten Westhang des Taubenberges (300 m) hinauf und ostwärts hinüber

zum Ludwigsturm (340 m) auf dem Rumbecker Berg.

Für den Abstieg haben Sie gleich drei Möglichkeiten: 1. Die kürzere ([V2]) leitet von Wennenkamp um den Weseberg (279 m) herum in den Ort Weseberg und durch den zauberhaft stillen Lichtegrund nach Uchtdorf und zur Exter. – 2. Die längere Variante ([B] und [V1]) bringt Sie zum Bergdorf Egge und nach Friedrichshöhe (Bushaltestelle), von wo Sie auf einem beinahe stangengeraden Sonnenweg in Nordrichtung die Exter queren und wieder nach Exten gelangen. – 3. Auch nach Hohenrode an der Weser gibt es einen bestens markierten Abstiegsweg ([A]), mitten durch die ozonreiche Einsamkeit des Rintelner Waldes. Wenn Sie sich für diesen entscheiden, können Sie unterwegs mitten im Wald die imposanten Wälle und Gräben der Hünenburg besichtigen. Das soll eine hochmittelalterliche Fluchtburg gewesen sein, die im 12. Jahrhundert erbaut und schon kurz danach zerstört wurde.

Gehzeit [A] 2½–3 Stunden; [B] 3–3½ Stunden (mit [V] bis zu 5 Stunden).
Karte Wanderkarte 1 : 50000 Hameln-Weserbergland der Stadtsparkasse Hameln; oder Fremdenverkehrskarte 1 : 50000 des Landkreises Schaumburg; evtl. auch Wanderkarte 1 : 25000 der Stadt Rinteln.
Anfahrt Mit dem Bus von Rinteln, Hameln (jeweils Bahnstationen) oder Bösingfeld; mit dem Auto auf der Extertalstraße über Barntrup–Bösingfeld, oder auf der B 83 (Wesertalstraße) oder B 238 von Hameln, Rinteln, Minden oder Lemgo.
Ausgangspunkt Exten (Ortsteil von Rinteln, 3 km südl. der Stadt), Ortsmitte, Straßenabzweig der Goldbecker Straße, Postamt/ Gasthof zur Post (P).
Bitte beachten Studieren Sie schon in Exten die Busrückfahrpläne.

2 Auf dem Luhdener Klippenturm (310 m)

Rinteln-Todenmann – Wesergebirgskamm – Hünenburg – Luhdener Klippenturm – Schloß Arensburg – Messingsberg – Westendorfer Egge – Paschenburg – Schloß Schaumburg – Welsede – Busfahrt nach Rinteln

Höhenwanderung im Waldschatten, schöne Aussichtspunkte, anfangs ein kurzer Steilaufstieg, gut bezeichnet

Der Aussichtsturm auf der Luhdener Klippe steht nur wenig oberhalb von Rinteln und damit etwa in der Mitte des 25 Kilometer langen, aber meist nur 2 bis 3 Kilometer breiten Wesergebirges. Er ist die schönste Fernsichtwarte des gesamten Höhenzuges. Weit geht von ihm der Blick zu den beiden benachbarten Tälern: Über die breite, von den engen Flußschlingen

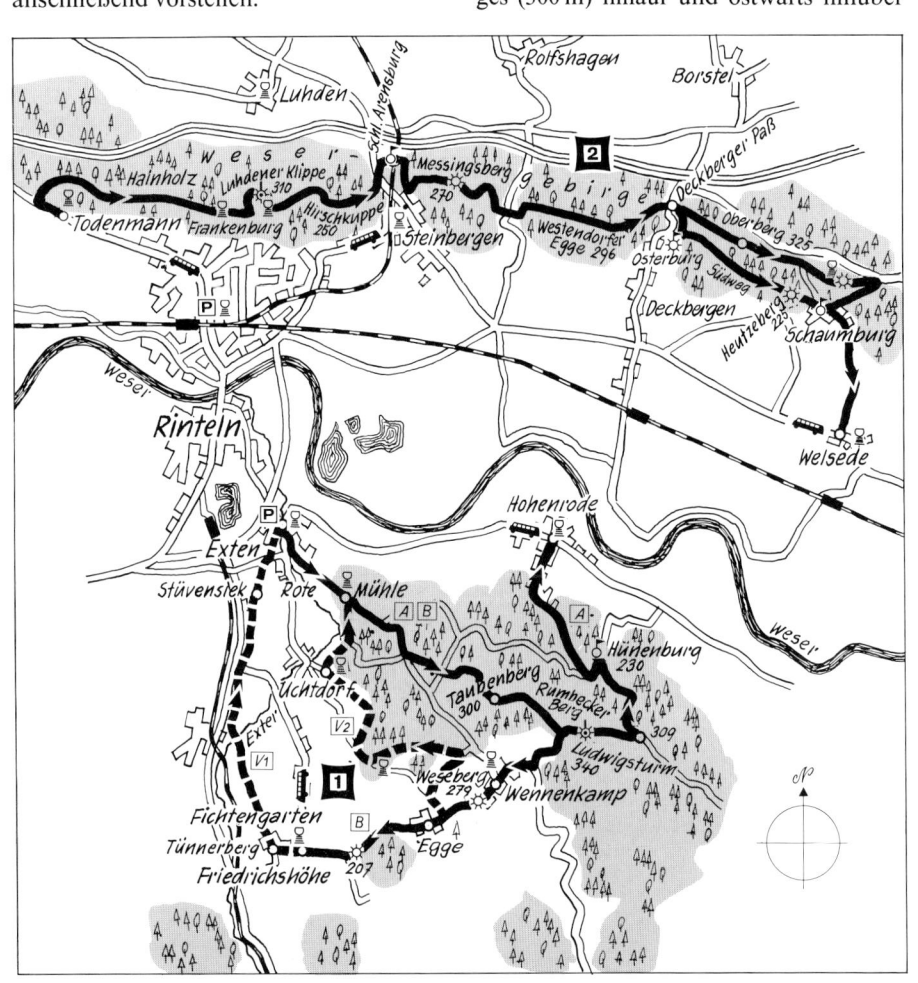

der Weser durchzogene Wesertalung und in die von den Waldrücken der Bückeberge (siehe Wandervorschlag 47/2) nach Norden abgeschlossene, tiefe Mulde des Auetals. Der mit einem weißen W durchgehend markierte Wesergebirgskammweg verbindet zwischen dem Papenbrink (303 m) bei Todenmann und der Paschenburg (336 m) bei Welsede die interessantesten Punkte des Gebirges, wie zum Beispiel die Hünenburg und einen Forstlehrpfad in der Nähe der hübsch gelegenen Ausflugsgaststätte Waldkater mit Schloß Arensburg und den Hexenteichen am Steinbergener Paß (über den in den Sommermonaten wie in alten Zeiten eine Museumsdampfbahn von Rinteln ins Auetal und nach Stadthagen verkehrt). Anschließend windet er sich auf einer mächtigen Juraschichtstufe durch prachtvolle, weltferne Buchenforste dem Stammsitz der schaumburgischen Grafen, dem Schloß Schaumburg, entgegen, das weithin sichtbar auf der Felsnase des Nesselberges steil über der Weser aufragt.

Diese ziemlich lange Tour kann jederzeit problemlos durch einen Abstieg ins Weser- oder Auetal (überall Bushaltestellen) abgekürzt werden. Start für solch ein klassisches Wanderunternehmen ist der Rintelner Vorort Todenmann. Hier steht seit fast 200 Jahren das Gasthaus Altes Zollhaus, das 1804 unter Wilhelm Kurfürst von Hessen als Grenzstation zum Schaumburgischen hin erbaut wurde. In seinem Wirtsgarten werden Sie ein Denkmal entdecken, das dem Dichter Franz von Dingelstedt gewidmet ist. Er schrieb an dieser Stelle im Jahre 1835 »Das Weserlied«.

Gehzeit 5½–6 Stunden; bis Steinbergen nur 2½ Stunden.

Karte Fremdenverkehrskarte 1 : 50000 des Landkreises Schaumburg; oder topographische Karten 1 : 50000 L 3920 Rinteln und L 3720 Stadthagen, Niedersächs. Landesvermessungsamt; evtl. auch die Wanderkarte 1 : 25000 der Stadt Rinteln.

Anfahrt Mit der Bahn von Löhne oder Hameln; mit dem Auto auf der BAB A 2 (Hannover–Ruhrgebiet) bis Ausfahrt Bad Eilsen, oder auf der B 83 (Wesertalstraße) und B 238 von Hameln, Minden oder Lemgo.

Ausgangspunkt Rinteln, Bahnhof/Busbahnhof (P).

Bitte beachten Notieren Sie schon in Rinteln die Busrückfahrzeiten ab Welsede bzw. Steinbergen.

Anmerkung Diesen Wandervorschlag können Sie mit dem Wandervorschlag 43/2 zu einer sehr schönen Zwei oder Drei-Tage-Kammwanderung über den Süntel verbinden (Übernachtungen in Rohden oder Langenfeld vorbestellen!), Rückfahrt per Bus von Fischbeck über Hessisch Oldendorf.

Sehenswertes

Rinteln Ev. Marktkirche St. Nikolai, gotisch (1257–1340), 3schiffige Halle (Anf. 14. Jh.), Turm u. Portal aus dem 13. Jh., barocke Kuppeldächer (um 1770); innen erhöhte Gewölbezone, niedrige Pfeiler, kostbare Ausstattung: Altar (Anf. 17. Jh.), Bronzetaufbecken (1582), Kanzel (1648) mit Statuen; Säulenempore (um 1600) mit gemalten Darstellungen des Alten u. Neuen Testaments, Orgelprospekt (Anf. 18. Jh.), Messingkronen u. Wandarme (17. Jh.), Sandstein- u. Holzepitaphien des 16. u. 17. Jh. – ref. Kirche (ehem. Jakobsklosterkirche, ab 1621 Universitätskirche), gotisch (um 1250) – Altes Rathaus, Weserrenaissance (1583), schöne Erker, kraftvolle Giebel mit Welschen Halbkreisaufsätzen – Altstadt aus dem 16. u. 17. Jh. mit schmucken Adelshöfen u. stattlichen Fachwerkbürgerhäusern – zur Promenade umgestaltete Wallanlagen – Schaumburger Heimatmuseum in der Eulenburg – Waldlehrpfad beim Gasthaus Waldkater – Aussichtspunkt Dingelstedt-Denkmal beim Alten Zollhaus in Todenmann – Blumenschau im Eßmannshof zu Deckbergen

Arensburg Schaumburgische Burg (um 1300), malerisch auf einer Bergkuppe gelegen (jetzt Autobahn-Raststätte), turmartiges »Steinwerk« und »Neues Haus« mit Treppenturm (Mitte 16. Jh.), im Obergeschoß der Blaue Saal mit romantisch gotisierender Ausmalung des 19. Jh.; schöner Park mit den He-

Die gotische, von barocken Hauben bekrönte Rintelner Pfarrkirche St. Nikolai birgt in ihrem Innern eine kostbare Ausstattung des 16. und 17. Jahrhunderts.

xenteichen (die angeklagten Hexen mußten hier die Wasserprobe bestehen).

Schaumburg Schloß auf dem Nesselberg, seit 1100 Stammsitz der Grafen von Schaumburg, nach der Landesteilung 1647 hessisch; Unterburg mit Archivturm, Oberburg (Weserrenaissance um 1600) mit Dickem Turm; Schloßmuseum im Torgebäude, Schloßgaststätte (Sicht!)

Möllenbeck Ehem. Benediktinerinnen-, später Augustinerkloster (10.–15. Jh.), einheitliche, reizvolle Anlage; gotische Klosterkirche (15. Jh.) mit romanischem Westwerk (10. Jh.), Reste von Wandmalereien in der Sakristei, 3schiffige Krypta; Klostergebäude: 3 doppelgeschossige Flügel umschließen romantisch einen quadratischen Hof; Kreuzgänge und Refektorium (getäfelte Decke des 16. Jh.)

Freizeitangebot

Rinteln Beheiztes Weserangerbad – Hallenbad – Waldfreibad Deckbergen – Minigolf – Angeln – Kegeln – Reiten – Segelfliegen – Tennis – alle Arten Wassersport auf der Weser – Große Freizeitanlage (Camping, Sport) am Doktorsee – Trimmpfad in Uchtdorf (Hupengrund)

49 Minden
Porta Westfalica
Petershagen

An der Porta Westfalica

Die ehrwürdige, 1200 Jahre alte Bischofsstadt Minden ist zugleich Anfang und Ende jeglichen Reisens und Wanderns durchs Weserbergland. – Anfang für den, der bei der Mindener Schachtschleuse, dem interessanten Kreuzungspunkt des Mittellandkanals mit der Weser, eines der schmucken weißen Motorschiffe besteigt, um auf ihm vom Südrand der Norddeutschen Ticfebene die Weser flußaufwärts und mitten hinein ins Weserbergland zu fahren – nach Hameln, Corvey oder Hann. Münden. Und wer dort noch Lust und Zeit hat, kann auf der Fulda bis Kassel weiterreisen. – Ende für die Wanderer, die vom Osten – vom Süntel und Deister her – übers Wesergebirge dem Weserdurchbruch bei der Porta Westfalica zustreben. Oder die aus dem Südwesten – übers Eggegebirge und über den Teutoburger-Wald-Kamm und durchs Lippische Bergland kommend – nun auf dem Waldrücken des Wiehengebirges die Porta bei Minden ansteuern, um hier vom Ehrentempel für den »großen Bronze-Wilhelm« mit dem Auge dem Lauf des Weserflusses durch die Endlosigkeit des flachen niederdeutschen Tieflands bis zum Westhorizont zu folgen.

Stromauf oder stromab, das bedeutet für den, der von den Weserhöhen der Porta Ausschau hält, viel Gegensätzlichkeit: Stromauf schweift der Blick vom Jurakalkriff der Luhdener Klippe bis zum »dicken Detmolder Hermann« auf der Grotenburg über ein Areal sich aufhügelnder, in grünen, runden Scheiben und Kämmen sich hintereinanderreihender Bergrücken. Stromab breitet sich das alte Minden zwischen dem Schaumburger Wald und dem Großen Hiller Torfmoor ins flache Land, das sich mit rechteckigen Feldern und Wiesen fleckt so weit das Auge reicht.

Seit mehr als 1000 Jahren, seit 915, grüßt der spätkarolingische Monumentalbau des Mindener Doms St. Peter und St. Gorgonius mit seinen wuchtigen, schweren Formen zu den Berghängen der Porta Westfalica hinauf. Drunten an der Weser aber fasziniert der Dom wie eh und je die Besucher der Stadt Minden durch die erdverbundene westfälische Romanik seines machtvollen Westwerks. Wie riesige Räder aus Stein verbinden sich dahinter die Spitzbogenfelder der gotischen Maßwerkfenster des Langhauses zu kreisförmigen Bewegungen, die sogar in der klassischen Gotik französischer Kathedralen ihresgleichen suchen. Kostbarstes Ausstattungsstück und eines der bedeutendsten romanischen Kunstwerke des 11. Jahrhunderts in Deutschland ist der um 1070 gegossene Hildesheimer Bronzekruzifixus am nordwestlichen Vierungspfeiler des Doms.

Vielleicht benutzen auch Sie ausnahmsweise einmal anstatt des Autos eines der schicken Weserschiffe, um sich vom Mindener Dom her auf dem Fluß in beschaulicher Fahrt der Porta Westfalica zu nähern. Es ist der Ausgangspunkt der beiden folgenden Bergwanderungen über den Ostteil des Wiehengebirges ins bezaubernde Bergkirchen und über den Westteil des Wesergebirges zum urwüchsigen Wandererstützpunkt Mettwurst-Möller. Dabei werden Sie von den Markierungen zweier berühmter Weitwanderwege bestens geleitet: von den weißen W-Zeichen des Weserberglandweges und von den weiß-roten Balken des Wittekindsweges.

1 Übers östliche Wiehengebirge

Porta Westfalica – Kaiser-Wilhelm-Denkmal – Moltketurm – Wittekindsburg – Wirtshaus Wilder Schmied – Königsberg – Philosophenweg – Porta Westfalica – oder weiter nach Bergkirchen

Berg- und Höhenwanderung im Waldschatten, ein kurzer, steiler Anstieg, dann meist ebene Wege

95 Kilometer weit windet sich der Wittekindsweg über den schmalen Wiehengebirgskamm von Osnabrück herüber, vorbei an vielen bekannten Ferienorten, wie Ostercappeln, Bad Essen und Lübbecke. Er endet da, wo dieser Wandervorschlag beginnt: links der Weser an der Porta Westfalica beim Hotel Kaiserhof. Von ihm steigt man mit den Markierungszeichen des Wittekindsweges zur Freilichtbühne und zum Kaiser-Wilhelm-Denkmal hinauf, das dort oben für den königlich-preußischen »Reichsgründer« Wilhelm I. nach dem 70er Krieg aufgestellt wurde.
Da es hier außer der beschriebenen herrlichen großen Fernsicht stets einen noch größeren Touristenrummel gibt, packt man möglichst bald seinen Rucksack und macht sich davon in die Einsamkeit, denn

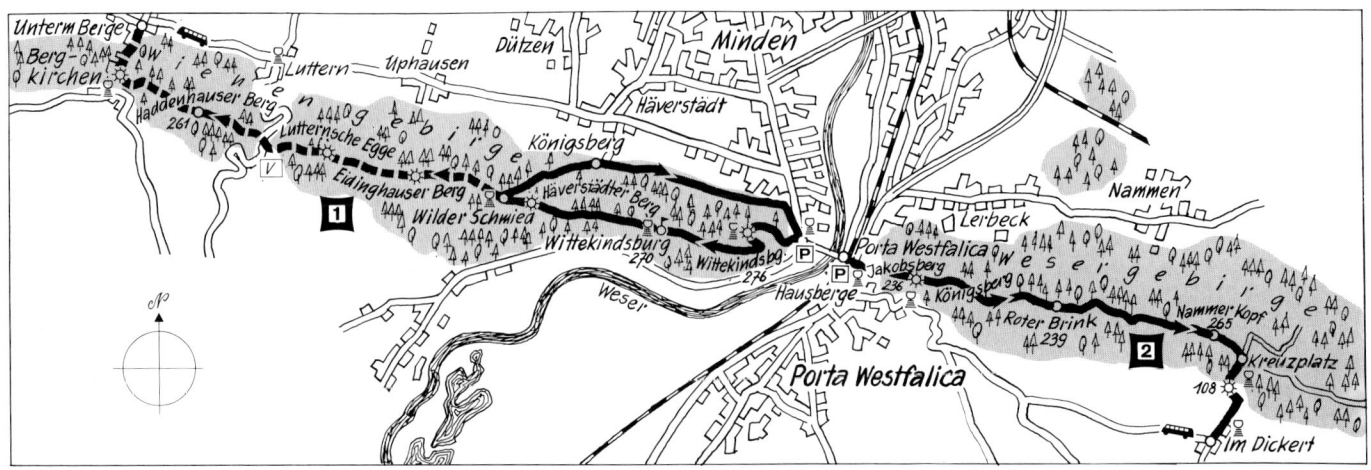

feine Ausblicke findet man auch unterwegs noch genug. Über den Wittekindsberg (276 m) zum Moltketurm wandert man dahin und zu den Wällen der Wittekindsburg neben der Margarethenklus-Kapelle am Häverstädter Berg. Danach erreichen Sie westlich der Habichtswand das einsam im Wald gelegene Wirtshaus Wilder Schmied (siehe auch Wandervorschlag 4/2 [B]) und können am Nachmittag vom Hävestädter Naturfreundehaus auf dem Philosophenweg hübsch eben zur Porta Westfalica zurückkehren.

Nicht zu verachten ist auch folgende Möglichkeit: Man bleibt in Westrichtung auf dem Wittekindsweg, stromert über den Eidinghauser, Lutternschen und Haddenhauser Berg und kehrt zu Bergkirchen im gemütlichen Wirtshaus neben der Wittekindsquelle ein. Und besucht vor der Busrückfahrt nach Porta Westfalica vielleicht gar noch das nahe Haddenhauser Weserrenaissance-Wasserschloß.

Gehzeit 3½–4 Stunden; bis Bergkirchen 4–4½ Stunden.
Karte Naturparkkarte 1 : 50000 Minden-Lübbecker Land, Landesvermessungsamt Nordrhein-Westfalen.
Anfahrt Mit der Bahn von Hannover, Hameln–Rinteln, Nienburg–Minden oder Herford; mit dem Auto auf der BAB A2 (Hannover–Ruhrgebiet), Ausfahrt Porta, oder auf den B 514/61 oder B 65/482 von Hameln, Bückeburg–Stadthagen, Nienburg–Minden oder Herford; oder von Minden mit dem Schiff.
Ausgangspunkt Porta Westfalica, linkes Weserufer/Weserbrücke, Hotel Kaiserhof (P).
Bitte beachten Falls Sie bis Bergkirchen wandern: Fahrplan notieren.
Anmerkung Fortsetzung dieses Wandervorschlags siehe Weitwanderweg 50/II/1: Beschreibung des Wittekindsweges.

Das Kaiser-Wilhelm-Denkmal an der Porta Westfalica; unter ihm durchbricht die Weser die Felsenriegel des Wiehen- und Wesergebirges.

2 Übers westliche Wesergebirge

Porta Westfalica – Jakobsberg – Nammer Paß – Kreuzplatz – Wirtshaus Mettwurst-Möller – Dickert – Busfahrt nach Porta Westfalica

Kammwanderung im Waldschatten, schöne Ausblicke, gute Wege

Dieser 2. Mindener Wandervorschlag ist eigentlich eine Fortsctzung der Tour 49/1 in Ostrichtung. Er fängt rechts der Weser bei der Weserbrücke am Bahnhof Porta Westfalica an, zusammen mit dem hier ebenfalls beginnenden, neuangelegten und insgesamt 210 Kilometer langen Weserberglandweg nach Bodenwerder, Bad Karlshafen und Hann. Münden, dessen erster Teilabschnitt Porta Westfalica–Hameln mit dem schon lange trassierten, etwa 60 Kilometer langen Wesergebirgsweg identisch ist.

Das große Ziel dieses lohnenden Wandertages ist das Wirtshaus Mettwurst-Möller unterhalb der Wülpker Egge; doch auch vorher ist allerhand geboten: Da steigt man bei immer umfassender werdender Sicht zur Portakanzel und zur »Schönen Aussicht« auf den Jakobsberg (236 m) hinauf und spaziert dort vom Fernsehturm beim Gasthaus Bismarckburg auf der Höhenpromenade durch die stillen Waldungen des Roten Brink (239 m) zum Nammer Paß hinunter. Auf dem Eggeweg gelangen Sie anschließend südlich der Nammer Klippe und des Nammer Kopfes (265 m) zu zwei schönen Familienrastplätzen: zu Korffs Quelle und zum Kreuzplatz. Nun ist das Wirtshaus Mettwurst-Möller (und die Bushaltestelle an der Lohfelder Straße) gar nicht mehr weit!

Minden: Die Schachtschleuse verbindet den Mittellandkanal mit der Weser und liegt unmittelbar am 190 Kilometer langen Weserweg, der zwischen Minden und Bremen verläuft.

Gehzeit 2½–3 Stunden.
Karte, Anfahrt siehe Wandervorschlag 1.
Ausgangspunkt Porta Westfalica, rechtes Weserufer/Weserbrücke, Bahnhof an der B 482 (Großparkplatz).
Bitte beachten Vor Wanderstart Busfahrplan studieren.
Anmerkung Gehtrainierte Wanderer können diesen Wandervorschlag mit den Touren 47/1, 48/2 und 43/2 zu einer sehr schönen Drei-Tage-Kammwanderung über das gesamte Wesergebirge und den Süntel zusammenfügen (Übernachtungen in Todenmann, Rohden oder Langenfeld vorbestellen!). Rückfahrt per Bus von Fischbeck über Hessisch Oldendorf (siehe dazu auch die Beschreibung des Weserberglandweges – Tour Nr. 50/III/2). Den hübschen Kurort Petershagen erreichen Sie auf dem Weserweg (Markierung W) von der Mindener Schachtschleuse entlang der Weser in etwa 2 Gehstunden.

Freizeitangebot

Minden Dom St. Peter u. St. Gorgonius, romanisch (915–952) mit 3geschossigem Westwerk (1150 umgebaut), Chor u. Querschiff (1210–40), gotisches Langhaus (1267–90); innen: das Mindener Kreuz, ein romanisches Bronzekruzifix von 1070, viele Kostbarkeiten der romanischen u. gotischen Kunst im Domschatz (Besichtigung) – Marienkirche, romanisch/gotisch (11.–14. Jh.) mit stattlichem Turm u. interessanten Steinarbeiten der Renaissance – Martinskirche, romanisch/gotisch (1170/1300–1360), reiche Maßwerkfenster der Hochgotik, schöne Renaissance-Ausstattung – Simeonskirche, 3schiffige spätgotische Halle; daneben Mauritiuskirche, spätgotisch (1474) – Johanniskirche, romanisch/spätgotisch – Peterskirche (1739–43), kuppelgewölbter Zentralbau – Rathaus, frühgotisch (13. Jh.), eines der ältesten in Deutschland; 4bogige Laube – Alte Münze u. viele interessante Wohnbauten aus Gotik u. Renaissance – malerische Fischerstadt – Heimatmuseum (Geschichte u. Kulturgeschichte der Stadt) – Botanischer Garten – Wasserstraßenkreuz Weser–Mittellandkanal (Kanalbrücke 13 m über der Weser, 375 m lang, 24 m breit) mit Schachtschleuse (Heben u. Senken der Schiffe, 12000 cbm Wasser, 83 m lang, 10 m breit; Besichtigung und Rundfahrt) – Kinderparadies Potts Freizeitpark in Minden-Dützen

Porta Westfalica Auf dem Wittekindsberg (276 m): Kaiser-Wilhelm-Denkmal (1892–96) aus Porta-Sandstein, 88 m hoch, 7 m hohes Standbild, 51 m hohe offene Kuppelhalle (große Sicht bis Nienburg u. zum Verdener Dom!) – in der Nähe: Margarethenklus (Wittekindskapelle); seit 1123 erwähnt, 1379 von Franziskanern als Waldkapelle erneuert; Wittekindsburg, 700 m × 100 m große germanische Volkswallburg; Eisenerzabbau; Moltketurm – auf dem Jakobsberg (236 m): Bismarckturm (Fernsehrelaisstation) u. Gasthaus Bismarckburg; »Schöne Aussicht«; Vogelschutzgebiet; Naturdenkmal Nammer Klippen; geologischer Schaugarten Wülpker Egge; vorgeschichtliche Fluchtburg Nammer Lager

Petershagen Stadtpfarrkirche, nachgotisch (1615) – Wasserburg der Mindener Fürstbischöfe mit Wendeltreppenturm (1544–46) von Jörg Unkair (jetzt Schloßhotel) – romanische Dorfkirchen in Buchholz, Windheim u. Heimsen – malerische Trutzfeste »Slottelborch« (1335) in Schlüsselburg – Wasservogelschutzgebiet im großen Weserbogen – Bockwindmühle Neuenknick (Besichtigung) – Waldlehrpfad Lahde

Haddenhausen Weserrenaissance-Wasserschloß (1613–16) derer von der Bussche, 2flügelig mit Treppenturm, prunkvolles Einfahrtstor

Sehenswertes

Minden 3 beheizte Freischwimmbäder - Hallenbad – Angeln – Kegeln – Klettern (Klettergarten Jakobsberg) – Minigolf – Reiten – Tennis – alle Arten Wassersport auf der Weser – Trimmpfad
Porta Westfalica Beheiztes Freischwimmbad – Kleinhallenbad – Angeln – Klettern – Reiten – alle Arten Wassersport auf der Weser
Petershagen Beheiztes Freischwimmbad Lahde – Angeln – Kegeln – Reiten – alle Arten Wassersport auf der Weser

50 Die wichtigsten Weitwanderwege

Von der Mindener Porta zum Mündener Weserstein

Es gibt nur ganz wenige Wandergebiete in Europa, die ein so dichtes, hervorragend trassiertes und bestens unterhaltenes Weitwanderwegenetz vorweisen können wie der Bereich Teutoburger Wald–Weserbergland. Gitterartig durchziehen diese stets sehr gut bezeichneten Hauptwanderstrecken das Land an der mittleren und oberen Weser: vom Steinhuder Meer über den Deister, Vogler und Solling bis zur Sababurg im Reinhardswald und vom berühmten Fernwanderwegekreuz Mühlenort bei Osnabrück quer durchs Lippische Bergland bis zu den Höhenzügen östlich der Leine um Bad Gandersheim und Bad Salzdetfurth. Dank der bewundernswerten ehrenamtlichen Arbeit der Mitglieder aller Wandervereine in dieser Region ist es einfach unmöglich, sich auf den Hauptwanderwegen zu verlaufen. Immer wird man von den Markierungszeichen – meist sind es weiße, liegende Andreaskreuze (X), manchmal aber auch weiße Großbuchstaben (wie H, S oder W) – sicher zum gewünschten Ziel geleitet. Von einer Naturschönheit zur nächsten, von Sehenswürdigkeit zu Sehenswürdigkeit, und, was für jeden Wanderer stets wichtig ist, von einem gemütlichen Wirtshaus zum anderen. Einen ganzen Urlaub lang können Sie auf solche Weise die schönsten und interessantesten Punkte der Landschaft an der Weser, Lippe, Leine und Exter genießen und blättern dabei in Corvey, Hameln oder Bad Karlshafen, in Detmold oder Bückeburg im dicken Bilderbuch der hessischen, niedersächsischen und westfälischen Geschichte und Kunstgeschichte. Dazwischen pirscht man durch stille Bachtäler und melancholische Moorareale, ersteigt sonnen- und sichtreiche Höhen

und schaut von talbeherrschenden Bergkegeln weit übers Land – von der Hohen Asch bei Bösingfeld wie vom Hohen Hagen bei Göttingen, vom Köterberg, vom Sintelturm und von der Velmerstot im Teutoburger Wald. Und von vielen anderen mehr. So erwandert man hier ehrwürdige romanische Klosterkirchen, bewundert dort die grazilen gotischen Spitzbogen und Maßwerkfenster einfacher, aber tiefe Gläubigkeit ausstrahlender Bauernkirchen und erfreut sich immer wieder aufs neue an den bunten, kunstfertig geschnitzten, oft unter Blumen schier versinkenden Fachwerkhäusern in Stadt und Land. Am Abend aber sitzt man in einfachen, jedoch blitzsauberen Gasthäusern und ruht nach dem großen Wandern bei Pils und westfälischem Schinken wohlverdient seine müden Beine aus – gerade so, wie früher die Flößer und Fuhrleute oder wie seinerzeit die Holzknechte und Jäger der vornehmen Herren von Münchhausen.

Von den fast 40 Hauptwanderstrecken in den Bereichen Wiehengebirge–Teutoburger Wald–Eggegebirge und Weserbergland–Lippisches Bergland habe ich die meines Erachtens 15 wichtigsten Wege anschließend stichwortartig beschrieben. Genauere Angaben darüber erhalten Sie gegen eine geringe Gebühr bei den unter »Führer« genannten Wanderverbänden. – Zu diesen regionalen Hauptwanderwegen ist seit einigen Jahren der überregionale Europa-Fernwanderweg Nr. 1 hinzugekommen, der das Gesamtgebiet in Nord-Süd-Richtung durchquert. Er ist sicher neben dem erst kürzlich eingeweihten Weser- und Weserberglandweg der abwechslungsreichste und schönste dieser Weitwanderwege und wird nun wirklich allen Ansprüchen gerecht, die auch ein »leistungsorientierter Profiwanderer« an eine Wanderstrecke stellt.

Aber es muß ja nicht gleich eine der längsten und aufwendigsten Hauptwanderstrecken sein, die Sie für Ihr erstes Weitwanderunternehmen einplanen. Auch der nicht so sehr anstrengende, weil »nur« etwa 60 Kilometer lange Wesergebirgsweg oder der 73 Kilometer lange, hochinteressante Eggeweg werden Sie durch die mannigfaltige Schönheit recht unterschiedlicher, doch immer bezaubernder Landschaftsbilder zwischen der Porta Westfalica und dem Weserstein führen.

Wenn Sie also auf einigen der mehr als 200 halb- und ganztägigen Rundwanderungen und Tourenvarianten der Kapitel 1 bis 49 genügend Gehvortraining absolviert haben, dann probieren Sie es doch einmal – das Ferienweitwandern.

Nun noch einige wichtige Anmerkungen: Aus Platzgründen konnten die Haupt-Weitwanderwege im Bereich Teutoburger Wald – Weserbergland leider nur in Stichworten – und auch nur hier im Hauptbuch und nicht im Begleitheft! – beschrieben werden.

Benutzen Sie bei Ihren Streckenwanderungen also stets die amtlichen topographischen bzw. Wander- und Naturparkkarten im Maßstab 1 : 50000. Bestellen Sie in der Hochsaison die Übernachtungen vor, und erkundigen Sie sich vor Wanderbeginn nach den Rückfahrplänen von Bahn, Bus oder Schiff. Bei der Planung der Weitwanderungen hilft Ihnen auch der noch von Karl Bachler, dem verdienstvollen, leider verstorbenen Hauptwegewart der Verkehrsverbände Teutoburger Wald–Weserbergland, verfaßte Hauptwanderstreckenführer (Verlag Wilhelm Kramer, Bielefeld). Weil die bei den Weitwanderwegbeschreibungen angegebenen Führerunterlagen (Informationsblätter und -heftchen) von den Wandervereinen und -verbänden auch an Nichtmitglieder kostenlos (außer E 1, Hermannsweg und Eggeweg) abgegeben und zugeschickt werden, wird empfohlen, sich bei Bestellung dieser Unterlagen in Form von Briefmarken an den Unkosten zu beteiligen: Alle Wandervereine finanzieren sich nur aus Mitgliederbeiträgen, alle Wanderwarte arbeiten ehrenamtlich!

I Europäischer Fernwanderweg E 1 Nordsee – Bodensee – Mittelmeer

Teilstück Steinhuder Meer – Hameln/ Weser – Detmold/Teutoburger Wald – Niedermarsberg/Eggegebirge (208 km)

Gehzeit: 50–55 Std., 10–12 Tage ▪ *Markierung:* Weißes × (Andreaskreuz), vom Hermannsdenkmal bis Externsteine weißes H ▪ *Führer:* Kompass-Fernwanderwegführer E 1 ▪ *Karten:* Topographische Karten 1:50000 L 3522 Garbsen, L 3520 Rehburg-Loccum, Sonderkarte Deister-Süntel-Osterwald, L 3922 Hameln, L 3920 Rinteln, L 3918 Herford und Naturparkkarte Eggegebirge und südl. Teutoburger Wald.

Der Weg in Stichworten:

Der E 1 kommt von Flensburg über Lübeck – Lüneburger Heide – Celle nach Steinhude; weiter:

1. Steinhude – Bad Nenndorf – Springe – Hameln (72 km, 17–20 Std., 3–4 Tage) Steinhude (Strandpromenade) – Hagenburger Kanal – Hagenburg – Düdinghausen – im Bogen um den Düdinghauser Berg – Schier – Idensermoor – Mittellandkanal – Haste – Waltringhausen – Bad Nenndorf – Whs. Mooshütte – Deisterkammweg (Mark. schwarzer Strich) – Heisterburg (Whs.) – Kreuzbuche – Großer Hals (360 m) – Alte Taufe – Nordmannsturm (379 m) – Nienstedter Paß – Försterdenkmal – Annaturm (405 m) – Forsthaus Köllnischfeld – Springe – Deisterpforte – An der Ziegenbuche (Whs.) – Bad Münder – Bergschmiede (Whs.) – Hamelscher Pfad – Süntelturm (440 m; Whs.) – Jahnhütte (Whs.) – Unsen – NSG Schweineberg – Whs. Heisenküche – Bismarckturm (Whs.) – Hameln.

2. *Hameln – Linderhofe – Lemgo – Detmold (54 km, 13–15 Std., 2–3 Tage)*
Hameln (Münsterkirche/Weserbrücke) – Klütturm (250 m) – Forsthaus Finkenborn (Whs.) – Hamelner Forst – Schullandheim Riepenburg – Dehrenberg – Königsförde – Waldquelle (Whs.) – Lüningsberg (209 m) – Reine – Hohe Asch (370 m; AT; Whs.) – Hummerbruch – Frevertsberg (327 m) – Gut Eimke – Hof Fasenberg – Hof Winterberg – Linderhofe (Abstecher zur Burg Sternberg) – Schwelentrup – Hillentrup – Maiboltetal kreuzen – Windelstein (347 m) – Lemgoer Mark (253 m; AT; Whs.) – Lemgo – Wahmbeck – Gretberg (253 m) – Loßbruch – am Rotenberg entlang – Oettern – Detmold.

3. *Detmold – Hermannsdenkmal – Externsteine – Velmerstot – Eggekamm – Niedermarsberg (82 km, 20–23 Std., 4–5 Tage)*
Detmold (Alte Mühle; Whs.) – Hünenring – Hermannsdenkmal (Whs.) – auf dem Hermannsweg (Mark. weißes H/Kammweg) südöstl. – Berlebeck – Steinberg (402 m) – Holzhausen – Bärenstein (318 m) – Externsteine (Whs.) – Eggewege (wieder Mark. ×) – Waldschlößchen (Whs.) – Knieberg (362 m) – Silbermühle (Whs.) – Silberbachtal – Kattenmühle (Whs.) – Naturfreundehaus Schnat – Velmerstot (441 m) – Klippenweg (Pr. Velmerstot Sperrgebiet) – Feldromer Berg (448 m) – Bedastein – Schwarzes Kreuz – (evtl. Abstecher westw. nach Altenbeken) – Rehberg – Eggekrug (Whs.) – (evtl. Abstecher östl. nach Bad Driburg) – Klusenberg (396 m) – (Abstecher südl. nach Neuenheerse) – Bodental queren – Paderborner Berg (380 m) – Lichtenauer Kreuz (419 m) – (Abstecher östl. nach Willebadessen) – Kleiner Herrgott/Karlsschanze – Försterkreuz – Teutoniaklippen – Bierbaums Nagel – B68/Grünewald (Whs.) – Klippenweg/Opferstein – Max-Parpat-Hain – Nadel (413 m) – Papengrund – Wüstung Blankenrode – Ort Blankenrode – NSG Bleikuhlen – BAB-Brücke – Ascheberg (436 m) – Oesdorf – Essentho – Haart (436 m) – Niedermarsberg. Der E1 führt von hier über Bad Berleburg – Nassau – Frankfurt – Schwarzwald – Schweiz nach Genua.

II Weitwanderwege im Bereich Wiehengebirge – Teutoburger Wald – Eggegebirge

1. Wittekindsweg (95 km) *Osnabrück – Mühlenort – Ostercappeln – Bad Essen – Barkhausen – Neue Mühle – Bergkirchen – Porta Westfalica/Weser*
Gehzeit: 25–30 Std., 5–6 Tage ■ *Markierung:* Bis Mühlenort weißes ×, dann weiß-roter Balken ■ *Führer:* Faltblatt »Wittekindsweg« des Wiehengebirgs-Verbandes, Markt 22, 4500 Osnabrück ■ *Karten:* Topographische Karten 1:50000 L 3714 Osnabrück, L 3716 Lübbecke und Naturparkkarte Minden-Lübbecker Land, Landesvermessungsamt Nordrhein-Westfalen.
Der Weg in Stichworten: Osnabrück (Haster Mühle) – Nettetal – Wittekindsburg – Rulle – Teilungspunkt Mühlenort – östl. auf dem Wiehengebirgskamm weiter: Steinberg – Süntelstein – Krebsburg – Ostercappeln/Kapellenberg – Sonnbrink (AT; evtl. Abstecher nach Bad Essen) – Rattinghausen – Saurierfährten Barkhausen/Huntetal – Naturlehrpfad Kellenberg – Nonnenstein (274 m; AT; Abstecher südl. nach Rödinghausen) – Auetal/Neue Mühle (Whs.) – Wurzelbrink (320 m; AT; unterwegs evtl. Abstecher nördl. zur Babilonie, südl. zur Roßmühle) – Reineberg bei Lübbecke (246 m) – Wallücke – Bergkirchen – Lutternsche Egge – Zum Wilden Schmied (Whs.) – Wittekindsburg – Kaiser-Wilhelm-Denkmal – Porta Westfalica/Weser.

2. Friesenweg (171 km) *Osnabrück – Papenburg*
Teilstück Osnabrück – Bramsche – Ankum (60 km)
Gehzeit: 15–18 Std., 3–4 Tage ■ *Markierung:* Bis Mühlenort weißes ×, dann weißes F ■ *Führer:* »Der Friesenweg«, Informationsheft des Verkehrsvereins Osnabrück ■ *Karten:* Topographische Karten 1:50000 L 3714 Osnabrück, L 3517 Bersenbrück, Niedersächs. Landesvermessungsamt; Wanderkarte Tecklenburger Land, Landesvermessungsamt Nordrhein-Westfalen.
Der Weg in Stichworten: Osnabrück (Haster Mühle) – Nettetal – Wittekindsburg – Rulle – Teilungspunkt Mühlenort – westl. auf dem Wiehengebirgskamm – Schletruper Egge – Penter Knapp (Whs.) – nördl. über den Mittellandkanal nach Bramsche (Ehrenmal) – Renzenbrink (Whs.) – Gehnweg – (evtl. Abstecher nördl. zur Wittekindsburg) – Ueffeln/B218 kreuzen – Giersfeld/Westerholte (Steingräber-Rundweg) – Ankum. Der Friesenweg führt von hier nördl. weiter: Berge – Haseldüne – Groß-Berssen – Sögel – Böger – Surwold – Papenburg.

3. Pickerweg (116 km) *Osnabrück – Wildeshausen*
Teilstück Osnabrück – Damme (50 km)
Gehzeit: 12–15 Std., 2–3 Tage ■ *Markierung:* Bis Mühlenort weißes ×, dann weißes P ■ *Führer:* »Der Pickerweg«, Informationsheft des Verkehrsvereins Osnabrück ■ *Karten:* Topographische Karten 1:50000 L 3714 Osnabrück und L 3514 Damme, Nieders. Landesvermessungsamt.
Der Weg in Stichworten: Osnabrück (Haster Mühle) – Nettetal – Wittekindsburg – Rulle – Teilungspunkt Mühlenort – Engter – östl. durch die Kalkrieser Berge (Dornsberg – Schmittenhöhe) – B218 kreuzen – Mittellandkanal queren – Moorburg Alt-Barenaue – Großes Moor – Damme (Dammer Berge/Sierhauser Schanzen; evtl. östl. Abstecher zum Dümmer, Bahnverbindung nach Osna-

brück). Der Pickerweg führt von Damme nördl. weiter: Lohne – Vechta – Wildeshausen.

4. Töddenweg (111 km) *Osnabrück – Oldenzaal*
Teilstück Osnabrück – Rheine (80 km)
Gehzeit 20–25 Std., 4–5 Tage ■ *Markierung:* Weißes T ■ *Führer:* »Der Töddenweg«, Informationsheft des Verkehrsvereins Osnabrück ■ *Karten:* Topographische Karten 1:50000 L 3614 Osnabrück, Niedersächs. Landesvermessungsamt; Wanderkarte Tecklenburger Land und L 3710 Rheine, Landesvermessungsamt Nordrhein-Westfalen.
Der Weg in Stichworten: Osnabrück (Rathaus) – Heger Str. – Heger Tor – Bergstr. – Westerberg – Heger Holz – Rubbenbruchsee – Leyer Str. – Gut Leye – Bahnlinie und BAB kreuzen – Attersee – Wersen – Esch – NSG Gabelin/Sloopsteine – Westerkappeln – Mettingen – (danach rechts Variante nach Recke – Bad Steinbeck, Mark. TR) – Obersteinbeck – Mittellandkanal und Tecklenburger Nordbahn kreuzen – (NSG Heiliges Meer/Erdfallsee; Mark. Rundwanderwege) – Hopsten (Töddendenkmal) – St.-Annen-Kapelle – am Flugplatz entlang westl. nach Dreierwalde – Altenrheiner Bruch – Dortmund-Ems-Kanal queren – Stadtforst Rheine »Baarentelge« – über die Ems nach Rheine. Von hier führt der Töddenweg westl. weiter: Schüttorf – Bentheim – Oldenzaal (Holland, dort Anschluß an den holl. Hanseweg).

5. Hase-Hunte-Else-Weg (135 km) *Fürstenau – Damme – Bad Essen – Melle – Bad Rothenfelde*
Gehzeit: 35–40 Std., 6–8 Tage ■ *Markierung:* Weißer Punkt ■ *Führer:* Faltblatt »Hase-Hunte-Else-Weg« des Wiehengebirgsverbandes, Markt 22, 4500 Osnabrück; und des Teutoburger-Wald-Vereins e. V., Siekerwall 10, 4800 Bielefeld ■ *Karten:* Topographische Karten 1:50000 L 3512 Bersenbrück, L 3514 Damme, L 3516 Rahden, L 3714 Osnabrück, Niedersächs. Landesvermessungsamt; L 3716 Lübbecke, L 3914 Bad Iburg, Landesvermessungsamt Nordrhein-Westfalen.
Der Weg in Stichworten:
1. *Fürstenau – Bad Essen (99 km)* Fürstenau (Schloß) – östl. durchs Stadttor zum Freibad – Bojemühle – Muckenbachtal – Klein-Bokern (Whs.) – mit dem Friesenweg über das Krippenfeld – Mooshütte – Trillenberg – Westerholte – nördl. Giersfeld – Heiligenberg – Goldhügel – Alfhausen (Whs.) – Bhf. Alfhausen (25 km) – Alfseeabsperrdamm – Rieste – Tiefe Hase – Kommende Lage (Whs.) – Hohe Hase – Neuenkirchen i.O. (Bhf.; Whs.) – BAB Hansalinie – Steigenbergturm (Kreuzung mit Pickerweg; Whs.) – Hof Wahlde – Kreuzberg – mit Pickerweg über den Kamm der Dammer Berge – Wempenmoor (Whs.) – Dammer Bergsee – Str. Damme – Steinfeld (25 km) – mit Pickerweg zum Mordkuhlenberg – Ostwaldrand Dammer Berge – Bergfeine – Olgahafen/Dammer (Whs.) – Dümmerdeich bis zur Huntemündung – Schäferhof (Whs.) – Ochsenmoor –

Lemförde (22 km) – Hann. Berghaus – Jordanweg – Brockumer Klei – Wilhelmshöhe (Whs.) – Haldem – Alter Krug (Whs.) – Niederheide – Hunteüberquerung – Schloß Ippenburg – Harpenfeld – Mittellandkanal – Bad Essen (27 km).

2. Bad Essen – Bad Rothenfelde (36 km) Bad Essen (Waldrandweg) – Fußgängerbrücke Wassermühle – Neues Kurhaus – Sonnbrink (AT) – Altes Berghaus (Whs.) – auf dem Wittekindsweg zur Schierenhorsthütte – Rattinghausen – Wagenhorstwälle – Huntequelle – Ostenwalde – mit dem Erich-Gaertner-Weg zur Dietrichsburg – Schlichteberg – Thomaskreuz – Eickener Egge – Ottohöhe (AT) – Märchenwald/Waldbühne – Bhf. Melle – Melle (20 km) – südl. über die Else – Grönenberg (Whs.) – BAB kreuzen – Gut Laer – Beutling (Whs.) – Beutlingsturm – Puskental – Schwarze Welle – Hase-Nebenquelle – Blauer See – Steinegge (AT) – Hermannsweg kreuzen – Röwekamp (Whs.) – Dissen – Bhf. Dissen – Bad Rothenfelde (16 km).

6. Hermannsweg (156 km) *Rheine – Tecklenburg – Bad Iburg – Bielefeld – Hermannsdenkmal/Detmold – Externsteine – Velmerstot/Horn-Bad Meinberg*
Gehzeit: 40–50 Std., 8–10 Tage ■ *Markierung:* Weißes H ■ *Führer:* »Der Hermannsweg« des Teutoburger-Wald-Vereins e. V., Siekerwall 10, 4800 Bielefeld ■ *Karten:* Topographische Karten 1:50 000 L 3710 Rheine, Wanderkarte Tecklenburger Land, L 3914 Bad Iburg, Wanderkarte Bielefeld und Ravensberger Land, Naturparkkarte Eggegebirge und südl. Teutoburger Wald, alle Landesvermessungsamt Nordrhein-Westfalen.
Der Weg in Stichworten:
1. Rheine – Bielefeld Rheine (Verkehrsamt/Bahnhof) – Ems – St. Konrad im Walde – Bevergern (15 km) – Dortmund-Ems-Kanal – Huckberg – Mittellandkanal/Millionenbrücke (5 km) – Riesenbecker Berg (134 m) – Birgter Berg (132 m) – Dörenther Klippen (9 km) – Brochterbeck (4 km) – Tecklenburg (6 km) – Hermannsbrücke – Stift Leeden (5 km) – Teutoburger-Wald-See (6 km) – Malepartuns (Whs.; 5 km) – Bad Iburg (5 km; evtl. Abstecher nördl. zum Dörenberg/Hermannsturm, 331 m) – Gr. Freden (270 m) – Georgsplatz – Bhf. Hankenberge (9 km) – Noller Schlucht (5 km) – AT Steinegge (266 m) – Luisenturm/Johannisegge (291 m) – Borgholzhausen (9 km) – Ravensburg (3 km) – Hesseltal – Haller Str. – Werther Schanze (11 km) – Hengeberg (316 m) – Bußberg (308 m) – Peter auf'm Berge (Whs., 7 km) – Hünenburg (302 m) – Tierpark Olderdissen – Bielefeld (7 km).
2. Bielefeld – Velmerstot Bielefeld (Neustädter Marienkirche/Kreuzstr.) – bergan zur Sparrenburg – Eiserner Anton und Hubertus (Whs.) – Eiserner Anton (309 m, 7 km) – BAB A 2 kreuzen/Whs. Deppe – Oerlinghausen (6 km) – Tönsberg-Höhe (Whs.) – Ehrenmal (334 m) – Antoniuskapelle – Wistinghauser Schlucht – Stapelager Schlucht (5 km) – Dörenschlucht – Bad Fischerteich – Forstfrieden (Whs.) – NSG Donoper Teich – Grotenburg/Hermannsdenkmal (386 m; 10 km) –

Adlerwarte Berlebeck – Berlebecketal (4 km) – Holzhausen – Externsteine (5 km)/Felsentor – Hermann-Löns-Stein – B 1 kreuzen – Waldschlößchen (Whs.) – Silbermühle (4 km) – Silberbachtal Kattenmühle (Whs.) – bergan zur Lipp. Velmerstot (441 m; 3 km) 1. Abstieg nach Leopoldstal – Horn-Bad Meinberg (siehe Wandervorschlag 16/1 V1) – 2. Auf dem Eggeweg südl. nach Altenbeken (siehe Wandervorschlag 16/1 V2) und Niedermarsberg.

7. Eggeweg (73 km) *Fortsetzung des Hermannswegs auf der Trasse des E 1: Externsteine – Abzw. Altenbeken – Abzw. Bad Driburg – Neuenheerse – Blankenrode – Niedermarsberg*
Gehzeit: 20–25 Std., 4–5 Tage ■ *Markierung:* Weißes × (Andreaskreuz) ■ *Führer:* »Das Eggegebirge und sein Vorland« des Eggegebirgsverein, Elmarstr. 35, 3490 Bad Driburg ■ *Karte:* Naturparkkarte 1:50 000 Eggegebirge und südl. Teutoburger Wald, Landesvermessungsamt Nordrhein-Westfalen.
Der Weg in Stichworten: Horn – Bad Meinberg – Externsteine (Felsentor) – südöstl. zur B 1, diese queren – Waldschlößchen (Whs.) – Silbermühle (Whs.) – Silbertal – Kattenmühle (Whs.) – Naturfreundehaus Schnat – Lipp. Velmverstot (441 m) – Klippenweg – (Pr. Velmerstot, 468 m; Sperrgebiet) – Feldromer Berg (448 m) – Bedastein – Schwarzes Kreuz (Abzw. Altenbeken, bis hierher 18 km) – Rehberg (427 m) – Knochen-Hütte – Eggekrug (Whs.) – Weiße Wand (Abzw. Iburg-Bad Driburg) – Klusweide – Ochsenberghang – Bodental – Bhf. Neuenheerse – Paderborner Berg (380 m) – Lichtenauer Kreuz/Sender Eggegebirge (Abzw. Willebadessen; 23 km) – Kleiner Herrgott (Karlsschanze) – Försterkreuz – Teutoniaklippen – Nadel (413 m) – Schwarzbachtal – Rote Eiche – Papengrund – Wüstung Blankenrode – Ort Blankenrode (18 km) – NSG Bleikuhlen – BAB A 44 kreuzen – Hohe Asche (Abstecher; 436 m) – Oesdorf – Essentho – Haart/Via Regia – Niedermarsberg (14 km).

III Weitwanderwege im Bereich Weserbergland – Lippisches Bergland

1. Weserweg (190 km) *Minden – Bremen* **Teilstück Minden – Petershagen – Stolzenau (33 km)**
Gehzeit: 8–10 Std., 1–2 Tage ■ *Markierung:* Weißes XW ■ *Führer:* Informationsblätter »Weserweg«, Wanderverband Porta Westfalica-Mittelweser, Dürerstr. 3, 4950 Minden ■ *Karte:* Naturparkkarte 1:50 000 Minden-Lübbecker Land, Landesvermessungsamt Nordrhein-Westfalen.
Der Weg in Stichworten: Minden (Dom) – Weserbrücke – am linken Weserufer weserabwärts – Wasserstraßenkreuz Schachtschleuse – weiter weserabwärts – nach links B 61 kreuzen – Grashoff (Whs.) – Heisterholz queren – Hotel Moorhof – Petershagen – Weserbrücke – Bad Hopfenberg – Pottmühle – Dreieck – Gernheim – Ovenstädt – Weser-

damm – Häver – Buchholz – Schleusenkanal – Stolzenau (– Weserbrücke – Bhf. Leese-Stolzenau – Rückfahrt nach Minden). Der Weserweg führt von Stolzenau weserabwärts weiter: Nienburg – Eystrup – Verden – Bremen.

2. Weserberglandweg (210 km) *Minden – Porta Westfalica – Hameln – Bodenwerder – Bad Karlshafen – Hann. Münden*
Gehzeit: 50–55 Std., 10–12 Tage ■ *Markierung:* Weißes XW ■ *Führer:* Informationsblätter »Weserberglandweg«, Wanderverband Porta Westfalica-Mittelweser, Dürerstr. 3, 4950 Minden ■ *Karten:* Naturparkkarte 1:50 000 Minden-Lübbecker Land, Landesvermessungsamt Nordrhein-Westfalen; topographische Karte L 3720 Stadthagen, Wanderkarte Deister-Süntel-Osterwald, topographische Karte L 3922 Hameln, Wanderkarte Naturpark Solling-Vogler, Niedersächs. Landesvermessungsamt; Wanderkarte Naturpark Münden-Reinhardswald, Hess. Landesvermessungsamt.
Der Weg in Stichworten:
1. Minden (bzw. Porta) – Hameln (Wesergebirgsweg/55 bzw. 60 km) Minden (Dom) – Weserbrücke – südl. weseraufwärts – über die Weserbrücke nach Porta (Bhf./Hotel Kaiser Friedrich) – Jakobsberg/Bismarckburg (Whs.) – Nammer Paß – auf dem Kamm östl. – Kreuzplatz – Whs. Wanderers Ruh – Papenbrink (303 m) – BAB kreuzen – Frankenburg – Luhdener Klippenturm – Steinbergen – Messingsberg – Westendorfer Paß – Deckberger Paß – Springsteine – Oberberg (325 m) – Paschenburg (Whs.) – (Abstecher zur Schaumburg) – Naturfreundehaus Schneegrund – Höllenbachtal – Waldheilpfad Baxmannsbaude/Blutbachtal – Klippenweg – Hohenstein – Süntelturm (440 m; Whs.) – Jahn-Hütte – Unsen – Schweineberg – F. H. Heisenküche (Whs.) – Bismarckturm (Whs.) – Hameln.
2. Hameln – Bodenwerder (32 km) – Stadtoldendorf (25 km) Hameln (Stadtmitte) – über die Weserbrücke – am linken Weseraufwärts – Bahnlinie kreuzen – Klein-Berkel – Ohrberg – Ohr – Bußberg – Schmale Haube – Schloß Hämelschenburg/Emmertal – Scharfenberg – Hohe Stolte (292 m) – Lüntorf – Düsterer Grund – Hagenberg (289 m) – Hehlen (Schloß) – Kemnade – Bodenwerder – über die Weserbrücke – (Königszinne) – durch den Solling – Bodoturm – Ebersnacken (460 m) – Holenberg – Kloster Amelungsborn – Stadtoldendorf.
3. Stadtoldendorf – Silberborn (20 km) – Bad Karlshafen (25 km) Stadtoldendorf – südl. (Straße) nach Deensen – Schorborn – Schießhaus – Waldmühle (Whs.) – Neuhäuser Straße – (NSG Mecklenbruch) – Jugendherberge – Silberborn – Hackelbergstein – Neuhaus – Derentaler Weg – Amelith – Nienover – Lugins-Land – Bad Karlshafen.
4. Bad Karlshafen – Sababurg (20 km) – Hann. Münden (25 km) Bad Karlshafen – auf der rechten Diemelseite (Wildbahn) diemelaufwärts – Wechselberg (210 m) – Gottsbüren – Sababurg (Tiergehege) – Wildbahn – Udenhausener Stock – Schneidersbaum –

Gahrenberg – Mündener Stock – Kohlenstraße – Tilly-Schanze (Whs.) – Hann. Münden.

3. Burgensteig (92 km) Porta Westfalica – Barntrup – Schieder-Schwalenberg – Höxter

Gehzeit: 25–30 Std., 5–6 Tage ■ *Markierung:* Weißes Andreaskreuz (Hauptwanderweg X 2) ■ *Führer:* Informationsblätter des Teutoburger-Wald-Vereins e. V., Siekerwall 10, 4800 Bielefeld ■ *Karten:* Naturparkkarte 1:50 000 Minden-Lübbecker Land und topographische Karten L 3918 Herford, 4120 Bad Pyrmont, L 3920 Rinteln, 4320 Bad Driburg, alle Landesvermessungsamt Nordrhein-Westfalen; und L 4322 Höxter, Niedersächs. Landesvermessungsamt (evtl. auch Wanderkarte Naturpark Solling-Vogler).
Der Weg in Stichworten:
1. Porta Westfalica – Barntrup (42 km) Porta (Bhf.) – Veltheim/Weserfähre – Schloß Varenholz (11 km) – B 238 – Wirtsberg – Heidelbeck (7 km) – Lüdenhausen/Lindemannsberg – Linderhofe/Burg Sternberg (12 km) – Querental – Barntrup (12 km).
2. Barntrup – Höxter (50 km) Barntrup (Ortsmitte) – Steinberg – Eschenbruch – Herlingsburg – Glashütte – Schieder/Kalenberg (15 km) – Burg Schwalenberg (9 km) – Kollerbeck – Oldenburg – Marienmünster (10 km) – Vörden – Eilversen – Bremerberg – Ovenhausen – Lütmarsen – Höxter (16 km). Der Hauptwanderweg X 2 führt von hier durch den Solling über Neuhaus nach Northeim.

4. Cheruskerweg (123 km) Porta Westfalica – Vlotho – Lemgo – Detmold/Hermannsdenkmal – Paderborn – Marsberg

Gehzeit: 30–35 Std., 6–7 Tage ■ *Markierung:* Weißes Andreaskreuz (Hauptwanderweg X 3) ■ *Wanderberatung:* Teutoburger-Wald-Verein e. V., Siekerwall 10, 4800 Bielefeld und Eggegebirgsverein e. V., Elmarstr. 35, 3490 Bad Driburg ■ *Karten:* Naturparkkarte 1:50 000 Minden-Lübbecker Land, topographische Karte L 3918 Herford und Naturparkkarte Eggegebirge und südl. Teutoburger Wald, alle Landesvermessungsamt Nordrhein-Westfalen.
Der Weg in Stichworten:
1. Porta Westfalica – Lemgo (37 km) Porta (Stadtmitte) – BAB A 2 kreuzen – Möllbergen – Buhnmühle – Vlotho – Ruschberg – Plögerei – Steingrund – Bonstapel – Talle – Verlorenland/Lemgoer Mark – Lemgo.
2. Lemgo – Detmold/Hermannsdenkmal – Paderborn (48 km) Lemgo (histor. Rathaus) – Wahmbeck – Loßbruch – Detmold – Grotenburg/Hermannsdenkmal – Kreuzkrug – Schlangen – Bad Lippspringe – Paderborn.

3. Paderborn – Marsberg (38 km) Paderborn (Dom) – B 64/68 kreuzen – Quergrund – Ebbinghausen – Husen – Neue Mühle – Marschallsburg – Blankenrode – Bleikuhlen – BAB A 44 kreuzen (Trasse Eggeweg und E 1) – Oesdorf – Essentho – Niedermarsberg.

5. Karl-Bachler-Weg (66 km) Loccum – Bückeburg – Rinteln – Hohenhausen – Bad Salzuflen

Gehzeit: 18–22 Std., 4–5 Tage ■ *Markierung:* Weißes Andreaskreuz (Hauptwanderweg X 4) ■ *Karten:* Naturpark Steinhuder Meer 1:50 000, topographische Karten L 3720 Stadthagen und L 3920 Rinteln, alle Niedersächs. Landesvermessungsamt; topographische Karte L 3918 Herford, Landesvermessungsamt Nordrhein-Westfalen.
Der Weg in Stichworten:
1. Loccum – Rinteln (35 km) Loccum (Marktpl.) – Kloster Loccum – Luccaburg/Sündern – Spießingshol – Mittelbrink – Schaumburger Wald/Schloß Baum – Mittellandkanal kreuzen – Eversen – Bückeburg – Harrl/Idaturm (211 m) – Bad Eilsen – Luhdener Klippenturm (310 m) – Waldkater – Rinteln.
2. Rinteln – Bad Salzuflen (31 km) Rinteln (Stadtmitte) – Krollkrug – Am Ziegenberg – Heidelbeckerholz – Heidelbeck – Rafelder Berg (286 m) – Hohenhausen/Kalletal – Westorf – Bonstapel (335 m) – Plecken (276 m) – Hollenstein – Bismarckturm/Vierenberg – Bad Salzuflen.

6. Niedersachsenweg (76 km) Detmold/Hermannsdenkmal – Externsteine/Horn-Bad Meinberg – Blomberg – Bad Pyrmont – Hameln

Gehzeit: 20–25 Std., 4–5 Tage ■ *Markierung:* Weißes Andreaskreuz (Hauptwanderweg X6) ■ *Wanderberatung:* Teutoburger-Wald-Verein e. V., Siekerwall 10, 4800 Bielefeld; Eggegebirgsverein e. V., Elmarstr. 35, 3490 Bad Driburg ■ *Karten:* Naturparkkarte 1:50 000 Eggegebirge und südl. Teutoburger Wald und topographische Karte L 4120 Bad Pyrmont, Landesvermessungsamt NordrheinWestfalen; topographische Karten L 3920 Rinteln und L 3922 Hameln, Niedersächs. Landesvermessungsamt.
Der Weg in Stichworten:
1. Detmold – Blomberg (34 km) Detmold (Grotenburg/Hermannsdenkmal) – Johannaberg – Externsteine – Horn – Bad Meinberg – Kohlenberg – Entenkrug – Maspe – Blomberg.
2. Blomberg – Hameln (42 km) Blomberg (Stadtmitte) – Eschenbruch – Herlingsburg – Lügde – Bad Pyrmont – Blomberg/Iberg – Aerzen – Hameln.

7. Runenweg (68 km) Porta Westfalica – Hohenhausen – Lemgo – Horn – Bad Meinberg – Externsteine – Kreuzkrug (– Paderborn/siehe Cheruskerweg)

Gehzeit: 20–25 Std., 4–5 Tage ■ *Markierung:* Weißes Andreaskreuz (Hauptwanderweg X 7) ■ *Wanderberatung:* Teutoburger-Wald-Verein e. V., Siekerwall 10, 4800 Bielefeld; und Eggegebirgsverein e. V., Elmarstr. 35, 3490 Bad Driburg ■ *Karten:* Naturparkkarte 1:50 000 Minden-Lübbecker Land, topographische Karte L 3918 Herford und Naturparkkarte Eggegebirge und südl. Teutoburger Wald, alle Landesvermessungsamt Nordrhein-Westfalen.
Der Weg in Stichworten:
1. Porta Westfalica – Lemgo (36 km) Porta (Stadtmitte) – BAB A 2 kreuzen – Veltheim – Weserfähre – Varenholz – Langenholzhausen – Hohenhausen/Kalletal – Bavenhausen – Lüerdissen – Lemgoer Mark – Lemgo.
2. Lemgo – Externsteine – Kreuzkrug (32 km) Lemgo (histor. Rathaus) – Brake – Wiembecker Berg – Ortmühle – Biesen – Vahlhausen – Hülsen – Bad Meinberg – Horn – Externsteine – Kreuzkrug (evtl. weiter nach Paderborn/siehe Cheruskerweg).

8. Hansaweg (72 km) Herford – Bad Salzuflen – Lemgo – Bösingfeld – Hameln

Gehzeit: 20–25 Std., 4–5 Tage ■ *Markierung:* Weißes Andreaskreuz (Hauptwanderweg × 9) ■ *Führer:* Informationsblätter des Teutoburger-Wald-Vereins e. V., Siekerwall 10, 4800 Bielefeld ■ *Karten:* Topographische Karten 1:50 000 L 3918 Herford, Landesvermessungsamt Nordrhein-Westfalen; L 3920 Rinteln und L 3922 Hameln, Niedersächs. Landesvermessungsamt.
Der Weg in Stichworten:
1. Herford – Lemgo (26 km) Herford (Bahnhof) – Fürstenaustr. – Kurfürstenstr. – Wilhelmsplatz – Lübbertor – Bergertor – Werre – Lipp. Bahn – Salzufler Str. – Ellersieker Bachtal – Steinmeier (Whs.) – Bismarckturm (213 m) – Stuckenberg – BAB kreuzen – Obernberg – Bad Salzuflen (Kurpark) – Asenberg – Bismarckturm – Hollenstein – Bergkirchen – Kahlenberg – Mönkeberg – Lemgo.
2. Lemgo – Bösingfeld (23 km/bis Hameln auch E 1) Lemgo (histor. Rathaus) – Spiegelberg (AT; Whs.) – Lemgoer Mark/Windelstein (347 m) – Maiboltetal queren – Hillentrup – Schwelentrup – Linderhofe (Abstecher zur Burg Sternberg) – Dörenberg – Winterberg – Extertal – Bösingfeld.
3. Bösingfeld – Hameln (23 km) Bösingfeld – Hohe Asch (370 m; AT; Whs.) – Rheine – Waldquelle (Whs.) – Dehrenberg – Riepenburg – Hamelner Forst – Finkenborn (Whs.) – Klütturm – Weserbrücke – Hameln.

BLV Kombi-Wanderbücher – damit die Richtung stimmt!

Gerhard Eckert

Das Schleswig-Holstein-Wanderbuch

Nordsee – Ostsee – Binnenland mit Holsteinischer Schweiz

Die 166 Halbtages- und Tagestouren erschließen sechs Gebiete: Nordseeküste, Nordseeinseln, Holsteinische Schweiz, Alte Salzstraße, Ostseeküste und Binnenland.

160 Seiten und 96 Seiten Begleitheft,
51 Farbfotos, 51 s/w Fotos, 65 Tourenskizzen,
1 Übersichtskarte

Gerhard Eckert

Wandern zwischen Elbe und Weser

Elbe-Weser-Dreieck, Altes Land, Heide und Wendland

166 Halbtages- und Tagestouren von 50 Orten aus erschließen ein Wandergebiet, das reizvolle Landschaft und bemerkenswerte Sehenswürdigkeiten bietet.

160 Seiten und 64 Seiten Begleitheft,
54 Farbfotos, 53 s/w Fotos, 64 Tourenskizzen

Konrad Fleischmann

Das Eifel-Wanderbuch

100 Wanderungen in der landschaftlich reizvollen Eifel beschreibt dieses Buch. Neben den Wegbeschreibungen enthält es Tourenskizzen, Kurzangaben über Sehenswürdigkeiten und das rucksackgerechte Begleitheft.

162 Seiten und 96 Seiten Begleitheft,
57 Farbfotos, 66 s/w Fotos, 50 Tourenskizzen

Konrad Fleischmann

Das Franken-Wanderbuch

Zwischen Main und Donau

Der Tourenbereich verteilt sich auf die Wandergebiete zwischen Main und Donau. 50 bekannte Orte sind Ausgangspunkte für jeweils vier in sich abgeschlossene Wanderungen.

2. Auflage, 164 Seiten und 100 Seiten Begleitheft, 59 Farbfotos, 61 s/w Fotos, 80 Tourenskizzen, 1 Übersichtskarte

Konrad Fleischmann

Das neue Alpen-Wanderbuch

Zwischen Arlberg und Salzkammergut

Die 50 Bergwanderungen dieses Buches liegen im Alpenbereich zwischen Arlberg und Salzkammergut. Sie sind nach Schwierigkeitsgraden gegliedert.

2. Auflage, 160 Seiten und 64 Seiten Begleitheft, 56 Farbfotos, 61 s/w Fotos,
50 Tourenskizzen

Konrad Fleischmann

Wanderbuch Bayerischer Wald – Oberpfälzer Wald

Dieser Band bringt 100 Wanderungen von 50 Orten aus. Er ist für Familienausflüge oder Mehrtagestouren der ideale Planer.

168 Seiten und 104 Seiten Begleitheft,
55 Farbfotos, 61 s/w Fotos, 64 Tourenskizzen

Konrad Fleischmann

Wanderbuch Salzburger Land – Salzkammergut

Dieses Buch bringt über 200 Tourenvorschläge, deren Ausgangspunkte rund um die 25 bekanntesten Ferienziele zwischen Salzburg und Tauerngebirge, Salzkammergut und Dachsteinmassiv liegen.

162 Seiten und 120 Seiten Begleitheft,
42 Farbfotos, 36 s/w Fotos, 48 Tourenskizzen,
1 Übersichtskarte

Marianne Heilmannseder

Das Alm-Wanderbuch

Oberbayern, Allgäu, Nordtirol

Rund 150 genußreiche Almwanderungen und Gipfelbesteigungen beschreibt dieses Wanderbuch ausführlich in Wort, Bild und mit Kartenskizzen.

2. Auflage, 164 Seiten und 74 Seiten Begleitheft, 60 Farbfotos, 71 s/w Fotos, 50 Tourenskizzen, 1 Übersichtskarte

Marianne Heilmannseder

Das Oberbayern-Wanderbuch

150 Halbtages- und Tagestouren im Bereich von 50 Gebietsschwerpunkten umfaßt dieses Buch und gibt Hintergrundinformationen über Sehenswürdigkeiten und Oberbayern einst und jetzt.

162 Seiten und 64 Seiten Begleitheft,
53 Farbfotos, 50 s/w Fotos, 47 Tourenskizzen,
1 Übersichtskarte

Rudolf Klein

Wanderbuch Pfälzerwald – Hunsrück

50 Wandergebiete rund um namhafte Ausgangsorte werden mit 129 Halbtages- und Tagestouren vorgestellt.

164 Seiten und 64 Seiten Begleitheft,
51 Farbfotos, 35 s/w Fotos, 81 Tourenskizzen,
1 Übersichtskarte

Thomas Klein

Wanderbuch für Spessart, Odenwald, Taunus und Vogelsberg

120 Halbtages- und Tagestouren in diesem klassischen Wandergebiet sind hier zusammengestellt. Zu den Wegbeschreibungen gibt es Tourenskizzen und Kurzangaben zu Sehenswürdigkeiten.

164 Seiten und 72 Seiten Begleitheft,
53 Farbfotos, 53 s/w Fotos, 50 Tourenskizzen

Hubert Kulmus/Christl Heck

Das Allgäu-Wanderbuch

Zwischen Isny, Oberstdorf und Pfronten

Die 50 aufgeführten Touren können überwiegend in einem Tag begangen werden. Sie gliedern sich in bequeme Wanderungen, einfache Höhenwege bis hin zu Klettersteigen.

2. Auflage, 160 Seiten und 64 Seiten Begleitheft, 54 Farbfotos, 50 s/w Fotos, 50 Tourenskizzen, 1 Übersichtskarte

Rudolf Walz

Wanderbuch Schwäbische Alb

153 Halbtages- und Tagestouren mit Varianten in 50 Gebietsschwerpunkten sind hier beschrieben. Bei manchen Touren werden »Seitensprünge« über die Alb hinaus gemacht, z.B. ins Neckarland.

164 Seiten und 64 Seiten Begleitheft,
78 Farbfotos, 64 Tourenskizzen, 1 Übersichtskarte

BLV Verlagsgesellschaft München

Inhalt

1

1 Osnabrück/Wallenhorst/Bramsche/Ostercappeln/ Georgsmarienhütte

1 Osnabrück – Rulle – A Wittekindswegs – Bahn nach Osnabrück – B Friesenweg – Bahn nach Osnabrück ■ *Gehzeit:* Jeweils 7½–8 Std./2 Tage (bei Busrückfahrt nach Engter nur 4–4½ Std.) ■ *Ausgangspunkt:* Osnabrück, Dom/Gr. Domsfreiheit/Bischöfl. Kanzlei (Großparkpl.) ■ *Wegverlauf:* Städt. Bus zur H. Haster Mühle (Wanderweginformation) – stadtauswärts –»An de Brehen« zum Fußgängerschild – li. Vehrter Landstr. queren – an der Nette entlang (Mark. X Zubringer für Friesenweg, Wittekindsweg u. Pickerweg) nordöstl.: Nettebad – Klostergut Nette – Tennisplatz – Östringer Steine (nach dem Wald kurzer Abstecher nach li.) – nahe an der Nette entlang zur Wittekindsburg – nordwestl. auf dem Eschweg zum Kloster Rulle – Wallenhorster Str. nördl. über den Piusberg (Frankensundern) zum Wegedreieck/Teilungspunkt Mühlenort (evtl. nördl. weiter – Pickerweg – Engter – Bahn nach Osnabrück; ca. 3½ Std. kürzer) – A re. Wittekindsweg (Mark. weiß-roter Balken) östl.: Rastpl. Steinberg – Icker Egge – Venner Str. queren – Venner Egge/Süntelstein – Teufelssteine – Krebsburg – Bahnlinie kreuzen – Kapellenberg – Ostercappeln – nördl. zum Bhf. – Bahn nach Osnabrück – od. B von Mühlenort Friesenweg (Mark. weißes F) westl.: BAB kreuzen – Schleptruper Egge – Penter Egge (Whs.) – Osnabrücker Str. (B 68) queren – nach 20 Min. (Pente) re. (nördl.; F-Mark. läuft westl. weiter) – Mittellandkanal queren – Penter Weg nach Bramsche – Bahn nach Osnabrück.

V Wittekindsburg – Osnabrück ■ *Gehzeit:* Insges. 3½–4 Std. ■ *Wegverlauf:* Bis Wittekindsburg wie oben – westl. zum Parkpl. – über die Nette – Erich-Gärtner-Weg (Mark. +) – Ruller Hohn – Haster Berg – Karl-Steine – B 68 kreuzen (re., nach Zubringer scharf li./Taubstummenheim) – nun stets südl. – Gut Honeberg – Stadtgärtnerei – Fürstenauer Weg – Bus nach Osnabrück.

! Schon in Osnabrück Rückfahrzeiten ab Ostercappeln bzw. Bramsche

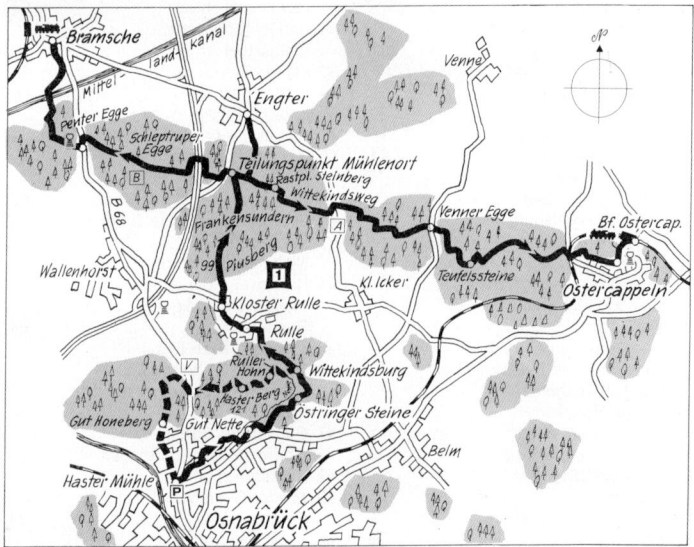

(bzw. ab Engter) notieren. Falls 2 Tage unterwegs: Übernachtungen in Wallenhorst bzw. Engter vorbestellen.

2 **Rundwanderweg Georgsmarienhütte** ■ *Gehzeit:* 3½–4 Std. (evtl. der gesamte Ringweg V, ca. 50 km, 12–15 Std., dann 2–3 Tage) ■ *Ausgangspunkt:* Georgsmarienhütte – Kloster Oesede (9 km südöstl. von Osnabrück), östl. Ortsrand, Klosterkirche (P.) ■ *Wegverlauf:* Mit Mark. ○: nördl. der Kirche Glückaufstr. 300 m östl. – Telefonhäuschen – »Im Sutarb« abwärts – Bahnunterführung – nach braungeklinkertem Haus li. – neben dem Dütebach – vorm Suttmeyerhof re. (1. Mark. ○) westl. des Bahngleises südl. – Wiemeyerhof – Brannenheide – P. Limberg – westl. – Karlsstollen/Forellenteiche – Schlochterbachtal – P. Musenberg – westl. B 51 queren/Herrenrest (Whs./Bus-H.) – Dörenberg (Aussichtsturm) – Karlspl. – re. Mark. 3, 2, 26, 24 nördl.: Bardinghaussundern – Forsthaus (Whs.; Abstecher östl. zur Bardenburg) – Lammersbrink (Varusturm) – Teutoweg – Dütetal – Georgsmarienhütte: Schützenhaus (Whs.) – Kasinopark – Klöcknerstr. – Bus nach Kloster Oesede.

V **Rund um Georgsmarienhütte** ■ *Gehzeit:* 2, 4, 6, 8 Std. länger ■ Bis Karlspl. wie oben – weiter mit Mark. ○ westl.: Fernsehturm – Grafensundern – Wellenbrock/Achter de Welt (Whs.) – nördl.: Baumannsknollen – Egge – Hagener Str. queren – Stertenbrinkhof – Hüggelhof (evtl. lohnender Abstecher zum Silbersee und auf den Hüggel) – Domprobstsundern – Hüggelschlucht – Bahn kreuzen – (Wanderinformationstafel Sutthauser Str.; evtl. Bus Holzhausen–Kloster Oesede) – Boberg (Kloster Ohrbeck) – Westrup – östl.: Düte u. Bahnlinie queren – N-O-S-Bogen – B 51 – Harderberg (evtl. Bus Harderberg – Kloster Oesede) – Café Waldesruh – östl. der Fischteiche u. nördl. von Gut Waldhof zum Hengelsberghof (evtl. Bus Holsten–Mündrup nach Kloster Oesede) – Rochusberg – südl. Einzelhöfe Runge, Pöhler, Beckmann, Vogt u. Kronsundern – westl. – Steiningerturm – Kloster Oesede.

! Vor Wanderstart Busrückfahrzeiten notieren, je nachdem, wo Sie Ihre Rundwanderung abbrechen wollen.

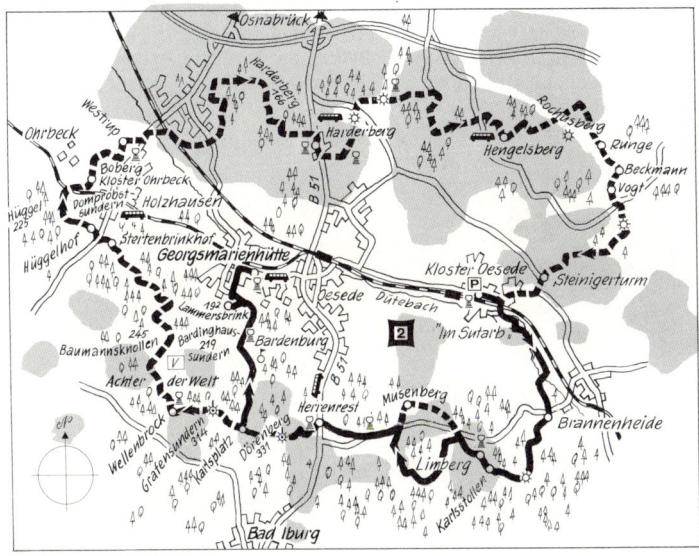

2   Bad Essen/Bohmte/Preußisch Oldendorf

1 **Bad Essen – Barkhausener Saurierspuren – Bus nach Bad Essen** ▪ *Gehzeit:* 4–4½ Std. ▪ *Ausgangspunkt:* Bad Essen, nördl. Stadtrand, Bohmter Str./ Gartenstr./Niedersachsenstr. (Großparkpl.) ▪ *Wegverlauf:* Gartenstr. überschreiten – Rathaus – re. Lindenstr. – Kirche – Nikolai- u. Bergstr. südl. – beim Pavillon halbre. neben der Hauptstr. 100 m bergan – re. Kiesweg u. Treppen zum Forstlehrpfad – Parkhotel – Mark. weißer Punkt genau südl. bergan – Aussichtsturm Sonnenbrink – Wittekindsweg – li. (weiß-rote Balkenmark.) auf dem Kamm des Wiehengebirgs südöstl. – Kinderheilanstalt/Altes Berghaus (Whs.) – Sonnenwinkel – Wildstein – Schierenhorst-Hütte – Hüseder Str. queren – Osterberg – Linner Str. queren – Linner Berg – Saurierfährten im Huntetal – nordwestl. im Tal Fahrweg – Linnerheide – Linne – Bus nach Bad Essen.

! Vor Wanderstart Busrückfahrzeiten notieren. Unterwegs kein Stützpunkt: Proviant u. Getränke mitnehmen.

2 **Preußisch Oldendorf – Aussichtsturm – Schwarzer Brink – Ruine Limberg – Preußisch Oldendorf** ▪ *Gehzeit:* 3½–4 Std. ▪ *Ausgangspunkt:* Preußisch Oldendorf, südl. Stadtrand, Bhf. (P.) ▪ *Wegverlauf:* Schillerstr. östl., re. Bergstr. zum Wanderparkpl.»Oldendorfer Schweiz« – vorm Telefonhäuschen re. Wiesenweg – Waldeck – li. am Waldrand, mit Mark. ◇ bergan – Wanderparkpl. Schwarzer Brink/Büscherheider Str. – li. (Mark. ⊥) den nördl. Kammweg östl. – Aussichtsturm – Egge – Balkenkamp – Burgstr. – Forsthaus Limberg (Whs.)/Ruine Limberg – 10 Min. westl. zurück zum Balkenkamper Sattel (re. Abstecher Schwedenschanze) – »Auf dem Balkenkamp« re. (um den Offelter Berg (li. halten, Mark. rot-weiß-rot) – Hexenteich – talwärts nach Preußisch Oldendorf.

V **Abstieg nach Holzhausen** ▪ *Gehzeit:* Kaum Unterschied ▪ *Wegverlauf:* Bis Forsthaus Limberg wie oben – durch das NSG Limberg östl. (Mark. schwarzer od. weißer Winkel/weiß-rot-weißer Balken) ins Auetal (re. Abstecher zum Rittergut Crollage) – Gutsmühle Hudenbeck (Naturpfad) – Holzhausen – Bus nach Preußisch Oldendorf.

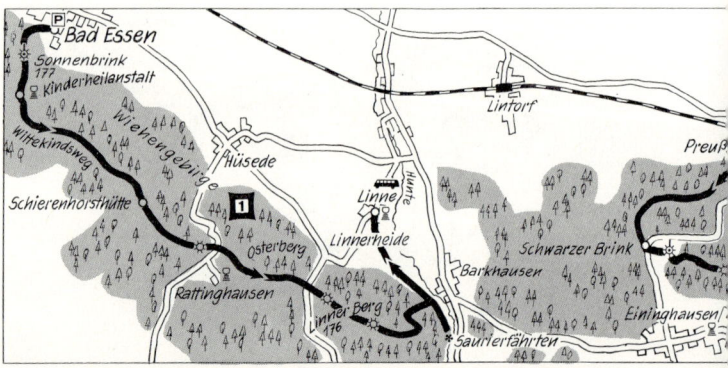

1 Lübbecke – Neue Mühle/Große Aue – Bahn nach Lübbecke ■ *Gehzeit:* 3½–4 Std. (evtl. 4½ od. 2 Std.) ■ *Ausgangspunkt:* Lübbecke, Stadtmitte, Marktpl./Altes Rathaus (Großparkpl.) ■ *Wegverlauf:* Südl. bergan – Kirche – re. Wilhelmpl. – Schützenstr. – Wanderparkpl./Informationstafel der Rundwanderwege – beim Sperrschild (Mark. 1) bergwärts – Wartturm Wurzelbrink – Kniebrink – Wiehengebirgskamm – Wittekindsweg (Mark. weiß-roter Balken) westl. – Kahle Wart – Freilichtbühne (Mark. läuft westl. weiter) – südl. bergab – re. nach Worth – Roßmühle – re. bergwärts zum Kammweg (Mark. weiß-roter Balken) – westl. – Neue Mühle (Whs.) – Bahn nach Lübbecke.

V1 Babilonie – Lübbecke ■ *Gehzeit:* Ca. ½ Std. länger ■ *Wegverlauf:* Bis Roßmühle wie oben – re. bergan – über den Kamm nördl. zur Babilonie (früh-

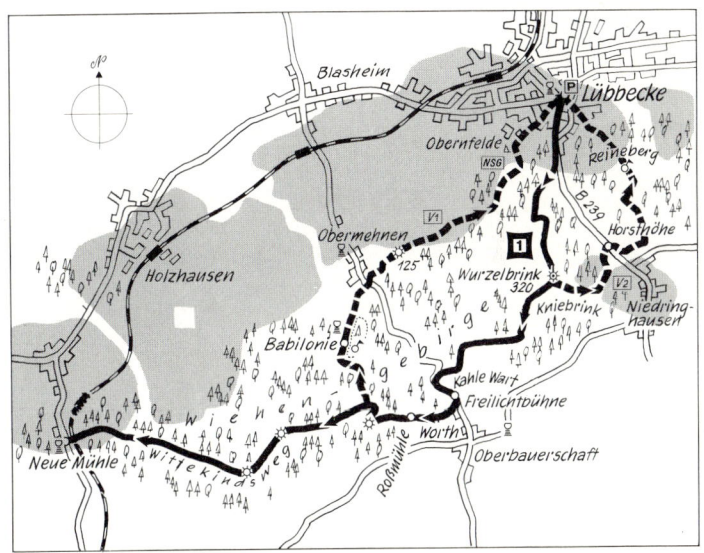

geschichtliche Wallburg) – bergab Obermehnen (südl. Ortsrand) – Punkt 125 m – Gut Obernfelde – Lübbecke.

V2 Reineberg – Lübbecke ■ *Gehzeit:* Ca. 2 Std. kürzer ■ *Wegverlauf:* Bis Kniebrink wie oben – auf dem Kamm (Mark. weiß-roter Balken/Wittekindsweg) nordöstl. – Parkpl. Horsthöhe – B 239 queren – Reineberg (Ruine einer Landesburg) – mit Mark. 6 nördl. – Lübbecke.

! Vor Wanderstart Bahnverbindung Neue Mühle–Lübbecke notieren. Unterwegs kein Stützpunkt: Verpflegung u. Getränke im Rucksack mitführen.

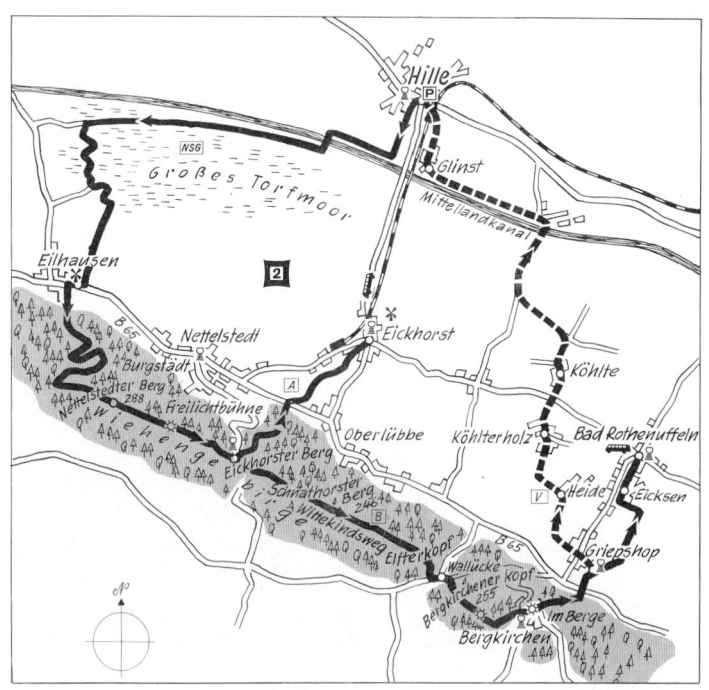

2 **Hille – Großes Torfmoor – A Eickhorst – B Bergkirchen – Bus nach Hille**
■ *Gehzeiten:* A 4½–5 Std./1 Tag; B 6½–7 Std./2 Tage (evtl. bis 9 Std.) ■ *Ausgangspunkt:* Hille (11 km nordöstl. von Lübbecke), südl. Ortsrand, Kirche (P.)
■ *Wegverlauf:* Dorfstr., beim roten Ziegelflachbau westl. – Altes Pfarrhaus u. gerade durch Bauernhof – li. zum Mittellandkanal, re. zur Brücke – Süduferdamm westl. – östl. Wanderparkpl. am NSG Großes Torfmoor/Hiller Moor (Informationstafel Rundwanderwege) – mit Mark. A 2 westl. durchs Moor – Wanderparkpl. – li. zum nördl. Parkpl. – Mark. verlassen – re. – Eilhausener Windmühle – B 65 überschreiten – Wassermühle Eilhausen – Wiehengebirgskamm – mit weiß-roter Balkenmark. (Wittekindsweg) den Kamm südöstl. – Nettelstedter Berg (evtl. Abstecher nördl. zur Freilichtbühne) – Eickhorster Berg – A li. (Mark. läuft gerade weiter) »Im Gäßchental« – »Lübber Tor« – Eickhorst (Windmühle) – Bus nach Hille – B vom Eickhorster Berg mit der Mark. weiß-roter Balken südöstl.: Schnathorster Berg – Elfterkopf – Wallücke – Bergkirchener Kopf – Bergkirchen (Wittekindsquelle) – vom Friedhof (Mark. läuft gerade weiter) li. »Im Berge« – Rothenuffler Berg – Unterm Berge – Mindener Str. – Kurviertel Griepshop – Bad Rothenuffeln – Bus über Minden nach Hille.
V **Bad Rothenuffeln – Unterlübbe – Hille** ■ *Gehzeit:* Gut 2 Std. länger ■
Wegverlauf: Bis Griepshof wie oben – nach Westen Bergkirchener Str. queren – »Im Felde« re. – Heide – Köhlterholz – Köhlte – Südhemmer Weg – Mittellandkanal – li. über Glinst nach Hille.
! Vor Antritt der Tour Busrückfahrzeiten notieren.

1 **Bad Oeynhausen – Löhne – Bus oder Bahn nach Bad Oeynhausen** ■ *Gehzeit:* 1½–2 Std. ■ *Ausgangspunkt:* Bad Oeynhausen, Stadtmitte, Verkehrspavillon an der Herforder Str. im Kurpark (Parkhaus am Nordbahnhof) ■ *Wegverlauf:* Nördl. Herforder Str. kreuzen – roter Flachbau, Bahn unterqueren – nördl. – Rollschuhbahn – Werreflüßchen – davor li. (Mark. X 8) – Sielpark – Schwanenweiher – Sielterrassen (Whs.) – Werre bachaufwärts – Brückenstr. (re. Whs.) u. BAB kreuzen – li. Bahnhof Löhne – Bahn oder Bus nach Bad Oeynhausen.
! Vor Wanderstart Fahrpläne notieren.

2 **Rund um den Jordansprudel** (durchgehende Mark. »Sprudelfontäne«, 42 km) ■ *Gehzeiten:* **A** Südrunde 4½–5 Std./1 Tag (evtl. nur 1½ oder 3 Std.); **B** Nordrunde 7–8 Std./2 Tage (evtl. nur 2½ oder 4½ Std.) ■ *Ausgangspunkt:* **A** u. **B** siehe **1** ■ *Wegverlauf:* **A** *Südrunde = Bad Oeynhausen – Vlotho/ Königsholz – Bad Oeynhausen:* Südl. Kurpark – Kurklinik Porta Westfalica – Zeppelinstr. – Südbahnlinie kreuzen – Siekertal bachaufwärts – Kuranlagen – Heimatmuseum – Schwedenstein, li. – Detmolder Str. u. Ziegenbachtal östl. queren – Lohe/Whs. »Zur Tanne« – Kappenberg/Wittelstr. – BAB u. Borstenbachtal kreuzen – Wölpke (Bergschänke/Wildgehege) – nördl. – Ebenöde

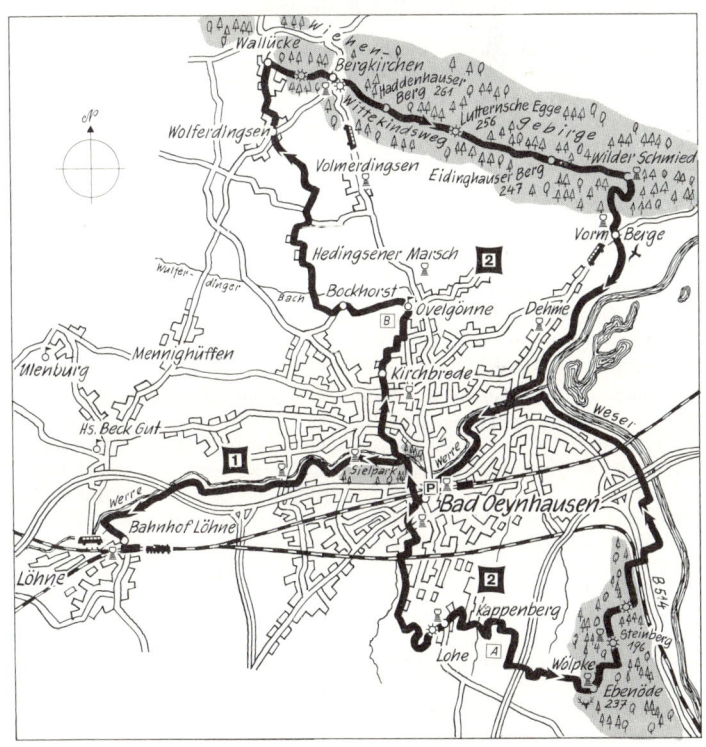

– Königsholz (Steinberg) – Hotel Forsthaus – Bahn u. B 514 kreuzen – Weserweg flußabwärts – Bahn kreuzen – Werremündung, li. werreaufwärts – Bad
Oeynhausen.

☒ Bei Busrückfahrt (Fahrplan!) ab H. Amtshausberger Weg (Kappenberg)
od. Schmiedbrink (Babbenhausen/B 514) ca. 3 bzw. 2 Std. kürzer.

☒ *Nordrunde = Bad Oeynhausen – Bergkirchen – Wiehengebirge – Bad Oeynhausen:* Vom Verkehrsverein nördl., Herforder Str. kreuzen – roter Flachbau,
Bahn unterqueren – halbli. – Sielpark – nördl. Werre kreuzen – Kaarbach –
Friedhof Kirchbrede – Schloß Ovelgönne – li., erst östl., dann südwestl. –
Bockhorst – Wülferdingsener Bach queren – Hedingsener Marsch – Wolfer-
dingsen – vor Wallücke re. Wittekindsweg (Mark. weiß-roter Balken) östl.
über den Wiehengebirgskamm – Bergkirchen/Wittekindsquelle (bis hierher
von Bad Oeynhausen auch Bus, dann ca. 3 Std. kürzer) – Haddenhauser Berg
– Lutterner Str. queren – Lutternsche Egge – Krause-Buche (liegt re.) –
Trimmpfad – Eidinghauser Berg – Wilder Schmied (Whs.) – re. (südl.) – Vorm
Berge/Vogelpark (evtl. Bus nach Bad Oeynhausen; ca. 2 Std. kürzer) – Dehmer Str. queren – Weserpromenade weseraufwärts – Werremündung – re.
Dehmer Str., li. über die Werre – auf Südufer nach Bad Oeynhausen.

☒ In Bad Oeynhausen die Busrückfahrzeiten ab Dehme notieren. Übernachtung (Bergkirchen od. Dehme) vorbestellen.

5 Bünde/Hiddenhausen/Kirchlengern

☐ **Bünde – Hücker Moor – Bünde** ▪ *Gehzeit:* 5–5½ Std. (evtl. bis 6 Std.) ▪
Ausgangspunkt: Bünde, Tabakmuseum, Fünfhauser Str./Eschstr. (Fußgängerbereich; P. gegenüber Museum) ▪ *Wegverlauf:* Arbeitsamt, Klinikstr.
westl., BAB kreuzen – re. Wittemeierweg – Neue Else – Werfen – mit
Mark. ▲ über Höhe 76 m 25 Min. westl. – li. u. wieder re. – Hückerholz südl.
des Moors zum nächsten Wegekreuz – da li. (südl.) mit Mark. weiß-blaues Segelboot – Hücker Berg – Hücker (jetzt auch Mark. A 5) – Südholz – re. (Mark.
A 5/Mark. Segelboot läuft südl. weiter) – Gehlenbrink – mit Mark. A 6 westl.
durch den Ort – Wiesentalsenke Warmenau – re. (Mark. X 8) östl. – Kl. Aschen
– Hücker Moor/Whs. am See – Eulen – Borrenkamp – nördl. über die Else –
re. BAB kreuzen – Bünde.

☒ **Auf den Ascherberg** ▪ *Gehzeit:* ca. 45 Min. länger ▪ *Wegverlauf:* Bis Warmenau wie oben – westl. über Bachbrücke – nordwestl. geradeaus – Ascherberg – gleichen Weg zurück – mit Mark. X 8 weiter wie oben.

☒ **Bünde – Stift Quernheim – Babilonie – Bahn nach Bünde** ▪ *Gehzeit:*
5–5½ Std. (evtl. bis Quernheim nur 2 Std., od. 7 Std.) ▪ *Ausgangspunkt:* Bünde,
nördl. Stadtrand, Spradow, jenseits der Bahn, Lübbecker Str./Brücke des Ostbaches (P.) ▪ *Wegverlauf:* Lebensmittelgeschäft/Kreissparkasse, li. Herzogsweg (Mark. Hz) – Sportpl. – im Bachtal nördl. – nach ca. 1 Std. (vor Bad Rand-
ringhausen) re. (Mark. Hz läuft gerade weiter/nun Mark. A 2) – Klosterheide –
Quernheim/Stiftskirche (evtl. Rückfahrt mit Bus nach Kirchlengern, weiter
mit Bahn nach Bünde; gut 3 Std. kürzer) – vom Wanderparkpl. südl. der Kirche östl. ins Bachtal (erst U, dann li. Mark. A 2) noch vor der B 239
nördl. zur Mark. ○ – mit ihr li., re. u. wieder li. – 40 Min. gerade westl. (südl.
Oberbauernschaft) – Kniendorf (Punkt 136 m), re. (Ringmark. läuft gerade
weiter) ohne Mark. nördl. – Roßmühle – Wiehengebirgskamm – Wittekindsweg kreuzen – Babilonie – südl. zurück – Wittekindsweg re. (Mark. weiß-roter
Balken) westl. – Glösinghauser Berg – Neue Mühle (Whs.) – Bahn nach Bünde.

8

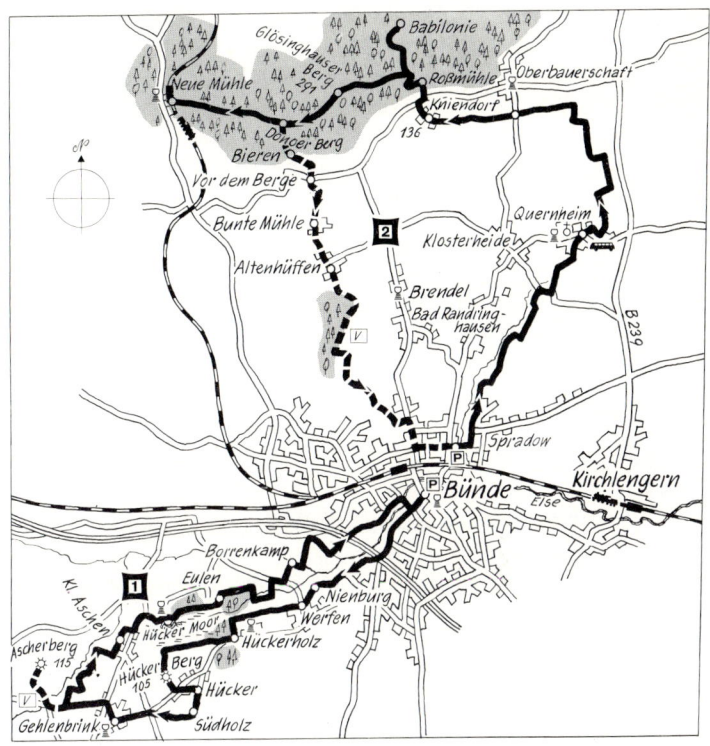

[!] In Bünde Bahn- u. Busrückfahrzeiten notieren.

[V] **Durchs Gevinghauser Bachtal zurück** ■ *Gehzeit:* Ca. 2 Std. länger ■ *Wegverlauf:* Bis Glösinghauser Berg wie oben – erst 20 Min. westl., dann li. (südl.) – Donoer Berg (Mark. A 2) – Wanderparkpl. »Bieren« in Vor dem Berge – mit Mark. ✳ südl. – Bunte Mühle – Altenhüffen – Tal des Gevinghauser Baches – bachabwärts – Bünde–Spradow.

6 Melle/Rödinghausen/Bissendorf/Schledehausen

[1] **Melle – Eickener Egge (– Meller Berg) – Nonnenstein – Bus u. Bahn nach Melle** ■ *Gehzeit:* 5–5½ Std. (evtl. bis 9 Std./2 Tage; über den Meller Berg nur 2½–3 Std.) ■ *Ausgangspunkt:* Melle, nördl. Stadtrand, Bahnhof (P.) ■ *Wegverlauf:* Bei der Bahnhofsgaststätte nördl. – Unterführung, gerade nördl. Bergstr. – Trimmpfad/Wanderinformationstafel/Rastpl. Märchenpark/Waldbühne – re. (östl.) mit Ring-Mark. – Eickener Egge/Ottohöhe zur Mark. + – mit ihr nordöstl. – Friedenshöhe (Whs.)/Vor dem Berge – Buer – Rödinghauser Str. östl. – nach der Höhe 118 m li. – Telgheide – Welpinghaus – li. über Drückenmühle (Teiche) – Thörenwinkel am Gr. Keltenberg – Oldendorfer Str. – mit Mark. A 2 nördl. – Grüner See (Whs.) – danach im spitzen Winkel re. – CVJM-Heim Berghütte – Wittekindsweg – mit weiß-roter Mark. li. – Aussichtsturm

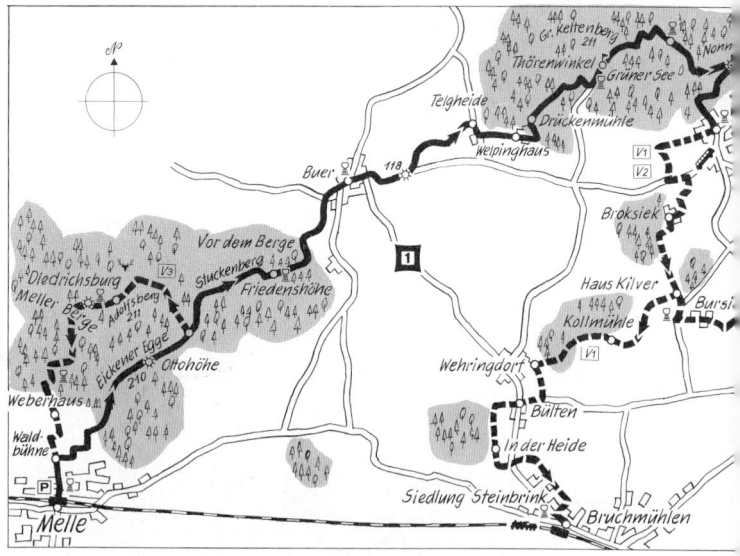

Nonnenstein/Bismarckdenkmal – Mark. A 1 südl. – Rödinghausen – Bus nach Bünde, Bahn nach Melle.

⚠ Vor Abmarsch Bus- u. Bahnrückfahrzeiten notieren. Bei V1 u. V2 auch Übernachtung in Rödinghausen vorbestellen.

V1 **Sachsenweg – Bruchmühlen** ■ *Gehzeit:* Ca. 2½ Std. länger ■ *Wegverlauf:* Bis Rödinghausen wie oben – von der Kirche mit Mark. A 3 erst westl., dann südl. (Mark. A 1) – Kurhaus Wobker – Brocksiek – Haus Kilver – Sachsenweg (Mark. weißes S) – Kollmühle – westl. Wehringdorf – jetzt südwestl. – Bülten – In der Heide – mit Mark. 2/4 halbli. – zwischen Kilver Bach u. Siedlung Steinbrink südöstl. – Bhf. Bruchmühlen – Bahn (Fahrplan!) nach Melle.

V2 **Schloß Waghorst – Schloß Böckel** ■ *Gehzeit:* Ca. 3 Std. länger ■ *Wegverlauf:* Bis Haus Kilver wie oben – südl. mit Mark. V zum Freibad (Whs.) in Bursiek – östl. »Im Grothausfeld« nach Waghorst – südl. zum Wanderparkpl. – li. Schloß Böckel – südöstl. Rilkestr. – Böckelfeld – Bahnlinie kreuzen – Halloh – Hp. Holsen – Bahn über Bünde nach Melle.

V3 **Meller Berg** ■ *Gehzeit:* Ca. 3 Std. kürzer ■ *Wegverlauf:* Bis Eickener Egge wie oben – nach der Ottohöhe (Mark. 4, später 5) li. – Thomaskreuz – Wildpark – Osttor – Adolfsberg – Whs. Dietrichsburg – Westtor am Sandberg – mit Mark. 1 li. – Waldgaststätte Weberhaus – Sonnenweg – Bhf. Melle.

2 **Westerhausen – Ledenburg (– od. Gesmold) – Burg Holte – Bissendorf – Wissingen – Bahn nach Westerhausen** ■ *Gehzeit:* 6–6½ Std. (V2 zusätzl. 2 Std.; V3 u. V4 zusätzl. 5 Std., dann 2 oder 3 Tage) ■ *Ausgangspunkt:* Westerhausen, Bhf. (6 km westl. von Melle; P.) ■ *Wegverlauf:* 50 m östl. zum grünen Gasth. Hubertus – re. Westerhausener Str. 200 m südl. – re. Vinckenau (Mark. gelber Punkt/weißes M) – beim Telefonhäuschen mit Mark. re., Büromöbelfabrik li., (westl.) über Wiesen ins Wäldchen – Grönegauweg – Ledenburg – südwestl. am Kastingshof vorbei, BAB kreuzen, danach li. durch Wald

10

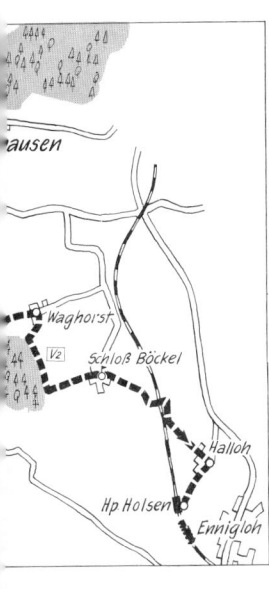

– an dessen Ende (vor Dratum) re. mit Mark. 2 südl. – Asberg – Punkt-Mark. re. (westl.) – Weinberg – Niehaus – Burg Holte – Holte – bergan zum Kriegerdenkmal – gerade nördl. – später re. halten u. nördl. über die BAB nach Himbergen – Achelrieder Berg – re. Werscher Berg – Wersche – nördl. Wissingen – Bahn nach Westerhausen.

[!] Vor Abmarsch Fahrplan studieren.

[V1] **Gesmold – Bifurcation** ■ *Gehzeit:* Kaum Unterschied ■ *Wegverlauf:* Wie oben Westerhauser Str. südl. – nach 300 m halbli. Wulbergsheide – Schloß Gesmold – BAB kreuzen – Gesmold – westl. durch den Ort – über Elsesteg zur Bifurcation – Heide – Punkt-Mark. westl. – Asberg – weiter wie oben.

[V2] **Rudolfshöhe** ■ *Gehzeit:* Ca. 2 Std. länger ■ *Wegverlauf:* Bis Holte wie oben – Balken-Mark. westl. über den Sünsbach nach Holterberg – re. auf Fahrstr., später wieder re. (nördl.) Punkt-Mark. – Wanderparkpl. Kronsundern – Rudolfshöhe – bergab, über BAB – Bissendorf – nördl. Achelrieder Berg – re. weiter wie oben.

[V3] **Schledehausen – Erich-Gaertner-Weg** ■ *Gehzeit:* Ca. 4 Std. länger ■ *Wegverlauf:* Bis Wissingen wie oben – Mark. X nordöstl. – Linne – nördl. Schledehausen – vor dem Ort (Schutzhütte/Trimmpfad) re. – Kl. Zuschlag – re. Mark. + Erich-Gaertner-Weg über den Waldkamm – Gr. Zuschlag – Bulsbrink – Westerhauser Berg/Schutzhütte – re. Grönegauweg (Mark. M) zum Bhf. Westerhausen.

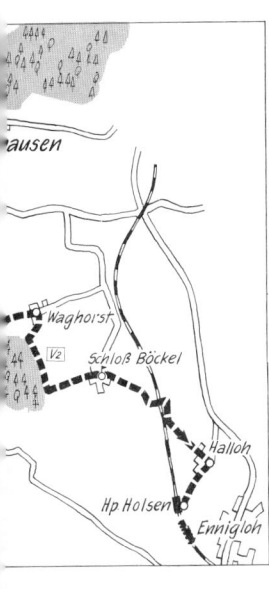

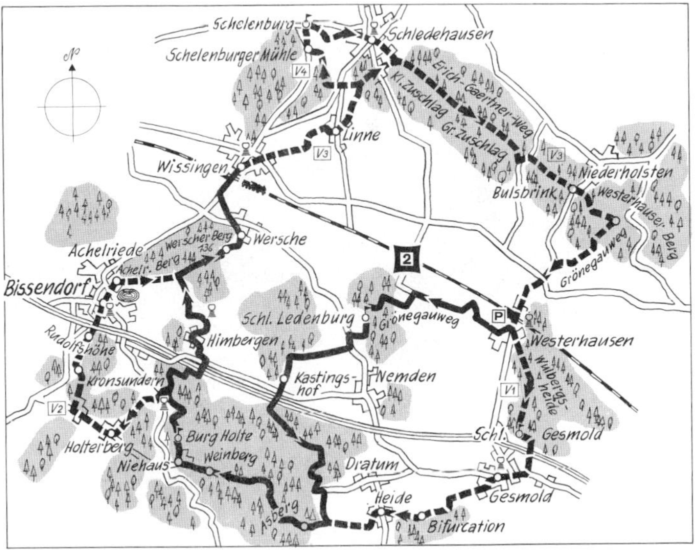

V4 **Schloß Schelenburg** ■ *Gehzeit:* Ca. 1 Std. länger ■ *Wegverlauf:* Bis Schledehausen/Schutzhütte wie oben – li. Mark. ○ ins Westermoorbachtal – nördl. zum Schloß – zurück zur Schelenburger Mühle – li. (östl.) Mark. + durch Schledehausen zum Erich-Gaertner-Weg – weiter wie V3.

! Für die gesamte V-Rundtour: Übernachtungen in Bissendorf bzw. Schledehausen vorbestellen. Sonst Rückfahrplan notieren!

7 Ibbenbüren/Hörstel/Recke/Mettingen/Westerkappeln

1 **Ibbenbüren – Dörenther Klippen – Dreihasenstein – Ibbenbüren** ■ *Gehzeit:* 4–4½ Std. (evtl. 6–6½ Std.) ■ *Ausgangspunkt:* Ibbenbüren, südl. Stadtrand, Freibad an der Aa/Münstererstr. (B 219), Großparkpl. ■ *Wegverlauf:* Werthmühlenstr. nordöstl. zum Schuhshop/Chinarestaurant queren, Münstererstr. zum Schwanenweiher überschreiten – Fußweg östl. (Am Gaswerk) – Nordseite des Aasees – Mündung Ibbenbürener Aa – über Steg – li. am Zaun, dann an der Bahn südl. – »Tecklenburger Damm« kreuzen – li. Lengericher Str. durch die Autobahnunterführung, re. Markweg – Motorradmuseum – Mutert – südl. zum Waldrand, den »Teutohang« östl. – Lengericher Str. – re. (Mark. 4) südl. – Kamm/Hauptwanderweg/Hermannsweg(li. Abstecher zum Dreikaiserstuhl) – H-Mark. westl. – Ehrenfriedhof – Dörenther Klippen/Almhütte/Hockendes Weib – Hermannsweg westl. – Campingpl. – Kapelle – B 219 queren –

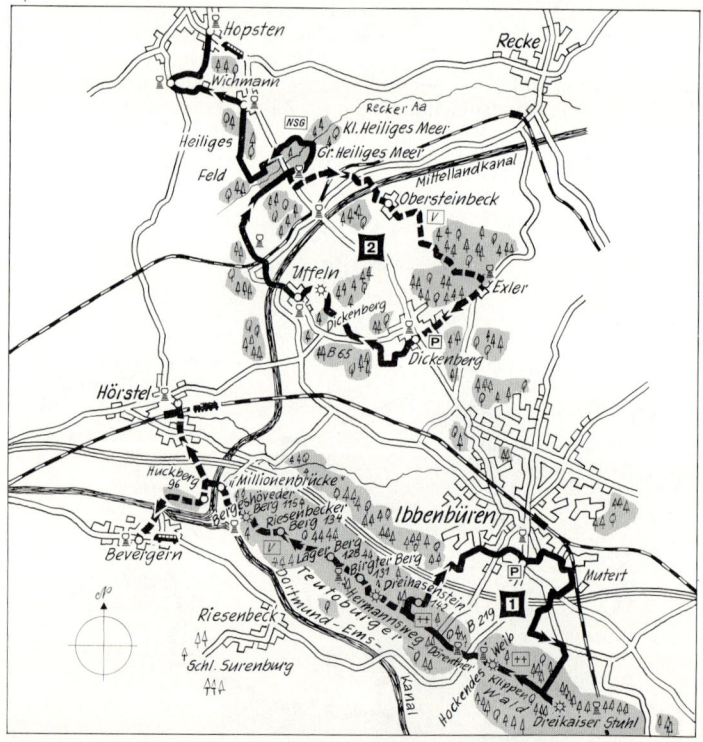

südl. der Josefshöhe zum Ehrenfriedhof – kurz danach re. (H-Mark. läuft gerade weiter) mit Mark. 2 – Dreihasenstein – Bramliet – BAB kreuzen – Aatal – re. nördl. der Aa zum P.

V **Riesenbecker Berg – Hörstel** ■ *Gehzeit:* Ca. 2 Std. länger ■ *Wegverlauf:* Bis Ehrenfriedhof/Dreihasenstein wie oben – Hermannsweg (Mark. H) westl. – Birgter Berg – Lager Berg – Riesenbecker Berg – Bergeshöveder Berg – Mittellandkanal/»Millionenbrücke« (li. evtl. Abstecher zum Huckberg – Schleusen des Dortmund-Ems-Kanals – Bevergern – Bus-H.; zusätzl. gut 1 Std.) – nach Brücke re. BAB kreuzen – Hörstel – Bahn (Fahrplan!) nach Ibbenbüren.

2 **Ibbenbüren-Dickenberg – Heiliges Meer – Bus nach Ibbenbüren** ■ *Gehzeit:* 4–4½ Std. (evtl. 5–5½ Std.) ■ *Ausgangspunkt:* Dickenberg (5 km nordwestl. von Ibbenbüren-Stadtmitte), St.-Barbara-Kirche an der B 65/südöstl. Ortsanfang (P.) ■ *Wegverlauf:* Bei Kirche durch Fußgängerunterführung (B 65) – Kinderspielpl. – re. Himbeerstr. 10 Min. westl. – Hellendoorner Str. kurz li., re. Fahrweg zu den Kohlesandsteinbrüchen – danach re. (Abendsternschacht) zur Rheiner Str. – halbre. – Wilhelmschacht – gerade nordwestl. – Dickenberg – P am Friedhof Uffeln – St.-Marien-Kirche (evtl. re. zu den Steinbrüchen: Bergkristalle, Kohlesandstein) – Mittellandkanal queren, re. – nach der Post li. Bahn kreuzen – Osterwalder Str. nördl. – NSG »Erdfallsee–Heideweiher–Gr. Heiliges Meer« (Beginn eines gut bezeichneten Rundwanderwegs an der Biologischen Station/Whs./Ibbenbürener Str.) – vom NSG Töddenweg nördl. (Mark. T) – Heiliges Feld – nach 30 Min. li. – St.-Annen-Kapelle (Whs.) – nördl. nach Hopsten – Bus nach Ibbenbüren-Dickenberg.

! Schon in Ibbenbüren die Rückfahrzeiten notieren.

V **Obersteinbeck – Dickenberg** ■ *Gehzeit:* Ca. 1 Std. länger ■ *Wegverlauf:* Bis NSG Heiliges Meer wie oben – von Biologischer Station Töddenweg (Mark. T) östl. – Bahn u. Mittellandkanal queren – Obersteinbeck – Exler (Whs.) – re. zur St.-Barbara-Kirche in Dickenberg.

8 Tecklenburg/Lengerich/Hagen/Lienen

1 **Tecklenburg – Brochterbeck – Bus nach Tecklenburg** ■ *Gehzeit:* 2–2½ Std. (ohne Bus 4 bzw. 5 Std.) ■ *Ausgangspunkt:* Tecklenburg, Stadtmitte, Markt, Nähe Kirche (Großparkpl. Friedhof/Postamt) ■ *Wegverlauf:* Vom Markt (Brunnen/Linde) beim Verkehrsbüro nördl. durch die Legge u. die Schloßstr. zur Burg – Amtsgericht, Brochterbecker Str. – Ibbenbürener Str. zum Bismarckturm queren – Tannenweg/Hermannsweg (Mark. weißes H) – Kamm des Teutoburger Waldes (od. Holthauser Weg/Waldlehrpfad, nördl. parallel zum Hermannsweg) westl. – Blücherfelsen am Klotenberg – scharf li. bergab – Hallenschwimmbad am Bhf. Brochterbeck (Whs.) – Ibbenbürener Str. queren – Brochterbeck – Bus nach Tecklenburg.

! Schon in Tecklenburg den Busfahrplan notieren.

V1 **Den Hangweg zurück** ■ *Gehzeit:* Ca. 2 Std. länger ■ *Wegverlauf:* Bis Brochterbeck wie oben – von der Dorfstr. (Ehrenmal) mit Mark. X6 re. zur ev. Kirche – östl. Ibbenbürener Str. queren – entlang der Bahn – Golfpl. – davor li., Bahn kreuzen – re. – Hangweg (Abstecher li.: Kobbos Ruh, Heidentempel, Rolands Grab) – Sanatorium – Tecklenburg.

V2 **Über Megalithgrab Wahle – Haus Mark zurück** ■ *Gehzeit:* Ca. 2½ Std. länger ■ *Wegverlauf:* Bis Brochterbeck wie oben – Niederdorfer Str. südl. zum Ortsende, re. (Mark. ◇) weiter südl. – Niederdorfer Str. südöstl. queren – durch Niederdorf – Liener Wall – li. (Mark. X) zum Niemeierhof, re. (östl.) –

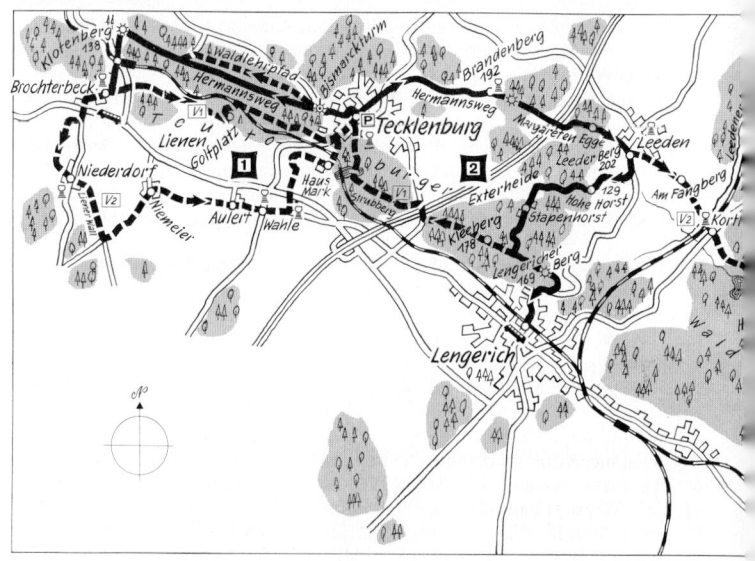

Aulert/Steinhügelgrab – jenseits Tecklenburger Str. zum Megalithgrab – vom Whs. Team-Hotel erst nördl., dann östl. zum Haus Mark – Tecklenburg.

2 Tecklenburg – Lengerich – Bus nach Tecklenburg ■ *Gehzeit:* 3–3½ Std. (weiter bis Lienen 5–5½ Std.) ■ *Ausgangspunkt:* Wie bei **1** ■ *Wegverlauf:* Vom Markt (Brunnen/Linde) westl. zur ev. Kirche, danach li. – re. ins Immensträßchen – östl. durchs Howeßträßchen zur Osnabrücker Str. – bei Bus-H. re. (Grafenstr.) – Hermannsweg (Mark. weißes H) östl. – Brandenberg – Margareten Egge/Hermannsbrücke (Brücke über BAB Hansalinie) – Leeder Berg – Leeden (Stift) – Lengericher Str. südl., nach Friedhof halbre. (Im Esch/Mark. X 15) – Hohe Horst (danach li.) – Stapenhorst – auf den südl. Waldkamm – li. über den Lengericher Berg – Lengerich – Bus nach Tecklenburg.

V1 Kleeberg – Tecklenburg ■ *Gehzeit:* Ca. 1½ Std. länger ■ *Wegverlauf:* Bis Lengericher Berg wie oben – westl. (Mark. ◇) über den Kleeberg – auf der Tecklenburger/Lengericher Str. die BAB unterqueren – li. über den Strubberg – Fischteiche – Tecklenburg.

V2 Leeden – Teutoburger-Wald-See – Lienen ■ *Gehzeit:* Ca. 3½ Std. länger ■ *Wegverlauf:* Bis Leeden wie oben – von der Jubiläumseiche durch die Rosenstr. – »Am Fangberg« immer mit der H-Mark. östl. – Kortlücke's Mühle/Leedener Mühlbach – Bahn kreuzen – Altes Backhaus (Whs.)/Lengericher Str. queren – »Am Höneberg« – Teutoburger-Wald-See – nördl. – Berelsmannhof – Sudenfeld (Whs.) – Grenzstein Preußen/Hannover – Holperdorper Kalksteinbruch – Höhe 234 m – Aldruper Berg – Lienener Str. queren – Whs. Malepartus – Liener Berg, re. – Lienen – Bus über Lengerich nach Tecklenburg.

! Schon vor der Tour die Busrückfahrzeiten ab Lengerich bzw. Lienen notieren.

9 Bad Iburg/Bad Laer/Bad Rothenfelde/Hilter/Versmold

1 Bad Iburg – Dörenberg/Hermannsturm – Bad Iburg ■ *Gehzeit:* 5–5½ Std. (nach Bad Rothenfelde 7½–8 Std./2 Tage) ■ *Ausgangspunkt:* Bad Iburg, südl. Altstadtrand, Drostenhof (Großparkpl.) ■ *Wegverlauf:* Beim Blumengeschäft durch die Große Str. nördl. – kath. Kirche – Brunnen/Wegweisersäule – li. durch die Schloßstr. – Schloß – den Schloßhof (Bogen) bergab (re. halten) – Charlottensee – See nördl. umrunden – Fußgängerbrücke, Charlottenburger Ring zum Großparkpl. hin kreuzen – westl. durch neuen Kurpark (Weiherkette) – Gasth. Röckener – Amtsweg nordwestl. – Wassertretstelle/Gasth. zum Urberg – nördl. (Balken-Mark.) Hagener Str. kreuzen – »Achter de Welt« (Whs.) – re. (Mark. O/Georgsmarienhütter Rundweg) Grafensundernweg über Grafensundern östl. – Karlspl. – Dörenberg/Hermannsturm – Herrenrest (Whs.) – B 51 kreuzen – P Musenberg – li. östl. – Musenberg – Bergloher Str.

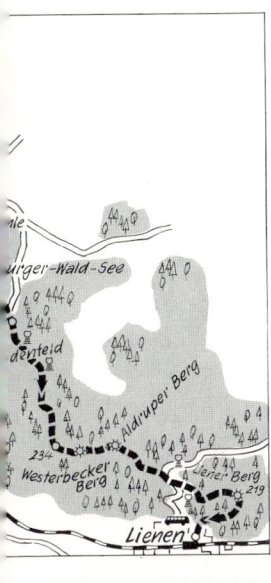

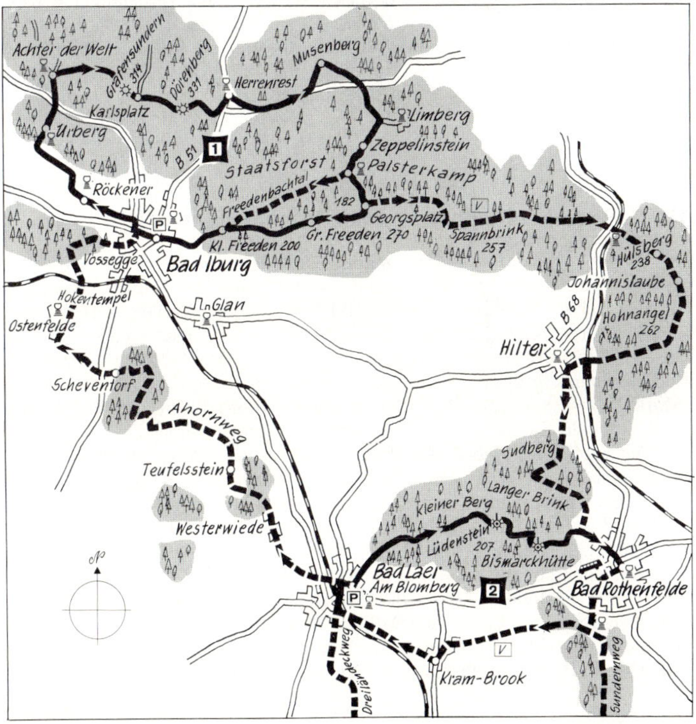

queren, kurz vor Limberg re. (Ring-Mark. läuft östl. weiter) mit Mark. Ahornblatt südl. – Zeppelinstein – Waldgasthaus – entweder westl. gerade mit Zep-
pelin-Mark. den Glaner Weg – Haasesee – Freedenbachtal – Bad Iburg – od.
südl. bergan – Georgspl. – re. Hermannsweg (Mark. H) westl. – Großer/
Kleiner Freeden – Bad Iburg.

[V] **Hilter – Bad Rothenfelde** ■ *Gehzeit:* Ca. 2½ Std. länger ■ *Wegverlauf:* Bis
Georgspl. wie oben – Hermannsweg (Mark. weißes H) durch Forst Palster-
kamp östl. – Spannbrink – Kalkwerk – B 68 u. Bahn kreuzen (Whs.) – Hüls-
berg – Johannislaube/Grenzstein »J 1777« – am Hang des Hohnangl re.
(Mark. Ahornblatt) – Hilter – Bahn u. B 68 kreuzen, danach li. (südl.) – Langer
Brink – li. – Sanatorium – Bad Rothenfelde – Bus über Bad Laer nach Bad
Iburg (oder [V2]).

[2] **Bad Laer – Kleiner Berg/Lüdenstein – Bus nach Bad Laer** ■ *Gehzeit:* Ca.
2 Std. (ohne Bus 3½–4 Std.) ■ *Ausgangspunkt:* Bad Laer, südl. Ortsrand,
Thiepl./Glandorfer–Bielfelder Str., Bus-H. (P. beim roten Findling neben der
Kreissparkasse) ■ *Wegverlauf:* Beim Hotel Stork durch die Kesselstr. zum
Postamt – durch den Kurpark (Wegweiser »Zu den Wanderwegen«), am See
vorbei – Bahn kreuzen, re. über Steg, li. durch Park bergan – Remseder Str.
queren – li. zum Wanderparkpl. »Am Blomberg«/Schützenhaus – östl.
(Mark. X5) in den Wald – Blomberg – Kleiner Berg/Lüdenstein – re. bergab u.
östl. – Bismarck-Hütte – Bad Rothenfelde – Bus nach Bad Laer.
[!] Vor Wanderbeginn Busrückfahrzeiten notieren.
[V] **Von Bad Rothenfelde zu Fuß zurück** ■ *Gehzeit:* Ca. 1½ Std. länger ■ *Wegverlauf:* Bis Bad Rothenfelde wie oben – vom Kurpark die Frankfurter Str.
südl. – Wellenbad – re. beim Café Wellengartenstr. zum Waldrand (Mark. S) –
südl. Umgehungsstr. kreuzen – im Wald re. (Ring-Mark.), immer westl. –
Aschendorfer Str. queren – Kram-Brook – Bad Laer.

10   Dissen/Wellingholzhausen/Borgholzhausen/Halle

[1] **Dissen – [A] Beutling – [B] Kronensee – Johannisegge – Dissen** ■ *Gehzeiten:*
[A] 4–4½ Std.; [B] 4½–5 Std. ■ *Ausgangspunkt:* Dissen, Am Karlspl./Hauptstr.
(B 68), Kirche/Gasth. zum Posthorn (P.) ■ *Wegverlauf:* Von der Kirche westl.
(Am Zuckerbrink), nach Polstergeschäft Fußweg re. – B 68 kreuzen – Müh-
lenstr. 200 m nördl., beim Sportpl. re., erst Teerstr., dann Feldweg – li. zu roter
Backsteinhäusergruppe (Schollhof) – re. zum Teerfahrweg – li. bergan
(Mark. X5) – Einzelhaus Rowerkamp am Waldrand – nördl. im Wald berg-
wärts – re. zur Steinegge am Hermannsweg – nördl. bergab – Blauer See –
Wanderwegekreuzung östl. des Bietendorfer Berges – [A] gerade (nordöstl.) –
Wanderparkpl. Schützenplatz – Wellingholzhausen (Busrückfahrmöglichkeit
nach Dissen nur in den Sommermonaten) – vom Friedhof (Mark. 4T/Ahorn-
blatt) südl. auf den Beutling (NSG; Whs.) – südl. durch Wald (Steinbrink) zum
Hermannsweg – re. zur Ascher Egge – halbli. bergab nach Dissen. [B] von der
Wanderwegekreuzung westl. – Bietendorfer Berg (Mark. J/4T) – Kronensee
im Hasetal – Johannisweg westl. – Hülsbrink – Winkelheide – Wegekreuz
südl. der Borgloher Egge – li. (Balken-Mark.) südl. ins Noller Bachtal zum
Hermannsweg (Mark. H) – mit ihm Dissener Str. kreuzen/Noller Schlucht
südl. (Mark. H läuft am Petersbrink östl. weiter) – Nolle – Dissen.

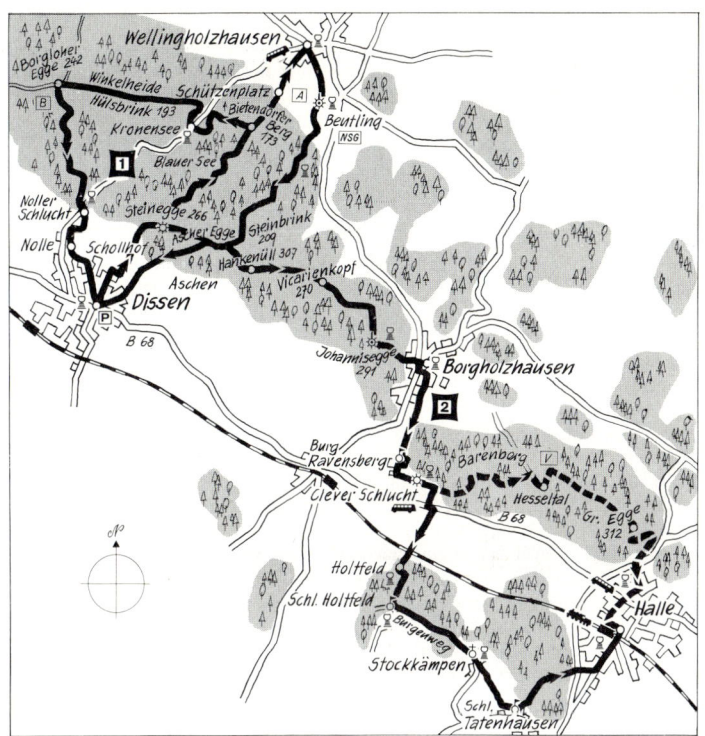

2 **Dissen – Burg Ravensberg – Bahn nach Dissen** ■ *Gehzeit:* 6½–7 Std. (evtl. nur 4 oder 5½ Std.) ■ *Ausgangspunkt:* Wie bei **1** ■ *Wegverlauf:* Bis Steinegge wie bei **1** – den Waldkamm östl. – Ascher Egge – Hankenüll – Saupl. (Wegspinne) – Raketenstation Vicarienkopf – Johannisegge/Luisenturm – Borgholzhausen – von der Kirche südl. – Freistr. – Jammerpatt – Barenbergweg – nach Waldrand li. – Burg Ravensberg – östl. bergab u. re. (Mark. H läuft östl. weiter) – Burgenweg (Mark. B) – Parkpl. Clever Schlucht – südl. B 68 (evtl. Bus nach Dissen; gut 2 Std. kürzer), später Bahn queren – Schloß Holtfeld – südöstl. – Stockkämpen – Schloß Tatenhausen – nordöstl. (Mark. X4), Gütersloher Str. queren – Halle – Bus od. Bahn nach Dissen.

V **Burg Ravensberg – Halle** ■ *Gehzeit:* Gut 1 Std. kürzer ■ *Wegverlauf:* Bis Burg Ravensberg wie oben – mit Mark. H bergab, im Li.-Bogen am Forsthaus vorbei zur Höhe – re. u. östl. ins Hesseltal – jenseits des Baches li., dann scharf rc. – Große Egge/Haller Egge – östl. bergab (Gasth. Grünenwalde) – vor Werther Str. re., später diese nach li. queren – Alte Borgholzhausener Str. südl. – Halle – Bahn oder Bus nach Dissen.

! Rückfahrpläne notieren. Lohnender Abstecher: Gasth. Grünenwalde – Knüll – Hagedorndenkmal – Gedenkstein für Walter v. d. Vogelweide – Halle (zusätzl. 1½ Std.). Rückkehrmöglichkeit nach Borgholzhausen: Gasth. Grünenwalde – Sachsenweg (Mark. S) – Hesseltal – Welpinghus (ca. 2 Std.).

11   Bielefeld/Werther/Steinhagen

⬛1⬛ **Bielefeld – Brackwede – Bus nach Bielefeld** ▪ *Gehzeit:* 3–3½ Std. (evtl. bis 4½ Std.) ▪ *Ausgangspunkt:* Bielefeld, nördl. Altstadtrand, Niederwall/Altstädter Kirchpl. (Nähe Rathaus/Stadttheater; Parkhaus Ritterstr.) ▪ *Wegverlauf:* Vom Leineweberbrunnen an der Nikolaikirche westl. – Alter Markt, li. Niedernstr. – Crüwellhaus, re. Obernstr. – Plakatsäule, li. über die »Welle«, durch die Anlagen (Kinderspielpl.) zur spitztürmigen Neustädter Marienkirche am Papenmarkt – Kreuzstr. queren – bergan zur Sparrenburg – beim Parkpl. Eschenallee (Wegweisertafel) den Hermannsweg (Mark. weißes H) östl. – Brand's Busch/Weiher (Whs.) – Bodelschwingstr. queren – Habichtshöhe (Whs.) – Höhe 294 m – »Zum Eisernen Anton« u. »Hubertus«/Aussichtsturm Eiserner Anton – re. (südl.; Mark. H läuft östl. weiter) zur großen Schleife der Senner Str. – auf ihr 200 m westl., dann li. (Mark. 7) westl. neben der Str. bergab (re. halten) – am Nordrand der Senne westl. zur B 68/Sennefriedhof – Rückfahrt nach Bielefeld.

⬛V⬛ **Abstieg nach Hillegossen/Ubbedissen** ▪ *Gehzeit:* Knapp 1 Std. länger ▪ *Wegverlauf:* Bis »Eiserner Anton« wie oben – auf dem Hermannsweg (Mark. H) oberhalb von Lämershagen östl. – BAB kreuzen – Gasth. Deppe, ohne Mark. auf der Str. östl. weiter, dann li. bergab – Str. queren – Habigsberg – re. nach Ubbedissen – Bus od. Bahn nach Bielefeld.

⬛2⬛ **Bielefeld – Werther – Bus nach Bielefeld** ▪ *Gehzeit:* 4½–5 Std. (evtl. ⬛V1⬛ nur 2 Std., ⬛V2⬛ nur 3½ Std.) ▪ *Ausgangspunkt:* Wie bei ⬛1⬛ ▪ *Wegverlauf:* Vom Leineweberbrunnen an der Nikolaikirche westl. – Alter Markt, li. Niedernstr. – Crüwellhaus, re. Obernstr. westl. zum Nebelwall/Waldhof (erste Mark. Hermannsweg) – mit der H-Mark. Arthur-Ladebeck-Str. kreuzen – schräg li. Albrecht-Delius-Weg durch die Unterführung – li. Hochstr. zum Jo-

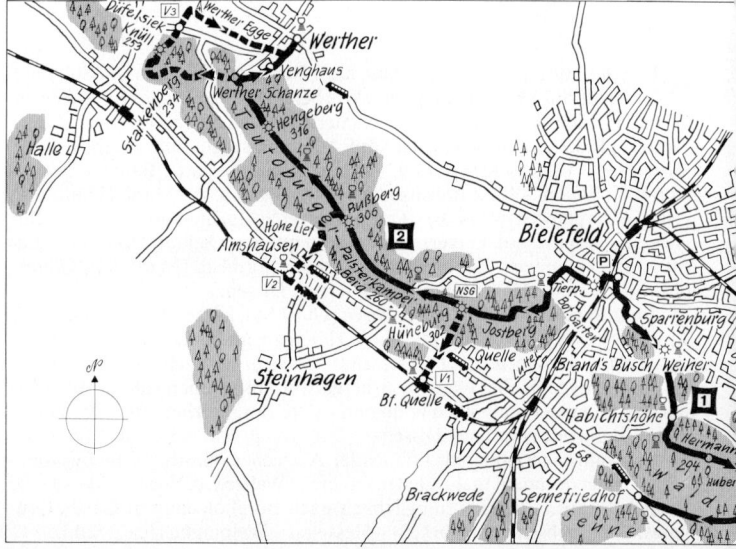

hannisberg/Bauernhausmuseum – li. ins Johannistal/Weiher/Bus-H. – durch den Heimattierpark/Botanischer Garten Olderdissen – bei großer Kastanie li. (H-Mark.) westl. bergan – NSG Hüneburg – Steinhagener Str. queren – Palsterkamper Berg – Bußberg – Hengeberg – Wanderparkpl. Werther Schanze am Grünen Weg (Haller Str.) – re. parallel zur Str. nördl. – Venghaus – Werther – Bus nach Bielefeld.

V1 **Abstieg nach Quelle** ■ *Gehzeit:* Gut 1½ Std. kürzer ■ *Wegverlauf:* Bis Hüneburg wie oben – li. (Mark. X19) südl. bergab – B 68 (Bus-H.) – Bhf. Quelle – Bahn nach Bielefeld.

V2 **Abstieg nach Amshausen/Steinhagen** ■ *Gehzeit:* Gut 1½ Std. kürzer ■ *Wegverlauf:* Bis Bußberg wie oben – li. (Mark. 8) bergab – die Hohe Liet südl. zur B 68 (Bus-H.) – Bhf. Steinhagen – Bahn nach Bielefeld.

V3 **Über den Knüll** ■ *Gehzeit:* Ca. 2 Std. länger ■ *Wegverlauf:* Bis Wanderparkplatz Werther Schanze wie oben – mit der H-Mark. westl. – Kollmeierhof – Starkenberg – Denkmal für Walter v. d. Vogelweide – Hagedorn-Denkmal – Kaffeemühle – H-Mark. nördl. verlassen – Knüll – Düfelsiek – Werther Str. queren u. nördl. – Werther Egge – re. (östl.) nach Werther – Bus nach Bielefeld.

[!] Bereits in Bielefeld Rückfahrpläne ab Quelle, Steinhagen bzw. Werther notieren. Unterwegs kein Stützpunkt: Proviant u. Getränke mitnehmen.

12 Herford/Enger/Spenge/Jöllenbeck

[1] **Herford/Tierpark Waldfrieden – Bismarckturm – Herford/Tierpark Waldfrieden** ■ *Gehzeit:* 2–2½ Std. ■ *Ausgangspunkt:* Herford, östl. Stadtrand, Tierpark Waldfrieden, Wanderinformationstafel (P. – Anfahrt von der Stadtmitte durch die Stiftberg-, Vlothoer u. Stadtholzstr.) ■ *Wegverlauf:* Gegenüber vom Tierparkeingang am Bach (Mark. A 3) zur Autobahnbrücke – mit Mark. A 2 im N-W-N-Bogen weiter zur BAB – am Waldrand li. – Sieker – Gasth. Am Waldesrand, noch davor li. – Bismarckturm auf dem Stuckenberg – südl. (Mark. A 1) bergab zum Gasth. Steinmeier – danach li. (Mark. A 1) östl. ins Bachtal – re. zum Tierpark.

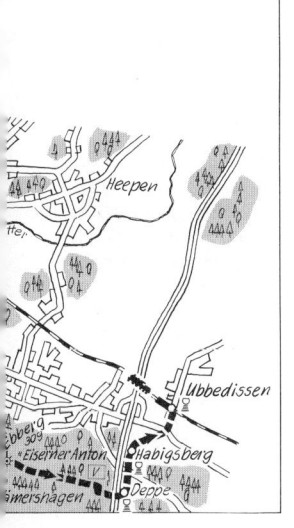

19

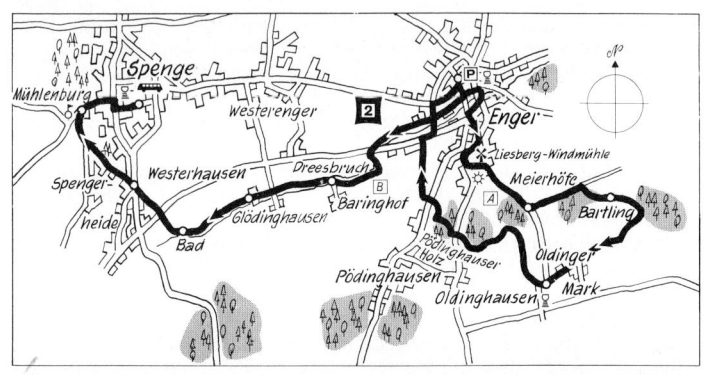

2 **A** Enger – Sattelmeierhöfe – Enger – **B** Enger – Spenge – Bus nach Enger
■ *Gehzeiten:* Jeweils 2½–3 Std. ■ *Ausgangspunkt:* Enger, Stadtmitte, Barmeierpl., westl. der Kirche (P.) ■ *Wegverlauf:* **A** Vom Barmeierpl. zwischen
weiß-schwarzem Fachwerkhaus u. Bank zur Steinstr. – beim alten Bauern-
haus/Kastanie re. Fußweg ins Bolldambachtal – re. zur Bielefelder Str., diese
li. zum Holzlagerpl. – halbli. Seelbornstr. südl. – Schwabenweg re., Lies-
bergstr. re. zur Bielefelder Str. – südl. zur Liesberg-Windmühle – Windmüh-
lenweg östl., Seelbornstr. re. u. jetzt immer südl. (Mark. A 1) – Sattelmeierhof
Meyer Johann – li. Schulstr. östl. – Sattelmeierhof Ebmeyer-Bartling – am
Waldende re. ins Asbecketal – im Südbogen zur Markstr. – westl., nach Kalk-
steinwerk Siekheider Weg re., beim Sportpl. Schulstr. li. – Friedhof – westl.
Bielefelder Str. queren – Roggenweg, re. »Im Poosken«, später li. Jöllenbecker
Str. queren – »Im Felde« nördl. – Werther Str. – Engerer Kirche.
B Bis Bielefelder Str. wie bei **A** – diese queren u. gerade am Bach westl. – spä-
ter Bach kreuzen, li. Werther Str. queren – auf dem »Steinbrink« (Mark. W)
westl. – Westerenger-Dorf – vorm Schwimmbad re. Werther- u. Spenger Str.
queren – am Bach nordwestl. – Schloß Mühlenburg – östl. nach Spenge – Bus
nach Enger.
! Schon in Enger Busrückfahrplan notieren.

13   Bad Salzuflen/Leopoldshöhe/Exter

1 Bad Salzuflen – Vierenberg/Bismarckturm – Bad Salzuflen ■ *Gehzeit:*
2½–3 Std. (evtl. bis 3½ Std.) ■ *Ausgangspunkt:* Bad Salzuflen, Markt, histor.
Rathaus (Parkhaus Herforder Str. od. Großparkpl. Kurzentrum) ■ *Wegverlauf:* Nördl. durch die Steege, Lange Str. (Fußgängerbereich) re., li. am Gradierwerk vorbei – Kurpark im Salzetal – nordöstl. – Leopoldsprudel – Insel-
brunnen – Schutzhütte – re. über die Salze – Gustav-Horstmann-Sprudel –
nach Wildgehege re. (Mark. 8) – Kneipptretbecken – Schutzhütte – Stumpfer
Turm – östl. Alte Vlothoer u. Wüstener Str. kreuzen – im Salzufler Forst
(Mark. 8) zum Fuchstanzpl. – li. Heuweg (Mark. 9) – Bismarckturm auf dem
Vierenberg – westl. zum Gedenkstein – durchs Asental (Mark. 5) nordwestl. –
Stauteiche – li. (Mark. 8) Stauteichstr. nach Bad Salzuflen – od.: Bismarckturm
(Mark. X4 u. X9) – Asenberg (Hünengräber) – Asenberg- u. Waldstr. – Bad
Salzuflen.
V Jagdfalkenhof-Steinbeck ■ *Gehzeit:* Ca. ½ Std. länger ■ *Wegverlauf:* Bis

20

Wildgehege wie oben – im Salze-
grund nördl. – Steinbecker Fischteiche – Fahrstraße – auf ihr re. – Jagd-
falkenhof – Reiterhof Salzetal / Gut
Steinbeck – südöstl. Waldemeine- u.
Wüstener Str. queren – vom Waldrand (Mark. 8) weiter wie oben.

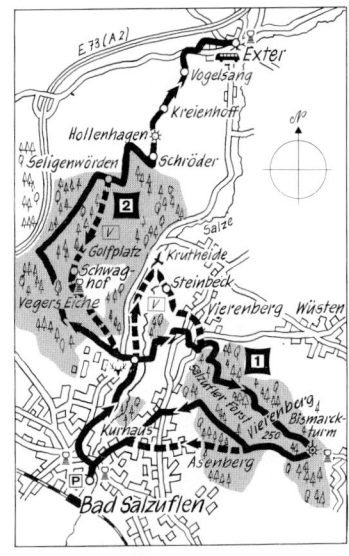

2 **Bad Salzuflen – Vegers Eiche –
Kellerteiche – Seligenwörden – Exter
– Bus nach Bad Salzuflen** ■ *Gehzeit:*
3–3½ Std. ■ *Ausgangspunkt:* Wie bei
1 ■ *Wegverlauf:* Bis Inselbrunnen
wie bei 1 – danach halbli. – vor Bewegungszentrum li. Extersche Str.
(Wanderinformationstafeln) queren
– Forsthausweg gerade in den Wald
– Bergrats Ruh – Vegers Eiche –
Forststr. (Mark. A4/5) nördl. – Kel-
lerteiche – re. Forstweg (Mark. 17)
nach Seligenwörden – am Waldrand
re. im Finnebachtal 10 Min. abwärts,
Talstr. u. Bach nach Norden queren,
im Wald auf schmalem Steig (keine
Mark.) steil bergan – am Waldrand re., nach wenigen Min. li. – Schröderhof –
über Hollenhagener Höhe (Mark. ◆) nördl. – Kreienhoff – Vogelsang – Exter
– Bus nach Bad Salzuflen.
! Vor Wanderstart Busfahrplan erkunden.
V **Über Schwaghof zurück** ■ *Gehzeit:* Kaum Unterschied ■ *Wegverlauf:* Bis
Seligenwörden wie oben – re. im Finnebachtal 5 Min. bachabwärts – re. Forst-
weg (Sugenpad) südl. – Golfpl. – Gasth. Schwaghof – mit den Mark. A5/6 an
den Schwaghofteichen entlang – Forsthausweg – Kurpark – Bad Salzuflen.

14 Lage/Schloß Holte-Stukenbrock/Oerlinghausen/ Sennestadt

1 **Lage – Wilhelmsburg – Lage** ■
Gehzeit: 2–2½ Std. ■ *Ausgangspunkt:*
Lage, Marktkirche/Rathaus (P. hinter der Kirche) ■ *Wegverlauf:* Von
der Langen Str. nördl., Bergstr., Eichenallee – nach der Bahn li. Goe-
theweg zum Waldrand u. Trimmpfad
– am Waldrand westl. (entlang Goe-
theweg), später li. zum Lönsweg –
entlang der Bahn nördl. – Wadden-
hausen – Noldestr. re., nach 5 Min.
wieder re. (südl.) – den Lönsweg queren – im Wald li. – am Waldrand
östl. – Wilhelmsburg/Kaisererinne-
rungsstätte – südl. bergab – Natur-

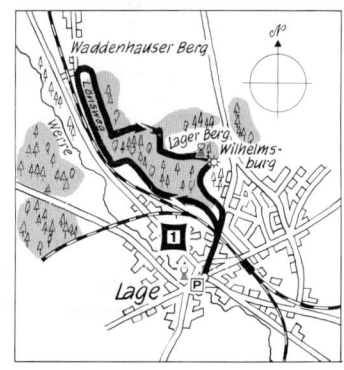

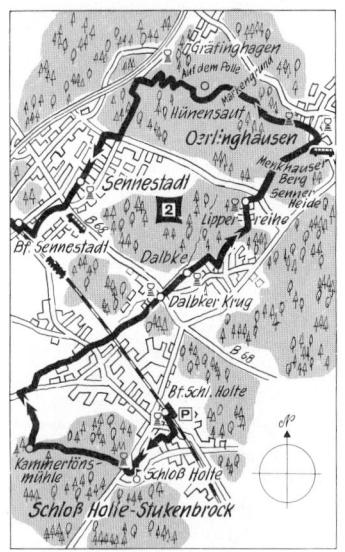
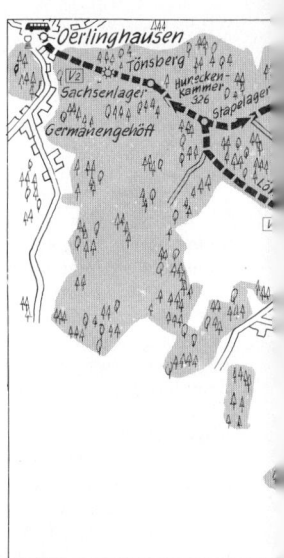

freundehaus – Hagensche Str., re. – Eichenallee – Bergstr. – Marktkirche von Lage.

2 **Schloß Holte-Stukenbrock – Oerlinghausen – Bahn nach Schloß Holte-Stukenbrock** ■ *Gehzeit:* 6½–7 Std./1½ Tage ■ *Ausgangspunkt:* Schloß Holte-Stukenbrock, Bahnhof (P.) ■ *Wegverlauf:* Beim Postamt li. Bahnhofstr. 500 m südl. – »Am Ehrenmal« re., beim Ehrenmal re. – bei der Schule li. durch den Schloßpark – Schloß Holte – südl. des Schloßkrugs Forstweg westl. – Kammertönsmühle – re. zur Hauptstr. (Verler Str.), re. u. li. Stadtweg gerade nördl. – Hauptstr. u. Bahn (Vorsicht!) queren – östl. des Menkebachs zum Dalbker Krug/B 68 kreuzen – westl. des Menkhauser Bachs (Ring-Mark.) 20 Min. nördl., Bach kreuzen – nördl. am Bach – Lipperreihe – Wanderparkpl. an der Hauptstr. (Senner Hellweg) – durch die Senner Heide (Mark. A 6) – Menkhauser Berg – Oerlinghausen (evtl. Übernachtung/Bus nach Bielefeld) – westl. auf dem Hermannsweg (Mark. weißes H) Umgehungsstr. kreuzen – Schopketal (Menkhauser Bachtal), später Markengrund queren – Hünensaut am Südhang zur BAB – davor li. (Mark. A 4 u. A 6) südl. zum Senner Hellweg – re., später li. – Altenheim, südl. – Sportanlagen – Bullerbach – See – Bus-H. Paderborner Str. (B 68) – diese kreuzen – Bhf. Sennestadt – Bahn nach Schloß Holte-Stukenbrock.
[!] Notieren Sie schon vor Wanderungsbeginn die Bahn- bzw. Busverbindungen.

15 Detmold/Augustdorf/Heiligenkirchen/Berlebeck

1 **Detmold – Hermannsdenkmal – Pivitsheide – Bus nach Detmold** ■ *Gehzeit:* 3½–4 Std. (evtl. nur 3 Std.; oder 6½–7 Std., dann 2 Tage) ■ *Ausgangspunkt:* Detmold, Marktpl./Rathaus/Schloß (Großparkpl. Kaiser-Wilhelm-Pl., vor dem Gericht an der Paulinenstr., im Westen der Altstadt) ■ *Wegverlauf:* Vom

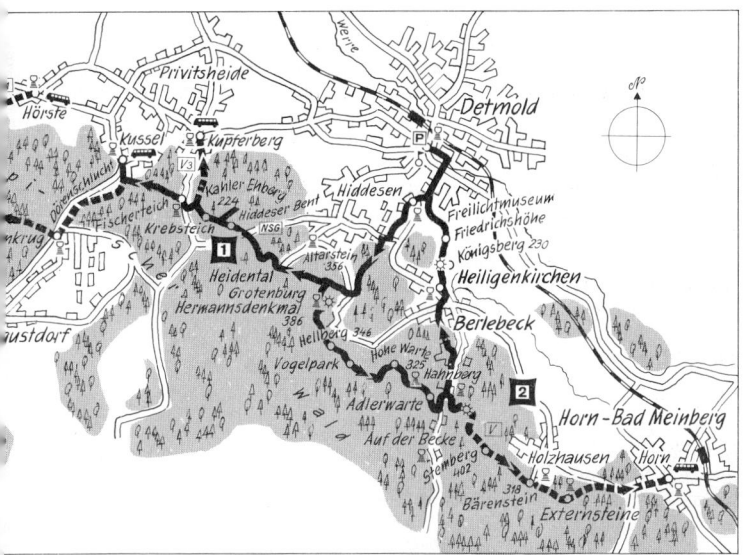

Markt durch die Lange Str. (Fußgängerbereich) südl. – Lippischer Hof – halb-
re. durch die Allee westl. des Berlebecke-Kanals am Palaisgarten vorbei – Alte
Mühle – re. über Bachbrücke u. li. (Untere Schanze) mit der Mark. X3 bach-
aufwärts – Hiddesener Str. kreuzen (re. u. gleich wieder li.) – Grotenburg/
Hermannsdenkmal – Hermannsweg (Mark. weißes H) westl. – »Gemsen-
steig« – Steinbruch – Heidental – 2 Asphaltstr. u. Lopshorner Str. queren –
Krebsteich (Abstecher nach re.: Hochmoor Hiddeser Bent/Kahler Ehberg) –
Donoper Teich/Hasselbachtal – Gasth. Forstfrieden/Sandgrube – Jagenstein
– Fischerteich – nördl. (H-Mark. läuft westl. weiter) nach Kussel/Pivitsheide
VL (Augustdorfer/Sandstr.) – Bus nach Detmold.

[V1] **Nach Hörste** ■ *Gehzeit:* Ca. 3 Std. länger ■ *Wegverlauf:* Bis Fischerteich
wie oben, mit Mark. A6 vor der Dörenschluchtstr. südl. – Gasth. Dörenkrug –
Hauptstr. queren – Sennerandweg/Lönspfad (Mark. X10) westl. – nach ca.
1 Std. re. (Mark. A7) – Stapelager Schlucht – Gut Stapelage – Eschenbrede –
Kurpark Hörste – Bus nach Detmold.

[V2] **Nach Oerlinghausen** ■ *Gehzeit:* Ca. 3½ Std. länger ■ *Wegverlauf:* Bis Stapelager Schlucht wie oben – Hermannsweg westl. – Wistinghauser Schlucht –
Fliehburg/Ruine der St.-Antonius-Kapelle – Tönsberg/Hermann-Löns-
Denkmal – Ehrenmal – Berggasth. Tönsberg-Höhe – Oerlinghausen – Bus
nach Detmold.

[V3] **Nach Kupferberg** ■ *Gehzeit:* Ca. ½ Std. kürzer ■ *Wegverlauf:* Bis Donoper Teich wie oben – mit Mark. A8 im Hasselbachtal nördl. – Kupferberg/
Schwarzenbrink – Bus nach Detmold.

[!] Busfahrpläne ab Pivitsheide, Hörste, Oerlinghausen, Schwarzenbrink!

[2] **Detmold -- Hermannsdenkmal – Berlebeck – Detmold** ■ *Gehzeit:* 4–4½ Std.
(evtl. nur 3 Std.) ■ *Ausgangspunkt:* Wie bei [1] ■ *Wegverlauf:* Bis Hermannsdenkmal wie bei [1] – Hermannsweg (Mark. weißes H) östl. – Gasth./Parkpl. –

23

Hellberg – Hangstein – li. (nördl.; H-Mark. läuft östl. weiter) – Wanderparkpl. (evtl. Abstecher zum Vogelpark Heiligenkirchen) – im N-O-S-Bogen über die Hohe Warte – Hahnberg – Adlerwarte Berlebeck – Café Sonneck – Berlebecke – 10 Min. bachabwärts (evtl. Bus nach Detmold, ca 1½ Std. kürzer) – halbli. von der Hauptstr. ab (Mark. ◇) – Heiligenkirchen – Detmolder Str. queren – Königsberg – Friedrichshöhe – Westfälisches Freilichtmuseum – Palaisgarten (Musikakademie) – Detmold.

[V] **Zu den Externsteinen** ■ *Gehzeit:* Kaum Unterschied ■ *Wegverlauf:* Bis Berlebeck auf dem Hermannsweg/Europ. Fernwanderweg E 1 wie oben – mit der H-Mark. zum Kindergarten – Nordhang des Stembergs – Holzhausen-Externsteine/Kurhotel Bärenstein – Bärenstein – Externsteine – nördl. durch den Park (Weiher) zur Hauptstr. – Bus nach Detmold.
[!] Busfahrpläne ab Berlebeck bzw. Horn notieren.

16   Horn-Bad Meinberg/Steinheim/Altenbeken

[1] **Horn – Externsteine – Velmerstot – Bus nach Horn** ■ *Gehzeit:* 4–4½ Std. (evtl. [V1] bis 5½ Std., od. [V2] bis 7½ Std.) ■ *Ausgangspunkt:* Horn-Bad Meinberg, Stadtteil Horn, Rathauspl. (P. hinter dem Verkehrsamt) ■ *Wegverlauf:* Bei Normaluhr/Rathaus Mittelstr. westl. – ev. Kirche – kath. Kirche – halbre. Externsteiner Str./Denkmal, gegenüber (Mark. X7) über die Wiembek-

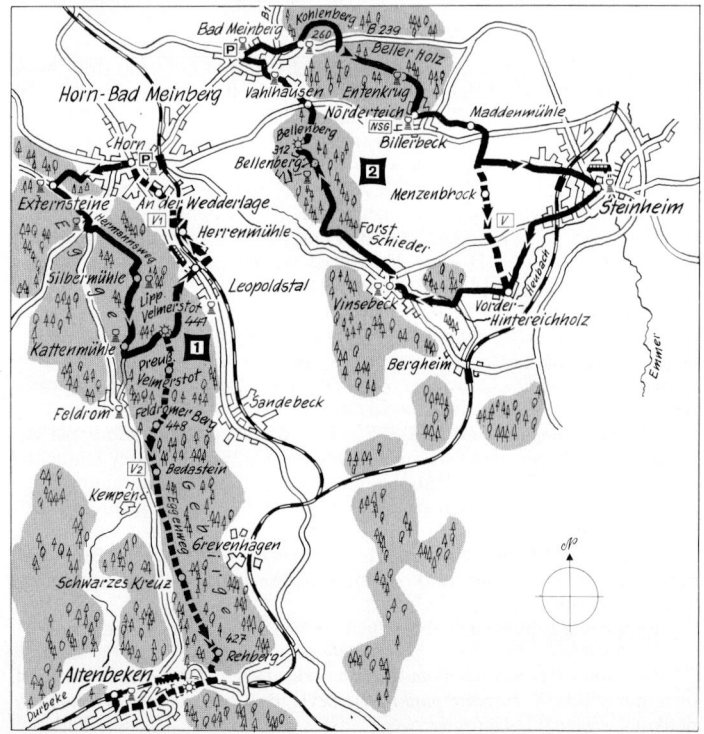

ke – Unterer Teich – durch den Park – Externsteine – mit Mark. weißes H (Hermannsweg) vom Felsentor südöstl. – Hermann-Löns-Gedenkstein – B 1 queren (Gasth. Waldschlößchen/Waldlehrpfad im Krebsbachtal) – re., wieder li. Fahrweg zur Silbermühle – im Silberbachtal südl. – Kattenmühle, li. bergan – Lipp. Velmerstot – südl. bergab, am Waldrand li. – erneut li. Forstfahrweg nördl. bergab – Forsthaus Leopoldstal – durch Eichenweg zur Bus-H. Leopoldstaler Str. – Bus nach Horn.

[V1] **Über den Habichtsberg nach Horn** ■ *Gehzeit:* Ca. 1 Std. länger ■ *Wegverlauf:* Bis zur Leopoldstaler Str. wie oben – Rothensieker Weg nördl. – Bahnlinie kreuzen, nach 5 Min. li. – Habichtsberg – Bahn wieder kreuzen – re. im N-W-Bogen (Mühlenweg – Heideweg – Schäferweg) – Horn.

[V2] **Abstieg nach Altenbeken** ■ *Gehzeit:* Ca. 3 Std. länger ■ *Wegverlauf:* Bis Lipp. Velmerstot wie oben – weiter Eggeweg (Mark. weißes X)/Klippenweg (Mark. Wolfsangel), an der Preuß. Velmerstot (Sperrgebiet) vorbei – Feldromer Berg – Bedastein – Schwarzes Kreuz – Rehberg – re. (über dem Bahntunnel! X-Mark. läuft südl. weiter) nach Altenbeken – Bahn nach Horn.

[!] Schon in Horn Bus- bzw. Bahnverbindungen notieren. Bei [V2] auch Proviant u. Getränke mitnehmen.

[2] **Bad Meinberg – Steinheim – Bellenberg – Bad Meinberg** ■ *Gehzeit:* 7–7½ Std./2 Tage od. 6–6½ Std./1 Tag (evtl. nur 3–3½ Std.) ■ *Ausgangspunkt:* Horn-Bad Meinberg, Stadtteil Bad Meinberg, westl. Ortsrand, Heinrich-Drake-Pl. (Großparkpl. unterhalb der ev. Kirche) ■ *Wegverlauf:* Östl. am Werrebach entlang – Hotel Lindenhof – re., gleich wieder li. auf die »Allee« zum Verkehrsamt – Kurpark (Mark. X6) – Wandelhalle/Kursaal – See – östl. B 1 kreuzen – Werre – Thermalsolequelle – Länderwaldpark (Silvaticum) – Kohlenberg – Beller Holz – nach re. (südl.) Pyrmonter Str./B 239 queren, li. zum Gasth. Entenkrug/NSG Norderteich – Entenkrugweg südöstl., nach 10 Min. re. (südl.) Richtung Billerbeck – vor dem Ort li. (östl.) gerade (später re. halten) – Maddenmühle/Napte – südl. Horner Str. kreuzen – Ottenhauser Str. – (evtl. südl.: Gut Menzenbrock – Vorder- u. Hintereichholz, ca. 1 Std. kürzer) – li. Ottenhauser Str. – Steinheim (evtl. Übernachtung; Bus nach Bad Meinberg, ca. 3½ Std. kürzer) – vom Kirchpl. die Detmolder Str. südl. – Bahn kreuzen – von der Vinsebecker Str. li. ab ins Hellbachtal – Vorder- u. Hintereichholz – westl. daran vorbei, dann li. – Schloß Vinsebeck – gegenüber am Heubach nordwestl. – Forst Schieder – nördl. (Mark. 11) durch den Forst – Bellenberg – Friedhof, Hoher Weg (nördl.), re. (Mark. 8) – Bellenberg – Vahlhausen – Steinheimer Str. queren – Vahlhausener Str. – Bad Meinberg.

[!] Übernachtung in Steinheim vorbestellen. Bei Rückfahrt von Steinheim vor Wanderstart Fahrplan erkunden.

17 Paderborn/Bad Lippspringe/Schlangen

[1] **Paderborn – Schloß Neuhaus – Langenbergteich – Apelsteich – Klausheide – Bahn nach Paderborn** ■ *Gehzeit:* 3½–4 Std. ■ *Ausgangspunkt:* Paderborn, Stadtmitte, Dom (Großparkpl. Maspernpl. am nördl. Altstadtrand, Heierswall/Hathumarstr.) ■ *Wegverlauf:* Vom Dom Fußgängerbereich südl. zum Marienpl. – re. »Am Abdinghof« ins Paderquellgebiet – flußabwärts Mühlenstr. kreuzen, Paderwall unterqueren – entlang der Pader durch die Anlagen zum Fürstenweg – re., später beim Inselbadstadion halbli. – Fußweg neben der Fürstenallee – Schloßstr. – Schloß Neuhaus – westl. durch den Schloßpark, am Ende re. über den Lippe-Eisensteg – danach li. auf dem Lippepfad,

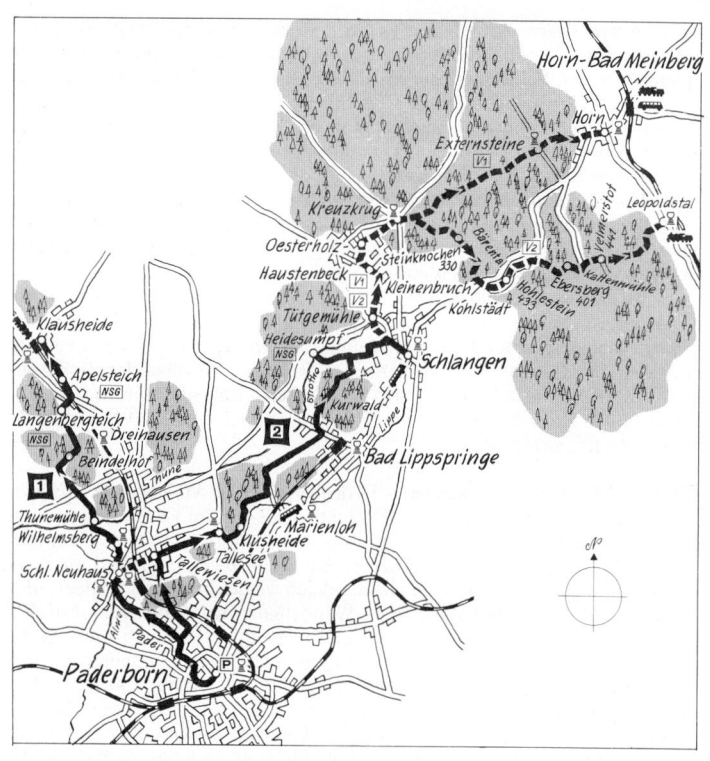

am Ende re. zur Hermann-Löns-Str. – auf ihr 200 m li. – Waldeck – re. durchs Drehkreuz, am Bach entlang – Whs. Hubertushof – li. (weiße Kreuzwegstation) über den Wilhelmsberg (Mark. X 3) westl. – Thunemühle/Thune queren – Weiher Beindelhof – NSG Langenbergteich – Bahn u. B 68 kreuzen – NSG Apelsteich – Klausheide – Bahn nach Paderborn.

⚠ Schon in Paderborn den Bahnrückfahrplan studieren.

[2] **Paderborn – Fischteiche – Tallesee – Bad Lippspringe – Schlangen – Bus nach Paderborn** ■ *Gehzeit:* 5–5½ Std. (evtl. 9 Std., od. 10 Std., dann jeweils 2 Tage) ■ *Ausgangspunkt:* Wie bei [1] ■ *Wegverlauf:* Bis Inselbadstadion wie bei [1] – halbre. Bahn kreuzen – entlang der Dubelohstr. westl. – Fischteiche – Umgehungsstr., Marienloher Str. u. Lippe queren – Schlatenweg re. u. mit Mark. X4 nördl. – Tallewiesen – Tallesee – Tallhof/Klusheide – entlang der Lippe (re. Abstecher nach Marienloh; evtl. Bus nach Paderborn, ca. 2 Std. kürzer) – Baggersee Strohte – Bad Lippspringe/Kurhaus – Kurwald – entlang der Strothe (Abstecher nach li. zum NSG Heidesumpf) – Schlangen – Bus nach Paderborn.

[V1] **Zu den Externsteinen** ■ *Gehzeit:* 3½–4 Std. länger ■ *Wegverlauf:* Bis Schlangen wie oben – weiter mit X-Mark. nördl. – Tütgemühle – Kleinenbruch – Oesterholz-Haustenbeck – Kreuzkrug – Runenweg (Mark. X7) nordöstl. – Externsteine – Unterer Weiher – Horn-Bad Meinberg – Bahn od. Bus nach Paderborn.

V2 **Zur Velmerstot** ■ *Gehzeit:* 4½–5 Std. länger ■ *Wegverlauf:* Bis Kreuzkrug wie oben – weiter auf dem Lönspfad (Mark. X10) – Steinknochen – Kohlstädt – im Bärental zum Wanderparkpl. – re. (evtl. Abstecher zum Hohlestein, Höhlen) aufwärts zum Ebersberg – Kattenmühle – Hermannsweg (Mark. weißes H) bergan zur Lipp. Velmerstot – südl. bergab, am Waldrand li., gleich wieder li. talwärts – am Forststraßenkreuz re. zum Bhf. Leopoldstal – Bahn nach Paderborn.

! Schon in Paderborn die Bus- bzw. Bahnrückfahrpläne ab Marienloh, Bad Lippspringe, Schlangen, Horn-Bad Meinberg bzw. Leopoldstal notieren. Für V1 u. V2 Übernachtung in Bad Lippspringe od. Schlangen vorbestellen.

18 Bad Driburg/Neuenheerse/Dringenberg/Gehrden/Brakel

1 **Bad Driburg – Sachsenringweg – Iburg -- Bad Driburg** ■ *Gehzeit:* 4½–5 Std. (evtl. nur 2–2½ Std.) ■ *Ausgangspunkt:* Bad Driburg, östl. Stadtrand, Kurpark (P. beim Kurhaus) ■ *Wegverlauf:* Von der Kurverwaltung östl. – Kurpark/See, dann li. (Mark. S) auf dem »Sachsenring« nördl. Wildgehege – Rosenberg – Trimmpfad – Obelisk/Mausoleum der Grafen Oeynhausen – Schutzhütte (danach evtl. re. Abstecher zum Whs. Mühlengrund) – Wasserwerk – Reelser

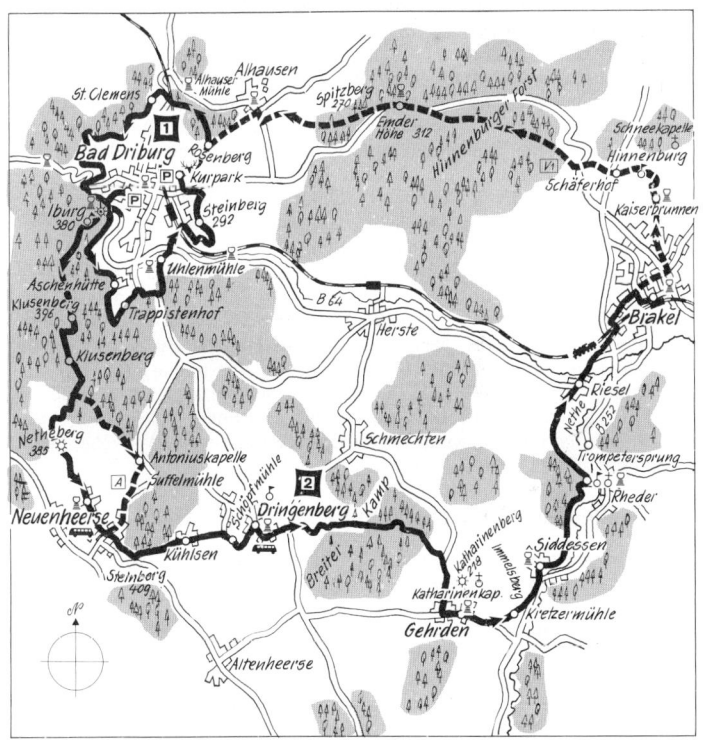

Kreuz – südwestl., oberhalb St.-Clemens-Heim/Sportpl. zum Wanderparkpl. Weberhöhe – erst westl. zum Wasserwerk Katzohl, danach li. – Dr.-Hofschulte-Weg südl. – Stellberg – Alter Postweg – re. u. bald li. – Bollewienquelle – B 64 kreuzen – Iburg/Whs. Sachsenklause (evtl. Abstieg mit Mark. A 2/3 – Wanderparkpl. Schützenpl. – Bad Driburg, gut 2 Std. kürzer) – von der Iburg mit der S-Mark. südl., (oberhalb Aschen-Hütte/ND Gräfte) – Trappistenhof/Reithalle – östl. Hauptstr. kreuzen – nordw. – Uhlenmühle – Bihuhof – Hilgenbach, B 64, Katzohlbach u. Bahn queren – danach re. Gottfried-Buren-Weg – Rommenhöllereck – nördl. – Steinberg (Steingräber) – Hochbehälter – Adolf-Buddenberg-Park (Arboretum) – Brunnenstr. – Kurpark/Hölderlingedenkstein – Kurhaus.

2 **Bad Driburg – Dringenberg – Brakel – Bahn nach Bad Driburg** ■ *Gehzeit:* 9–10 Std./2 Tage (evtl. nur 3 oder 4½ Std./1 Tag; od. bis 15 Std., dann 3 Tage) ■ *Ausgangspunkt:* Bad Driburg, westl. Stadtrand, Wanderparkpl. Schützenpl./Kriegerdenkmal/Nähe Iburgstadion (P.) ■ *Wegverlauf:* Mit Mark. A 2/3 bergan zur Iburg – weiter mit den Mark. ▲ und < westl. – Wanderparkpl. Schöne Aussicht – auf dem Eggegebirgskamm (Mark. X) südl. – Klusenberg (Doline) – danach li. (X-Mark. läuft westl. weiter) mit Mark. Z südl. – Klusenberg-Jagdhaus (danach li. evtl. Abstecher auf dem Alten Landdrostenweg mit Mark. < zur Antoniuskapelle/Suffelmühle/Whs. Fiele) – Netheberg – Neuenheerse/Eggedom – vom Friedhof mit Mark. X2 – Steinberg – Kühlsen – vor der Öse re. – Schöpfmühle – Dringenberg/Burg – von der Kirche östl., Schmechtener Str. kreuzen – Dringenberger Wald (Breiter Kamp) queren – südl. Feriendorf vorbei – li. – Katharinenkapelle – Gehrden – von der Kirche östl. (halbli. halten), an der Öse entlang – Kretzermühle – Immelsberg – Siddessen – im Nethetal erst östl., dann nördl. bachabwärts – Rheder (Schloß/Kirche/Trompetersprung) – Riesel – entlang der Bahn, später diese kreuzen – Brakel – Bahn nach Bad Driburg.

! Bei Busrückfahrt von Neuenheerse (3 Std. Gehzeit) oder von Dringenberg (4½ Std. Gehzeit) vor Wanderbeginn Fahrplan notieren, ebenfalls Brakel – Bad Driburg. Evtl. Übernachtung vorbestellen.

V1 **Brakel – Hinnenburg – Bad Driburg** ■ *Gehzeit:* 4½–5 Std. länger ■ *Wegverlauf:* Bis Brakel wie oben – weiter vom Markt/Pfarrkirche, Königstr., Heinefelder Weg, Brunnenstr. – nördl. am Teich vorbei zum Kaiserbrunnen/Vitaparcours (evtl. nördl. weiter zum Schloß Hinnenburg u. östl. an der Schneekapelle vorbei zum Modexer Turm, ab Kaiserbrunnen gut 1 Std.) – unterhalb der Hinnenburg li. – Feriendorf/Gut Schäferhof – westl. Brucht u. Nieheimer Str. kreuzen (Mark. X 16) Hinnenburger Forst – Emder Höhe – danach halbre. mark. genau westl. – Spitzberg – Alhausen – F.-W.-Weber-Weg – Rosenberg – Bad Driburg.

19 Willebadessen/Lichtenau/Kleinenberg/Atteln

1 **Willebadessen – Borlinghausen – Bus nach Willebadessen** ■ *Gehzeit:* 3½–4 Std. (ohne Busrückfahrt 6–6½ Std.) ■ *Ausgangspunkt:* Willebadessen, Stadtmitte, Kirche/Schloß (P.) ■ *Wegverlauf:* Lange Str. westl., Information, Hotel Kisse – beim Telefonhäuschen (Gartenanlagen) re. (Wegweiser »Wildgehege«), Gänse-Bruch-Str. – Paderborner Str. unterqueren – beim Kneipp-Tretbecken gerade in den Wald – li. zum Bhf. u. über die Gleise – li. neben der Teerstr. gerade im Wald aufwärts – beim Naturschutzschild halbli. (Mark. ▲) zum Eggeweg (Europ. Fernwanderweg E 1) – mit X-Mark. li. zum Punkt

367 m – Kleiner Herrgott (evtl. nach li. Abstecher zur Karlsschanze, hin u. zurück ca. 20 Min.) – Försterkreuz – Teutoniaklippen – Bierbaums Nagel – danach li. (X-Mark. läuft südl. weiter) mit Balkenmark. Bahn kreuzen – Borlinghausen – Bus nach Willebadessen.

[!] Schon in Willebadessen Busrückfahrzeiten notieren. Verpflegung u. Getränke mitnehmen, da unterwegs keine Stützpunkte.

[V] **Über den Burenberg zurück** ■ *Gehzeit:* Ca. 2½ Std. länger ■ *Wegverlauf:* Bis Borlinghausen wie oben – weiter östl. durch den Ort (Mark. A4 bis Laake) zur 1000jähr. Eiche, danach 2mal li. halten – Burenberg – Helmertetal – li. bachaufwärts, später über den Bach – Laake – nördl. gerade entlang des Langenbergs zur Mark. W2 – Willebadessen.

[2] **Lichtenau** – [A] **Bülheimer Heide** – [B] **Kleinenberg – Atteln – Grundsteinheim – Lichtenau** ■ *Gehzeiten:* [A] 4½–5 Std.; [B] 17–18 Std./3 Tage, viele Abkürzungsmöglichkeiten durch Busrückfahrten: 4½ Std. (Bus ab Kleinenberg); 6½ Std. (ab Holtheim); 8½ Std. (ab Husen); 9½ Std. (ab Atteln); 11 Std. (ab Ebbinghausen); 12½ Std. (ab Grundsteinheim); 14 Std. (ab Herbram); od. 15½ Std. (ab Hakenberg), dann jeweils nur 1 Tag od. 2 Tage ■ *Ausgangspunkt:* Lichtenau, Stadtmitte, Kirche/Rathaus (P.) ■ *Wegverlauf:* [A] Beim Gasth. Rasche Lange Str. (B 68) südöstl. – nach letztem Haus (Nr. 4, roter Backsteinbau, noch vor dem Willebadessener Straßenabzweigt!) li. – Odenheimer Bachtal – alter Sportpl. – Bachsteg zur Krulsmühle (Mark. A2) – nordöstl. bachaufwärts, unterhalb des Schurenbergs re. u. gleich li. neben den Bachteichen östl. – danach li. u. gleich re. bis kurz vor Hakenberg – da re., beim 2. Weg wieder re. u. südl. – NSG Eselsbett – Punkt 338/Willebadessener Str. – 10 Min. geradeaus, vor dem Schwarzen Bruch li., auf dem Fahrweg re. nach Schönthal (Schutzhütte/Weiherterrasse) – westl. entlang der Sauer durch die Bülheimer Heide (Hügelgräberfelder) – Bülheim – B 68 queren – halbre. über Punkt 318 zu Punkt 340 – li. (Mark. A2) zum Gut Sudheim – im Sauertal abwärts – Lichtenau.

[B] Bis Schönthal wie oben – Fahrweg südl. – Kleinenberg (Bus-H.) – von der Kirche 5 Min. entlang der B 68 – li. u. gleich re. gerade nordwestl. – Katharinenhof – li. zum Wanderparkpl. – mit Mark. A 1 zum Wanderparkpl. Holtheim (Bus-H.) li. mit Mark. ∪ – Marschallshagen – Marschallsburg – Altenautal – mit Mark. X 3 re. talabwärts – Amerunger Kapelle – Neue Mühle (Bus-H.) – danach li. (Mark. A8) parallel zur Hauptstr. nach Husen (Bus-H.) – danach li. u. gleich re. (Mark. A8) nach Atteln (Bus-H.) – von der Kirche nördl. über die Altenau – Hainberg – Burgenweg (Mark. X2 bis Herbram) nordöstl. – Ebbinghausen (Bus-H.) – entlang der Sauerversickerung – B 68 kreuzen (Bus-H.) – Grundsteinheim (Schwalchlöcher/Erdfälle) – Schmittwasser-

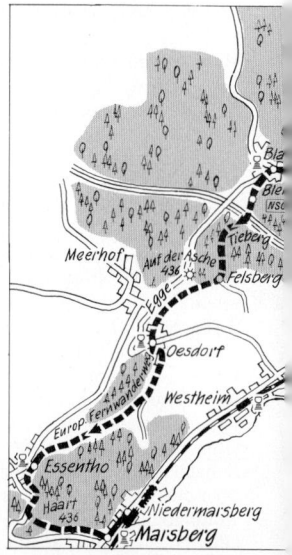

tal – Iggenhausen – über den Kirchberg – Herbram (Bus-H.) – danach halbre. (X-Mark. läuft östl. weiter) parallel zur Asselner Str. südöstl. – Wanderparkpl. – Steinhaus/Hartmühle – li. zum Waldrand u. Wanderparkpl. bei der Singermühle – am Wald entlang zum Wanderparkpl. Hakenberg – Hakenberg (Bus-H.) – vom südl. Ortsende (Mark. A2) durchs Odenheimer Bachtal – Lichtenau.

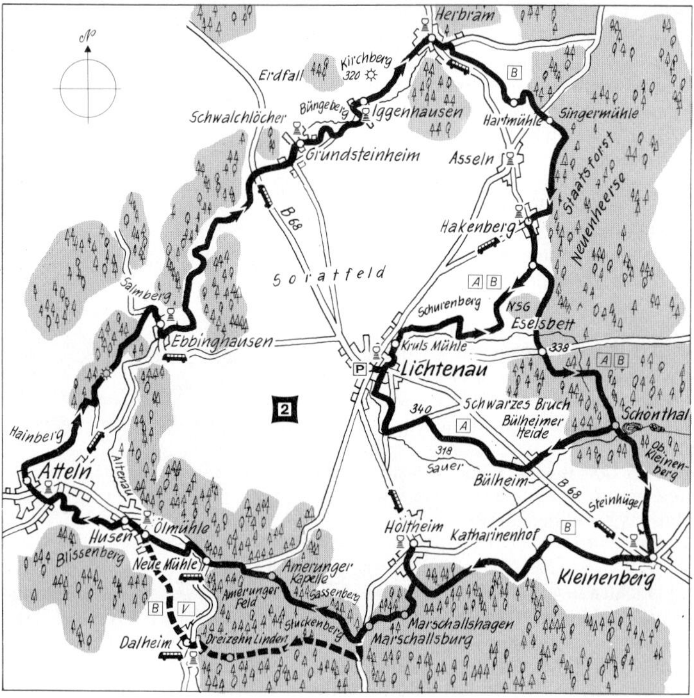

V Nach Dalheim ■ *Gehzeit:* Ab Lichtenau ca. 8 Std. ■ *Wegverlauf:* Lichtenau – Kleinenberg – Altenautal wie oben – westl. des Bachs wenige Minuten talaufwärts, re. über den Stuckenberg (Mark. △) westl. – Schutzhütte – Dreizehn Linden – Tiggesgrund – Dalheim – Bus nach Lichtenau – od. mit Mark. 49 nördl. bergan zu Punkt 270 u. nach Husen – weiter wie oben.

⚠ In Lichtenau Busrückfahrzeiten notieren. Übernachtungen vorbestellen.

[1] **Warburg – Scherfede – Bahn od. Bus nach Warburg** ■ *Gehzeit:* 3½–4 Std. (evtl. 11–12 Std./2 Tage) ■ *Ausgangspunkt:* Warburg, nordöstl. Altstadtrand, Großparkpl. Bahnhofstr./Umgehungsstr. ■ *Wegverlauf:* Vom Postamt auf der Hauptstr. westl. zur Kirche – li. auf der Marktstr. südl. – Liebfrauentor – »Schützenzaun« u. Sackstr. queren – westl. »An der Burg« zum Burggraben – li. u. re. Johannistorstr. zur Diemel-Twiste-Vereinigung – diemelaufwärts (Mark. X 3) – hinter Autobahnanschlußstr. im spitzen Winkel re. bergan, nach 100 m im Jungwald li. – Heinturm/Heinberg – im N-W-Bogen zum südl. Ortsende von Ossendorf – li. Wethener Str. südl. zum Wanderparkpl. Kliftmühle – Mühlgraben u. Diemel kreuzen, re., li. u. re. über die Höhe 190 m westl. – Wallburg Gaulskopf – re. (Eder-Diemel-Weg, Mark. D, Mark. X3 läuft westl. weiter) nördl. ins Diemeltal – die Diemel queren – li. zum Bhf. Scherfede – Bahn od. Bus nach Warburg.

[!] Rückfahrzeiten schon bei Wanderbeginn erkunden. Proviant u. Getränke mitführen, da unterwegs keine Wanderstützpunkte.

[V] **Blankenrode – Eggeweg – Niedermarsberg** ■ *Gehzeit:* 7–8 Std. länger ■ *Wegverlauf:* Bis Wallburg Gaulskopf wie oben – weiter mit Mark. X3 (bis Blankenrode) – Wallburg Leuchteberg – Hs. Ramsen – B 252 kreuzen – Wrexen – Diemel, Bahn u. Scherfeder Str. kreuzen – li. u. wieder re. – Scherfeder Wald – Klusberg – Sieben-Brüder-Baum (evtl. nördl. kurzer Abstecher zu den Felsen Adam u. Eva) – Kl. Knechtsberg – Stuckenberg – Stadtwüstung Blankenrode – Blankenrode – jetzt auf dem Eggeweg (Mark. X, auch Europ. Fernwanderweg E 1) südl. NSG Bleikuhlen – BAB kreuzen – Tieberg – Auf der Asche – Meerhofer Egge – Oesdorf – Essentho – über die Haart nach Niedermarsberg – Bahn nach Warburg.

[!] Bahnfahrplan notieren. Verpflegung u. Getränke mitführen. Übernachtung vorbestellen.

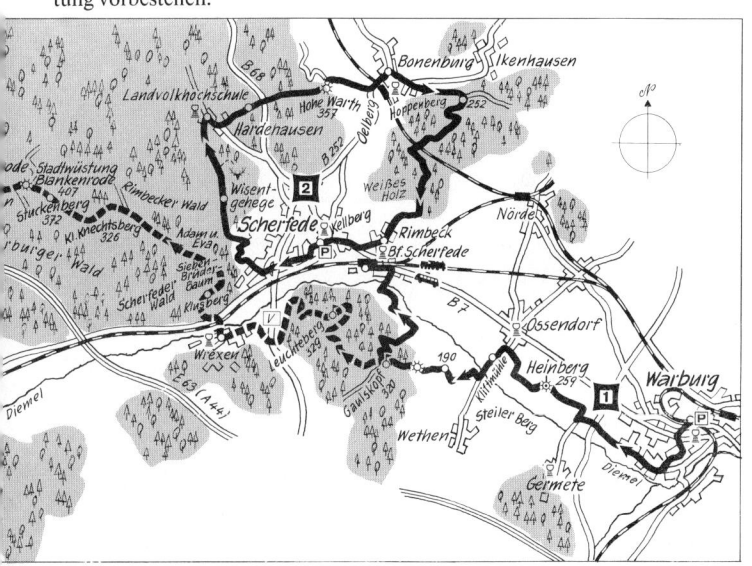

2 **Scherfede – Hardehausen – Scherfede** ■ *Gehzeit:* 5–5½ Std. (evtl. nur 3½ Std.) ■ *Ausgangspunkt:* Scherfede, unterhalb der Kirche/Briloner Str./Am Bach (Großparkpl.) ■ *Wegverlauf:* Briloner Str. 100 m westl. zur Triftstr. – halbre. bergan – beim braungeklinkerten Haus Nr. 11 li. die »Erbsenbreite« geradeaus wieder zur Triftstr. – Umgehungsstr. unterqueren – re. (Trimmparcours) am Hammerbach entlang – Klusmühle – bachaufwärts zur Mark. A1 – Hardehausener Hammer – Wisentgehege – nördl. im Bachtal zum Weiher u. Wanderparkpl. – re. nach Hardehausen – auf der Südseite des Klosters gerade östl. B 68 queren (Mark. ◇ u. ▲) – am Waldrand zur Hohen Warte – östl. bergab nach Oelberg/B 252 – li. Bahn kreuzen – Bonenburg (evtl. Bus nach Scherfede, ca. 2 Std. kürzer) – Ikenhausener Str. östl. über den Hoppenberg zum Wegekreuz Punkt 252 m – re. im Bogen um den Hoppenberg (li. u. re.) – südwestl. durch den Forst – Bahn kreuzen – li. (Punktmark.) durch das Weiße Holz (nach ca. 20 Min. li. Steingrab) – Rimbeck – re. nach Scherfede – od. vor Rimbeck westl. auf den Kellberg – Scherfede.

21   Hann. Münden/Fuldatal/Reinhardshagen

1 **A** Hann. Münden – Ihringshausen – Bahn nach Hann. Münden – **B** Hann. Münden – Kaufunger Wald/Rinderstall – Hann. Münden ■ *Gehzeiten:* **A** 4–4½ Std. (evtl. nur 2½ Std.); **B** 9–10 Std./2 Tage (od. nur 4½–5 Std.) ■

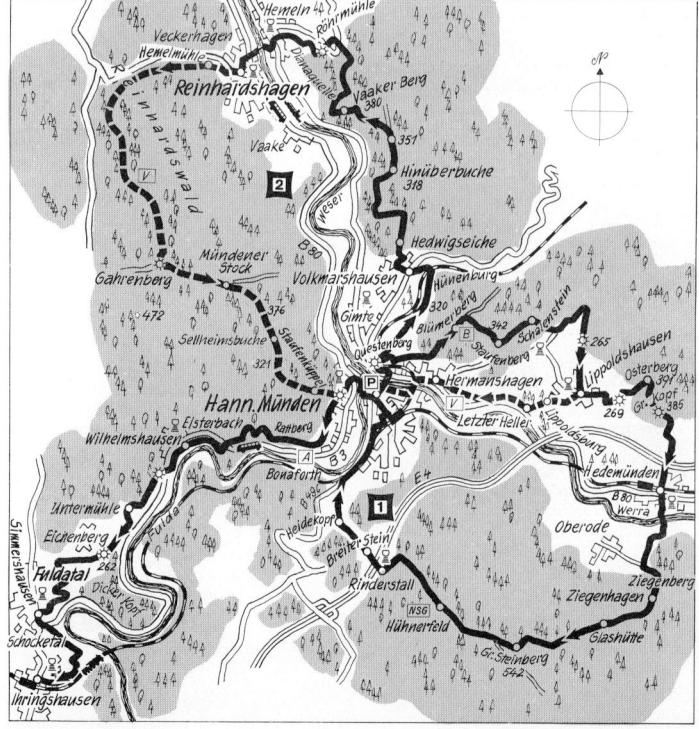

Ausgangspunkt: Hann. Münden, Stadtmitte/Kirche (Großparkpl. nordwestl. der Altstadt an der Kl. Weser) ▪ *Wegverlauf:* [A] Vom Kirchpl./Kirche St. Blasii Ziegelstr. zum Rathaus am Markt – li. Mühlenstr., über den gedeckten Steg zum Gasth. Weserstein – re. über den Festpl. (Abstecher zum Weserstein) – li. über die Hängebrücke die Fulda queren – Fischerweg westl., B 3 nach li. kreuzen – re. steil bergan – Tillyschanze – mit Mark. X3 auf der Höhe südl. u. talaufwärts – Rattbachtal – B 3 (Wanderparkpl.) – Elsterbach – Wilhelmshausen (evtl. Bus nach Hann. Münden, ca. 2 Std. kürzer) – weiter fuldaaufwärts, B 3 queren (immer noch Mark. X3/Wildbahn) – Untermühle – Osterbach u. Holzhausener Str. queren – über den Eichenberg – Simmerhausen – vor der Bahn re. ohne Mark. nach Ihringshausen – Bahn nach Hann. Münden.
[!] Vor Wanderstart Bahnfahrplan erkunden.
[B] Vom Kirchpl./Kirche St. Blasii Lange Str., über Werrabrücke nördl. – jenseits der B 80 zum Haus des Handwerks/Bahnüberführung, danach li. – Weserliedanlage/Beginn des Waldlehrpfades – re. (»Studentenpfad«/Mark. X13) – Questenberg – Herkulesblick – Düsterer Kellerbrunnen am Blümerberg – kurz danach re. (Mark. 3) – Staufenberg – li. am Waldrand nordöstl. – Schalenstein – Trimmpfad Ziegenbusch – Meensener Str. (Grillstelle) – auf ihr li. zur Wegspinne – re. über Punkt 265 m südl. – Lippoldshausen/Kirche – Raiffeisenstr. östl., nach 5 Min. re. u. wieder östl. (später re. u. gleich li.) – Höhe 269 m – Waldrand – Osterberg – re. (Mark. Muffelwidder) – Gr. Kopf – südl. durch den Hedemündener Wald – Mannstalgründe – Fahrstr. Meensen-Hedemünden, BAB u. Bahn, später Werratalstr. u. Werra kreuzen – mit Mark. N südl. nach Ziegenhagen/Rautenbachtal – südwestl. bergan – Glashütte – Nymphenteich – Steinbergwiesen – Burhenne-Denkmal – (geradeaus in wenigen Min. zum Naturfreundehaus am Gr. Steinberg u. zum »Fünfburgenblick«) – re. zum Frau-Holle-Pfad (Mark. X4) – Jugendwaldheim Steinberg – Kohlenstr. – NSG Hühnerfeld (Hochmoor) – Fuhrmannstein – li. zum Rinderstall (Whs./Waldmuseum/Wildgehege) – westl. BAB kreuzen – Forstlehrpfad Breiter Stein – Galgenbergstr. – Heidekopf – Galgenberg – Studentenpfad (Mark. X13) – Hann. Münden.
[!] Übernachtung vorbestellen.
[V] **Lippoldsburg – Hann. Münden** ▪ *Gehzeit:* Ca. 5 Std. kürzer ▪ *Wegverlauf:* Bis Lippoldshausen (Kirche/Thingpl.) wie [B] – weiter »An der Brückenecke« u. re. auf dem Lippoldsburgweg südl., später re. (Werraburgensteig/Mark. X5) – Lippoldsburg – Letzter Heller – Hermannshagen – Hann. Münden.

---

[2] **Hann. Münden – Reinhardshagen – Bus od. Schiff nach Hann. Münden** ▪ *Gehzeit:* 4–4½ Std. (evtl. 9–10 Std./2 Tage) ▪ *Ausgangspunkt:* Wie bei [1] ▪ *Wegverlauf:* Bis Weserliedanlage am Questenberg wie [1] – auf dem Waldlehru. Trimmpfad (13-Brückenweg; Mark. 1, 2, 4 u. wieder 2) am Grillplatz Falkenhorst vorbei – Tunnelportal Hünenburg – über dem Tunnel li. Göttinger Str. – Leineweberstr. westl. – Volkmarshausen – Schedebrücke – re. (Mark. Hirschgeweih) – Hedwigseiche – Hinüberbuche – mit Mark. Fliegender Falke nördl. durch den Bramwald (bei Punkt 351 m halbli.) – Vaaker Berg – mit Mark. Eichhörnchen u. Hirschgeweih – Dianaquelle – Quarzitblöcke – Forsthaus Röhrmühle – mit Mark. Kaninchen u. Hirschgeweih zur Weserfähre Hemeln – Reinhardshagen/Veckerhagen – Bus bzw. Schiff nach Hann. Münden.
[!] Schon in Hann. Münden die Rückfahrpläne erkunden. Proviant u. Getränke mitführen.
[V] **Durch den Reinhardswald zurück** ▪ *Gehzeit:* 4½–5 Std. länger ▪ *Wegverlauf:* Bis Veckerhagen/Reinhardshagen (evtl. Übernachtung) wie oben (od.

von Hann. Münden mit Schiff od. Bus) – Weserstr. westl., Poststr. li., Kasseler Str. re., beim Spielpl. li. (Felsenkellerstr.), gleich wieder re. (Mark. X14) – Hemelbachtal – Hemelmühle – Wassertretbecken/Grillstation – Veckerhagener Winterseite – Schartenloch – Wegvereinigung mit der »Wildbahn«/Mark. X3 – Sandbornwiesen – ehem. Braunkohlengrube Gahrenberg – Weggabelung Mündener Stock, halbre. halten – Punkt 376 m – Kohlenstr./Sellheimsbuche – Punkt 321 m, li. – Staufenküppel – Tillyschanze – Hann. Münden.

22 Kassel/Hofgeismar/Grebenstein/Immenhausen/ Trendelburg

1 **Hofgeismar – Sababurg – Hofgeismar** ■ *Gehzeit:* 8½–9 Std./2 Tage (evtl. nur 4 Std.; od. 9–10 Std.) ■ *Ausgangspunkt:* Hofgeismar, östl. Stadtrand, Bahnhof (P.) ■ *Wegverlauf:* Südl. zur Brunnenstr. (B 83), li. 400 m auf Fußweg neben ihr, dann halbli. Gesundbrunnenstr. zur Ev. Akademie – über den Bach, re. Lempeweg südl. – B 83 kreuzen – mit Mark. X6 (Niedersachsenweg) an der Lempe entlang – Papiermühle – li. zur Röddenhofer Höhe – Selzerteich – Höhe 274 m – Beberbeck – Schnitterkasere, da re. über 2 Bäche (Holzape), danach (bei Ziegelhütte) li. (Mark. X6 läuft östl. weiter) – Sababurgstr. kreuzen –

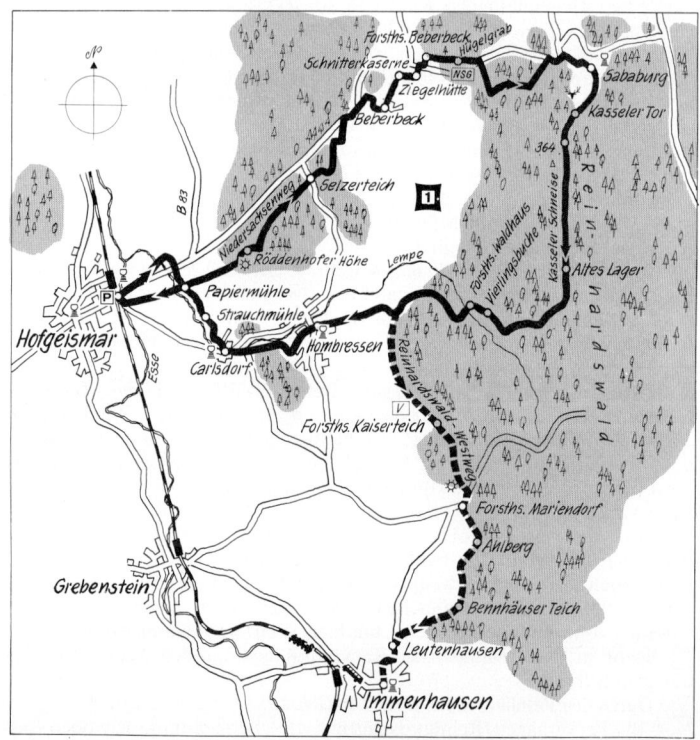

vorm Forsthaus Beberbeck re. (Mark. 2) – Hügelgrab – Wanderparkpl. Saba-
burgstr. – mit Mark. 7 südl., dann östl. – NSG Urwald – am Tierpark entlang –
Donnebachtal – vom Wirtshaus re. (Mark. X6) – Sababurg (Basalt-NSG; evtl.
Bus nach Hofgeismar, gut 3 Std. kürzer) – mit Mark. X3/X6 südl. zum Weiher
– Kasseler Tor – Punkt 364 m – mit Mark. X3 (Wildbahn) auf der Kasseler
Schneise südl. – Holzape kreuzen – Altes Lager – re. (Mark. X 3 läuft südl. wei-
ter) mit Mark. ⊥ – Vierlingsbuche – Forsthaus Waldhaus/Lempetal (Mühl-
städter Teich) – westl. (Mark. ⊥ und ◇) durch Hombressen ins Lempetal
(jetzt Mark. H) – in Carlsdorf re. an der Lempe entlang nördl. – Strauchmühle
– Papiermühle, li. zum Bhf. Hofgeismar.

☐V **Nach Immenhausen** ■ *Gehzeit:* Ca. 1 Std. länger ■ *Wegverlauf:* Bis kurz
vor Hombressen wie oben – am Waldrand li. (südl.) zum Reinhardswald-
Westweg (H-Mark.) – Forsthaus Kaiserteich – Forsthaus Mariendorf – Ahl-
berg – Punkt 319 m – re. u. südl. zum Bennhäuser Teich (Mark. ∧), re. – Leu-
tenhausen – Immenhausen – Bahn bzw. Bus nach Hofgeismar.

☐! Wanderstützpunkt nur bei der Sababurg. Übernachtung vorbestellen. Getränke u. Proviant mitnehmen. Bahn- bzw. Busrückfahrzeiten notieren.

☐2 **Trendelburg – Gottsbüren –**
Trendelburg ■ *Gehzeit:* 4½–5 Std.
(evtl. nur 4 Std.) ■ *Ausgangspunkt:*
Trendelburg, östl. Ortsrand, Gasth.
zum Goldenen Löwen, unterhalb der
Burg an der B 83 (P.) ■ *Wegverlauf:*
Über die Diemelbrücke – li. übers
Bahngleis – Friedrichsfelder Str. östl.
– nach dem letzten Haus vor gelber
Ortstafel li. (Mark. weißer Punkt)
zum Hochplateau/Trockener u.
Nasser Wolkenbruch (tiefe Trichter
im Wald) – li. (nördl.) nach Sauren-
tal, Straße queren – am Waldrand im
N-O-S-Bogen um die Rodung zur
Gottsbürener Str. – li. (östl.) bergab,

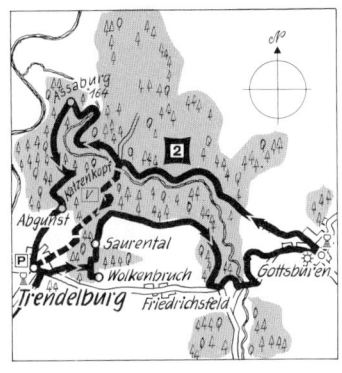

über Holzapebrücke, li. zum Keßpfuhl – vorm Fuldebach re. (Mark. 4) nach
Gottsbüren – Deiseler Weg westl. ins Holzapetal – bachabwärts (nach ca.
1½ Std. Abkürzungsmöglichkeit li., Mark. Senkrechter Doppelbalken nach
Trendelburg, ca. 1 Std. kürzer) – am Waldspitz (Nesselgrund) li. über den Bach
u. westl. – Assaburg – li. (südl. Mark. 8) – Katzenkopf – südl. weiter (Mark. 35)
– Abgunst – Trendelburg.

23 Göttingen/Dransfeld/Adelebsen

☐1 **Dransfeld – Hoher Hagen/Gaußturm – Dransfeld** ■ *Gehzeit:* 3½–4 Std. ■
Ausgangspunkt: Dransfeld, Kirche/Rathaus (P.) ■ *Wegverlauf:* Bei Fußgän-
gerampel re. Lange Str. westl., beim Alten Friedhof vor der Tankstelle (Köter-
welt) li., nach 300 m re. – Feldweg – zu einzelstehendem Baum/Holzhütte/
Findlinge – auf dem Fahrweg westl. u. südl. um u. über den Dransberg (Basalt-
brüche) – südl. ca. 40 Min. geradeaus, am Schotsberg westl. vorbei – im O-N-
Bogen zur Nase am Hengelsberg – nördl. am Altarstein u. Gieseckestein (re.
halten) vorbei zum Basaltbruch Hoher Hagen/Gaußturm – Str. nordöstl.

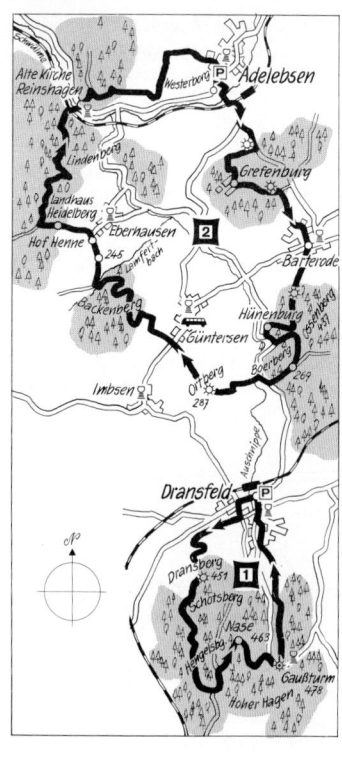

queren – li. auf dem Forstlehrpfad nördl. zum Campingpl./Freibad – gerade nach Dransfeld.

2 **Adelebsen – Kirche Reinshagen – Adelebsen** ■ *Gehzeit:* 6–6½ Std. (bei Busrückfahrt von Güntersen – über Göttingen! - nur ca. 3 Std.) ■ *Ausgangspunkt:* Adelebsen, Burg (P.) ■ *Wegverlauf:* Vorm Burgtorbogen re. die Steintreppe abwärts, am Fachwerkkirchturm vorbei, zur Fachwerkhäuserzeile – nach dem letzten Haus re. zur Hauptstr. – re. zum Straßenabzweig, li. Dransfelder Str. über die Bahn – li. 5 Min. auf der Hauptstr., li. Barteroder Str. zum Waldrand – bei 2 großen Eichen im Wald re., nach 5 Min. li. bergan zur Grefenburg (Basaltbruch) – östl. bergab, beim Waldende re. – Barterode/Kirche – südl. auf dem Fahrweg zur Höhe, westl. des Ossenbergs re. Abstecher in 10 Min. zur Hünenburg – weiter südl. zu Punkt 269 m, re. unterm Boerberg zur Straße – re. 300 m auf ihr, li. Ausschnippebach überqueren – Ortberg – Güntersen (evtl. Bus über Göttingen nach Adelebsen, gut 3 Std. kürzer) – Basaltbruch Backenberg – nordwestl. Lamfertbach queren – Punkt 245 m – Hof Henne – Eberhausener Str. – li. westl., nach Landhaus Heidelberg re. u. immer nördl. (westl. des Lindenbergs ein Bachtal queren) – Alte Kirche Reinshagen/Schwülmetal – nördl. zur Waldhöhe u. östl. zum Westerberg – im N-O-Bogen zur Burg Adelebsen.

! Bei Rückfahrt von Güntersen in Adelebsen Busfahrpläne erkunden.

24 Bodenfelde/Wahlsburg/Oberweser

1 **Bodenfelde – Schloß Nienover – Bus, Bahn oder Schiff nach Bodenfelde** ■ *Gehzeit:* 4–4½ Std. (zu Fuß zurück insges. 4½–5 Std.) ■ *Ausgangspunkt:* Bodenfelde, südl. Ortsrand/Weserpromenade (P.) ■ *Wegverlauf:* Von der Weser Hafenstr. nördl. Richtung Kirche/Salzkotten – über Reiherbachbrücke, li. neben Gasth. Krone Fußweg zur Bahnüberführung – li. Nienoverer Weg – Freibad/Campingpl. – nach dem Reiterverein re. zum Wanderparkpl. am Waldrand – li. Panoramaweg/Mark. 5 nördl. zur Nienoverer Str., re., nach wenigen m li. vorm Waldrand zum Wanderparkpl. – re. (Mark. X 10 a) – Schloß Nienover (Whs.) – im Reiherbachtal (Mark. X 14) erst westl., dann li. (südwestl.) – Lauenförder Trift – Tellerbusch – Lug-ins-Land – Blockholzer Berg – Bad Karlshafen – Bus, Bahn od. Schiff nach Bodenfelde.

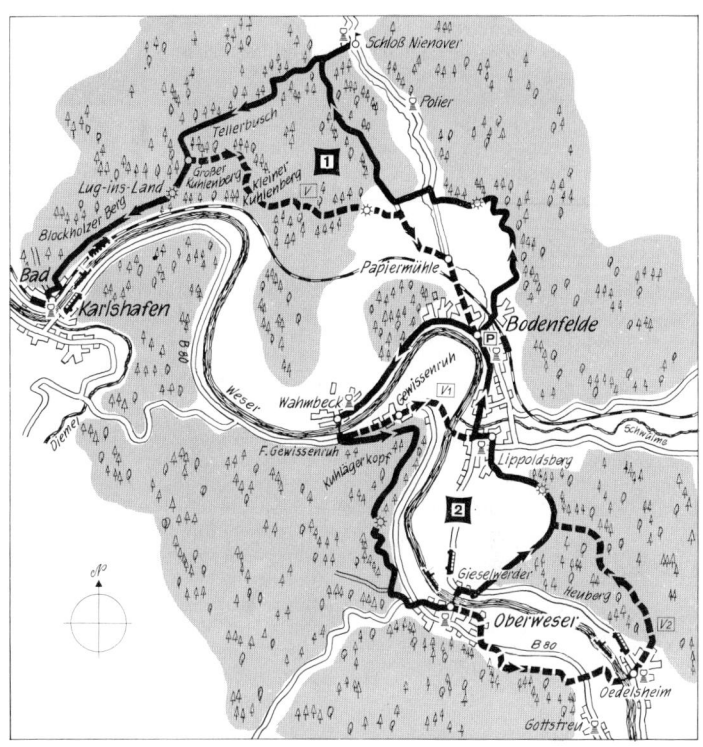

V **Abstieg nach Bodenfelde** ■ *Gehzeit:* Zusätzl. gut 1 Std. ■ *Wegverlauf:* Vom Lug-ins-Land mit Mark. X 10 östl. um den Großen u. Kleinen Kuhlenberg – Papiermühle/Reiherbachtal – Bodenfelde.

! Vor Aufbruch die Rückfahrpläne ab Bad Karlshafen notieren.

2 **Bodenfelde – Gieselwerder/Oedelsheim – Bodenfelde** ■ *Gehzeit:* 4½–5 Std. (od. 5½–6 Std.; evtl. nur 2½–3 Std.) ■ *Ausgangspunkt:* Bodenfelde, südl. Ortsrand/Weserpromenade (P.) ■ *Wegverlauf:* Auf der Weserpromenade nördl. weserabwärts – Wahmbeck – Fähre zum Forsthaus Gewissenruh – B 80 zum Köhlergrund hin queren, li. (Wasserbehälter) mit Mark. Ge 2 östl., dann südl. um den Kuhlägerkopf (halbli. halten) – Höhen-Panoramaweg zu den Miniaturmühlen – Gieselwerder (Kirche/Rathaus; evtl. Schiff od. Bus nach Bodenfelde, 2 Std. kürzer) – nördl. über Weserbrücke, Oedelsheimer Str. re., nach 3 Min. li. – nordöstl. auf dem Heubergsweg (Mark. 2) zur Höhe, später im Wald li. (Mark. V 1) – nördl. nach Lippoldsberg – Mühlbach – Klosterkirche – Mühlen- u. Marktstr. zur Vogtei – entlang der Weser nach Bodenfelde.

V1 **Gewissenruh – Lippoldsberg** ■ *Gehzeit:* Ca. 2 Std. kürzer ■ *Wegverlauf:* Bis Forsthaus Gewissenruh wie oben – B 80 östl., dann li. Gewissenruher Dorfstr. zur Weserfähre Aschenhof – Lippoldsberg – weiter wie oben nach Bodenfelde.

V2 Gottstreu – Oedelsheim ■ *Gehzeit:* Gut 1 Std. länger ■ *Wegverlauf:* Bis Gieselwerder wie oben – »In der Klappe« – Mühlenbachstr. – B 80, li. – hinter der Fabrik re. – Rottlandweg – Glashütte/Bachtal – li. B 80 queren – Fähre nach Oedelsheim (evtl. Bus od. Schiff nach Bodenwerder, ca. 1½ Std. kürzer) – von der Kirche zum Friedhof u. Kinderspielpl. – li. mit Mark. V 1 u. + – Heuberg – Lippoldsberg – weiter wie oben nach Bodenfelde.

! Schon in Bodenfelde Fähr-, Schiffs- u. Busverbindungen erkunden. Bei **V2** evtl. Übernachtung vorbestellen.

25 Bad Karlshafen/Beverungen

1 Bad Karlshafen – Hann. Klippen – Hess. Klippen – Bad Karlshafen ■ *Gehzeit:* 2½–3 Std. (evtl. 4½–5 Std.) ■ *Ausgangspunkt:* Bad Karlshafen, Hafenbecken, Rathaus/Gasth. zum Landgraf Carl (P.) ■ *Wegverlauf:* Re. Weserstr. (Hafenbecken) nordöstl., li. über Weserbrücke – re. »Unter den Eichen« weseraufwärts zum Fußgängerschild – li. durch die niedrige Bahnunterführung – im Ferriesgrund nördl. bergan zur großen Li.-Kurve der Teerstr. – auf der Str. (Winnefelder Str./Mark. 38) 5 Min. westl. zum Dreiländerblick beim Steinbruch – kurz danach halbli. (Wegweisersäule) – Hann. Klippen – Würgassen – Kahnfähre über die Weser – Herstelle – re. weserabwärts, beim letzten Haus/ steinerne Brücke li. – B 83 kreuzen, neben dem Steinbruch (Wegweiser »Klip-

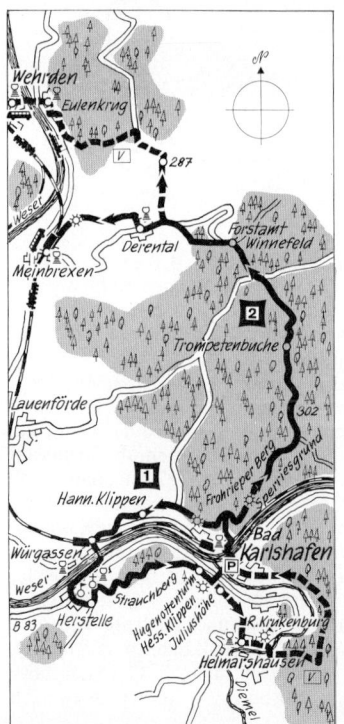

penweg«) zu Burg u. Kloster – an der Klostermauer entlang (Mark. X 17) – Strauchberg – Dreiländereck – Hess. Klippen (Sängertempel – Bismarckhöhe – Hugenottenturm – Ludwigstein – Juliushöhe) – zurück nach Bad Karlshafen.

! Bei Busrückfahrt von Herstelle (ca. 1 Std. kürzer) Fahrplan notieren.

V Helmarshausen – Bad Karlshafen ■ *Gehzeit:* Ca. 2½ Std. länger ■ *Wegverlauf:* Bis Hess.Klippen/ Juliushöhe wie oben – mit der X-Mark. auf der Höhe weiter südl. – Carlsplatz – Krukenburg – Helmarshausen (Bus-H. an der B 83) – über die Diemel – mit Mark. X 14: Gottsbürener Str. – halbli. bergan zum Wegkreuz auf dem Wechselberg – li. (nordw./Mark. X 3) – Hessenkanzel/ Hermann-Löns-Pl. – Bad Karlshafen.

2 Bad Karlshafen – Meinbrexen – Bahn od. Bus nach Bad Karlshafen ■ *Gehzeit:* 3½–4 Std. (evtl. bis 4½ Std.) ■ *Ausgangspunkt:* Wie bei **1** ■ *Wegverlauf:* Bis Ferriesgrund/große Li.-Kurve der Teerstr. wie bei **1** – scharf re. (Mark. X 10) Forststr. (Hangweg um den Frohrieper Berg) überm

Sperriesgrund nördl. durch den Winnefelder Forst – Punkt 302 m – Trompetenbuche (bei Punkt 325 m) – Beverunger Str. kreuzen – Forstamt Winnefeld – westl. – Derental (X-Mark. läuft nördl. weiter) – am Ortsende re., nach 5 Min. li. – auf der Höhe westl. zur Bahnlinie – li. Meinbrexen – Bahn bzw. Bus nach Bad Karlshafen.

☒ **Nach Wehrden** ■ *Gehzeit:* Ca 1 Std. länger ■ *Wegverlauf:* Bis Derental wie oben – mit Mark. X 10 u. 18 nördl. – Höhe 287 m – nach Wanderparkpl. li. auf der Nordhöhe des Reinertals, später oberhalb der Weser (Buchbergstr.) zum Eulenkrug – Fähre nach Wehrden – Bahn, Bus od. Schiff über Beverungen nach Bad Karlshafen.

☒ Schon vor Wanderbeginn die entsprechenden Rückfahrpläne notieren.

26 Uslar/Hardegsen/Moringen/Northeim

☒ ☒ **Uslar – Sohlingen od. Schönhagen – Bus nach Uslar –** ☒ **Uslar – Volpriehausen – Bus od. Bahn nach Uslar** ■ *Gehzeiten:* ☒ 2½ bzw. 3 Std.; ☒ 6–6½ Std., (☒ nur ca. 5 Std.) ■ *Ausgangspunkt:* Uslar, Graftpl., Kirche/Rathaus (P.) ■ *Wegverlauf:* Vor dem Rathaus Kurze Str. nördl. bergan, bei Ampel halbli. in 5 Min. auf der »Ausschnippe« zur »Schwarzen Erde«, beim TÜV re. auf ihr nördl. – später halbli. unter Bäumen neben dem Trockengraben bergan zur Waldhöhe.

☒ Halbli., dann westl. (später re. halten) – Strutberg (Aussichtsturm) – entweder südl. zurück zum Wanderparkpl. (Trimmpfad) beim Gasth. Waldschänke u. nach Sohlingen – Bus nach Uslar – od. vom Aussichtsturm nördl., auf der 2. Forststr. li. – Lunaborn – Schönhagen – Bus od. Bahn nach Uslar.

☒ Auf der Waldhöhe nördl. (immer am Waldrand westl. der Talsohle) – nach ca. 2 Std. (ab Uslar) im Re.-Bogen zur Str. Uslar–Neuhaus – südl. zum Forsthaus Donnershagen/Wanderparkpl. – Forststr. 50 Min. östl., beim Forststraßendreieck re., nach 10 Min. li. – Großer Steinberg – genau südl. – Bräuerstein – Wanderparkpl. Hennekenberg – mit Mark. X 29 a nördl. zum Punkt 369 m – Kirchenruine Malliehagen – Punkt 262 m – Bergsee – Delliehausen (Bus-H.) – östl. Rehbach überschreiten – re. (südl.) auf der östl. Talseite nach Volpriehausen – Bahn od. Bus nach Uslar.

☒ Zwischen Donnershagen u. Delliehausen (☒) kein bewirtschafteter Wanderstützpunkt: Proviant u. Getränke im Rucksack mitführen. In den großen Solling-Waldgebieten sind eine gute Wanderkarte u. ein Kompaß unbedingt erforderlich. Schon in Uslar die Bus- u. Bahnrückfahrzeiten notieren.

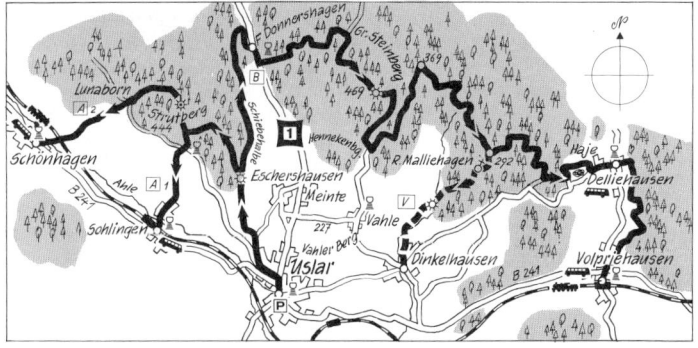

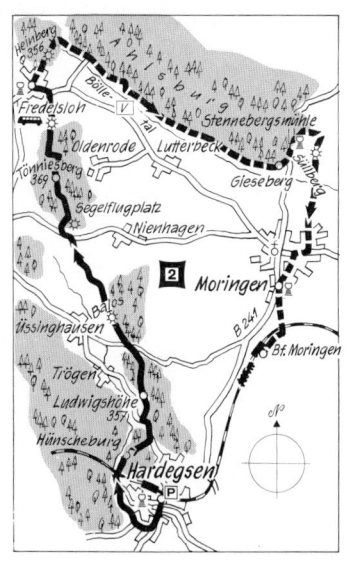

$\boxed{\text{V}}$ **Durch das Malliehagener Bachtal zurück** ■ *Gehzeit:* Ca. 1½ Std. kürzer ■ *Wegverlauf:* Bis Malliehagen wie bei $\boxed{\text{B}}$ – entlang des Bachtals südwestl. zum Wanderparkpl. – Fahrstr. nach Dinkelhausen – Bus nach Uslar.

$\boxed{\text{2}}$ **Hardegsen – Fredelsloh – Bus nach Hardegsen** ■ *Gehzeit:* 4–4½ Std. (evtl. 8–8½ Std./2 Tage) ■ *Ausgangspunkt:* Hardegsen, Hauptstr. (Lange Str.)/B 241, Stadtwappenbrunnen/ Fotogeschäft an der großen Straßenkurve (P.) ■ *Wegverlauf:* Beim Fußgängerübergang (Lebensmittelmarkt) re. Stuberstr. zur Kirche – Burgschänke – westl. über den Burghof u. durch den Durchgang in den Kurpark – gerade, dann halbre. (Telefonhäuschen), re. zum Wildpark (liegt re.), halbli. Ertinghauser Str. (Mark. X 17) durch die Bahnunterführung – re. um die Hünscheburg östl. zur Fredelsloher Str. – li. 5 Min. auf ihr nördl., beim Wanderparkpl. re. ab – Ludwigshöhe – Weperkamm – Balos (Sohnreywarte)-Nienhagener Str. kreuzen – Segelflugpl. – Tönniesberg – Fredelsloh – Bus nach Hardegsen.

$\boxed{\text{V}}$ **Über die Ahlsburg** ■ *Gehzeit:* 4–4½ Std. länger ■ *Wegverlauf:* Bis Fredelsloh wie oben – Kirche (Mark. X 2) – Heinberg zum Waldrand – bei der Dicken Eiche re. an ihm entlang (längs des Bölletals) – Drucksteinquelle – Lehrpfad – Forsthaus Gieseberg – li. zur Stennebergsmühle B 241 queren, in Nord- u. Ost-Richtung auch die Bölle – jetzt immer südl. – Süllberg – Moringen/Kirche – B 241 – halbli. zur Bahn, danach re. – Bhf. Moringen – Bahn nach Hardegsen. $\boxed{\text{!}}$ Vor Wanderstart Bus- u. Bahnfahrpläne erkunden.

27 Einbeck/Dassel/Neuhaus

$\boxed{\text{1}}$ **Einbeck/Rotenkirchen – Dassel – Bus nach Einbeck** ■ *Gehzeit:* 4½–5 Std./ 1 Tag od. 8½–9 Std./2 Tage od. 12–13 Std./3 Tage ■ *Ausgangspunkt:* Einbeck, nordöstl. Altstadtrand, Bhf./Postamt/Busbahnhof (P.) ■ *Wegverlauf:* Fahrt mit dem Bus von Dassel nach Rotenkirchen – vom Gut Edemissener Str. 300 m östl., (Telefonhäuschen) – re. »Am Rennen« zum Waldschwimmbad – Wanderparkpl., halbre. 300 m auf der Fredelsloher Str. westl., beim Fischweiher halbre., Ruine Grubenhagen – südl. (am Forststraßenkreuz/Amt für Bodenforschung u. zur Mark. X2/X17 – re. (Mark. X2) – Kammhöhe – Dicke Eiche – Fredelsloh – Störtelberg – Kohlweg – Königsbuche – re. (X-Mark. läuft westl. weiter) – Kasselsberg – Forellenhof – jenseits des Diessebachs im spitzen Winkel li. (westl.), die Platte westl. u. nördl. umrunden – Wanderparkpl./Renneborn/Hullerser Grund – li. im Kreuzgrund 30 Min. westl., re. in 10 Min. zum Gehrenberg – re. über den Wakeborn – Kaisereiche – Lehrpfad – NSG – Punkt 291 m – Löwenburg – Lauenberg (evtl. Bus nach Einbeck) – vom

Lauenberger Sportpl. westl. ins Bachtal – Teufelsgrund – Punkt 308 m – Gehrenberg – 30 Min. westl., re. über Punkt 325 m – Wanderparkpl. Waldrand (Punkt 279 m, kurz vor Hilwartshausen) – li., später im Wald 2 Tälchen westl. queren – Punkt 278 m – re. (nördl.) ins Riepenbachtal – Wanderparkpl./ Schleifmühle – mit Mark. X14 bis Dassel: Gestüt Relliehausen – Burgberg, Ilme queren – Dassel (evtl. Bus nach Einbeck) – von Dassel (Kirche/Markt) auf der Mühlenstr. östl., li., re., li. Ziegenallee nördl. – Badeanstalt – Erichsburger Str. queren – Schleifmühle – westl. um den Rothenberg – Ruine Hunnesrück – 10 Min. nördl. – re. an Eselsteich u. Mittelteich vorbei – Hunnesrück – Schloß Erichsburg – Eilensener Str. 15 Min. südl. – li., re., li. – Markoldendorf – Bus nach Einbeck.

[!] Die gesamte 3-Tage-Tour verlangt Gehvortraining u. Orientierungssinn in den großen Waldgebieten: eine gute Wanderkarte u. ein Kompaß sind unbedingt erforderlich. Übernachtungen vorbestellen – Busrückfahrzeiten vor Wanderaufbruch notieren, Getränke u. Proviant mitführen! Bus nach Rotenkirchen nur werktags (evtl. Taxi).

[2] **Neuhauser Rundweg** ■ *Gehzeit:* 4, 7 od. 8½ Std., 1 Tag od. 2 Tage ■ *Ausgangspunkt:* Neuhaus im Solling, Kurverwaltung, Großparkpl. ■ *Wegverlauf:* Lindenstr. westl. zur Hauptstr. (B 497), jenseits auf dem Hüttenpl. u. »Am wilden Kiel« zum Hotel Schatte – davor li. Derentaler Str. (Mark. 1) – Kinder-

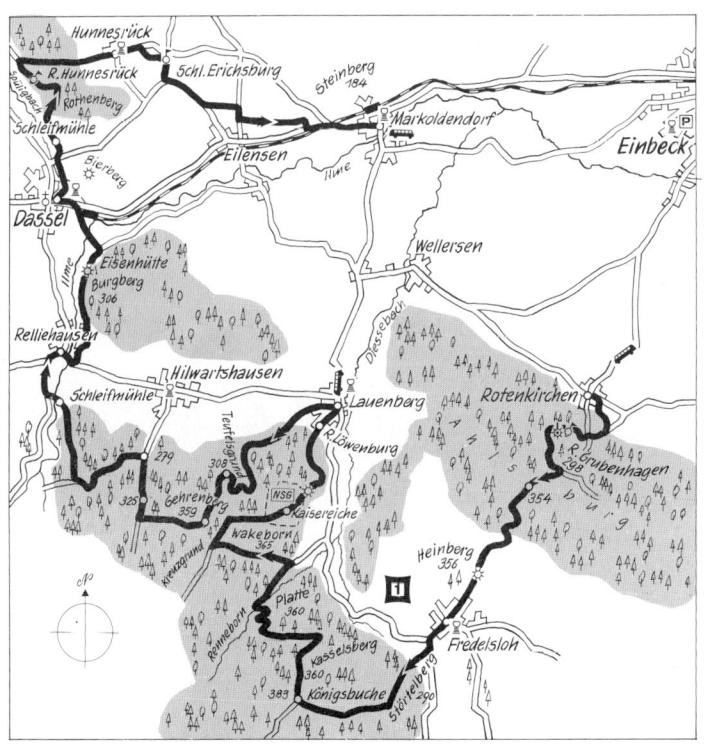

heim – Forsthaus (li. halten) – Dölmetal – nach 50 Min. li. Tal u. B 497 queren (Ahlequelle/Fricke-Schutzhütte) – östl. gerade (später ohne Mark.) durch den Wald – Punkt 458 (Dölme-Hütte/Dölmequelle) – nördl. mit Mark. 10, dann 12 entlang des NSG Torfmoor – Silberborn (evtl. am Waldrand li. – Hackelbergstein – Neuhaus, insges. ca. 4 Std.) vorm Ort re. (erst Mark. 13, dann 15) entlang NSG Mecklenbruch – Hellentaler Grund (Hasenlöffelborn) – Petersilienplakken/Gr. Ahrensberg – Punkt 486 m (Mark. 15) – Punkt 503 m, re. (ohne Mark.) Gehrenstr. westl. zur Mark. 2, mit ihr im N-Bogen – Mühlenberg (od. evtl. mit Mark. 3 u. 7 zurück nach Neuhaus, insges. 6½–7 Std.) westl. (Mark. 3), dann südl., vor Punkt 373 m re. (Mark. 9) – Fohlenplacken im Holzmindetal – mit Mark. 4 nach Neuhaus (insges. 8–8½ Std.).

[!] Übernachtungen vorbestellen. Proviant in den Rucksack packen.

[V] **Hellental – Schießhaus – Holzminden** ■ *Gehzeit:* Insges. ab Silberborn 7–8 Std./2 Tage ■ *Wegverlauf:* Bis Mecklenbruch/Hasenlöffelborn wie oben – re. im Hellentaler Grund/Hellental – Ort Hellental/Kirche – westl. (Mark. X16) – Schießhaus – Whs. Waldmühle – Schießhäuser Str. im Hasselbachtal nach Pipping (Bus-H.) – Holzminden – Bus nach Neuhaus.

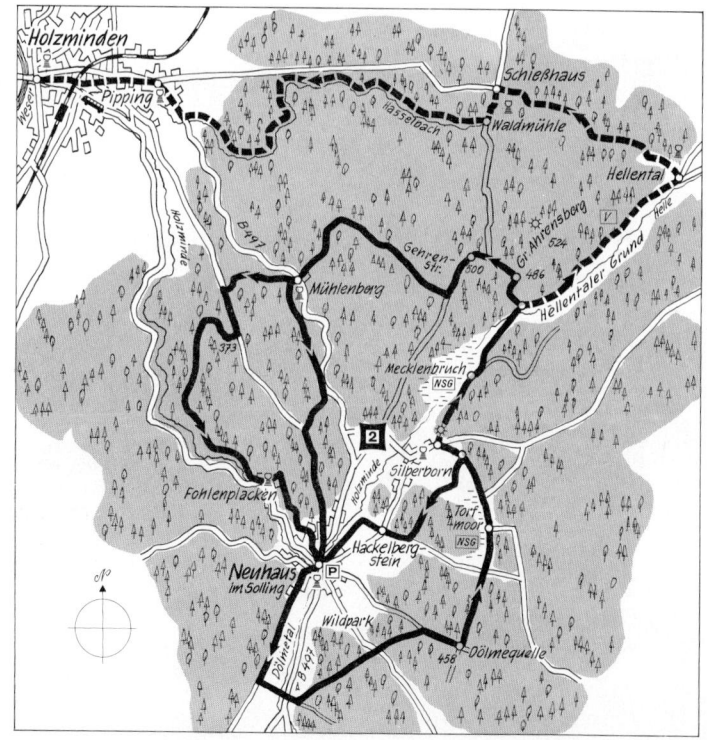

1 A **Höxter – Rauschenberg – Höxter –** B **Höxter – Brunsberg – Höxter**
■ *Gehzeiten:* A 1½–2 Std. (evtl. bis 3 Std.); B 2–2½ Std. ■ *Ausgangspunkt:*
A Höxter, östl. Stadtrand (Großparkpl. am re. Weserufer); B südl. Stadtrand,
Wanderparkpl. an der B 64/83 (Godelheimer Str.) ■ *Wegverlauf:* A Westl.
über Weserbrücke u. Bahnlinie, vorm Rathaus (Wanderinformationstafel) re.
zur Kirche – gegenüber (Sitzgruppe) durch Ladenpassage zum Markt – vor
Nikolaikirche re. 10 Min. nördl. – Marktstr. – Nikolaistr. – Albaxer Str. – nach
Tankstelle halbli. Küsterweg (Bratvogelweg; Mark. △) – am Waldrand re.,
kurz darauf li. zum Mäuseturm (Wachturm) – nördl. weiter (re. halten) – Rauschenberg – Punkt 295 m – re. bergab zum Forsthaus Nachtigall/B 64/83 –
Bus nach Höxter.

! Fahrplan schon in Höxter studieren.

V **Über Corvey zurück** ■ *Gehzeit:* Gut 1 Std. länger ■ *Wegverlauf:* Bis Mäuseturm wie oben – 5 Min. südl. zurück, li. Prinzenweg über den Weinberg u.
östl. – Prinzessinnenklippen (Nähe Teufelsschlucht) – Wesertalstr. queren,
halbre. über freies Feld (die Lüe) nach Corvey/Schloß – südl. zum Weserhafen
– flußaufwärts – Weserpromenade – Höxter.

B Beim Felsenkeller Rodeneckturmweg südl. – Aussichtsturm Rodeneck –
Klippenweg (Mark. V) – Sachsengrä-
ben – Brunsberg – Brunsburg – diese
im O-N-Bogen umrunden – Burgweg (Mark. Punkt) ums Schleifental,
später halbli. – Philosophenweg
(Mark. Balken) – Sägerweg (Mark.
Doppelbalken/Waldlehrpfad) –
Höxter.

2 **Höxter – Corvey – Fürstenberg –
Bus od. Schiff nach Höxter** ■ *Gehzeit:*
5½–6 Std. (evtl. nur 5 Std.) ■ *Ausgangspunkt:* Wie bei 1A ■ *Wegverlauf:* Bis Nikolaikirche wie bei
1A – re., nach 150 m wieder re. –
Corbiestr. – Corveyer Allee – Bhf.
Höxter – Schloß Corvey – vorm
Schloß li., re. zur Weser – li. flußabwärts, re. über Straßenbrücke, re. weseraufwärts – Lüchtringen (Kirche) –
Lange Str. südl., beim Gasth. Weserstr./alte Kastanie weiter weseraufwärts zur Eisenbahnbrücke –
kurz danach li. Bahn kreuzen –
Gasth. Steinkrug/Boffzener Str. –
jenseits östl. am Waldrand entlang,
nach 5 Min. halbre. zur Mark. X18 –
mit ihr (bis Eulenkrug) südl. – Rott-
mündetal – Forsthaus Rottmünde
(Wildgehege) – Boffzener Forst –
Fürstenberg (Porzellanmanu-

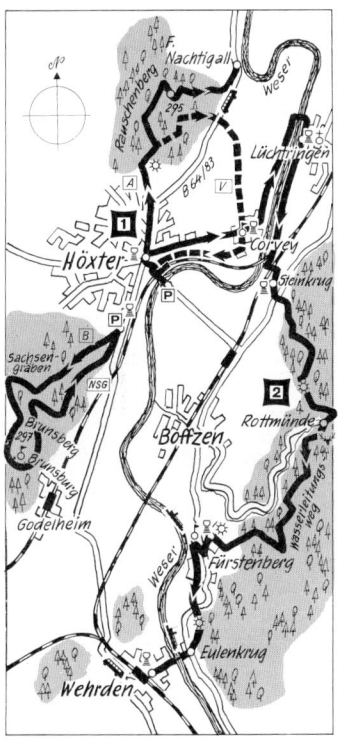

faktur/evtl. Rückfahrt mit Schiff nach Höxter, ca. 1 Std. kürzer) – Bootsanlegestelle – Whs. Eulenkrug – Weserfähre nach Wehrden – Bus od. Schiff nach Höxter.

[!] Schon in Höxter Rückfahrverbindungen notieren.

29 Holzminden/Bevern/Polle

[1] **Stahle – Kiekenstein – Stahle** ▪ *Gehzeit:* 2–2½ Std. ▪ *Ausgangspunkt:* Stahle (2 km südwestl. von Holzminden), Hotel Kiekenstein an der B 83 (P.) ▪ *Wegverlauf:* B 83 queren, Teerfahrweg wenige m schräg aufwärts – bei Holzbank halbli. in die Talmulde – auf schmalem Pfad zur Teerstr. – re. zum Wanderparkpl. (Wanderinformationstafel) – danach li. (Straßenschleife/Wegweisersäule/grüne Mark.) – Freilichtbühne – Marienkapelle – Mahnkreuz/Feldbergplateau (213 m) – Köterbergsicht – östl. bergab ins Orttal, einige m talabwärts – li. (ohne Mark.) auf dem Ziehweg nördl. – Ascherberg – scharf re. (südl.) – Kiekenstein – Gasth. Kiekenstein.

[!] Unterwegs kein Stützpunkt: Verpflegung u. Getränke mitführen.

[2] **Holzminden – Forst –** [A] **Eberstein – Holzminden –** [B] **Polle – Köterberg – Holzminden** ▪ *Gehzeiten:* [A] 4½–5 Std.; [B] 8–9 Std./2 Tage; bei Rückfahrt von Polle nur ca. 4 Std. ▪ *Ausgangspunkt:* Holzminden, Johannismarkt/Jugendherberge an der Weserbrücke (Großparkpl.) ▪ *Wegverlauf:* Beim Telefonhäuschen Johannisstr. nördl. zum Markt/Kirche, Niedere Str. re. – beim Wilh.-Raabe-Brunnen halbli. Karlstr. – vor dem Straßendreieck (B 64/Stopschild) li. Nordstr. – nach 200 m re. »Unterm Kiekenstein« zur Lindenallee – li. zum TÜV, da re. »Im Niederen Felde« weserabwärts – Forst – re. halten, hinter der Domäne: [A] Re. (Mark. X 10 u. X 28) südöstl. – Friedberg/Burgberg – Großer u. Kleiner Eberstein – wieder 20 Min. westl. zurück – bei Schutzhütte südl. – Kaiserbrunnen – Bevern – Bus nach Holzminden.

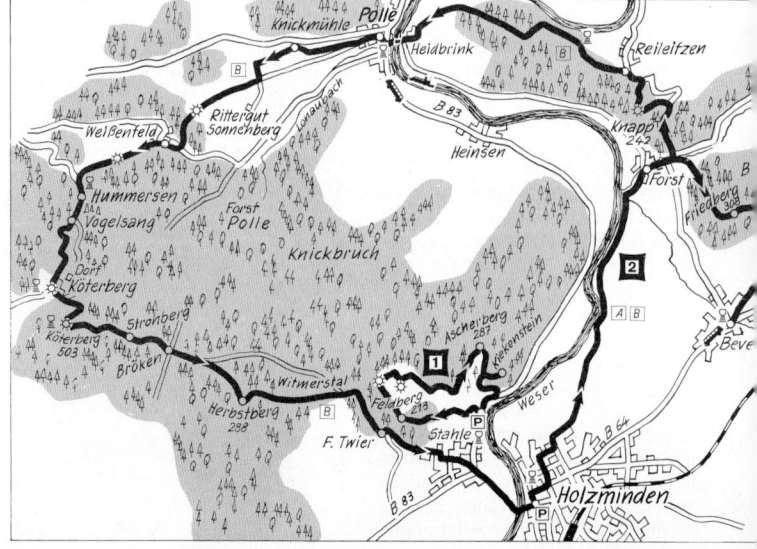

44

$\boxed{V}$ Vom Kleinen Eberstein südl. zum Wanderparkpl./B 64 – Ebenholz-Knickbachtal – Arholzen (ca. ½ Std. kürzer) – Bahn nach Holzminden.
$\boxed{B}$ Hinter der Domäne Forst li. (Mark. X 28) – Kreuzgrund (li. halten) – Knapp – Reileifzen – »Zur Brille« (Whs.) – westl. zur Domäne Heidbrink – Weserfähre nach Polle (evtl. mit Bus od. Schiff nach Holzminden) – beim Fährhaus re. zur Burg – abwärts zum Amtspl. – B 83 queren – auf der »Hohen Brücke« zum Briefkasten/Zigarettenautomat – da (Haus Nr. 181) re. am Spiekersiekbach entlang – vor der Knickmühle (Brücke) halbli. aus dem Tal ansteigend (entlang Leitungsmasten) zu einer Bank – li. (südl.) auf dem Teerweg zur Höhe, am Wegekreuz re. (Mark. X 18) westl. – Weißenfeld – Hummersen – Vogelsang – Ort Köterberg – Köterberg – mit Mark. X 19 östl. – Strohberg – Bröken – Herbstberg – Witmerstal – Forsthaus Twier – Stahle – Holzminden.
$\boxed{!}$ In der Hochsaison Übernachtung auf dem Köterberg vorbestellen. Bei Rückfahrt von Polle (bis dahin ca. 4 Std. Gehzeit): vor Wanderstart Fahrpläne erkunden.

30 Bodenwerder/Hehlen/Ottenstein/Brevörde/Rühle

$\boxed{1}$ **Bodenwerder – Ottenstein – Steinmühle od. Brevörde – Bus nach Bodenwerder** ■ *Gehzeit:* 5½–6 Std. (evtl. nur 2–2½ Std.) ■ *Ausgangspunkt:* Bodenwerder, Münchhausenbrunnen vor Münchhausens Geburtshaus (Rathaus)/Heimatmuseum (P. neben dem Hotel Deutsches Haus) ■ *Wegverlauf:* Östl. über Weserbrücke, li. (Weserpromenade) – Freibad – Eisenbahnbrücke – am Hafen vorbei (danach re. evtl. Abstecher: bergan Bismarckturm – Franzosenhöhle/Kruckberg – Ruine Lauenburg – Alter Burgwall/Heiligenberg; zusätzl. gut 1 Std.) – entlang der Weser – Daspe – Fähre nach Hehlen (evtl. mit Bahn, Bus od. Schiff nach Bodenwerder; ca. 4 Std. kürzer) – an der B 83 re. halten, beim Gasth. Hoffmeister li. – Ottensteiner Str., beim Gasth. Kühne li., halbre. –

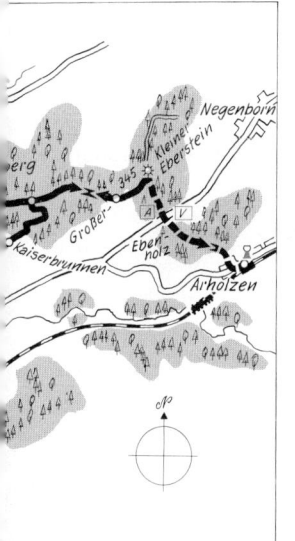

Brönenberg – nach 1 Std. auf dem Hagenberg scharf li. (südöstl.) zum Wanderparkpl. Sievershagen – Str. talaufwärts, bei der 1. Straßenschleife genau südl., durch Wald u. über freies Feld – Hattenser Kirche – Ottenstein – Brevörder Str. südöstl. – Wanderparkpl. – beim Teufelsbadeteich südl. – Höhe 263 m, li., re. zur Wesertalsicht Brevörder Str. – li. auf der Höhe zum NSG Mühlenberg – Felsensteig bergab zur Steinmühle – Bus nach Bodenwerder.
$\boxed{V}$ **Abstieg nach Brevörde** *Gehzeit:* Kein Unterschied ■ *Wegverlauf:* Von Ottenstein südl. über die Ottensteiner Höhe ins Glessebachtal – scharf li. (Mark. X 18) – Schützenhaus – Brevörde – Bus nach Bodenwerder.
$\boxed{!}$ In Bodenwerder Busfahrpläne ab Steinmühle bzw. Brevörde erkunden.

[2] **Bodenwerder – Bodoturm – Rühler Schweiz –
Bus nach Bodenwerder** ■ *Gehzeit:* 5–5½ Std.
(ohne Busfahrt 7–7½ Std., dann 2 Tage) ■ *Ausgangspunkt:* Wie bei [1] ■ *Wegverlauf:* Östl. über
Weserbrücke, Haller Str. kreuzen – gerade Ste-
phanusstr. (re. Wegweiser) zur Ostlandstr. – re.,
li. Drosselsteig zum Wald – halbli. (Wegweiser)
zur Königszinne – mit Mark. X 28 genau südl.
über den Vogler: Bodoturm – Schnippkopf –
Ebersnacken – Bremkebachtal, noch vorm Großer Apenberg bei Golmbach re. (westl.) bergan –
Großer Schweineberg – nordwestl. bergab ins
Bachtal – li. Fahrstr. in die Rühler Schweiz – Bus
od. Schiff nach Bodenwerder – od. zu Fuß auf
dem östl. Weserhöhenweg: Weinberg – Großes
Tal – Forstlehrpfad – Künneckengrund (zusätzl.
gut 2 Std.).
[V] **Abstieg nach Eschershausen** ■ *Gehzeit:*
Kaum Unterschied ■ *Wegverlauf:* Vom Ebers-
nacken mit Mark. X28 – Piepenberg/Eschers-
hausen – Bahn nach Bodenwerder.
[!] Verpflegung u. Getränke mitführen. Bahn-,
Bus- u. Schiffsrückfahrzeiten notieren.

31 Stadtoldendorf/Eschershausen

[1] **Stadtoldendorf** [A] **Homburg** – [B] **Holzberg – Stadtoldendorf** ■ *Gehzeiten:*
[A] 2½–3 Std.; [B] 3–3½ Std. ■ *Ausgangspunkt:* [A] Stadtoldendorf, Kirche/
Rathaus (P.); [B] Linnenkamp (3 km östl. von Stadtoldendorf), Ortsmitte, Bus-
H./Telefonhäuschen (P.) ■ *Wegver-
lauf:* [A] Beim Rathaus re. Kirchstr.
bergan zum Ratskeller – re. über den
Markt, am Hagenturm vorbei – nach
300 m li. Kellbergstr., später halbli. –
an einer Buchengruppe (Wegspinne)
re. Höhenweg (Mark. blauer Turm) –

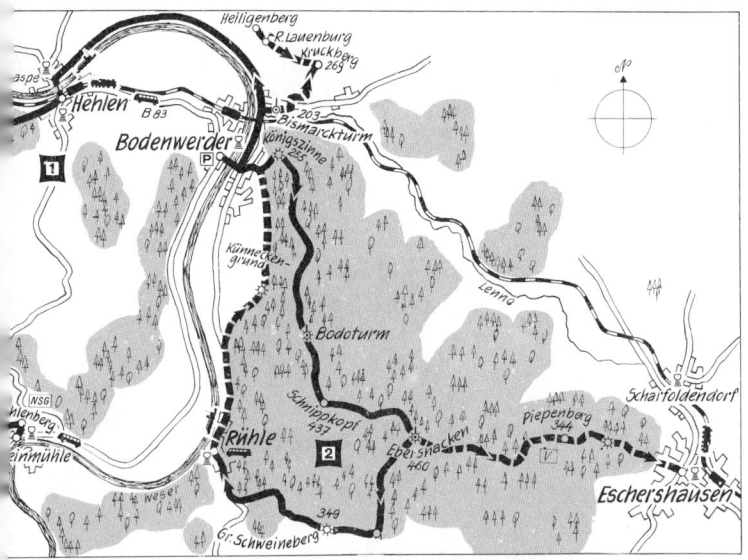

östl. über den Kellberg – am Waldrand li. – N-W-Bogen zum »Jugendlager 25 Eichen« – Ruine Homburg – wieder zum Jugendlager – Forststr. südl. (Waldlehrpfad) – Wanderparkpl. Schützenhaus – Stadtoldendorf. B Giesenbergstr. Richtung Stadtoldendorf, an der Kirche vorbei – nach der Ortstafel li. – Teerfahrsträßchen/Hohlweg – Höhe Punkt 326 m – beim Weidezaun li. (westl.) – Holzbergklippen – in Süd- und West-Richtung um das Holzbergplateau herum zu Punkt 405 – Emmerborn – li. nach Linnenkamp.
[!] Bei B unterwegs kein Stützpunkt: Proviant nicht vergessen.

[2] **Eschershausen – Ithkamm – Bus nach Eschershausen** ■ *Gehzeit:* 3–3½ Std. ■ *Ausgangspunkt:* Eschershausen, Ortsteil Scharfoldendorf, westl. Ortsende (2 km westl. von Eschershausen-Mitte), Gasth. Hundertmark/Straßenkurve der B 240/P.) ■ *Wegverlauf:* Ithstr. 500 m nördl., nach Bahnübergang re. – Fahrweg östl. – nach letztem, langem Gebäude halbre. – Fahrweg bergwärts zur Rothensteinhöhle/Kelchstein – Ithkamm – Segelflugpl. – li. auf dem Kamm – Flugzeugrestaurant – Ithhotel – Str. 200 m li. – re. auf dem Kamm nordwestl. – Raabeklippen – Punkt 388 m – westl. bergab – Dielmissen – Bus nach Scharfoldendorf.
[!] Bei Wanderstart Busrückfahrplan notieren.

32   Bad Gandersheim/Kreiensen/Greene/Freden

[1] **Bad Gandersheim – Osterberg – Clusberg – Bad Gandersheim** ■ *Gehzeit:* 3½–4 Std. (evtl. nur 2 Std.) ■ *Ausgangspunkt:* Bad Gandersheim, Stiftsfreiheit, Stiftskirche (P.) ■ *Wegverlauf:* Beim Landkreisamt/braun-beiger Renaissancegiebel im »Tummel« nordöstl. – li. in den »Hagen«, re. in die »Neustadt« – nach der Gandebrücke gandeaufwärts durch die Anlagen Richtung Kurhaus/Parkpl. – re. über Fußgängerbrücke, li. entlang des Bachs (od. Oster-

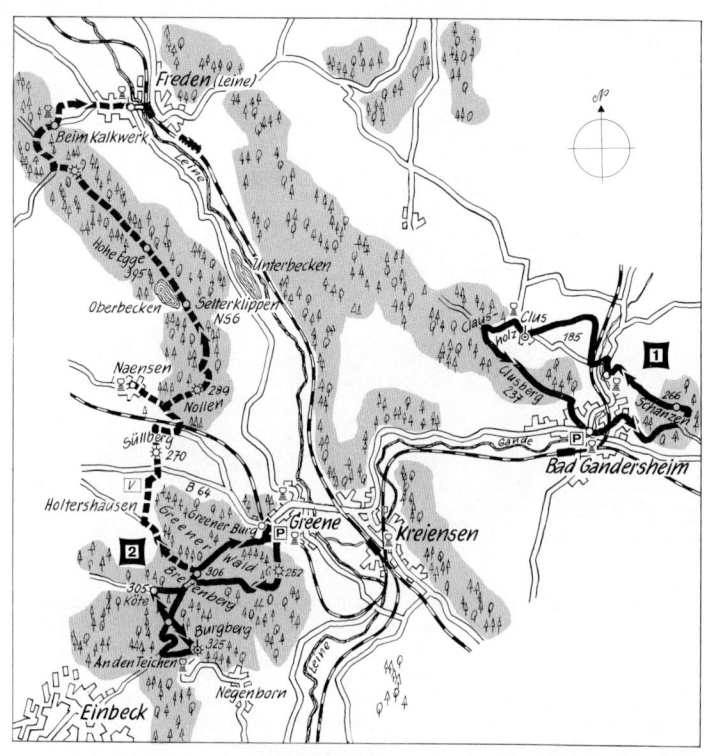

seepromenade) ins Eternabachtal – nach den Seen li. (Mark. 3) Osterberg (li. Abstecher Nußbaumeiche/Ostereiche) – Dreiländereck – li. über die Schanzenhöhe bergab – li., nach Kurhotel Hubertus re. – li. Gande, Str. u. Bach queren – bei Kapelle re. (geradeaus zurück nach Bad Gandersheim-Ortsmitte: ca. 2 Std. kürzer), nach Bahn re. – land- und forstwirtschaftlicher Lehrpfad – Siedlung Schülerkamp – li. nach Clus – re. zum Wanderparkpl., li. (Mark. 2) – Pastorenweg – Clusholz – li. (südöstl.) auf dem Grünen Weg u. Oberen Hangweg über den Sternpl. auf den Clusberg – südl. bergab – Bad Gandersheim.

[2] Greene – Whs. An den Teichen – Greene ■ *Gehzeit:* 3½–4 Std. (evtl. [V] 6–6½ Std., dann besser 1½ Tage) ■ *Ausgangspunkt:* Greene, westl. Ortsrand, Burg jenseits der Bahn, Wanderparkpl. oberhalb der Burg/Burgschänke/Wanderinformationstafel ■ *Wegverlauf:* Rot markierter Rundwanderweg: Von der Wanderinformationstafel bergan zum Schlagbaum – Forststr. zu Punkt 252 m im Greener Wald – 40 Min. westl., dann südl. – Wegspinne im Einbecker Stadtwald – halbli. (südöstl.) – Aussichtsturm auf dem Burgberg – westl. zum Whs. An den Teichen – nördl., dann westl., später wieder nördl. zur Wegspinne – entweder gerade: Breitenberg – Greener Wald – Greener Burg – od. von der Wegspinne nordwestl. – Köte/Punkt 305 m – östl. über den Breitenberg zur Burg.

[V] **Über den Selter** ■ *Gehzeit:* Insges. 6–6½ Std., dann besser 1½ Tage ■ *Weg-*

verlauf: Bis zur Wegspinne am Breitenberg wie oben – scharf re., nach 10 Min. scharf li. (westl.), später nördl. durch den Greener Wald – Hochspannungsleitung, B 64 kreuzen – nördl. über den Süllberg – Naensener Str., re. u. gleich li. – Sportpl. – li. um den Nollen (evtl. westl. zur Übernachtung in Naensen) – Kammweg – Selterklippen (NSG) – Oberbecken des Pumpspeicherwerks – Hohe Egge – Whs. Beim Kalkwerk, östl. – Freden/Leinetal – Bahn nach Kreiensen – nördl. durch den Ort, beim Sportpl. li. Bahn u. Leine kreuzen – Burg Greene.

[!] Vor Abmarsch in Greene Bahnrückfahrzeiten (auch Bus) notieren.

33 Alfeld/Delligsen/Grünenplan/Brüggen

[1] [A] **Alfeld – Hohe Tafel – Bus nach Alfeld** [B] **Alfeld – Ruine Winzenburg – Bus nach Alfeld** ■ *Gehzeiten:* [A] 4–4½ Std.; [B] 5½–6 Std. ■ *Ausgangspunkt:* Alfeld, Marktpl., Rathaus (P. in der Perkstr./Mittelstr.) ■ *Wegverlauf:* [A] Vom Markt Holzer Str. 5 Min. nördl. – Straßenkreuz/Großparkpl. – re. Hildesheimer Str. 15 Min. östl., gegenüber der VW-Vertretung li. in einem Tälchen (Mark. Hase) nördl. – nach 10 Min. re. zum Wegabzweig – Landschaftsschutzschild – geschnitzte Wegweisersäule/Bismarckeiche – im Taleinschnitt nach 5 Min. li. im W-N-Bogen zum Himmelberg – östl. zum Ortsberg – am Waldrand nördl. zum Wanderparkpl. Adamishütte/Wanderinformationstafel – auf dem Waldkamm nordwestl. – Punkte 309 m u. 350 m – Hohe Tafel/Brüggener Wald – westl. u. nördl. um den Nesselberg ins Tal »Holzer Schleie« – li. nach Brüggen – Bus nach Alfeld. [B] Li. neben dem Rathaus zur Kirche – beim bunten Fachwerkhaus li. – Steintreppe zum Entenweiher – vor rotem Klinkerhaus re. über Bachbrücke, li. Antonianger gerade zum Gymnasium/Wanderinformationstafel am Stiefelsteich – re. Rodelbahn bergan – mit Mark. Hase bis Kratzberg – auf der Höhe ins Hörsumer Tal – in Bögen unterhalb von Saurenberg, Teufelskirche u. Paradiesgarten südöstl. – Wanderparkpl. Rüstiberg – Wanderparkpl. Tiebenburg – Ruine Winzenburg (Abstecher östl. zur Hohen Schanze, hin u. zurück zus. gut 1 Std.) – westl. bergab – Winzenburg – Bus nach Alfeld.

[!] Beim Wanderstart Busrückfahrzeiten ab Winzenburg bzw. Brüggen notieren. Unterwegs keine Wanderstützpunkte: Proviant u. Getränke mitnehmen.

[2] **Grünenplan – Wilhelm-Raabe-Turm – Grünenplan** ■ *Gehzeit:* 4½–5 Std. ([V] nur 2½–3 Std.) ■ *Ausgangspunkt:* Grünenplan, Hilsstr./Kurhausstr., Großparkpl. an der Hauptstr. (Nähe Postamt/Lampes Hotel/Spiegelglasfabrik) ■ *Wegverlauf:* Vom P. Göttinger Str. 5 Min. östl., li. beim Aluminiumturm Alfelder Weg – Ehrenmal – Straßenkurve, li. – Wanderparkpl. Schwarzer Weg/Wanderinformationstafel – Alfelder Stieg (Mark. Rehbock) zum Von-Langen-Pl. an der Alfelder Str. (Wanderinformationstafel/Wanderparkpl.) – »Landeskultureller Lehrpfad« (Mark. roter Fuchs) Kammweg westl.: Punkte 293 m – 309 m – 359 m – 441 m – 425 m (200jähr. Buchen) – 478 m (Bloße Zelle) – 462 m – 471 m (Großer Sohl/Wilhelm-Raabe-Turm) – 441 m – 401 m – 355 m (Waldgasth. Roter Fuchs/Wanderinformationstafel) – nördl. der Straße östl. bergab – Hilsbornwiese/Hilsbornteich – Köhlergrund (Wanderinformationstafel) – Forstlehrpfad/Schleichweg (Mark. Ameise) – Grünenplan.

[V] **Kultureller Lehrpfad Langer Weg** ■ *Gehzeit:* Insges. 2½–3 Std. ■ *Wegverlauf:* Bis Von-Langen-Pl. wie oben – weiter Vogelschutz-Lehrpfad Langer Weg (Mark. Ameise) südl. des Kamms westl.: Punkte 261 m – 277 m – 285 m – 269 m – auf dem Fangweg östl. – 240 m – Vogelschutzgehölz – Glasebachteich – Kinderspielpl. Eichenkamp – Grünental (unterweges kein Stützpunkt!).

34 Bad Salzdetfurth/Sibbesse/ Bockenem

1 **Bad Salzdetfurth – Welfenhöhe – Bad Salzdetfurth** ■ *Gehzeit:* 4–4½ Std. ■ *Ausgangspunkt:* Bad Salzdetfurth, Oberstr./Bodenburger Str./ Postamt an der Lamme (P.) ■ *Wegverlauf:* Neben dem Postamt Griesbergstr. (Wegweiser Kaliwerk) bergan, am Kaliwerk vorbei (re. halten) – nach 15 Min. li. (Am Ortberg) – re. zur Wanderinformationstafel am Waldrand – mit Mark. Pilz Forststr. bergan, bei 1. Wegegabelung am Grenzstein re. steil bergan – Friedrich-Kabus-Turm/Welfenhöhe – abwärts zum Tidexer Kreisel – li. mit X-Mark. westl. – Bosenberg – Wegedreieck nach Punkt 359 m – li. (X-Mark. läuft westl. weiter) Richtung Petze zum Gasth. Erlental – li. (östl.) – Punkt 223 m, re. – Triesberg – ehem. Kalkwerk – am Waldrand (Auf dem Herze) nach Maiental – am Klusbach östl. zur Hauptstr., li. lammeabwärts – Bad Salzdetfurth.

2 **Bad Salzdetfurth – Schloß Söder – Bus u. Bahn nach Bad Salzdetfurth** ■ *Gehzeit:* 3–3½ Std. (evtl. 5–5½ Std.) ■ *Ausgangspunkt:* Bad Salzdetfurth, Hotel Kaiserhof an der Lamme (P.) ■ *Wegverlauf:* Über Lammebrücke, Horststr. bergan – li. Sothenbergstr. – halbre. Finkenweg – im Wald östl. bergauf – Salz-

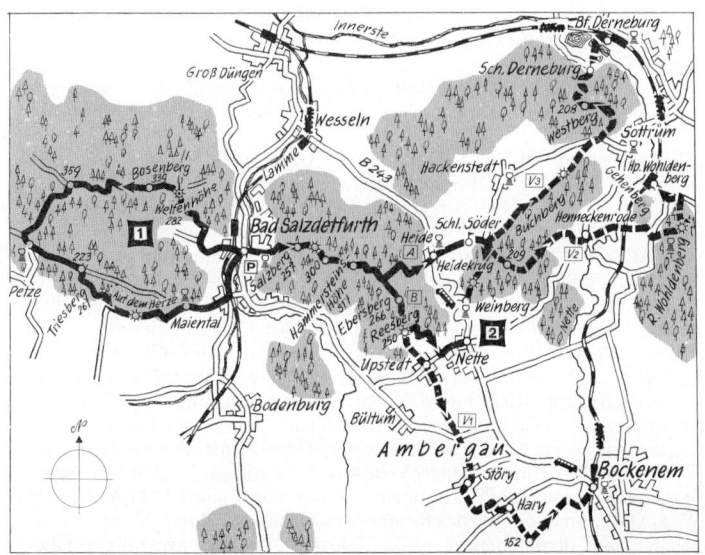

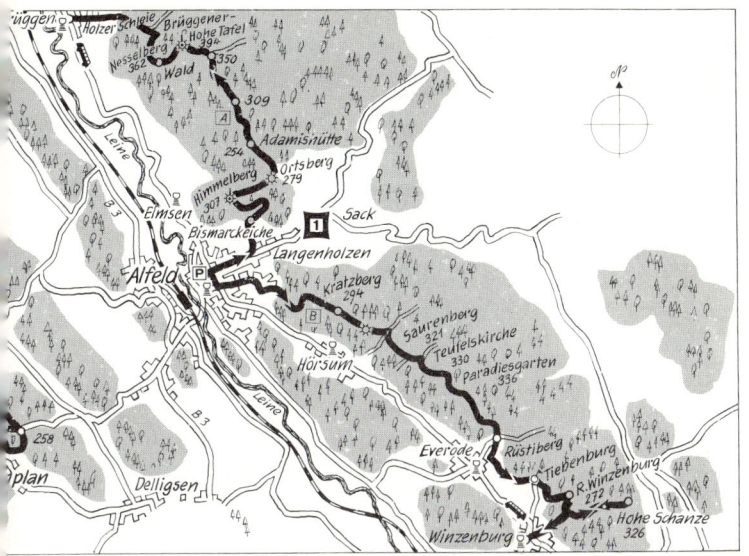

berg – südl. zum Punkt 300 m – östl. über Hammersteins Höhe (nach gut ½ Std. li.) zum Waldrand – A re. u. li. zum Heidekrug Söder/B 243 – Schloß Söder – re. – Buchbergwald – Gasth. am Weinberg/B 243 – Bus nach Wesseln, Bahn nach Bad Salzdetfurth – B am Waldrand re. – südl. über den Ebersberg u. Reesberg nach Nette – Rückfahrt nach Bad Salzdetfurth wie bei A.

V1 **Nach Bockenem** ■ *Gehzeit:* Ca. 2 Std. länger ■ *Wegverlauf:* Bis zum Reesberg wie oben – südl. weiter – Upstedt – Punkt 138 m (östl. Bültum) – durch den Ambergau – Störy – Hary – nach Punkt 152 li., über die Nette – Bokkenem – Bus u. Bahn nach Bad Salzdetfurth.

V2 **Zur Burgruine Wohldenberg** ■ *Gehzeit:* Ca. 2 Std. länger ■ *Wegverlauf:* Bis Schloß Söder wie 2A – nach dem Schloß südöstl. durch den Buchbergwald, bei Punkt 209 m li. – Henneckenrode – östl. zum Weiher, Nette u. Bahn kreuzen – Gehenberg – Ruine Wohldenberg – nördl. zum Hp. Wohldenberg/ Nettetal – Bahn nach Bad Salzdetfurth.

V3 **Zum Schloß Derneburg** ■ *Gehzeit:* Ca. 2 Std. länger ■ *Wegverlauf:* Bis Schloß Söder wie 2A – hinter dem Schloß gerade am Waldrand entlang des Buchbergs nordwestl. – Sottrumer Str. queren – Westberg – Schloß Derneburg/Fischteiche – Nette queren – Bhf. Derneburg – Bahn nach Bad Salzdetfurth.

! In Bad Salzdetfurth Bus- u. Bahnrückfahrzeiten erkunden.

35 Hildesheim/Nordstemmen/Elze/Gronau

1 **Nordstemmen: Rundwanderweg Schloß Marienburg** ■ *Gehzeit:* 2–2½ Std. ■ *Ausgangspunkt:* Nordstemmen (13 km westl. von Hildesheim), Leinebrücke (1 km nordwestl. des Orts; P.) ■ *Wegverlauf:* Beim Fahrverbotsschild in Ost-Nord-West-Süd-Richtung immer am Waldrand um den Burgberg – flach im Leinetal – li. ansteigend – im Bachtal (evtl. Abstecher nach li.: Trimmpfad/

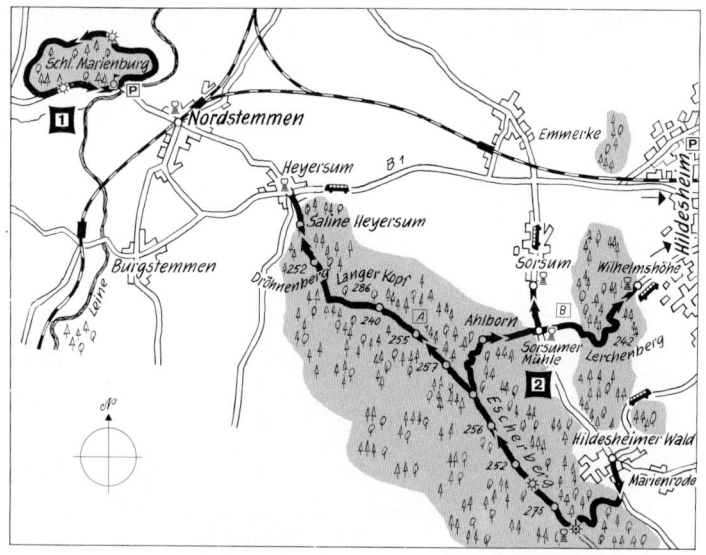

Schloßmuseum) – am Waldrand Schulenburger Str. nach Westen queren – Richtung Adensen – vor der Hauptstr. li. – Höhenweg – Leinebrücke.

2 **Hildesheim – A Heyersum – Bus nach Hildesheim – B Wilhelmshöhe – Bus nach Hildesheim** ■ *Gehzeit:* Jeweils 4–4½ Std. ■ *Ausgangspunkt:* Hildesheim, Hbhf. (P. in einem der umliegenden Parkhäuser) ■ *Wegverlauf:* Fahrt vom Hbhf. mit Stadtbuslinie 3 zum Hildesheimer Wald – vom Busbhf./Straßenkreuzung die Robert-Bosch-Str. 500 m südl., nach Drahtzaun re. (Fahrverbotsschild/Wanderinformationstafel) Forststr. zum Hildesheimer Aussichtsturm – A bei der Wanderinformationstafel den Kammweg (weiß-rote Mark.) nördl., – Escherberge – Punkte 275 m – 252 m – 244 m – 256 m – 257 m – 255 m – 240 m – Langer Kopf – Dröhnenberg – Saline Heyersum – Heyersum/B 1 – Bus nach Hildesheim – B an der Wegekreuzung nach Punkt 256 m (ca. 1 Std. ab Aussichtsturm) vom Escherbergkamm re. – Waldheim Ahlborn – Sorsumer Mühle (evtl. in 5 Min. auf der Str. nördl. zur Bus-H. Sorsum – Bus nach Hildesheim, ca. 1 Std. kürzer) – östl. über den Lerchenberg – Wilhelmshöhe – Bus nach Hildesheim.

! Schon beim Wanderstart die jeweiligen Busrückfahrzeiten erkunden.

36 Salzhemmendorf/Coppenbrügge/Duingen/Eldagsen/ Osterwald

1 **Coppenbrügge – Ithkamm – Thüster Berg – Bus nach Coppenbrügge** ■ *Gehzeiten:* 3–3½ Std.; od. weiter über den Ith u. Thüster Berg: 11–12 Std., dann wenigstens 2 Tage ■ *Ausgangspunkt:* Coppenbrügge, Schloß (Großparkpl. bei der Normaluhr) ■ *Wegverlauf:* Schloßstr. südl. zur Hamelner Str. (B 1), re. 500 m – vor Autowerkstatt li. – Bahnunterführung – danach li. Ithstr., nach letztem Haus re. – Försterei (Wanderparkpl./Wanderinformationstafel) –

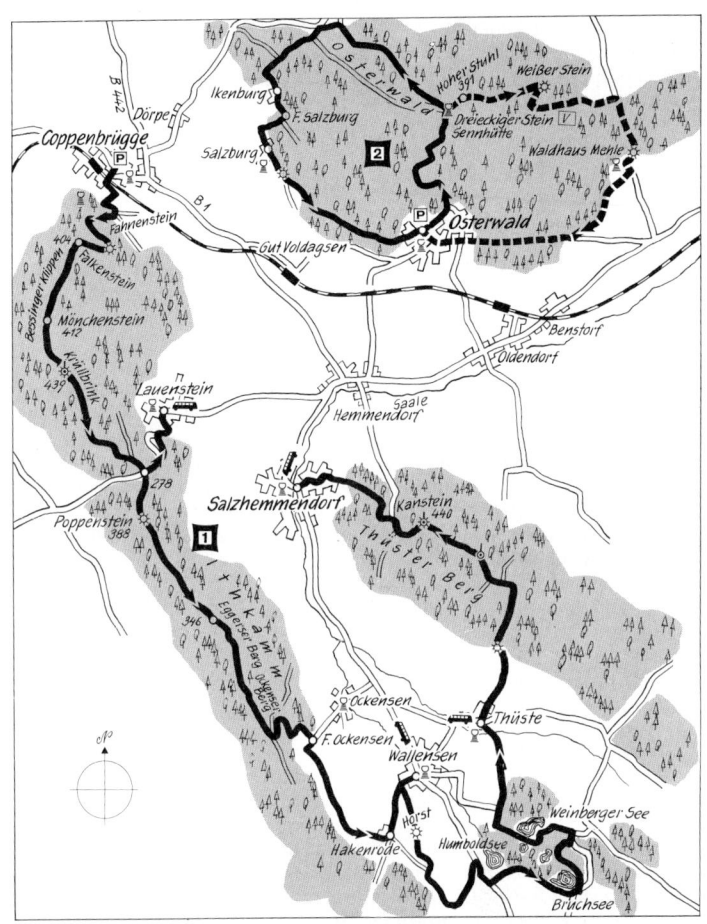

beim Fahrverbotsschild Forststr. mit der Pilz-Mark. – Fahnenstein – Falken-
stein – Adam u. Eva – Kammweg (Eichenlaub-Mark.) südl. weiter – Bessinger
Klippen – Mönchenstein – Krüllbrink – mit Eichhörnchen-Mark. südl. –
Punkte 421 m – 399 m – 278 m (Wanderinformationstafel) – nordöstl. – Lauen-
stein – Bus nach Coppenbrügge – od. von Punkt 278 m auf dem Ithkamm
(Mark. Greifvogel) südöstl. weiter – Poppenstein – Punkt 346 m – Eggerser
Berg – Ockenser Berg – Wegkreuz 300 m – li. zum Forsthaus Ockensen/ND
Wasserbaum – dem Ockenser Bach südl. entgegen, nach 15 Min. li. nach Wal-
lensen (Bus-H.) – von der Kirche südl. – Horst – Fölziehausener Str. queren –
Freizeitpl./P. Humboldsee vorbei (re. halten) – Bruchsee (Wanderinforma-
tionstafel) – diesen ost-nordwärts umrunden u. durch die Auenlandschaft des
ehem. Braunkohle-Tagebaugebiets – Weinberger-See – nördl. nach Thüste
(Bus-H.) – vom Ehrenmal/Wanderinformationstafel mit der Mark. Rehbock

Meiersbergweg zu Punkt 410 m – li. zur Mark. Damhirschgeweih – re. zu Punkt 400 m – li. (Mark. Rehbockkopf) – Punkt 390 m, li. mit Mark. Oberen Klippenweg westl. – Fernmeldeturm – Lönsturm/Kanstein – mit Mark. Ahornblatt westl. Eckturm – Teufelsküche – Rehbrunnenweg – Schlembecksweg – Salzhemmendorf – Bus nach Coppenbrügge.

[!] Busrückfahrzeiten (ab Lauenstein bzw. Wallensen od. Thüste) notieren. Übernachtungen (in Wallensen od. Thüste) vorbestellen. Weder auf dem Ithkamm noch auf dem Thüster Berg Wanderstützpunkte: Verpflegung u. Getränke im Rucksack mitführen.

[2] **Osterwald – Dreieckiger Stein/Sennhütte – Osterwald** ■ *Gehzeit:* 4½–5 Std. ■ *Ausgangspunkt:* Osterwald, nördl. Ortsrand, Wanderparkpl. Hüttenstollen/Emil-Isermeyer-Haus (Nähe Kurhaus/Waldbühne) ■ *Wegverlauf:* Von der Wanderinformationstafel mit Mark. schwarzer Balken Forststr. in den Wald – Ameisweg, li. zur Sandsteinstr. – li. zum Hubertusweg – re. zum Mühlensteinbruch – auf dem Oberen Weg zum Grenzweg – li. zum Whs. Sennhütte am Dreieckigen Stein (evtl. Abstecher auf den Hohen Stuhl) – Gehlenbachstr. nordwestl. – Gehlenbachbrücke – li. (Mark. 5) zum Wanderparkpl. Schmulls Rampe – westl. (Mark. X) zu Punkt 236 m – Ikenburg – Forsthaus Salzburg – Whs. Salzburg – mit Mark. schwarzer Punkt Bergmannsstieg zum Osterwalder Bad – Wanderparkpl. Hüttenstollen.

[V] **Über den Weißen Stein zum Waldhaus Mehle** ■ *Gehzeit:* Insges. 4½–5 Std. ■ *Wegverlauf:* Bis Whs. Sennhütte wie oben – mit Mark. W Schnatweg östl. – Weißer Stein , 2 Min. zurück, li. (südl.) zum Ahrensberg – li. (östl.) zum Waldrand/Wanderparkpl., re. entlang der Fahrstr. in 15 Min. zum Waldhaus Mehle (Whs.) – am Waldrand südl. zur Forstr. – westl. nach Osterwald.

37 Blomberg/Schieder-Schwalenberg/Marienmünster/ Nieheim

[1] **Blomberg – Schieder – Blomberg** ■ *Gehzeit:* 7–7½ Std. (evtl. nur 5 Std.) ■ *Ausgangspunkt:* Blomberg, Burg, Nähe Marktpl./Rathaus (Großparkpl.) ■ *Wegverlauf:* Bei der Normaluhr li., an der Kirche vorbei – »Im Seeligen Winkel« abwärts, durch den Treppentorbogen – re. überm Diestelbachtal an der Stadtmauer entlang, später unten im Bachtal, mal re., mal li. der Diestel – Holstenhöfener u. Walkermühlenstr. queren – beim Wasserwerk (Mark. X5) li. – Gut Nassengrund – Wegekreuz Beckerberg – auf dem Höhengrenzweg re. (Punkt- u. Ring-Mark.) – Barntruper Str. – mit Mark. X2 östl. Wachturm – Fahrstr. queren – Burgensteig nach Eschenbruch – Trift, 10 Min. Winterbergstr. (Lügder Str.) östl. – vorm Spielberg (Wald) mit Ring-Mark. re. – Ringwall Herlingsburg – westl. zu den Mark. X2 u. X6 – südl. – Glashütte, Bahn/Emmer (gepl. Stausee) kreuzen – mit Mark. X2 über den Kalenberg (li. Abstecher zum Aussichtsturm) – Karoling./Wallburg – Ehrenmal – Schieder (Straßengabelung Berliner Pl.; evtl. Bus nach Blomberg, ca. 2 Std. kürzer) – beim Blumengeschäft (Infotafeln) re. durch den Schloßpark (Kurpark) – Schloßallee nördl. – Bahn kreuzen – mit Mark. X5 – Siekholz (li. Ringwall) – Kohlberg – Siekhof – Blomberg.

[!] Bei Bedarf Rückfahrmöglichkeiten von Schieder erkunden.

[2] **Schieder – Marienmünster – Steinheim – Bahn nach Schieder** ■ *Gehzeit:* 9–10 Std./2 Tage (evtl. nur 4½ Std.) ■ *Ausgangspunkt:* Schieder-Schwalenberg, Ortsteil Schieder, nördl. Ortsrand, Bahnüberführung, Nähe Bhf. (P.) ■

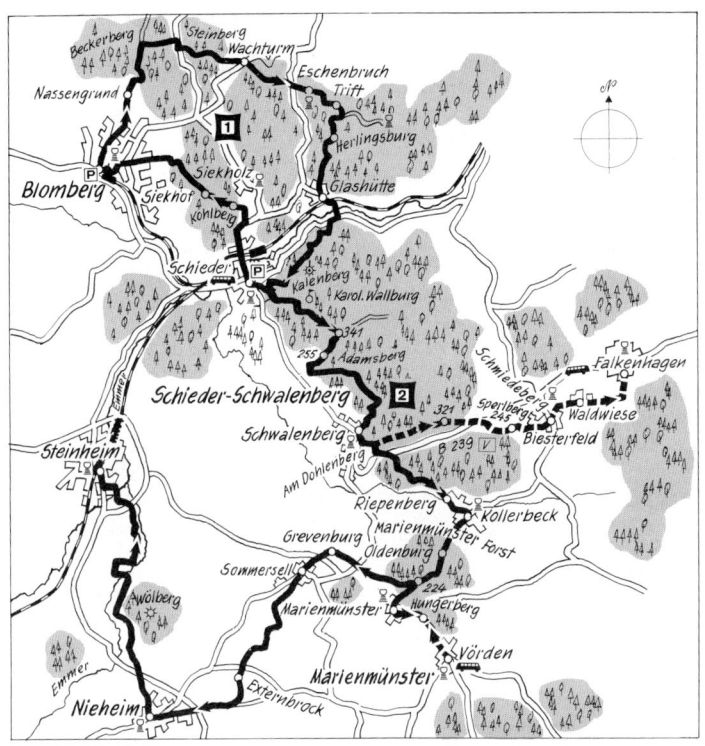

Wegverlauf: Bahnhofstr. südl. über Emmerbrücke – Schloßallee (Kurpark) – li. am Schloß vorbei – Verkehrsbüro – Berliner Pl. (Großparkpl./Straßengabelung/Informationstafeln) – beim Blumengeschäft li. 200 m auf der Pyrmonter Str. – halbre. »Unter den Eichen« (Wegweisersäule) – Ehrenmal – mit Mark. X5 – Karoling. Wallburg – Schweibachtal – Punkt 341 m – re. zum Punkt 255 m östl. – Adamsbergsüdhang – Schwalenberg – vom Parkpl. (Wanderinformationstafel) beim Gasth. zum Wappen »Am Dohlenberg« zum Schießstand – mit Mark. X2, Dohlenberg – B 239 u. Steinbach kreuzen – Riepenberg – Kollerbeck – südl. durch den Marienmünster Forst – Oldenburg – Punkt 224 m – Kloster Marienmünster (Übernachtung; od. mit Mark. X2 über den Hungerberg nach Vörden; od. Bus nach Steinheim u. Bahn nach Schieder, gut 4 Std. kürzer) – vom Kloster Marienmünster mit Mark. X2 zurück zu Punkt 224 m – li., jetzt immer mark. westl. – Grevenburg – Steinheimer Str. queren – Sommersell – südl. Entruper Str., später Mühlenbach, Beberbach u. Nieheimer Str. queren – Gut Externbrock – Nieheim – nördl. durch die Stadt, Rothe u. Steinheimer Str. kreuzen – Punkt 171 m – nördl. ins Emmertal – Beberbach queren, später nach li. auch die Emmer – Steinheim – Bahn nach Schieder.

[V] **Über Biesterfeld/Rischenau zum Kloster Falkenhagen** ■ *Gehzeit:* Insges. 4½–5 Std. ■ *Wegverlauf:* Bis Schwalenberg wie oben – vom Parkpl. (Wanderinformationstafel) beim Lippischen Krug Eichenallee (Friedhof) u. Kuhkampweg bergan – Dohlenberg – mit Mark. X5 bis Rischenau – östl., Siedlung

Waldwiese – Köterbergstr. – li. bergab – Kloster Falkenhagen – Bus nach Schieder.

[!] Übernachtung vorbestellen. Schon in Schieder Rückfahrpläne notieren.

38 Bad Pyrmont/Lügde/Emmerthal

[1] **Bad Pyrmont – Schellenbergturm – Bad Pyrmont** ■ *Gehzeit:* 3–3½ Std. (evtl. nur gut 2 Std.) ■ *Ausgangspunkt:* Bad Pyrmont, Kaiserpl./Kaiser-Wilhelm-Denkmal (Großparkpl. beim Hallenbad u. Tierpark an der Südstr.) ■ *Wegverlauf:* Kirchstr. u. Hauptallee nach Westen queren, durchs »Brandenburger Tor« in den Kurpark – re. Bombergallee (Mark. 1) nördl. bergan – Spelunkenturm/Bomberg – mit Mark. 9 nördl. – Burgwaldhof – Sennhütte – Punkt 323/Pyrmonter Berg – re. (Mark. 9) Bergstr. östl. u. südl. – Aussichtsturm Schellenberg – im Li.-Bogen um den Eschenkamp (re. evtl. Abstecher zum Germanengrab), danach re. im Hessental nach Friedensthal – mit Mark. 8 über den Königsberg (Bismarckturm) südwestl. – Hünenburg – Am Försterbrunnen – Rathausstr. – Kaiserpl.

[V] **Zu den Erdfällen** ■ *Gehzeit:* Ca. 1 Std. kürzer ■ *Wegverlauf:* Bis zu Punkt 323 auf dem Pyrmonter Berg wie oben – li. mit Mark. 7 Hannackenstr. – Jägerbuche, li. – Fürstenweg kreuzen – Birnbaumsweg zum Oberen u. Unteren Erdfall (Whs.) – »Auf der Schanze« li. – Bad Pyrmont.

[2] **Bad Pyrmont – Lügde – Bad Pyrmont** ■ *Gehzeit:* 5–5½ Std. (evtl. nur 2 od. 3 Std.) ■ *Ausgangspunkt:* Bad Pyrmont, südl. Stadtrand, Schloß/Schloßstr. (Großparkpl. beim Hallenbad u. Tierpark an der Südstr. ■ *Wegverlauf:* Beim Kriegerdenkmal südl. durch die Anlagen, Südstr. zum Hallenbad u. Gondelteich hin queren – Mittelweg zur Emmerstr., li. – Höpperbrückenweg re. – Am Bruche li. – Am Hambornbache re. – Hamborner Mühle – danach li., bei Punkt 111 (Hohenborn) scharf re.

– im Li.-Bogen zum Whs. Hamberg – jetzt mit Mark. 6 – Osterberg – östl. ins Emmertal – Lügde (evtl. Bus nach Bad Pyrmont, gut 2 Std. kürzer) – von der Pfarrkirche/Rathaus Mittlere Str. nördl. – Bahnhofstr., re. auf ihr nach li. Bahn kreuzen – re. in die Kilianstr., li. in die Waldstr. – re. Schrotweg bergan auf den Kirchberg – östl. (Mark. 6) nach Großenberg – nördl. – Friedhof – Sportpl. – Kleinenberg – vorm Ort bei Punkt 365 m (Straßenknie) li. mit Mark. 2, 14 u. 16 – Punkt 363 m – westl. über den Mühlenberg – Bhf. Bad Pyrmont – Bahnhofstr. über die Emmer – Sportpl. li. zum Tierpark/Schloß.

$\boxed{V}$ **Durchs Emmertal zurück** ■ *Gehzeit:* Gut 1½ Std. kürzer ■ *Wegverlauf:* Bis Lügde (Kirche) wie oben – Mittlere u. Pyrmonter Str. 10 Min. nördl., Brunnenstr. halbli. mit Mark. X6 – Freibad – Wiesenweg nördl. – vor der Emmer re. – Hauptmann-Boelke-Weg – Emmer – Tierpark/Schloß.

39 Lemgo/Dörentrup

$\boxed{1}$ **Lemgo – Lemgoer Mark – Lemgo** ■ *Gehzeit:* 3–3½ Std. ■ *Ausgangspunkt:* Lemgo, westl. Altstadtrand, Parkpalette Wüste am Steinweg/Herforder Str. ■ *Wegverlauf:* Vom Johannistor durch die Mittelstr. (Fußgängerbereich) zum Markt (histor. Rathaus) – bei Marktschänke nördl. – Haferstr. – Neue Torstr. – Leopoldstr., vorm Friedhof re. Konsul-Wolff-Str. zur weiß-grünen Wanderinformationstafel des TWV – halbli. »Spiegelberg« (Hansaweg) zum Waldrand, davor li. – Schöne Aussicht/Damwildgehege – re. (östl.) – Aussichtsturm/ Waldgaststätte – mit Mark. X9 zum Windelstein – danach re. (X-Mark. läuft östl. weiter) genau südl. (evtl. nach 25 Min. re. zum Gasth. Waldfrieden u. den Weißen Weg nach Lemgo) – Bornsiekbachtal – Bus-H. beim Reiterhof Rieperturm/B 66 – Bus nach Lemgo.

$\boxed{!}$ Schon in Lemgo Busrückfahrzeiten notieren!

$\boxed{V}$ **Nach Hillentrup** ■ *Gehzeit:* 4½ Std. ■ *Wegverlauf:* Bis Windelstein wie oben – auf dem Hansaweg (Mark. X9) östl., Maiboltetal kreuzen – südl. Homeien nach Hillentrup.

$\boxed{2}$ **Dörentrup/Schwelentrup – Burg Sternberg – Schwelentrup** ■ *Gehzeit:* 4½–5 Std. (evtl. nur 2½–3 Std.) ■ *Ausgangspunkt:* Dörentrup/Ortsteil Schwelentrup (8 km östl. von Lemgo), westl. Ortsanfang, Gasth. Grünental/Informationstafel (P.) ■ *Wegverlauf:* Sternberger Str. nordöstl. – auf einem Wiesenweg im Mühlingsbachtal – Weiher/Schwarzwildgehege – Försterweg im Bachtal (Mark. K) – Drecken – Linderhofe – re. in wenigen Min. zur Burg Sternberg – von Linderhofe mit Mark. K (auch X9/Hansaweg u. Europ. Fernwanderweg Nr. 1) 20 Min. westl., dann re. mit Mark. F – Wallburg Alt-Sternberg – Wanderparkpl. Dickte (evtl. mit Mark. F südl.: Bergpark – Eselsbach – Kurpark; gut 2 Std. kürzer) – anfangs mit Mark. G am Steinberg-Südhang westl., später li., re. nach Steinegge – mit Mark. E, dann D – Kleeberg – Homeien – Hillentrup/Kirche – vom Friedhof Kampstr. östl. – Schwelentrup.

$\boxed{!}$ Getränke u. Proviant mitnehmen.

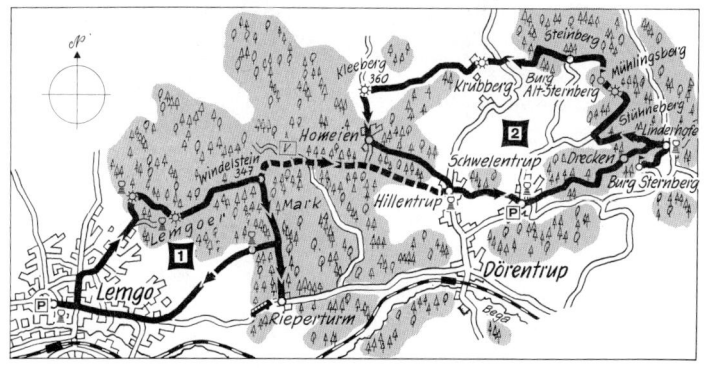

1 **Vlotho – Amtshausberg – Steinberg – Ebenöde – Vlotho** ■ *Gehzeit:*
2–2½ Std. ■ *Ausgangspunkt:* Vlotho, Kirchpl./ev. Kirche/Hotel Stadt Vlotho
(P.) ■ *Wegverlauf:* Von der Wanderinformationstafel nördl. – Weserstr./
B 514, auf ihr li. 100 m zur reform. Kirche – gegenüber (Schuhgeschäft) li.
Garzweg zur Burg/Amtshausberg – bei Wanderinformationstafel/Wald-
sportpfadtafel mit Mark. A1 bergab (li. halten), Hangweg nach Sperlsiek/
Wilhelm-Busch-Weg – li. halten (Wegweiser »Forsthaus«) – Steinberg/Forst-
haus – li. Bad Oeynhausener Rundwanderweg (Mark. Fontäne) südl. – Wölp-
ke – Café Bergschänke/Wildgehege – mit Mark. 2 u. 1 östl. – Ebenöde – Ernst-
Albrecht-Str., li. Jugendherberge – Amtshausberg – Burgstr. – Vlotho.

2 **Vlotho – Talle – Hohenhausen – Bus nach Vlotho** ■ *Gehzeit:* 10–11 Std./
2 Tage (bei Busrückfahrt ab Hohenhausen nur ca. 5½ Std., ab Heidelbeck nur
ca. 8 Std.) ■ *Ausgangspunkt:* Wie bei 1 ■ *Wegverlauf:* Beim schwarz-weißen
Fachwerkhaus (Ampel) Hauptstr. queren – 100 m gerade – beim Fahrverbotsschild halbre. (ab jetzt bis hinter Talle immer mit Mark. X3) – Kirchstr. – Winterberg – Schöne Aussicht, re. – Ruschberg – Plögerei – Karenberg – Linnenbeeke – NSG Steingrund (re. Abstecher zum NSG Selberg, Mark. A1 u. 2; zusätzl. hin u. zurück ca. 1 Std.) – Wegeinmündung X4 (re. Abstecher auf dem

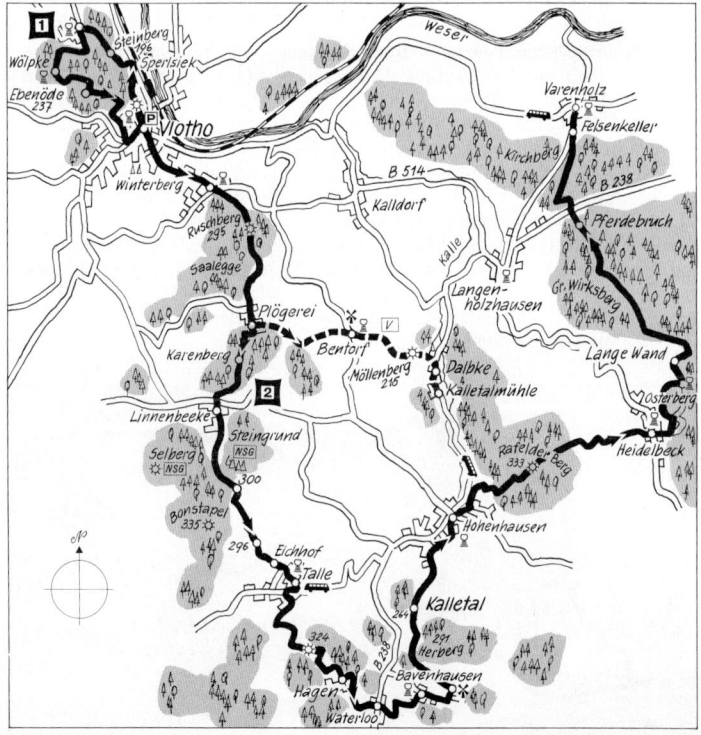

Karl-Bachler-Weg zum Bonstapel; zusätzl. hin u. zurück ca. 1 Std.) – Höhe 296 m – Eichhof – Talle (Bus-H.) – »Am Kronshagenhof« u. »Zum Rießen« bergan – Punkt 324 m, danach re. u. li. (X-Mark. läuft gerade weiter) ohne Mark. – Hagen – Waterloo/B 238 – östl. nach Bavenhausen – Windmühle – vom Holländer Weg nordwestl. mit Mark. X7 – Herberg – Höhe 264 m – Hohenhausen (evtl. Bus über Langenholzhausen nach Vlotho) – mit Mark. X4 vom Steinernkamp (nördl. Ortsende) – Rafelder Berg – östl. abwärts – Heidelbeck/Kurpark – Parkstr. – Osterberg – Wassertretbecken Lange Wand re. zur Mark. X2 am Waldrand – li. mit ihr östl. des Wirksbergs nordwestl. – Försterei Heidebrink – Pferdebruch – B 238 kreuzen – Kirchberg – Felsenkeller – zum Schloß Varenholz/Weserfreizeitzentrum – Bus nach Vlotho.

$\boxed{\text{V}}$ **Bentorfer Windmühle – Tierpark Kalletalmühle** ■ *Gehzeit:* Ab Vlotho ca. 3 Std. ■ *Wegverlauf:* Bis Plögerei wie oben (Mark. X3) – ab hier unmarkiert östl. (re. halten) – Bentorfer Windmühle – Bentorf – östl. zum Möllenberg – Dalbke/Kalletal – Kalletalmühle – Bus über Langenholzhausen nach Vlotho.

$\boxed{!}$ Schon in Vlotho Busrückfahrzeiten ab Talle, Hohenhausen, Heidelbeck, Langenholzhausen u. Varenholz bzw. Dalbke erkunden. Proviant u. Getränke in den Rucksack packen.

41 Extertal/Barntrup

$\boxed{1}$ **Bösingfeld – Friedrichswald – Bus nach Bösingfeld** ■ *Gehzeit:* 4–4½ Std. ($\boxed{\text{V1}}$ 3½–4 Std.; $\boxed{\text{V2}}$ 10–11 Std., dann 2 Tage) ■ *Ausgangspunkt:* Bösingfeld, Rathaus/Kirche (P.) ■ *Wegverlauf:* Mittelstr. 5 Min. östl., li. in die Goldbecker Str. – re. »An der Bache« bergan – mit Mark. X 5 bis Friedrichswald – Höchte – Kamphof – Gehring – nördl. des Campingpl. nördl. – Nienhoff – Schevelstein (Whs.) – Kleingoldbeck – Hohenröden – Friedrichswald – mit Mark. 4 li. nach Steinkamp – Punkt 314 – Rott – mit Mark. 2 über den Saalberg südl. – Bremker Bachtal (evtl. südl. Abstecher in wenigen Min. zur Uffoburg) – mit dem Bremker Bach nördl. – Bremke – Bus nach Bösingfeld.

$\boxed{\text{V1}}$ **Siekbachtal – Bösingfeld** ■ *Gehzeit:* Ca. 1 Std. kürzer ■ *Wegverlauf:* Bis Schevelstein wie oben – westl. nach Goldbeck – Buchgoldbeck – mit Mark. 5 südl. – Buchhals im Siekbachtal – Siekhof – mit Mark. 2 – Kleindiek – Bösingfeld.

$\boxed{\text{V2}}$ **Laßbruch – Linderhofe** ■ *Gehzeit:* Gut 5 Std. länger/2 Tage ■ *Wegverlauf:* Bis Bremke wie oben – westl. zur Extertalstr. (Goldener Winkel) – in Rickbruch re. Bahn u. Exter queren – mit Mark. 3 – Evastein – Almenaer Berg – westl. mit Mark. 4 – Nüllbrog – Laßbruch – »Am Park« mit Mark. 1 südwestl. über den Buntenberg zur Mark. X 2 – mit ihr (bis Linderhofe) südl. – Lindemannsberg – Tockenberg – Grennerberg – Schaufberg – Linderhofe (westl. Abstecher in wenigen Min. zur Burg Sternberg) – am südl. Ortsende li. Jägerborner Weg (Mark. 1, später 4) – Egge – Bösingfeld.

$\boxed{!}$ Busrückfahrzeiten ab Bremke notieren.

$\boxed{2}$ **Bösingfeld – Hohe Asch – Barntrup – Bus nach Bösingfeld** ■ *Gehzeit:* 5–5½ Std. (evtl. bis 7 Std., dann besser 1½ Tage) ■ *Ausgangspunkt:* Bösingfeld, Rathaus/Kirche (P.) ■ *Wegverlauf:* Mittelstr. östl. bergan, nach dem Park re. Waldstr. zum Waldspitz (Wegweisersäule) – li. zum Fahrverbotsschild, nach der Schranke halbre. mit Mark. X 5 (bis zum Saalberg) – Hohe Asch – südl. nach Hummerbruch – Alverdissener Str. u. Eggeforst westl. queren – li. (wieder südl.) nach Alverdissen – vom Schloß/Torteich südl. – Saalberg u. li. (Mark. läuft gerade weiter) – Eichenweg nach Sonneborn – nach der Kirche

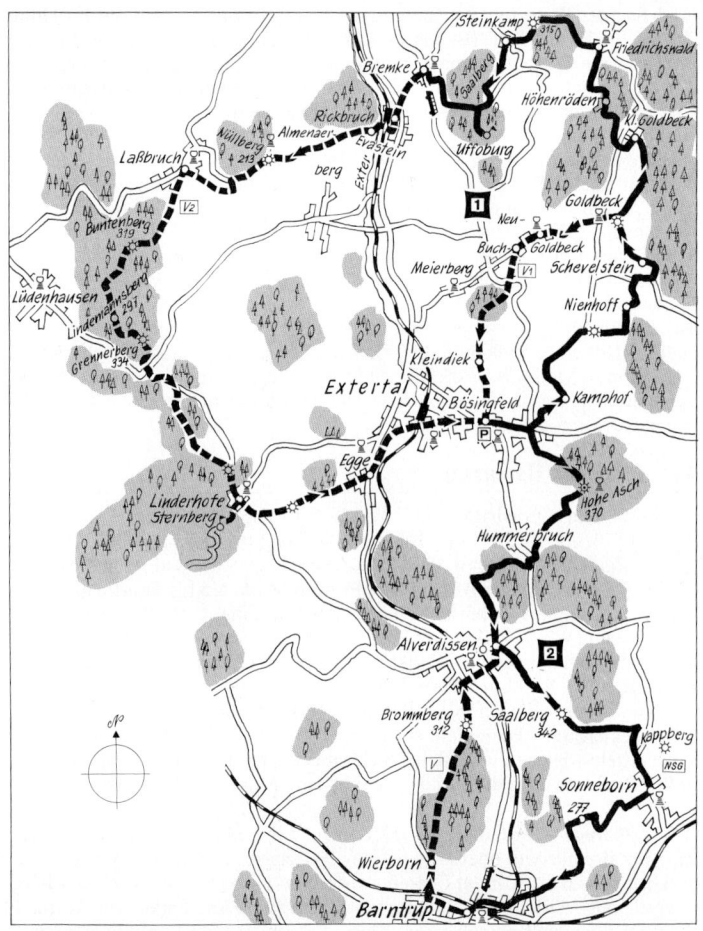

re. (Schepgrund) – Punkt 277 m – Windmühlenstumpf/Grillhütte Kuhle – li. mit Mark. X 5 – Brudereichenweg – li. (westl.) auf dem Triftweg – Schmidts Busch – Bahn kreuzen – Heinrich-Sölter-Weg – li. in die Bellenbruchstr. – re. Pulverweg – Kälbertal – Bhf. Barntrup – Bus nach Bösingfeld.

[V] **Über den Brommberg nach Alverdissen** ■ *Gehzeit:* Ca. 1½ Std. länger ■ *Wegverlauf:* Bis Barntrup (ev. Kirche/Rathaus) wie oben – nördl. den »Küsterberg« zum Schloß – li., re., Wierborner Allee nach Wierborn – re. (nördl.) – Krähenweg – Brommberg – nordöstl. bergab – Alverdissen – Bus nach Bösingfeld.

[!] Busfahrpläne ab Barntrup bzw. Alverdissen beachten.

1 **Hameln – Aerzen – Hämelschenburg – Bus nach Hameln** ■ *Gehzeit:* 4–4½ Std. (bis Hämelschenburg insges. ca. 7 Std., dann besser 2 Tage) ■ *Ausgangspunkt:* Hameln, nördl. Altstadtrand, Informationszentrum Deisterallee (P.: Tiefgarage Rathauspl. od. Parkhaus Kopmannshof) ■ *Wegverlauf:* Südl. durch die Unterführung – Osterstr. – Hochzeitshaus – li., re. durch die Fischpfortenstr. zur Weser – li. flußaufwärts zur Alten Weserbrücke – über die Weser, unter der B 83 durch – 2. Str. (Finkenborner Weg) halbli. – nach rotem Backsteinbau/Wanderinformationstafel li. in die Redenallee (Hansaweg/E 1/Mark. X9) Klütturm/Bus-H. – Waldlehrpfad zum Forsthaus Finkenborn – südwestl. durch den Hamelner Stadtwald (die Riepenteiche liegen li.) – Schullandheim Riepenburg – Dehrenberg – ohne Mark. Dehmker Str. westl. – Straßendreieck Uhlmühle – 7 Min. im Oberdehmker Bachtal westl. – li. zum östl. Ortsende von Multhöpen – südl. ins Beberbachtal – Schwöbber – südl. zum Waldrand, li. (östl.) in 20 Min. zur Waldquelle am Westrand des Hummetals – Aerzen – Bahn od. Bus nach Hameln.

V **Zum Schloß Hämelschenburg** ■ *Gehzeit:* Ca. 2½ Std. länger, insges. 2 Tage) ■ *Wegverlauf:* Bis Aerzen wie oben – von Kirche/B 1 südöstl. – Punkt 160 m am Waldspitz (Wanderparkpl.) – am Waldrand südöstl. weiter, nach ca. 25 Min. li. u. südl. um den Schierholzberg – Wegkreuz im Wald – südöstl. bis

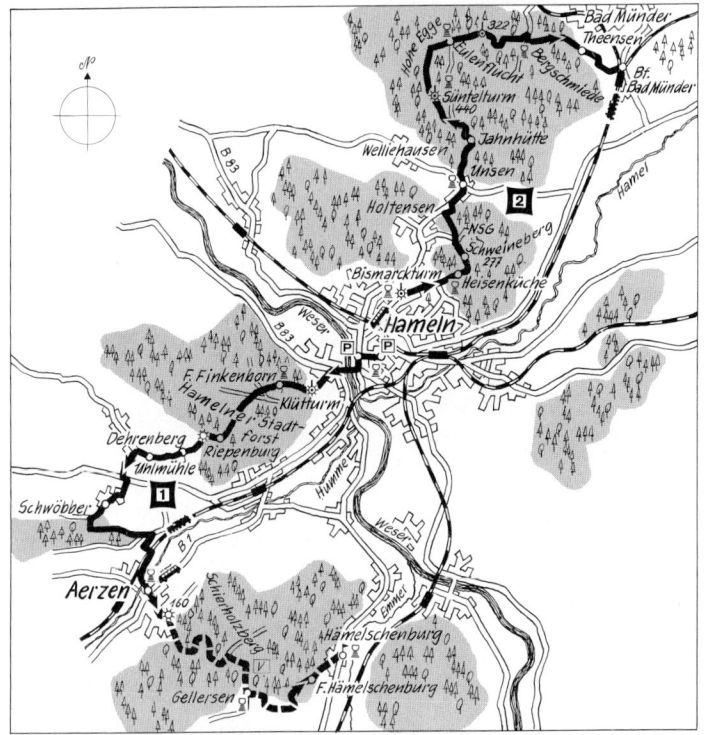

kurz vor Gellersen, erst östl., dann nördl. am Waldrand – Forsthaus Hämel-schenburg – Hämelschenburg – Bus nach Hameln.

2 **Hameln – Süntelturm – Bad Münder – Bahn nach Hameln** ■ *Gehzeit:* 5½–6 Std. (evtl. nur 2 Std.) ■ *Ausgangspunkt:* Wie bei 1 ■ *Wegverlauf:* Fahrt mit Stadtbus 23 zum Bismarckturm (Schlüssel für den Turm im Café daneben) – beim Fahrverbotsschild an der Straßenkurve (rot-weiße Schranke/Bank unter 2 Buchen) auf dem Hansaweg/E 1 (Mark. X 9 bis Süntelturm) nördl. – Whs. Heisenküche – NSG Schweineberg – Unsen (evtl. Bus nach Hameln; fast 4 Std. kürzer) – Pötzener Str. li., re. – Sportpl. – Kinderheim – Richtung Jahnhütte – Süntelturm – nördl. (X-Mark. läuft östl. weiter) über die Hohe Egge, unzugängliche Radarstation – Whs. Eulenflucht – östl. über Punkt 322 m/Fernmeldeturm zum Whs.»An der Bergschmiede« u. zum Waldrand – Theensen – Punkt 119 m – Bhf. Bad Münder – Bahn nach Hameln.

! Für 1 u. 2 rechtzeitig die Rückfahrzeiten erkunden.

43 Hessisch Oldendorf/Fischbeck/Hemeringen/ Großenwieden

1 **Hemeringen – Berghaus Rodenbeck – Hemeringen** ■ *Gehzeit:* 2–2½ Std. ■ *Ausgangspunkt:* Hess. Oldendorf/Ortsteil Hemeringen, südl. Ortsrand, Bus-H. Bergmühle (P.) ■ *Wegverlauf:* Gegenüber vom roten Backsteinbau am Waldrand südöstl. – nach 10 Min. (große Eiche/grüne Bank) re. – Forststr. südwestl. zur Hauptstr. – gerade weiter (nicht halbli.!) – Rodenbeck/Gasth. Berghaus – beim Whs. 5 m unterhalb der Teerstr. (vor der Betonwand) re. auf dem übergrasten Feldweg nördl., Hauptstr. queren, gerade in den Wald – immer im Tal, neben der Hemeringer Str. – Whs. Forellenhof – Bergmühle.

2 **Welsede – Schaumburg – Süntelturm – Bus nach Welsede** ■ *Gehzeit:* 9–10 Std./2 Tage (bei Abstieg nach Hess. Oldendorf nur 7–7½ Std.) ■ *Ausgangspunkt:* Hess. Oldendorf/Ortsteil Welsede, westl. Ortsende, Gasth. Lindenkrug an der B 83 (P.) ■ *Wegverlauf:* Rintelner Str. 200 m westl., re. Schaumburger Weg zur Burgstr. – Schaumburg – gerade bergan – Fahrtstr. zum Oberbergsattel – re. bergan – Paschenburg – mit Mark. X 10 östl. – Möncheberg – Rohdental (Whs.) – Wanderparkpl./Wanderinformationstafel – nördl. am Bad vorüber zum Schneegrundeingang – li. (Mark. weiß-blau-weiß) Forstweg – am Rand der Hochfläche in Schleifen östl. – Krähenstein u. Schrabstein (be-

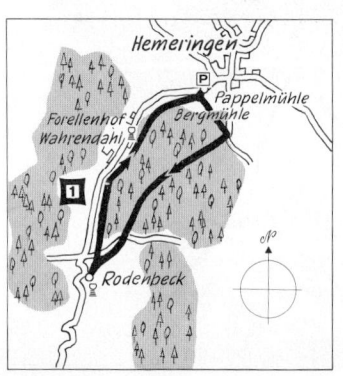

schilderte Aussichtspunkte) – Höllenmühle (Wasserfall/Höllenschlucht) – Langenfeld – südöstl. zum Forsthaus/Wanderparkpl. am Waldrand – an ihm 8 Min. östl., re. – Felsen der Südwehe – Totental – in ihm südwestl. – Blutbuche/Blutbach – Baxmannbaude – li. bergan – Hohenstein (Hirschsprung/Grüner Altar/Teufelskanzel) – mit Mark. X 10 östl. – Punkt 339 m – südl. des Bakeder Bergs zum Wegekreuz – Hohe Egge – Süntelturm – südl. bergab – Wanderparkpl. Schotterwerk – Pötzen – Ortsende li. – Großer Finnenberg – Kirchturmweg – Fischbeck – Bus nach Welsede.

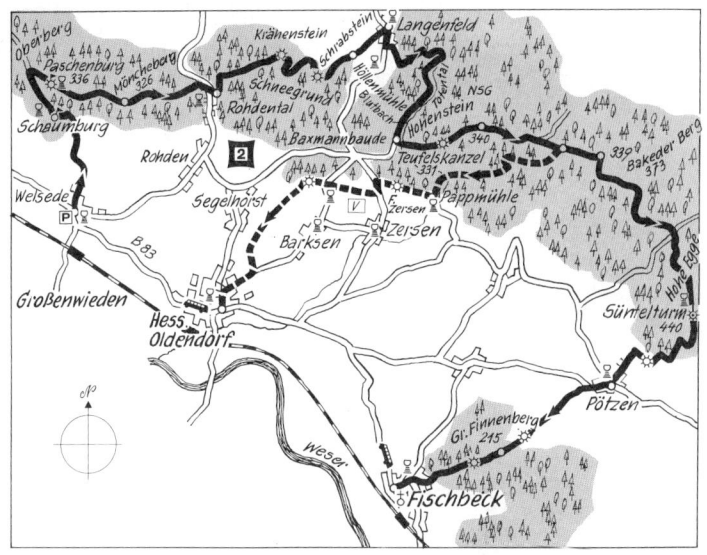

$\boxed{V}$ **Pappmühle – Hess. Oldendorf** ▪ *Gehzeit:* Ca. 2 Std. kürzer ▪ *Wegverlauf:* Bis Hohenstein/Teufelskanzel wie oben – auf der Höhe 30 Min. östl. weiter (stets re. halten) südl. in ein Bachtal – Blutbachtal – Pappmühle – am Waldrand westl. – Forsthaus Zersen – Barksen – westl. des Orts nach Hess. Oldendorf – Bus nach Welsede.

$\boxed{!}$ Schon beim Wanderstart Busfahrpläne für die Rückfahrt notieren. In der Hochsaison Übernachtung vorbestellen. Die Wanderung sollte möglichst nicht an Wochenenden durchgeführt werden.

44 Springe/Bad Münder/Eimbeckhausen/Nienstedt/Völksen

$\boxed{1}$ **Jagdschloß Springe/Saupark – $\boxed{A}$ Burgberg – Wolfsköpfe – Drakenberg – Wisentgehege – Jagdschloß – $\boxed{B}$ Grasberg/Hirschtor – Kukesburg – Brünninghausen** ▪ *Gehzeiten:* $\boxed{A}$ 3½–4 Std. (ohne Wisentgehege); $\boxed{B}$ zusätzl. 3–3½ Std. ▪ *Ausgangspunkt:* Springe, Saupark (3 km östl. der Stadt), Jagdschloß/Jagdmuseum (Großparkpl. neben dem Schloß) ▪ *Wegverlauf:* $\boxed{A}$ Vom P. Allee zur Sauparkmauer (Übersteigtreppe) – Kastanienallee zum Kleinen Deister – nach 15 Min. li. über den Burgberg südl. – Wilhelmsblick – Punkt 301 m/NSG Wolfsköpfe – im O-N-W-Bogen um den Drakenberg – Punkt 174 m – re. (nördl.) Eldagsener Str. kreuzen – Hallerbruch – Wisentgehege (bezeichnete Rundwanderwege) – vorm Forsthaus Eispfad li. (westl.) - Eldagsener Str. kreuzen – Hallermuntskopf – P.

$\boxed{B}$ Bis Punkt 301 (Wolfsköpfe) wie oben – danach re. – Wolfsbuche – Grasberg – Hirschtor – re. (westl.) zur Kukesburg (Informationstafel) – li. zum Forsthaus – Brünninghausen – am südl. Ortsende li. zum Tivoli – östl. zu Punkt 241 m – kurz danach li. südl. von Waidmannsruh (Mangel) zum Hirschtor – Wolfsbuche – re. weiter wie bei $\boxed{A}$. – Lohnende Abstechermöglichkei-

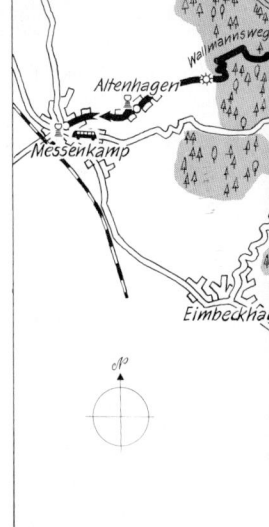

ten: auf dem Kammweg zum Drakenberg u. zum Gasth. Holzmühle im
Gehlenbachtal.

2 Springe – **A** Bielstein – Bahn
nach Springe – **B** Nordmannsturm –
Bus nach Springe ■ *Gehzeiten:*
A 5–5½ Std.; **B** 6–6½ Std. ■ *Ausgangspunkt:* Springe, Markt, schmie-
deeiserner Brunnen (P. beim Neuen Rathaus/Burgstr.) ■ *Wegverlauf:* Vom
Brunnen die Hauptstr. westl. – Holzwegweiser »Deisterpforte« – über Bahn,
li. auf alleeartigem Fußweg (erste Kreuz-Markierungen) – Gasth. Deisterpforte – mit Mark. X E 1 nördl. – Ebersberg – Steinbruch – Fahrenbrink – Forsthaus Köllnischfeld (Whs.) –
A Münder Heerstr./Springer Str. 800 m östl. – Punkt 331 m, nördl. – Punkt
379 m (Wanderinformationstafel) – Wöltjebuche/Wegkreuz – re. auf den
Bielstein – östl. zum Taternpfahl – Kalenberg – Streitbuche – Völksen – Bahn
od. Bus nach Springe –
B Von Köllnischfeld nördl.-Punkt 389 m – Deisterkammweg mit Mark. X/
E 1 nordwestl. – Annaturm – Stern – Försterdenkmal – Höfeler – Hohe Warte
– Nienstedter Paß – Nordmannsturm – li. (südl.) bergab (X-Mark. läuft auf
dem Kamm weiter) in ca. 10 Min. zum Wallmannsweg, auf ihm re. zum Wald-
rand (li. halten) – Altenhagen II (Bus-H.) – Messenkamp – Bus nach Springe.
! Schon bei Wanderbeginn Rückfahrzeiten ab Völksen bzw. Messenkamp
(Altenhagen II, Eimbeckhausen, Bad Münder) studieren.

45   Hannover/Ronnenberg/Gehrden/Wennigsen/
Barsinghausen

1 Barsinghausen – Nordmannsturm – Egestorf – Bahn nach Barsinghausen ■
*Gehzeit:*5–5½ Std.(**V1** ca. 7 Std.;**V2** nur ca. 3 Std.) ■ *Ausgangspunkt:*Barsinghausen, südl. Stadtrand, Großparkpl. Bahnhofstr./Deisterstr./Marktstr.
■ *Wegverlauf:* Deisterstr. südl. bergan zum Waldrand/Sitzgruppe unter Buchen – bei Wanderinformationstafel 30 m re., dann halbli. mit weiß-roter
Mark. bergauf – Forellenteiche – Bösquelle – Fuchsbachtal – Deisterkamm –
li. auf dem Kammweg (Mark. X/E 1 bis Annaturm) südöstl. – Alte Taufe (ger-
manischer Opferstein) – Nordmannsturm – Nienstedter Paß – Hohe Warte –

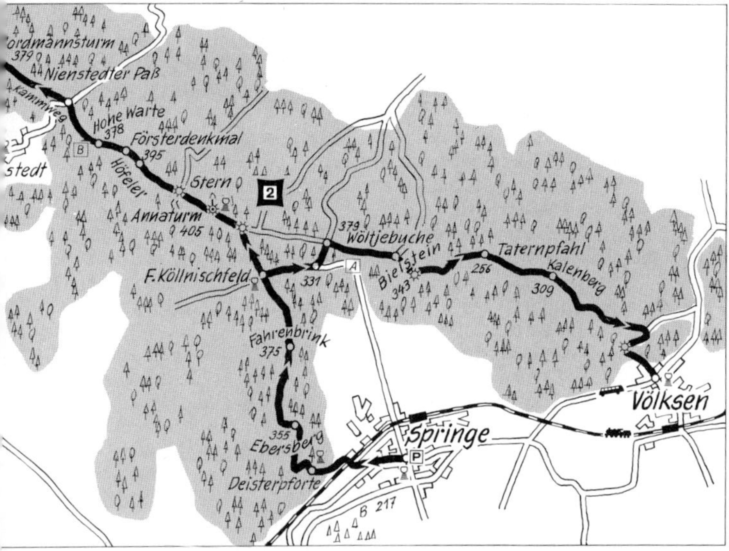

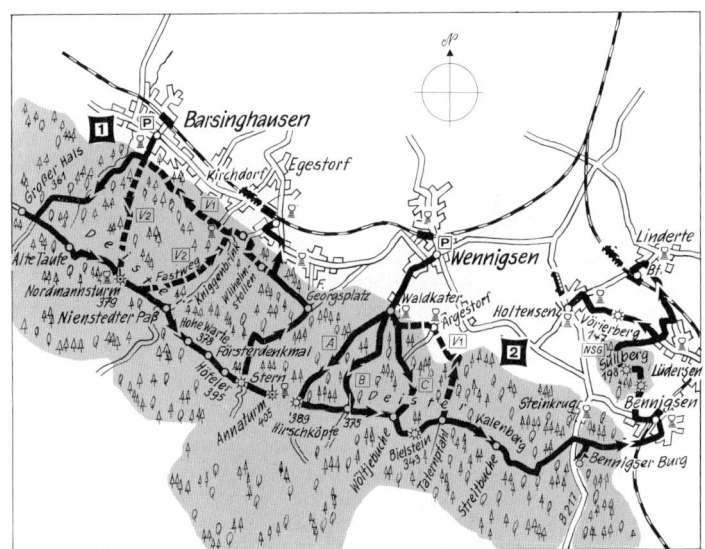

Försterdenkmal – Höfeler – Stern – Annaturm – auf dem Kammweg zurück
zum Stern – re. bergab – Quickborn – Punkt 300 m – Forellenbachtal – Forsthaus Georgsplatz, davor li., Schleifbach kreuzen u. re. – Waldwinkelsiedlung –
Bhf. Egestorf – Bahn nach Barsinghausen.

[V1] **Georgsplatz – Trimmpfad – Barsinghausen** ■ *Gehzeit:* Gut 1½ Std. länger ■ *Wegverlauf:* Bis Egestorf/Forsthaus Georgsplatz wie oben – li. den Schleifbach kreuzen u. nach 15 Min. li. (nordwestl.) – Wilhelmstollen – Forsthaus Kniggenbrink/Stockbach – Nienstedter Str. – re. auf ihr 5 Min. abwärts, vor Siedlung li. am Waldrand – Schießstand – Trimmpfad – Waldstadion/Deister-Freilicht-Bühne – Deisterstr./P.

[V2] **Braunsquelle – Nordmannsturm – Fastweg** ■ *Gehzeit:* Insges. gut 3 Std. ■ *Wegverlauf:* In Barsinghausen auf der Deisterstr. südl. bergan zum Waldrand/ Sitzgruppe unter Buchen – von der Wanderinformationstafel mit der weiß-gelben Mark. gerade – Braunsquelle – Stern – Helenenquelle – den Kammweg li. zum Nordmannsturm – 5 Min. danach vom Kammweg li. ab – Bierweg kreuzen – Fastweg abwärts – Nienstedter Str. queren – nach der Rodelbahn li. – Forsthaus Kniggenbrink – Bhf. Egestorf – Bahn nach Barsinghausen.

[!] Rückfahrzeiten ab Egestorf notieren.

[2] **Wennigsen – Bielstein – Bhf. Holtensen-Linderte – Bahn nach Wennigsen** ■ *Gehzeit:* 8–9 Std./1½ Tage (mehrere Abkürzungsmöglichkeiten) ■ *Ausgangspunkt:* Wennigsen, Klosterkirche (gegenüber P.) ■ *Wegverlauf:* Von der Kreuzung die Hauptstr. südl. – Wegestein/Wanderinformationstafel – Hülsebrinkstr. gerade, später li. – Waldkater – [A] Gerade zum Waldparkpl./Wanderinformationstafel – mit weiß-roter Mark. – Punkt 152 m – Bismarckstein – Deisterkamm (Punkt 389 m/Hirschköpfe), li. Punkt 375 m – Wöltjebuche – [B] In Waldkater beim Telefonhäuschen li. Alte Münder Heerstr. zum Waldrand (500 Jahre alte Ziegeneiche) – gerade zum Deisterkamm, li. – Wöltjebuche – [C] In Waldkater vorm 1. weißen Haus li. (Pfingstanger) – Punkte 132 m u. 205 m – Deisterkamm/Wöltjebuche – jetzt [A], [B] u. [C] auf der Höhe südl. – Bielstein – den Kamm- u. Hangrandweg östl. – Wegekreuz Taternpfad – Kalenberg – Streitbuche – Siedlung Völksen – Whs. Steinkrug – li., B 217 kreuzen – re. Abstecher zur Bennigser Burg – östl. Bahn kreuzen – Gut Bennigsen (evtl. Bahn nach Wennigsen; 2 Std. kürzer) – vom Bhf. Hauptstr. 10 Min. westl. – re. nördl. über den Süllberg (NSG) zum Nordwestrand von Lüdersen – entweder nördl. – Wolfsberg – Linderte – Bhf. Linderte – od. westl. – Vörierberg – Holtensen – Bahn od. Bus über Weetzen nach Wennigsen.

[!] Schon beim Wanderstart Rückfahrzeiten notieren. Genügend Proviant u. Getränke einpacken: unterwegs keine Stützpunkte bis Bennigsen.

[V1] **Die Hannoversche Heerstraße zurück** ■ *Gehzeit:* Insges. 4 Std. [A], 3½ Std. [B] od. 3 Std. [C] ■ *Wegverlauf:* Bis Taternpfahl auf dem Deisterkamm wie oben – Hannoversche Heerstraße 30 Min. nördl. – li. nach Argestorf – jenseits der Hauptstr. li. (westl.) zum Waldparkpl. Waldkater (bei dem diese Wanderrunde begonnen werden sollte).

[V2] **Eltenrundweg** ■ *Gehzeit:* Insges. 1½–2 Std. ■ *Wegverlauf:* Markierung weißes Kreuz – Ausgangspunkt Waldparkpl. Waldkater – ehem. Kohlenbergwerke – Blanke-Teich – Mühlen – Feldbergfichte – Jagdhütte – Eltendenkmal – Ziegeneiche – P. Waldkater (hierzu keine Kartenskizze!).

46 Wunstorf/Bad Nenndorf/Rodenberg/Lauenau/ Rehburg-Loccum/Steinhude

[1] **Bad Nenndorf – Lauenau – Bus nach Bad Nenndorf** ■ *Gehzeit:* 3–3½ Std. ■ *Ausgangspunkt:* Bad Nenndorf, Kurhausstr./Am Thermalbad (Großparkpl.) ■ *Wegverlauf:* Vom Parkpl./Bus-H. beim Telefonhäuschen li. Kurhausstr. zum Kurhaus – beim Brunnen re. Kurpromenade, beim nächsten

Brunnen li. – Liegehalle – Schlößchen – durch den Park (re. halten) –
B 65 bei der Ampel queren – mit
Mark. X/E 1 bis Heisterburg: Enten-
teichbrücke – BAB unterqueren –
Cecilienhöhe/Strutzberg, li. – Whs.
Mooshütte – Teufelsbrücke – Waldschänke Heisterburg – kurz danach
re. (X-Mark. läuft östl. weiter) – Heisterburg (Wallanlagen) – re. (Mark.
weiß-gelb-weiß) – Rodenberger
Höhe – südl. zur Wirkesburg (Wallanlagen) – südl. (am nördl. Ortsende
von Feggendorf/Wanderparkpl.
vorbei) zum Waldrand – Schulzeweg
20 Min. südöstl., re. (westl.) Ranzen-
weg – Gedenkstätte – Lauenau – Bus
nach Bad Nenndorf.

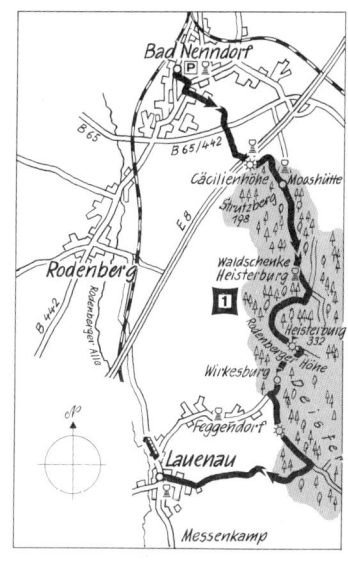

[!] Schon bei Wanderbeginn Busrückfahrplan erkunden.

[2] **Loccum – Steinhude – Bus nach
Loccum** ■ *Gehzeit:* 6½–7 Std. (od. ca.
4 Std.) ■ *Ausgangspunkt:* Rehburg-
Loccum, Ortsteil Loccum, Marktpl.
(P.) ■ *Wegverlauf:* Östl. (Mark. X4/Karl-Bachler-Weg) durchs Klostertor –
Kirche, nach den Klostergebäuden re. u. li. – im Klosterwald zur Luccaburg –
Waldteiche im LSG Sündern – halbre. Forststr. zur Wegspinne – halbli. (östl.)
Forstweg (X-Mark. läuft gerade weiter) zum Waldrand – Hochspannungslei-
tungs-Gittermasten – li. Teerfahrweg über die ehem. Eisenbahnbrücke – Mün-
chehagen – re. zur Kirche, 300 m auf der Hauptstr./alte Eiche – li.
Bergmannstr. zur wassergefüllten Kiesgrube, steil bergan zur Alten Poststr. –
re. 200 m, nach einem roten Klinkerfachwerkhaus halbli. – Fernsehturm/
Brunnenberg – jetzt auf dem Kamm der Rehburger Berge östl.: Bad Rehburger Str. nach re. queren – Wölpinghauser Berg – Wilhelmsturm – Wölpinghau-
sen – auf der Fahrstr. über Punkt 108 m u. durch Bergkirchen – Steinbruch – li.
am Hang auf dem E 1 nach Düdinghausen – li. (nördl.) durch Wald (Trimm-

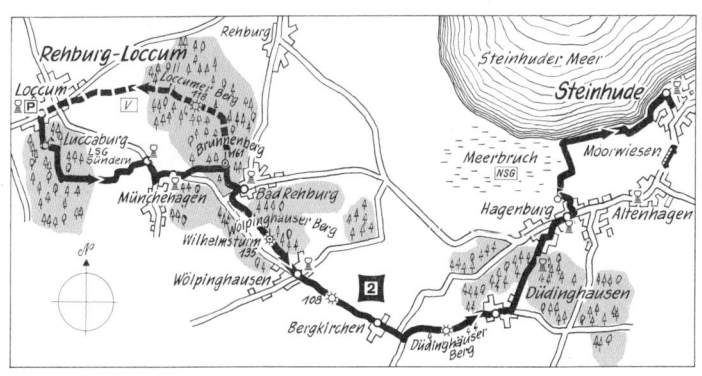

pfad) – Hagenburg/Weiher – re. 7 Min. Steinhuder Str. östl. – li. zum Schloß –
Hagenburger Kanal – Steinhuder Meer – re. Uferpromenade-West – Strand-
hotel – Steinhude – Bus nach Loccum.

⬛V⬛ **Über den Loccumer Berg zurück** ■ *Gehzeit:* Fast 3 Std. kürzer ■ *Wegverlauf:* Bis zum Brunnenberg wie oben – li. Kammweg 45 Min. nördl. – Loccumer Berg – westl. zum Loccumer Bad – Kloster.

⬛!⬛ Bereits in Loccum Busrückfahrzeiten ab Steinhude notieren.

47 Bückeburg/Bad Eilsen/Obernkirchen/Stadthagen

⬛1⬛ **Bückeburg – Bad Eilsen – od. weiter zum Wesergebirgskamm – Bückeburg**
■ *Gehzeit:* 1½–2 Std. od. 6½–7 Std./dann 2 Tage ■ *Ausgangspunkt:* Bückeburg, Rathaus, Bahnhofstr./Hauptstr. (B 65/83; P. hinter dem Rathaus bei der
Sparkasse) ■ *Wegverlauf:* Gegenüber vom Rathaus durch den schmiedeeiser-
nen Torbogen zum Schloß – vorm Wassergraben li. über die Hauptstr. – Her-
minenstr. (Mark. X 4 u. X 11) zur Birkenallee-halbre. zum Waldrand/Kinder-
spielpl. – östl. auf den Harrlkamm/Idaturm – östl. Bad Eilsen – Harrlallee gerade zum Busbhf. – Bus nach Bückeburg – od. von Bad Eilsen südl. weiter:
25 Min. entlang der Aue – B 83 kreuzen, (re., li., re.) BAB überqueren – im
W-S-Bogen auf die Luhdener Klippe – mit Mark. XW auf dem Wesergebirgskamm westl. – Punkt 204 m/Kreuzung mit Mark. X4 (Karl-Bachler-Weg) –
Frankenburg – bei Punkt 215 nördl. über die BAB – Papenbrink – Rote Klippe
– Wülpker Egge – Kreuzpl. (Whs. Mettwurst-Möller) – mit Mark. X 11 nördl.:
Wülpke, Bahn u. Hauptstr. kreuzen – Bückeburger Schloß.

⬛!⬛ Rückfahrt ab Bad Eilsen (evtl. ab Rinteln) notieren.

⬛2⬛ **Obernkirchen – Sandsteinbrüche – Bus nach Obernkirchen** ■ *Gehzeit:*
5½–6 Std. (⬛V1⬛ 4½ Std.; ⬛V2⬛ nur 2½ Std.) ■ *Ausgangspunkt:* Obernkirchen,
Stiftskirche/Stiftspl. (P.) ■ *Wegverlauf:* Vom Stiftspl. nördl. zum Brunnen, re.
(geradeaus) Friedrich-Ebert-Str. östl., Höhenweg – Bahnunterführung – gut
1 Std. durch Wald zu den »Fünf Buchen« – re. zum Jugendzentrum, li. zum
Gasth. Walter/Bückeborgs/Großparkpl. (mehrere bezeichnete Rundwanderwege) – Kammweg entlang der Sandsteinbrüche – Wormsthaler Tor – Punkt
361 m (jetzt nordöstl.) – Wierser Tor – Großer Karl – Punkt 241 m – Punkt
224 m – Punkt 169 m – Straßendreieck nördl. von Reinsen – re., nach 500 m li.
– Münchhausener Berg – Punkt 153 m, danach halbre. – Heisterschlößchen –
Beckedorf/B 65 – Bus oder Bahn über Stadthagen nach Obernkirchen.

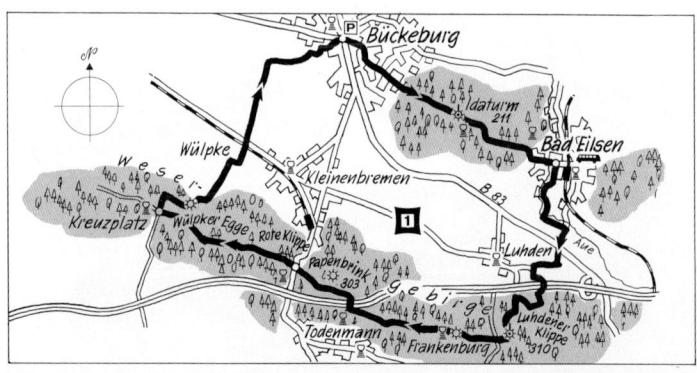

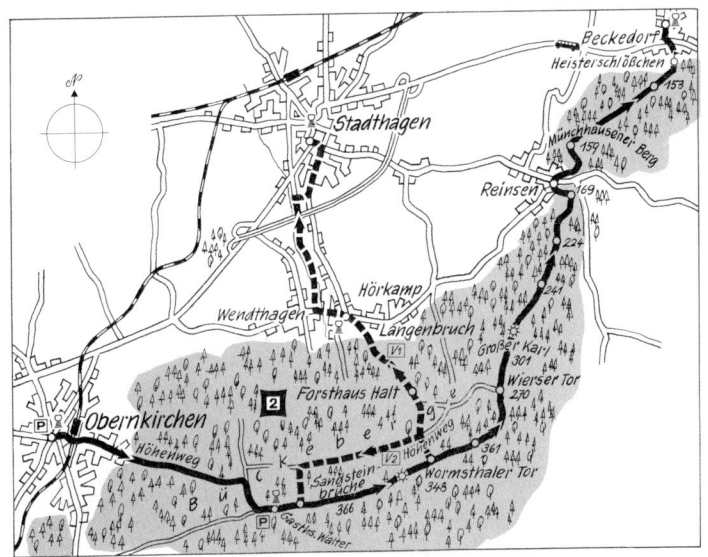

[!] Schon in Obernkirchen die Rückfahrpläne studieren. Genügend Proviant u. Getränke einpacken: ab Gasth. Walter (bei den Steinbrüchen) kein Wanderstützpunkt.

[V1] **Forsthaus Halt – Stadthagen** ■ *Gehzeit:* Ca. 1½ Std. kürzer ■ *Wegverlauf:* Bis Wormsthaler Tor wie oben – li. (immer nordwestl.) Höhenweg kreuzen – Forsthaus Halt – Hörkamp-Langenbruch (evtl. Bus nach Stadthagen) – beim Gasth. Tannenhof li. 10 Min. Richtung Wendthagen, nach der Kirche re., am Krebshäger Bach nach Stadthagen – Bus nach Obernkirchen.

[V2] **Steinbruch-Rundwanderweg** ■ *Gehzeit:* Insges. 2½ Std. ■ *Wegverlauf:* Großparkpl. Bückeberg/Gasth. Walter – auf dem Kammweg wie oben in 1 Std. zum Wormsthaler Tor – li., nach 500 m wieder li. – Höhenweg u. geradeaus Kollbruchschneise – Foxeiche – li. durch Sandsteinbrüche zur Teerstr. – re. zum Gasth. Walter.

48   Rinteln/Auetal

[1] **Exten – [A] Hohenrode – [B] Friedrichshöhe – Bus nach Exten** ■ *Gehzeiten:* [A] 2½–3 Std.; [B] 3–3½ Std. (evtl. bis zu 5 Std.) ■ *Ausgangspunkt:* Exten (Ortsteil von Rinteln, 3 km südl. der Stadt), Straßenabzweigung der Goldbecker Str., Postamt/Gasth. zur Post (P.) ■ *Wegverlauf:* Hauptstr. nördl. über Exterbrücke – re. »Im Obernfeld« u. re. an der Exter entlang – Rote Mühle – Waldgaststätte – Waldrand (Wegweisersäule/Eichengruppe) - beim Fahrverbotsschild (rot-weiße Schranke) südöstl. – nach 15 Min. (Wegekreuz/Wasserbehälter) mit Mark. Tannenbaum östl. – Taubenberg – Rumbecker Berg – Ludwigsturm – [A] östl. bergab – Punkt 309 m – li. (Mark. Eichhörnchen) zur Hünenburg – südl. ins Bachtal – nördl. nach Hohenrode – Bus nach Exten – [B] Vom Ludwigsturm mit Mark. Tannenbaum westl. zum Wanderparkpl. –

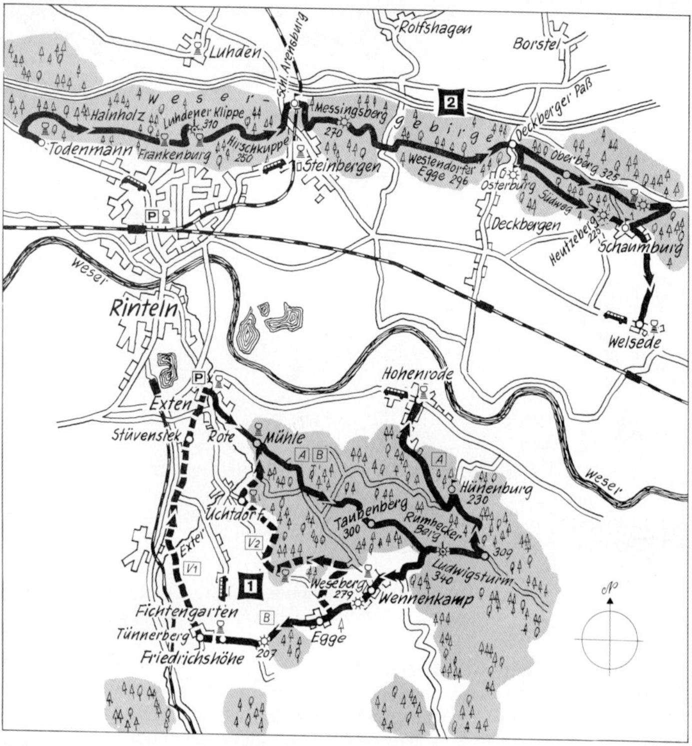

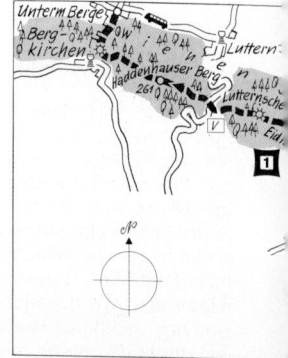

Whs. Wennenkamp – westl. (Mark. Rehbock) –
Weseberg – Egge – Punkt 207 m – Extertal –
Friedrichshöhe – Bus nach Exten.

$\boxed{!}$ Schon in Exten Busrückfahrpläne einsehen.

$\boxed{V1}$ **Im Extertal nach Exten** ■ *Gehzeit:* Ca.
1½ Std. länger ■ *Wegverlauf:* Bis Friedrichshöhe
wie oben – Extertalstr. nach Westen queren – in
Tünnerberg re. (nördl.) – Fichtengarten – Exter,
diese queren, danach (vor Str. u. Bahn) re. – Hil-
genpl. – Uchtdorfer Str. queren – östl. Stüven-
siek nach Exten.

$\boxed{V2}$ **Durch den Lichtengrund** ■ *Gehzeit:* Ca.
1 Std. länger ■ *Wegverlauf:* Bis Wennenkap wie
oben – bei Punkt 231 (südl. des Wesebergs) re.
(nördl.) – Weseberg, re., li. – Lichtengrund –
Grünenbrink, re. – Steinbrink (Mark. Reh) –
Wanderparkpl. Schwarzenbrink – westl. durch
Uchtdorf (Mark. Pilz) zu den Oberen Eisenhäm-
mern an der Exter nördl. – Ossenbeeke – Rote
Mühle – Exten (Ausgangspunkt für diese Variante evtl. Rote Mühle).

2 **Rinteln-Todenmann – Luhdener Klippe – Schloß Schaumburg – Bus nach Rinteln** ▪ *Gehzeit:* 5½–6 Std. (bis Steinbergen nur 2½ Std.) ▪ *Ausgangspunkt:* Rinteln, Bhf./Busbahnhof (P.) ▪ *Wegverlauf:* Bus nach Todenmann/Gasth. zur Linde – Hauptstr. 200 m nordwestl. – re. Alte Poststr. (re. halten) – Café Waltraut – beim Parkpl. auf schmalem Waldweg steil bergan – Autobahnparkplatz – mit Mark. XW östl.: Hünenburg/Frankenburg – Punkt 204 m/Kreuzung mit Mark. X 4 (Karl-Bachler-Weg) – Luhdener Klippenturm – Hirschkuppe – B 83 queren – Schloß Arensburg/Hexenteiche (evtl. Bus nach Rinteln; gut 3 Std. kürzer) – östl. Str. u. Bahn kreuzen – Messingsberg – Rolfshagener Str. queren – Westendorfer Egge – Deckberger Paß – (evtl. Abstecher südl. – Osterburg – Südweg/Springsteine – Rosenthal/Heutzeberg – Schaumburg) – Oberberg – Sattel – Paschenburg – kurz danach im spitzen Winkel re. – Schaumburg – 10 Min. Burgstr. bergab, li. nach Welsede/B 83 – Bus nach Rinteln.

! Bereits in Rinteln die Busrückfahrzeiten ab Welsede bzw. Steinbergen notieren.

49 Minden/Porta Westfalica/Petershagen

1 **Porta Westfalica – Whs. Wilder Schmied – Philosophenweg – Porta Westfalica** ▪ *Gehzeit:* 3½–4 Std. (event. 4–4½ Std.) ▪ *Ausgangspunkt:* Porta Westfalica, li. Weserufer/Weserbrücke, Hotel Kaiserhof (P.) ▪ *Wegverlauf:* Neben dem Hotel auf dem Fußweg (erste weiß-rote Mark. des Wittekindswegs) bergan – Freilichtbühne – Gasth. – Denkmal – Kammweg westl. – Wittekindsberg – Moltketurm – Wittekindsburg – Margarethenklus/Häverstädter Berg – Whs. Wilder Schmied – nördl. (weiß-rote Mark. läuft westl. weiter) mit Mark. A 1 u. 7 – Naturfreundehaus Königsberg – re. auf dem Philosophenweg (Waldrand-Hangweg) östl. – Kaiserstr. – »Unter den Tannen« – P.

V **Nach Bergkirchen** (Anschluß an die Wandervorschläge 4/ **2B** , 3/ **2B** , 3/ **1** ▪ *Gehzeit:* Ca. 1 Std. länger ▪ *Wegverlauf:* Bis Whs. Wilder Schmied wie oben – mit Mark. weiß-rot/Wittekindsweg westl.: Eidinghauser Berg – Lutternsche Egge – Haddenhauser Berg – Bergkirchen (Wittekindsquelle) – vom Friedhof (weiß-rote Mark. läuft westl. weiter) re. (nördl.) »Im Berge« abwärts – Unterm Berg – Bus nach Porta Westfalica.

2 **Porta Westfalica – Whs. Mettwurst-Möller – Bus nach Porta Westfalica** ▪ *Gehzeit:* 2½–3 Std. ▪ *Ausgangspunkt:* Porta Westfalica, re. Weserufer/Weser-

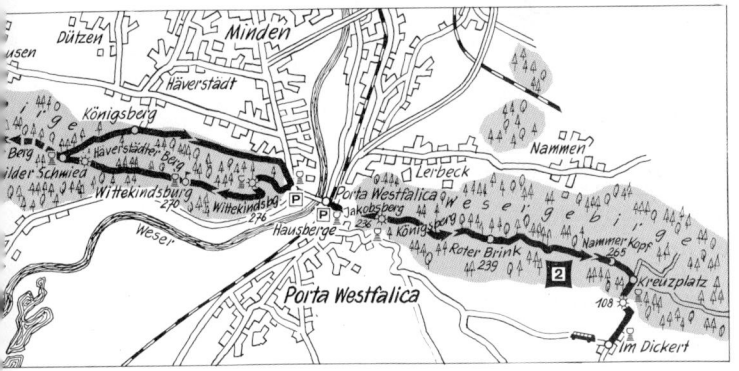

brücke, Bhf. an der B 482 (Großparkpl.) ■ *Wegverlauf:* B 482 queren – Steintreppe/Mark. XW/Wesergebirgsweg bis Kreuzpl. bergan – Weserblick – Schöne Aussicht – Portakanzel – Aussichtsturm – Jakobsberg/Bismarckburg – Rasthaus Roßhölz – li. Grottenweg – Wanderparkpl. Frettholzweg/Wasserbehälter – Königsweg – Roter Brink – Nammer Paß – Eggeweg – Rastpl. Korffs Quelle – Nammer Kopf – Rastpl. Kreuzpl. – re. (XW-Mark. läuft östl. weiter) zum Gasth. Mettwurst-Möller – südl. zu Punkt 108 m – li., re. – Dikkertstr. – Bus-H. Lohfelder Str. – Bus nach Porta Westfalica.
[!] Vor Wanderstart Busrückfahrplan studieren.

Erläuterung der Kartensymbole

▬▬▬	Route
▬ ▬ ▬	Variante
♗	Gasthof
☦	Kirche
♙	Schloß/Burg
♂	Ruine
⚐	Aussichtsturm
☼	Aussicht
✳	Windmühle
⩊	Wildpark/Tiergarten
∗	Markante Punkte

Begleitheft zu Wanderbuch
»Teutoburger Wald/Weserbergland«
(BLV Kombi-Wanderbuch)